中国印花税票图志

——《印花交流》精粹选编

李德元　焦继承　编著

上海遠東出版社

图书在版编目(CIP)数据

中国印花税票图志:《印花交流》精粹选编 / 李德元,焦继承编. —上海:上海远东出版社,2019
ISBN 978-7-5476-1484-6

Ⅰ.①中… Ⅱ.①李…②焦… Ⅲ.①印花税—票据—研究—中国—近现代 Ⅳ.①F812.95

中国版本图书馆CIP数据核字(2019)第095550号

责任编辑 贺 寅
封面设计 李 廉

中国印花税票图志
——《印花交流》精粹选编

李德元 焦继承 编著

出 版 上海遠東出版社
(200235 中国上海市钦州南路81号)
发 行 上海人民出版社发行中心
印 刷 上海锦佳印刷有限公司
开 本 889×1194 1/16
印 张 34.75
字 数 933,000
插 页 4
版 次 2019年9月第1版
印 次 2019年9月第1次印刷
ISBN 978-7-5476-1484-6/G·945
定 价 580.00元

李德元在上海财经大学税票馆

李德元，1947 年出生于上海。1988 年起收藏研究中国印花税票。数十年致力于中国各时期、各地方印花税票的挖掘保护和整理研究工作。1996 年参与创建中国税票集邮研究会；2001 年参与编写《中国印花税票总目录》一书并提供票品；2002 年协助新加坡牛车水集邮会在中国国内开展征文，促成了新加坡牛车水集邮会的印花税票集研征文竞赛活动。个人于 1990 年创办民刊《印花交流》，坚持 25 年，出刊 300 期整。为填补史料空白，推动中国印花税票走出国门做出了不懈的努力。

焦继承，1964 年出生于陕西耀县。1988 年始专门收集印花税票。潜心集研中国税收印花，先后在国内外集邮刊物上发表集邮研究文章数百余篇。2000 年参与陕西电视台与西安市国家税务局联合拍摄的《百年税票》电视专题片，并担任该片的顾问之一；2009 年出任全国税票集邮工作指导小组专刊《税票研究》的副主编及执行主编；2012 年参与编辑由中国税务出版社出版的《中国税务印花精品赏鉴》典藏本。2017 年当选为陕西省集邮协会第七届理事会理事及宣传工作委员会委员。

焦继承

本书稿收录文章的作者姓名

包明伟　蔡　黎　陈千里　陈锦祥　邓希皋　邓学顺　董光呈

郭润康　韩进文　焦继承　李潮滨　李德元　李秉基　李　明

李乃序　李宁勇　林　伟　刘永德　刘忠钰　孟国华　孙士毅

万冬青　王学文　王曾元　吴铁涛(吴小虹)　徐一青(徐惠恩)

姚仲安　游振杰　袁鼎卫　曾耀辉　张礼荣　张　义　赵人龙

赵天华　周　军　钟东华　钟　列　左右任

序一

税收是国家经济的命脉。

我国的税收历史源远流长，可以追溯到遥远的夏朝。到了近代开展洋务运动向西方学习，引进印花税。清代晚期经过多年的争论，决定开征印花税并先后向日本和美国订购印制了印花税票，延至清宣统年终于开征印花税。但是由于民间的抵制及清政府权威削弱和某些地方官员阳奉阴违，所以只有少数地方真正开征了印花税。

1911年中华民国成立后，继承了清代的衣钵，并于次年开征印花税，发行了我国自行印制的第一套长城图印花税票。但是不久后，由于袁世凯称帝从而引发了南北对峙，从而导致历时多年的战争，南方及一些地方势力借口割据，与北洋政府保持独立或半独立状态，并自行发行使用印花税票，使印花税票品种空前繁杂。

从1917年广州军政府成立到武汉国民政府再到南京国民政府，各届政府都在各自势力范围内发行使用印花税票，乃至西北冯玉祥、东北张作霖、山东张宗昌、新疆盛世才……大大小小的地方派，或为军饷或为敛财，都印制发行了印花税票。

由中国共产党领导的苏维埃政权和抗日战争、解放战争时期各根据地及解放区也发行过形式各异的印花税票。中华人民共和国成立后发行了1949年版和1952年版印花税票，直到1958年简化并入其他税种。1988年在停征印花税30年后又恢复开征，直至今日一直在发行新的印花税票，只是由于多种原因，实际已很少实用，只有象征性意义。

随着科技的日益发达，及无纸化的日益逼近，印花税这个小税种的作用已被弱化，印花税票已完成了它的使命，正在逐步离开历史舞台。但印花税及它的载体印花税票作为一种历史，作为一种人类文化遗产，还会继续被关注，人们还会寻觅它、探索它、研究它、收藏它、展示它。也许今后只有在博物馆、在邮展上、在藏家手中才能见到它。

是以为序。

李德元

2019年5月于上海

序二

清代徽州张潮在其所著《幽梦录》中说："花不可以无蝶，山不可以无泉，石不可以无苔，水不可以无藻，乔木不可以无藤萝，人不可以无癖。"温饱是人类物质生活方面的最低需求；而癖之于人却是精神生活层面的一种享受。

当然我们所指的都是雅癖，或是可令人津津乐道、念念不忘的美癖。白居易诗云："人皆有一癖，我癖在书章。"苏轼诗云："宁可食无肉，不可居无竹。"还有王子猷呼竹为君，米元章拜石为丈，林和靖梅妻鹤子，朱彝尊嗜书如命；又如谢灵运之着屐，嵇叔夜之抚琴，陶彭泽之赏菊，周敦颐之爱莲一样，都是性情所寄之癖好也。

情陷其中，爱而成癖，从中获得的定是快乐和愉悦。收藏印花，就是我们共同的癖好，正是这共同的癖好，使我得与印花集藏的大家李德元先生相识。

德元先生是内地集藏印花最早的开拓者之一。

收藏本来就是一种快乐自己的活动，藏而不露、秘不示人已经成为了传统的观念。常言道："独乐乐不如众乐乐"，将自己的集藏研究成果公之于众，就是愉悦他人，引起共鸣。因此，二十世纪九十年代初，为了同好之间的便于交流、共享心得，德元先生在沪上创办了《印花交流》民间小刊，为藏友们提供了一个共同探讨交流的平台。这是内地第一份有关印花交流的专门刊物，一路走来，未曾想这一伴就是二十五年。

一时的努力不难，难就难在长期坚持；若不全身心投入，就不会有恒久的成功。

西奥多·瑞瑟曾经发问："成功的第一要素是什么？"

爱迪生答曰："能够将你身体与心智的能量锲而不舍地运用在同一个问题上而不会厌倦的能力……"

能够始终如一，恒久坚持的民刊实在不多，《印花交流》便是能够坚持下来的民刊之一，它在印花收藏界的影响更是不可忽视。与之同期的多少民刊，因种种原因中途夭折，无疾而终，纷纷停办。《印花交流》编者途中也曾遇到过不少的挫折，亦曾有过激流勇退的想法，但是最后《印花交流》还是排除险阻、克服磨难，坚定地挺了过来。

二十五年，出刊 300 期，这不能不说是一奇迹。这就是德元先生的成功。

随着科技的发展，新兴媒体的出现，新的交流手段不断涌现，德元先生也是紧跟时代的步伐，借用网站网店、E-mail、QQ、微信、短信等新兴手段扩大交流面，停发了纸质的《印花交流》刊物，这不能不说是编者思维适应时代的一种进步。

二十五年，整整四分之一个世纪，既是一个回顾总结，更是一个崭新的起点。将《印花交流》历年来的精华文稿整理汇编结集出版是德元先生的恳切意愿，得知其有这一设想，笔者也是鼎力支持。

作为印花集藏爱好者，笔者有幸目睹、见证了《印花交流》成长的每一个脚步，对这份刊物也是痛爱有加，也曾加入到这份刊物的撰稿者行列。

作为《印花交流》成长的见证者之一，受德元先生之邀共同编写这册精粹文稿选编并能荣幸为其作序，个人更是受宠若惊，诚惶诚恐。

记得有首歌中是这样唱的："永远做一颗滚石吧！不想为谁停下。翻山越岭后往回看，二十五年哪！"这不正是编者二十五年办刊征程的写照吗？

二十五年风雨历程，二十五年拼搏奋进，二十五年呕心沥血，二十五年春华秋实。苍天可鉴，300期刊物为证。也许是一个巧合，"廿五"的谐音就是"念我"，勿忘我；"25"的谐音就是"爱我"。这样解读同一个数字的含义，难免让人留下无限的遐思……

清代的孙洙说："熟读唐诗三百首，不会作诗也会吟。"我今天要说："详阅此刊三百期，集藏印花必受益。"

祈愿本书早日付梓。

焦继承

丙申年辰月于飞机城（陕西阎良）

目录

目录

第三部分　收藏理论探究

目录

第四部分　印花收藏辨伪

第五部分　文史资料辑录

第六部分　印花单据欣赏

目
录

附　录

第一部分

廿五年的脚步

创 刊 词

木 子

当前，国内外民间收藏热正方兴未艾，形成了数百万收藏大军，收藏品种多达上千种。印花税票的收藏和研究也不乏其人，但与集邮相比，无疑是小巫见大巫。

印花税票与邮票堪称姐妹花，我国第一枚邮票就是用大清第一枚印花红印花加盖代用的。印花税自清末民初问世以来，已经历了近九十年的历史。早年，由于封建军阀割据，印花税票使用很不统一。根据现有资料及实物，中华人民共和国成立后国内的印花品种版式就有上千种之多，但对早年的印花尚缺少系统完整的资料和实物，需要我们去研究和探索。

但是，时至今日全国还没有一个以收藏和研究印花税票的专门团体组织和刊物。同时，由于广大爱好者各自所处的历史、地理位置的限制，或由于工作性质、环境的不同，往往不能理想地收集自己需要的品种，或有众多的复品难以兑换交流，或有需求的品种无法寻觅。或求专题版式，或求稀求全。为此，我们将根据广大印花爱好者的愿望，为您创造一个学习交流的园地，并在适当的时候，成立印花爱好者协会。

本刊的宗旨：以印花为对象，面向全国，团结广大藏友，在平等互利的基础上，贯彻“收藏与研究并重”的方针，为推动印花的收藏研究而努力。

《印花交流》总 1 期　1990 年 7 月刊

注：“木子”为李德元先生的笔名。后面署名“木子”的，均为李德元先生撰写的文章。

创刊周年献词

木 子

在广大印花藏友热情关怀、积极支持下，本刊迎来了周岁纪念。值此之际，本刊向全国藏友致以最衷心的祝愿，愿各位藏友在收藏研究印花活动中，更上一层楼。

一年来，印花爱好者队伍不断壮大，印花新品种不断出现，有关印花的刊物、文章不断增加。随着国际集邮联合会议决把印花纳入集邮范围，更使印花爱好者增添了信心，印花收藏前景广阔。本刊获悉，有几位爱好者收藏品种已达千种以上。

时光过去了数十年，由于历史的原因，印花税票不像邮票那样为人所重视。迄今为止，某些品种已遗存不多，有些已堪称珍品或孤品。岁月更迭，账册、报表等实物或散失或销毁，这些都增加了收藏印花的难度。唯其难，更能激发起人们的收藏欲望；唯其难，更能磨砺人的意志。为保护祖国的历史文化遗产，本刊将继续贯彻“研究与收藏并重，普及与提高兼顾”的方针，在平等互利的前提下，互通有无，调剂余缺，在活跃繁荣印花收藏研究活动中，作出更大的努力。

同时寄希望于广大印花爱好者，共同努力，齐头并进。

《印花交流》总 12 期　1991 年 6 月刊

热烈祝贺参展邮友获殊荣暨本刊创刊三周年（述评）

木　子

最近，全国部分地区举办省级邮展，部分邮友以印花税票参展并获得了较高的名次及殊荣，受到国人的热情关注。这些邮友几年、十几年、几十年锲而不舍的追求与耕耘，终于喜获丰收，梦幻成真。这既是印花收集爱好者的喜讯，也是我刊的喜讯，本刊向他们表示最热烈的祝贺和诚挚的问候。可以预见，印花税票的收藏热将持续升温。

另有些同志参展，可能未达到理想的结果，相信坚持努力，一定会结出丰硕的成果。据悉，董光呈先生的展品将参加 1993 年 12 月在北京举办的全国邮展，本刊预祝董先生参展成功，并期待其他邮友参展。

印花税自 1626 年于荷兰问世以来，已有 300 多年的历史。中国清朝末期开征印花税，迄今也有近百年历史（一说终清一代未实用，本人今年觅得一清宣统年契单，贴有纽约版 20 文印花，真伪还待专家鉴定。倘属真品，可证清代印花在少数地区曾实际使用过）。中华人民共和国成立后保留了印花税，到 1958 年因简化税制而合并过，30 年后于 1988 年重新开征。

目前，由于种种历史的原因，原始单据及税票均十分少见。尤其是北伐时期及军阀割据，各地方政府发行的税票实物及中华人民共和国成立前后某些地区的加盖税票也难觅踪迹。如果从现在开始，再不注意收集研究，那么，也许过不了多少年，这些珍贵的历史实物就会荡然无存，那将是令人可悲的。

幸喜，由于大家多方面的努力，此种令人担忧的状况已有所改变。随着国际集邮联合会把印花税票纳入参展范围后，各种民间及官方的邮刊上时有少量介绍印花税的文章及税票出售，但系统的介绍及出售不多见。这是因为当时的发行不很规范，发行的量与现今邮票的发行量相差甚远，又因为其不同于邮票的再生产性（邮票在一定时间内可扩大印刷量或加印），所以印花的存世量只会少，不会多。加上收藏的人日益增多，这种供求只会日益紧张下去，这就决定了价格的总体上扬是一种必然的趋势。故无论从保值的角度，或是研究的角度尽早、抓紧、抓好收集，不失为一种明智之举。

国内几个地区参展印花展品获较高荣誉，说明了印花集邮越来越被人们看好。为此，在本刊创刊三周年之际，再次呼吁：各位印花税票爱好者、收藏家，要不失时机，再接再厉，向更高的目标迈进，打出国门，使中国税票收藏在国际上争得一席之地，为国争光，为国人争光。著书立说，争取出几部有权威性的中国税票著作，弥补国内空白，造福于后人。

本刊将一如既往，继续为全国广大爱好者服务，为印花税票的收藏研究事业，竭尽绵力，作出应有的贡献。

《印花交流》总 36 期　1993 年 6 月刊

回顾与展望

——纪念创刊四周年

木　子

四年前的今天，《印花交流》刊正式诞生了。当时“印花税”还是个十分陌生的名字，四年后的今天，“印花税”已为广大邮友所熟知，这是一个可喜的变化。这期间，发生了两件值得庆贺的大事：一是国际集邮联合会把印花税票纳入参展范围，并成立了印花委员会；二是印花税票邮集在全国邮展上首次登台亮相，并获得了令人注目的成果。这两件事无疑对印花收藏界起到了极大的激励作用。这其间也凝聚了本刊为活跃繁荣推动印花税票收藏与研究的心血。

本刊交往全国数百位印花税票收藏家、研究家，有的是德高望重的老前辈，有的是研究有素的收藏大家，有的是入门不久的后起之秀。四年来，他们给予本刊殷切的期望、关怀、支持与鼓励，正是这种支持，使本刊能独立于民刊之林，本刊在此表示由衷的感激，同时本刊也深感责任之重大，盛名之下，其实难副，有负各位之厚望。

印花税票的收藏与研究是我国的薄弱环节，由于历史的原因，军阀混战封建割据，战争频繁；新旧政权的更迭，历次的经济与政治运动，使遗留的实物一少再少，总体上缺少连续性、系统性、规范性。再者，参与收藏研究的人少，有关领导重视不够，所以拿不出问鼎国际邮展的展品。现在这种状况正在改变，纵观全国，定期不定期登载印花税文章及交流票品的刊物已有十数家，参与的人也越来越多。但值得注意的是，目前少数地区，炒风盛起，价格扶摇直上，而且伪品充斥，令一部分刚涉足的爱好者望而却步。

展望未来，任重而道远，前景良好。本刊将继续贯彻办刊宗旨。以印花税为对象，团结全国邮友，在平等互利的基础上，“收藏与研究并重，普及与提高兼顾”，竭诚为藏友服务，为推动印花税收藏与研究而努力。要使印花税能冲出国门，走向世界，需化更大的力气，需全国同好共同的努力、支持。这是历史的责任，“宝剑锋从磨砺出，梅花香自苦寒来”，愿与各位共勉之。

《印花交流》总48期　1994年7月刊

税票收藏界的现状与未来

——纪念创刊五周年评述

木　子

岁月荏苒，迎来了我国抗日战争和世界反法西斯战争胜利五十周年，也迎来了本刊五岁的生日。

明年5月18日—24日，中国'96——第九届亚洲国际集邮展览将在首都北京中国国际展览中心举办。全国邮友正厉兵秣马，准备参展。本人获悉，东道国仅有40部名额可以入展，就连目前十分热门的普票也仅2部可入选，税票也在2—4部，尚待10月后由最高层平衡后方能作最后决定，这就使大部分展集不得不退出竞赛圈。前段时期各省、市邮展上均有税票参展，其中有取得较好成绩的，亦有名落孙山者。税票被人们看好，还是近二年的事，但最近据沈阳、成都、吉林、山西等地邮友来信反映一些问题，具有普遍性，今综述如下：

一、缺少一部权威的税票目录。邮票目录有清代目录、民国目录、区票目录及中华人民共和国成立后的目录，税票目录国际上有关中国的，有英国、美国、日本，或中国香港、中国台湾地区编的，但就是无原产地我们自己编的目录。这是目前仅有的空白，问题的症结在于"难度大"。目前为止，竟然没有一个部门敢于担此重任，个人的能力财力有限，所见有限，不可能在短时期内拿出一部权威性的目录，这个问题不解决，就严重地制约着税票邮集的发展。哪些多，哪些少，哪些罕，哪些珍，心中无数，凭个人的经验不完全正确，接触有限，有其局限性。集邮活动是个群众性的活动，如果没有群众的广泛参与，就只能是少数人的活动。而没有目录可资参考，也就不能激发起广大群众的兴趣及热情。这就要求上级有关部门迅速下决心，抓紧时间迎难而上，尽快编纂目录，以供国人研究学习，也可为评审员作参考。上级有关部门，国家财政部、税务总局，他们"只管"现行财税收入；邮电部、邮票总公司，他们"只管"发行邮票，这个任务无疑只能落在全国集邮联合会身上。国际集邮联设有"印花委员分会"，我国要与国际接轨，也得设此机构，有专人负责，才好办事。资料、实物哪里来？向全国税票收藏界征购、借用。没有懂行的人怎么办？全国选拔、借调。资金哪里来？上级拨款、自筹。如果全国邮联牵头，问题是不难解决的。我们是一个拥有千百万集邮大军的泱泱大国，一个历史悠久的文明古国，迄今未有一部税票目录，实在令国人遗憾。

二、缺少懂行的评审员。我们的评审员不是万宝全书，他们在各自的领域内是行家和权威，但他们不懂税票，我们不必过于苛求。因为一方面，税票列入参展，在我国还是个新增的类别，熟悉它需要有个过程（我们的评审员滞后确实会对税票参展带来影响）。另一方面，也就要求我们的各级评审员们要更加努力地学习新的东西，向一切内行的人学习（千万不要不懂装懂）以适应新的形势。再一方面，需要加快培养和选拔对税票有兴趣的、懂行的人充实我们的评审员队伍。否则在全国邮展、国际邮展中只能人云亦云，被人耻笑。在'93全国邮展中就有过评审税票时，互相推诿的情况，这样的情形希望今后不要再发生了。

三、进一步学习、理解《FIP 税票类参展品专用规则》及全国邮联 1994 年兰州会议制定的《全国邮联税票类展品评审专用规则》，特别对费用票及信用票的涵义一定要搞清楚。目前理解各异，必然会影响到税票类的健康发展及其评审，全国邮联必须引起高度重视。今年 4 月 16 日—17 日，应全国邮联邀请，国际邮联主席加迪亚先生、亚邮联主席郑炳贤先生一行四人在杭州就国际动态、传统集邮、邮政历史、邮政用品、专题集邮、税票等规则，组集技巧进行讲学，对我国集邮事业是个促进。上海邮协及专家参加了会议，回沪后进行了传达，本人有幸聆听了传达。由加迪亚先生对中华民国税票进行点评。使用的范本是董光呈先生新加坡邮展获银奖税票集，令人十分可惜的是参加会议的同志因英语水平的所限及对税票的无知，竟传达不出什么来，这不仅对我个人是个损失，对我国税票界是个损失，更是对我国集邮事业的损失。就上海这样一个实力雄厚的邮协，获奖数从全国第一降到第四，教训是深刻的。如果不吸收新鲜的血液，躺在几部获奖老集子上，要保住目前的水平也是很难的。幸好，上海市集邮协会的各级领导已意识到了，给予了重视。此次通过选拔，涌现出一批好的集子，将获准参加'96 亚洲国际邮展。

四、重视中国各历史时期税史。税票的研究与收集，目前重民国，轻新中国的倾向要引起注意。目前各地的税票集子，民国部分比重较大，据说与国际上评分较高有关，而对新中国的则缺少热情，殊不知中华人民共和国成立前后各地方人民政权的东西其收集难度不亚于民国票（相当于区票）。目前几部集子，时间跨度很大，范围很广，是实物不多，不得不借助于此。过去这些东西很多，可以说满天飞，多到当墙纸用，贱得很，现在情况呢？有了钱无处买，再过若干年的情况又将会如何呢？

一只小天鹅，幼年时混在小鸭群里，由于长得与其他鸭子不同而被斥为“丑小鸭”，后来长大了，却原来是只天鹅，飞上了蓝天。税票是否是“天鹅”，能否在将来与邮票分庭抗礼，在很大程度上取决于我国的高层领导的重视及全国数百万爱好者、收藏家的努力。

在本刊创办五周年之际，向全国邮友致意，期望各位能抓紧有利条件，把握好机会。在 20 世纪，我国还有两个大型邮展——'97 全国邮展及'99世界邮展。本刊将一如既往，在平等、互利的基础上，为我国税票收藏研究事业的腾飞作出努力。

《印花交流》总 60 期　1995 年 7 月刊

让中国税票走向世界

——纪念创刊六周年述评

木 子

从国际邮联1991年开始接纳税票参加邮展以来，我国已有多部税集参加了国内外邮展并获得了较好的成绩。这是我们税票界努力的结果，也是税票界的光荣，值得庆贺。瑞典人宙斯，在1995年芬兰世界邮展以一部中国税集荣获金奖，这是迄今中国税集在国际上获得的最高奖项。虽然不是我们自己的同胞（我们有理由感到脸红），但至少有一点：即作为素材的中国税票，完全有问鼎世界最高奖的实力。

中国税收有文字记载的历史，源远流长，可以追溯到秦汉时期乃至周代。只是印花税票发行迟于荷兰等国。被誉为中国珍邮之王的红印花小1元，就是用红印花加盖的，存世可考的有三十余枚。而红印花原先是海关内部用来贴于派司上的，至今也有百年的历史。

中国税票的复杂性决不亚于世界其他国家。这是由于我国特殊历史环境所决定的。从辛亥革命成立中华民国起，经历护国运动，北伐战争，军阀混战，三次国内革命战争，抗日战争。这些战争都波及全国时间长达四十年，没有一个稳定的政权和规范的章程，光民国时期就对印花税法修改了十次；中华人民共和国成立前后，由于解放战争的迅速推进，先后解放的区域利用民国税票加盖改值，形式各异、品种繁多，其中东北数省由于收兑旧币而用1949年球旗图加盖改值的品种达数百种之多。之后，又历经波折，使原来不多的东西更加难以寻觅。所以收集、研究中国税票已是当务之急。

中华人民共和国成立近五十年，尚未有中国税票博物馆、税史资料馆。一个有数千年文明历史的泱泱大国，面对自己的历史文化遗产，视而不见岂不怪哉?！而在中国举办的亚洲国际邮展，置中国1 500多万集邮者方便于不顾，不用中文而用洋文注释，只方便少数人，岂不是有违国情而本末倒置？但愿1999年国际邮展时会有所改变。

最近中国税票爱好者在京成立了“中国税票集邮研究会”，这是税票收藏爱好者的福音。他们自发组织起来，以收集保护税票资源、研究税收发展史为己任。但是未来的路还很远，任务十分艰巨，收藏实物、出版目录、编辑资料、筹备国家博物馆资料馆，迫切需要有关部门、有关专家的重视与投入，需要几年、几十年的努力。

这个民间组织还很稚嫩，需要大家的爱护和扶持。路是一步步走出来的，让我们从头开始，从一点点开始。历史会记得我们，人民会记得我们。

本刊创刊已是六周年了，回顾六周年来的变化，令人感叹。足以使本刊自慰的是中国税票从“养在闺中无人识”到“飞入寻常百姓家”，在国内外邮展上夺得一席之地。昔日“丑小鸭”终于登上了大雅之堂。

《印花交流》总72期　1996年7月刊

郭润康先生题词

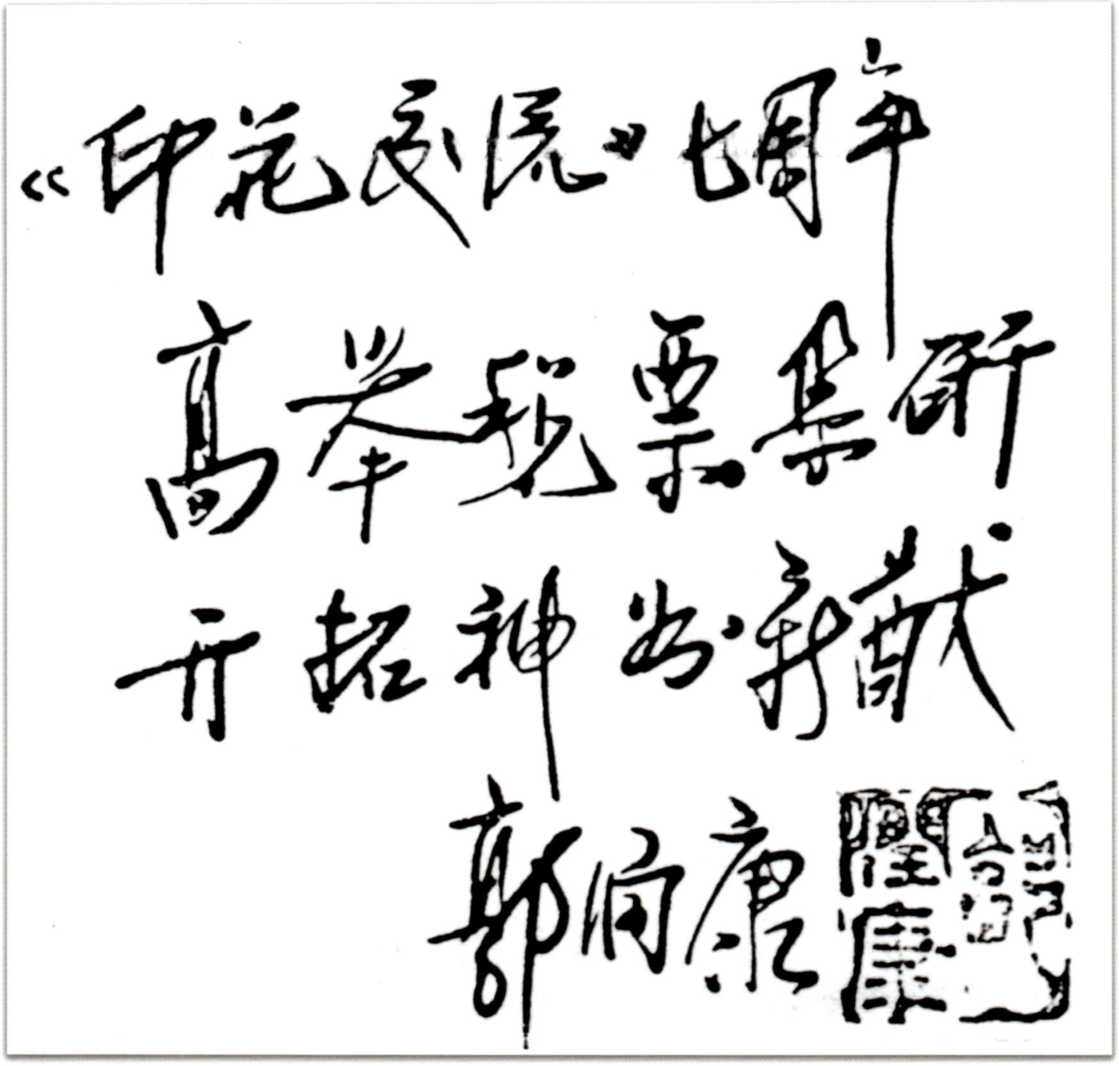

注：这是《印花交流》创刊七周年之际，著名的集邮家、邮学家郭润康先生为《印花交流》的亲笔题词："高举税票集研，开拓神州新献"，这是对《印花交流》刊物的鞭策与鼓励。

贺《印花交流》创刊七周年

陕西　焦继承

沁园春

寒暑交往，
岁月悠悠，
已是髫年。①
创九州先河，
独树一帜；
开创局面，
只手撑天。
挖掘史料，
整理印花，
广结四海同好缘。
藏花友，
悉赞君之刊，
君亦欣然。

颂扬华夏税史，
吾辈努力携手互勉。
税文化研究，
探讨补白；
弃糟取精，
溢彩古篇。
收藏组集，
笔耕税苑，
争做杜鹃与春蚕。②
藏花坛，
唯《印花交流》，
傲立峰巅。

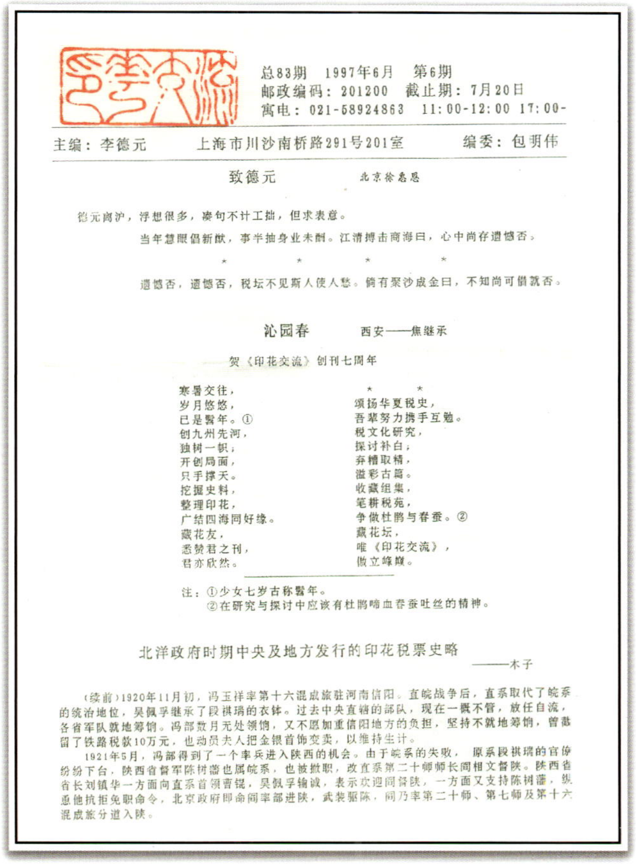
总83期　1997年6月　第6期
邮政编码：201200　截止期：7月20日
寓电：021-58924863　11:00-12:00　17:00-

主编：李德元　上海市川沙南桥路291号201室　编委：包明伟

致德元　北京徐惠恩

德元离沪，浮想很多，凑句不计工拙，但求表意。

当年慧眼倡新猷，事半抽身业未酬。江清搏击商海日，心中尚存遗憾否。

*　*　*　*

遗憾否，遗憾否，税坛不见斯人使人愁。倘有聚沙成金日，不知尚可借我否。

沁园春　西安——焦继承

——贺《印花交流》创刊七周年

寒暑交往，
岁月悠悠，
已是髫年。①
创九州先河，
独树一帜；
开创局面，
只手撑天。
挖掘史料，
整理印花，
广结四海同好缘。
藏花友，
悉赞君之刊，
君亦欣然。

*　*

颂扬华夏税史，
吾辈努力携手互勉。
税文化研究，
探讨补白；
弃糟取精，
溢彩古篇。
收藏组集，
笔耕税苑，
争做杜鹃与春蚕。②
藏花坛，
唯《印花交流》，
傲立峰巅。

注：①少女七岁古称髫年。
②在研究与探讨中应该有杜鹃啼血春蚕吐丝的精神。

北洋政府时期中央及地方发行的印花税票史略

——木子

（续前）1920年11月初，冯玉祥率第十六混成旅驻河南信阳。直皖战争后，直系取代了皖系的统治地位，吴佩孚继承了段祺瑞的衣钵。过去中央直辖的部队，现在一概不管，放任自流，各省军队就地筹饷。冯部数月无处领饷，又不愿加重信阳地方的负担，坚持不就地筹饷，曾截留了铁路税款10万元，也动员夫人把金银首饰变卖，以维持生计。

1921年5月，冯部得到了一个率兵进入陕西的机会。由于皖系的失败，原系段祺瑞的官僚纷纷下台，陕西省督军陈树藩也属皖系，也被撤职，改直系第二十师师长阎相文督陕。陕西省省长刘镇华一方面向直系首领曹锟，吴佩孚输诚，表示欢迎阎督陕，一方面又支持陈树藩，纵恿他抗拒免职命令，北京政府即命阎率部进陕，武装驱陈，阎乃率第二十师、第七师及第十六混成旅分道入陕。

注解：① 少女七岁古称“髫年”。
② 在研究与探讨中应该有杜鹃啼血、春蚕吐丝的精神。

注：这是《印花交流》创刊七周年之际，陕西焦继承先生所填的一首《沁园春》词，以示对这份民刊的恭贺。

《印花交流》创刊七周年自勉兼答谢全国同好

上海　李德元

沁园春

方寸天地，
上下求索，
万里奔波，
有诸公扶持，
欲展宏图；
往事如烟，
来日方长。
遨游历史，
笑谈未来，
愿将热血写春秋。
君知否？
为振兴税坛，
执著追求。

功过任人评说，
同心同德众志成城。
借《印花交流》，
取长补短；
学习研讨，
普及提高。
理想是铁，
希望成真，
身在浦东系全国。
莫徘徊，
与前辈同好，
共绘蓝图。

1997 年 7 月 20 日

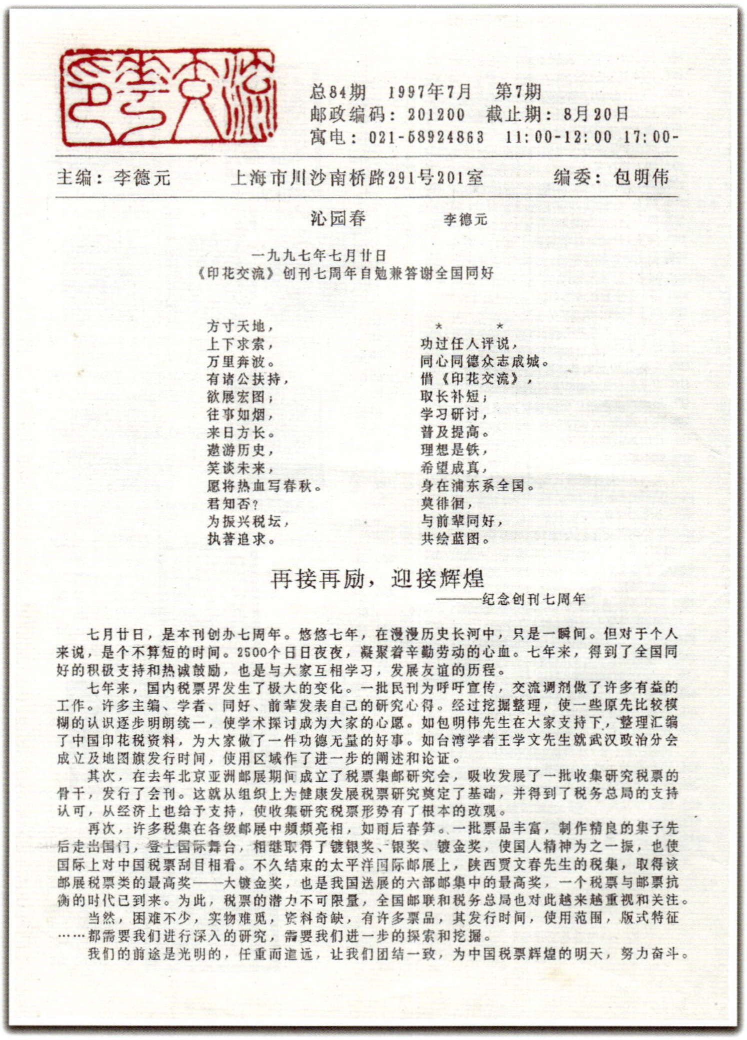
总84期　1997年7月　第7期
邮政编码：201200　截止期：8月20日
寓电：021-58924863　11:00-12:00 17:00-

主编：李德元　上海市川沙南桥路291号201室　编委：包明伟

沁园春　李德元

一九九七年七月廿日
《印花交流》创刊七周年自勉兼答谢全国同好

方寸天地，
上下求索，
万里奔波。
有诸公扶持，
欲展宏图；
往事如烟，
来日方长。
遨游历史，
笑谈未来，
愿将热血写春秋。
君知否？
为振兴税坛，
执著追求。

* *

功过任人评说，
同心同德众志成城。
借《印花交流》，
取长补短；
学习研讨，
普及提高。
理想是铁，
希望成真，
身在浦东系全国。
莫徘徊，
与前辈同好，
共绘蓝图。

再接再励，迎接辉煌
——纪念创刊七周年

七月廿日，是本刊创办七周年。悠悠七年，在漫漫历史长河中，只是一瞬间。但对于个人来说，是个不算短的时间。2500个日日夜夜，凝聚着辛勤劳动的心血。七年来，得到了全国同好的积极支持和热诚鼓励，也是与大家互相学习，发展友谊的历程。

七年来，国内税票界发生了极大的变化。一批民刊为呼吁宣传，交流调剂做了许多有益的工作。许多主编、学者、同好、前辈发表自己的研究心得。经过挖掘整理，使一些原先比较模糊的认识逐步明朗统一，使学术探讨成为大家的心愿。如包明伟先生在大家支持下，整理汇编了中国印花税资料，为大家做了一件功德无量的好事。如台湾学者王学文先生就武汉政治分会成立及地图旗发行时间，使用区域作了进一步的阐述和论证。

其次，在去年北京亚洲邮展期间成立了税票集邮研究会，吸收发展了一批收集研究税票的骨干，发行了会刊。这就从组织上为健康发展税票研究奠定了基础，并得到了税务总局的支持认可，从经济上也给予支持，使收集研究税票形势有了根本的改观。

再次，许多税集在各级邮展中频频亮相，如雨后春笋。一批票品丰富，制作精良的集子先后走出国门，登上国际舞台，相继取得了镀银奖、银奖、镀金奖，使国人精神为之一振，也使国际上对中国税票刮目相看。不久结束的太平洋国际邮展上，陕西贾文春先生的税集，取得该邮展税票类的最高奖——大镀金奖，也是我国送展的六部邮集中的最高奖，一个税票与邮票抗衡的时代已到来。为此，税票的潜力不可限量，全国邮联和税务总局也对此越来越重视和关注。

当然，困难不少，实物难觅，资料奇缺，有许多票品，其发行时间，使用范围，版式特征……都需要我们进行深入的研究，需要我们进一步的探索和挖掘。

我们的前途是光明的，任重而道远，让我们团结一致，为中国税票辉煌的明天，努力奋斗。

中国台湾省同好编辑的《百期志庆特刊——台湾篇》

百期誌慶特刊－台灣篇

1998年11月　第11期　總100期

編輯：游振傑　連絡處：台灣省台中市郵政信箱169號

恭賀《印花交流》出刊百期紀念

百尺竿頭
更進一步

王詔安·龍仕騰·王學文
台灣印花稅票集友游振傑·吳小虹·韓進文
許求麒·劉仁民·吳奇歷
曾丹桂——同賀

【专题讨论】

谈北洋政府时期山东省印花、税票　游振傑

很荣幸的应何教授之邀，来跟各位前辈报告谈谈民国建立後，至北伐成功、全国统一之前，属於北洋政府税制时期，在山东省一地所发行的印花和税票。

为何单挑介绍山东的呢？其他如东三省、云南、四川甚至福建、江苏等省份亦可探讨之，祇因个人认为单是山东省一地，其多彩多姿的各类税票，足以代表中华民国发行印花及税票的演变和历史背景，也可反应出收集中国税票类的票品，在传统方式、专题组集及税史类的各种趣味性，和瞭解其研究范围空间的广泛，希望藉此引起各位前辈对印花税票的兴趣和对邮展中税票类展品的重视。

㈠民国成立後，各省督军拥兵自重，虽奉北京政府为中央，大多数省份却以中央颁佈的“印花税法”阳奉阴违，公器私用，控制税源，甚至自行印製印花税票，截留国税。民国十四年，山东省出了个张大帅，更是将之表现无遗，等一下我们再探讨它。

中华民国之有“印花税法”，不是民国肇造後才着手制定的，其为因循前清旧制的经验抄袭过来的，在民国元年十月廿一日北京政府参照清末的“印花税则”制定出来的，於民国二年三月才开徵印花税和发行第一套印花税票。

前清的印花税，虽未正式实施，印花税票不论是纽约版或日本版的，也沒正式使用，但清末对印花税已有些概念，在这之前，各位前辈所熟悉的红印花邮票，原是三分银的“海关印纸”，同样的也沒有使用过的证据，但其原票部份改作邮票，成了珍邮，甚至发展出红学。

在“海关印纸”之前，还有“出口税印花”。咸丰八年（西元一八五八年）中英天津条约曾将道光二十二年（西元一八四二年）与英国订定的出口税作修正。其修正的出口税则中就有“草帽辫”的税目。山东曾发行“山东商务局籐草帽税”三分税票，见图一。草帽是山东传统的出口商品，由山东商务局徵收出口税，师出有名，只是不知何时发行的。此山东籐草帽税的“出口税印花”可能就是中国印花税票的滥觞。

前面提到的“海关印纸”、“出口税印花”、纽约版的“大清印花税”、日本版的“大清国印花票”，英文都叫做REVENUE。根据牛津字典的解释，为政府机关乃至个人的任何收入。而STAMP係印章、印记、标记之意。Revenue Stamps则是税票（TAX STAMPS）、规费证票（FEE STAMPS）和指票（CREDIT STAMPS）三类的总称。本人认为翻译为“税票类”较为通用，不论印纸、印花、印花税票都包含在税票类的范围内。

㈡山东省做为中华民国的一个行省，民国二年三月一日以後贴用的印花税票，即是长城图印花税票，为全国通用的普通印花，见图二。

大约在民国五年，洪宪帝制以後，各省为控制当地税源不流失，则在其上加盖省名、县名字样。如图三，山东使用的印花税票，上面都加盖上“山东”或各县县名。

长城图印花税票，为彫刻凹版，版铭为英文“中国印务局印製”，CHINESE BUREAU OF ENGRAVING AND PRINTING，即财政部印刷局，俗称白纸坊。面値有：壹分（棕色）、贰分（绿色）、壹角（红色）、伍角（紫色）和壹圆（蓝色）五种。

其使用时间，沿用至民国十四年八月底。

据说有一种小票幅的长城图印花税票，为张宗昌所拟发行的，票品下端左、右角列有“山”、“东”字样，只发现壹分面値，无齿孔之样票。见图四。

至民国十四年八月十九日，北京政府财政部经呈报段祺瑞临时执政，召开全国印花税会议，决定修改税法，发行新的麦穗图印花税票，代替长城图者壹分、贰分和壹角等三种面値，伍角及壹圆者尚可继续使用，以拑转当时之混乱局面。

麦穗图印花税票为凹版印刷，由财政部印刷局印製，它之特色为左右下角圆框內分别鑴有各省不同省份名称，见图五。

山东与京兆、直隶、山西为最优先发行，於民国十四年九月一日起实施贴用新票。见图六。

另外，本人收集到乙枚麦穗图印花税票，不知何时发行的，其左右下角圆框內鑴有“胶”、“澳”两字，别於一般省名者，见图七。胶澳，所指的是胶州湾，原为德国租借地，民国三年欧战事起，为日本所佔据。民国十一年太平洋会议决定将胶澳租界完全交还中国。此票亦当为民国十四年九月以後始使用。不知是否为张宗昌的傑作之一？

山东省到了张宗昌时代，中国的税票大放光彩，当然万万“税”了，各种巧立名目，横徵暴敛，人民的负担更加重了。

张宗昌，山东人，原是东北张作霖部属，因作战有功，获奉张重视、提拔，张宗昌想光宗耀祖，衣锦还乡事奉老母，张作霖始向段执政力荐，於民国十四

注：这是中国台湾省同好，为《印花交流》创办百期志庆特别编写的一期特刊。

宝剑锋从磨砺出　梅花香自苦寒来

——庆贺《印花交流》创刊十周年综述

上海　李德元

弹指一挥，《印花交流》已经十周岁了，为此值得庆贺。十年前，税票还是一个很陌生的名字，很多人不知它为何物，如今，已是名满天下了。从1993年以来，历次参加全国邮展的税票集子的地区有江苏、四川、辽宁、天津、湖北、山西、河南、陕西、吉林、新疆、云南、蒙古、西藏十三个省市，参加国际邮展获银奖以上有19人次，这些地区及同好为中国税票冲出国门，走向世界，作出了卓越的贡献，他们的业绩将永远载入史册。本刊向他们致以最崇高的敬意。本刊还要深深感谢与本刊共同合作奋斗的前辈专家、同好，感谢他们十年如一日的支持、鼓励与鞭策。

办刊难，难在坚持；办刊难，难在办好。首先，办刊要有明确的宗旨，是为赚钱，还是做桥梁？是单纯交流，还是学术研究？是认钱不认人，还是靠信誉立足？本刊从创刊的那一天起，就确立了“收藏与研究并重，普及与提高兼顾”的方针，并身体力行，以及时保真，先品后款，无条件退货，率先取得了同好的认可，本刊深切体会到信誉是刊物的生命。十年来，只发生过二次，收不回货款。当然，本刊还做得十分不够，工作粗枝大叶，差错不少（包括账务、标价、文章、文字等），也由于个人性格上的原因，得罪过一些同好，本刊向他们致歉。另外，学术研究还不够深入，尚须花大力气加强。

中国税史，可以用八个字来概括：源远流长，博大精深。从时间上，上可追溯到周朝，数千年的历史，绵绵不绝，延续至今。从地域上，（中国）东西南北都有税赋，历朝历代的统治者，没有一个能（肯）放弃税收，税收乃国之命脉。就从近代讲，谁能告诉我，清末有哪几个省开征了印花税？民国时期究竟发行了多少印花税票？各解放区加盖改值票到底有多少？1949年东北球旗图加盖形式与品种有哪些？…… 实在有太多的东西需要我们去开拓、去发现、去研究！

综观当今的收藏品市场，有几个能长久保持繁荣的？特别是邮品，由于连续多年的高发行量，以及各种高附加值的“邮品”大量开发，人为炒作，商业味太重，使得邮市失血过多，大量的集邮爱好者信心与资金遭受重创，纷纷转移方向。物极必反，邮政部门从去年开始，削减发行量，并从今年开始销毁部分不适用邮品，但力度不大，透明度不高，杯水车薪。本刊认为，扬汤止沸，不如釜底抽薪，来个矫枉过正，邮人的信心才能有所恢复。

邮政部门的“滥”已引起公愤，与此相反，税务部门的“懒”却未能引起重视。从1988年恢复开征印花税，发行过一套7枚印花税票，次年增发10元、50元、100元面值3枚。而1990年—2000年十年则为空白，12年中只发行了二套10枚票，平均一年不到1枚。当然要不要发行，税务部门更多的是从财税需要来考虑。我不清楚数年、数十年后，编写新中国税史的学者们会如何评价1988年—2000年发行的二套10枚印花税票。诚然，上述邮政与税务部门的问题，冰冻三尺，非一日之寒。

或请税务部门考虑建个税收税史资料博物馆，从各级地方税务部门，档案馆借调一点实物资料，向社会征集一点，请收藏界捐献一点，配上高科技的设备及管理人员（向老一辈税务人员征集税史刻不容缓），把重要的资料贮存起来，办个展示大厅，方便人们参观、查阅考证。以与我国数千年的税收史相适应，以与960万平方公里，12亿人口的大国相适应，以与国际接轨相适应（特别是今年我国可能加入WTO世界贸易组织）。君不见，我国有故宫博物馆、历史博物馆、军事博物馆、钱币博物馆、自然博物馆、邮票博物馆、纺织博物馆……唯独没有税收方面的博物馆，建一个如何？留点东西给子孙后代看看如何？最近江苏兴化市有位陈先生来函谓：受市税务博物馆筹办处委托，向国内外收藏家征求历代税务范畴的税务文献、税务用品、税收票证、文物典籍、票据戳印等。江苏兴化历来是个小地方，能有如此远见及魄力，难能可贵。为官一任，造福一方一直是当官的良好愿望，君不见，民营企业，出于爱国热忱，花数千万元，从香港拍卖行，把流失国外多年的牛首、猴首、虎首拍回来了么？这件事本身的社会意义超过了文物本身的价值。

邮市的低迷给我们带来了机遇，我们要大张旗鼓宣传税文化，大刀阔斧发展新会员。已经有一批集邮爱好者加入了集税票的行列，带来了一定的人气与资金，但是他们缺少必要的知识，带有很大的盲目性，迫切需要目录、图鉴及有关信息资料，作为入门的参考。目录图鉴虽在编写，但是进展太慢，这是因为编写力量比较薄弱，实物又浩如烟海；人员分散，相聚一起不易；一票一图，要求较高；资金不足，超过原先估算，等等。加快编目步伐，是当务之急。相信，目录面世后，会有更多的人会对税票发生兴趣。要积极开展学术研究与交流活动。感谢十年来为我刊著文的前辈专家、同好们；也要感谢提供票品参加交流的同好们，是他们为我刊带来了活力与生机；同时也要感谢每年付刊费的同好们，不但弥补办刊的亏损，同时也体现了对办刊人劳动及成果的尊重。目前除上海外，比较稳定的税票民刊有广东、湖北、江苏、四川、山东、江西、云南、安徽、山西、浙江等十多家，相信他们一定会有同样的体会。

2001年，将有一个全国邮展，从现在起备战，还有一年的时间。各地同好正厉兵秣马，充实提高。天高任鸟飞，海阔任鱼跃，长江后浪推前浪，届时，将会有一批新的集子展示丰采，本刊愿继续做一颗铺路石子，并在此预祝他们成功！

因为是民刊，没有过多的约束，提提意见，发发牢骚，比较随便，就算批评也好，就算建议也罢，没有长官意志。但也正因为是民刊，缺少权威性，人微言轻，势单力薄，起不了什么作用。位卑不敢忘忧国，但愿上级有关部门及领导能急群众所急，想群众所想，为振兴中国的税文化作出应有的贡献。

《印花交流》总120期　2000年7月刊

贺《印花交流》出刊200期

——华夏印花文史纪事

陕西　焦继承

《印花交流》刊，
确实不一般。
坚持十余年，
享誉税花坛。

普及与提高，
广结税花缘；
收藏兼研究，
影留青史间。

浇灌一园地，
搭桥来牵线；
交流讲诚信，
花友心喜欢。

再铸辉煌日，
编者心血献；
又个百期至，
依仗李德元。

《印花交流》总201期　2007年4月刊

纪念《印花交流》出刊 200 期专刊

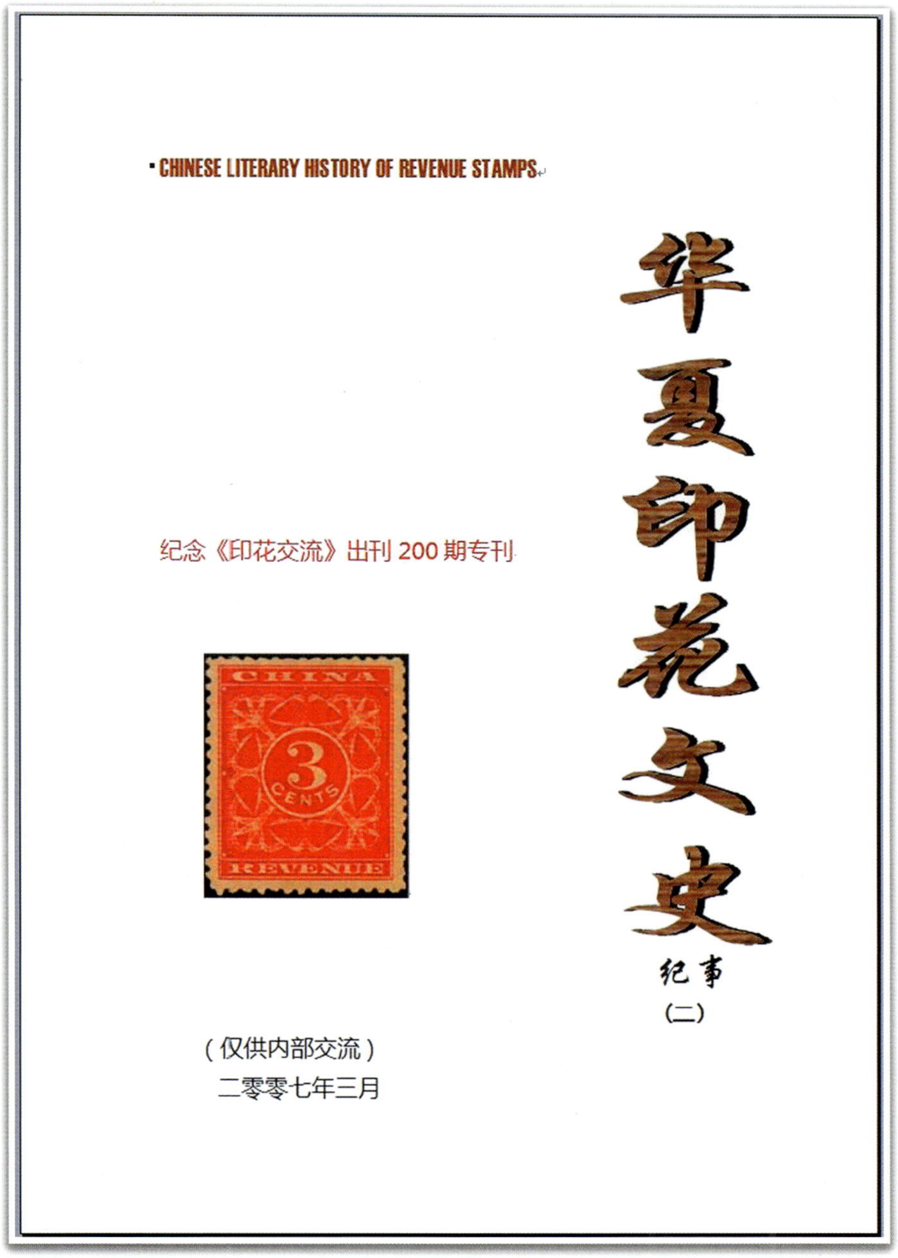
CHINESE LITERARY HISTORY OF REVENUE STAMPS

华夏印花文史

纪事

（二）

纪念《印花交流》出刊 200 期专刊

（仅供内部交流）

二零零七年三月

注：这是 2007 年 3 月《华夏印花文史 纪事》杂志为纪念《印花交流》出刊 200 期编写的一期专刊。

回首感言

——《印花交流》出刊 200 期感怀

上海　李德元

《印花交流》发行将满 200 期了！

这是个令人高兴、值得回忆的时刻。

本人从 20 世纪 80 年代初期开始收藏中国历代钱币，到中期转入收集研究中国印花税票，继而于 1990 年 7 月创办《印花交流》刊，一路走来，已有近 20 年了。这些年来，有幸结识了国内众多的前辈、同好和收藏家，得到了他们的热情支持和鼓励，结下了深厚的友谊。可以说，没有他们的鼓舞和鞭策，就不可能坚持下来。在此我要向他们表示最诚挚的谢意！

本人收集的范围是清末至今中国各个历史时期的印花税票及其实用单，其中重点是地方发行票。这类票收集难度最大，发行时间短、行用区域小、几乎没什么资料可以参考。实物也是非常罕见，所以迫切需要抢救和挖掘，加以整理，使之不被湮灭。经过近 20 年的不懈努力，目前个人收藏的品种已超过 5 千种，其中不乏珍罕之品。

为了同好们能有一个交流研究心得、调剂票品余缺的平台，进行牵线搭桥，创办了这份小刊。《印花交流》一经创办，立即获得全国广大同好的支持，纷纷来信来电，有来稿交流经验体会的；有提供票品的；也有买票无门的。从中认识了海内外众多的收藏家和爱好者，有的从此成为挚友。办刊有辛劳，也有甘甜，有时稿源不足，就要亲自动手动脑，找资料、寻实物。为了不贻笑大方，尽可能减少失误，需要反复推敲慎而又慎。在研究写作过程中，通过分析比较，从历史中寻找线索，思路往往会豁然开朗。经过大家十多年的努力探索，许多当年不为人知、或知之不详的票品，如今大多已清楚或已基本清楚其来龙去脉。

办刊交流还有一个“诚信”很重要。特别是在今天，由于生活节奏的加快，许多人变得很浮躁，急功近利。邮购、网上交易时有发生诈骗事件，买东西怕汇钱出去被骗；怕买回的东西名不副实；卖东西的又怕收不到钱；如此往往难以交易。本刊把风险留给自己，首开先货后款及无理由退货的办法，让客户先拿到票品，确认后再付款。这一措施解决了后顾之忧，同好对本人、本刊信任度大大增加。经过十多年的实践，在数万次的交易中，仅发生过一次不愿付账事件（对方确认收到东西，但无钱付款又不愿退货）。概率之小，可以忽略不计。这说明我们这个圈子内同好的总体素质十分高。刊物能有今天，也要归功于大家的支持！信任是相互的！

但是，由于经济上的压力，在办刊和票品交易中，或多或少地染上了商人斤斤计较、唯利是图的习气，今后还要努力克服。另外，由于个人性格比较耿直，说话直率，对看不惯的某些人、某些事，爱表明自己的观点；以及在学术研究讨论中，文字语气比较激烈，挫伤了一些同好的积极性和情感，以致发生过轰动一时的不愉快的事件……从中本人也消极地吸取了一些教训。

近 20 年来，本人参与、报道了国内（印花）税票界收藏研究的许多重要活动，为振兴繁荣税票收藏研究竭力呐喊、四处奔走，在此过程中也使自己的分析研究、写作、交际等综合能力得到锻炼和提高，受益匪浅。

近20年来，本人见证了中国印花税票从一只默默无闻的丑小鸭到在国内外邮坛上频频亮相获奖成为白天鹅的历程，这其中也包含着自己多年的心血，足以令人欣慰。

近20年来，为寻觅印花税票的踪迹，追寻她的历史，探索她的身世之谜，数十次地奔走于大江南北，一旦得到验证，心中充满喜悦之情。能为中国税票收藏研究活动添砖加瓦，尽一点微薄之力，感到无比的荣光。

近几年来，经过全国各界多方面的努力，税票（印花）收藏研究的环境有了巨大的改观，然而要走的路仍然还很漫长，让我们共同努力，为中国（印花）税票辉煌的明天而奋斗。

愿与有志于探索税票（印花）奥秘的同好共勉之！

李德元

2007年2月于浦东川沙

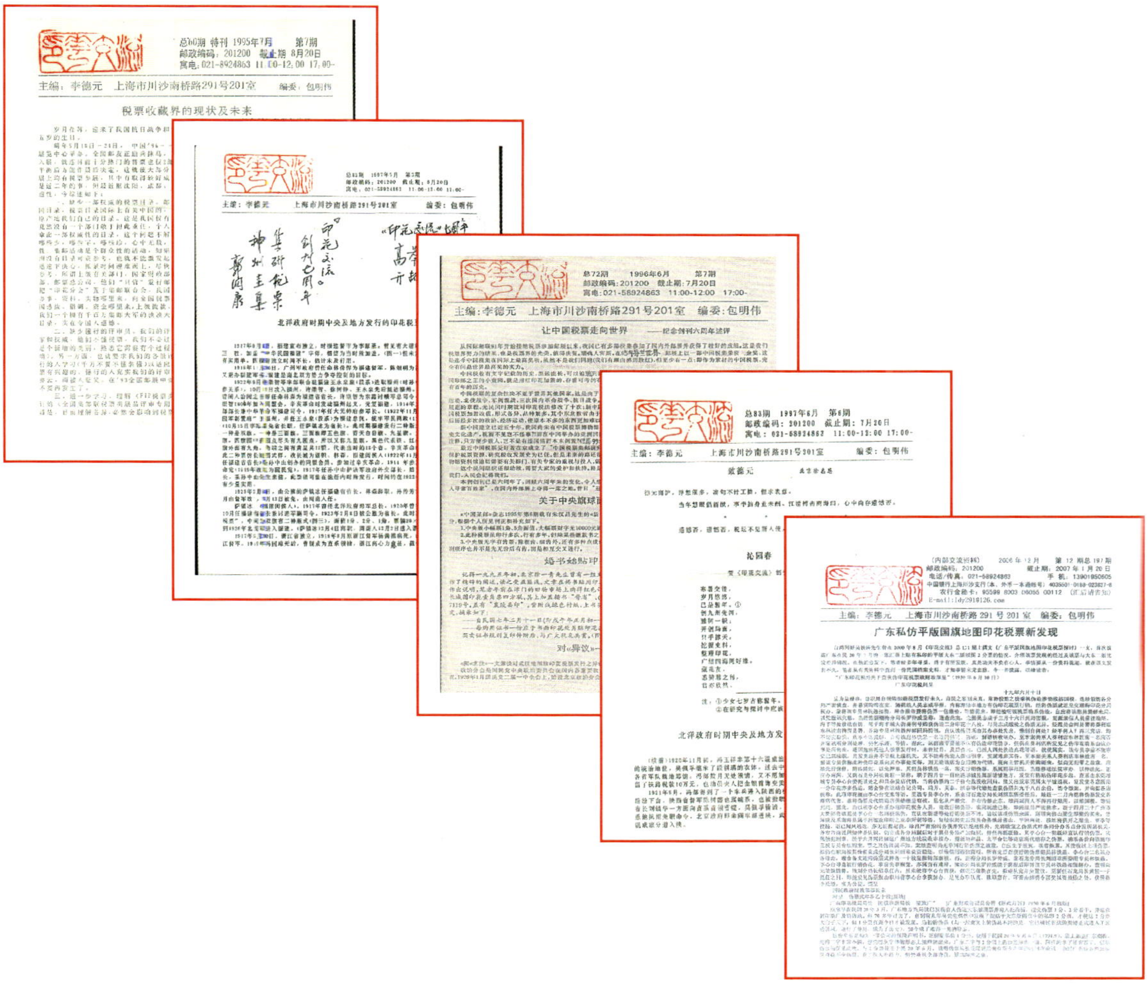

休 刊 词

——暨《印花交流》创刊二十五周年自勉

木 子

往事成追忆，相聚总有散。俗话说“天下没有不散的筵席”，任何演出总会有谢幕的时候。

《印花交流》从1990年7月创刊起至今已有25年，发行满300期了。可谓“前无古人，后无来者”。从开始时自刻蜡纸、手工油印到电脑打印、电子邮刊，见证了时代科技的发展以及互联网时代的到来。

印花税票从传统集邮角度出发，从默默无闻的丑小鸭到跻身于世界邮展之林，中国税票在世界邮展的舞台上已夺得金奖，从无到有，达到了从未有过的高度。这首先是全国同好坚持不懈的努力与奋斗，其间也凝聚着拙刊《印花交流》的辛劳与喜悦。从历史角度说，过去一枚枚印花不知道是什么时期、什么地方、什么组织或个人发行使用的到基本清晰明了，这是数十年探索研究的结果。

为了寻觅税票，廿年足迹遍布大江南北，曾经为觅得一枚珍罕票品而欣喜，也曾为购进赝品而懊恼。虽然还有许多印花税票未能寻觅到，在学术研究领域仍有许多待解之谜，留下些许遗憾。在生存压力下要静下心来作研究廿年如一日，殊为不易，“赢得生前身后名，可怜白发生”。为此我可以说：我曾经为之努力奋斗过，已经尽力了。

如何定位，商人？收藏家？学者？或许三者兼而有之。买卖是架设桥梁，以票养票，拾遗补缺，增加收藏，而收藏是为了探讨研究。我参与了2001年《中国印花税票总目录》的编撰，2006年为《中国印花税史稿》一书无偿提供了相当部分的图录。人总是要一点追求精神的，但个人的能力与时间是有限的，今后还要争取在二年内将登载的原创文章整理出版，任重而道远，一切待后人去评说。

退出流通领域的税票应当属于历史文物，是人类生产活动产生的文化遗产，需要我们继续挖掘、整理、保护和研究。感谢全国同好多年来的支持帮助，谢谢大家。

《印花交流》总300期 2015年7月刊

第二部分

研究文稿精选

清代时期
QING DAI SHI QI

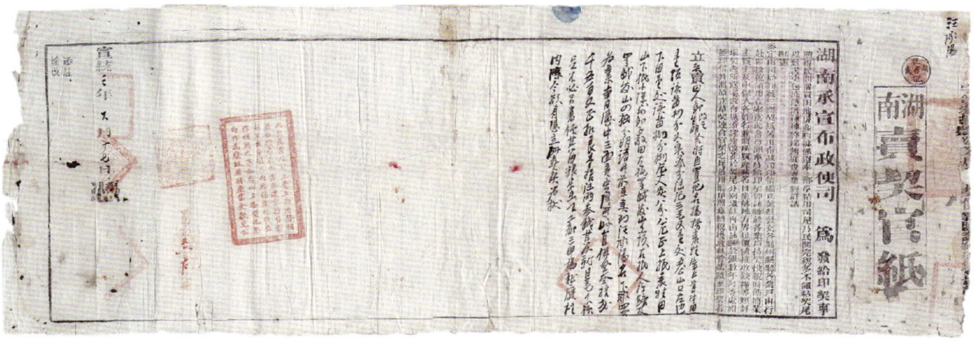

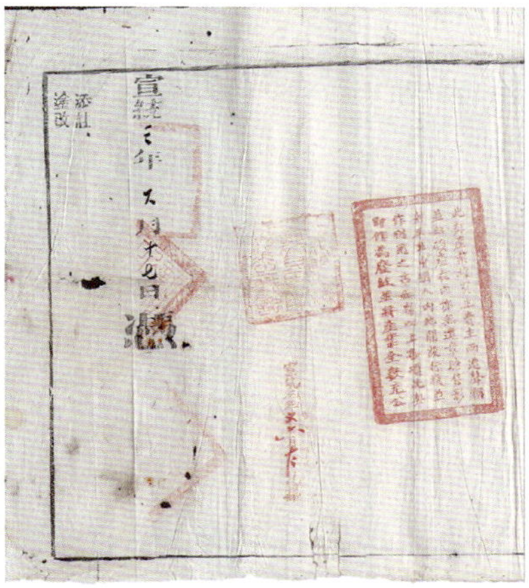

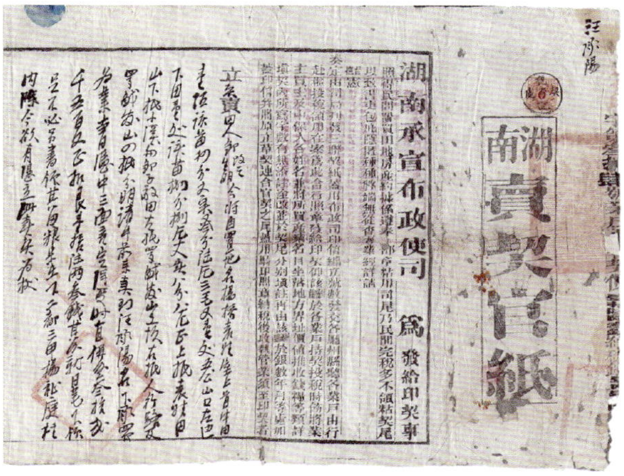

贴美国版大清印花税票 20 文面值票的宣统三年（1911）六月湖南新化官契纸

清印花的实施与实贴

山西 姚仲安

清印花税是否实施开征藏界有争议，本文就美国及日本石印版清印花谈谈己见。近年陆续发现一些实贴清印花税票的清代契纸，契纸上贴有美国版或日本版清印花。目前这类契纸大部分是皖歙县的，多是房、地契。

探讨清印花税是否实施，宜从下列方面入手：

一、官方文件。这是主要依据，目前除专用印花税票外，尚未见普通印花税开征之文件报道。

二、凭证单据。要有实贴和未贴印花的同类单据，以作比较。

三、印花销讫章及补充件。这是判别实施的关键实物。

目前大家能见到的有《收藏》月刊总第23期王成所附的复印件。其他契据在各个交流目录中介绍欠详。

四、相关的历史资料。

根据各种交流目录中票品介绍，我根据集中对清代光绪宣统年间的房地契汇聚分类，得出清代房地契有不贴花、有贴清印花的、还有贴民国印花的。为什么会有这种现象呢？在民国时期当房、地产买卖时或要取得民国政府认可产权时，清代契纸必须经民国政府“认证”，证明你拥有此产权或买卖合法。并在原契上加盖民国验讫章，有的还有民国政府的附件。此时在原契上贴花销讫。因此对清契上出现贴花、不贴花、贴民国印花就可以理解了。

在叶宁先生编的《交流目录》1992年总5期竞拍栏第26号，清光绪契纸贴有清纽约版20文印花，销盖“歙统计处”章。经查清政府无此机构，而北洋政府设有统计局，其下属当即统计处了。这是一个能说明原契上的清印花系后贴之实例。

清印花的使用在清代还是在北洋政府？如果在清代使用，则存在清印花税实施问题；如果在北洋政府使用则就不存在清代印花税实施问题。北洋政府是在1912年10月公布开征印花税法，于次年正式开征。那时长城图印花税票恐尚在印刷中。根据各交流目录介绍的实物，起始贴长城图印花税票是在民国二年（1913），但月份欠详。印花税法公布后，新税票尚未印就，先用何种印花税票呢？唯一就是利用清印花，因为清印花已是北洋政府的财物，为何不利用呢？目前已见云南、福建诸省有加盖“中华民国”四字的清印花，这些足以佐证北洋政府利用清印花。（也可不加盖利用）

综上所述，清印花税（指使用美国版、日本版普通印花票）没有实施。本文谨陈陋见，还望藏界同仁斧正。为了深一步的共同探讨，建议持有贴清印花的清代单据复印给《印花交流》转发。

《印花交流》总55期 1995年2月刊

阅刊文章关于清代是否开征印花税有感

四川　刘忠玉

现将查阅资料摘录供大家研究参考（原文）：

印花税，百货厘金之变相也。咸丰十年，邑令王应昌因军饷窘急，奉文设立，委绅承办，城乡均设局所、土货概行抽收，小贩则免。嗣改委员办理，旋仍由地方官督绅接办，军事告竣，始行撤去。清末袁氏政权，援外国印花税例，多设条款，饬各县仿行，然以多窒碍，故使契纸、词状用文。（民国《中江县志》卷文12，政事上。赋税，页10-11）

（护理四川总督示谕各户报明存土文：）……嗣后，城乡囤户、食户，无论存土多少，自本年十月初一起至十五日止，一律赴官膏总局报明，由局查验，粘贴印花。（《四川官报》光绪三十三年冬月上旬，第29册，公牍类，页11）

（光绪十六年初四日，刘秉章奏土药捐厘未尽事宜片：）……如部议必欲加抽，亦须统筹全局，酌定出产者分每百斤抽收若干粘以厘局及驻省巡道合毕印花；所过第一省再抽若干，亦粘贴印花，名曰加厘；以后再过之省，应抽应免，议定划一章程，免致各省任意自为，即有碍于民生，转无禅无国计。抑或仿照洋土办法，经由出产省份全数抽收一次，粘贴印花，此后所过省份，不再抽收，若无印花，全货充公。庶几官民易于遵守，商贩不敢以无印花之土自取充公，而厘局亦可凭所发印花之数，向各卡查收厘金，不致侵蚀中饱。（朱孔章《刘文庄公类议》卷6，页25-26）

（宣统二年，川督奏全省收支土税银数折：）窃查光绪十七年六月十二日，准总理各国事务衙门咨，余同户部奏川省土药税厘酌议划一章程一折、抄单内开，嗣后川省土药每百斤在内地征收落地税银四两八钱，到重庆出口，征收出口税银二十两，俟到通商别口，再征复进口税银四十两，由各收税处给予收过税银若干印花票据，此后无论行抵何处，查验印花税票与货物相符，即便放行，概不重征。

（四川烟土行用考：）光绪三十四年……商贩运土出境、烟土逐块粘贴印花，别给验票，每票限五十斤，收四十钱，以证明完过行用，免为其他分行所留难。（《四川财政考，烟土行用考》，页37）

经总局照准，并札饬各局：凡遇土挑带有零圆零块，无轮轻重，均须粘贴本局所发印花，一体给票收税厘，不准减漏云。（《四川官报》光绪三十年三月上旬，第5册折阅，页1）

四川厘金划一章程：土药不论大小之块，一经上市即行完厘，粘贴总局所发印花。如无印花，即以私沦，照章全货入官，免其科罚，税厘并完者加粘一印花。

（糖捐考：）……及其起运出境给与票据，于包桶上粘印花，若在本省拆零，则有印花足资查验也。

宣统元年，奏令设置糖捐局于县城。凡糖起运出境，给与票据，粘贴印花于桶上，凡过关卡查验放行。

（四川省劝业道详准讨办官茶公行普通规则：）第28节：商人于公行购定货时，由公行通知劝业员来行验运；每包装连皮重五十五斤为限，以每引票一张配茶二包一担。验期后，由劝业员将所奏劝业道之印花粘贴包上……

第 31 节，私茶法惩办：1. ……2. 包上不贴印花者；引票号数与花号数不符者，……（四川官报）宣统三年二月中旬。

从上述资料看来，四川地区在清代也使用发行印花税票。另估计，美国版、日本版印花税票发到了各省，只是好多地区不知如何使用和反对，未普及推广而已，据四川省中江县志载是使用了的。总结资料实物来看，我国清代印花税票发行使用的时间应是早于“红印花”。

《印花交流》总 56 期　1995 年 3 月刊

印花单据欣赏

民国十八年（1929）二月湖北汉口贴武汉政治分会版图旗印花税票的汉口扬子袜厂广告包装纸

读《阅刊文章关于清代是否开征印花税有感》一文有感

陕西　焦继承

关于清代是否开征印花税，一直是藏花界有争议的问题之一。

今读总56期刊《阅刊文章关于清代是否开征印花税有感》一文，对文中所摘录之资料，也谈一点个人看法及认识。

文中共摘录资料十一条。

第一条，摘自民国《中江县志》

"印花税，百货厘金之变相也"，此说欠妥。

"百货厘金"也称"厘金税""厘捐""捐厘""厘金"，它是旧中国的一种商业税。主要是在水陆交通要道设立关卡、征收的一种商业通过税。创设于1853年（清咸丰三年）。当时清政府为筹军饷镇压太平天国运动，派员在扬州仙女庙（今江都县江都镇）、邵伯镇等地劝谕米行，捐厘助饷。后订立仙女庙劝谕捐厘助饷章程，分活厘（行厘）和板厘（坐厘）两种。前者为通过税，向行商征课；后者为交易税，向座商征课。税率大致为值百抽一。百分之一为一厘故称百货厘金。原本系地方临时筹款办法，但此后各地相继仿行，遍及全国，它包括货厘、统税、统捐、产值税、落地税、山海捐、铁路货捐等，实为货物统税的一种。1931年国民政府撤销厘金，开征统税及营业税。

"印花税"则是对商务、产权、人事等行为所立之凭证，所征的一种税。它与货物税有本质区别（详见总57期文）。

"印花税"与"百货厘金"实属两个税种。不能将低税率的税种称为"百货厘金之变相"。

因此，"印花税，百货厘金之变相也"此说不确。

"咸丰十年，邑令王应昌因军饷窘急，奉文设立，委绅承办，城乡均设局所，土货既行抽收，小贩则免。"仔细分析此句，其所谈是对烟土、货物所征的货物税。

"清末袁氏政权，援外国印花税例，多设条款，访各县仿行……"此句所谈为1907年（光绪三十三年）度支部奏请开征印花税一事，由于各地反对，奏旨改期，以至清末未能施行。

第二、三、四、五、六、七条，所谈征收的是土药、土膏税，所贴之花应是土药印花，亦属货物税印花。

第八、九条所谈征收的是糖捐，也是货物税。

第十、十一条征收的是茶捐，也是货物税。茶捐又称"榷茶"，是旧时对茶叶实行专卖制度，为管制私茶交易，所征的一种税。"茶捐"始于唐德宗贞元九年（793），茶叶专卖始于唐文宗大和九年（835）。崇宁元年（1102）实行政府统制下的商人专利的"茶引法"，商人交纳茶价和税款领"引"，凭"引"卖茶，运销数量、地点均有一定限制。元、明、清时都沿用此法，直到1942年国民政府征茶类统税时才废止。

综上所述，原文所摘十余条资料，均无印花税之说，所谈都是货物税，所贴之花应归货物税印花。

因此，不能用上述资料来证实四川地区在清代发行、使用过印花税票。

认识欠妥之处，请同好指正。

《印花交流》总58期　1995年5月刊

对清末印花税票实用单据的质疑

陕西　焦继承

自从光绪十五年（1889），总理各国事务大臣奕劻创议开征印花税，后又有陈璧、程仪洛（光绪二十二年）、伍廷芳（光绪二十五年）、刘坤一、张之洞（光绪二十七年）、陆树潘（光绪二十八年）等人及度支部（光绪三十三年）多次奏请开征印花税。

从已知的文献档案史料中考证，仅有两次得以准奏试办。

一次是光绪二十八年（1902）十二月三十日，直隶总督袁世凯遵议试办。1903年3月22日，袁世凯呈送印花税票样致外务部咨文中写到："据筹款局详称，案查职局前奉宪台札饬筹办直隶印花税，当即谨向日本印制订造印花票纸，分为两期交收，兹将头批印花票纸运交到局。……"1903年4月21日，户部奉旨"印花税隶属创行，恐滋扰累，著从缓办理"。

另一次是光绪三十四（1908），度支部奉旨研究，酌拟章程，试办印花税。宣统元年（1909）闰二月十四日，印花税票印制完成，度支部奏请颁发各省。

从已知的史志记载看，宣统元年始，印花税先后在安徽、天津、湖北等地试征。

但又有文献记载："清代前后迁延二十余年，印花税终未试行。"此说难免偏颇，过于武断。

1941年《直接税月报》一卷四期上，载杜岩双《我国印花税制史之研究》一文，其中谈到"至终清之世，未能普遍开征"此说较为严谨。

为了证实清末印花税在局部地方试办，美国纽约版印花税票曾经实用，各地同好积极努力搜寻，发掘各种史料实物，及印花税票的实用单据。

对已披露的数张单据，笔者谈点个人浅见：

(1)《收藏》杂志总第23期，新疆乌鲁木齐王成介绍的镶白旗满洲的"执照"：

这是光绪二十八（1902）钦差户部督理左翼税务监督"那"发给镶白旗满洲一个叫"庆惠"的买卖房屋的执照，贴日本版印花税票×文一枚。

前文已作过说明，日本版印花税票是1903年3月才印制完成，它怎能早一年出世贴在1902年的执照上？这不是后贴是什么？

再看其销花戳：仿宋体字的椭圆形戳记。这与清代的印信相去甚远，与当时的印信制度根本不符（恕不便多论，以免给作伪者一可乘之机）；销花戳字迹清晰，毫无磨损之痕迹，似新制之嫌；清代用于镶白旗的销花戳，按常规只能是满文戳或满汉双文字戳，不可能用此戳销花。

从上述分析推知：这应是典型的伪贴单。

(2)《中国邮史》总第10期麦国培先生介绍的宣统贰年湖北汉阳单及宣统三年湖北夏口单：

湖北汉阳单贴美国纽约版印花税票文一枚；湖北夏口单贴美国纽约印花税票20文一枚。

这两张单中均盖有三枚不同的清代戳记。

一枚是"监督湖北江汉关税务兼办通商事宜之关防"。这是一枚官印，从这枚印记的式样中可以推知：此职属于荐任。

一枚是“夏口厅清丈局关防”，这是一机关印信。从这枚印记中也可以推知：夏口厅清丈局属于一个临时性（或不属于行政范围）之机构。

另一枚是一圆形直径 30 mm 的三格式腰杠戳，上格为“江汉关”，下格为“清丈局”，中杠为干支年号，以此戳销花。

前两枚戳记无疑，这第三枚——用于销花的戳记，与清代的印信制度相去甚远，这是一疑。

从这两张单据中可知：清末夏口厅、汉阳厅的清丈事宜均由夏口厅清丈局承担（武昌府的清丈事宜由哪一清丈局承担待考），此两张印契也均是夏口厅清丈局所颁发。从单中呈请书所知：呈请印税事宜为其上一级行政长官——即江汉关税务兼办通商事宜的道台大人。也就是说：契价，契税的（认可）盖销应是呈请对象，单中也正是如此——监督湖北江汉关税务兼办通商事宜之关防销印。

印花之盖销按理也应与上相同，或应是夏口厅清丈局，何来“江汉关”“清丈局”。这是二疑。

从此销花戳式样分析：这是仿清代海关之邮戳式样。推知：这应是圈内人士所为。但其税识拙劣，难免露马脚。作伪者杜撰的“江汉关清丈局”是否存在此机构，待考。

(3)《中国邮史》总第 11 期，湖北周震先生介绍的湖北黄陂单。

这是光绪三十四年（1908）杏月初二所立的地契，地价三十五库文，贴美国纽约版印花税票 20 文一枚。

销票戳文中介绍为“红色官印——黄陂县印花税筹售局”。从文中附图看却是“黄陂县印”（朱文篆书，满汉双文字方印）。

官印销在“光绪三十四年杏月初二”的日期上，俗称“齐年盖月”。同时销票符合当时的文书制度。那么，此日期应该确实无异议。按理，“地明”二字应书于印花票面，票却贴在字上，这是一疑。

纽约版印花税票，已有可靠文献证明宣统元年（1909）才颁至各省，且《武汉市志·税务志》记载“宣统元年，湖北省举办印花税”，那么，何以用后一年所颁发的印花票贴于前一年的单据之上？这是二疑。

原文作者解释是宣统元年补办印花税时所贴。如若按作者所说，那么销票的戳记也应是宣统元年所盖，宣统元年的盖戳何以会盖在光绪年间的日期上？这于情于理难以解释，更不符合清代的印信制度。这是三疑。

(4)《集邮》第 369 期（增刊第三期）江西曾耀辉先生介绍的山西忻州单。此单先后在《税票集藏》（曾耀辉主编）刊及《中国印花税与印花税票》一书中均作过介绍。

这是光绪二十九年（1903）四月所立的地契，房价伍拾千文，贴纽约版印花税票壹千文一枚。

已有可靠文献证实，美国纽约版印花税票于宣统元年（1909）才颁至各省，那么何以能贴在 1903 年的官契上？

再从其销花戳分析：有圆形的“印花”戳及树叶形的戳式。用两种形式的戳记在官契上销花，已属罕见；且树叶形的戳记多见于商业单据，将此戳用于官契上不伦不类，更显不够庄重；圆形“印花”戳，早对此戳提出过怀疑，也曾与曾先生作过交流、探讨，它与清代的印信制度不符。

(5)《收藏》杂志总第 90 期，山西太原廉文煜介绍的安徽休宁的两张收税票。

一是休宁县光绪二十一年（1895）十二月的收税票，贴美国纽约版印花税票壹千文一枚。

一是休宁县光绪二十三年（1897）三月的金归税票，贴美国纽约版印花税票壹千文一枚。

收税票、金归税票都是县以下的地方组织（都、图、甲）代表官府所开县的票据。

且不谈光绪二十一年、二十三年奏请开征印花税的奏折是否准奏，美国纽约版印花税票是否拟印，历朝历代，历次所颁的税则中都明文规定：凡关系国家或地方公益善举事业，所用之契据、账簿，官府所用之契据，均可不贴印花。

收税票、佥归税票根本无贴花之必要，仅凭这一点，就可断定其伪贴无疑。

再看其销花戳，也是圆形的“印花”戳，其形状、字体与（4）单中的戳式十分相似，如出一辙，这更增加了（4）单的可疑度。

从这（4）（5）介绍的单据其如出一辙的销花戳推断；这三张单据可能出自同一作伪者之手。

（6）《中国邮史》总第 15 期上海李德元先生介绍的湖南卖契官纸。“卖田银壹拾陆两叁钱，贴美国纽约版印花税票贰拾文一枚，销黑色圆形戳记，另盖有数枚红色官印及两方文字印章。”

单据及红色印章暂且不论，只谈一点这枚圆形销花戳。这枚黑色圆形戳记，内有楷体汉字四字（或五字）。文字呈十字形排列。此单的拥有者先释读为“契税处讫”，后经重新检视，改释为“契税处银讫”。

对于上述两种释读，笔者认为：释为“契税处讫”词句不通（个人观点）；释为“契税处银讫”（因为字体大小无区别），无论是环读，纵读＋横读，或横读＋纵读，均不能圆满解释。

再说清末中央政权下设有“税务处”“税务衙门”（海关尚有“税务司”），各省地方下设“××税局”“ ×税总局”。笔者查阅有关资料，并未查到有关“契税处”之记录。

此戳记也与清代印信之特点并不相符。

从清代的印信制度得知：清代只有帝王驾崩或国殇期，才用蓝色或黑色印泥消印，平常只用红色印泥盖印。同一契纸，同期盖印，为何会产生两种颜色的印泥？

如若此销花戳不假，那么清代应存在“契税处”这个机构。单中写明契价、契税的地方，何须再用地方官印销盖？

近来披露的湖北、湖南单大都满月销盖（改进了安徽单中销戳不清，引发争论之弊端），唯恐人们对销花戳产生疑虑。然其司马昭之心，路人皆知。

笔者在此要特别声明的是：戳销的单据只能提高单据的品相，并不可增加单据的可信度。另外，印花税票后贴（或补贴），并不违规（税法允许）。特别是对长时期有效的单据，但是最少应该引起收藏同好的警觉。

再看他类票证，从有关收藏书刊及收藏股票的同好手中的股证分析。如宣统元年川省川汉铁路股份有限公司股票，光绪三十四年京师自来水股份有限公司股票，光绪三十四年湖南瓷业有限公司股票、宣统二年湖北水泥厂股份有限公司股票、宣统二年芝罘宁福轮船公司股票等，这些股票并未贴印花税票。而清末制定的《印花税则》一十五条，其第二条第一类规定：公司股票票面银数合十千文以上，贴印花二十文。

从这些股票是否也可以佐证：印花税未在该公司所在地开征或在该地清代印花税票未曾实用？

股证未见伪贴之用，是否与股证之价格有关？

大量的文献、史志证明：清代末期印花税仅在局部地方试行，这已是不争的事实，但印花税试征不等于印花税已实用。

笔者认为：用上述实用单据尚不能有效证明清代印花税票已实用。浅识陋见，欢迎指正！

《印花交流》总 122—123 期
2000 年 9 月—10 月刊

清末（湖南）实贴单之我见

——兼与焦继承先生商榷

木　子

本刊总122、123期发表了焦继承先生的《对清末印花税票实用单据的质疑》一文（下称《质疑》），对已发现的清末印花税实单（除安徽歙县单外），从清代的印信制度、销戳形制、颜色、文字、机构以及成单的时间方面提出质疑，给我们提出了很多有益的启示和鉴别时应注意的问题，为我们今天乃至今后在类似鉴别真伪方面上了生动的一课。

但《质疑》所持论点，尚不能令本人信服。今天谈谈本人观点，并以此与焦先生商榷，与大家共同探讨。

诚然，目前有伪品存在。在高科技发达的今天，什么东西都能复制和做假。如果法律允许，克隆一个人也决非难事。但是，也决不能由此而怀疑一切。做假为牟利，如果化了极大的精力，只做了一件，那不一定划得来。首先，他必须找到一种合适的纸张（清代），印上契据有关文字，然后请一个会写毛笔字的人写上典卖内容，刻制并盖上各种官印（符合印信制度），贴上税票（符合税率），盖上销戳（这个戳上的机构必须有据可查）。同时要考虑盖戳的部位，是满月状还是半月状（假设是圆戳），销戳清晰一点还是模糊一点还需斟酌，因为销得很清晰会被认为“毫无磨损之痕迹，似新制之嫌”，如果盖得不清又容易“引发争论之弊端”。最后把它做旧，然后寻找下家。如此等等。当然，这仅仅是个假设，我看目前还不会有这种事。目前做假者为节省时间与金钱，均利用原有的真单和真票。所以目前发现的实贴单，大家对原契及税票的真实性均无异义。关键是实用时间及销戳的形制、墨迹、文字及机构上。其中核心即是销戳，只要能证实销戳是当时盖的，其他什么都不用求证了。所以销戳的单据决不是如《质疑》中说的“只能提高单据的品相，并不能增加单据的可信度”，恰恰相反，销戳的真伪是决定可信度的分水岭。

鉴于目前，尚缺少有效的科学手段来判定它的真伪，只能凭经验，这个经验是建立在对史料全面的、深刻的了解以及对实物有长期的、深刻的感性认识上。它决不是某个人随便说了就能定论的。各行各业的专家、权威正是基于上述基础上才被人们逐步认同的。但是专家的结论也不是绝对的，对一件书画的真伪，著名书画鉴定家徐邦达与谢稚柳就作出过相左的结论。所以专家、权威的结论也必须符合实际，也必须得到大多数人的认同。

从民间得到的东西，你把它的来源说得再生动、再真实，人家只会把它当成“故事”，如果国家档案馆能公开这样的东西，情形就不同了。如同野外考古挖掘，由于有一定的程序及科学的记录，它的可信度也毫无疑问了。

我们求证一件事，既可以现有的史料，搜集有关的实物来相互印证，也可以凭现有实物，从史料中得到求证。下面具体谈几个问题。

一、关于印信制度

各朝各代，对印信均有一套严密的行用制度。清朝也一样。但制度有一个建立、完善的变化过程。清代，正规职官用正方形官印，称“印”，印用朱红印泥，临时派遣的官员用长方形的官印，称“关防”，关防用紫红色印泥。督抚原为临时派遣，因此亦用关防，职位卑下的称条记、图记、钤记。清代官印的特点是印文用汉文和满文对照。乾隆朝以前，满文用楷书，乾隆十三年开始，用满文篆书入印。所称“齐年盖月”，应是官印盖时，应与年份齐平，同时把月份盖住，为的是防止涂改作弊。但是，本人近从十几张清代地契中找到二张光绪年间并未“齐年”的单据（图 1）。在《中国邮史》总第 6 期（1988 年 11 月，页 47）有一光绪十八年功牌，所盖官印并未“盖月”。

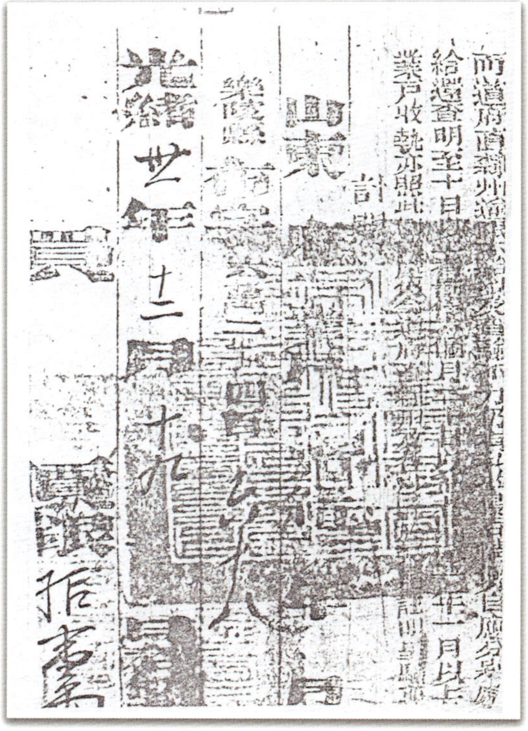

图 1

历史上的事情是复杂的。让我们再看看清代的邮戳，是否可以找出一点启发。从孙君毅先生编的《清代邮戳志》(中国集邮出版社，1984 年)，我们可以知道，清政府于 1896 年 3 月批准开办国家邮政。邮戳有广义与狭义的解释，狭义是涂销邮票表示寄发、到达地名及日期，前者如八卦戳，后者如海关日戳（在注销这一点上，与税票的注销是相同的)。形状有圆形、椭形、长方形，文字有汉文、英文、汉英文，字体有楷体、宋体、篆体，读法有直读、环读，油墨颜色有黑色、红色、紫色、蓝色与棕色，加盖形状有满月状（全戳)、半月状（半戳)。这能说明什么呢？说明就邮戳来说，从开办国家邮政那天起，全国从未统一过。以中国地域之广，交通通讯之落后，决定了不能同一时间执行规定（如果有规定的话)；以中国人口之多，文化素质之差异，决定了不能人人都按规定执行；以中国历史之长久，不可能一成不变执行规定；以中国经济发展的不平衡，不是所有地方都有条件执行规定。“文革”时期，个人崇拜达到巅峰，“一片红”邮票还不照样违规提前销售贴用？三令五申不准发行附加费凭证，不也是许多地方搞了？

当然，我们必须承认，印信制度有一定的严肃性（在一定的时间与空间内)，但制度是人制定的，也是靠人去执行的，再严密的制度，总有不足的地方，需要不断去修改。根据历史的经验，一个朝代的规章制度，其创立阶段与没落阶段，不像政权鼎盛时那样稳定，期间也是不断变化着。总之，制度规定是一回事，实际操作又是一回事。

清《印花税则》十五条，既没有对开征印花税的时间作出具体的规定，更没有对销戳的形制、油墨的颜色，加盖的形式作出规定，只是“责成立契人于授受前贴用加盖图章、或画押于印花税票与纸面骑缝之处”（第四条)。并在附件《度支部为遵议印花税法拟请仍照奏定章程试办事奏折》中说“所定办法一以宽简为主，不敢稍涉苛细”，“仍俟开办以后，体察情形，有何窒碍，再行斟酌办理”。说明制度的制定者考虑到印花税是新生事物，刚开始办时会有阻力，故比较宽松，在执行中有什么不周到的情况，再酌情补充修改。其文内又说：“令于藩署或相应局所附设管理印花税处，不准特设专局，致滋縻费；各府州县发售印花均令招商承领，不准胥吏经售，其商民贴用印花亦于税则内明定罚章，不准旁人挟嫌告发，地方官毋用派人查验。”明文规定不设专门机构，官方不插手，也不需去查验，如遇诉讼纠纷，自按《税例》条款处置。

二、正确看待历史资料

历史资料是我们求证某些事的重要依据，这是勿用怀疑的。但我们必须清醒地认识到，并不是什么东西都能从史料中找到答案的，要不然，我们就不会说，补史料之空白、之不足之类的话了。史料中找不到的未必一定不存在。如某机构，中央一级找不到，地方州、厅、县有没有?！另外，我们是否能够说，已经把所有的有关史料都翻遍了，恐怕谁都不敢这么说。找不到，也不要气馁，可能有三种情况：(1) 原本就不存在；(2) 史料漏载；(3) 没找到有关史料。查不到某个机构，并不能证明销戳就是伪造的，也许这个机构存在短短的几月，甚至几天。即便查到有这样一个机构，也并不能证明销戳就一定是真的，如果真是这样，为什么作伪者要杜撰一个不为人知，或史书上未记载的机构或名称呢?！他为什么不造一个诸如“税务处”“统计处”呢?！

另外，史料存在错误也是不容忽视的，诸葛亮的出生地究竟是河南南阳还是湖北襄阳?烂柯山（传说中王质看下棋烂了斧子柄）究竟在哪里，历史学家们至今还争论不休，公说公有理，婆说婆有理，双方都有史料为证，大家都有遗迹留存。即便如《史记》作者大文学家司马迁，写的东西也免不了出入，这取决于所依据的原始资料的正确性，以及个人的人生观、价值观，以及历史的局限性。

从已发现的印契看，各省均不同，未统一，地方管辖印花税也未有统一的机构，它可以附属于某个机构，也可能由某个机构代办。税票贴在草契上或是印契上也无明文规定，随意性很大，并不能说明什么。

总之，本人的观点是：不唯书，不唯上，一切从实际出发。

三、各省都具备了开征印花税的条件

从光绪十五年（1889），清廷议征到宣统元年（1909），经过了 20 年，从西方考察，到制定章程，从订购印花税票到奏请颁发各省，[《度支部承政厅等为印花税票制成请颁各省试用等事奏折奉旨准行事致堂上呈文》（宣统元年闰二月十四日）]，已完成了一系列的准备工作，圣谕下达到各省地方官奉到票后 3 个月为施行之期。可以说，各省领到票后，都有了开征的可能，也就是各省都有发现实用单的可能。

但是，由于各省的地理位置有不同，距京城近的，一天可打个来回，如直隶。路途远的，打个来回可能要数月，如新疆、云南。省里领到票，还要层层往下颁发认领，所以即便具备了开征条件，实际开征时间会有先后。另外，即便是一个省，所管辖的数十百个县，也不一定全部开征。顺便说一下，本人创刊初期，曾从苏州收集到一枚墨划的清纽约版 20 文票，当时也不懂，为什么好好的票上要涂上墨迹呢? 后来因嫌品相不好而淘汰了。另外苏州有位邮友曾托售过贴 20 文墨销的实单（不是地契，他解释是上一辈留下的），定价好几千元，在当时是个天文数字，被我退回并责骂了一番，至今仍感到内疚。自己的幼稚无知，受传统史料的影响，认为清代未有实用。中国台湾地区同好收藏有山东的实单，据告是多年以前收购到的，惜未见实物。

四、为什么清末实单少见，而发现的均是房田契上贴用

上面说各省都具备了开征的条件，并不是就此认定都开征了。实单的少见有几个原因：

(1) 从票发到地方，到辛亥革命成功清朝垮台只有二年左右的时间，所以开征时间不长。

(2) 是否开征取决于当地官员对清廷的忠诚程度，其执行清廷旨意的坚决程度与忠诚程度成正比。由于光绪及慈禧相继去世，宣统登基时才是三岁的孩子，大权主要在摄政王载沣等人手；而光绪皇帝是傀儡，大权一直是在慈

禧之手，特别是戊戌变法失败后被幽禁于瀛台，皇帝的权威受到极大的削弱。各地大小官员产生信仰危机，皇帝的政令不畅，几次下召开征均被地方以种种借口拖延不办，只得一再缓征。

（3）由于百姓、商会的坚决反对，地方官府不得不考虑民情舆论，生怕引发抗捐抗税、罢市罢工风潮，不得不一再推延开征。

（4）重大事件的影响。

1911年4月27日爆发的广州起义，死难72烈士（史称黄花岗七十二烈士）；1911年6月—9月爆发的四川保路运动，清廷派兵镇压，制造了成都惨案，并引发了武昌起义致清廷垮台，都会影响到该二省的开征。

让我们再看看湖南省：1910年3月，湖南巡抚岑春蓂宣布从4月7日起禁止米谷出口，在此期间奸商与外国洋行纷纷抢购，米谷大量外流，米价暴涨；4月12日湖南长沙南城外群众一、二百人到鳌山庙巡警分局，要求开粜坊救济乡民，次日官府捕人，群情大愤；13日长沙饥民两万余人到巡抚衙门要求“减价粜米”，围巡衙门，殴巡警道赖承裕，抢米店；14日长沙饥民捣毁巡抚衙门，纵火焚烧，波及教堂、学堂、洋行，巡抚岑春蓂走避，官军开枪镇压，死伤多人；5月3日，湖南宁乡乡民聚众焚毁警局、教学、学堂多处；6月14日湖南长德大水成灾，6月湖南巴陵、临湘交界处长乐街地方饥民联合会堂暴动；7月湖南沅江饥民数千人起事；宣统三年3月31日湖南同盟会员刘文锦等五十余人在长沙会议，密谋起事；3月湖南饥民4万余人聚于岳州、华容、南州等处，捣毁厘卡分局；4月21日，湖南华容会党联合饥民万余人抢粮，冲入县城；5月14日长沙湘路公司开全体大会，筹议抵制铁路国有，到者万余人；16日绅学商民一万余人往抚辕请愿；5月16日浏阳乡民聚众进城抢米，安化、溆浦、新化、浏阳等县乡民打击官绅镇压（以上摘自《中华民国史资料丛稿》（大事件序编1905—1911））。10月10日武昌起义，辛亥革命成功。湖南首先响应，焦达峰、陈作新于10月22日发动湖南会党和新军在长沙起义，巡抚余诚格逃走，建立湖南革命政权并派遣军队支援武汉。

我们再来看湖广总督及湖南巡抚的情况，根据《清史稿》（卷200，页7472—7478）记载：光绪三十四年二月（1908），陈夔龙接替张之洞出任湖广总督，直到宣统元年十月调任直隶总督兼北洋大臣。接任是端徵，一直到宣统三年八月，民军占据武昌，瑞弃城而逃。接下来是袁世凯、魏志焘、王士珍（皆未任），最后是段祺瑞，四年不到，换了六人。根据《中华民国史料丛稿》（人物志及大事件）记载，光绪三十四年十二月（1909），湖南巡抚为岑春蓂，到宣统二年四月十四日走避，旋被革职。接任杨文鼎，到宣统三年四月仍在任，宣统三年十月二十二日巡抚为余诚格，（杨、余二人何时到任、离职未查到）。三年之中换了三人。（清代巡抚已演变为省级地方长官，总统一省军事、民政、吏治、刑狱等。清巡抚与总督同为封疆大吏，只是巡抚品级稍低，仍属同行。湖南省的事，除受湖广总督节制外，巡抚在省内仍有相当大的自主权力）。

从宣统元年开始，到辛亥革命，清廷中央一级内部矛盾重重，争权夺利，勾心斗角。时局动荡，各地革命浪潮风起云涌，山雨欲来风满楼，清皇朝已是摇摇欲坠了。在这种情况下，已是很难保持正常稳定的开征了，再加上岁月流逝，自然的、战争的破坏因素，以上种种是造成清末实用单少见的主要原因。

从已发现的实单看，均为房田契。我们知道，中国社会是以农业为基础的，土地是农民最重要的生产资料，房子是生存的必要条件。（生活及生产资料）没有特殊的情况是不会轻易典卖的，它们是百姓的命根子，要传子传孙，自然会倍加珍惜保护，才能留存至今。

为了避免可能发生矛盾纠纷时缺少有效的法律依据，必须使产权得到官方的认可，就必须按官方的有关规定办理。虽然要付出一定的手续费及印花税，但在权衡得失下都会去办；

而某些可办可不办的，则不办以节省银两，还谈不上偷漏税额。因为当初开征时，未必如后来那样严格，另外百姓还不太了解，不太熟悉，不太习惯，地方官员也有观念转变的过程。

五、关于湖南实单

说自己的东西最有发言权，自己最清楚，主要是它的来路。本人在《中国邮史》总第15期上已简单介绍该单的来源。另外有一个情况要说明：刚收到此单复印件时，感到销戳不够圆整，略呈椭形。待收实物后发现，原来税票下面尚有被掩盖的部分销戳墨迹，经我在贴票背后沾些水并把票轻轻剥落，对准销戳重新粘合，方是目前所见圆形（由于销章时略有移位，造成外圆油墨粗细不匀，仍显得不够圆整）。经我去电询原主，被告知当初购入时，税票即将脱落，是他把票贴好（因为是外行，未注意到戳的完整性），并在单子后裱拓了一下，怕的是单子破损程度增加（根据拓裱的情况看，原主并不是裱纸的高手）。以上是本人购入的情况，诸位尽可把原主及本人的话视作“故事”。本人还特意去信请其将当初购入时的情况及历史背景谈一下，看看是否有破绽（见图2）。从来信中，得知他不集税票，上过电视，得到过县委、市委嘉奖，是当地一位颇有名气的收藏家。从其书写的文字看相当老练，对历史也有所了解，有一定的文化修养。另外，正如他来信所述，本人在近几年未在该地附近数县联系到收藏税票的同好（另外得知他是位离休干部）。根据上述情况分析，本人认为他来信所说的情况是可信的。此单的来龙去脉及销戳不圆，税票脱落不会是他故弄玄虚。在相对闭塞的湖南山区，对税票的了解也不会怎样深刻，做假的可能性不大。而且此单购入价格很便宜。至于此单销戳文字，本人第一次曾释读为“契税处讫”，第二次因发现中间尚有一字而改释为“契税处银讫”，从字义说似乎通顺，但由于中间一字笔划不完整，模糊而难于辨认，不类“银”字，似乎是“关”字，所以目前的释读，本人自己也不满意（见图3）。至于《质疑》中说“单中写明契价、契税的地方，何须再用地方官印销盖?”是很正常的，经办官员认定后在契价、契税的地方盖上官印，是为防止事后发生涂改作弊，数目被涂改，容易引发纠纷。在民国时期，各种经济交割的单据上常有加盖公私印章的，包括数字被修改后，再盖个章在上面。

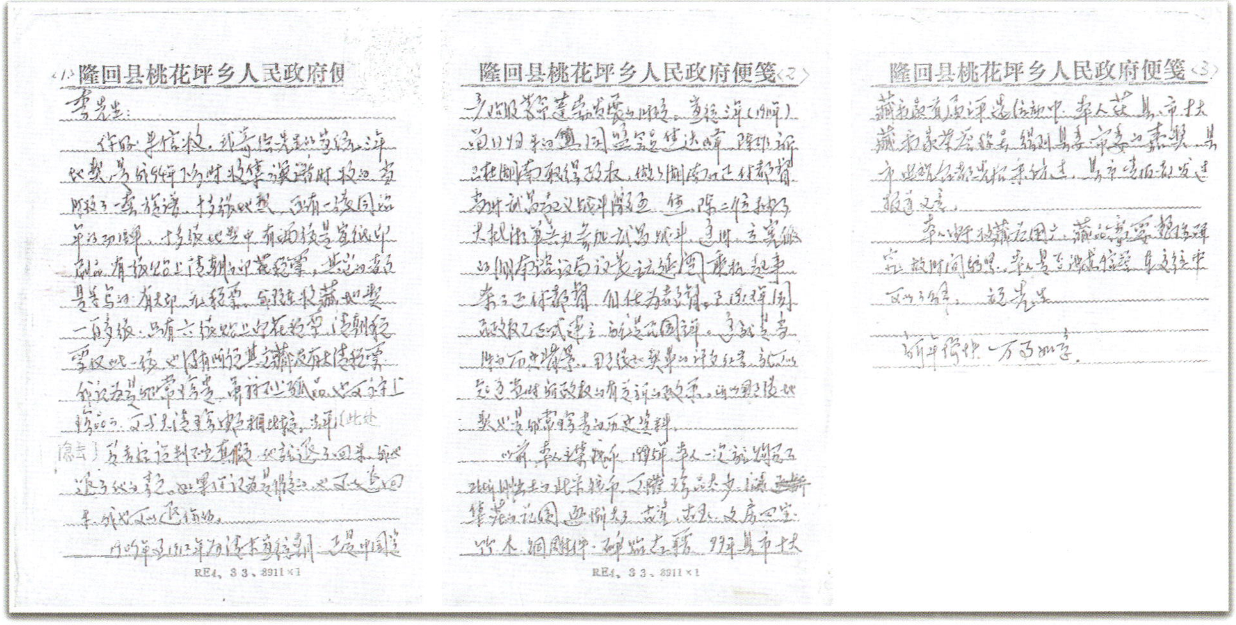
隆回县桃花坪乡人民政府便笺

隆回县桃花坪乡人民政府便笺

隆回县桃花坪乡人民政府便笺

图2　便笺

图 3

综上所述，经过笔者综合分析，本人认定，湖南新化宣统三年六月贴纽约版 20 文印花税票的实单是可靠的。

最后，笔者需要提醒的是，在收藏的过程中，要求完美并非坏事，这是每个收藏家的通病。但不能是完美主义者，一切要求尽善尽美是不切实际的。在查阅史料中，要注意史料的局限性，在分析探讨事物的时候，力求避免以偏概全，形而上学。在鉴定实物的时候，克服先入为主、经验主义，既要防止伪品，又不能草木皆兵。

焦先生与本人亦有多年的交往，在我刊上发表过多篇论文，说明焦先生对我刊的支持与关怀。我们欢迎焦先生的文章，主要是敢于开动脑筋，敢于提出问题。通过双方或多方的探讨，能使心中的疑虑得到合理的解释，也能使伪品无处可遁，使真品得到大家的认可。倘使焦先生能多观摩实用单据，多观摩全国邮展，在研究史料的同时，在实物上作更多的投入，相信一定能取得更丰硕的成果。

《印花交流》总 124 期　2000 年 11 月刊

印花单据欣赏

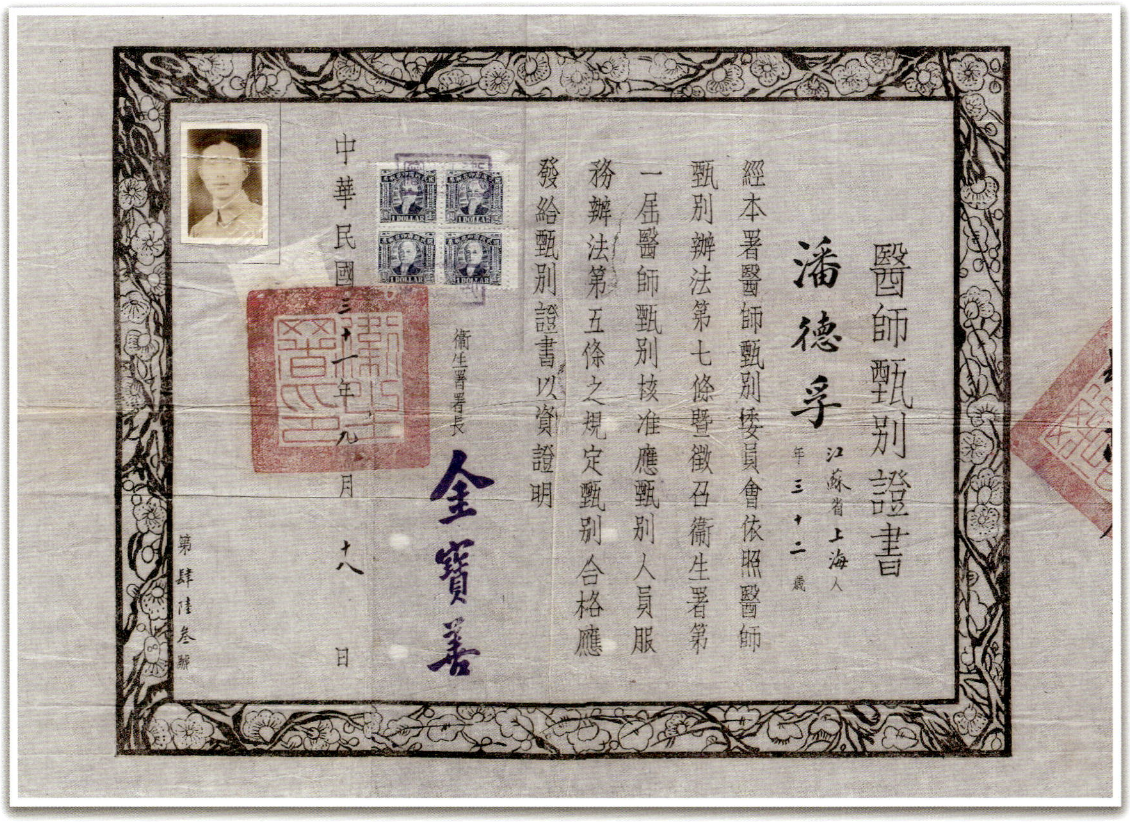

醫師甄別證書

潘德孚 江蘇省上海人 年三十二歲

經本署醫師甄別委員會依照醫師甄別辦法第七條暨徵召衛生署第一屆醫師甄別核准應甄別人員服務辦法第五條之規定甄別合格應發給甄別證書以資證明

衛生署署長 金寶善

中華民國三十一年九月十八日

第肆佰叁號

民国三十一年（1942）卫生部颁发的贴林森像印花税票的医师甄别证书

漫谈清代学部印花

北京　赵人龙

清代在1905年设立学部，同年12月6日调任军机大臣兼充翰林院掌院学士、原任户部尚书荣庆为学部第一任尚书。1906年在学部下设立图书局编辑小学教科书，1907年春颁布，因内容不佳，受到当时报纸的攻击。学部鉴于编辑费用每年达十余万元，而颁布后书商任意翻印出售，就在宣统二、三年起公开招商承印，而规定在教科书上每册需贴印花一枚，这就是“学部印花”的来源。学部卖给印刷商的印花虽无面值，但每枚作价5厘，学部由此得到了不少收入，但也遭到批评。因当时每册教科书定价不过3至4分，批发价更低，印刷费用所占比例很大。在20世纪80年代初，笔者曾向北京专管旧书业的中国书店老营业员询问，据告过去经手出售过的清末小学教科书上，确曾在书末版权页上见贴有形似“邮票或印花”的东西，但笔者在其书库中寻找时，已无法再找到清末小学教科书了。

以后很快发生辛亥革命，1912年建立中华民国后自然不致再在小学教科书中粘贴清代的学部印花。估计应有一部分未使用过的留存下来。20世纪80年代初在北京、广州和成都邮市上都曾见到这类印花，刷色有红、淡红（以上两色最多）、绿、黄绿（以上两色次多）、灰黄、橄黄、紫等种种不同。未见过全张，所知横向为5枚，纵向亦可能是5枚，四周未见版铭，齿孔为10.5°。从票上文字、花纹以及刷色观察，极有可能是在日本印刷。在北京邮市出现时，开始每枚售价约人民币1角，以后逐渐提价至20元左右。在最多时期，在邮商的垃圾票纸匣中或袋票内常能见到，后来就少见了，可能已为研究税票的同好收走。

在众多的红色票中，笔者无意中发现一枚图案、花纹略有不同，图中央的各种文具较小，齿孔为11.5°且圆孔较大，可见学部印花至少有过两个印版。笔者所见其他刷色的票很少，所以尚不知是否也有11.5°齿孔的。

近来收集税票的同好渐多，所以作伪者也向这方面玩手法。曾见有用普通铅字和红色印章油墨在学部印花上加盖“军事”“民国暂用”等字样者，有将学部印花加贴在1949年后税单上用墨笔涂销者（已贴印花票并盖章），甚至有的加贴在民国后期实寄信封上者，虽一看就知是伪造品，但售价不高，所以初集者请勿因好奇而上当。

至于学部印花实物，因存量尚多，笔者至今未见有伪品。

《印花交流》总73期　1996年8月刊

注：学部印花图书局印花详见附图。学部印花图书局印花全张横5×纵6枚。

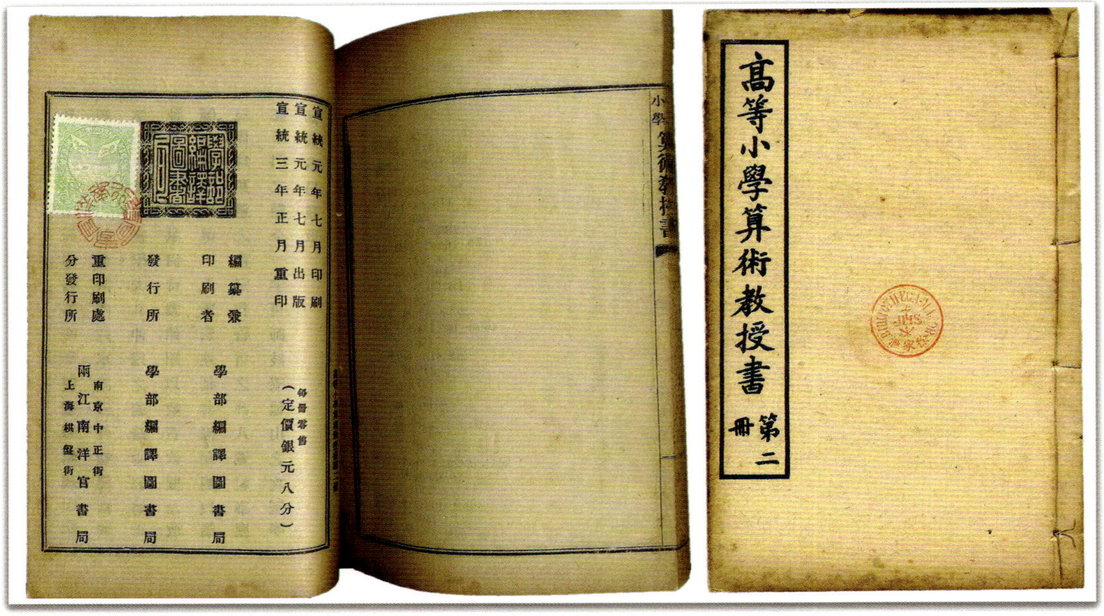

图 1　宣统三年（1911）重印的高等小学算术教授书

图 2　不同刷色票

图 3　全张票

民国时期
MIN GUO SHI QI

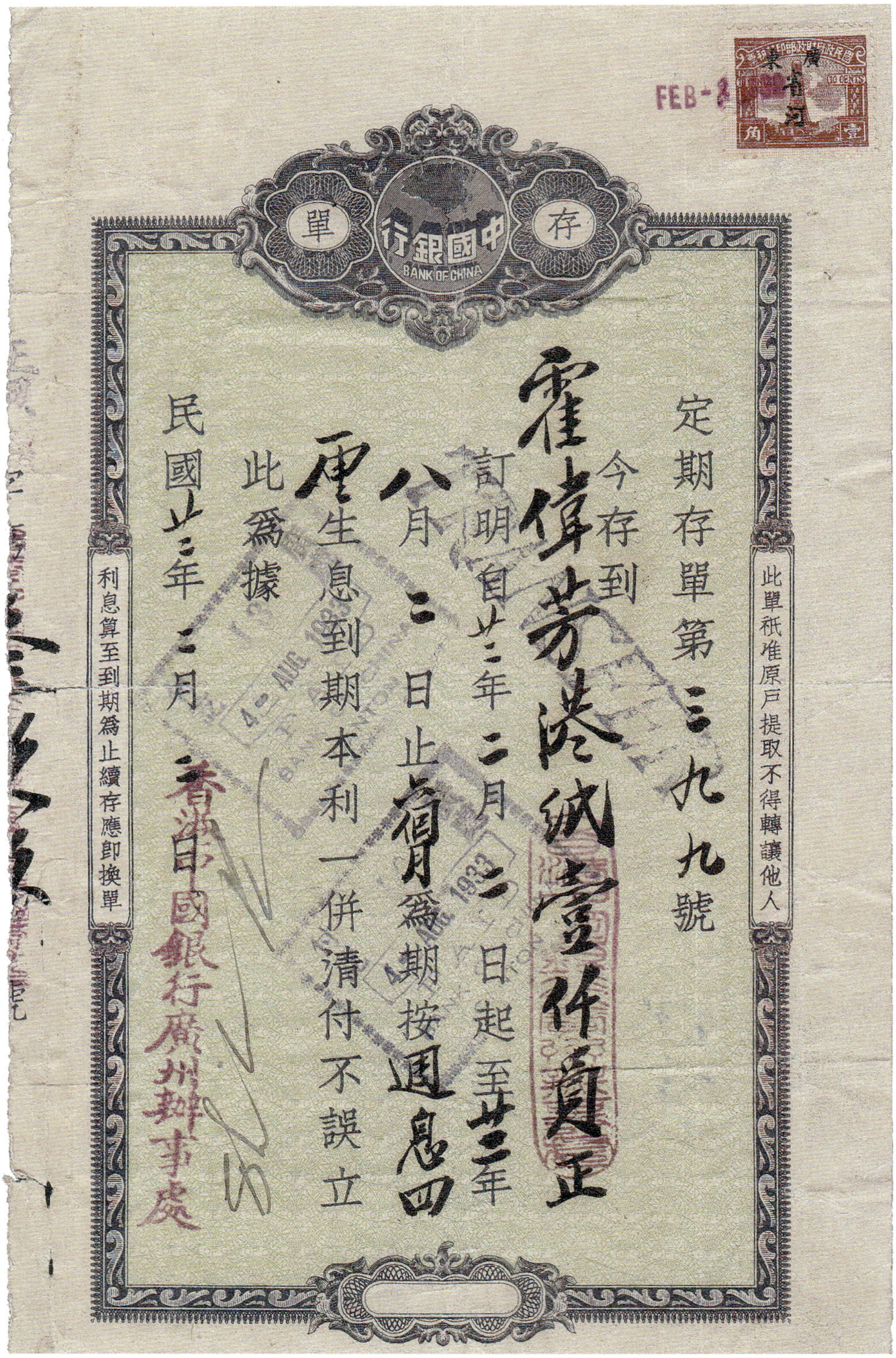
存單
中國銀行
BANK OF CHINA
此單衹准原戶提取不得轉讓他人
定期存單第三九九九號
今存到
霍偉芳港紙壹仟員正
訂明自廿二年二月二日起至廿三年
八月二日止為期按週息四
厘生息到期本利一併清付不誤立
此為據
民國廿二年二月　日
中國銀行廣州辦事處
利息算至到期為止續存應即換單

贴中山纪念碑图印花税票的民国二十二年（1933）中国银行广州办事处存单

北洋政府时期中央及地方发行的印花税票史略

木　子

前　言

1911年辛亥革命成功，推翻了满清王朝。次年元月，成立中华民国，设南京为临时首都，选举孙中山先生为临时大总统。迫于压力，孙中山先生于2月13日主动辞职（4月1日正式离职）。2月15日选举袁世凯为临时大总统，定都北京，史称北京政府，开始了以袁世凯为首的北洋军阀长达16年的统治。本文就这16年中北洋政府及地方政权，以及游离于北洋政府之外的广州、武汉、南京政府的地方政权所发行的印花税票进行探索。分几期予以连载，就算讲故事罢，诸君如有兴致，故妄听之，本人只想作了轮廓的勾画，但愿不要离实际太远。

1913年3月，北洋政府发行了第一套以长城与五色旗为主图的印花税票五枚：1分赭色；2分绿色；1角红色；5角紫色；1元蓝色（图1）。五色旗红、黄、兰、白、黑、分别代表汉，满、蒙、回、藏族，象征五族共和；长城则代表中国。票幅30 mm×22 mm，凹版印制，园孔齿14度，英文版铭为：CHINESE BUREAU OF ENGRAVING AND PRINTING（中国印务局印制），后改为BUREAU OF ENGRAVING AND PRINTING PEKING CHINA（中国北京财政部印刷局印制）。前者英文字母大写体，后者小写体。二种版式色刷微有不同。从1913年3月起分发全国各地陆续行用，初时未作加盖，后由于或发行渠道变化及当地政权为防止税源流失，遂加盖各种不同发行单位及地

图1　中央版 长城图印花税票 1分

名。其品种之多，不下数千种，体现不同历史时期，不同地方的特征。从时间上讲，几乎贯穿整个北洋政府统治的16年。其中1分、2分较多见，1角次之，5角、1元实用单较少见，盖由于当时税法规定需贴用5角、1元的金额颇巨，或人事凭证较少，不如商事凭证普遍。

袁世凯当选正式大总统后，为强化统治，解散国会、废除中华民国《临时约法》（该约法系孙中山先生执政临时政府时于1912年3月11日颁布），另行制定“袁氏约法”实行军事独裁。在袁的授意下，1915年初，许多人发表文章，认为共和国体不适合中国国情，大造舆论，鼓吹帝制，要求改共和为君宪。12月举行国民代表投票，向袁劝进。12月12日袁承认帝制，改中华民国为中华帝国。12月31日又下令改元，以1916年为洪宪元年。元旦举行登基大典，正式称帝，并拟发行印花税票，名称曰“中华帝国印花税票”。传世见有1分票样二种：一为绿色北京体元殿，一为棕色北海公园（图2）。票幅与长城图同，齿孔分别为11.5°和7.5°。（另有长城图加盖“中华帝国洪宪元年”，因不是正式发行，故略）

图 2-1 中华帝国印花税票 1 分 体元殿

图 2-2 中华帝国印花税票 1 分 北海公园

袁氏复辟帝制，遭到全国的反对，孙中山先生号召全国各地国民党人武装讨袁。1915 年 12 月 25 日，云南唐继尧、蔡锷、李烈钧等人首先宣告云南起义独立，组成护国军讨伐袁世凯。蔡任护国军第一军总司令，率兵进军四川；李任护国军第二军总司令，出兵两广；唐任护国军第三军总司令（护国军总计三军，一挺进军二纵队），黔省亦于 1916 年 1 月 27 日宣告独立。袁派重兵镇压无效，原先支持袁的外国势力也改变主意，让袁暂缓称帝。袁众叛亲离，迫于内外压力，于 3 月 22 日撤消帝制，23 日取消洪宪年号，仍称大总统。历时 83 天的袁氏称帝丑剧匆匆收场。此后，广西（3 月 15 日）、广东（4 月 6 日）、浙江（4 月 12 日）、陕西（5 月 9 日）、四川（5 月 22 日）、湖南（5 月 29 日）相继宣告独立，袁世凯忧惧交加（特别是陕西陈树藩、四川陈宧、湖南汤芗铭，袁视为亲信，独立出乎意料）。在全国人民声讨声中，6 月 6 日病死于膀胱结石症。这就是民国史上的护国运动。

云南省独立后在中央版长城图票上加盖“云南独立自主”字样（图 3），以示与中央脱离关系。其意义已不同于普通加盖，首开地方发行印花税票的先河。此后云南就一直与“中央”保持一定的距离，一方面自制石印仿中央版的长城图，小字壹分，仅见 1 分面值，齿孔 12°（图 4）；一方面委托美国钞票公司印制云南长城图印花一套：1 分、2 分、1 角。凹版印制，圆孔齿 12 度（图 5），英文版铭为：YUNNAN GOVERNMENT AMERICAN BANK NOTE COMPANY。稍后又自制仿美国版的石印云南长城图一套三枚，1 分、2 分、1 角，纸有厚薄、刷色多种系多次印刷而异，齿孔 11.5°（图 6）。另外，还利用库存未使用的清纽约版印花税票三种面值加盖使用。即 20 文加盖中华民国壹分印花，100 文盖中华民国贰分印花（图 7），1 000 文盖中华民国壹角印花。后来因壹角的用量很少，又改为壹分。此几类印花税票最晚使用到 1943 年抗战胜利前夕。

图 3-1 长城图印花税票 1 分加盖“云南 独立自主”

图 3-2 长城图印花税票 2 分加盖“云南 独立自主”

图 3-3 长城图印花税票 1 角加盖“云南 独立自主”

图 4 云南地方版长城图印花税票 1 分

图 5-1 美国版 云南长城图印花税票 1 分

图 5-2 美国版 云南长城图印花税票 2 分

图 5-3 美国版 云南长城图印花税票 1 角

图 6-1 云南 仿美国版长城图印花税票 1 分

图 6-2　云南 仿美国版
长城图印花税票 2 分

图 6-3　云南 仿美国版
长城图印花税票 1 角

图 7　美国版大清印花税票 100 文
加盖“中华民国贰分”印花

1916 年 6 月 6 日，袁世凯死后，国务总理段祺瑞与继任总统黎元洪发生了“院府之争”，南北军阀和北洋军阀内部矛盾重重，加紧了地盘和权力的争夺，政局混乱不堪。以段祺瑞为首的皖系，为了扩充势力，企图借助日本的财力，实现“武力统一”。黎元洪在英美等国的支持下，于 1917 年 5 月 23 日免去了段的国务总理职。段不甘失败，退居天津，纠集、唆使各省独立，与黎对抗。奉天（5 月 28 日）、安徽（5 月 29 日）、河南（5 月 29 日）、浙江（5 月 30 日）、黑龙江（5 月 31 日）、直隶(5 月 31 日)、福建（6 月 1 日）又先后独立，北京政权陷于瘫痪，无奈之中，黎邀张勋入京“调停”。

此时期，张勋利用有利时机，积极制造复辟舆论，从 1916 年 6 月—1917 年 4 月，召开四次徐州会议，将七省同盟扩大到十三省同盟，以挟持北京政府。6 月中旬，应黎之邀，趁机率五千辫子军自徐州北上入京，逼迫黎解散国会，旋又驱逐黎，拥清废帝溥仪复辟，改民国六年七月一日为宣统九年五月十三日，自任议政大臣，此事遭全国人民强烈反对。段以反复辟为名，组织讨逆军，7 月 3 日在天津马厂誓师。12 日攻入北京，张勋逃入荷兰使馆，溥仪再次宣布退位。这就是民国史上的张勋复辟事件。复辟平息后，冯国璋致电黎继承大总统，黎心中有愧，坚持不就，14 日通电辞总统职。8 月 1 日，冯国璋进京代理大总统，段入京复任国务总理，但拒绝恢复国会和中华民国《临时约法》。

孙中山先生高举《临时约法》大旗，提出拥护《约法》，恢复国会的主张。1917 年 7 月 17 日从沪抵达广州，部分国会议员南下广州，8 月 25 日召开国会非常会议（因参加议员不足法定人数，约 120 人），通过了《国会非常会议组织大纲》和《中华民国军政府组织大纲》，决定成立中华民国军政府，以武力讨伐段祺瑞。9 月 1 日选举孙中山为中华民国军政府海陆军大元帅，唐继尧、陆荣廷为元帅（二人实际未到任）。10 月 6 日护法战争开始，双方在衡山、宝庆一带激战。孙中山原希望借用西南军阀力量达到护法的目的，而西南军阀则利用孙中山的影响扩充实力，对抗北洋政府的武力併吞。1917 年 9 月派唐继尧为川、滇、黔三省靖国军总司令，11 月 10 日陆荣廷在广西梧州召开会议，决议以陆荣廷以两广巡阅使兼粤督（陆建议以莫荣新代），程璧光任讨闽军陆海军司令，陈炯明任粤军总司令，方声涛任滇军总司令。

由于西南各军阀割据，大元帅形同虚设，护法运动毫无进展，广东督军莫荣新系陆荣廷爪牙，视军政府如无物。孙先生急于改变现状向外发展，接受朱庆澜（原广东省长）建议，将省防军二十营改为亲军，任陈炯明为司令，归大元帅府直辖，后在此基础上成立援闽粤军，陈炯明为总司令（时约在 1917 年 12 月—1918 年 1 月），于 1 月初出发至潮梅地区集训，因装备殊劣，莫荣新拨过少量开拔费“送客出门”。孙中山向海内外募捐筹饷，经过几个月的准备，5 月 17 日，援闽粤军向福建全线发动总攻（闽督李厚基属北洋军阀系统）。

援闽粤军第二支队许崇智所属一部由上杭进取长汀、连城、清流、归化。地方版大山图加盖长汀当为斯时所发行（图 8）。闽督恐粤军深入，动摇其统治，向北京请援增加了力量。经过多次苦战，援闽粤克漳州，最后攻占永泰，距福州仅一百几十里。1918年5月，西南军阀操纵非常国会，通过《修正军政府组织法案》，改组军政府，改大元帅制为七总裁制，推岑春煊为主席总裁，排挤孙中山（余六总裁为唐绍仪、唐继尧、伍廷芳、孙文、林保怿、陆荣廷）。5月21日，孙中山宣布辞大元帅职，离开广州赴沪，南北军阀议和，护法运动夭折。（1920年5月4日，西南军阀操纵的非常国会补选熊克武、温宗尧、刘星世以代替离开广州的孙中山、唐绍仪和伍廷芳）此时，徐世昌已继承大总统，拖延一年多的南北议和暂达成协议。1919年7、8月间，援闽粤军根据南北停战协议在福建前线就地停战划界。

图8　福建大山图印花税票 2分加盖“长汀”

停战后，援闽粤军进行整训扩编，人数已不下二万人，全军分为二个军，陈炯明以总司令兼第一军军长，许崇智为第二军军长。孙中山决心以粤军回师广东驱逐桂系。1920年春，陈炯明为了解除粤军回粤后的威胁，对闽南方面的浙军及地方军进行扫荡，尔后言和，随后分兵三路回粤讨桂。至1920年10月下旬收复广州，孙中山先生在沪闻捷大喜，以国民党总理名义，任命陈炯明为广东省省长兼粤军总司令。1920年11月，孙中山与伍、唐返回广州，通电恢复军政府。1921年4月7日（一说6日），广州非常国会召开联席会议，议员220人，通过了《中华民国组织大纲》，选举孙中山为非常大总统，并授予北伐全权。5月5日，孙中山先生就职。

孙中山就大总统后，决心北伐，但桂系军阀陆荣廷等人，不仅力图保持广西地盘，暗中勾结北洋军阀，企图颠覆广州政府。孙先生为解除北伐后顾之忧，决心先肃清桂系残余势力，遂命陈炯明以援“桂”名义讨伐陆荣廷。6月份，在梧州激战，直至1921年10月，平定广西，陆荣廷等人逃入安南。

但此时，陈炯明对北伐持消极态度，与吴佩孚、赵恒惕等勾结，提出联省自治。1922年4月间，孙中山鉴于陈炯明表现，免陈炯明广东省长职（任伍廷芳为省长）及裁撤粤军总司令部，军统归大本营直辖。至1922年6月16日，陈炯明终于武装叛变，扣押廖仲恺，炮击总统府，企图谋害孙中山（后自任广东总司令）。7月9日，孙中山脱险离开广州。1923年1月，滇、桂、粤联军击败陈炯明，占领广州，电请孙中山回粤。2月21日，孙抵广州，设立大本营，以大元帅名义统率军政。3月1日正式设立大元帅府（系国民政府前身），第一任财政部长廖仲恺兼筹饷局总办（该局1924年2月20日裁撤）。

地方版长城图加盖军政府发行：广西通用（英文版名为：THE ENGRAVING AND PRINTING BUREAU OF THE BOARD OF FINANCE OF THE MILITARY GOVERNMENT CANTON CHINA）（中国广州军政府财政会印制局制）（个别字母可能有误），贵州分处，广东财政厅，大本营财政部，粤军财政总局长城图，广西财政厅长城图等，当为斯时发行和加盖，有的有英文字母签字，当系某军司令（或军阀）签名缩写（图9）。

图9-1　地方版长城图加盖“广东财政厅”

图9-2　地方版长城图加盖“大本营财政部”

图9-3　地方版长城图加盖“军政府发行”

图9-4　粤军财政总局印花税票 长城图

图 9-5　地方版长城图加盖“潮梅筹饷局”

图 9-6　地方版长城图加盖“大本营财政部”

图 9-7　地方版长城图加盖“贵州分处”

图 9-8　地方版长城图 加盖“XX 印花税第一区 XX”

1920 年 11 月 25 日，湖南省宣布自治，谭延闿被解除督军及省长职，赵恒锡任总司令，1921 年 4 月 6 日又被选为省长（仍兼总司令），1921 年 11 月完成“湖南省宪法”，并公布于 1922 年 1 月施行（1921 年 10 月，议会重选赵为省长兼军民两政，取消总司令名称）。根据省宪法，改厅为司，设内政、财政、实业、教育、交涉、司法、军务七司。该省 1920 年底 1921 年初发行有“湘政府发行”长城图，加盖“财政厅”，1922 年发行“湘政府发行”长城图加盖“财政司”字样，面值仅见 1 分、2 分（图 10）。

图 10　湘政府发行 长城图印花税票 加盖“财政司”

图 11　“川省”长城图印花税票 2 分 唐卓敏藏

四川省亦于 1921 年 1 月 9 日宣告自治，原督军刘存厚下野，刘湘 6 月 6 日被推为四川各军总司令兼省长，此时发行有“川省”地方版长城图（图 11）。面值仅见 1 分，齿不规范。到 1922 年 5 月 24 日，刘湘辞总司令职（由王陵基代）及省长职（由向楚代），7 月 12 日刘成勋被推为临时总司令，12 月 22 日又被推为临时省长，故实用时间很短。1923 年后，北京政府派军队进驻重庆，使用中央版长城图加盖四川等字样。四川各军阀各霸一方，自制四川暂制长城图及石印长城图，品种版式较为复杂，不能一一叙述（图 12）。值得一提的是四川军阀刘文辉，1927 年 1 月投国民革命后，被任为国民革命军第二十四军军长，其先在石印长城图上加盖“二十四军转发”字样，后发行“二十四军转发”长城图（图 13），面值仅见有 1 分、2 分、1 角、2 角。其余军阀投国民革命军后（杨森 1926 年 11 月任廿军军长，刘湘 1926 年 12 月 17 日任廿一军军长，赖心辉 1926 年 12 月任廿二军军长，刘成勋 12 月任廿三军军长），未见有明显特征的长城图发行，可能原设想由二十四军“转发”，因刘文辉任四川省督办，职务较其他军阀高，但该长城图吉祥花中“水”“陆”“贤”意义不详。四川省到 1935 年才统一结束自制地方印制税票的历史。（注：“贤”实为“买”字之误）

图 12　四川暂制 长城图印花税票 2 分

图13　二十四军转发 水字长城图印花税票 2 分

1917 年 6 月 1 日，福建宣布独立，时福建督军为李厚基。曾见有大清纽约版印花税票，一套三枚，加盖“中华民国福建”字样，相信为当时所加盖（图 14）。但未加盖具体面值，也未见有实用单。因福建独立时间不

图 14　美国版大清印花税票 20 文 加盖“福建 中华民国”

长，估计未及行用。

1918年11月30日，广州军政府曾任命林葆怿为福建督军，陈炯明为福建省省长，12月12日又兼办福建军务。福建是南北双方势力争夺控制的目标。

1922年9月许崇智等率部联合驻福建王永泉旅（段系）进取福州（时孙中山与段祺瑞有一定合作关系）。10月13日攻入福州，许崇智、徐树铮、王永泉先后抵达福州。孙中山在沪闻捷，本着闽人治闽之旨即任命林森为福建省省长，许崇智为东路讨贼军总司令（萨镇冰为副司令）。许崇智1906年加入同盟会，辛亥革命时发动福州起义，光复福建，1914年加入中华革命党任军务部部长兼中华革命军福建司令，1917年任大元帅府参军长。1922年11月8日，徐树铮亦设“建国军制置府”于福州，并任王永泉（段系）为福建总抚，统率军民两政（11月30日改为总司令）。10月15日李厚基免省长职，任萨镇冰为省长。此时期福建发行两种版式的印花税票（图15），一种是双旗，一种是三面旗。三面旗即五色旗、青天白日旗、九星旗。九星旗又称铁血十八星旗。因旗圈中有圆点、尽头有九圆点，所以又称九星旗，黑色代表铁、红色代表血，底色为红色，旗外面有九角，角端之间有黄星共18颗，代表当时的18个省。辛亥革命时用的即铁血十八星旗。此二种票仿长城图式样，改长城为旗帜。林森，福建闽侯人（1922年11月30日—1923年2月8日任福建省省长），是孙中山创办的同盟会员。参加过辛亥革命，1914年参加孙中山创立的中华革命党（1919年改组为国民党），1917年任孙中山护法军政府外交部长，后当选非常国会参议院院长，系孙中山先生亲信。此票很可能在他任内时所发行，时间约在1922年底—1923年初，可能有少量实用。

图15-1　福建三旗图印花税票 1角

图15-2　福建双旗图印花税票 2分

1923年2月8日，由公推的萨镇冰任福建省省长，林森辞职。孙传芳3月20日任福建督理（3月由督军改），5月13日被免，由周荫人任。

萨镇冰，福建闽侯人，1917年曾任北洋政府海军总长，1920年曾暂代国务总理，1922年10月任福建省省长兼讨逆军副司令，1923年2月8日被公推为省长。此时期发行有“福建省印花税票”，中间为双旗有二种版式（图16），面值1分、2分、1角，票幅26×26 mm，此票一直使用到1926年北伐军进入福建（萨镇冰12月4日离职，周荫人12月2日逃入浙江）。

图16-1　福建印花税票 双旗图 2分

图16-2　福建印花税票 双旗图 1角

图16-3　福建印花税票 双旗图 1分

图16-4　福建印花税票 双旗图 2分

图16-5　福建印花税票 双旗图 1角

1917年5月30日，浙江省独立。1919年8月原浙江督军杨善德病死，皖系军阀卢永祥继任浙江督军。1919年冯国璋死后，曹锟成为直系领袖，浙江离心力愈甚，截留中央印花税作军饷，财政部遂停止发放印花税票。此时期浙江发行过名曰“中华民国印花税票”，以杭州六和塔为主图，面值仅见一角，未见实用单（图17）。

图17　浙江 六和塔图印花税票 1角 刘海利藏

图18-1　浙江初阳台图印花税票 1分

图18-2　浙江初阳台图印花税票 2分

图18-3　浙江初阳台图印花税票 1角

1922年4月第一次直奉大战爆发，直系打败奉系，控制了北京政权，1923年6月逼迫黎元洪下台（由高凌蔚摄行大总统职，1923年6月14日—10年10日）。曹锟用重金收买国会议员，被选为总统，卢永祥通电表示不承认，即在1924年初发行“浙江省印花税票”，以杭州岳王庙为主图，一套三枚，1分、2分、1角(图18)。1924年9月，卢永祥与江苏督军齐燮元为争夺上海地盘发动了“江浙战争”，失败后下野。1924年9月20日孙传芳任浙江督军（后改督理，1925年初改督办），把浙江岳庙图印花税票加盖“专贴债券，不作别用”，使用在各种债券及奖券上，直至北伐军1926年3月攻入浙江后仍在使用，但部分地区仍作印花税票使用，到1929年初才退出历史舞台。

1923年5月，北洋政府财政部拟发行“法统恢复”纪念印花税票，以纪念1917年6月国会解散，“法统”中断五年，计划发行700万枚。报国务会议批准，随即招致各方面反对，认为属巧立名目，滥发印花税票。财政部迫于压力，6月12日报请国务院取消“法统纪念印花税票”，从而使此事流产。目前仅见彩图（图19）。

图19　恢复法统纪念印花税票天坛图1分 试样 赭色

1920年11月初，冯玉祥率第十六混成旅驻河南信阳。直皖战争后，直系取代了皖系的统治地位，吴佩孚继承了段祺瑞的衣钵。过去中央直辖的部队，现在一概不管，放任自流，各省军队就地筹饷。冯部数月无处领饷，又不愿加重信阳地方的负担，坚持不就地筹饷，曾截留了铁路税款10万元，也动员夫人把金银首饰变卖，以维持生计。

1921年5月，冯部得到了一个率兵进入陕西的机会。由于皖系的失败，原系段祺瑞的官僚纷纷下台，陕西省督军陈树藩也属皖系，也被撤职，改直系第二十师师长阎相文督陕。陕西省省长刘镇华一方面向直系首领曹锟、吴佩孚输诚，表示欢迎阎督陕，一方面又支持陈树藩，纵恿他抗拒免职命令。北京政府即命阎率部进陕，武装驱陈，阎乃率第二十师、第七师及第十六混成旅分道入陕。

阎深知冯的第十六旅训练有素，战斗力强，命十六旅为先锋。6月初，陈被迫退出西安，途中遭冯部伏击，陈部溃不成军，残部逃入陕南，冯部进驻西安、咸阳。阎7月7日进入西安就任陕西督军后，决心提拔冯，请中央把第十六旅扩编为师，几经交涉，终于在不加饷、不增械的条件下，将第十六旅改为第十一师，冯任师长。

阎虽做了督军，但困难重重，驻军太多，而陕省又贫瘠，粮饷不能满足需要。另外，又要安排一批曹锟、吴佩孚无法安插的退职军人、失意政客及亲戚故旧，优先录用，而这些共200多人又带了亲故，共有800多人。每天要开50桌酒席应酬，如果取消势必得罪曹、吴，阎终于在8月23日服大烟土自杀。北京政府即任命冯玉祥继任陕西督军。

冯即大刀阔斧，遣散了这批人，叫省长刘镇华筹款解决。并催中央拨款，因得罪了曹、吴，中央迟迟不发军饷，无奈之下，在1921年9月左右，发行了无齿陕西飞艇图印花税票。目前仅见1分、2分（图20），估计另有1角面值。实用时间不长。

图20-1　陕西印花税票 飞艇图 1分

图20-2　陕西印花税票 飞艇图 2分

1922年4月底，直奉战争爆发。曹、吴并不想起用冯，而把具有送礼奉迎本领的刘镇华部开赴前线，冯坐镇陕西。随着战争的吃紧，吴佩孚不得不改变初衷，电令冯部开赴前线，西安事宜交省长刘镇华。冯在郑州打垮了河南督军赵倜所部，并占领了开封。这时直奉战争也以奉系失败而告终，直系控制了北京，冯因战功被任命为河南督军。冯部离陕后，刘镇华任陕西督军，后兼省长，一直到1925年5月。此期间陕西另见发行花卉图案的印花票，1分、2分、1角（图21）。

图21　陕西印花票 花卉图 1角

冯督豫后扩军队，并排挤了吴的亲信，冯、吴矛盾加剧，吴担心冯势力扩大，成为心腹之患，欲乘机除去。当时陆军部长张绍曾与冯、吴都有交情，从中周旋，特设“陆军检阅使”安排冯（是个有名无实的虚衔），并授扬武上将军名义。冯督豫只有5个多月就失去了河南地盘，此期间，河南未见有新的税票发行。

1924年10月冯发动“北京政变”，后被排挤出北京，1924年冬派刘郁芬部进甘肃、宁夏，曾发行甘肃城楼图印花税票，1分、2分、4分、1角（图22）（陕、甘、宁、青在1926年9月后发行党图印花税票在《北伐》一文已叙，此处不再赘述）。据同好告知，曾见有宁夏省印花税票，图案为树叶子，因未见实物，资料缺乏，何时发行不详。青海省正式建省于1928年9月，原先分属西藏及甘肃等，近据在同好来电，青海党徽图至少有三种版式（前曾介绍二种版式）并有二角面值（图23）。

图22-1　甘肃印花税票 金城关楼图 1分

图22-2　甘肃印花税票金城关楼图 2分

图22-3　甘肃印花税票 金城关楼图 4分

图22-4　甘肃印花税票 金城关楼图 1角

图23-1　青海印花税票 党徽图 1分

图23-2　青海党徽图印花税票 1角

1924年9月江浙战争爆发，奉系张作霖借口与浙江卢永祥的同盟关系，发动了第二次直奉战争。10月，冯玉祥发动“北京政变，囚禁了贿选总统曹锟，直系吴佩孚军队在前线崩溃。

1925年初，奉军兵临上海与孙传芳军对峙，不久双方议和，签订“上海和约”。奉军南下原以护送卢永祥为名，后卢因手中兵力太少，逐挂印而去。奉军原定郑谦为江苏省省长，卢永祥为督办，卢走后，需另外择人，当时选姜登选为苏督，郭松龄督皖，后因种种原因，改派杨宇霆为江苏督办，姜登选督皖。

1925年7月在南京设立了督办公署，8月29日北京政府正式发布任杨宇霆为江苏军务善后督办。

1925年10月15日，孙传芳联合反奉力量，突然向奉军发动攻击。江苏督办杨宇霆措手不及，仓皇出逃，致使安徽奉军姜登选部孤立无援，被迫搞撤离安徽，退驻徐州。

孙传芳出兵不到5天，即把奉军逐出江苏、安徽。孙军乘胜追击。山东督办张宗昌屯兵济南，与败退奉军汇合后，11月初激战于津浦线。孙亲自到蚌埠督战，重创张部的白俄雇用军，俘获并杀死了张军前敌总指挥施从滨，于11月20日占领了南京，徐州等地。孙传芳在11月22日在南京成立江苏、浙江、安徽、福建、江西五省联军，自任总司令兼江苏总司令。

“江苏印花税票”应是杨宇霆1925年7月—10月督苏期间，委托山东省代印（奉系张宗昌1925年4月24日任山东督办），面值见有1分、1角（图24），应该还有另外面值，估计未及实用。

图24　江苏印花税票　1分

1925年11月25日孙传芳任江苏督办，由孙任命陈陶遗为省长，以周荫人为福建总司令，卢香亭为浙江总司令，陈调元安徽总司令，邓如琢为江西总司令，陈陶遗为江苏省长，夏超为浙江省长，王普为安徽省长，萨镇冰为福建省长，李定奎为江西省长。

1926年5月，江东发行了寒山寺图的印花税票，面值有1分、2分、1角、5角、1元（图25），使用到1927年4月。南京国民政府成立时加盖国民政府字样（图26）。另见无齿石印平版1分（棕色）、2分（蓝色）（图27），图案相仿唯比较粗糙。发行时间估计北伐军攻入南京后，孙传芳逃往苏北，山东投靠奉系后与北伐军相峙阶段印制使用，时间约在1927年4月—1928年4月。

图25-1　江苏寒山寺图印花税票　1分

图25-2　江苏寒山寺图印花税票　2分

图25-3　江苏寒山寺图印花税票　1角

图26-1　江苏寒山寺图印花税票　2分　加盖“国民政府”

图26-2　江苏寒山寺图印花税票　5角　加盖“国民政府”

图27　江苏寒山寺图印花税票　2分　无齿石印版

安徽省在孙传芳12月1日任陈调元为总司令，省长王普（1925年12月1日—1926年4月16日）、高世读（1926年4月16日—12月24日辞）、何炳麟（12月24日—），曾在1926年—1927年间发行安徽省印花税票。面值暂见1分、2分、1角，图案为安徽首府安庆的迎江寺振风塔（图28），使用到北伐军攻入安徽，在1927年3月北伐军底定安徽，陈调元在芜湖宣布投效了国民革命军任三十七军军长，也接受二十七军军长职，柏文蔚为三十三军军长。

尔后成立安徽政委员会并发行印花税票，在《北伐》一文已叙。安徽另见有地方性印花税票，名曰“徽州六属政务处印花票”，无齿，目前仅见1分（红色）（图29）。何为六属？徽州府治下的六个县，即黟县、休宁、绩溪、祁门、歙县，婺源。从收集到的实单看，实用时间为1927年底到1928年初，时间仅数月。与上述二种票同时期使用，但地区限于六属内（注：后又发现2分及1角票单）。

图28 安徽振风塔图印花税票 1分

图29 徽州六属政务处印花税票 1分

1916年袁世凯复辟称帝，遭致全国人民反对。西南数省相继独立，成立地方政府，渐渐脱离中央，并先后发行了多种地方性印花税票。广东军政府成立后，南北矛盾更趋激烈。湖南、江西处于南北势力的中间缓冲地区，南北双方对湖南、江西拉拢和争夺十分激烈。湖南省在1920年至1922年宣布自治时期，湘政府曾发行长城图印花税票。纵观南方数省，唯江西省迄今未见发行印花税票（江西国民政府工农商学兵工具图属北伐军攻入后发行）。

近在国外某拍品目录上见有二枚票品，疑为江西省发行。图30-1为1角面值，标头文字为“中华民国印花税票”，主图为一渔民驾小舟驶于湖上，舟上悬挂五色旗；图30-2为5角面值，标头仅“印花票”三字，主图为湖泊与水草，石印无齿，票幅与长城图相仿。两票均未明印地名，其政治态度暧昧，大有见风使舵之意，因无实单及其他资料可参考，仅能从票品本身所含的信息进行分析。大凡地方性的东西，其图文均带有地方特点，如地方名胜、建筑，物产等或与发行者喜恶、见闻有关。从票品图文中，可确定为南方省份发行，且与大湖有关。江西省有我国第一大淡水湖——鄱阳湖，湖南省也有洞庭湖，二省必居其一。推测其发行时期不早于1922年湖南发行长城图，而又晚于1925年11月孙传芳控制苏、浙、皖、闽、赣时期（孙属地区发行票品风格不同，且政治态度明朗）。

图30-1 中华民国印花税票 1角 绿色

图30-2 印花票 5角 鱼乐图 蓝色

除上述二种面值外，应另有其他面值，是否实用？及究竟何省何时发行，尚需今后有更多的实物资料来证实。

1916年4月，张作霖当上了梦寐以求的奉天督军兼省长。次年5月，张起用了素有敛财能手之称的王永江代替王树翰任奉天财政厅长，从此奉天的财政情况大有改观。

1919年，张作霖排除了异己，终于取得的东三省的实际制权，成了名副其实的东北王。但他的野心并没有满足，他要向关内发展，获取更大的地盘。终于，在日本帝国主义的支持下，于1922年4月29日在长辛店、固安、马厂一带与直系军阀展开了激烈的战斗，史称第一次直奉大战。但不到一周，奉军节节败退。5月10日，大总统徐世昌以北京政府名义免去张作霖东三省巡使，使奉天督军兼省长之职。5月30日，张返回奉天后，立即召开三省各界代表会议，商议制定下步行动计划。6月上旬又召开奉天省议会与吉林、黑龙江代表会议，推举张为东三省保安总司令，宣布东三省“联省自治”，与中央断绝一切关系。又以民选形式，任命王永江为奉天省长兼财政厅长，魁升为吉林省长，史纪长为黑龙江省长。

第一次直奉大战结束后，张作霖并不甘心失败，他的实力犹在，回到东北后总结失败教训，整军经武，经过二年多的整顿，军事实力大增。

1924年9月，浙江督军卢永祥为了反对吴佩孚的武力兼并，发动了江浙战争。张作霖为了报仇雪耻，染指江南，借口与卢永祥的同盟关系，挥师出关，向曹锟、吴佩孚宣战。于9月15日组成镇威军司令部，自任总司令，将奉军编成六个方面军团：第一军团至第六军团团长依次为姜登选（副军团长韩麟有春）负责山海关方面；李景林（副军团长张宗昌）负责朝阳方面；张学良（副军团长郭松龄）；张作相（副军团长丁超），负责山海关方面；吴俊升（副军团长阚朝玺）负责开鲁方面；许兰州（副军团长吴志新）负责赤峰方面。实际上除了李景林，张宗昌，张作相，吴俊升率部分军队外，其余都归三、四方面军团，郭松龄名义上是三、四军团的副军团长，实际上是三、四军团的总指挥。

此时期发行有“镇威三四军团部政务处印花税票”，平版无齿，票幅28 mm×22 mm，见有1分、2分、1角三种面值（图31），至今尚未见5角、1元。（笔者曾怀疑东三省宣布联省自治后发行过独立于中央的印花税票，但检视民国十一年二月到民国十四年十一月实单10件均为贴长城图票）。

图31-1　镇威三四军团部政务处印花税票 1分

图31-2　镇威三四军团部政务处印花税票 2分

正当奉直双方战斗激烈之际，冯玉祥不满曹吴的排斥异己，率直系第三军倒戈反直。10月24日回师北京，发动“北京政变”，囚禁曹锟迫使其下达停战命令，罢免了吴佩孚直鲁豫巡阅使及第三师师长等职。第二次直奉战争以直系失败而告终。

1923年后，除西南数省军阀割据，自印花税票外，另有一些省离心倾向日甚，有的截留中央税额，有的自筹印制地方性印花税票。由于南北对峙，中央内部矛盾重重，而段祺瑞政府推行“武力统一”的政策，加紧扩军备战，军费开支日甚，财政日蹇，往往以印花抵军政开支发放，各地方再用印花向银行抵押借款，而税务部门反而领不到印花而不得不向商民低价购入，再以面值出售，故而造成恶性循环，银行拒绝抵押。有鉴于此，北洋政府在1924年7月制定《整顿印花税办法》在政府公报上公告，发行新印花税票并定于1925年1月1日实行。1924年10月17日财政整理委员会针对日益严重的滥印、滥发、滥抵押情况，提出《整顿印花税意见书》。北洋政府遂于1925年8月19日—24日在北京召开全国印花专业会议，会议通过《整顿印花大纲》并经段执政9月12日批准执行。各省区自1925年9月1日起分期次第实行新的印花税票，即中央版麦穗图票，废止旧票。

中央版麦穗图票内印各省区名称，票幅20 mm×22 mm，齿孔14°，面值1分（褐色）、2分（绿色）、1角（红色），全张200枚。英文版铭为小写体：Bureau of Engraving and Printing Peking China（中国北京印务局印制）。

王学文先生撰文认为分四期实行：第一期9月1日，京兆、直隶、山东、山西；第二期11月半，安徽、江苏、江西、河南；第三期1926年1月半，奉天、吉林、黑龙江、察哈尔、绥远、热河；第四期3月半，陕西、甘肃、新疆、四川。笔者认为其说基本上是可信的。除广东、广西、云南、贵州、四川等西南六省割据或独立未实行外，陕、甘迄今未见实物，或冯玉祥部驻陕、甘等原因未及发行也未可知。得笔者收集到民国十四年八月山西庆云县买契，贴直隶麦穗图五直连、骑缝销章，也不排除提前于8月底使用的可能。（附部分麦穗图各省区票，图32—图46）

另外，尚有未列入发行期的浙江、福建（图47）等票品实物的存在，或许因为北伐入浙江、福建后，来不及实用（或少量实用）。内中情况尚须进一步研究探讨。

图 32-1　嘉禾图印花税票　京兆　1 分

图 32-2　嘉禾图印花税票　京兆　2 分

图 32-3　嘉禾图印花税票　京兆　1 角

图 33-1　嘉禾图印花税票　直隶　1 分

图 33-2　嘉禾图印花税票　直隶　2 分

图 33-3　嘉禾图印花税票　直隶　1 角

图 34-1　嘉禾图印花税票　山东　1 分

图 34-2　嘉禾图印花税票　山东　2 分

图 34-3　嘉禾图印花税票　山东　1 角

图 35-1　嘉禾图印花税票　山西　1 分

图 35-2　嘉禾图印花税票　山西　2 分

图 35-3　嘉禾图印花税票　山西　1 角

图 36-1　嘉禾图印花税票　安徽　1 分

图 36-2　嘉禾图印花税票　安徽　2 分

图 36-3　嘉禾图印花税票　安徽　1 角

图 37-1　嘉禾图印花税票　江苏　1 分

图 37-2　嘉禾图印花税票　江苏　2 分

图 37-3　嘉禾图印花税票　江苏　1 角

图 38-1　嘉禾图印花税票　江西　1 分

图 38-2　嘉禾图印花税票　江西　2 分

图 38-3　嘉禾图印花税票 江西 1 角

图 39-1　嘉禾图印花税票 河南 1 分

图 39-2　嘉禾图印花税票 河南 2 分

图 39-3　嘉禾图印花税票 河南 1 角

图 40-1　嘉禾图印花税票 奉天 1 分

图 40-2　嘉禾图印花税票 奉天 2 分

图 40-3　嘉禾图印花税票 奉天 1 角

图 41-1　嘉禾图印花税票 吉林 1 分

图 41-2　嘉禾图印花税票 吉林 2 分

图 41-3　嘉禾图印花税票 吉林 1 角

图 42-1　嘉禾图印花税票 黑龙江 1 分

图 42-2　嘉禾图印花税票 黑龙江 2 分

图 42-3　嘉禾图印花税票 黑龙江 1 角

图 43-1　嘉禾图印花税票 察哈尔 1 分

图 43-2　嘉禾图印花税票 察哈尔 2 分

图 43-3　嘉禾图印花税票 察哈尔 1 角

图 44-1　嘉禾图印花税票 归绥 1 分

图 44-2　嘉禾图印花税票 归绥 2 分

图 44-3　嘉禾图印花税票 归绥 1 角

图 45-1　嘉禾图印花税票 热河 1 分

图 45-2　嘉禾图印花税票 热河 2 分

图 45-3　嘉禾图印花税票 热河 1 角

图 46　嘉禾图印花税票 新疆 1 角

图 47-1　嘉禾图印花税票 福建 2 分

图 47-2　嘉禾图印花税票 福建 1 角

第二次直奉大战爆发时，张宗昌为奉天陆军第三混成旅旅长，曾先后攻下了玉麟山、冷口、滦州，为奉天立了大功，被升为奉军第一军军长，率人员达 10 万之众。不久又奉令南下，打垮了江苏齐燮元。张作霖向北洋政府提出张宗昌督鲁的要求（张的老家是山东掖县，张想光宗耀祖，衣锦还乡），段祺瑞政府迫于压力，终于在 1925 年 4 月 14 日（一说 24 日）任命张宗昌为山东省军务督办，7 月兼任省长。张督鲁不到半年，浙奉战争爆发，孙传芳联合浙江、福建、江苏、安徽、江西五省于 10 月 16 日（一说 15 日）不宣而战，奉张杨宇霆措手不及，放弃苏皖两省，退守徐州。冯玉祥部第二军孙维峻部对山东垂涎已久，于 1925 年 11 月 11 日分兵二路进攻山东，但在吴佩孚、李景林的牵制与疏通下，无功而返。鲁豫之战结束后，张宗昌于 12 月 10 日宣布鲁省自治，取消奉军名义，自任山东保安司令，中央政令概不认从。

此后不久，张宗昌发行了仿中央版麦穗图的“山东省制”麦穗图印花税票（图 48），平版印制，票幅 22 mm×20 mm，齿孔 11°，1 分（绿色）、2 分（咖啡色）、1 角（褐色），刷色有深浅。曾见有 5 角面值之模票（图 49），但迄今未见 5 角、1 元票及实用单。笔者收集到最早实用单为民国十五年一月一日，（1926 年 1 月 1 日）为鲁省宣布自治后不久，相信与该票正式发行时间不会相距太远。

图 48-1　山东省制嘉禾图 印花税票 1 分 加盖“乐陵”

图 48-2　山东省制嘉禾图 印花税票 1 分 加盖“文登”

图 48-3　山东省制嘉禾图 印花税票 1 分 加盖“招远”

图 48-4　山东省制嘉禾图 印花税票 2 分 加盖“招远”

图 48-5　山东省制嘉禾图 印花税票 1 分 加盖“惠民”

图 48-6　山东省制嘉禾图 印花税票 1 分 加盖“黄县”

图 48-7　山东省制嘉禾图 印花税票 2 分 加盖“黄县”

图 48-8　山东省制嘉禾图 印花税票 1 分 加盖“莱阳”

图 48-9　山东省制
嘉禾图 印花税票
1 角 加盖“济南”

图 48-10　山东省制
嘉禾图 印花税票
1 分 加盖“蓬莱”

图 48-11　山东省制
嘉禾图 印花税票
2 分 加盖“观城”

图 48-12　山东省制
嘉禾图 印花税票
1 分 加盖“掖县”

山东还发行过烟台版无齿麦穗图印花税票（图 50）。1928 年 6 月张作霖被日本人炸死于皇姑屯，1928 年底张学良东北易帜。张宗昌率残兵败将欲退出关内去东北，被张学良拒之。张宗昌欲东山再起，联络旧部，曾在 1929 年 2、3 月间一度攻占烟台，设统帅部，自任统帅。直至 5 月初，被国民军攻克，张宗昌亡命日本。烟台版当是斯时发行，面值见有 1 分、2 分、1 角，均加盖烟台，实用时间短暂，但此时北洋政府早已不复存在了。

图 49　山东省制嘉禾图印花税票 5 角 试模印样（孔卫平藏）

图 50　烟台嘉禾图
印花税票 1 分

1925 年 10 月浙奉战争中，杨宇霆措手不及，失去了江皖大部分地区，奉天张作霖心有不甘，部署兵力欲重新挥师南下，却遭到郭松龄等部属抵制反对。郭提出“退兵出关，保境安民”。郭早年受孙中山影响，参加同盟会。在奉天的几次战争中建立战功而得不到提升，产生不满，逐与冯玉祥正式结盟，率部反奉。在 11 月 20 日占领滦州，26 日攻克秦皇岛，28 日克山海关，29 日取绥中，12 月 5 日占据锦州，奉天已是指日可破。此时张作霖一筹莫展，曾想开枪自杀，又随时愿意交出政权，也作了出走准备。郭松龄此时误听部下建议，并未一鼓作气进攻奉天，犯了战略上的错误，使张作霖得以喘息，与日本勾结，在日本出兵支持下，郭松龄功败垂成，最终在 12 月 25 日被杀于辽中。

郭反奉虽然失败，但严重地削弱了奉军实力，死伤人员及武器弹药损失超过了二次直奉战争的总和。魏益三率二千人马投靠了冯玉祥，直隶的李景林与山东张宗昌组成直鲁联军，割据一方。奉天在战争中耗费大量物力与财力，财政更显紧张，金融混乱，通货膨胀加剧，省长兼财政厅长王永江急得“左目失明，心脏漏血”。

1926 年 1 月 15 日，张作霖宣布脱离北京段祺瑞临时执政府，并筹备发行大型奉天城楼图印花税票（抵制中央版奉天麦穗图票，截取税源，增加收入）。该票全套五枚，1 分、2 分、1 角、5 角、1 元，平版无齿，票幅 28 mm×21 mm。仿镇威三四军团部政务处印花税票，易镇威军司令部图为奉天城楼图（图 51）。笔者收集到最早的实用单为民国十五年六月三日（1926 年 6 月 3 日），从此，奉天即以此票为主（另外使用奉天麦穗图），一直到东北易帜。

图 51-1　奉天城楼图
印花税票 1 分

图 51-2　奉天城楼图
印花税票 2 分

图 51-3　奉天城楼图印花税票 1 角

图 51-4　奉天城楼图印花税票 1 元

1926 年初，张作霖为了野心的需要，报复冯玉祥，与吴佩孚勾结起来。1 月首先向郭松龄余部魏益三讨伐，4 月中旬，冯玉祥国民退守南口（冯为缓和对方进攻，通电下野前往苏联），8 月，奉军占领南口。此时广东国民政府北伐军一路势如破竹，9 月张作霖在沈阳召开奉系高级将领军事会议，讨论南下协助直、鲁、孙（孙传芳）抵抗北伐军。11 月 14 日，在天津蔡园召开军事会议，参加的有奉鲁将领吴俊升、张学良、韩麟春、张宗昌、褚玉璞等，讨论阻止北伐军。19 日孙传芳到蔡园，提议统一指挥，组织“讨赤军统率办事处”，推荐张作霖为“讨赤军”总司令。23 日，杨宇霆被召至津。27 日，决定改“讨赤军”为“安国军”。29 日，由张宗昌、孙传芳带头，以十五省区推戴形式推举张作霖为安国军总司令。12 月 1 日，张在蔡园正式就任安国军总司令职。1927 年 2 月 8 日，张作霖以支援吴佩孚为名，发兵河南。4 月 18 日，蒋介石在南京成立国民政府，引起宁、汉对立，北伐一时中断。6 月 11 日，张作霖在北京召开会议，孙传芳、张宗昌及奉系将领参加会议。16 日，由孙传芳、张宗昌、吴俊升、张作相、褚玉璞、张学良、韩麟春、汤玉麟 8 人联名推戴张为大元帅，18 日下午张作霖在北京怀仁堂就任陆海军大元帅职，为了便于指挥，张就任大元帅的当天，决定取消镇威军、直鲁联军、五省联军番号，统一称“安国军”，任命孙传芳、张宗昌、张学良、韩麟春、张作相、吴俊升、褚玉璞为第一至第七方面军团长。

此时所见，“陆军第二七方面军团部印花税票”，是张宗昌第二方面军与褚玉璞第七方面军为迎战北伐军筹军饷而联合印制发行。平版无齿，目前仅见 1 分、2 分，票幅、图案均与镇威军票相同。面值英文 1 分印成 Cts（与镇威军 1 分相同多“s”）“s”在英文中为复数（类似情况 2 分、1 角票无“s”，在工具图、福建票中较多，估计当时翻译习惯水平并非十分规范严格，所以也不能算错版）。实用时间不长(图 52)。

图 52　陆军第二七方面军团部印花税票 1 分

张作霖自 1917 年当上奉天督军兼省长，到 1928 年 6 月被炸身亡的十多年中，统治奉天，威镇东北。吉林、黑龙江二省始终在他的控制之下，1924 年 4 月他任命张作相为吉林督军兼省长（省长实际由王树翰署理），张作相对张作霖是言听计从，亦步亦趋。在张作霖 1926 年 1 月 15 日宣布脱离段执政后发行奉天城楼图印花税票，张作相稍后发行了地方版吉林麦穗图印花税票，一套五枚，1 分、2 分、1 角、5 角、1 元。仿中央版，平版印制，票幅 22 mm × 20 mm，齿孔 10.75°。与中央版不同的是，1 分改为兰绿色，2 分为桔黄色，1 角为红色，5 角为绿色，1 元为洋红，上边面值圈框内取消英文字母（图 53）。

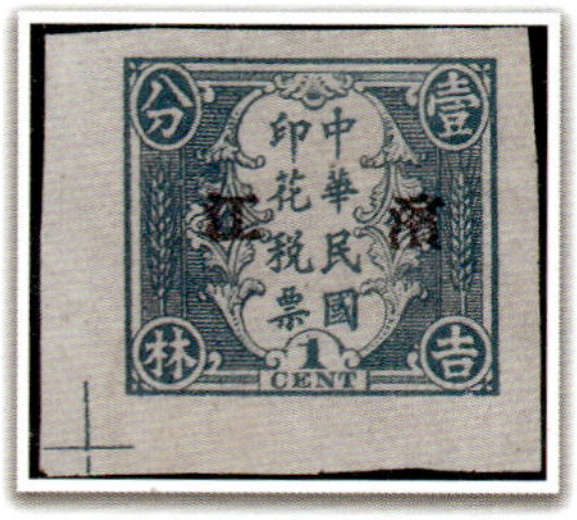

图 53-1　吉林地方版嘉禾图印花税票 1 分

图 53-2　吉林地方版嘉禾图印花税票 2 分

图 53-3 吉林地方版嘉禾图印花税票 1 角

图 53-4 吉林地方版嘉禾图印花税票 5 角

图 53-5 吉林地方版嘉禾图印花税票 1 元

图 54 察哈尔地方版嘉禾图印花税票 1 分

察哈尔特别区，原属冯玉祥势力范围，由张之江任都统，1926 年 3 月 23 日张之江辞，改由鹿钟麟。8 月张作霖部攻占南口后，8 月 27 日，张任命高维岳为都统署理（1927 年 8 月 18 日正式任命为都统）。察哈尔亦发现有石印麦穗图，目前仅见 1 分面值，齿孔 11.75°，相信为察哈尔 1926 年 8 月后发行，实用时间不长(图 54)。

新疆地处西北边陲，民国元年，杨增新任都督兼民政长，前后统治新疆长达 17 年。自袁氏称帝，南北交恶，战事频繁，杨一直置身事外，游离其间。但密切注意双方战事发展及力量对比，以便见风使舵。在北伐军攻克北京，张作霖退回关外途中被炸死后，国民政府 6 月 15 日发表《对外宣言》，宣告“统一完成”。杨见北洋政府已彻底垮台，于 6 月 20 日发表通电，承认国民政府，改悬青天白日旗，并着手组织新政府，打算排挤军务厅长樊耀南。樊得知消息后，决定发动政变取代杨，暗中策划准备。7 月 7 日，俄文法政专门学校第一期学生举行毕业典礼，杨邀请各军政要人及苏联领事参加宴会。席间，军务厅长兼外交署长（特派交涉员）樊耀南以向苏联领事敬酒为名，向部下发出暗号，由卫兵刘锦臣向杨连开数枪，杨身中七弹，当场毙命。杨的卫队被安排在前厅另设酒席，闻枪声赶来，均被枪杀。随即，樊率领亲信二十余人直奔督署，抢夺关防大印，但被政务厅长金树仁指挥的军队包围在督署，樊最终寡不敌众，除战死外均被抓获，金树仁当即组织特别法庭，并经军法会议议决，以谋反罪处樊等二十余人以极刑。这就是新疆的“七七事变”。

第二天，金即致电南京国民政府，强调边疆叛乱已平息，自己已控制局势，并借机翦除了一些政敌，以迫使国民政府下达任命。由于当时全国名义上已经统一，但奉系势力仍在，国民政府一时无暇他顾。直至 11 月 17 日才正式下达任命，金树仁为新疆省政府主席。

新疆发行带新疆地名的地图旗印花税票，放入本文是有特殊原因的。从时间概念上讲，虽然北洋政府已垮台，但作为其赖以生存的奉系势力尚未消灭。从票品本身来讲，是完全仿照南京政府第一套带地名地图旗式样，是倾向国民政府的。它是处于两个政权交替更迭之中，标志了代表北洋政府的新疆麦穗图的结束（实际上新疆麦穗图发行后未行用，未及行用或弃之不用），也标志了代表国民政府的新疆政权的开始。它的具体发行时间目前缺少确切的时期（有待新疆同好挖掘整理），但可界定在 1928 年 6 月 20 日后至 1928 年 11 月前。实用在金树仁执政时期，很可能是杨增新承认国民政府后就着手制版印制，但未及印就就被刺身亡，而印就后，金树仁虽尚未获正式任命，就颁发使用。该票一套五枚，石印平版，齿孔 10.5°（图 55）。

图 55-1 新疆地方版版图旗印花税票 1 分

图 55-2 新疆地方版版图旗印花税票 2 分

图 55-3　新疆地方版版图旗
印花税票 5 角

结束语：本人曾在去年就北伐时期国民政府发行的印花税票进行探索，引起各地同好的兴趣。因为历史资料的缺乏，个人所凭实物、资料、知识有限，以所见、所闻、所知作推测，臆测属某历史人物、某一地方发行，难免错谬。当初有同好曾当面戏说我在讲故事。北洋政府（北京政府）从袁世凯称帝起，群雄纷起，人事沧桑，许多人昙花一现，很难说是某个人在任时所发行。

《史略》断断续续，载了十一期，该是打住的时候了。在结束前，重申：由于本人见识有限，资料及实物不足，所以肯定有不少疏漏之处。同时在行文期间，又收集到若干实物资料及信息，今后在适当时间再作补充。在行文期间，也得到许多同好的关心与支持，探讨有关问题，在此向全国诸位同好表示衷心谢意。并期盼持有不同观点的专家、学者补充或更正，特别是发行票品所在地的同好，能提供更为确切的论证，以求历史的真实。也愿随收藏税票，研究税史的广泛深入，逐步能得到证实，这也是本人抛砖引玉的初衷。（全文完）

《印花交流》总 80—84 期、88 期、91—95 期，断续刊载于 1997 年 3 月至 1998 年 6 月

注：原文中的图号重新编排。图 30 是日伪时期安徽省维新政府设计印制的印花税票。

——焦继承

印花单据欣赏

民国三十一年（1942）江德茂大记号账册封面

阅《王璟芳考察香港财税致国务总理呈文》浅议民国初年印花税的征管

陕西　焦继承

近期《民国档案》杂志（总第 48 期）公布了中国第二历史档案馆馆藏的民国初年王璟芳考察香港财税情况致国务总理的呈文档案。

从其呈文中得知：时香港仅四十五万余人，印花税年收入达二三百万之巨，占港英政府年收入的三分之一。

北京政府自 1912 年 10 月 21 日公布《印花税法》，1912 年 12 月 11 日公布了《印花税法施行细则》，从 1913 年 3 月 1 日起开征了印花税。

1913 年 11 月 25 日又订颁了《贴用印花税票细则》。同年财政部制定了《总发行所招人代售印花税票专则》《各省国税厅筹备处招人代售印花税票专则》。

由于印花税在我国刚刚开征，开征之初征管工作重在了印花税票的推销与劝导贴用方面，因而，便出现了摊派、搭放、抵押、贱销印花税票的现象。开征当年北京地区印花税收入仅 57561 元，各地印花税收入更是寥寥无几。政府将此归咎于“人民对印花税观念不深之故”。（其他资料也持相同观点）

1914 年 3 月王璟芳考察了香港财税情况，对国内印花税“创半年余，收入无几”，究其根源，认为并非“人民此种观念不深”。在其 1914 年 4 月致国务总理的呈文中明确提出：“实由各省官厅奉行不力”所为。

1914 年 8 月 19 日，财政部公布了《关于人事证凭贴用印花条例》；1914 年 10 月提出“修改印花税法案”。1914 年 10 月 23 日提出“修正印花税法理由”，1914 年 12 月 14 日修正印花税法，调整了起征点；1914 年 11 月订颁了《印花税提成津贴办法》；1915 年 1 月 14 日制定《印花税法罚金执行规则》，由各省警察官厅执行，此规则规定：“所收罚金，警察官厅准其留用四成，补助公费，其余解缴财政部核收。”1915 年 1 月 16 日公布了《药品及香料贴用印花办法》（注：此规则因商民反对，后不了了之）。1915 年 1 月 18 日，大总统令：公布修正《关于人事证凭贴用印花条例》；同时又修订颁布了《财政部派员督查印花税规则》。由于此期印花税的征管工作放在了督查与检查方面，1915 年全国印花税收入突增至 3 637 000 元，比前一年度（1914 年收入 447 000 元）增长了 8 倍多。

从此，我国印花说的征管步入了良性循环，印花税的收入逐年呈上升趋势。

《印花交流》总 116 期　2000 年 3 月刊

补：王璟芳小传。

王璟芳（1877—1920），字小宋。湖北恩施城关人，会计学家、会计教育家、财政与审计实务专家。清光绪十八年 16 岁中秀才，颇具文才，被乡人誉为“施南才子”。（图 1）

图1　王璟芳

1899年9月以官费东渡日本留学，入高等商业学堂。1903年1月，参与编辑刘成禺等人创办的《湖北学生界》。同年4月28日，参加中国留日学生组织的“拒俄义勇队”，被推为分队长。5月11日，参加以蔡文森等为书记的军国民教育会，被推选为经理。1904年夏季毕业回国。回国后，由清廷赏以钦赐商科举人，敕予“破格奖用”，任度支部会计司主事，开启仕途之征程。后升任度支部会计司员外郎、资政院议员、钱币司帮办、通阜司司长。

1911年（宣统三年），辛亥革命爆发，积极支持和拥护孙中山领导的中华民国临时政府，被任命为广东省财政整理特派员。1912年（民国元年），南京临时政府接收清度支部事务，解散度支部，另行成立财政部筹备处，担任筹备处会办，糅合南北新旧部员办事。同年3月，参加在天津成立的国民协进会，与范源濂等17人一道被推选为常务理事。9月，与杨汝梅（予戒）一道供职于政府审计处，始任审计处署理总办、后当选为国会议员。10月，呈拟《呈总理代呈总统批示〈暂行审计规则〉》，参与筹组政府币制委员会，并出任该会副会长。后任北洋政府广东财政会办与中国银行广东分行行长，全国铁路协会交际干事等职。

1916年7月，出任北洋政府山东省财政厅长，后任财政部次长。在财政次长任内，创设财政印铸局，专为北洋政府印刷纸币，鼓铸银、铜等硬币，又创设财政人员讲习所、北京证券交易所等。

20世纪初期，娶王莲（1876—1940）为妻。（王莲本姓尹，婚后改从夫姓。王莲自幼能诗文，通经史，1901年赴日本留学，入东京工艺学校学习绘画，1904年随夫回国。这是第一位湖北留日的女子，据悉曾经参与辛亥革命军军旗的设计。）

1920年3月17日，王璟芳病逝于北京。

王璟芳堪称中华审计教育与立法之魁首。

印花单据欣赏

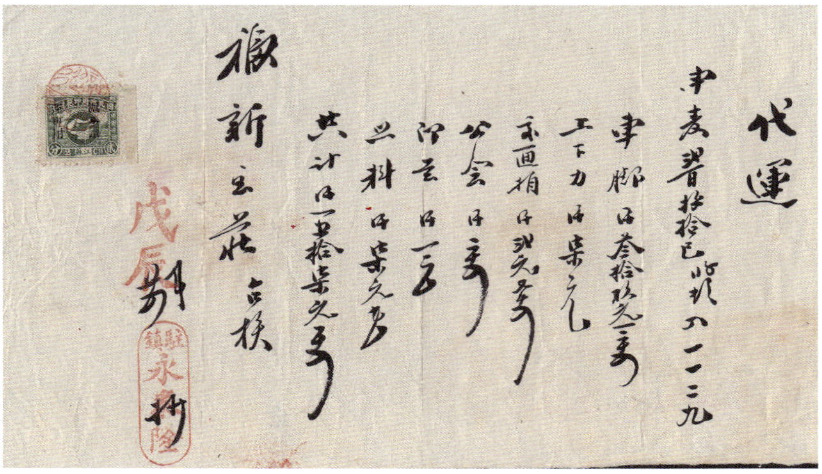

代運

戊辰年上海驻镇永泰隆号代运单据

中央版长城图印花税票100周年祭

上海　李德元

长城图印花税票是中华民国成立后发行的第一套印花税票。1911年10月辛亥革命成功，成立中华民国，定1912年为民国元年，孙中山先生在南京出任临时大总统。根据南北双方协议，推翻清帝溥仪，可推举袁世凯为临时大总统。袁世凯当时执掌清政府实权，借南方势力逼迫清帝溥仪退位成功。孙中山被迫于4月1日辞职，袁氏继任，定都北京，史称北京政府或北洋政府。

北京政府成立之初，百废待兴，需款繁浩，财政负担十分沉重，迫切希望开源节流。7月财政部在清朝税法基础上制定《修正印花税法草案》，并于1912年10月21日由临时大总统公布《印花税法》十三条（定民国二年三月起在京师和近省首先使用，各地以收到税票之日起30天内开征）。财政部指令财政部印刷局印制，以长城和五色旗为主图的印花税票，初次印制共1亿枚，其中1分6 000万枚；2分2 500万枚；1角800万枚；5角400万枚；1元300万枚。长城寓意为中国，五色旗代表汉、满、蒙、回、藏族，象征五族共和。

国内外研究长城图印花税票的不乏其人，研究中央版长城图的也为数不少，其中二人功不可没。一为湖北周震先生，在会刊《税票集邮》总第9期（1998年9月30日），首先提出有二版式，第一版于1913年印制一套五枚，1分赭色、2分绿色、1角红色、5角紫色、1元蓝色。版铭英文大写体：CHINESE BUREAU OF ENGRAVING AND PRINTING（中国印务局）。第二版于1916年印制发行，面值只有1分和2分，版铭为英文小写体：Bureau of Engraving and Printing Peking China（中国北京印务局），并提出6个鉴别的方法，其中4个方法比较方便实用。

另外新疆汪旭先生关于长城图母模暗记的报道，最早发表于台湾《中国邮刊》总第76期（2003年8月），本刊在2004年9月予以刊载。研究指出长城图母模暗记在长城图右边麦穗顶端分别置二个“F”字母，意义不详，这为我们识别中央版与地方版提供了一个方法。本人不敢掠人之美，特此说明。

长城图全版为纵10枚×横10枚，图幅30×22 mm，齿孔14°。1998年北京拆迁中国银行旧房时，在地下室仓库发现整包未开封的长城图1元的版票，后陆续流向市场，目前已消化殆尽。上海在两年前也曾流出一批长城图1分票，光加盖不同地名就有数千种之多，这是解放后长城图印花税票二次流出最多的记载。近年从国外回流不少5角面值的版票，但均无边纸。近年有人认为1角票也有第二版，有不同版式，但迄今未能确认。长城图印花税票刚开始使用时均是未加盖原票，1913年6月财政部依照《印花税票施行细则》，确定邮政总局、电报总局、商务总会、中国银行为印花税票分发行所，下边再设支发行所，在所属发行印花税票上加盖发行所名称，以示责职。1917年鉴于新疆所领印花税票未实行贴用，辗转来内地售卖，冲销各省计划。财政部训令加盖“限新疆贴用”，以示区分。以后各省为保护本地税源，纷纷效仿，加盖本地省、市地县名，外地税票禁止在本地使用，而在之前以邮局代售为主，往往加盖“×邮××”。

在北洋政府存在前后不足17年时间内，长

城图印花税票使用基本上从1912年—1925年。1925年后大多使用麦穗图印花税票，但个别地方还有使用到1928年南京政府成立之后的个例。另外，因袁氏1915年底称帝引发西南诸省独立，从而发行过形形色色的地方版长城图印花税票，不在今天的议题内。

明年3月是长城图印花税票发行100周年，期望有关方面从国家层面能搞个活动，或发行纪念性的票子册子什么的，以使中国各族人民共和团结发扬光大。

今天先著小文以志纪念。

《印花交流》总260期　2012年3月刊

图1　1分

图2　2分

图3　1角

图4　5角

图6-1　一版2分面值带版铭

图6-2　一版1分面值带版铭

图5　1圆

图7-1　二版2分面值带版铭

图8　一、二版之区别

图9　母模暗记

图7-2　二版1分面值带版铭

图10　加盖“直邮一三一”

图 11　加盖“浙邮十”

图 12　加盖“粤邮一”

图 13　加盖“豫邮三十”

图 14　加盖“新邮一”

图 15　加盖“皖邮四十”

图 16　加盖“秦邮一”

图 17　加盖“闽邮三三”

图 18　加盖“江邮一五四”

图 19　加盖“京邮二三”

图 20　倒盖“京邮二三”

图 21　加盖“奉邮七一”

图 22　加盖“桂邮五”

图 23　加盖“赣邮三”

图 24　加盖“川邮五”

图 25　加盖“鲁邮二”

图 26　加盖“吉邮十九”

图 27　加盖“黑邮十三”

图 28　加盖“晋邮一”

图 29　加盖“奉邮二十”

婚书始贴印花时间补疑

天津　周　军

记得1995年初，北京徐一青先生曾有一组文章在《中国集邮报》上连载，对我国初期印花税票的使用作了精辟的阐述，读之受益匪浅。文章在婚书贴用印花情况上，因资料的缺乏未能对婚书使用印花的起始时间作出说明。笔者年前在津门的旧物市场上购得红色订婚证书一册，为对开八折，对折处磨损较重，封面贴有民国长城图印花1角票四方联，其上加盖楷书“晋省”、(双)“喜”，发证时间为民国十一年七月初三，证号襄字第7119号，盖有“襄陵县印”。背附浅绿色衬纸，上书买卖证书规则，对婚书贴印花的时间和税额都作了详细规定，摘录如下：

——自民国七年二月十一日（即戊午年正月初一）起凡订婚者非购用此项证书不得为有力之证据。

——每购用证书一份应于书面印花处另贴印花票4角，违者照印花章处罚。

买卖证书规则复印件附后，与广大税友共赏。(附图略)

《印花交流》总72期　1996年7月刊

印花单据欣赏

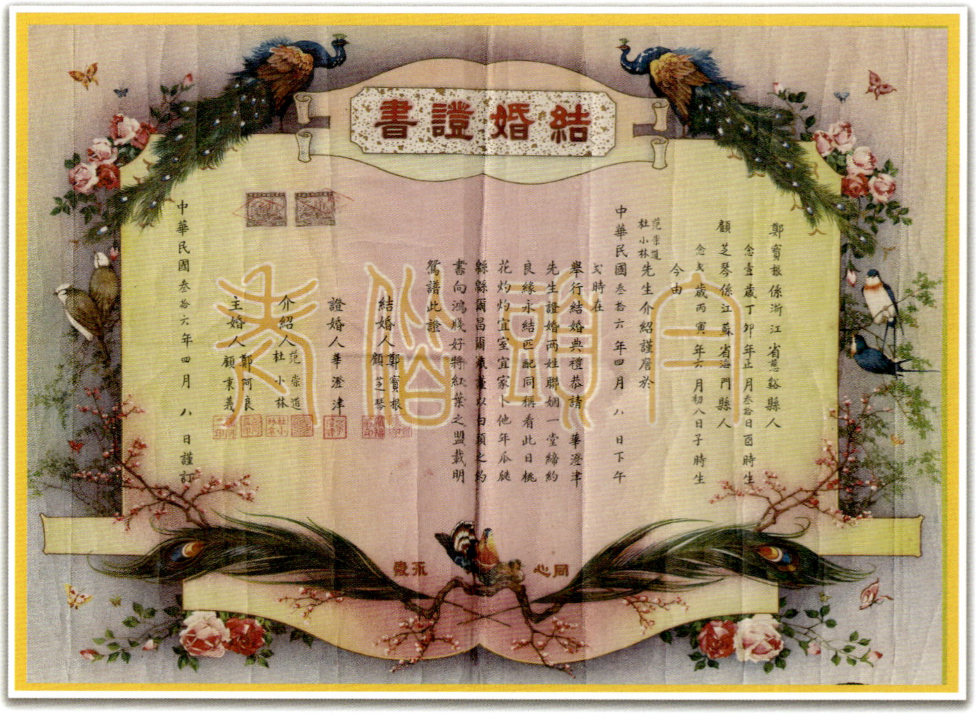

結婚證書

鄭寶根係浙江省慈谿縣人
念壹歲丁卯年正月叁拾日酉時生
顧芝琴係江蘇省海門縣人
念弍歲丙寅年六月初八日子時生
今由
范崇道
杜小林先生介紹謹詹於
中華民國叁拾六年四月八日下午
弍時在
舉行結婚典禮恭請華澄津
先生證婚兩姓聯姻一堂締約
良緣永結匹配同稱看此日桃
花灼灼宜室宜家卜他年瓜瓞
綿綿爾昌爾熾謹以白頭之約
書向鴻箋好將紅葉之盟載明
鴛譜此證
結婚人 鄭寶根 顧芝琴
證婚人 華澄津
介紹人 范崇道 杜小林
主婚人 鄭阿良 顧東義
中華民國叁拾六年四月八日謹訂

民国三十六年（1947）贴交通联运图印花税票的结婚证书

麦穗图印花税票简介

台湾　王学文

麦穗图（嘉禾）税票发行缘起，主因是民国十二年间临时执政府财政困难，向民间商借款项，将旧印花暂作抵押，及京外各机关欠缺军政费，自行将印花抵押，造成奸商以时价私售，价格日落，税收锐减。财政部有鉴于此，决定发行新票以为解决之道。新印花税票分为1分、2分、1角三种，于钢版内分携各省、区字样，以资识别，本拟定民国十四年七月一日分期执行，但因印票不及，延至九月一日实行。

嘉禾图 京兆 1分

依据财政部印花税处与财政部印刷局之合约，计分八条，规定采用纸张为六十磅洋宣纸，每张200枚；1分者，印刷2 813 750张，2分者，1 173 750张，1角者，109 250张，共计4 096 750张。由印花处规定，每省先发各种票数若干，开单存局，以便查找赶印，至全数票额；自签订合同之日起，约以一年交齐。因为涉及各省旧票换用、查缉、新票印刷费支付及经费分配等问题，兹事体大，财政部经八月十五日召开全国印花会议，并修正印花大纲十二条。其中第二条规定各省、区自本年九月一日起，分期次第实施新票，其中第一期京兆、直隶、山东、山西，八月底交齐，九月一日实行。第二期安徽、江苏、江西、河南，十月底交半数，十一月半实行。第三期奉天、吉林、黑龙江、察哈尔、绥远、热河，十二月底交半数，十五年一月半实行。第四期陕西、甘肃、新疆、四川，十五年二月底交半数，十五年三月半实行。

《印花交流》总68期　1996年3月刊

国民政府印花税票

——“士农工商图”发行初探

西安 焦继承

1925年7月1日，广州革命政府改组为国民政府（汪精卫任主席）。1926年2月，中国共产党向全国人民提出“出兵北伐，推翻军阀统治”的政治主张，国民政府也积极响应。在这种形势下，于1926年初发行了士农工商图印花税票。正式拉开了北伐战争的序幕。

士农工商图是国民政府发行最早的一套印花税票。由于当时国民政府控制地区仅广东一个省份，因此，这套印花税票使用地区极为有限，随着北伐战争的节节胜利，其控制区域不断扩大。今见到的使用地区有广东的番禺、潮梅、江门等地，以及福建、广西等省份，其他省区很少见到。

此套票有三种面值，1分、2分、1角。

今见到的均为孔齿，齿度有11°、12°、12.5°三种。

这套印花税票的主图为：青天白日旗下的“士农工商”组成的盾牌。从其反映的主题看，这个时期的国民党具有工人、农民、小资产阶级、民族资产阶级的民主革命联盟的性质。

这套票发行仅数月，国民政府便由广州迁往武汉。因此这套印花的使用时间也很有限。（认识错误之处，敬请同好指正）

《印花交流》总65期 1995年12月刊

注：此票有1分、2分、1角、5角、1元五种面值。各省份使用详见今附图。

图1 1分 加盖
“总处 省河”

图2 2分 加盖
“总处 省河”

图3 1角 加盖
“总处 省河”

图4 1分 加盖
“总处 台山”

图5 2分 加盖
“总处 台山”

图6 1角 加盖
“总处 台山”

图7 1分 加盖
“总处 潮梅”

图8 2分 加盖
“总处 潮梅”

图 9　1 角 加盖
“总处 潮梅”

图 10　1 分 加盖
“总处 番禺”

图 11　1 分 加盖
“总处 佛山”

图 12　1 分 加盖
“总处 陈村”

图 13　1 分 加盖
“福建 验契”

图 14　2 分 加盖
“福建 验契”

图 15　1 角 加盖
“福建 验契”

图 16　5 角 加盖
“福建 验契”

图 17　1 分 加盖
“福建 闽古”

图 18　2 分 加盖
“福建 闽古”

图 19　2 分 加盖
“福建 漳属”

图 20　1 角 加盖
“福建 漳属”

图 21　2 分 加盖
“福建 仙游”

图 22　1 分 加盖
“广西”

图 23　2 分 加盖
“广西”

图 24　1 角 加盖
“广西”

北伐时期国民政府发行的印花税票简略

木　子

中华民国建立后不久，北洋政府于次年发行了长城五色旗图印花税票（简称长城图）一套五枚，遂行用全国。少数地方政府随后也发行了仿中央版的长城图印花税票，在管辖区域内使用。此后数年内，未见新的印花税票面世。

北伐时期是一个军阀割据、战事频繁、人事更迭的历史时期，工农革命运动风起云涌，“打倒帝国主义！打倒军阀！扫除封建势力!”的口号响彻全国。各种人物在历史舞台上，有的叱咤风云，也有的如匆匆过客。由于年代久远，战火连天，这一时期的资料相当缺乏。

本文就凭所见实物及历史资料，先作初步探索（分三期连载），抛砖引玉，以期引起同好注意。

辛亥革命后，不久胜利果实就被袁世凯窃取。孙中山先生继续坚持民主革命斗争。1914年在日本组织中华革命党，1915年底云南起义宣布独立，不久贵州、广西、广东、浙江、陕西、四川、湖南相继独立。1917年孙中山在广州组织非常国会和护法军政府。1919年10月，他把中华革命党改组为中国国民党。1920年底，孙中山在广州重建军政府。长城图加盖“军政府发行×××××”即为此时。1922年6月，广东粤军总司令陈炯明发生叛乱，兵败后退踞惠州。1923年2月，孙中山在广州成立大元帅府，3月组织大本营。6月，中国共产党在广州举行第三次全国代表大会。受共产党影响，1923年11月，孙中山发表《中国国民党改组宣言》和党纲草案。1924年1月，国民党“一大”在广州召开。正式决定了“联俄、联共、扶助农工”的三大政策，形成了第一次国共合作。1924年5月，孙中山在广州黄埔创办了“黄埔军校”（蒋介石任校长）。1924年10月下旬，受革命影响的直系将领冯玉祥发动“北京政变”，推翻了直系军阀政府，把自己的部队改为国民军，并电邀孙中山北上讨论国是。11月孙中山发电《北上宣言》，应邀北上。12月4日抵天津时肝病复发，31日孙中山抱病抵达北京进协和医院手术，在北京召开国民会议同段祺瑞政府作斗争。(其时，北京政府已被段祺瑞控制，冯玉祥被排挤出北京，调为西北边防督办，此后转战甘陕)。1925年3月12日，孙中山在北京逝世。

1925年初，军阀陈炯明趁孙中山北上之际，进攻广州，阴谋推翻广东革命政府。1925年2月，广东革命政府开始第一次东征（周恩来参加了），经过二个月的作战，清除了惠州以外广东东部的陈炯明反动势力。孙中山在北京逝世的消息传到广东后，广州刘震寰、杨希闵趁机发动叛乱。6月，在周恩来领导下，东征军回师讨伐，很快平定了叛乱。

1925年7月1日，广东革命政府改组为国民政府。汪精卫任国民政府主席。长城图加盖“国民政府×××××”，即为此时（图1）。

图1-1　长城图印花税票 1分 加盖“国民政府财政部”

图1-2　长城图印花税票 2分 加盖“国民政府财政部”

10月，国民政府革命军举行第二次东征，在一个月里攻破了陈炯明的老巢惠州城，彻底消灭了陈的反动势力，巩固了广东革命根据地。

1926年2月中国共产党发出“出兵北伐，推翻军阀统治”的政治主张。北伐的主要对象是北洋军阀吴佩孚，直系军阀孙传芳，奉系军阀张作霖。其时3月，蒋介石策划了“中山舰事件”，由于陈独秀的退让，共产党员退出了第一军。5月蒋又提出限制共产党的“整理党务案”，排斥共产党员，一些国民党右派窃取了国民党要职。蒋也当了国民党中央常务委员会主席、组织部长和军人部长。

1926年5月，以共产党员和共青团为骨干的叶挺独立团奉命为北伐先锋，首先开赴前线。这期间发行了“国民政府印花税票”士农工商图一套五枚，1分、2分、1角、5角、1元。凹版印制，图案为国民党党旗下一卷地图，上印“（中）国地图”三字，旁边一把战刀和盾牌，盾牌上印“士农工商”四字，表示了当时国民党的政治主张及组成成分（图2）。

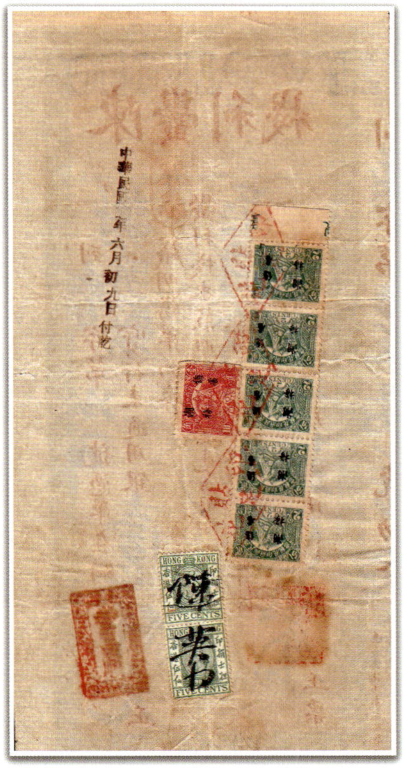

图2　国民政府士农工商图印花税票实用单据

7月9日，国民革命军十万人正式出师北伐，兵分三路，一路指向湖南、湖北，一路指向福建、浙江，一路指向江西。其中两湖是主战场。仅一月即大败吴佩孚十万人马。7月攻克长沙，8月底北伐军直逼武汉三镇，吴佩孚亲临坐镇督战。9月初北伐军进入江西，孙传芳由宁抵赣，调集五省联军（苏、浙、皖、赣、闽）15万人从六个方面进攻北伐军，鏖战一个半月，孙弃部乘舰逃向南京。江西激战之时，福建督办周荫人9月下旬率部六、七万人进攻广东，骚扰北伐军后方，由于周部两旅起义，（改编为国民革命第七军），周求援于孙，孙无力他顾，周退出福建逃往浙江。10月北伐军占领武汉三镇。11月第二、三、六军及一军两个师，在李富春、林伯渠等人指导下消灭了孙传芳主力后，攻下九江，11月8日，再克南昌。接着沿江东下，直捣南京。

1924年—1926年，李宗仁、白崇禧与黄绍竑，在广东革命政府支持下，屯兵五属，崛起玉林，在短短的二年内削平群雄，统一了广西，并归附了广东国民政府。有了两广的统一，才有了北伐的实施。根据广东国民政府的决定，李任国民军第七军军长，黄主持广西省务。广西省地瘠人贫，连年战乱，财政困难，但当时广东财政也很困难，无力支助。最后决定广西财政暂由广西自收自支，军费也暂由广西自筹，中央只负监督之责。故广西虽归附国民政府，但实际上军、政、财及干部任免仍自行其是。

北伐开始后，国民政府发行了“士农工商”印花税票，广西随后发行了石印版“士农工商”印花税票一套，图案模糊不清（图3）。（目前尚未见5角、1元）据邮友告为：“广西财政厅准制此代用。”（“此代用”或为“北伐用”之误，待考）

北伐军进抵长江流域后，国民党中央政治会会议决定迁都武汉。1926年12月13日，在武汉的中央执行委员及国民政府委员召开紧急会议，决定在中央政治会议未迁到武汉前，由两委委员组成临时联席会议，执行最高职权，

图 3-1　广西石印版“士农工商” 印花税票 1 分

图 3-2　广西石印版“士农工商” 印花税票 2 分

图 4-1　国民政府印花税票 工农商学兵工具图 1 分

图 4-2　国民政府印花税票 工农商学兵工具图 2 分

图 4-3　国民政府印花税票 工农商学兵工具图 1 角

图 4-4　国民政府 印花税票 工农商学兵工具图 5 角

图 4-5　国民政府印花税票 工农商学兵工具图 1 元

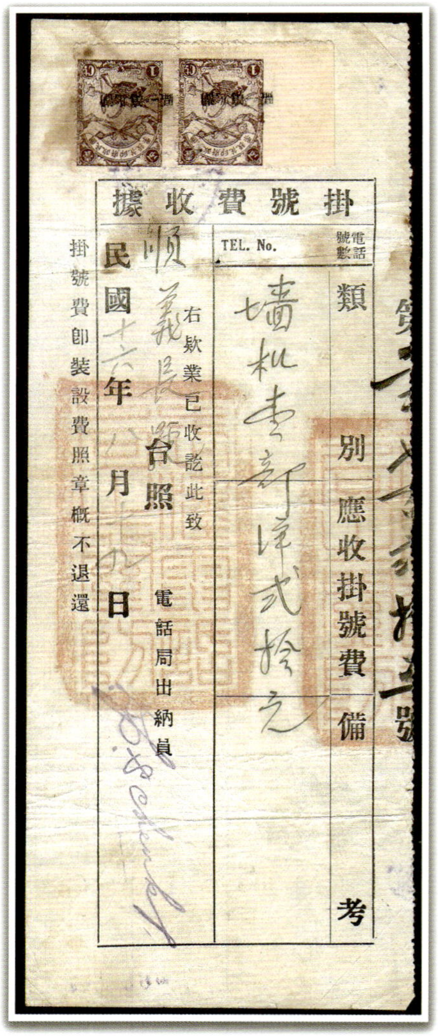

图 4-6　国民政府印花税票 工农商学兵工具图 1 分 实用单据

处理决定各项重要问题。此时，蒋介石的野心进一步膨胀，改变了过去主张迁都武汉的立场，并于 12 月底截留了途经南昌去武汉的第二批国府委员及中央委员。其中包括代理国府主席谭延闿、代理国民党中央常委主席张静江。并于 1 月 3 日在南昌召开“中央政治会议第六次临时会议”，非法决定中央党部与国民政府暂驻南昌，同时指令武汉成立“政治分会”，蒋的行动遭到武汉联席会议的反对，从而引起“迁都之争”，这是最早出现“武汉政治分会”的记载。1927 年 1 月 1 日，武汉联席会议宣布：国民政府在汉口开始办公，财政、外交、交通、司法开始行使职权。将武昌、汉口、汉阳定名为武汉，作为临时首都。7 日，武汉联席会议，针对蒋的行动议决武汉已有中央之机关，不再成立“政治分会”。“迁都之争”以蒋的失败告终。2 月 21 日国民党中央联席会议召开扩大会议，作出重要决定：(1) 结束临时联席会议；(2) 中央党部，国民政府在武汉开始办公。3 月 10 日—17 日，在汉口召开国民党二届三中全会。20 日，武汉国民政府正式成立。不久发行了“工农商学兵”工具图印花税票一套五枚，石印版印制（图 4）。主图为国民党党旗下的斧（代表工人）；犁（代表农民）；算盘（代表商人）；毛笔（代表学生）；步枪（代表士兵）。

江西省随后也发行了图案相同的一套，只是把标头的“国民政府”四字改为“江西省政府”（图 5）。

同时，北伐军2月19日进占杭州，2月底攻克芜湖、安庆。3月设立安徽政务委员会，发行“安徽政务委员会印花税票”一套五枚（目前尚未见5角、1元），平版印制（图6）。以党徽及安庆迎江寺振风塔为主图。

图5 江西省政府印花税票 工农商学兵工具图 1分

图6-1 安徽政务委员会印花税票 振风塔图 1分

图6-2 安徽政务委员会印花税票 振风塔图 2分

3月21日，蒋介石以北伐军总司令的身份带领军队进驻上海。江右军（总指挥兼第六军军长程潜），3月21日占领江宁，3月24日凌晨攻破南京。蒋以总司令的身份趁程潜离宁赴汉之际，4月4日密令嫡系第一军开进南京。随后在上海发动了“四·一二”政变。4月18日在南京另立中央，成立了南京国民政府。此时中国形成京、汉、宁三个政权。汪欲东征讨蒋，蒋欲西征讨共，北伐中断，宁、汉战机日迫。由于北伐中止，给孙传芳一个苟延残喘的机会，得以渡江北撤至扬州，总部迁至蚌埠。

1927年5月，武汉国民政府继续北伐，吴佩孚残部被消灭，吴亦远走四川。5月底武汉国民军与冯玉祥会师郑州。南京军队也攻占了蚌埠、徐州。7月15日，汪精卫在武汉召开“分共会议”，叛变革命。迫于白色恐怖，中国共产党8月1日在南昌举行武装起义，震惊了宁、汉。在南京，蒋与桂系（李宗仁、白崇禧）矛盾尖锐，汪分共后，在反共的共同利益下，李、白主张宁汉言和，于是联程（潜）倒蒋，蒋要李、白攻打武汉而指挥不动，蒋被迫离宁赴沪，14日宣布下野。蒋离南京后，汪即由汉抵宁，与宁、沪中央委员达成协议，9月15日成立国民党中央特别委员会，代行中央执行委员会和中央监察委员会职权，武汉国民政府结束。由于汪派代表在“特委会”有名无实，实权为桂系控制，武汉方面不满，汪于21日返汉，不久应张发奎之邀赴广州，依靠广州方面第四军来反对“特委会”。时唐生智掌握两湖及安徽，唐拥汪自重，于9月21日下午成立“武汉政治分会”，宣称“不受南京节制”，与南京分庭抗礼。“特委会”下令于10月11日前废除各地政治分会，10月20日，南京政府下令讨唐，西征大军在李宗仁、程潜率领下沿长江向皖鄂推进，11月中旬，讨唐胜利，桂系占据武汉，唐宣布下野，逃往日本。“特委会”决定取消“武汉政治分会”，改设“湘鄂临政务委员会”，以程潜为主席。

南京国民政府发行的带地名地图旗票究竟发行于何时？目前较流行的说法是1927年11月1日。我刊编委包明伟先生收藏有一件三联实用单。今征得包先生同意，复印以飨各位。其一为“江苏财政厅印发不动产卖契官纸”（下称“官纸”）；其二为“让渡证”。此二件时间均为民国十六年八月，“让渡证”上贴2枚江苏地图旗2分盖“川沙”，骑缝盖销“川沙县”椭形章。其三为江苏财政厅验契纸（下称《验契纸》），贴江苏地图旗1分、2分各一枚盖“川沙”，官印骑缝盖销于税票、“验契纸”和“让渡证”（图略）。时间为民国十七年三月。此三单粘贴一起，系从税务档案中取出，故可排除近期作伪的可能。“让渡证”上的贴票也可排除民国十七年三月验契时补贴的可能。因为类似的三联单，二张时间相同的民国十一年八月的“官纸”及“业务执照”所贴用的长城图票，而民国十七年四月的“验契纸”上贴的是江苏地图旗票。很显然，“让渡证”上的贴票是当初让渡房产土地时所贴，说明带地名的地图旗税票迟至1927年8月已经使用。这种情况也完全是可能的。因为南京政府1927年4月18日建立后，由于北伐战争及军队开支所需，完全应该立即着手发行印花税票，从 4 月至 8 月，有四个月的时间作准备。联系到原北洋政府势力范围内的浙江于 1924 年自行发行的岳庙图票到后来改作他用盖“专贴债券不作别用”有“五、六、七……月”，及江苏 1926 年发行的寒山寺票到后来改作他用盖“奖券专用丙寅六、七、八……月”，除了政权更迭，废弃前朝的东西外，南京政府当时使用的是什么印花税票呢？（江苏寒山寺曾加盖篆书“国民政府”，从 1927 年 4 月起使用过短暂时间）无论从经济角度出发，或从政治角度扩大政治影响而言，南京政府应越早发行越好。我们完全有理由相信，带地名地图旗税票始用于 1927 年 8 月或更早。1927 年 11 月 15 日，南京政府重新发布《印花税暂行条例》，共九条四类七十八种应税凭证，规定了 1 分赭色，2 分绿色，1 角红色，5 角紫色，1 元蓝色，并首次将印花税列为中央税。并发行样张一套（图 7，上海大东版）。这就可以看出在此前曾发布过《条例》，也发行过印花税票。所以，1927 年 11 月 1 日《申报》所载报道发行新印花税票，应是指无地名的通用版。

江苏、浙江、安徽、福建地图旗印花税票，一套五枚，凹版印制（图 8），盖由于其时其他

图 7-1　国民政府印花税票 版图旗 样张 1 分

图 7-2　国民政府印花税票 版图旗 样张 2 分

图 7-3　国民政府印花税票 版图旗 样张 1 角

图 7-4　国民政府印花税票 版图旗 样张 5 角

图 7-5　国民政府印花税票 版图旗 样张 1 元

图 8-1　大东书局版版图旗印花税票 有地名 1 分

图 8-2　大东书局版版图旗印花税票 有地名 2 分

图 8-3　大东书局版版图旗印花税票 有地名 1 角

图 8-4　大东书局版版图旗印花税票 有地名 5 角

图 8-5　大东书局版版图旗印花税票 有地名 1 元

省份尚未在南京政府控制之下，故图案为国民党党旗插在中国版图上，寓北伐向全国推进，达到一统江山之意。旋由于北伐推进，其他省份逐步统一，又由于带地名的制版比较麻烦，印量又不易控制，才改为无地名通用版，在出厂时加盖省名（偶有未加盖省名的从厂内流出，仅见北平财政部版），供各省认领，与前发行的地名版一齐使用。带地名的票比无地名的发行量少得多，使用时间也比较早，后来为上海大东书局无地名版（图 9）及北平财政部版（图 10）所代替。

蒋下野后，其爪牙为其鸣不平，桂系也指挥不动全局。张作霖看到宁汉相争、蒋下野，认为是反攻好机会，遂支持张宗昌、孙传芳反攻，一时战事纷起，而宁方为保持实力，步步退让。冯玉祥、阎锡山多次敦促，请蒋复出。

第二部分　研究文稿精选

图 9　大东书局版地图旗印花税票 1 分 带版铭

图 10-1　财政部版版图旗印花税票 1 分 带版铭

图 10-2　财政部版版图旗印花税票 1 分 原票

而汪与蒋在反对“特委会”上是一致的，故几经协商，1927 年 12 月 10 日召开二届四中会议预备会，28 日李宗仁等五人的“特委会”取消，1 月 4 日，蒋复任总司令职。2 月 2 日国民党二届四中会议在南京召开，蒋玩弄各种手法，当上了军事委员会主席，中央党部常委，3 月 7 日，又被推为中央政治会议主席，大权独揽。但各地实力派实力依在，为拉拢收买，同时决定设立广州政治分会，主席李济深，辖两广；武汉政治分会，主席李宗仁，辖两湖；开封政治分会，主席冯玉祥，辖豫、陕、甘；太原政治分会，主席阎锡山，辖晋、绥（远）、察（哈尔）。这些政治分会（包括北京政治分会）直至 1929 年 3 月 15 日，国民党“三大”开幕正式撤消，历时一年。综观历史“设立武汉政治分会”，第一次只是蒋口头上提出，被武汉国民政府否决；第二次是唐生智在 1927 年 9 月 21 日—11日下旬，二个月的时间，发行印花税票，准备工作来不及；第三次，即李宗仁任武汉政治分会主席时期，从 1928 年 3 月—1929 年 3 月，时间近一年。李拥有桂系实力，与蒋的矛盾很深，发行“武汉政治分会，财政委员会制”印花税票，非此君莫属。平版印制，仿南京国民政府地图旗，寓意相似，票两边分别植“武汉政治分会”“财政委员会制”字样（图 11）。从徐一青先生提供的文章《关于民国地图旗印花税票的一些资料》，“……鄂省税收成绩本优，近则渐生阻碍……税票不得自由印造”，这是宋子文 1928 年初重掌财政部三个月后的报告，是有所指的，是对发行此票的佐证。其时间也对得上号，文中“以前各省自制之票应一律停止”，主要是针对以前武汉国民政府势力范围内各省发行的印花税票：如“工农商学兵”“江西工农商学兵”工具图、“安徽政务委员会党徽宝塔图”和“武汉政治分会”地图旗，以及北伐占领的范围内北洋政府时期江苏、浙江、安徽、福建等省发行的票。而北京尚未攻克，北方数省尚未在南京政府治下。其时国民政府发行的地图旗已有数月。

1928 年 4 月，蒋会同冯玉祥、李宗仁、阎锡山等二次北伐讨奉，4 月 10 日向张作霖为首的北洋军阀发动总攻击令，张宗昌在鲁南未战先溃，孙传芳在鲁西，因后路被冯玉祥部截断

图 11-1　武汉政治分会财政委员会制 版图旗印花税票 1 分

图 11-2　武汉政治分会财政委员会制 版图旗印花税票 2 分

图 11-3　武汉政治分会财政委员会制 版图旗印花税票 1 角

图 12-1　宁夏党徽宝塔图印花税票 1 角 套色

图 12-2　宁夏党徽城楼图印花税票 2 分

图 12-3　宁夏党徽宝塔图印花税票 1 角 单色

而全线溃逃。6 月 4 日，孙见大势已去，通电下野，其残部被阎锡山收编。张作霖与此同时逃离北京，退向关外，于 6 月 4 日，被日本人炸死于皇姑屯，平津克复。1928 年 12 月 29 日，张学良在东北易帜，宣布服从中央，北伐告成，中国出现表面上暂时的统一。

北伐期间，1926 年 9 月 17 日，冯玉祥在五原誓师，成立国民联军总司令部，正式宣布全体将士参加国民党，参加国民革命。其所属部队在陕、甘、宁、青（青海建省较迟，1928 年正式设立）范围，发行带党徽图案的印花税票，平版石印，暂见宁夏三套（图 12）；青海二套（图 13）；甘肃一套（图 14），面值 1 分、2 分、4 分、1 角；暂见陕西一套，面值 1 分、2 分、1 角，各有四种刷色（图 15）。有加盖地名，加盖年、月，加盖季节（春、夏、秋、冬），发行时间到 1930 年止。

图 13　青海省印花票党徽图 2 分

图 14-1　甘肃党徽图印花税票 2 分版式 A

图 14-2　甘肃党徽图印花税票 2 分 版式 B

图 15-1　陕西党徽图印花税票 1 分 赭色

图 15-2　陕西党徽图印花税票 1 分 红色

图 15-3　陕西党徽图印花税票 2 分

北伐以后，冯玉祥部下的一批高级将领分别担任了甘肃、青海、宁夏、陕西、河南、山东等省的主席。山东发行过石印版带“山东省”地名的地图球印花税票，发行时间 1928 年—1929 年 3 月。据历史资料分析，北伐后山东为冯部将领孙良诚驻属，蒋曾答应孙为山东省主席，但时山东省首府济南为日本人占据，到 1929 年 3 月 16 日才撤走。蒋后调陈调元为山东省主席。此票当为孙良诚部驻山东时发行，石印平版，一套三枚，暂见 1 分、2 分（图 16）。

图 16-1 山东省印花税票 版图旗 2 分（孔卫平藏）

图 16-2 山东省印花税票 版图旗 1 角

图 17 河南版工农商学兵工具图印花税票 1 角

河南也发行过石印平版工农商学兵工具图印花税票一套五枚，暂见 1 分、2 分、1 角（图 17）。（按：总 68 期湖北工农商学兵工具图也为石印平版），河南版与湖北版图案相似，刷色略有不同。河南还发行过石印平版地图旗票，暂见 1 分、2 分、1 角（图 18）。北伐军后临平津时，蒋有意指使阎部接收平津，而留守平津以王土珍为首的北洋元老拒绝先期抵达的冯部韩复榘部接收，使韩愤愤不平。冯为平息韩的不满，在 1928 年底将自己的河南省主席让给韩（到 1929 年 5 月 22 日，韩、石叛冯投蒋后，韩被蒋任命为河南省主席）。河南版工农商学兵工具图及地图旗票当为冯、韩任省主席驻河南时发行。（据邮友告知湖北版工农商学兵工具图由长沙某印刷厂承印，河南版不祥）。

图 18-1 河南石印版版图旗印花税票 1 分

图 18-2B 河南石印版版图旗印花税票 2 分

图 18-2A 河南石印版版图旗印花税票 2 分 实用单据

图 19 山东地方版版图旗印花税票 2 分

山东也发行过凹版的地图旗一套，面值暂见 1 分、2 分（图 19）。韩复榘后来被蒋任命为山东省主席（到 1930 年 8 月中原大战期间宣布下野），山东凹版地图旗当为韩任山东主席时发行。1930 年 3 月 31 日，阎锡山任命万选才为河南省主席，石友山为山东省主席。1930年9月，冯部将领吉鸿昌被蒋收买后曾被任命为河南省主席。阎当时是反蒋联军总司令，任命石为山东省主席后，又派人与石捣乱，晋军每占一县，就委任县长和税局局长，侵犯石的职权和利益，引起石的不满，在韩宣布下野时，不愿实行主席职权而接收韩的军队，最后拥张（学良）倒阎。

北伐后，按照孙中山《建国大纲》为依据，实行地方自治，迎合了冯、阎、李等实力派按原有地盘及北伐胜利夺取的原北伐军阀的地盘，作了新的分配。第二集团军冯玉祥占有鲁、豫、陕、甘（冯部拥40万兵实力最强，北伐功劳大，而所占地均为贫瘠地区）。蒋的第一集团军占广东、华东、华中及东南地区，最为富裕。旧时的军队如果没有地盘，就没有经济来源，从而不得不依赖别人，得听别人节制。蒋采用了政客杨永泰献的“削藩策”：以经济方法瓦解二集；以政治方法解决三集；以军事方法解决四集；以外交方法对付奉张。故而非嫡系部队均受蒋排挤，粮饷不能保证，而冯部第二集团军为抗衡蒋，自筹军饷在所属地区发行了一系列印花税票，以维持日常开支及军火配制。蒋的削藩引起各式各样实力派的猜忌，群起反蒋，先有蒋桂（李宗仁、白崇禧）战争（1929年3月—6月），次有蒋冯（玉祥）战争（1929年5月—11月），继有蒋唐（生智）战争（1929年12月—1930年1月），再是蒋石（友三）战争（1929年12月），最后是蒋阎冯大战（中原大战）（1930年4月—11月）结果均以蒋获胜，除了其他种种原因外，凭借经济实力（国外及江浙财团的支持），收买拉拢起了很大的作用。从蒋1927年在南京另立中央起，到1930年底中原大战结束，他的政令在江、浙、皖、闽以外地区未得到真正的实施。即便在上述四省，1927年11月1日后未使用地图旗票的实单屡见不鲜，所以《申报》民国十六年十月二十二日载国民政府财政部印花税处的整顿税务计划“从民国十六年十一月一日起，一律发行新印花税票，凡以前各种杂式税票一律作废”，实际上是一纸空文。

上述这些图案各异，带浓厚地方色彩的印花税票，许多都冠以“国民政府”名称或以“党徽”为主图，它有别于真正意义上的地方版。以甘肃发行的票为例，民国十四年冬，冯玉祥被排挤出北平到西北发行过甘肃城楼图印花税票，一套四枚，1分、2分、4分、1角（图20）。到1926年9月正式加入国民党后发行的带党徽图票二者的意义是不同的（迄今为止，尚未能对“地方性”的涵义下一定义。从字面上领会是指非中央发行而言）。如广东国民政府成立后发行的几种票，从北洋政府角度看，也是属地方版；从广东国民政府角度看，自然属中央版。那么南京国民政府成立后，我们把它定为什么版为妥呢？今天我们先把它列入国民政府发行之列。上述这些票直到1930年底后才渐退出历史舞台，少数地区存票还沿用下去。

图20　甘肃印花税票 金城关楼图1角

虽然我们手头还缺少确切的资料来证实它们的具体发行时间，但沿着历史的轨迹，从其图案、文字、风格及其加盖上，就能大致把握主要脉络大体能推断发行时间。这些票犹如一部历史剧，引人入胜，回味无穷。（全文完）

《印花交流》总66—70期
1996年1月—5月刊

（图片已重新调整、编排。）

阅《北伐》一文兼谈对武汉地图旗印花税票发行之异议

陕西　焦继承

在总66—70期《印花交流》刊上，连载木子先生《北伐时期国民政府发行的印花税票简略》一文（以下简称《北伐》），阅此文后，谈一点个人对武汉地图旗印花税票发行的浅识。

从1926年7月9日国民革命军由广东出师，至1928年7月6日，蒋介石、冯玉祥、阎锡山、李宗仁在北平西山碧云寺中山灵柩前举行北伐完成祭告礼，历时两年，北伐结束。

按照中山先生生前意愿，实行五权制宪，设立了立法、行政、司法、监察、考试五院。1928年10月10日，国民党中央最高政府机关——国民政府在南京正式成立，实现了国家名义上的统一。各军阀又回到了各自的控制区域，割据局面重新形成。1928年底的中国局势如下表：

军阀	控制区域	军队人数
冯玉祥	山东、河南、陕西、青海、甘肃、宁夏	22万
阎锡山	山西、河北、察哈尔、绥远	20万
李宗仁	广东、广西、湖南、湖北	23万
蒋介石	安徽、江西、福建、浙江、江苏	42万

东三省在张学良的控制之下。新疆在苏联人的控制之下。

在各军阀未归附国民革命军之前，以及北伐结束，割据重新形成之后，各地税收相对独立，各军阀先后以中央政府（国民政府）或地方政府名义相继发行过印花税票。

在蒋桂战争（1929年6月，蒋击败桂系军队）之后，蒋介石才取得了对华中、华南的实际控制权。政府实施税收的能力是对政府进行衡量的尺度。自此，国民政府才可以在全国22个省区征收税金。（见［美］布赖恩·克罗泽著. 蒋介石. P130.）

“武汉政治分会·财政委员会制”地图旗印花税票，简称武汉地图旗。武汉地图旗与通用版地图旗相比较，最显著的区别是：（1）地图内没有了海南岛；（2）图案左右两侧印有文字，右侧为“武汉政治分会”，左侧为“财政委员会制”。

查阅有关资料得知“政治分会”全称“中国国民党中央政治委员会（或政治会议）××分会”。它是国民党中央执行委员会下属的政治决策机构的分支机关。

政治分会大体上分为两个时期：（1）1926年3月至1927年9月为一个时期，（2）1928年2月至1929年3月为一个时期。

1927年9月至1928年2月之间，国民党中央特别委员会设立期间，各地政治分会绝大多数撤销。没有撤销的有浙江分会（1927年4月—1928年12月）、上海临时分会（1927年4月—1928年7月）。

在中华民国史上，由于武汉政治分会的特殊性，它可以详分为四个时期。

第一时期（1926年9月—1927年2月21

日）。

1926年9月，北伐军攻克汉口、汉阳后，根据国民党中央执行委员会（张静江时任常务委员会主席）决定设立。1927年2月21日，中央党部、国民政府在武汉正式办公后结束。

第二时期（1927年1月—1927年9月）

1926年底，国民政府决定迁都武汉。蒋介石截留部分过境中央委员于南昌，挑起“迁都之争”，并以中央政治分会名义，于1927年1月3日在南昌召开临时会议，决议在武汉组织“中央政治分会”。宋庆龄、徐谦、宋子文、孙科等13人为委员（此期未具体实施）。同年9月，国民党中央特别委员会决议取消各地分会。

在这两个时期内，先后成立、于1927年9月同时撤销的还有：广州分会（1926年12月设立），开封分会（1927年6月设立），北平分会（1926年3月设立），西安分会（1927年3月设立）。

第三时期（1927年9月21日—1927年11月15日）

1927年8月13日，蒋介石因桂系所迫，通电下野。22日，宁汉代表在庐山会晤，协商合作事宜。9月16日武汉、南京及西山会议派三方代表在南京（一说在上海）成立“中央特别委员会”代行中央职权。17日改组南京国民政府。由于权力分配不公，汪精卫提出辞职，并于9月21日返汉与唐生智另立“武汉政治分会”。统辖鄂、湘、皖等省区，与中央特别委员会分庭抗礼，公开反对南京国民政府。10月19日，南京方面组成西征军，由李宗仁、程潜、朱培德分三路率兵讨伐，由此引发宁汉战争。汪精卫见势不妙，离沪赴粤。南京军队与武汉唐生智、何键在皖南、武汉一带混战。唐、何战败，于11月11日，唐生智通电去职，逃往日本。14日南京军队占领武汉，15日南京国民政府下令通缉唐生智，取消武汉政治分会。

第四时期（1928年2月—1929年3月）

1928年2月2日至7月，国民党二届四中全会在南京召开，会议通过了《政治委员会改组案》，决定恢复各地政治分会。武汉分会恢复，李宗仁任主席，程潜、白崇禧等11人为委员。具体负责指导两湖（湖南、湖北）地区的政治。1929年3月15日至28日，国民党第三次全国代表大会在南京召开，决议撤销各地政治分会。武汉分会至此结束。

同一时期，先后恢复、同时撤销的还有以下几个分会：广州分会（1928年2月恢复）；开封分会（1928年2月恢复）；太原分会（1928年8月设立）；北平分会（1928年7月恢复）；西安分会（1928年2月恢复）；等等。

在《北伐》一文中，认为武汉地图旗是1928年2月设立的以李宗仁任主席的武汉政治分会发行，此时期是负责指导两湖地区政治的。它与李宗仁实际在当时的控制区（两湖、两广）有别。专为两湖地区以武汉政治分会的名义发行印花税票之可能性不大。

政治分会是国民党内最高权力机构，它并非地方政府，原则上没有权力发行票币。但是为什么会有武汉地图旗？

这就是武汉政治分会的第三个时期的特殊性。这一时期是集党、政、军权于一体的反对南京政府的组织，只有它才有可能发行票币。

因此，推断武汉地图旗发行于1927年9月21日—1927年11月15日之间的武汉政治分会。这也是为什么只见武汉政治分会有印花税票，而无其他分会之印花税票的原因。由于此期武汉分会时限较短，有可能尚未推广到湘皖地区使用。

以上仅是从历史角度分析、臆断，具体情况尚待详实资料证实。错误之处，敬请同好指正、探讨。

《印花交流》总71期　1996年6月刊

对《异议》一文的商榷

木　子

《阅〈北伐〉一文兼谈对武汉地图旗印花税票发行之异议》下称《异议》。

政治分会是国民党中央政治委员在国内各重要政治地区设立的“政治指导机关”，并直接对中央政治委员会负责。1926年1月国民党二届一中全会上，始设北京政治分会。1927年3月在武汉召开的二届三中全会决定：国内各重要政治地区，设立政治委员会。4月南京国民政府成立后，武汉、广州、太原、开封四地政治分会随即成立（见1992年中国国际广播出版社《中华民国知识词典》. P4）。具体何时成立，语焉不详。根据中华民国史丛书《爱国将领冯玉祥》第136页记载，武汉国民党政治委员会主席汪精卫、徐谦等五人于6月10日在郑州与冯玉祥会谈，并决议：决定取消西安、北京两个政治分会，另成立开封政治分会；由开封政治分会指导豫、陕、甘三省党务，并决定冯玉祥为主席，在其返汉后由武汉国民党中央政治委员会通过。故此开封政治分会成立不早于6月10日。武汉政治分会设于何时？据资料分析，武汉方面自认为是中央所在地，不会设立“政治分会”，也不会听从当时正处于宁汉之争的南京方面的政令。直到1927年9月16日成立中央特别委员会，武汉政府结束，一直未有设立。“特委会”下令于（1927年）10月11日前废除各地政治分会，唐（生智）却偏偏在9月21日下午成立了武汉政治分会（见中华民国史丛书《李宗仁的一生》. P117）……假如9月21日前，原本有武汉政治分会，唐又何必在9月21日要求成立呢？

《异议》认为，武汉政治分会第一时期（1926年9月—1927年2月21日），第二时期（1927年1月—1927年9月）是有违历史的。1926年10月，北伐军刚刚攻克武汉。1926年11月8日，国民党中央决定，国民政府短期内迁至武汉。26日，又决定迁都武汉。12月7日，广州国民政府停止办公。首批抵达武昌的中央执委与国府委员组成临时联席会议，处理各项重要问题。时蒋率部在南昌，截留第二批途经南昌去武昌的国府委员及中央委员，其中有代理中央常委主席张静江（张蒋关系非一般）。并在1927年1月3日召开“中央政治会议第六次临时会议”，悍然决定中央党部和国民政府暂驻南昌，另于武汉设立政治分会。蒋因迁都之争强行截留中央党部和政府机关遭到众口谴责。1月7日，武汉临时联席会议决议：国民政府地点问题待中央执行委员会全体会议决定，在此之前，武汉政局有维持之必要。唐生智、张发奎、程潜、朱培德等军事领袖对蒋的权诈专横极为不满，也站在汉方声讨蒋以军驭党，以军控政。1月10日，宋庆龄领衔致蒋电，表示“组织中央政治会议武昌分会”以反对迁都南昌，国民军的几个军长都名列其中（见1927年1月10日《张治中报告由宋庆龄等十三人组织政治会议武昌分会致蒋电》. 中国第二历史档案馆藏）。（编按：时武昌、汉口、汉阳已定名为武汉，作为临时首都，宋庆龄等人只提出组织“武昌政治分会”，而把武汉仍视为首都。）同日，武汉临时联席会议决定：武汉已有代表中央之机关，不再成立政治分会。2月21日，临时联席会议在汉口举行扩大会议，通过重要决定：（1）结束临时会议；（2）中央党部、国民政府，即日起在武汉开始办公；（3）中央执行委员会于3月前召开全体会议，并请南昌各委员即日赴鄂。这一决议得到了大多数国民党领袖及军事领袖的拥护和赞同。3月10日—17日，国民党在武汉召开二届三中全会，蒋被免去中常委主席、军事委员会主席、中央组织部部长职务，仍保留北伐革命军总司令职。

因此，武汉政治分会第一时期（1926年9月—1927年2月21日）、第二时期（1927年1月—1927年9月）是不存在的。

1928年2月，国民党二届四中全会在南京召开。蒋恢复“总司令”后，又通过全会重新取得了军事委员会主席、中央党部常委，会后又被推为中央政治会议主席。蒋打着“完成北伐”的旗号，所以上台后也急于平定北方以扩大自己的政治基础，因此需笼络各地军事领袖，以中央政治会议主席名义，设广州、武汉、开封、太原四个政治分会。同时规定政治分会在所辖地区有权处理党政军事务。其中武汉分会辖两湖。四个分会辖区以外的地区为中央区。

本人在今年4月份，从武汉朱汉昌先生处得到一武汉地图旗实用单复印件，背贴1分票若干，加盖湖北武阳夏分局。时间为民国十七年六月一日。目前尚未见湖南实用单。本人曾询武汉刘姓邮友，彼曾有数张实单，时间均为民国十七年五月一八月。而此时正是李宗仁主政武汉分会时期。而皖（江、浙、闽）是蒋的辖区，因而不可能有武汉地图旗使用。这与蒋在此时发行使用江、浙、皖、闽四省带省名地图旗相一致。（附图）

局部

目前发现的实用单是6月初（5月），离唐生智成立的武汉政治分会（1927年9月—11月）要晚半年多。当然也不完全排除唐印制后尚未及发行使用，而被李宗仁使用的可能。但李宗仁发行使用的可能性大于唐生智。

诚然，以上论述，尚须更多的实物及史料来证实，只要尊重史实，这样的探讨是很有益的。欢迎方家指正。

《印花交流》总72期　1996年7月刊

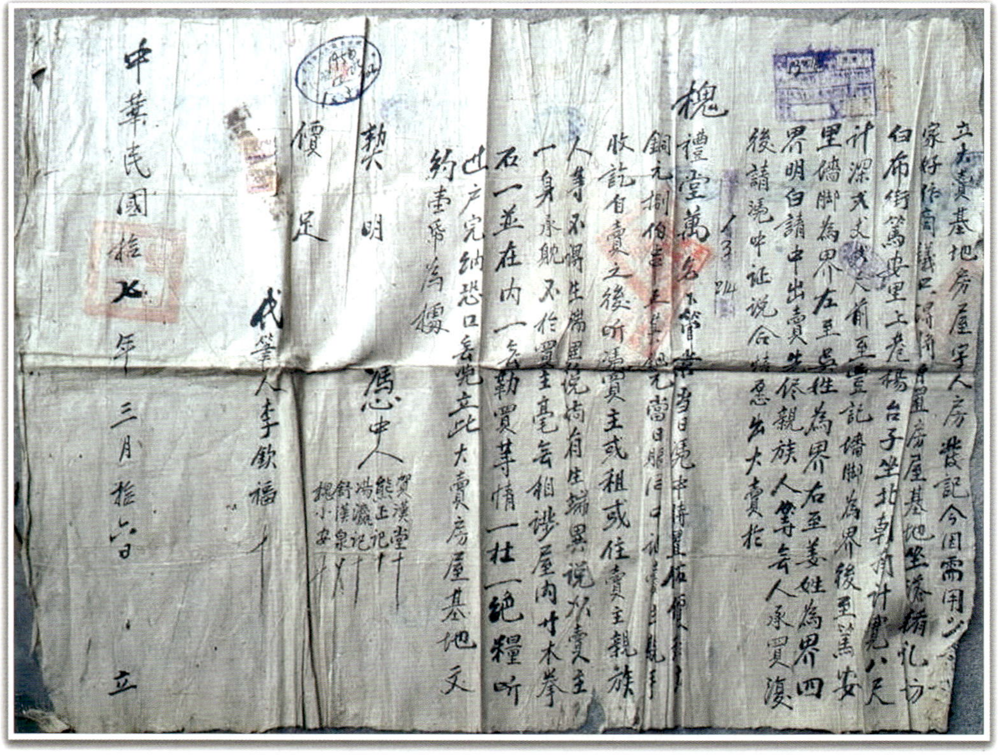

附图

第二部分　研究文稿精选

我对六和塔图印花税票版式的补充

浙江　左右任

关于六和塔图印花税票的版式，苗立林先生和木子先生已有著述。现据我收藏的版铭票，做些补充，如有不当，希予以指正。

一、国民政府财政部印刷局制印，凹版、圆孔齿，面值有1分、2分、1角、5角、1元等六枚，通向宝塔的台阶上端有英文“WU”为暗记。

二、上海大东书局股份有限公司承印，宣纸平版印刷，点线齿，面值有1分、2分、4分、1角、2角、1元、4元、5元、10元，台阶上端也有英文“WU”为暗记。

另有宣纸凹版印刷，面值有4分、6分，圆孔齿，齿孔13.5°，台阶上端有英文“WU”，右下角白圈内有小点。

白圈内有小点的还有：

1分，黄色，齿孔14°，台阶上端有英文“WU”，右下角白圈内有小黄点。

2分，绿色，齿孔14°，台阶上端有英文“WU”，左下角白圈内有小绿点。

2角，红色，齿孔13.5°，台阶上端有英文“WU”，右下角白圈内有小红点。

（注：这三枚圈内带点票我无版铭票）

三、福建百城印务局印，宣纸平版印刷，点线齿，面值有1角、2角、4角、1元、4元，左上角如意花瓣内有“C”字暗记。

另有一枚4角，浅绿色，圆孔齿14°×13.5°，左上角也有英文“C”字。但我无版铭，据焦继承先生说也是百城版。

还有一枚念元，圆孔齿13°，版别不明。

《印花交流》总98期　1998年9月刊

印花单据欣赏

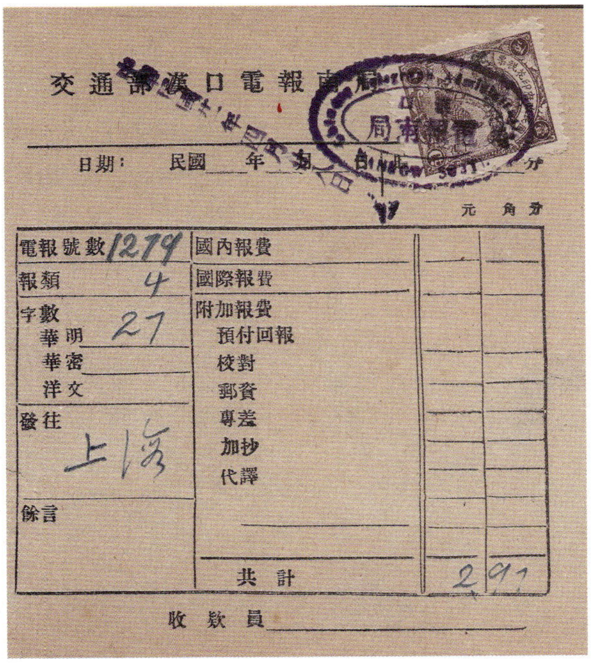
交通部漢口電報南局

日期：民國____年____月____日____時____分

		元	角	分
電報號數 1279	國內報費			
報類 4	國際報費			
字數 27 華明 華密 洋文	附加報費 預付回報 校對 郵資			
發往 上海	專差 加抄 代譯			
餘言				
	共計	2.91		

收款員

民国二十一年（1932）汉口电报南局报费收据

“六和塔”图印花税票“篱笆状”1分票之我见

广州　钟东华

贵刊《印花交流》总96期刊登了木子先生的大作《“六和塔”图印花税票版式初探补遗》，文中附图有一枚六和塔图印花税票1分票加盖“限新省贴用”，并在总97期刊出其放大的图案。这枚票有一特征，就是在英文字母“CENT”上边有线条如“篱笆状”，这样形容，十分精彩。在本人编的小“交流”总30期（1997年7月）印花税票简介十九：“六和塔”图印花税票（之七）待考品1号，就是这种票，现本文想谈谈这种“篱笆状”1分票的已知情况。

六和塔图印花税票第一次发行在1934年11月1日，由“国民政府财政部印刷局制印”，凹版制印（该文称为凸版制印，这一问题将另文探讨），面值有1分、2分、1角、5角、1元，共五种。第二次在1936年发行，也是“国民政府财政部印刷局制印”，凹版制印，面值有2角、5角、1元三种。笔者见过第二次发行的小册子，里边是贴有2角、5角、1元这三种票各一枚。至于第二次发行的5角、1元与第一次发行的5角、1元有否区别，现在还不太清楚。

新疆、云南、四川这三省出售的六和塔图印花税票，“一律按照邮票办法，在票面上加盖各该省字样，限在各该省使用”，参照“（中华民国工商税收史）直接税卷”第332页。

从加盖字体来看，与各该省均由“政部印刷局”加盖的邮票字体是一致的，因此可以证明，这三省发行的加盖六和塔图印花税票，也是和邮票一样，是“政部印刷局”加盖的。新疆、云南、四川这三省发行的“政部印刷局”加盖票1分票，都发现有“篱笆状”和没有“篱笆状”的。

六和塔图印花税票开始仅由“国民政府财政部印刷局制印”，后因战事，在1937年，由上海大东书局代印（据董光呈先生考证），版铭为“国民政府财政部印刷局制印上海印”。一直到1938年，才由上海大东书局制版印刷，版铭为“上海大东书局股份有限公司承印”。六和塔图“篱笆状”1分票，不管原票或加盖的存世，都比没有“篱笆状”1分票少得多，可见在当时它的印刷数量相对较少。六和塔图印花税票有“篱笆状”1分原票，我集有上海1935年1月5日—7日使用实单多张。当我发现1分票有“篱笆状”和没有“篱笆状”时，我就推测，有“篱笆状”1分票是否是整版中某枚“修饰”而成。后来，我翻看了藏品，又发现盖销“乙亥”章（即1935年）大方连有“篱笆状”1分票，从而否定了我的推测。邮票在还未出厂前，有印刷全张，每全张有几格，把全张裁开分成每格，就是集邮人士称之为的“整版”了。六和塔图印花税票印制的情况，也应和印制邮票一样，全张中有几格，而有“篱笆状”1分票应是印刷全张中的某一格（即某版），如果真是这样的话，以上出现的情况就好理解了。

财政部北平版六和塔
图1分 版式B

最后，补充六和塔图印花税票加盖“限新省贴用”除“财政部印刷局”加盖外，还与邮票一样，有上海加盖的；其加盖字体有二种，一种字体较细，另一种字体较粗，为何会这样，是一间厂或是二间厂加盖，这问题只能留下以后解决了。

《印花交流》总99期　1998年10月刊

有关“六和塔”图印花税票几问题的看法

广东 钟东华

“六和塔”图印花税票最早发行在1934年11月1日，由于使用时间较长，抗战期间，由多间印刷厂多次印刷，其版式等不明的问题多多，引起收集者研究、探讨兴趣十分之浓。近几期《印花交流》带了个头，刊登了讨论文章，本人看了，收益甚大，在此也想谈谈个人的一些看法，向各位请教，以便把“六和塔”图印花税票的问题探讨明白。

一、民国时期发行的“六和塔”图印花税票（这里指正统的，汪伪发行的不包括在内），按印刷厂家区分，有（1）“国民政府财政部印刷局制印”凹版。（2）“国民政府财政部印刷局制印上海印”凹版（上海大东书局代印）。（3）“上海大东书局股份有限公司承印”凹版。（4）（香港）“大东书局承印”凹版。（5）“京华印书馆承印”平版。（6）“上海大东书局股份有限公司承印”平版（上海大东一版平版）。（7）“上海大东书局股份有限公司承印”平版（上海大东二版平版）。（8）“福建百城印务局印”平版（百城一版）。（9）“福建百城印务局印”平版（百城二版）。共计有多间厂先后9个印厂版。而“六和塔”图印花税票加盖“限新（疆）”等字样在新疆使用的只在（1）（2）（3）（5）这4间厂印制的票中加盖，因此《“六和塔”图印花税票版式初探》这一提法欠妥，拟为《在新疆使用的“六和塔”图印花税票加盖版式初探》为宜。

二、大清邮票中的“海关大龙”邮票，“海关小龙”邮票，民国邮票中的中信版和百城二版孙中山像邮票，均是凸版印刷。凸版印刷图案较平，线条二边颜色较深；凹版印刷图案凸起，有凹凸感。过去习惯称“国民政府财政部印刷局制印”的“六和塔”图印花税票为凹版印刷没有错，同时，该厂制印的“长城图”和“地图旗”印花税票也是凹版制印，以前有人把该厂制印的“长城图”印花税票称为凸版印制是不对的。

三、“国民政府财政部印刷局制印”凹版印制的“六和塔”图印花税票。凭印象记得整版为10枚（横）×10枚（竖）=100枚，非200枚整版（全张）。整版有四个版铭，上、下各两个。今月初，拜读了王学文先生《六和塔印花税票加盖“换用”之探讨》大作，文中引用了民国二十四年十月十一日财政部指令（税字第一八七四五号）“……兹先发新印花税票面额十万元，计1分票五万张，2分票一万五千张，1角票两千张，交由亘记转运公司运浙……”这是所指的印花税票是“六和塔”图印花税票，由“财政部印刷局”印制并由其加盖“浙江换用”的凹版印花税票。我们可以计算一下，每张（版）100枚，刚好十万元。从这也可证明其整版为100枚。

四、“六和塔”图印花税票京华版加盖“限新省贴用”（二行红字加盖）6分票加盖有二种加盖版式。“限新省贴用”这5个字字体与1分、2分（绿色）、4分一样，笔划较细，“新”字第8笔不连。“贴用”二字距为2.5 mm—3 mm的是一种，“限新省贴用”这5个字字体和2分（灰色）、4分、1角、2角、5角、1元，“新”字第8笔连，“贴用”二字距为4.5 mm—5 mm（2分，4分3 mm）是另一种，这二种票均有加盖普通一千元。因此，新疆使用加

第二部分 研究文稿精选

盖票还应补充以上二种。

五、“六和塔”图印花税票凹版，加盖“限湖南贴用”票，其加盖字体与“财政部印刷局”和“上海”加盖字体对照均不相同，因此可否定是这二间厂加盖，何厂加盖，现还不清楚。大约在1984年间，北京蔡先生带来民国烈士像邮票加盖“限湖南贴用”票三种，当时，因有疑，而没有买。1985年去北京，见他还有二种。现想起来十分可惜，错失了机会，它对研究“六和塔”图加盖“限湖南贴用”十分有用。“六和塔”图印花税票有加盖“限四川贴用”和“限湖南贴用”这二种票，而没有加盖“限四川省贴用”和“限湖南使用”这二种票。

以上问题的管见，不一定对，热诚欢迎各位收集印花税票的爱好者批评指正，先谢。

《印花交流》总100期　1998年11月刊

印花单据欣赏

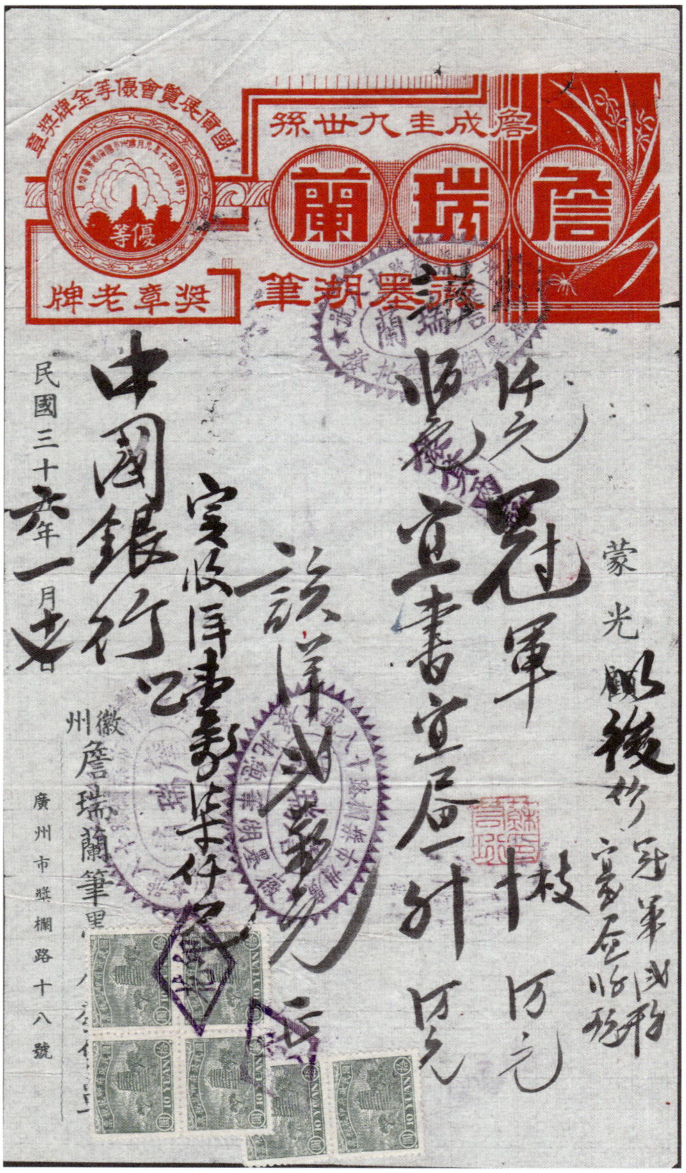

民国三十六年（1947）广州市徽州詹润兰笔墨店发票

对财政部版“六和塔图”印花税票版式情况的推测

上海　蔡　黎

财政部版“六和塔图”印花税票发行时间自1934年11月1日起至大东凹版1938年开始发行止，3至4年间分两地多次印刷，在整版票中出现了多种版铭形式，因缺乏完整资料和实物，只能参考有关报道和研究文章，根据现见实物，推测版式区别点和整版情况，望收集整版票的同好提供票品及有关资料，以能为国内外收集者进一步研究提供依据。

一、“国民政府财政部印刷局制印”版，统一暗记，台阶上“WV”，我集有2分票，右上部分8×5两个间已撕开的40方连带全版铭，右上角打印15268印刷批号（图1）。

据台湾王学文先生、广州钟东华先生文章介绍，整版为10（横）×10（竖）共100枚，本人推测整版票上边纸左、右和下边纸左、右共有四个版铭，两个5（横）×10（竖）50枚之间有一条垂直定位线（制版规矩线），四角各有一条直角定位线。我集有带垂直定位线的票有1分、2分、2角、5角、1元共五种（图2）。

另我还集有2分单枚票带部分版铭和原印有934印刷批号的估计为另一种印版(图3)。

二、“国民政府财政部印刷局制印上海印”版，未发现暗记和其他方面同以上版有较大区别。据新疆苗立林先生文章介绍，整版为10（横）×10（竖）共100枚，整版上边纸左、右共两个版铭，印有中心十字定位线，面值有1分、2分、1角、5角、1元。未介绍印刷批号情况，我集有带平行定位线的票有1分、1角（图4）。

三、“国民政府财政部印刷局制印”版，统一暗记，俗称“篱笆状”。几年前，我偶然从整捆的实用单据中发现195枚1分新票，都粘在蜡纸上，部分票与票间齿孔已分离，无上边纸。因不够重视，撕开了下面右边（2×5）10枚带全版铭与他人交换了。现根据手中尚存185枚票重新复组，推测整版为10（横）×20（竖）共200枚，上边纸左、右和下边纸左、右共有四个版铭，两个10（横）×10（竖）100枚之间有一条平行定位线，四角各有一条直角定位线，版铭右边原印有A23印刷批号版（图5）。

另我还集有“篱笆状”1分票垂直定位线的，推测为另一种印版（图6）。

以上个人管见，仅供参考，望大家批评、指正，共同完善，以证史实。

《印花交流》总101期　1998年12月刊

图 1

图 2-1

图 2-2

图 2-3

图 2-4

图 2-6

图 2-5

图 3（代）

图 4-3

图 4-1

图 4-2

图 6

图 5

住商登记证介绍一枚印有印花图案的实用单

山西　刘永德

于1997年全国邮展期间本人在重庆的个体摊位上，购到一纸住商登记证，先后给集邮联刘玉平、张巍巍，税票集邮研究会徐惠恩先生、税友罗云毅先生等鉴赏，并与李德元通话谈及此证，大家公认此证是在全国首次发现。其为民国财政部印制的川康直接税务局重庆分局使用的印有六和塔图案面值4元的住商登记证，时间为民国三十年，字第3584号，尾页为三条注意事项。内页1：内容为业别；牌照；地址；开业日期；登记给证日期；资本共七项。内页2：鉴印（号章）（经理私章）内容齐全，印鉴清晰（见附图1）。

特将首页复印供税友同仁鉴赏，有意研究者可函、电联系，有不妥处请指教。

《印花交流》总92期　1998年3月刊

注：这种预印有印花税票图案的单据，在1987年香港《邮票世界》第67期上，董光呈先生做过介绍（图2）。

图1

图2　住商登记证

住商登记证实用之质疑

上海　蔡　黎

《印花交流》1998年总92期刊《介绍一枚印有印花图案的实用单》一文并附有复印件。本人对该单是否实用提出以下疑问：

一、摘录国民政府财政部直接税处1942年（民国三十一年）6月16日《财政部发行印有印花税票之住商登记证暂行办法》部分内容如下：

（一）财政部为便利住商起见，特订定本办法，发行印有印花税票之住商登记证（以下简称住商登记证）。

（二）住商登记证由财政部规定式样，统一印制，通用全国。

（三）略。

（四）住商登记证依《印花税法》第十六条统率表第二十八条目之规定，印有印花税票法币4元，发行时应照价征收，不得另收其他任何费用。

（五）商人领取住商登记证时，应将前项规定之印花税款向原发机关缴纳。

（六）（七）（八）略。

（九）住商登记证上之印花，应依照《印花税法》第一、二条盖图章或画押。

（十）（十一）略。

（十二）本办法自财政部核准之日施行。

以上《暂行办法》已明确了印有印花税票之住商登记证的发行方式、使用范围及方法。

二、根据1943年（民国三十二年）4月29日修正公布的《印花税法》第十六条、第三十五种规定，住商登记证每照贴印花10元。由此可推断，此种印有印花税票之住商登记证的实用时间（应）为1942年6月16日至1943年4月29日之间。而该单实用时间却是民国三十年（1941年），在时间上不符。

三、按《暂行办法》实用单有印花部分应加盖图章或画押。而该单未见盖章或画押。

以上为个人看法，仅供参考。

（注：标题为编者所加）

《印花交流》总93期　1998年4月刊

住商登记证民国三十年实用是可能的

江西　曾耀辉

《印花交流》1998年总92、93期分别刊了一篇有关住商登记证的文章，蔡黎先生对刘永德先生介绍的住商登记证实用提出质疑，主要是根据国民政府财政部直接税处1942年6月16日《财政部发行印有印花税票之住商登记证暂行办法》。但《中华民国工商税收史料选编》(南京大学出版社，1994年版）中曾收录有1942年6月16日《直接税处转发财政部〈发行印有印花税票之住商登记证暂行办法〉的训令》，该训令有以下内容："查本处前颁《财政部发行印有印花税票之住商登记证暂行办法》，兹经呈部修正发下……"训令最后附有修正的《办法》。蔡文引用的即是经过修正的《办法》中的内容。可见，《财政部发行印有印花税票之住商登记证暂行办法》在1942年6月16日以前就存在，该日转发的《办法》是修正后的《办法》。

发行套印印花税票的住商登记证和发货票等单证是1940年国民政府财政部直接税处接办印花税业务后，为保证印花税票正常供应，大力组织税收收入采取的四项措施之一，这些措施在民国三十年（1941）之前都已落实到位。因此，刘文介绍的住商登记证在实用时间上应该是无疑的。至于该证印花图案部分未见盖章或画押，确属违章现象。但即便在当今，这种违章现象也屡见不鲜，因此不能就此认定该证没有实用。

《印花交流》总97期　1998年8月刊

注：六和塔图印花税票自1934年11月起发行。后因北平、上海先后被日寇占领，印刷厂内迁浙江、江西、湖南、重庆等地。历经8年抗战，期间先后有数家印刷厂，多次制版印制，版式较为复杂。本刊邀各地藏家、史家依据实物、史料，各叙己见，力求把该票发行使用时间、地点、面值、版式、特征、加盖搞清楚。

今连载西安焦继承先生有关宝塔图文章。焦先生花了大量精力，收集整理研究，作较为全面的论述，对探索研究宝塔图印花税票十分有益。盼各地同好不吝赐教，补充、修正。

国民政府印花税票——六和塔图

陕西　焦继承

概　述

六和塔位于钱塘江畔月轮山下的杭州开化寺内。此塔始建于北宋年间，南宋年间重建。这也是佛教建筑史上的代表作之一。此塔为砖木结构，塔身砖砌，外檐木质。外观塔高一十三层，五十九点八九米。内部登高可上者七层。

“六和远眺”不仅为一名胜景观，此塔且有夜泊导航之实用功效。围绕六和塔曾有许多美丽动人的传说，多少文人骚客也曾在此留下过不朽的佳句。

“登高凭栏，四周葱绿；眺望钱江，江水浩渺；夕阳射下，金光闪闪；清风过去，凉风习习；沙鸥翔集，风帆点点；悠闲往来，世人顿觉有遗世之感，几欲乘风而去……”

这就是对“六和远眺”的高度概括。

民国年间，曾以此塔为主图，发行过一套印花税票，俗称“宝塔图”。

发行背景：

1931年5月，国民政府在南京召开国民大会，会上通过了财政审查委员会审定的《请制定印花税法案》，国民政府委员会遂令立法院限期订颁《印花税法》。1932年7月由税务署指定人员着手修订。1933年11月15日，中央政治会议第383次会议通过了修订印花税法原则十一条，作为修订印花税法的根据。1934年12月8日，国民政府公布了《印花税法》。

1934年冬，对印花税管理体制进行了一系列的改革。9月24日，财政部税务署与邮政总局签订了《邮局代售印花税票办法》，办法规定：从11月1日起，印花税票委托各省邮政局代售，其他商号机关一律不准发售。同时部令颁布了一系列的规则：如：11月8日公布的《检查印花税规则》《抽查印花税规则》《督查印花税规则》，等等。

为了配合税制改革及《印花税法》的颁布实施，于1934年11月1日起，开始发行以六和塔为主图的印花税票。

税票特点：

（1）六和塔图印花税票是民国印花税史上使用时间最长、跨越两种币制、从未明令废止的印花税票。

自1934年11月1日发行，到抗战胜利之后，个别地区仍旧使用。中华人民共和国成立之后，初期仍有六和塔图印花税缴款书在使用。

1934年11月六和塔图印花税票发行之初，其面值是以银元为币制的；1935年11月币制改革，实行法币，六和塔图印花税票继续印刷，发行使用。

从1938年10月人像图印花税票发行，到抗战胜利时，与六和塔图印花税票交替印刷发行了数套图案的印花税票，如：人像图、复兴关图、中山像等，从未明令六和塔图印花税票废止。

1938年9月，财政部工作报告中提到：“……新印花税票已交由各地邮局发售，经规定与原宝塔式印花同其效用……”1938年9月10日渝税六字第4754号训令：“……上项印花税票，仍交由各地邮局发售，与原宝塔式印花同其效用……”

（2）这是专由邮局代售的第一套印花税票。

1934年9月24日，财政部税务署与邮政总局正式签订了代售印花税票之办法，规定：从

11月1日起，邮政总局为出售印花税票总机关，其他商号、机关一律不准发售。

（3）六和塔图印花税票在民国印花税票中版式最为复杂。

据悉先后有财政部北平印刷局、上海大东书局、香港大东书局、大东书局赣厂、大东书局湖南耒阳厂、重庆京华印书馆、福建百城印务局、鼎记印刷厂等近十个厂家的数十次印刷。

有雕刻版（凹版）印刷，又有胶版（平版）印刷；有圆孔齿，又有点线齿；有普通纸，又有宣纸……

从其面值分析（仅指原票）有1分、2分、4分、6分、1角、2角、4角、5角、1元、4元、5元、10元、20元等一十三种。

（4）加盖特点。

从加盖来看，有统一加盖，也有各省、各商号的自行加盖。

各省、各商号的自行加盖品种、内容、方式繁多，暂且不论；从统一加盖来看，据笔者所知有以下几种：

① 由于新疆、云南、四川等省，使用币制不同，在票面上，由右到左横行加盖“限新省贴用”“限滇省贴用”“限四川贴用”等。这是由售出单位统一加盖。

② 分票改套角票的加盖改值票：1分加盖改（暂）作1角、2分加盖改（暂）作2角、4分加盖改（暂）作4角、6分加盖改（暂）作8角。

上海大东书局湖南耒阳厂、江西赣厂，曾先后于1943年、1944年统一加盖改套（关于这部分内容票参见第十章专文介绍）。

③ 由于六和塔图印花税票发行之后，各省尚存的版图旗印花税票一律废止，不得使用。1935年财政部颁布了《调换旧印花税票办法》，办法规定：自1935年7月份起，开始调换各省积存的旧印花，换领的新印花统一加盖“××换用”，以示区别。此项新票（换领票）只准自用，不准转卖，违者将其税票没收。

加盖方式：由右至左横行加盖，这是由印刷厂家统一加盖套印。

除“福建换用”2分面值为上海大东书局用上海印票套印外，余均为财政部印刷局用北平印票套印。

各　论

一、国民政府财政部印刷局制印

这是由北平白纸坊的财政部印刷局印制的。1934年11月1日开始发行的票，即是指此种版式。

为雕刻凹版单色印刷，全张横10×纵20＝200枚。在全张票的横5与6之间，直（纵）10与11之间有中心十字线（规矩线），孔齿P14，版铭位于全张票的上、下边纸上。共四个版铭（分别位于2—4号票位、7—9号票位的上边，192—194号票位、197—199号票位的下边）。

1934年11月财政部公报公布发行宝塔式印花税票1分、2分、1角、5角、1元五种面值。而今见到1分（赭色）、2分（绿色）、1角（黄色）、2角（红色）、5角（紫红）、1元（蓝色）面值六种，其中，2角面值票为1936年2月第一次修正印花税法时所增发。

1分面值票今见到有两种版模票，其使用时间大致相同，为什么1分面值会有两种版模，尚待考证。

1937年抗日战争全面爆发时，北平白纸坊印刷局已完成六和塔图印花税票2 194 000张，半成品有766 850张，由于形式紧迫未来得及迁运，后被伪北平临时政府接收。

二、国民政府财政部印刷局制印上海印

这是由上海大东书局代财政部印刷局印制的。采用原财政部印刷局北平印模，仅在版铭后加上了“上海印”三字。从单枚票上很难与北平印票区分，只是刷色深浅稍有差别。上海印票刷色稍浅。

新疆苗立林先生考证全张10×10＝100枚。齿孔14°，版铭位于全张的上、下边纸上。

由上海大东书局1937年12月15日大字850号函得知：上海大东书局奉二十五年十二月十日（1936年12月10日）税二字第七三〇三号钧函印制宝塔新印花2分23万张，

(其中1937年4月2日套印“福建换用”290张，1937年11月9日，套印“关单专用”5 000张，已解奉)。1分票24万张已于1936年10月9日运交税务署驻京办事处，2分票224 710张交于上海邮政总局供应处。

三、大东书局承印

这是由香港大东书局印制的。

雕刻凹版单色印制，全张横10×纵20＝200枚，齿孔14°，全张票中无中心十字线，版铭仅有1个，位于下边纸的正中，在195—196号票位下边。

1937年7月7日，抗日战争全面爆发，7月下旬，北平沦陷，财政部印刷局已印就的宝塔图印花票成品及半成品，由于形势紧迫，未及迁运。8月下旬，伪北平临时政府成立后，通知印制局将此项印花税票解交伪国税署。

为了防止敌伪政权扰乱税政，侵夺税收，国民政府财政部于1938年5月决定筹印新版印花税票——人像图。

1938年10月，人像图印花税票由香港大东书局印制完成，由于日寇封锁，交通阻断，难以发往各地。直接税署请示财政部后，在各地自印、自储印花税票。这样在各地相继制版印刷了六和塔图印花税票。从此造成了六和塔图印花税票复杂的版别、版式、版次等。

1940年上海地区印花税票短缺，由于人像图主权色彩过浓，租界内不便于使用，财政部请中央信托局驻港办事处向香港大东书局定制(宝塔式)印花税票190余万张(推测为实际印制数)，(详见《中华民国工商税收史——直接税卷》. P351)。

这样在香港大东书局便出现了国民政府印花税票，先发行的图案(六和塔图)后印制，后发行的图案(人像图)先印制的奇特现象，这也是特殊的历史条件所造成的。

从财政部直接税署有关印制印花税票的档案中得知：

1940年在香港大东书局定印印花税票的情况如下：

1分票(7 000万枚)、2分票(20 000万枚)、1角票(1 000万枚)、2角票(1 000万枚)。

按全张200枚计，订印数量应是145万张，因而推测前述190万张实际印制数。

四、福建百城印务局印

一版印制于1942年的福建南坪，由直接税署有关印制印花档案中得知：

1942年财政部直接税署向福建百城印务局订印六和塔印花税票：1角(12 000万枚)、2角(12 000万枚)、4角(10 000万枚)、1元(4 000万枚)、4元(2 000万枚)。

今见到有线式齿1角、2角、4角、1元、4元面值，另有孔齿，2角、4角、1元、4元面值票，齿孔13.5°。

一版的版式特征：左上角如意花内有暗记“C”。

二版印制时间不详，今见有孔齿12.5×13°，胶版票10元，念元面值两种。

另南京董光呈先生处藏有4分面值，试色印样票数枚，版模与上述一、二版有异，版铭为“福建百城印务局承印”。

由上述是否可以推断：福建百城印务局印制的六和塔印花税票最少曾经三次制版，其中两次印制发行。

五、京华印书馆承印

1937年11月20日，国民政府为了适应战时的需要，迁都重庆，从此，西南地区成了抗战的大后方。

设于重庆的京华印书馆先后多次承印印花税票。六和塔图印花税票是京华印书馆承印的首套图案的印花税票，曾先后多版次印刷。由于战时条件所限，无论从制版、印刷、纸质、打孔等方面分析，都较差。

从财政部的订印印花的档案合同中得知：1941年财政部税务署向京华印书馆订印1分票(4 000万枚)、2分票(14 000万枚)、4分票(4 000万枚)、6分票(3 000万枚)。

1942年向京华印书馆订印2分票（30 000万枚）、4分票（10 000万枚）、6分票（10 000万枚）。

……

京华版的版式特征：平版印制，全张10×10枚，主版铭位于下边纸上，副版铭位于上边纸上（京·×），齿孔为11°、13.5°、14°；左上角如意花内有暗记“T”；图案内左树左下有暗记“+”；“分”字第一笔与第三笔相连；“角”字第一笔与第三、四笔相连；“圆”内为方口，DOLLAR。

今见到的带铭票有京华1版，京华2版，京华4版，京华5版。

（1）京华印书馆承印·1

版铭为楷体字；有1分、2分、4分、6分面值四种，齿孔为11°、13.5°、14°。4分、6分面值又有宣纸印制一种。另据悉1分、2分面值有点线齿票。

2分票子模暗记：左树右下有“.”，全版位置待考。

4分票子模暗记：左树左下有“:”，全版位置待考。

6分票子模暗记：左树右下有“‘”，全版位置待考。

加盖“限新疆贴用”者，均为京华·1版。

（2）京华印书馆承印·2

版铭为7号楷体字，主版铭位于下边纸的中间位置。面值有1分、2分、4分、6分四种，齿孔为11°、13.5°、14°。

2分面值子模暗记：左树右下有“.”，位于全张票的1、6、51、56号票位中。

6分面值子模暗记：左树右下有“‘”，位于全张票的27、36、54、82号票位。

（3）京华印书馆承印·4

仅见2分带铭票（绿色），版铭为7号楷体字，位于91号票位下边。

（4）京华印书馆承印·5

版铭为黑体字（等线体），7号字体，今见到的带铭票有4分、6分、1角、2角、5角、1元面值，齿孔11°。

4分面值子模暗记不明，版铭位于91号票位下边。

6分面值子模暗记左树右下有“‘”，位于全张票的14、19、64、69号票位，版铭位于91号票位下边。

1角面值子模暗记①左树左下暗记“E”，位于全张票中的1、3、6、15、30、41、42、43、47、50、51、54、70、71、80、86、87、91、95、100号票位。②六和塔路上（台阶上）暗记“A”，位于全张票中的2、7、10、11、13、16、20、21、22、23、24、34、37、56、58、61、69、72、79、81、85、89号票位。版铭位于91号票位下边。

2角面值子模暗记：左树左下暗记“B”，全版位置待考，版铭位于下边纸的中间位置。

5角面值子模暗记不明，版铭位于下边纸的中间位置。

1元面值子模暗记①左树左下暗记“R”，位于全张票中的逢1、逢6位，②左树右下暗记“A”，位于全张票的逢2、逢7位。

六、上海大东书局股份有限公司承印

“七·七”事变后，国民政府开始酝酿工厂内迁计划。1937年8月13日，淞沪会战开始后，内迁工作才起步。上海大东书局也属内迁之列。一部分设备迁往浙江的丽水，一部分设备迁往江西赣县，还有一部分设备迁往湖南耒阳及重庆。

1937年11月上海全面沦陷之后，在上海的工厂才停止生产，1938年3月销毁了剩余的废票及半成品。

1942年浙江战事吃紧，设备人员又迁至江西赣县，1944年江西战争紧张，湖南部分地区沦陷，这两地的人员设备又迁至重庆。在不断的迁徙过程中，仍坚持着生产，积极为抗战服务。

由此便出现了所谓的浙江大东版，江西大东版，湖南大东版的印花税票，其版铭均为“上海大东书局股份有限公司承印”。

（1）版铭为“上海大东书局股份有限公司承印”的凹版，齿孔14°，仅见1分、2分面值

两种。

何地印制不详，1分面值右下⊙，2分面值左下⊙。(圈中有点)

最早的使用单据见于1939年5月。

(2) 版铭为“上海大东书局股份有限公司承印”凹版，齿孔13.5°。

1941年由大东书局江西（赣）厂印制，全张横10×纵20枚，版铭在下边纸上可看到（上边纸是否有待考）。

从财政部税务署订制有关印花档案合同及财政部江西税务管理局赣管八字第2132号呈文附件中得知：

1941年在大东赣厂印制印花税票：1分面值（4 600万枚），2分（5 000万枚），4分（订印4 000万枚，实印2 800万枚），6分面值（订印4 000万枚，实印2 800万枚），1角面值（300万枚），2角面值（300万枚）。

今仅见到4分、6分、2角面值三种，右下角有⊙，4分、6分左边树丛最高处有“大”。

(3) 版铭为“上海大东书局股份有限公司承印”，胶版印制，线式齿，全张横10×纵20枚。

右边树丛最高处有“－o”，“壹”字第六笔与第八笔相连，“圆”为方口员，YUAN。

这是由大东赣厂印制的，由有关档案合同得知。

1941年印：1分（4 000万枚），2分（6 000万枚），4分（3 000万枚），6分（2 000万枚）。

1942年印：2分（6 000万枚），4分（5 000万枚），6分（5 000万枚），1角（12 000万枚），2角（12 000万枚）。

1943年印：4角（10 000万枚），1元（15 000万枚），4元（10 000万枚），10元（5 000万枚）。

1944年印：4角（3 925万枚），1元（6 380万枚）。

5角（4 775万枚），10元（1 430万枚）。

今见到有1分、2分、4分、6分、1角、2角、4角、1元、4元面值，5元、10元面值尚未见到。

(4) 版铭为“上海大东书局股份有限公司承印”，胶版印制，线式齿。

印制厂家不详（可能为湖南耒阳厂印制）。

今见到有1元、4元、5元、10元面值，据悉尚有4角面值。

右边树丛最高处为“∠○”。

“圆”为“厶”字员，YUAN。

七、星·4

为副版铭，主版铭尚未见到，仅见灰黑色2分面值一种，孔齿P11、P11.5、P11.5×11，全张10×10枚（苗立林考证）。

一般特征同京华版。

子模暗记：六和塔路上有“∠”，“分”字第二笔与第三笔相连，位于全张票的逢3、逢8位。

八、六和塔图印花税缴款书

1948年修订印花税法之后，在印花税法实施细则第六条规定：“如因特殊情形，经财政部核定，以他种方式代替贴用印花税票者，其效力同。”根据此条精神，财政部制定了印花税缴款书。

印花税缴款书犹如邮品中的小型张。六和塔图印花税缴款书成为民国第一套图案的印花税缴款书。

1943年9月24日财政部直接税处通知各省市直接税局执行使用，并详订了印花税缴款书使用办法——印花税缴款书填用须知（见渝字第0856号，民国三十二年十一月九日，财政部直接税处训令）。

今见到的六和塔图印花税缴款书，有数种版别，据浙江张礼荣先生考证，有以下几种：

(1) 淡绿纸，小字标头，楷体字，国币金额，千百十万千百十元，天津用。

(2) 天蓝纸，小字标头，楷体字，国币金额，千百十万千百十元，湖北用。

(3) 淡白纸，大字标头，楷体字，国币金额，十万千百十元角分，湖南用。

(4) 深蓝纸，大字标头，仿宋体，金圆金额，万千百十元角分，江西用。

九、六和塔图单据用纸，住商登记证，戏剧院入场券

如若把缴款书比作邮品中的小型张，那么这种预印有六和塔图案的单据用纸，住商登记证，戏剧院入场券，就如同邮品中的邮资封（片）。

据悉六和塔图单据用纸为1940年6月直接税处接管印花税后，委托鼎记印刷厂印制的。面值有2分、4分、6分三种。

六和塔图住商登记证是1942年邮财政部委托京华印书馆承印的。

六和塔图戏剧院入场券是何时、何地印制，待考。

错误之处，敬请方家指正。

此文在完成过程中感谢董光呈、苗立林、李德元、陈千里、钟东华、左右任等先生的大力协助，在此谨致以诚挚的谢意。

附表：（见另页）

《印花交流》总102—104期
1999年1月—3月刊

注：为了便于阅读理解，今特选部分带版铭图片附上，仅供参阅。

图1　财政部北平版六和塔图
1分 带版铭 横双连

图2　财政部北平版六和塔图 2分 带版铭

图3　财政部上海版六和塔图 2分 带上版铭

图4　上海大东书局湖南莱阳平版六和塔图 10元

图 5　香港大东版 1 分

图 9　福建百城版六和塔图线齿 1 角

图 6　香港大东版 2 分

图 10　福建百城版六和塔图线齿 1 元

图 7　京华版 1 角

图 8　京华版 2 角

图 11　福建百城版六和塔图 20 元

附 表

版式	版铭	版次	齿式	面值 1分	2分	4分	6分	1角	2角	4角	5角	1元	4元	5元	10元	20元	印制发行时间	备注
凹版	国民政府财政部印刷局制印		孔齿	○													1934.11	P14 与下述版模不同
			孔齿	○	○			○			○	○					1934.11	
			孔齿						○								1936	P14 版模同上
	国民政府财政部印刷局制印上海印		孔齿	○	○												1936	P14 版模同上
	大东书局承印		孔齿	○	○			○	○								1940	P14
	上海大东书局股份有限公司承印		孔齿	○	○												1939.5	P14 浙丽水印?
			孔齿	○	○	○	○	○	○								1941	江西赣县印
平(胶)版	福建百城印务局印	1	线齿					○	○	○		○	○				1942	P13.5
			孔齿						○	○		○	○					
		2	孔齿												○	○		P12×13
	京华印书馆承印(京·×)	1	线齿	○	◎													京·3 尚未见到带铭票，京·4 仅见 2 分面值带铭票。1942 年订印合同订印 2 分、4 分、6 分三种面值，应是指京·3 或京·4。
			孔齿	○	○	○	○											
		2	孔齿	○	○	○	○										1941	
		3																
		4	孔齿		○													
		5	孔齿	○	○	○	○	○	○		○	○						
	上海大东书局股份有限公司承印			○	○	○	○										1941	江西赣县印，线齿多见，据悉个别面值有孔齿票。
					○	○	○	○	○								1942	
										○		○	○		◎		1943	
										○		○		◎	◎		1944	
			线齿							○		○	○	○	○		1943	湖南耒阳印?
	星·4		孔齿		○													P11 P11.5 P11.5×11

注：○有实物或档案合同为证。◎是否存在待考。

卢沟桥图印花税票票样探究

——兼与《浅议卢沟桥印花税票的搁浅》一文作者的商榷

陕西　焦继承

《税票集邮》总12期刊出了《浅议卢沟桥印花税票的搁浅》一文，对文中观点，今特提出与作者商榷。

卢沟桥是位于北平西南方向十五公里处的宛平县境内的永定河上的一座石桥。“卢沟晓月”为著名的燕京八景之一。相传卢沟桥上的石狮子形态各异、惟妙惟肖、数也数不清。卢沟桥不是以其独特的造型在桥梁建筑史上出名，而是以其在中国历史上的作用而闻名于世。

1937年7月7日夜，侵华日军于卢沟桥附近举行军事演习，故意挑衅，蓄意滋事。借口士兵失踪，当夜要求搜查宛平县城，遭到当地中国驻军的拒绝。日军蓄意制造事端，派兵包围宛平县城，并炮击宛平城和卢沟桥。中国驻军第二十九军三十七师吉星文团奋起还击，和日军展开激战。双方派兵增援，战争事态扩大。从此，正式拉开了中国抗日战争的序幕。

十天后（1937年7月17日），时任中国最高统帅的蒋介石在庐山发表讲话，正式宣布守土抗战。

卢沟桥从此成为了中国抗日战争的发源地；“卢沟桥事变”也成为了中国全面抗战的历史标志。

1942年财政部拟发行新版印花税票时，将“卢沟桥”作为主图，印制了样张。后由于某种原因，此样张未正式采用，而改用“复兴关”作为主图，印制发行。

近来有藏友提出：是由于汪伪政权套用国民政府六和塔图印花税票的构图方案，印制了伪六和塔图印花税票，造成了六和塔图印花税票使用上的混乱，同时给国民政府财税收入造成较大损失，为此而改发新版印花税票——卢沟桥图来替代六和塔图印花税票。

对此种观点，笔者不敢苟同。个人认为原因大致如下：

国民政府自1934年11月开始发行六和塔图印花税票，而汪伪政权的六和塔图印花税票发行却在1940年3月之后。如若说汪伪政权的六和塔图印花税票对国民政府六和塔图印花税票造成使用上的混乱，那么，1940年3月之后国民政府财政部就不会继续印制六和塔图。而事实上，国民政府六和塔图印花税票的大量印发却正是1940年之后。

因而，认为汪伪政权的六和塔图印花税票对国民政府六和塔图印花税票造成冲击，是改印新版印花税票——卢沟桥图的原因，此说难以成立。

但是为什么会拟发新版印花税票呢？

这首先要从当时的财税形势分析。1941年中国的抗日战争转入了战略相持阶段。为了贯彻持久战的思想，以争取最后的胜利，1942年11月在重庆召开了第三次全国财政会议，对国家财政实行了一系列的改革：集中财权，全力抗战；将省一级的财税大权集中中央管理；清理整顿战时的税收政策，改革税制，提高税负。印花税也不例外，并草拟修改印花税法。为了配合新修正印花税法的颁布与实施，筹划发行新版印花税票。

其次，再从国民政府发行印花税票的规律分析。南京国民政府自从1928年正式成立后，每隔4至6年发行一套新版图案的印花税票。如：1928年发行“版图旗”，1934年发行“六合塔图”，1938年发行“人像图”。时至1942年正是印花税票图案的更新时期。

因而，笔者认为，上述两点才是发行新版印花税票的主要原因，与汪伪政权的六和塔图印花税票的发行无关。

为什么会以“卢沟桥”为主图？

“七·七”卢沟桥事变，拉开了中国抗日战争的序幕，卢沟桥从此成为了中国抗日战争的发源地。为鼓励抗日军民的斗志，设计者拟采用卢沟桥为主图，这可能是设计者的本意。

卢沟桥图印花税票为什么会胎死腹中？

原文作者提出：卢沟桥当时为日军占领，采用此图案，日伪政权仍会照旧仿制。

对此笔者也持不同观点。

卢沟桥图印花税票流产的主要原因，笔者认为：卢沟桥虽是中国抗日战争的发源地，但也是日本全面侵华的标志地，且卢沟桥当时正在日军的铁蹄之下。若以卢沟桥为图，当时难免产生一种耻辱感，这才是当局予以否决、未获通过的主要原因。

卢沟桥图 2分 红色

卢沟桥图 2分 蓝色

卢沟桥图 2分 赭色

卢沟桥图 2分 紫色

卢沟桥图印花税票虽未正式印制发行，但南京董光呈先生所藏的2分面值的试色印样票，即蓝色、紫色、棕色、棕紫色四种刷色的四方连样票，则成为此段税史的见证，其已是不可多得的珍品。

错误之处，敬请指正。

《印花交流》总111期　1999年10月刊

人像图发行之缘起

台湾　王学文

依据董光呈先生于1995年第四期《集邮》考证人像图印花税票发行时间为民国二十七年十月，并引用财政部二十七年九月十日渝税六第四七五四号训令，但未提及发行之来龙去脉。

目前笔者查得国民政府档案一则，叙述其发行缘由，原案是监察、行政院长兼财政部长孔祥熙于民国二十七年五月二十五日以快邮代电（11083）呈送国民政府主席批示，原文抄录："林主席钧鉴：近据财政部税务署签称本部发行之宝塔式普通印花，原系交由本部北平印刷局印制，经去年七月北平沦陷之时在该印刷局存有印花版模及制成之印花二百十一余万张未及携出，为防杜敌伪劫持行销掠夺税收起见，拟于后续印印花改镌版模印制颁行，以便将上项旧式印花予以废止。至于印花票面图案，经查各先进友帮多系采取本国元首或当代军政领袖之肖像为版模，藉以引起人民之钦慕。兹仿做各国前规，此次续印印花六种，内中两种正面，拟将一角及一元逐枚印钧座玉照，二分及五角印委座玉照，各等据此查核尚属可行，除批准照办外谨电陈明仰祈。"林森于六月一日批示。财政部委托香港大东书局印制，除前面提四种面额，尚有1分、2角为孔祥熙像，总计六枚，齿孔为14°；并于十月左右发行。因为日军封锁，交通阻断，无法顺利运交各地，财政部考虑实际情况，未将六合塔印花税票明令废止，形成人像图与六合塔印花税票共同使用的特殊现象。

图1　1分

图2　2分

图3　1角

图4　2角

图5　5角

图6　1元

《印花交流》总105期　1994年4月刊

人像图印花税票版式及暗记初探

木　子

根据董光呈先生考证，人像图印花税票始发于1938年10月，由香港大东书局承印。

与宝塔图票一样，人像图票中冠以“上海大东书局股份有限公司承印”，却有三四家厂印刷，暗记各异。由于时过境迁，版票及带版铭的票已很少见到，给分版带来了极大的困难。笔者依据多年收集的实物资料，曾试图理出一些头绪来，但仍感到力不从心。为了搞清不同厂印制的版式，今作初步探索，抛砖引玉，祈求广大同好及研究人像图票专家修正补充。

1937年7月7日，卢沟桥事变后，中国开始了全面抗战。7月29日日军占领北平，同年11月和12月，上海和南京相继失守，1938年10月武汉及广州又相继沦陷。国民政府迁往重庆，财政部在北平印制的宝塔图票部分成品及半成品未及迁运，落入敌手。上海大东书局印刷厂也于前期往内地迁移，部分设备被分别安置在浙江丽水、江西赣县及湖南耒阳。由于战争的影响，印花税票的印制、运输、销售、查验都出现了前所未有的困难。财政部为了避免印花供应中断，从而减少税收，委托香港大东书局赶制承印新印花税票，即人像图票，并于“1938年9月通令各税收机关录令布告辖境民商，一体购贴”。

一、版铭：“大东书局承印”（香港）

全套六枚，凹版印制，圆孔齿14°，图幅21 mm×19 mm，纸张较厚，分述如下：

孔像：1分，褐色，右上角纹饰内有“大”字，左上角纹饰内有字母“T”（图1）。

2角，红色，右上角纹饰内有“孔”字，右边领口下有字母“K”（图2）。

图1-1　孔祥熙像 1分

图1-2　右上角

图1-3　左上角

图2　孔祥熙像 2角

蒋像：2分，绿色，左上角纹饰内有横写的字母“e”，左边领口下有“大”字（图3）。

5角，紫色，左上角纹饰内有“石”字，领下纽扣中有字母“T”（图4）。

图3-1　蒋介石像 2分

图3-2　左领口

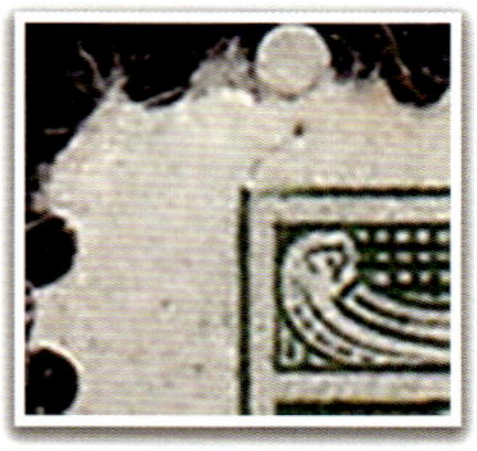
图3-3　左上角

图4　蒋介石像 5角

林像：1角，黄色，左上角纹饰内有侧写字母“K”，胡须左下侧有“大”字（图5）。

1元，蓝色，左上角纹饰内有“Δ”，在其右边纹饰内有字母“T”，胡须左下侧有“大”字（图6）。

图5　林森像 1角

图6-1　林森像 1元

图6-2　胡须左下“大”

图6-3　左上“T”

根据董光呈先生《关于1940年—1944年国民政府印花税票印制合同档案摘析》一文，其摘录最早印制人像图票时间为1940年9月18日，其间未有印制2分面值的记载。笔者持有1940年10月1日贴用蒋像2分平版票实单，故推测应是1940年6月税务署分管印花税时期印制。

二、版铭：不详

1939年—1940年6月发行，平版印制，图幅21.5 mm×19.5 mm，纸张较薄。

蒋像：2分，草绿色，线式齿，左上角纹饰内有横写变体字母“e”（图7）。

2分，草绿色，圆孔齿13.5°，左领下有字母“c”（图8）。

图7　蒋介石像 2分

图8　蒋介石像 2分

1939年后，由于战争的关系，全国已有相当地区被日寇侵占。香港大东书局承印的人像图票，主要行用于西南地区、西北地区（加盖新疆），以及华南、中南、华东部分地区，而且在发售运输过程中也困难重重，东北及华北基本上未行用。

1940年6月，财政部直接税处接替税务署接管印花税，开拓新的发售渠道，使税收有所增加，因而印花税票的销量也相应增大。而原有的印花税票须经香港辗转，有所不便，香港的形势也岌岌可危，为防患于未然，即开始于重庆印制人像图票，按当时市面紧缺的面值设计印制，品种有所增加，面值有所加大。

根据董光呈先生提供的“印制合同档案摘析”，1940年9月18日，财政部重庆印刷厂共印制了八种面值票，分述如下：

三、版铭：财政部重庆印刷局印制

凹版，圆孔齿11—12°，图幅21 mm×19 mm，纸张较薄。

孔像：1分，褐色，左上角纹饰内有字母“T”，右上角纹饰内有“印”[1]（图9）。

图9-1　孔祥熙像 1分

图9-2　局部

2角，红色，左上角纹饰内有侧写的“中”字，右上角纹饰内有“孔”字，领带右下有字母“K”（图10）。

图10-1　孔祥熙像 2角

图10-2　局部

10 元，绿色，左上角纹饰内有侧写的“中”字，右上角纹饰内有“孔”字（图 11）。

图11-1　孔祥熙像 10 元

图 11-2　局部

林像：1 角，黄色，左上角纹饰内空白，右上角纹饰内有“・H・”字[2]（图 12）。

1 元，（此品本人缺实物，容后补叙，也欢迎同好补叙）（图 13 复印件）。

图 12　林森像 1 角

图 13-1　林森像 1 元

图 13-2　局部

图 13-3　林森像 方连

100 元，（此品本人缺实物，容后补叙，也欢迎同好补叙）（图 14 复印件）。

蒋像：5 角，浅紫色，左上角纹饰内有字母“e”，右上角空白（图 15）。

图 14　林森像 100 元

图 15　蒋介石像 5 角

念元，浅褐色，左上角纹饰内有侧写的“石”字，右上角纹饰内有“江”字[3]数字“20”元，写成“念”图（图 16）。

图 16-1　蒋介石像 20 元

图 16-2　局部

图 16-3　右上角局部

根据董光呈先生提供的印花税票加盖样张复印件显示，1 元面值与 10 元、100 元、念元三种，风格、书体均存在差异，1 元面值的“元”字为闭口“圆”，英文字母 DOLLAR 较大，完全仿香港大东版（图 13－2）而 10 元、念元、100 元三种票的“圆”字右下角开口，英文字母较细纤，（图 11-2，13-2，16-2）二种不同风格书体的票为什么同列在印花样本内呢？笔者认为，此二种票可能不是同一次印制的，1 元可能是第一次印制仿香港大东版，第二次加大面值时另行设计。改变了文字及风格，而 1 元票仍利用原有版模，以上假设不知是否妥当，供同好参考。抑或是与 1 元风格相同的 10 元、念元、100 元另有其票。

四、版铭：财政部重庆印刷局印制

凹版，线式齿，图幅 21 mm×19 mm，纸张较薄，共三种面值，1941 年印制。

孔像：1 分，左上角有字母“T”，右上角有“印”(图17)。

2角，红色，左上角纹饰内有侧写的“中”字，右上角有“孔”字，领带右下有字母“K”(图18)。

图17　孔祥熙像　1分

林像：1角，(此品缺，以加盖票代)左上角空白，右上角有“·H·”(图19)。

图18-1　孔祥熙像 2角

图18-2　局部

图19-1　林森像1角 加盖“限新疆贴用”

图19-2　局部

[1]“印”字含义不详(新编者按：类似左侧横倒的“印”字)。

[2]“·H·”似变体“林”字。

[3]“江”字含义不详。

编按：由于各人手中持有的票不同，或印制质量原因，暗记不清，会产生不同的结论，今将同好不同意见载列如下，通过争鸣，逐步取得统一。(有的暗记，原本很纤细，多次复印放大，信息衰减，暗记不清)

陕西焦继承先生来信：上期文章人像图

• 香港大东2分：左上角字母是“TD”，写法“TD”。

• 蒋像5角：领下扣内字母“D”，只是半圆与扣缘重合。

• 平版蒋像2分：有孔齿，有11°、13.5°、14°齿。(本人无11°及13.5°齿票，可修正)

山西姚仲安先生来信：

• 香港大东蒋像2分，左上角“e”应是“D”，即“东”与联运图一样。

• 香港大东蒋像5角，左上角“石”应是“D”，其他线条是花纹。

• 香港大东林像1角，左上角侧写“K”，“K”是“孔”的英文首字，请详察。

• 香港大东林像1元，左上角“△”是花饰，不是暗记。(按：同意)

• 香港平版蒋像2分，圆孔齿，线齿，左上角“e”，与凹版同是“D”，左领口下“C”，应是武装带上“C”。

上海沦陷前，上海大东书局印刷厂组织设备及人员向内地撤退，先后在浙江丽水、江西赣县、湖南耒阳设立印刷厂，印制宝塔及人像图票，版铭更改为“上海大东股份有限公司承印”。根据有限的资料及实物，难以分清不同的厂所印制的版式，也缺少有关暗记的记载。即便有少量具体时间、地点的实用单也不能完全认定即为某厂印刷。因为战时情况复杂，发售渠道不清楚，有时同一个地方也有贴不同版式的票。

近期从江西赣县流出一批相当数量的实用单(其中相当部分未贴票)，时间从民国二十八年起迄至民国三十三年左右(其他年份及贴票此处不谈)，所贴宝塔图及人像图，品种版式多种。

宝塔图有财政部版、香港大东版、上海大东版及京华版。人像图除香港大东版及财政部版外，大部为上海大东版，二种图案票品及不同版式约有三十种，由于它是大量集中出来，即可认定此种人像图应为江西赣厂印制，今作如下介绍：

五、版铭：上海大东股份有限公司承印

(1)(赣厂)：凹版，图幅21 mm×19 mm，圆孔齿14°，英文字母均为“YUAN”，纸张较薄，发行时间1941年—1944年。

林像：1角，黄色，　(暂缺，容后补述)(图20)。

1元，蓝色，左上角纹饰内有侧写的字母“K”，右上角空白，“元”字为方口“圆”（图21）。

图20 林森像 1角

图21 林森像 1元

孔像：2角，红色，左上角空白，左上角纹饰内有“孔”字，领带右下有字母“K”（图22）。

图22 孔祥熙像 2角

4元，黑色，左上角空白，右上角纹饰内有“孔”字，领带右下有字母“K”，Δ角“圆”（图23）。

图23-1 孔祥熙像 4元

图23-2 孔祥熙像 4元 带有上边纸版铭

10元，绿色，左上角及右上角均为空白，Δ角“圆”（图24）。

40元，浅灰色，左上角纹饰内有侧写的字母“CT”，右上角空白，Δ角“圆”（图25）。

图24 孔祥熙像 10元

图25 孔祥熙像 40元

林像：100元，浅紫色，左上角纹饰内有侧写的字母“K”，右上角空白，Δ角“圆”（图26）。

400元，（暂缺，容后补述）（图27，新编者添加）。

图26 林森像 100元

图27 林森像 400元（焦继承藏）

蒋像：5角，浅紫色，左上角纹饰内有侧写的字母“e”，右上角空白，（图28）。

20元：桔黄色：左上角纹饰内有侧写的字母“e”，右上角空白，Δ角“圆”，中文写成“廿”，与财政部版“念”圆明显不同（图29）。

图28 蒋介石像 5角

图29 蒋介石像 20元

需要补充说明一下的是此批实贴100元及400元的极少，5角也不多，大多是贴早期1分、2分、4元—40元的票，最少的仅贴1枚，最多的贴20—30枚。为什么会出现此种情况，主要是高值票发行时间较晚，量也相对少，与此批单子使用时期及金额、税率有关。

（2）浙江丽水厂：版铭未见，凹版，圆孔齿 14°。

孔像：10 元，绿色，左上角纹饰内有侧写的字母“C”，右上角空白，纸张较厚，发行时间为 1940 年—1941 年。英文字母为“DOLLARS”，“圆”字方口，闭口，与香港大东版及财政部版的“圆”字均不同，此种“圆”字写法及英文字母写法要稍早于江西厂。推测其为浙江丽水厂发行的理由是：①江西此次流出实单中无此品种；②本人持有实单为杭州使用。（图 30）

林像：400 元，海蓝色，左上角纹饰内有侧写的字母“K”，右上角空白，胡子中左下有“大”字，纸张较薄，中文“百”字无单人旁，英文字母为“YUAN”，推测发行时间为 1942 年—1943 年。此种版式在杭州实用上多见。（图 31）

图 30　孔祥熙像 10 元

图 31　林森像 400 元

（3）湖南耒阳厂：版铭未见，凹版，圆孔齿 14°，纸张较厚，Δ 角“圆”，英文字母为“YUAN”，发行时间 1943 年—1944 年。

在抗战早中期，由于日寇的疯狂，及国民党军队的不抵抗，丧失了许多大好河山，特别是沿海经济发达城市相继沦陷，直接导致了国民政府税收的减少。虽在 1940 年 6 月，直接税处接管印花税，并利用机构自身的优势，扩大税源，加强征管，取得了一定的成绩，但由于战争经费的庞大及经济受影响物价上涨，国民政府数次修订税法（特别是 1943 年），一方面扩大征收范围，一方面提高税率。原有的低值票就显得不适用，再加上赣县战事激烈，于是在 1943 年湖南耒阳厂也开始印制高值人像图票，面值从 10 元起。据董光呈先生在 1995 年《天津集邮》著文披露，1943 年第一次印制四种面值，即 10 元、40 元、100 元、400 元，第二次增加 20 元面值。该文另还叙述到由于湘桂战争，该厂部分票品封存厂内，部分票品押运去重庆，但在途中被劫。而在重庆发现了被劫的 400 元林森像票被商铺贴用，于是发表训令，声称该票系“假票”，并责令追查来源，而其他被劫面值未见报道，是否已毁或陆续散失民间，不得而知。今将收集到的面值介绍如下：

孔像：10 元，（暂缺，容后补述）（图 32，新编者添加）。

图 32　孔祥熙像 10 元
（焦继承藏）

40 元，黑灰色，左上角纹饰内有字母“CT”，右上角有大写字母“L”。（图 33）

图 33-1　孔祥熙像 40 元 复印件

图 33-2　复印件局部

蒋像：20 元，浅褐色，左上角纹饰内有侧写的变异字母“e”，右上角空白，与江西版相同，不同之处是纸张较厚，刷色较深。（图 34）

图 34　蒋介石像 20 元

林像：100 元，豆沙色，“百”字有单人旁。

A：左上角纹饰内有侧写的变异字母“K”，字体粗大，右上角有字母“D”。（图 35）

图 35-1　林森像 100 元

图 35-2　局部

B：左上角空白，右上角有字母“D”。（图 36）

图 36-1　林森像 100 元

图 36-2　局部

此二种不同暗记①可能为不同厂印制；②也可能为同一厂不同时期印制；③也可能为同一版票上不同子模暗记；④也可能因印刷油墨工艺缺陷不清所致，因缺版票，难下结论。

400 元，蓝色，左上角纹饰内有侧写的字母“T”，右上角纹饰内有字母“TD”，“百”字有单人旁。（图 37）

图 37-1　林森像
400 元 孔齿

图 37-2　林森像
400 元 无齿

六、版铭：大东书局重庆印刷厂印制

说到人像图，不能不说中华民国的开国元首孙中山先生。孙像印花税票为 1944 年大东书局重庆印刷厂印制，稍早于湖南耒阳厂，平版印制，面值有 2 分、1 角、4 角、1 元、4 元、10 元，其中 2 分票因币值低已不适用，最终未印。分线式齿及圆孔齿 13°，线式齿打得很浅，以致易被人误认为无齿。所有票均未置暗记，“圆”字方口，英文字母“YUAN”。自孙像票后所印制的人像图英文均为“YUAN”，“圆”字均为 Δ 角，现将收集到的面值介绍如下：

孙像：1 角，桔黄色（图 38）
4 角，红色（图 39）
1 元，蓝色（图 40）
4 元，褐色（图 41）

图 38　孙中山像 1 角

图 39　孙中山像 4 角

图 40　孙中山像 1 元

图 41　孙中山像 4 元

（全文完。此文发表很不成熟，错谬之处难免，欢迎同好教正。）

修正与补充：本人在总 116 期，人像图所缺财政部版壹圆已收集到方连。方口“圆”，闭口，税票二字上方有“T”，左上角纹饰内有“Δ”，右上角纹饰内有斜形四撇“////”，不知寓意。胡子内有“大”字，但该方连右下一枚，左上角未有“Δ”，是油墨漏缺，抑或是子模不同，因缺版票，尚不能确定。（图 13-3）

（总 139 期）修正与补充：本人在总 116 期（2000 年 3 月）言：“当时缺财政部版林像 100 元票，容后补叙。”今已收集到，补叙如下：

林像 100 元：豆沙色，左上角有“辛”，右上角有“F”，在税票二字的上方纹饰内有字母“T”，胡子内的大字已被修饰成“人”字，“圆”字方口，右下角开口，英文字母为“DOLLARS”。（图 14）

图 42

图 43

关于人像图版式及暗记的补充

笔者曾在《印花交流》总 115—119 期（2000 年 2 月—6 月），写了《人像图印花税票版式及暗记初探》，其中谈到孙中山像票时说了“所有票均未置暗记”，以致引起误导，内心一直感到不安。

孙中山像印花税票原不属蒋、孔、林像票系列，而是应单独成立。因考虑孙中山先生是民国开国元首，匆忙之间，未及细看就写了。

近在台湾《邮联会刊》第六期上见了陕西焦继承先生《国民政府印花税票——国父像》一文：1 角，未发现明显暗记；4 角：领带与西装右领夹角处有阳文暗记“T”；1 元：领带与西装右领夹角处有向左倾倒的阳文暗记“V”，西装右领与下边横线夹角处有阳文暗记“—”；4 元：领带与西装右领夹角处有阳文暗记“C”，“肆”字外缘左侧有阳文暗记“C”；10 元：未发现明显暗记。

需要肯定的是，孙像票是有暗记的。其中 1 角也有暗记，需要纠正的是所有暗记均系白文，白文也称阴文，在印文上与朱文（阳文）相对应的，是指凹下的文字。

图 44　孙中山像 方连

图 45

《印花交流》总 115—119、135 期
2000 年 2 月—2001 年 10 月刊

“复兴关”图印花税票版别简介

南京　董光呈

现将国民党政府发行的“复兴关”图（又称牌坊图）印花税票版别简介如下，错漏难免，请知情人纠正。

一、有英文字样

（1）重庆中央信托局印刷处（简称中信版），1943年—1944年印制。

① 平版印刷。点线齿有：1角、4角、5角、1元四种。

圆孔齿有：5角一种。图像右下角有“HWA”暗记。

② 凹版印刷。齿度13°，有：20元、40元、100元、400元四种。

图像右下角有“V”“文”暗记。

（2）重庆京华印书馆（简称京华版），1944年印制。平版印刷，齿度13°，计有2角、2元、4元、5元、10元、念元六种。图像均无以上暗记。

（3）福建百城印务局（简称百城版），1944年印制。平版印刷，齿度12—12.5°，计有4角、1元、4元三种。牌坊左边树中有“0”暗记，又圆数票上“DOLLAR”改成“YUAN”。

二、无英文字样

（1）中信版，1945年印制。

① 平版印刷有：1角、4角、5角、1元、2元五种。

② 凹版印刷有：20元、40元、100元、400元四种。

齿度均为13°，“票”字第八笔平直。

（2）京华版，1945年印制。平版印刷，有4元、5元、10元三种，齿度为13°，“票”字第八笔左端向上钩。

（3）中信北平版，“限东北省专用”，1946年印制。

① 平版印刷有1角、3角、5角、1元、3元、5元六种。

② 凹版印刷有10元、20元、50元、100元四种。

以上齿度均为13°。

《印花交流》总24期　1992年6月刊

民国复兴关图印花税票的版式及暗记

木　子

复兴关图印花税票，国内外有不少人在探索，并做了一些研究报道。其中江苏董光呈先生的《民国“复兴关”图印花税票》介绍最为详尽全面。该文原载《江苏集邮》1992年第一期，后来经过修改补充，在1995年《江苏集邮》第八期重又刊登。

国民政府迁都重庆以后，把重庆市内原名“浮图关”的牌坊改称“复兴关”，并增添了“还我河山”“抗战救国”“自力更生”的口号标语，以此希望能激励全国的抗战力量。1943年，中国抗战进行到第六个年头，日本侵略军已从巅峰转向崩溃。以前发行的人像图印花税票在非蒋管区行用有诸多不便，于是，国民政府又设计发行了“复兴关”图印花税票。该票虽然没有宝塔图、人像图那样复杂，但由于有多家厂印制，各自添加了暗记，今天看来，也有一定的复杂性。本人按董老的编排方式及顺序，就版式及暗记作一些补充探索，期抛砖引玉，早日把疑点搞清楚，错谬之处，请各位同好专家斧正。

一、有英文字母

(1) 版铭：重庆“中央信托局印制处”。

平版：1943年印制。

点线齿：面值有1角、4角、5角、1元，四种。(图1)

圆孔齿：齿孔13°，面值有1角、2角、4角、5角、1元，五种。(图2)。

暗记为图右下角有“HWA”，另外，右旁纹饰中有“Z”。(图3)

凹版：1944年印制，有厚纸与薄纸。

圆孔齿：齿孔13°，面值有20元，40元，100元，400元，四种。(图4)

暗记为图右下角有“V”及“文”字。(图5)

以上平、凹版英文均为“DOLLARS”。

(2) 版铭：重庆“京华印书馆承印”，1943年—1944年印制。

平版，圆孔齿13°，英文为“LLARS”。

面值有2角、2元、4元、5元、10元、20元，六种。(图6)

其中2元、5元、10元为△角“圆”；4元、20元为方口“圆”。2元、5元与4元、10元、20元的英文字母风格不一致，暗记为左树右下有“T”，右第二棵树右下有“K”。(图7)

20元无上述暗记，它的暗记在左树与城墙之间有“K”(图8)。中信版2角与京华版2角的区别在于暗记，前者有“HWA”和“Z”，后者无，后者有“T”和“K”，而前者无。

(3) 福建“百城印务局”，版铭未见，1945年—1946年印制，平版，圆孔齿12—12.5°，英文为“YUAN”。

面值目前暂见1元、4元二种(图9)。(董说有4角面值，国外报道有2元面值，另有人说有5角面值，均未见。)

暗记为图右下有“HWA”，左树叶中有字母“C”，董说“0”不确(图10)。(因董老年事已高，又患眼疾，影响视力，目前著书立说，沿此谬误，今特作更正。)

图 1-1　中央信托局
印制处 英文平版
点线齿 1 角

图 1-2　中央信托局
印制处 英文平版
点线齿 4 角

图 1-3　中央信托局
印制处 英文平版
点线齿 5 角

图 1-4　中央信托局
印制处 英文平版
点线齿 1 元

图 2-1　中央信托局
印制处 英文平版
圆孔齿 2 角

图 2-2　中央信托局
印制处 英文平版
圆孔齿 4 角

图 2-3　中央信托局
印制处 英文平版
圆孔齿 5 角

图 2-4　中央信托局
印制处 英文平版
圆孔齿 1 元

图 3　中信版
英文平版
暗记特征

图 4-1　中央信托局
印制处 英文凹版
圆孔齿 20 元

图 4-2　中央信托局
印制处 英文凹版
圆孔齿 40 元

图 4-3　中央信托局
印制处 英文凹版
圆孔齿 100 元

图 4-4　中央信托局
印制处 英文凹版
圆孔齿 400 元

图 5　中信英文
凹版 暗记特征

图 6-1　京华印书馆 英文 平版 2 角

图 6-2　京华印书馆
英文平版 2 元

图 6-3　京华印书馆
英文平版 4 元

图 6-4　京华印书馆
英文平版 5 元

图 8　京华英文平版 暗记特征

图 7　京华英文平版暗记特征

图 6-5　京华印书馆
英文平版 10 元

图 6-6　京华印书馆
英文平版 念元

第二部分 研究文稿精选

图 9-1　福建百城印务局 1 元

图 9-2　福建百城印务局 4 元

图 10　福建百城印务局版暗记特征

图 11　大东书局重庆分厂版与中信版复兴关图的区别

图 12-1　中央印制厂无英文平版 4 角

图 12-2　中央印制厂无英文平版 5 角

图 12-3　中央印制厂无英文平版 1 元

图 12-4　中央印制厂无英文平版 2 元

图 13　中央印制厂无英文 平版 5 角 暗记特征

（4）桂林西南建成印刷厂印制。

目前未见正票，有待今后考证。（仅见董老印样）

（5）版铭为“大东书局重庆分厂印制”。

1945 年印制。仅见 5 角面值一种，系借用中信版铜模，与中信版一样，在图右有“HWA”，但右边纹饰内的“Z”时有时无，图案较中信版模糊，似石印。齿呈长方形线式，未打透纸。票幅之间隙为 3 mm。（中信为 3.5 mm）（图 11）

二、无英文字母

（1）中央版：版铭“中央印制厂”（董文称“中信版”），1944 年—1945 年印制，齿孔 13°，纸张较厚。

平版：有 4 角、5 角、1 元、2 元（董说有 1 角，未见）。5 角有厚纸与薄纸。（4 角、5 角未见版铭，疑二种之中，有一种为京华版）（图 12）

暗记：5 角右树左下边有“c”，4 角、1 元在相同位置亦有模糊的暗记，其余面值未见有暗记。（图 13）

凹版：面值有 20 元、40 元、100 元、400 元，四种。（图 14）

暗记：右树左下边有“T”。（图 15）

（2）京华版：版铭“京华印书馆承印”，平版印制，齿孔 13°，1945 年印制，面值有 4 元、5 元、10 元，三种。（图 16）

中央版与京华版此二套品种，图案十分相似，它们的四周边花纹与上述几套花纹完全不同。

（3）东九省版：版铭为“中央印制厂北平厂”，图上方印“东北九省专用”，1946 年印制。

平版：有 5 分、1 角、3 角、5 角、1 元、2 元、3 元、5 元、10 元、20 元、30 元、50 元、100 元。（图 18）（目前 5 分及 3 角面值未见，其中 2 元、3 元、10 元、20 元、50 元、100 元，曾大量加盖华北暂作票）

暗记：3 元、50 元、100 元三种在城门洞右侧下有“A”。（图 19）（因无版票，不清楚是子模暗记还是母模暗记）其余面值未见暗记。

凹版：有 10 元、20 元、30 元、50 元、100 元、500 元、1 000 元。（图 20）（目前未见 30 元）未见暗记。

图 14-1　中央印制厂
无英文凹版 20 元

图 14-2　中央印制厂
无英文凹版 40 元

图 14-3　中央印制厂
无英文凹版 100 元

图 14-4　中央印制厂
无英文凹版 400 元

图15　中央印制厂
无英文凹版
暗记特征

图 16-1　京华印书馆
无英文平版 4 元

图 16-2　京华印书馆
无英文平版 5 元

图 16-3　京华印书馆
无英文平版 10 元

图 17　京华印书馆
无英文平版 暗记特征

图 18-1　中央印制厂
北平厂 东北九省
专用 平版 1 角

图 18-2　中央印制厂
北平厂 东北九省
专用 平版 5 角

图 18-3　中央印制厂
北平厂 东北九省
专用 平版 1 元

图 18-4　中央印制厂
北平厂 东北九省
专用 平版 2 元

图 18-5　中央印制厂
北平厂 东北九省
专用 平版 3 元

图 18-6　中央印制厂
北平厂 东北九省
专用 平版 5 元

图 18-7　中央印制厂
北平厂 东北九省
专用 平版 30 元

图 18-8　中央印制厂
北平厂 东北九省
专用 平版 50 元

图 18-9 中央印制厂北平厂 东北九省专用平版 100 元

图 19 中央印制厂北平厂 东北九省专用平版 100 元 暗记特征

图 20-1 中央印制厂北平厂 东北九省专用凹版 10 元

图 20-2 中央印制厂北平厂 东北九省专用凹版 20 元

图 20-3 中央印制厂北平厂 东北九省专用凹版 50 元

图 20-4 中央印制厂北平厂 东北九省专用凹版 100 元

图 20-5 中央印制厂北平厂 东北九省专用 凹版 300 元

图 20-6 中央印制厂北平厂 东北九省专用 凹版 500 元

图 20-7 中央印制厂北平厂东北九省专用 凹版 1 000 元

图 20-8 中央印制厂北平厂 东北九省专用 凹版 暗记特征

凹版“东北九省专用”字体比平版略大。

《印花交流》总 122—123 期
2011 年 9 月—10 月刊

注①：

董光呈先生来信：复兴关是指牌坊后面的小城堡，牌坊只是复兴关的一部分，因此不能说：将浮图关的牌坊改称复兴关。百城复兴关一套有 4 角、1 元、4 元三种，我有一套样票（为何说成 2 角，因手边资料很乱，未查出），而且档案资料也是这三种，供你参考。（按：拙稿打印有误：原文应为“董说有 4 角面值，国外报道有 2 元面值，另有人说有 5 角面值，均未见”）

注②：

所称国外报道有 2 元面值，是指 1988 年 7 月 Willian Chen 作的《重庆复兴关图案印花税浅介》，内中“……（C）齿孔 12—13.5 度部分：（1 分、2 分、4 分、6 分、1 角、4 角未见实物），2 角（两种），5 角、1 元、10 元、2 元、4 元、5 元、10 元、20 元（两种，1 元、2 元、4 元，雕刻版 20 元、40 元、100 元、400 元。”其文中提到 2 元。另有人说有 5 角面值系指最近姚仲安先生编《中国印花税票》，内中百城版复兴关列有 5 角。此 4 角、2 元、5 角三种，本人均未见，4 角仅见样张。

焦继承先生来信指出：京华版 20 元，有暗记“K”及“T”。经本人细查，在右树右上边与旁边纹饰之间有“Y”，故应修改成：20 元在上述位置无上述暗记，它的暗记为在左树与城墙之间有“K”，在右树右上边与旁边纹饰之间有“T”，见放大图。

注③：

1. 图 1-3 不是中央信托局印制处版，应是大东书局重庆分厂印制。

2. 中央信托局印制处平版圆孔齿未见 1 角面值票。

3. 中央印制厂无英文平版没有 5 角面值票，文中附图 12—2 应该是京华版无英文平版票。

4. 百城版暗记特征：左下角卷叶花右下有字母“P”；左树中隐藏暗记字母“C”；代表“百城”的首音字母。主图右下角有暗记字母“HWA”，与中央信托局一致；由此说明其主图源自中央信托局印制处。

印花单据欣赏

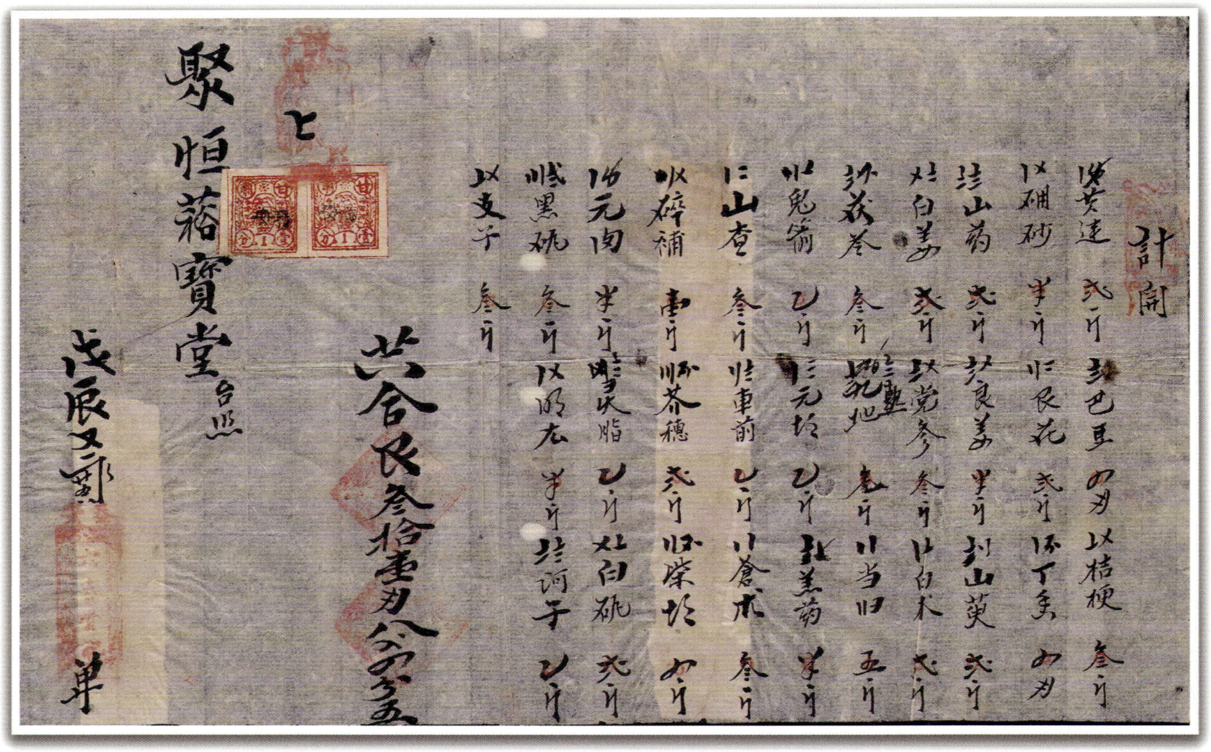

民国戊辰年贴甘肃城楼图印花税票的账单

交通图印花税票上海中央凹版壹万元子模暗记探讨

——兼答："圆"字开口票的问题

上海　王曾元

1998年夏天李德元先生来电话说，邮友发现交通图上海中央凹版壹万元税票中有一枚"圆"字左下开口的变体票，嘱我研究一下并写篇资料。我对邮票版式研究是爱好的，当然对税票的变体和暗记也甚感兴趣，但限于时间和精力，对此尚涉足不深。接到了李先生的托付，只能被迫上阵，好在手边有些印花税票版票。原想稍微研究一下，仅看个"圆"字以交差，谁知不看则已，看了竟一发而不可收，一头钻了进去，整整二个多月的夜晚，看了一大堆税票，发现内中的奥妙和邮趣，实在引人入胜，欲罢不能。这样就枚枚看、版版看，眼镜加放大镜，每晚到深夜，以致目力大伤，视力减退，至今晚上已不能看细小的东西了。尽管如此，余仍不悔，愿把资料整理出来，供同好共同探讨以共同促进印花税票的研究，这就是目的。

对该枚壹万元的税票版式、暗记的探索，收获有二：一是子模暗记，二是版暗记。子模暗记的资料去年就搞好了，版暗记的制图量较多，尚未搞好，只能容后再告。现先将该票关于"圆"字变体及子模暗记的研究心得汇告同好。

"圆"字左下开口（详见图6）变体，在100枚整版中相同的有4枚，它的位置分别在100枚版中的31，36，81，86（自左至右，横行点数），它是该版票中的子模暗记之一。

中央凹版壹万元税票的子模组，由5横×5竖25枚组成（图B），全版100枚（图A）由4个子模组合而成。有某种子模暗记的票，在每个子模组中的位置是相同的，不论横数直数，每隔4枚即能找到有同样是暗记的票。如"圆"字开口变体票，它在每个子模组中的位置，都是第16/25枚。壹万元税票的子模暗记较多，包括"圆"字开口票在内，每组共有九种。

其排列及图如下：

① 书卷右部弯处加了一个小点

图1　位置6/25

② 左数值框与底框相通

图2　位置7/25

图1

图2

③"税票"两字上框多一点

图3　位置10/25

④ 右花柱上部多一小圆点

图4　位置11/25

图3

图4

⑤ 左数值框右部有一短划

图 5　位置 13/25

⑥“圆”字左下开口

图 6　位置 16/25

图 5

图 6

⑦ 右柱内框线中部短划隔断

图 7　位置 19/25

图 7

图 8

⑧ 右上角空心白角（后期印的右半版二组无）图 8　位置 20/25

图 9

⑨ 书卷右部弯处有横划隔断　图 9　位置 23/25

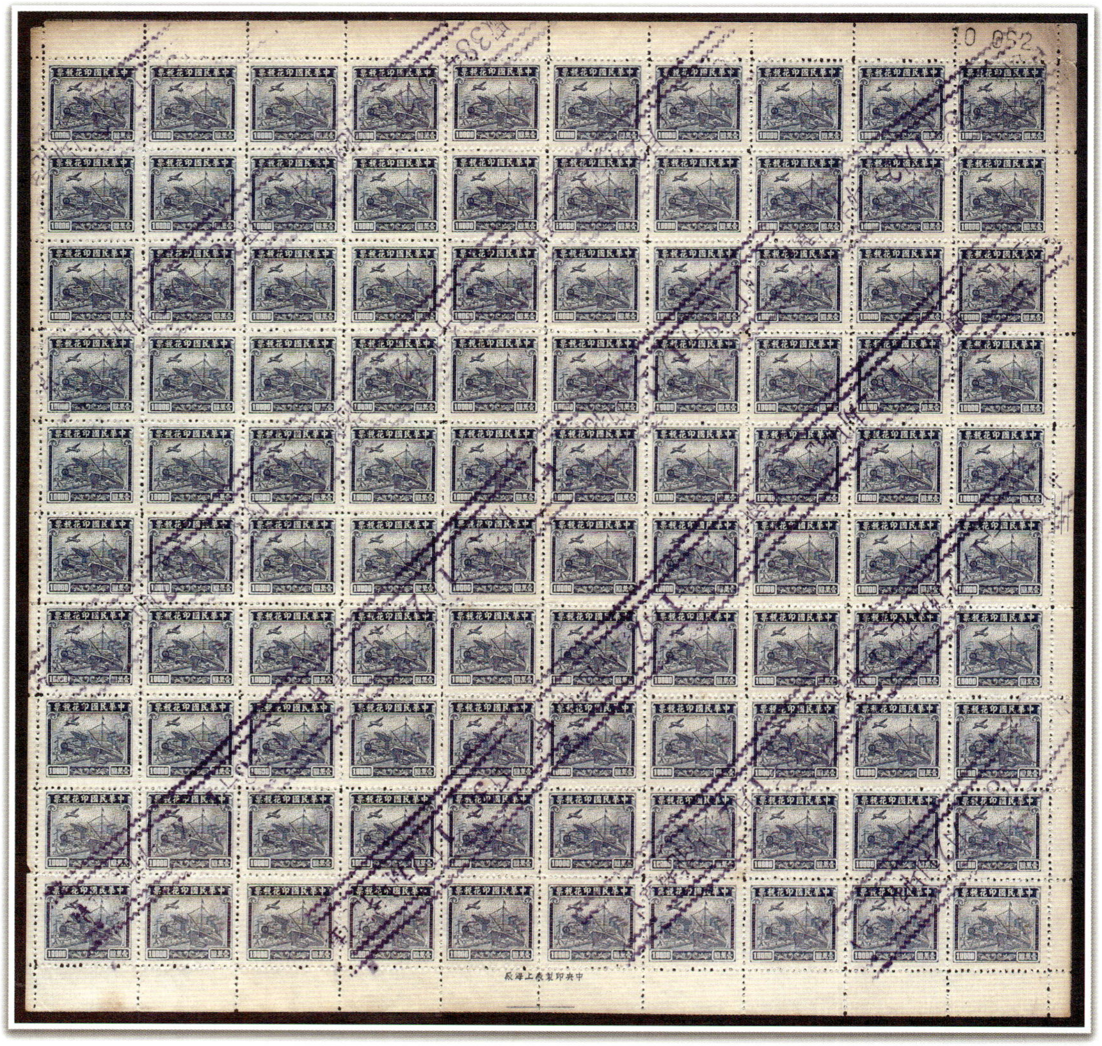

图 A　中央上海版 壹万元版票

图B　中央上海版 壹万元25枚子模

附：王曾元先生应本刊之邀，做了大量艰苦细致的工作，对交通图版模暗记作了深入的研究、探索，十分感人，为发扬光大税文化作出了贡献。王先生对交通图版式研究有很高的造诣和独到之处，今天刊登王先生研究心得，以飨各位。

自税票类纳入参展以来，形势喜人。但是存在问题还不少，一是在宏观上，理论方面存在认识模糊，思想不统一；二是在微观上，对票品本身的研究，还有许多方面须深入。参展集子，仅仅罗列一大堆票品，还不能算是成功的。'99北京邮展已进入倒计时，各参展集还有许多地方需改进和提高、增添和删减。逐鹿中原，谁执牛耳，愿各位大显身手，一展雄姿。后继诸群，多加努力。

《印花交流》总106期　1999年5月刊

交通图印花税票大东凹版叁万元的暗记、变体的探讨

——兼答："票"左1竖的破版问题

上海　王曾元

一、"票"左1竖的破版问题

去年月《印花交流》（总95期）刊出《联运图大东凹版叁万元税票有变异》一文后，本人当即看了叁万元版票多张，发现这一破版较多，即请李德元先生将此情况转告。数天后李来电话说："×××认为他收集到的票中，这枚破版很少，故认为仍可作'变体'票云云。"后来，我感到我这样的答复是粗了一些，联想到看过的一张版票：右半张49枚好，1竖破版仅1枚；左半张49枚破版，完好仅1枚。（这张票版号B4，批号8—31）如有甲、乙两人，分别获得左、右各50枚，恰恰也对此票的破版问题引起争论，那有趣的事情发生了，孰是孰非？记得研究邮票版式的大师钟笑炉当年说过，如果有人发现了一枚奇怪票，我们务求把它弄明白，写清楚。若不如此，以后还会有人对这枚奇怪票纳闷而提出问题的。后来又和李先生谈论了印花税票的研究问题，感到我们目前不仅要注意税票品种的发现，更要注重对已有的税票的研究。在研究中一定要认真、细致、谨慎。现在税票中尚未弄清的问题太多了，所以要提倡大家动手，抓住一个弄清一个，务求深透。大东叁万元之票的破版问题，既然有同好提出来了，何不把它弄个清楚，也许对税票研究也有好处。为此，我又花了些时间，现将探索所得，告知同好作参考。

大东叁万元之票左旁发生破版的原型是张长形的三角状、修饰后成条状、点状。其中条状为多。为什么有些全张破版很多，有些很少？是有规律的还是混乱的？为此，先要弄清它的版号才能找出同一版号的全张作比较。大东三万元整张100张（10×10），印刷全张是400张。右角上印的黑字号码是包装批号，左角上印有与票的刷色相同的红色小字1、2、3、4是它的版号（不知它用了多少块版?）。开始，分别用此号码相比，前后还是不一致。后来再仔细看小字，字体相仿，细辨有别，原来有二套不同的1、2、3、4。故把它编号A、B二种。再按版号、批号结合起来查对，同一版号的破版情况前后怎样？对照后发现基本相同（或印若干版经修饰后起变化），可见它是有规律的，是版式问题。现将破版票在各版号中出现的具体数字，记述于下：A1：20枚，A2：2—5枚，A3：12—15枚，A4：10—12枚，B1：52枚，B2：33枚，B3：10枚，B4：74枚（批号8—31修饰后为50枚）。

综上所述，该票破版虽有规律，但已成大破状态，按总数量计平均百枚版中有近30枚，故不宜列为变体。版式变体票，一般每百枚中1枚。如果提到这枚破版票，就应同时说它的量，以免新集者误之。如果您对此感兴趣的，把它列为趣味品收藏，那也未尝不可。

二、子模暗记

大东凹版叁万元税票的子模组（图 1）由 5 枚横×5 竖 25 枚组成，100 枚全张（图 2）有 4 个子模组。子模暗记每组有一个，位置在 6/25 枚，左柱花顶部有一小竖点（图 3）。百枚全张中间同样的暗记有 4 个，分别在 11、16、61、66 位置。

三、版暗记及变体

版式暗记及变体，是指某一版式中所特有的变异点：一是要有不同于正常票的独特变异；二要成体，即在同一版号同一位置中能找到同样的变异，而不同版号的则没有。如果印若干版后被人发现而修正，则同一版号中也不能张张都有。我手中叁万元版票不多，现按所见的 8 个版号记述于后，只能挂一漏万。同好大家动手，肯定还会不断发现其他版号。笔者发现暗记及变体在各张中也有深浅不一，或浓或淡，可能与油墨多少有关系。限于篇幅，图未全列，删略了些。

A1：

① 35 枚半空有一条通栏索（图 4）

② 32、33 枚斜线过桥，32 枚右角顶框出线（图 5）

③ 45 枚旗右空中有物

④ 96 枚“税”字划线

⑤ 97、98、99 枚弧桥三联票

⑥ 99 枚“叁”字有胡子

A2：

⑦ 11 枚弧线压顶框（有的很淡，仅下左、右斜线）

⑧ 55 枚右柱花长蕾

图 1　大东书局上海印刷厂 叁万元 25 枚子模

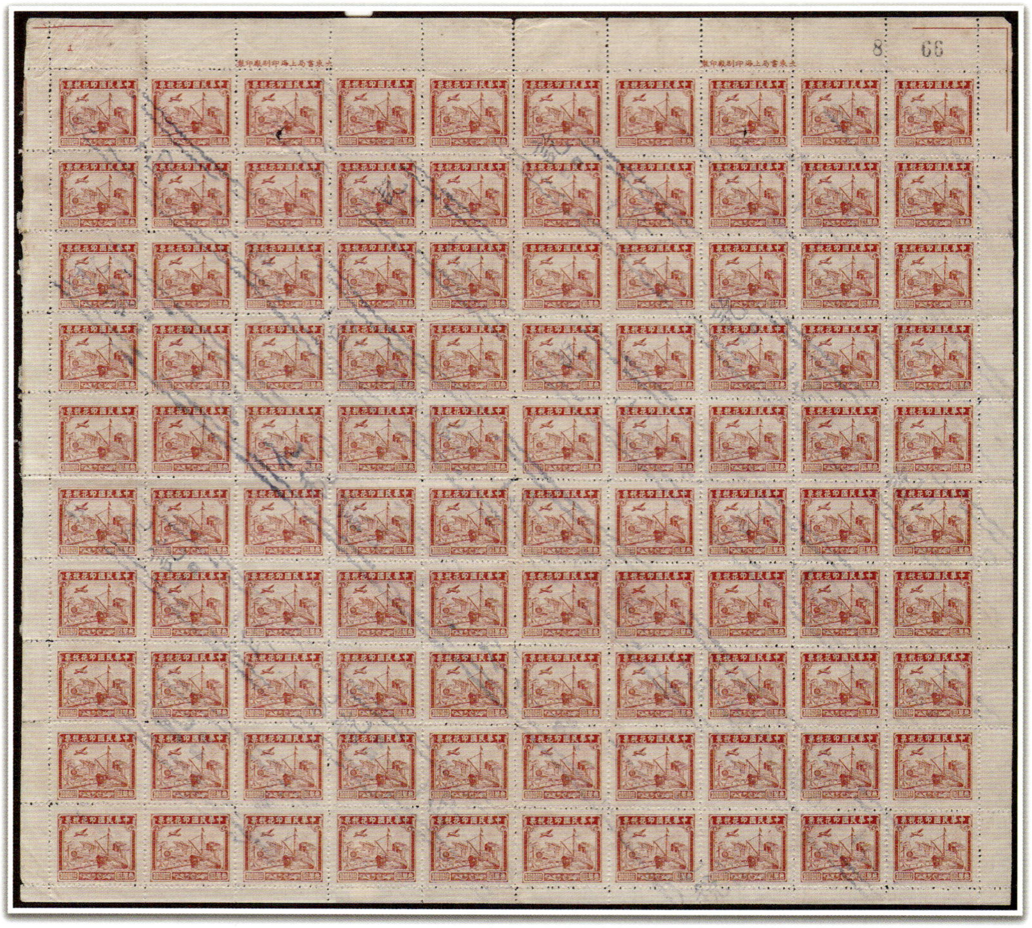

图2 大东书局上海印刷厂 叁万元版票

图3

图4

图5

⑨ 64枚“民”钩变形

A3：

⑩ 51枚“花下垂绒线头，空中有物”

⑪ 54枚中、花字旁有“珠”

⑫ 55枚左、右柱花蕾，华、民、印、税字旁有“珠”

A4：

⑬ 55枚柱花左前粗条

⑭ 99枚“叁”字有胡子

⑮ 13枚“叁”右框隔断

B1：

⑯ 21枚左书卷有横划线

⑰ 25枚“海”底有线向下走（图6）

⑱ 34、35枚空中有缆索（图6）

⑲ 23、33枚上下斜线相连（图7）

⑳ 43、44、45枚空中特技：飞机拖飞机（图8）

㉑ 37、38枚飞机撞缆索（图9）

㉒ 97枚空中“鸟”飞翔

图 6

图 7

图 8

图 9

B2：

㉓ 67 枚顶框线中有小点

B3：

㉔ 24、25 枚框底弧线过桥（图 10）

图 10

㉕ 43 枚“华”“民”上有短线出框

㉖ 84 枚“国印花税票”上划线

㉗ 21 枚有弧线从“万”字底下走向 23 枚“30000”相连

㉘ 26、27 枚“万”与“万”弧线相连

㉙ 29、30 枚“30000”与“30000”弧线相连

㉚ 34 枚“印”字上框断“国”字下框断

㉛ 60 枚飞机右翼及空中有物

㉜ 84 枚“民国印花”串线上框左部有复线

㉝ 33 枚“国”字上有线斜出

㉞ 35 枚“华”上细线斜，向上飘至 25 枚纸边

㉟ 38 枚左角线斜飘至 27 枚票

《印花交流》总 107 期　1999 年 6 月刊

注：由于原文作者年事已高，可能将不同版式的叁万元面值版式特征混淆了。今保留原文，重新配以图片，并编号，仅供各位读者参阅。

尖头飞机印花税票之谜

台湾　游振杰

中央上海版 50 元印花税票乃最早以平版印制的交通图印花税票，其使用时间长，使用地区广，也是最常用的面额票之一。

除了其他厂家对 50 元面值票多次加印外，中央上海厂亦然，许多同好同意其母模像金刚不坏之身，所见的 50 元平版票如出一辙，找不出有再版的“瑕疵”现象，少数同好察觉其用纸或色泽有差异外，一般都以为只有一种版而已。

武汉朱汉昌在其《黄鹤邮花》刊曾披露出上海平版 50 元有“圆头飞机”A 版和“尖头飞机”B 版的不同版式，多年前就告知笔者，他是从加盖改值区票中作对照，才发现同一部位的不同特征的。

自 1999 年《中国印花税票总目录》出版后，税票集友发现其登录了“尖头飞机”，引起注意后，许多人即再回头找寻其原票。

2004 年中“尖头飞机”印花税票陆续在湖南长沙和沅陵出现。据称仅有四十余枚问世，包括散票和一些实单。

因缘际会，笔者有幸，竟也购得数张实单，从其中整理出较有代表性的，提出个人见解，盼与同好切磋探源。

笔者曾考据出交通联运图印花税票之图案，认为其上飞机图乃根据当时中国航空公司“驼峰空运”主角之一的 C-46 型飞机，如图 1 所示。

“尖头飞机”一词出现，直叫笔者拍案叫绝，那不就是另一“驼峰空运”主角 C-47 型飞机?! 君不见保存在北京航空博物馆的中航 C-47 型飞机。如图 2 所示。

图 1　C-46 型运输机

图 2　C-47 型运输机

图 3 所示：民国三十六年九月二十四日，长沙恒和锅号发票，金额为国币 19 800 元，共贴 50 元印花税票 2 枚，显然溢贴。

我们可以理解是先贴上右上角，中央上海 A 型“圆头飞机”一枚，然后打叉划销，但不符合印花税额。然后在其上又贴上 B 型“尖头飞机”印花税票一枚。再盖销菱形“印花贴足”之章，则补足 19 800 元的千分之三税率（税额共 59.4 元），溢贴 40.6 元。有趣的是，一张单据上贴两种不同型的印花税票，A 型和 B 型同时存在。检测其他所有实单：1947 年 9 月之前，湖南所贴中央上海平版 50 元都是 A 型者；

第二部分　研究文稿精选

9 月之后都是 B 型“尖头飞机”印花税票。另外透露的信息是“尖头飞机”印花税票从 1947 年 9 月以后开始使用，直到 1948 年 7 月。

图 4 所示：为民国三十七年七月九日大茂商店开立给中国盐业公司长沙门市部的发奉。火柴三打整，金额共国币 360 000 元（通货膨胀已烈!），印花税额当为 1 080 元。其上贴 1 000 元（中央上海版）一枚及 B 型“尖头飞机”两枚之印花税票，溢贴 20 元，无疑。

图 3

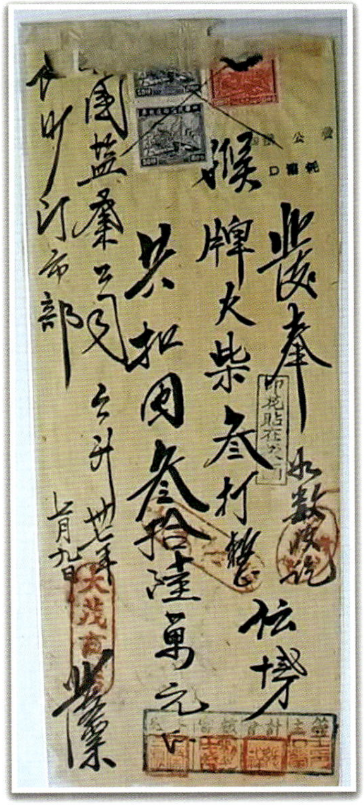

图 4

另，朱汉昌曾在其刊总 116 期发表过“中央上海平版联运图 50 元的版别、版铭”，其语焉不详，极易造成误解，经笔者联络沟通，得其同意，告知 A 型和 B 型的版铭各有其异。主要区别在“中”“印”“制”“海”和最后一字“厂”，五个字，最容易辨别者是“制”字有否打钩。B 型“尖头飞机”者，“制”之最后一撇有打钩。如图 5 所示。

图 5-1　A 型

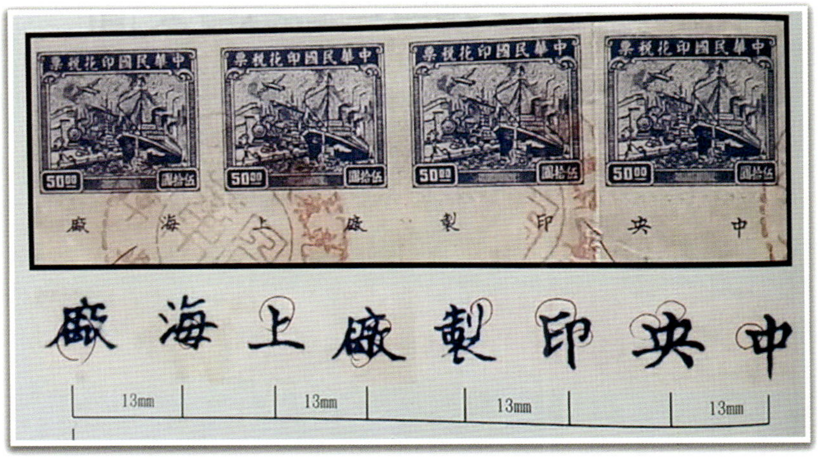

图 5-2　B 型

交通联运图印花税票奥妙很多，尚待探讨追寻的空间很大，个人认为从各个角度切入，乐趣无穷。无论哪个方面的界定都只是新的发现，不是任何人的新创见，通过税票集友在收藏研究的过程中，都已享受其邮趣和快乐。

《印花交流》总 174 期
2005 年 1 月刊

各地方仿制长城图印花税票简介

南京　董光呈

民国第一套长城图印花税票，全套有 1 分、2 分、1 角、5 角和 1 元共五种，由北京中国印务局（后改称财政部印刷局）印刷。（图 1：以下简称北京版）从 1913 年 3 月 1 日开始发行，到 1925 年 9 月 1 日改用新印花税票为止，使用时间达十二年（个别使用时间要超过十二年）。在这期间由于政局动荡，军阀割据，南北政权对立，致使长城图印花税票的印制和发行处于十分混乱的局面。仅据中国印务局印制的原来加盖部门、时间、地名的统计，已达几千种之多，至于各地仿制的则更为复杂。现简要介绍如下：

图 1

一、四川印制

由于军阀混战，各自建立防区，自设税局，自印税票，其中仿制长城图印花税票就有：

（1）“四川暂制”在图幅中四个角内印有“四”“川”“暂”“制”四个字，石印版，计有 1 分、2 分和 1 角三种，1 角的又有有齿和无齿两种。（图 2）

图 2

图 3

（2）石印长城图面值有 1 分、2 分、1 角（图 3），成都防区印制，其版式比较复杂，据成都陈大贤先生的研究分类已有十多种。

（3）“二十四军转发”也是石印的，在下部边框外面印有“二十四军转发”字样，上部中间原有吉祥花部位，印有“陆”或“贤”或“水”字，计有 1 分、2 分、1 角、2 角四种（图 4）。该票有人说是雅安防区所印，但上海李德元先生几年前转让给本人收藏的一张 1932 年沪县某学校毕业证书，贴有该票 1 角和 2 角的各一枚，不知当时该地区是否属于二十四军的防区之内。

图 4

二、云南印制

（1）美国凹版。美国钞票公司印制，图像与北京版不同之处，取消了吉祥花，原票面值处改印“云”“南”两字，面值印在四个角上，计有 1 分、2 分和 1 角三种。（图 5）

图 5

图 6

（2）仿美国平版。其图像与美国凹版基本

相同，计有1分、2分和1角三种。（图6）拟严启文先生研究也有不同版别。

（3）仿北京平版。图像上保留吉祥花，“云”“南”和面值字体都比仿美国平版较小，已见到的只有1分一种。（图7）

三、贵州印制

石印、北京版图像相同，其1分、2分版式甚多，尚未见到这方面的分类材料。（图8）

图7

图8

四、广东印制

（1）仿北京平版。其图像与北京版相同，其1分、2分版式甚多，尚未见到这方面的分类材料。（图9）

图9

图10

（2）“粤军财政总局印花税票”，标头称“粤军财政总局印花税票”，中华民国四字印在边框四个角内，计有1分、2分两种。（图10）

（3）“总”字白日旗印花税票。在原吉祥花处改印“总”字，五色旗改成白日旗，现只见到2分票，分有齿、无齿两种。（图11）

图11

五、广西印制

（1）标头称“广西财政厅印花税票”，现只见到面值1角的。（图12）

图12

图13

（2）平版印制，仿北京版，现仅见2分面值一种。（图13）

六、湖南印制

在吉祥花与五色旗之间印“湘政府发行”一行小字，现只见到面值1分的一种。（图14）

图14

图15　唐卓敏藏

七、山东印制

票型较小，下部两角印有“山”“东”二字，面值印在上部两角上，现只见到1分无齿的一种（图15）。严启文先生认为是样票。

以上错漏难免，希知情者补充纠正。

《印花交流》总64期　1995年11月刊

“川省”长城图票之新发现

木　子

“川省”长城图是地方自制长城图票中的佼佼者，是藏家梦寐以求的追逐目标。

以前，只有2分票的记载，数月前，重庆钟列先生披露了1角票及四川丰都贴2分×5的实用单（索价20万元）。1角票被某藏家以3万元高价收归囊中，创单枚税票最高成交纪录。笔者近日见到贴“川省”1角×5竖连之实单，票上加盖“总”字，单子下部已残损，票也未销戳，但可确认是原贴，为川东地区梁平县民国十七年十二月（1928年12月）使用。

目前所知，存世实单共三件，其中2分两件，即1925年丰都贴2分五枚实单，1931年万县贴2分之储蓄单，以及此次之梁平县1角×5实单。此票的身世之谜，引起收集研究地方票及长城图票同好的关切，也引起笔者的浓厚兴趣。笔者此前的观点认为是1922年左右四川自治时发行，即四川军阀刘湘任川军总司令兼省长时发行，是通行全省的。此三件实单都在川东地区发现，川东地区属刘湘的地盘，但是笔者还是有些许疑问，刘湘任总司令兼省长时间并不长，此票能行用这么多年？为什么此票还能这么稀罕？如果1925年的实单可靠，那么从1925年算起到1931年，行用时间长达7年之久。如果上溯3年是1922年发行，到1931年则有10年时间行用。而且在刘湘投诚北伐军后被改编为国民革命军二十一军后仍在发行使用，由此至少可以肯定一点，它虽然标名“川省”，但不是全省通用的。它只是在刘湘的势力范围川东数县流通使用。

钟先生提供的票图（图1）和新发现的1角票（图2）相比照，无论从图案、文字、刷色、齿孔都存在较大的差异，说明版式不止一种。票上加盖“总”字，和“总”字长城图存在一定的关联性，“总”字长城图票很可能是“川省”票的延伸，可能是同一军阀即刘湘发行，除此之外，是否有其他面值也有待于继续挖掘。

图1　有云版

图2　无云版

《印花交流》总198期　2007年1月刊

漫谈二十四军及其长城图印花税票

木　子

1926年7月广州国民政府北伐，一路势如破竹，不久攻克武昌。是年底，四川军阀刘文辉宣布效忠国民政府，其所属部队被编为国民革命军第二十四军。

刘文辉，1895年生于四川大邑县安仁镇，曾入成都陆军小学、陕西陆军中学、北京陆军预备学校。1916年保定军官学校二期毕业回川，先在刘存厚军部任参谋。此时他的侄儿刘湘已是川军第二师旅长，不久升师长，经刘湘引荐，在川军第八师当营长，不久当团长，后来到刘湘任川军总司令时，提升刘文辉为第一混成旅旅长，直属总司令。一年后刘成勋任四川总司令，刘文辉又通过赖心辉举荐，升为第九师师长，时年方30岁，已扩占了川南很多地盘。到1926年左右，刘文辉已由一个师扩编为三、四个师。随着实力的增强，野心也越来越大，想独霸四川，与二十一军刘湘互相争夺地盘，矛盾日益激化。四川自1918年熊克武任督军分划防区制以来，大小军阀各霸一方，竞相扩充实力，争夺地盘。兵结祸连，混战不休，军费膨胀，各防区各自为政，就地筹饷。

北伐成功后，1928年11月南京政府任命刘文辉为四川省主席。随后不久，几个大军阀之间爆发了反蒋战争，先后有蒋桂战争（1929年3月—6月），蒋冯战争（1929年5月—11月），蒋唐战争（1929年12月—1930年1月），蒋石战争（1929年12月），中原大战（1930年3月—11月）。出于野心，刘文辉在1929年12月曾与唐生智联名发出东、冬两电反对蒋介石，又在1930年中原大战后期通电反蒋，后由于张学良出兵入关支持蒋，而使阎、冯、李失败。由于刘文辉二次反蒋，从此与蒋结下梁子，在其后来的政治生涯中，一直受到蒋的排挤、打击。但因其手握重兵，天高皇帝远，一时又奈何不得。到1946年国民政府曾把二十四军改编为整编二十四师，以副军长刘尧瑄为师长，但实际上原封不动，对内对外，名义都未变，蒋没办法，后来仍恢复二十四军番号。

由于刘文辉的势力越来越大，地盘越来越多，相当于大半个四川，受到了刘湘等大小军阀的妒忌。最终，在1932年爆发了二刘大战，为四川历次军阀混战中最大的，也是最后一次战争，双方共出动了30万人马。

二刘大战前，当时四川的军政形势是：二十一军刘湘（兼任四川军务善后督办），驻重庆，防地为重庆、万县、奉节及下东川二十余县，兵力约10万人。

二十四军刘文辉（兼任四川省主席）驻成都，防地为川康全境，上下川南，川东永川、江津、川北遂宁、南充、川西温江、华阳等七十余县，兵力约12万人。

二十八军邓锡侯，驻成都，防地为川西郫县，广汉、新都十余县，兵力约4万人。

二十九军田颂尧，驻三台，行营设成都，防地为川北二十二县，兵力约6万。

二十军杨森（兼川鄂边防司令），驻广安，兵力约2万。

二十三军刘存厚（兼川陕边防督办），驻达县，兵力约万余人。

另外尚有四川边防军总司令李家钰，驻蓬

安周口，兵力约 1 万人。及新编二十三师罗泽洲，兵力约 1 万人。

大战从 1932 年秋冬到 1933 年夏，最终由刘湘联合其他大小军阀打败了刘文辉。刘文辉兵力损失十分之九，退往西康，并辞四川省主席职，由刘湘接任。后经其大哥出面找刘湘诉说家属情谊，又经他人从中斡旋，于是二刘重归于好，刘湘把雅安、荥经、天全、芦山、宝兴、名山、洪雅等县划作刘文辉的防地，这些都是贫瘠苦寒之地，已不能与前同日而语了，但总算有安身立足之地了。二十四军把总部设在雅安。

二十四军长城图印花税票，有两类，一是利用四川石印版长城图加盖红色“二十四军转发”字样，分二行竖排，仅见 2 分面值（图 1）。另一类是原印“二十四军转发”字样在图框下，所见面值有 1 分、2 分、1 角、2 角、5 角，未见 1 元，但闻多年以前曾有 1 元票流入美国，所以，可以肯定有 1 元面值票，其中 2 角面值票开历史之先河。一般认为加盖票发行在前，原印票发行在后。由于缺乏可靠的实物，本人对此不予评论。加盖票加盖字体有大小不同，底票颜色也有深浅，说明不止一次加盖。

图 1-1　加盖 二十四军转发

图 1-2　加盖 二十四军转发

原印票，目前收集到有“水”字（图 2），“陆”字（图 3），“買”字（图 4），“租”字（图 5）四种。“租”字是本人近日方才收集到，面值为 2 角，纸张较厚。过去曾有传媒报道“贤”字，现本人已查明出处。多年以前，中国台湾省税票收藏大家以严君国署名，撰文《长城图印花税票之版别》（注：复印件系何人寄赠已不可记，故为何刊上也不得而知），文中叙述“二十四军转发长城图印花税票 1 分面值，吉祥花改为‘陆’字，是否系陆军之用，下端边框外边加印‘二十四军转发’字样。尚有 2 角紫色者，吉祥花改为‘贤’字（图十三），不知何意。”但检视其图十三，赫然“買”字也。是严君粗心把“買”字看成“贤”字，还是印刷有误，将“買”字排版成“贤”字，就不得而知，但从此以讹传讹，误导了许多收藏家。见严君文中 2 角之复印件（图 6）。前年在京，Z 君告我，他曾经手过一枚“貨”字票，2 角面值，现仍留着复印件，此事使我一直耿耿于怀，一方面从未听说过有“貨”字票，另一方面 Z 君又是资深收藏家，不可能信口开河，但因一直未目睹复印件，心中放不下。近日，Z 君应本人之请，寄来了复印件（图 7）。粗看之下，我即认定是“買”字。经对照，竟与严君文章中的图十三系同一枚票。为什么同一枚票，严君释读“贤”字，Z 君说是“貨”字呢？可以肯定既不是严君粗心，也不是印刷有误，只有一个解释，即此票的字印刷不清或有残损，以致不易辨认，使二人产生不同的结论。虽然“贤”字、“貨”字与“買”字有点相似，都有“貝”，但见过“買”字票的是不会忘记的，何况“贤”字的繁体字是“賢”。而严君文章中用了简化字“贤”，在几十年前是不会有此简化字的。今特作此纠正。

图 2-1　水字 1 分

图 2-2　水字 2 分

图 3-1　陆字 1 分

图 3-2　陆字 1 角
（钟列藏）

图 3-3　陆字 2 角

图 4-1　買字 1 角

图 4-2　買字 2 角

图 4-3　買字 5 角（钟列藏）

图 4-4　買字 1 元（钟列藏）

但票上所印文字表示什么意思一直是个谜，曾有人对“水”“陆”二字作过破释：

图 5　复印件

一种观点认为：川西地区属陆地，丘陵地带，并主要与陆上运输为主，因此使用“陆”字票；川南地区主要水上运输为主，使用“水”字票。

一种观点认为“陆”字，是陆军所用。

一种观点认为“水”“陆”是专用于不同的征收范围和对象，以便于下面征收者的识别与贴用，更有利于上面对税金收益的管制及分配。

本人认为：“水”“陆”二字表示“水陆关卡”。

另外，“買”字，“租”字什么含义，尚需探讨，由于二十四军 1927 年组建到 1935 年全川统一使用中央票为止，有七、八年时间，防区最多时达七十多县（1935 年 2 月 10 日四川省政府在重庆正式成立，迫于形势，各军阀交出防区，自 3 月 15 日起使用新颁宝塔图票，宣布自制票作废）。本人所见最早为民国十七年四月叙府（今宜宾）使用实单，最晚为民国二十一年，雅安实单。所以，本人认为其所印文字含义：为区分不同时期、不同地区、不同承销人以及不同的征收范围而印制。当然还需寻找更确切的实物依据。据《乐山市财政税务志》（二）“印花税”一节中说到：

“民国十二年财政部在重庆设印花税处，实行整理，制定推销办法有三：1. 派销，即分派各县知事照等代销；2. 包销，即由各税务机关推销，限令如额贴足税票；3. 专销，即由处在商务繁盛和水陆要道之地设卡所派员稽查粘贴。全川划为十四区，每区设所，由所长督销，各县分三等派额，繁县为一等，月派 500 元；中县为二等，月派 200 至 300 元；简县为三等，月派 50 元……民国十五年一月，本县知事李永成奉省署令摊发印花 300 元，税款限月终汇交过署，并准于在税款项下坐扣 5%，作为经售手续费。本县则按月向商会及乡镇分别派销，限月终送县署，以凭汇解。民国十七年印花督销处按月配发本县‘陆’字印花 800 元。军部通令（按：指二十四军），凡民间交易货物单据及一切有价值证据，均应按照税法粘贴印花。据县署知事冷廷昌四月十日训令称：‘现值茧丝登场之际，此项税票积存颇巨，不设法整顿，税票何能销售。兹有本知事配发‘陆’字印花 500 元，拟在茧丝两项交易单据及捐票上按部颁税法，凡货单捐票所载银数 1 元以上者贴印花 1 分，5 元以上者贴印花 2 分，以上照此类推，务于茧丝两项交易货单及捐票一律照税法贴售，以重税收而保军饷。’”

由此可见，乐山作为一个二等中县，被派销印花税每月 300 元，至民国十七年四月时已属二十四军防区，月派销印花税800元。这是本人见到的唯一明确记载有关二十四军“陆”字票的资料。此资料系成都孙先生惠赠。

是否另有尚未发现的文字，也是需继续探索、研究的。

二十四军从1933年后一直在川康地区。刘文辉在1934年12月任西康建省委员会委员长，至1938年12月正式建西康省任省主席，一直到1949年12月在彭县宣布起义，投诚中国人民解放军，并组织二十四军阻击向西南逃窜的胡宗南部队。中华人民共和国成立后历任西南军政委副主席、政协全国委员、国防委员，林业部长等职。

《印花交流》总140期　2002年3月

注：

本人在上期《漫谈二十四军及其长城图印花税票》一文中，提到了“租”字2角票。近期在北京有少量流出，颜色有三、四种之多，纸张亦有厚薄之分，价格十分低廉。经几位同好仔细观察、分析，一致认定是假票。承他们关照，给我来了电话，讲了一些具体情况。

而我在文章中所配的“租”字2角票，纸张较厚，图案模糊，也可能是假票，为避免误导，在此申明，希读者注意。经了解，“租”字2角票出于四川成都，同好所见约有30多枚。另外还有贴于地契上的“实单”。

那么，“租”字2角票到底存在不存在真品呢？可以肯定：存在。目前仅见双联票。紫色，纸张较薄，与以前“水”字、“陆”字、“买”字一样的纸，印制精细清晰（见复印件）。本人与成都、武汉等同好进行多次联系，都确认为真品。由于该品种十分罕见，《总目录》也未列入，故有不法之徒伪造以牟利，希同好提高警惕，多加注意。

《印花交流》总141期　2002年4月刊

印花单据欣赏

伪华北火柴统税总局火柴统税印花版票

民国时期四川地方版印花税票介绍（一）

重庆　钟　列

前　言

自古言：蜀道难，难于上青天。把此话用来形容收集和研究四川地方版印花税票的难度也不为过，然而难度正是收集和研究的乐趣所在，探索的过程就是一种吸引和享受。在同好和前辈的鼓动之下，笔者根据印花税票的实物，参考四川军阀内战的历史，整理出数篇文稿，通过《印花交流》对四川地方版印花税票逐一介绍。由于至今收集的局限性，只可能画出一个基本轮廓，错漏之处在所难免，倘能因此而引起各位同好的共同探讨，写出更多、更翔实的资料来，乃至对本人错误之处有所指正，那就不负发表拙作的初衷了。

四川地方版印花税票的品种，何时、由何政权发行？要搞清楚它的真实身份，笔者认为除了要有实物以外，还必须要了解四川军阀的派系及混战割据的来龙去脉。由于四川内战这段历史最为错综复杂，很不容易弄得清楚，因此得从1918年护法革命说起。

四川军阀混战的起因、演变及“川省”和“四川暂制”长城图印花税票的产生史略

参加护法革命　形成军事防区

民国七年一月（1918年1月），孙大元帅任命熊克武为四川靖国军总司令。2月20日，熊氏在滇、黔军的支持下由重庆进军成都，将四川督军刘存厚驱逐出川（刘逃到陕南，在汉中设立行署，继续接受北方政府号令）。熊克武于驱走刘存厚后进入成都，就任南方军政府任命的四川督军，并将其部迅速扩编为三个师，分别以但懋辛、向传义、吕超为川军第一、三、五师师长，将旧川军第一师改为川军第二师，由刘湘为师长，任刘成勋为第四师师长，余蕴南为第六师师长，陈国栋为第七师师长，陈洪范为第八师师长，加上石青阳、颜德基、卢师谛之靖国军四路司令和驻川之滇、黔等军使四川简直变成了军人的天下。为了维持各军的粮饷，熊氏只得准由各军就其驻地划分范围，直接向地方提取税款，四川军人割据之防区制也就此开始形成。

赶走滇、黔军队　脱离南方政府

1920年5月，滇、黔军与部分川军联合在四川展开“倒熊联盟”战争，熊克武兵败退到四川北部阆中，遂又与汉中的刘存厚弃嫌修好，联合对抗滇、黔联军。川军将领也在地域意识下最后形成一致对外，刘存厚以“靖川军”名义，率所属田颂尧、赖心辉、唐廷牧、张邦本等返川进攻成都，熊克武也在阆中任命但懋辛为川军第一军军长，刘湘为第二军军长兼前敌总司令，刘成勋为第三军军长直取重庆，刘存厚于9月10日由绵阳进入成都，正式打出四川督军招牌。熊克武于10月30日进入重庆，亦设立四川督军公署，川军把盘踞在四川近五年的滇系势力逐出四川，但是成都和重庆两地却同时存在南北两政府所隶属的两个四川督军。

当四川的驱滇战争进行最烈之时，也正是湖南谭延闿等驱张（敬尧）成功唱出湘省自治

之日。在湖南省区自治的感染下，在渝的川军将领刘湘、但懋辛、刘成勋等 20 余人于 1920 年 12 月 10 日召开会议，商讨四川政治自主主张，并发表联名通电给成都的刘存厚和重庆的熊克武，提出他们在重庆会议中有关决定“四川自治”之主张，并要求刘、熊两人于 5 日内表明态度。

此时熊克武作为政治靠山的南方军政府（时由桂系把持）因驻闽粤军回师广州。军政府总裁岑春煊及陆荣廷等被迫于 1920 年 10 月 23 日宣布解散，24 日通电撤销军政府。熊克武处境彷徨，感到南方军政府如被消灭今后很难自处，为应付当时南北变化的局势，曾于 11 月 3 日发表江电，响应岑、陆，赞成南北统一主张，至孙中山回粤重组军政府（11 月 19 日）消息传来，熊分析不断变化的局势，决定不再卷入南北漩涡。当收到刘湘等自主通电后，熊当即复电赞同，并于 12 月 30 日通电解除南方军政府任命的四川督军职务，所部交由但懋辛率领。同一天，北方政府为了分化川军各部，摆出中央政府架势，发出一通命令，任命刘存厚仍为四川督军，熊克武为四川省长，刘湘为重庆的护军使……但熊克武不愿承认刘存厚为四川督军，自然也不愿就北京政府任命的省长之职，乃于 1921 年 1 月 12 日通电声明：本人以建设四川之自治制度为职志，不承认四川省长。接着，1 月 21 日，川军将领刘湘、但懋辛、刘成勋也联名通电反对北方政府之任命，声明：“……川中将领，一再会议，决定完全自治……今决以川人自力自治，不受何方之支配，不任外力之干涉……必俟中华民国合法统一政府告成，乃能承认其命令之效力。”

而刘存厚在四川自治呼声高唱之际，敷衍应付，背道而驰，倚靠北庭，反对自主，与倡导的自治各军矛盾日趋尖锐。

驱逐北庭省督　宣布联省自治

1921 年 2 月 18 日，熊克武与第 1 军但懋辛及第 2 军刘湘、第 3 军刘成勋等联名通电，宣布刘存厚自居督军，扩充军队，倾心北庭，阻挠川省自治等罪名，三军联合分路向成都刘存厚进攻，刘存厚所属赖心辉部首先倒戈（熊升委为四川边防军总司令），所属邓锡侯、田颂尧、唐廷牧、张邦本等节节败退，并发出通电，请求停战。刘存厚被迫于 3 月 22 日发出养电，宣布下野，离开成都，最后再度流亡陕南。随后重庆联军同意未追随刘存厚的各军回驻原防。

熊克武自宣布解除四川督军职务后，抽身出省，游历鄂湘两省。此时川省军民两政处于群龙无首之局面，第四师师长潘文华通电，主张各军师旅即商议推举川军总司令兼临时省长，实行组织四川临时自治政府。到 6 月 6 日，四川各混成旅旅长以上将领 24 人，终于在善后会议上一致推举最具实力的川军第 2 军军长刘湘为四川总司令兼省长（第二军军长刘成勋为成都卫戍总司令）。刘湘先曾发表通电不愿就任，后经各将领劝说，到 7 月 2 日方正式就职，刘湘就川军总司令兼省长职后，惧怕到省城成都，除派员接受重庆各军联合办事处外，决定将省长公署设于成都，而川军总司令部则仍暂设于重庆，在省长未到成都以前，一切民政事务均委由省长公署的政务厅厅长向楚代行代诉。刘湘又在重庆以省长的名义新设一个政务处各行其是，向楚主持的政务厅，下设民政、教育、实业、总务四科，办些例行公事。重庆省长的政务处则可委任县长和征收局长，但也主要只限于第二军防区以内，其他防区则不行。刘湘为了统一川省，在未与省议会咨商之前，即着手筹备制定川省宪法，却引起四川省议会的指责和反对，此时又因湖北自治问题引起四川援鄂战争即告发生，刘湘在任四川总司令兼省长之时的“川省统一”和“制宪自治”工作由此无功而没。

但是笔者分析认为，“川省”长城图印花税票（如图 1，票上盖有“总”字）却最有可能就是刘湘任四川总司令兼省长时于 1921 年 7 月—1922 年 5 月在川东地区发行。由于使用时间短暂，加上军阀混战，留传至今的实物十分

图 1-1 “川省”长城图 1 角 有云

图 1-2 “川省”长城图 2 分 有云

罕见。据知目前公布发现的仅有 1 角新票一枚；2 分票三枚中两枚是新票，另一枚贴于四川万县（川东）银行汇票背面，使用时间是 1931 年，该单据原为四川一藏家拥有，现已转让台湾人。笔者对该件实物进行过仔细观察研究，发现该票可能是伪贴或后贴。（注：盖销该票的长条形时间戳记盖在汇票上的图印和盖在税票上的图印不在同一条直线上，且税票上反映的时间图印模糊，而刚好在税票图印模糊处又增加销盖，有一与时间戳记交叉的方型戳记［销盖方型戳记有有意掩盖时间戳记缺陷的可能］，该方型戳记的图印非常完整地同时销盖在税票和汇票上，但是方型戳记中的文字无法辨认，类似的汇票均无一票销两戳的发现，此乃绝无仅有，所以是弄巧成拙。）本人在另一藏家手中又发现有一件四川丰都县（川东）1925 年地契，贴“川省”长城图 2 分票五枚，骑缝销盖关防大印，非常清晰完整，五枚票上有四枚加盖有“总”字，一枚属漏盖。该件地契上的税票属购买后沿用。因为只有 1921 年 7 月—1922 年 5 月期内刘湘在川东地区同时就任四川总司令兼省长，所以笔者的判断是根据历史事件、税票上反映的信息、税票在川东丰都县应用的发现三方面资料的综合结论。

图 2-1

图 2-2

图 2-3

出兵援助鄂省　引发川军内乱

1921 年 6 月经过熊克武在湖南的游说，湖南省决定在 7 月 20 日出兵“援鄂”，相约川湘两面夹攻湖北，以支援蒋作宾等人之鄂人治鄂运动。川湘两省均希望在打败湖北督军王占元之后，一方面能实现湖北自治，壮大联省自治之声势，同时以地居长江中游的武汉作号召，联省政府就有实现的可能。熊克武回川后即鼓动川军向外发展，1921 年 7 月 2 日经刘湘同意后，大家共推刘湘担任四川援鄂军总司令，但懋辛为副总司令，并于 9 月 6 日起兵向湖北宜昌进军，从 9 月 13 日至 28 日，川军与吴佩孚援助王占元的北军孙传芳部在宜昌展开大战，终因川军远道而来，经济困难，又因湘鄂战事也告结束，故川军放弃了攻取宜、武的计划，双方对峙至 1922 年 3 月 7 日，在宜昌签订停战和约，川军退回川境。

援鄂一事本是川军领袖共同之意，但是由于援鄂战争的失利，却又引起川军内部的再度内讧，其中刘湘的第二军和但懋辛的第一军之间发生摩擦，第二军指责第一军有趁第二军退回川东之际就势消灭第二军的阴谋，而第一军指责第二军作战不力，贻误川、鄂、湘联省自治大业……。熊克武、但懋辛暗中策划，联络各军共谋反对刘湘，并在成都又成立一个各军联合办事处，与重庆刘湘把持的各军联合办事处相对抗。

刘湘虽身为省长及川军总司令，而号令只及第二军防区各县，措施稍有不当，各军即纷纷来电责难，不易应付。刘湘遂采取以退为进的办法，于 1922 年 5 月 14 日通电辞去省长兼川军总司令职务，同时将第二军军长一职交由所属第九师师长杨森担任。杨森就任第二军军长后急欲发动战争，以扩充实力，并想趁机取刘湘而代之。7月9日杨森宣布第二军进攻第一军的命令，一、二军的川东大战由此开端。

成都各军联合办事处闻第二军攻击第一军，即于7月11日会议，公推第三军军长刘成勋为川军总司令兼代四川省长，委但懋辛为东防督办，并推举第三师师长邓锡侯、四川边防军司令赖心辉为正副总指挥进攻重庆，以支援第一军。8月7日联军攻占重庆，第二军残部在杨森的率领下于8月20日逃到湖北境内，投靠了吴佩孚，四川内战至此方停，川局暂安一时。

全川暂时统一　“暂制”税票诞生

1922年10月26日—11月8日，刘成勋在成都组织召开四川军事善后会议，会议通过了刘成勋为川军总司令兼代四川省长，未成立之前，以总司令暂摄民政。会议还决定了许多议案，如：川省继续采取自治、制定宪法、分期裁兵、废除防区制、统一民政财政、废除军长制，等等。到12月2日，四川省议会依照此前通过的临时省政府组织大纲，选举刘成勋为正式省长，5日，省议会为新省长还举行授证书议式。笔者认为“四川暂制”长城图印花税票便是刘成勋当选所谓民选省长之后印制发行，发行时间应该是1923年初。该套票目前只见有1分、2分、1角三种面值，平版石印，分有水印和无水印纸质，水印为“四川川汉铁路银行”字样。目前所见最早实单是1923年10月的一件存单，该票的使用范围除川东以外全川均见有应用。

1923年1月10日四川省宪法起草委员会在成都成立，经多次讨论，于3月10日完成《四川省宪法草案》，共分十三章一百五十九条，基本代表了四川人民在军阀统治蹂躏后的自卫之念。可惜宪草方拟成，审查尚未开始，因裁军不和的原因，刘成勋发动了讨伐第七师陈国栋和第三师邓锡侯的战争，给直系军阀头子吴佩孚借援助四川军阀杨森回川为名的机会，派遣北军入川，使四川重新回到南北争夺的军阀混战的水深火热之中。四川的制宪自治事业，自然就半途而废了。

刘成勋主持下的四川省宪自治运动虽没有湖南幸运，但其促成了“四川暂制”长城图印花税票的诞生，给我们税票收藏领域和税收历史留下了珍贵的遗产，这也许是刘成勋无成就之下的些微贡献。

《印花交流》总194—195期
2006年9—10月刊

民国时期四川地方版印花税票介绍（二）

重庆　钟　列

唯一的二十九军印花税票使用实例

图为民国十九年（1930）年旧历五月“国民革命军第二十九军驻区事务部”出具的一件卖地契，上贴石印版长城图10分印花税票六枚，每两枚票上骑缝加盖有红色小方印（不清），契纸上的第一、二枚票左上方销盖“（四川）彰明县征收局关防”大印。该票的刷色为一种少见的洋红色，与其他所见四川石印版长城图10分票的大红色区别十分明显。另外，其阿拉伯字10分面值的“10”字体很细小，所见其他四川石印版长城图10分票的“10”字体均较为粗大。这是本人所知的唯一一件由“二十九军”发行的印花税票使用实例。原为武汉收藏家周震先生所藏，根据契纸使用的时间推断，该票发行时间大约在1927年—1930年之间（参见《史稿》112页第1行第2票）。

下面简要介绍一下二十九军军长田颂尧及其二十九军防区的形成和发展。国民革命军二十九军军长田颂尧（1888－1975），四川简阳龙泉驿人。1917年刘存厚任四川督军时，田任刘的川军第二师骑兵团团长兼城防司令，后升任陆军二十一师师长。1921年3月，被熊克武三军联合驱逐，刘存厚第二次再向陕南退走。田颂尧退守川北阆中，1923年第一军但懋辛、第二军杨森之战再度爆发，田颂尧进驻潼川（三台）并稳扎基础于潼川附近十余县，为日后田军防区的开端。1924年12月，田颂尧经北京政府委为“川西北屯垦总司令”。下辖二十一师、二十二师、第三、第七混成旅，计人枪1万5千以上。1925年杨森为四川军务督理，欲武力统一四川，在各军联合反杨之战中，田军未经过大战斗，收编了杨森第八师两个团和何光烈骑兵团，并顺势占领原第十师刘斌所驻绵阳及其附近各县。田防区扩展为二十余县，而后又占德阳、什邡、射洪、南部县，最后与其他各部进入成都。待战事结束，各军协议又将成都县划为田军防区，省城成都形成由刘文辉、邓锡侯、田颂尧三军共管局面。至此，田军防区据有川西北二十六县。迄至1933年红四方面军入川之前无何变化，计川西北二十六县为：潼川（三台）、绵阳、成都、德阳、罗江、安县、彰明、江油、平武、北川、广元、苍溪、邵化、剑阁、中江、盐亭、南部、阆中、巴中、仪陇、南江、通江、梓潼、绵竹、什邡、射洪。田的川西北屯垦司令部设于潼川，在成都设行营，田颂尧不但在三军共管的成都大捞油水外，还在自己的防区内就地筹饷、借垫、预征名目繁多的各种苛捐杂税。

1927年3月，田部易帜为国民革命军二十九军，田就职后，对内部作了一度的整编，废师改路，全部人枪在3万以上。1931年，四川边防军李家钰等八个团由南充开到田军防区就食，被其收编，田军内部又再度扩编，计有六个师，三路司令，兵力达6万之众，此时为二十九军的极盛时期。

1932年11月田军与刘文辉在成都争夺兵工厂展开巷战，持续10天并引发刘文辉与刘湘的“二刘大战”。1933年1月，红四方面军占领田军防区通江、南部、巴中各县城或其县区。

1月28日田颂尧就任蒋介石委任的“川陕边区剿匪督办”，将其在川西帮助邓锡侯、刘湘攻打刘文辉的部队调回，对红四方面军发动“三路进攻”。从2月18日起计4个月，通江、南部、巴中几经易手，最后田颂尧败退广元。1934年10月刘湘任四川“剿匪”总司令，集合第二路总指挥的田颂尧等六路军队围攻红军，历时10个月又20天，最后以失败而告终。因田颂尧在“剿匪”中不力，被蒋介石下令撤职查办，另委孙震为二十九军军长，田寓居成都。1935年2月10日，川政统一，取消防区制。1936年9月田颂尧任国民政府军事参议院参议，1975年病死于成都。

《印花交流》总210期　2008年1月刊

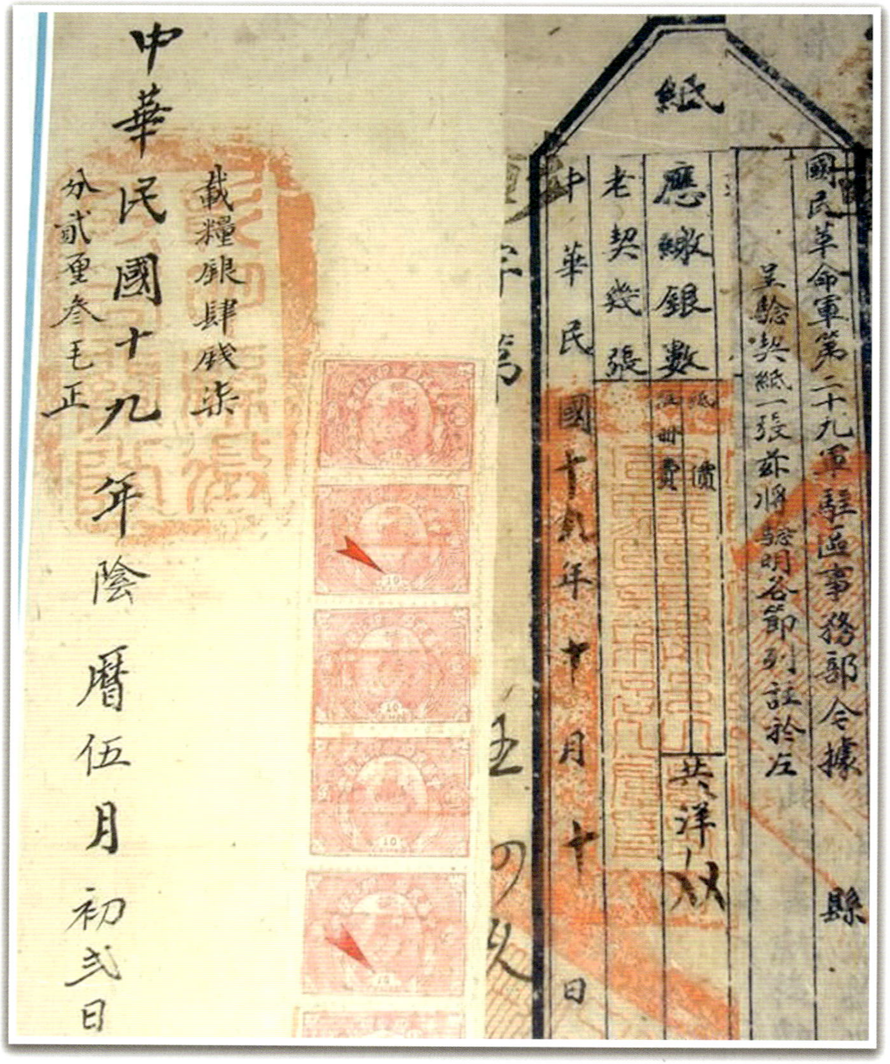

中華民國十九年陰曆伍月初弍日
載糧銀肆錢柒分貳厘叁毛正

紙
國民革命軍第二十九軍駐區事務部令據　　縣
呈驗契紙一張亦將[illegible]明各節列註於左
應繳銀數
老契叁張
共洋[illegible]
中華民國十九年十月十　日

唯一的二十九军印花税票使用实例

民国时期四川地方版印花税票介绍（三）

重庆　钟　列

鲜为人知的二十八军长城图印花税票在（四川）璧山县的使用

璧山县紧临重庆，现已归重庆市管辖。通俗史料记载，在民国十二年至民国二十四年期间（川政统一前）、璧山县为军阀刘湘所割据（北伐后，刘湘所部易帜为国民革命军第二十一军）。笔者收藏有一件贴石印版长城图1元面值印花税票的卖地契，正是民国十九年在璧山县的使用实例（图1）。

该契的原藏家认为所贴税票为二十一军刘湘发行，但经本人对税票版式的仔细观察（图2），发现其版式与成都三军（二十四、二十八、二十九）联合发行的石印版长城图版式非常相似（图3、4、5）。后又曾得一件四川合川县（靠近璧山县）贴有5角四枚票的石印长城图（图6）地契（现已转让香港同好），该票版式也是跟成都三军发行的税票版式相似。带着这些疑问，笔者查阅了《璧山县志》等相关资料，最后得出结论，该票不属于二十一军所发行，其真实身份应是由成都三军联合或由二十八军邓锡侯部发行使用。笔者这件璧山县地契是目前唯一贴有四川石印版1元高面值印花税票的使用实例，属税票藏品中的姣姣者。

为了让大家清楚笔者的判断，就得翻开1928年11月至12月四川发生的“八部同盟倒刘之战”（又称下川东之战）的一段历史。

刘湘自1923年进驻重庆后，一直占有江北、巴县、璧山，素有“巴璧虎”之称（1926年防区有所扩大）。重庆乃繁荣富庶之区，刘湘屡败屡起均赖此独厚的条件。连圻各军，于重庆无不怀觊觎之心，而刘湘又据以大肆整训部伍，大挖别人墙脚，周边各军深受其威胁，故协以谋之。1928年11月，杨森、赖心辉、李家钰、陈鼎勋、黄隐、罗泽洲等，合组“国民革命军四川同盟各军临时委员会”，以杨森为总司令兼第一路总指挥，陈鼎勋为副总司令兼第二路总指挥，罗泽洲为第三路总指挥，李家钰为副总司令兼第四路总指挥，黄隐为第五路总指挥，周西成为第六路总指挥，赖心辉为第七路总指挥，刘存厚为第八路总指挥，共八部向刘湘发动进攻，酿成一场下川东之战。（注：二十军杨森驻下川东十六县；二十八军第三师陈鼎勋驻合川、武胜、大足、铜梁县；二十八军第十一师罗泽洲驻南充、广安、岳池、渠县、邻水等县；二十八军四川边防军李家钰驻遂宁；二十八军江防军黄隐驻简阳、金堂等县；黔军周西成驻贵州赤水（靠四川边境）；老四川边防军赖心辉驻川、黔边境一带；川陕边防督办刘存厚驻达县等地）

同盟军虽然组织庞大，真正出力实干的只有杨森、罗泽洲两部。约在9月—10月之间，先由罗泽洲拟订了作战计划，分送万县杨森及李、陈、黄等各部，准备同时对重庆分进合击。殊知，罗泽洲暴戾恣肆、争功心切，首先把大部兵力由岳池起，经邻水摆起一条长蛇阵，一直摆到距江北不到十公里的地方，做起跃跃欲试的样子。刘湘见此即有所准备，便将当时据有的资中、内江、荣昌、隆昌、永川等县防地交与二十四军刘文辉接防，冀取得其支持。然后于11月上旬以主力王赞绪、王陵基二师予罗泽洲迎头痛击，仅费两天两夜工夫，就把罗泽洲的气焰打了下去。此时杨森部才开始攻击张关、铁山坪（属重庆江北），而刘湘在此已早有

重兵

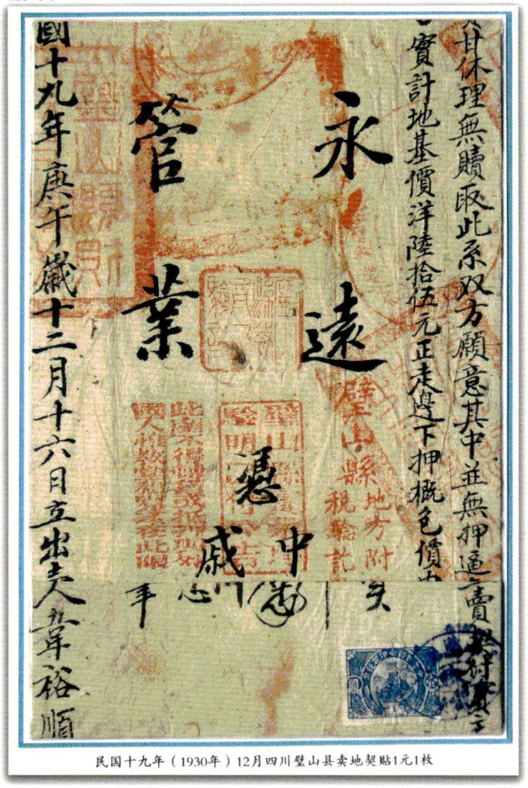
永远管业

國十九年庚午歲十二月十六日立出賣人龔裕順

民国十九年（1930年）12月四川璧山县卖地契贴1元1枚

图 1

图 2

图 3

图 4

图 5

图 6

把守，还连夜抽调攻罗部队来援。杨森部在水陆两路夹攻之下，连战败北，后退到渠县借罗泽洲防地暂驻，下川东十六县防地悉为刘湘占有。罗泽洲亦失掉大竹、垫江、邻水、长寿等县。李家钰未参与战斗，无损失。黄隐出动的两个旅探听前方战情不妙即退走。赖心辉一度从江津出发向璧山的丁家坳、来凤驿进攻，但因刘文辉出兵援助刘湘，将赖部击回，战事遂告结束。此后二十四军刘文辉得到了刘湘自愿让出的资、内、荣、隆、永等县。而二十一军刘湘的防区也扩大到下川东各县。

在这次战争中，属于二十一军防区的璧山县曾被二十八军第三师陈鼎勋部占领却鲜为人知，只见有《璧山县志》的记载。情况是这样的：在罗泽洲准备进攻刘湘之时，二十八军第三师陈鼎勋即命所部第十二混成旅游广居部由铜梁出发向璧山发动进攻。当时驻防璧山的是二十一军蓝文彬旅，蓝旅略事抵抗、即弃城退守璧南青杠坡，游广居部当即占领璧山县城，游部继续向青杠坡攻击时，忽得罗泽洲孤军冒进、已被刘湘击溃的消息，因而停止前进，退守璧山县城，不久控制了璧山所属区域。陈鼎勋的第三师是二十八军邓锡侯的基本部队，从民国十三年（1924 年）即入驻合川，并节制合川、武胜、铜梁、大足四县。1929 年 11 月又占璧山，1930 年二十八军第三师训会废县知事公署，成立县政府。7 月 1 日宣布璧山县政府成立。8 月 13 日划全县为 12 区、35 镇、213 乡。陈鼎勋占据璧山后做过几件大事，如组织召开合川、武胜、铜梁、大足、璧山五县体育大赛，又设合武、铜大公路局于合川，修建合铜公路、铜大公路和铜璧公路等。1931 年 3 月 31 日，二十一军蓝文彬旅重新攻占璧山（王占绪攻占陈鼎勋总部合川），赶走了二十八军第三师陈鼎勋所部，接管了璧山的防务，自此璧山才又重新回到了二十一军刘湘手中。

以上历史片段，相信足以印证笔者的认识，若有不当之处，欢迎赐教。

《印花交流》总 211 期　2008 年 2 月刊

民国时期四川地方版印花税票介绍（四）

重庆　钟　列

四川蓝色无齿 2 分印花税票发行者探源

图 1、图 2（参见《史稿》111 页彩图第三排二、三票），是四川地方军阀自制发行的两枚蓝色无齿 2 分印花税票。初看两者关系暧昧，都是刷色深蓝，无齿孔，英文面值漏印“S”，因此，多数人（包括在税集中）均将两票统归为“四川二十军杨森”所发行。但仔细对照两票，版式却有很大区别，最大的不同点是大写面值的“贰”字，图 1 的“贰”字最后一点写在右上部，而图 2 的“贰”字却无最后一点，另外较大区别的地方还有字型，如“中华民国”的“国”字，小写面值的“2”字，等等。除外，根据笔者所掌握的税票使用实例和历史背景分析，两票并非同门同类，它们应该分别是由两个不同军阀政权在同一地区先后印制发行使用。图 1 为二十八军邓锡侯防区内的小防区“四川陆军十一师罗泽洲”发行，图 2 才是二十军杨森所发行。

图 1

图 2

先讲述军阀罗泽洲及其使用和发行的印花税票。罗泽洲（1888—1950），原名鼎臣，字平章，四川蒲江县人。1912 年冒名考入四川陆军军官学校第二期，1914 年毕业，分在川军第二师任排长。1916 年参加护国之役，任连长，1920 年调邓锡侯李家钰部任营长，随部参加历次军阀混战，升任团长、旅长。但他不甘于做李家钰部下，于 1924 年率部驻防广安独立发展，直接受邓锡侯节制。1925 年率部参加倒杨森之战，杨森败退弃成都时，罗泽洲派先遣部队潜入城内，抢先占据成都市政公所和东门统捐处等重要部门，因而得以兼任成都市政督办（罗的防区本在川北，却遥领这一兼职达四年以上。在此之前，罗还一度兼任过重庆护商事务处处长）。是年 8 月，罗泽洲被邓锡侯委任为四川陆军第十一师师长。

1926 年冬，盘踞顺庆（今南充）地区的川军第五师师长何光烈，被内部进步势力推倒。罗泽洲借口援何，亲率所部侵占何的防地南充、西充、蓬安、营山四县，并收编其部分，罗的师部由广安移驻南充。从此罗泽洲在四川北部膏腴富庶地区占有八县之多（计：南充、西充、蓬安、营山、广安、岳池、渠县、邻水），拥兵自重，人称“顺庆王”，并联合盘踞遂宁的李家钰互为犄角。

1927 年 3 月 1 日，邓锡侯易帜，在成都就任国民革命军第二十八军军长职，所部共 114 团之众，编为五个师，十七个混成旅，五师分别是李家钰师、黄隐师、陈鼎勋师、罗泽洲师、马毓智师。初始，各师旅防区的财政收入就多有不上交军部，军部的开支，主要依靠成都造币厂铸造硬币的赚项来维持。而邓只要求部下将领在形式上承认他是上级长官就算了，邓也不与部下争夺权力，所以所属将领也不愿公开脱离他。在重大问题上还能团结对外，共谋生存。这一时期罗泽洲在其驻地防区内使用的印花税票是由成都三军联合发行（或二十八军军部发行）的印花税票。图 3 便是民国十六年罗的防地岳池县一件地契，贴红色 10 分有齿票十枚。此件实例曾为笔者所有后转让，可以从《税票集邮网》上寻找到其彩图。（注：三军联合或二十八军军部发行的税票因在印制条件较好的省城，故基本应该都是有齿票。）

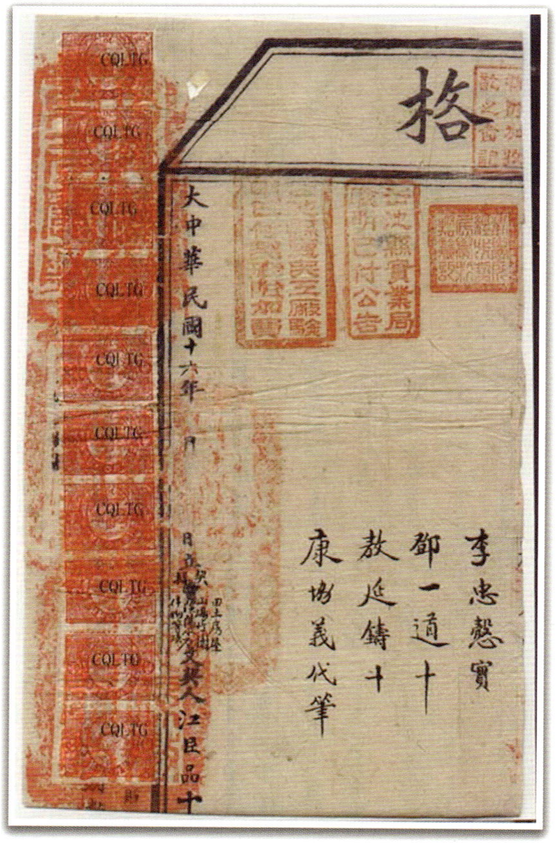

图 3

邓锡侯所属各师旅随后势力壮大，使在防区内各行其是，任意预征田赋，筹款派捐、任意扩充部队，不受邓的节制，形成大防区套小防区。李家钰、罗泽洲、黄隐等部队从原有的一个师，而自由扩充到各有一二十个团的兵力，相当于几个师。李家钰又得到“四川边防军总司令”的头衔，黄隐得到“全川江防军总司令”的头衔，罗泽洲也被蒋介石赏以陆军第二十三师师长的头衔，部队列入所谓“国防序列”，俨然形成独立于邓锡侯以外的部队，邓只好听之任之。但罗泽洲受宠若惊之余，并未放弃邓锡侯原来委的四川陆军十一师师长的职务，以便在紧要关头求救于邓。故一般都称他是“二十八军十一师师长兼陆军第二十三师师长。”

1928 年 5 月，二十军杨森内部发生倒杨战斗，罗泽洲借援助杨森为名，占据杨森的大竹、垫江、长寿三县。10 月，罗泽洲联合杨森等八部同盟围攻二十一军刘湘，被刘湘逐个击破，罗丢失部队三团以上，长寿、垫江、大竹、邻水四县防地被刘湘夺去。

这一时期及以后，罗泽洲在其防区内横征暴敛，恣意杀戮，施行残民政策。罗在广安以苛捐杂税一年课税就预征到五六年后，到民国十九年（1930 年），田赋已预征到 1960 年。罗在西充巧立名目，借地方建设为名，搜刮银洋 100 多万元，相当于该县 50 年的赋税额。同时，罗泽洲没有忘记把印花税作为重要经济来源之一，图 4 便是罗泽洲在其防区内自制的印花税票用于地契的一件实例（票与图 1 为同一版式）。该契上贴蓝色无齿 2 分印花税二十五枚，加盖“四川岳池县”关防，是笔者多年前花重金购得，也是目前唯一一件证明二十八军十一师自制的蓝色无齿 2 分票有实用的凭据，属存世的珍品。而成都陈大贤先生税集中一件民国二十年二月岳池县贴有二十八军自制无齿 1 角八枚印花税票的地契，其票也应属二十八军十一师发行，与蓝色无齿 2 分票实为同一套票。

1930 年 11 月某日拂晓，罗泽洲手下旅长李俊、罗殿戡等出头在南充发难，拘禁罗泽洲于师部，旋又将其弟独立旅旅长罗成章一同拘禁于南充河街之靖江楼。后由四川边防军李家钰、二十八军第五混成旅谢无圻等出面，经十一师将领们的同意，由他们的上司二十八军军长邓锡侯派兵，持邓函由成都到南充将罗泽洲兄弟解赴成都。

靖江楼事变后，第十一混成旅旅长，代理成都市政督办陈光藻奉二十八军军长邓锡侯命代理十一师师长，于事变第三天从成都兼程回

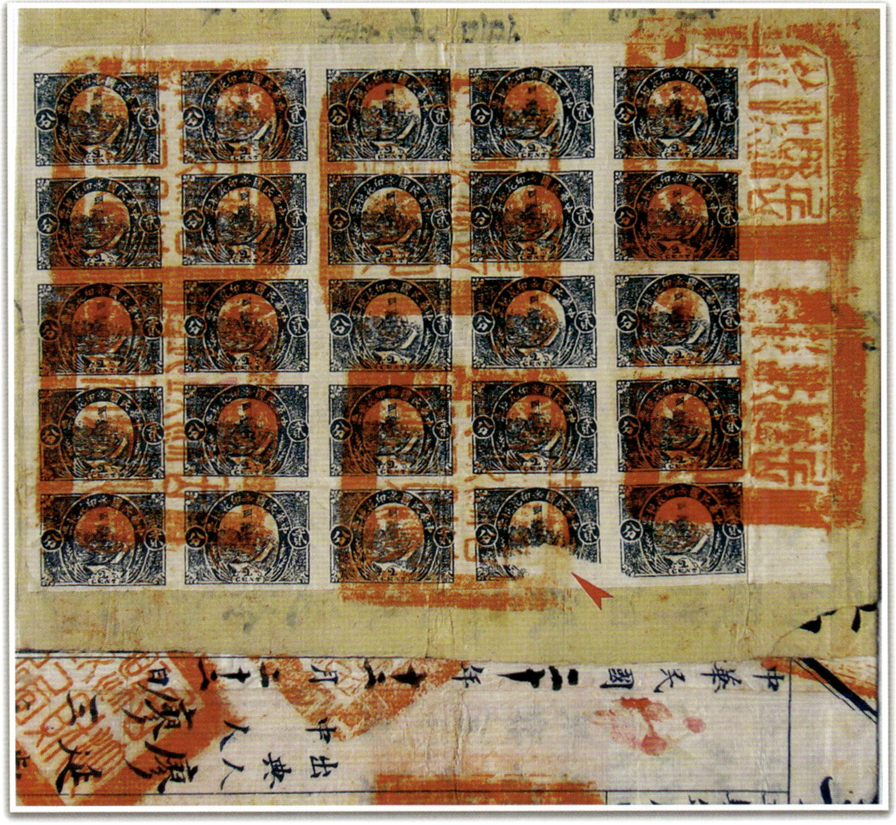

图 4

到南充相机平叛。1931 年 1 月尾，陈光藻终于诱杀李俊等叛将。

此时，二十军杨森借扶罗泽洲复辟，由渠县出兵向广安、岳池进攻，以夺取十一师防地，而李家钰也想收回罗的部队并号召罗部大团结以拒杨森。于是决定由陈光藻任罗泽洲挂名的陆军二十三师师长，受李家钰指挥，但终以当时形势不利，陈被迫放弃防地，集中全部官兵奉二十八军军长邓锡侯的命令，取道射洪、潼川（三台）一线，开向成都待命。后来，陈光藻这支部队在成都并入川康边防军（陈任第二师师长），归二十四军刘文辉节制。而罗泽洲则招纳散亡，投靠二十一军刘湘，并复任陆军二十三师师长，驻防资中。

1932 年至 1933 年“二刘大战”中，罗泽洲依附刘湘得势，兵力又扩充到 11 个团。1933 年 10 月，刘湘委罗兼任四川“剿匪”军第三路副总指挥，率部开赴北川与中共红四方面军作战，几经溃败，最后调到三台整训。后因罗泽洲杀掉手下亟欲取罗职而代之的旅长王之槐，刘湘赫然震怒，立刻下令，以罗泽洲目无法纪，滥用职权，戕杀旅长，把他撤职查办。从此，不可一世的罗泽洲就结束了他的军阀生涯。（1937 年抗战爆发后，罗泽洲又被升任李家钰的第四十七军副军长职，奉命出川开赴晋东南前线，协助军长李家钰指挥部队与日军作战。1941 年，利用壮丁贩卖鸦片烟一事被告发，受撤职处分返回四川，闲居成都。1946 年被推为蒲江县参议会议长，中华人民共和国成立后，罗泽洲仍顽固不化，于 1950 年秋在成都吞服烟膏自杀。）

再说二十军杨森及其发行的印花税票。杨森（1882—1977），字子惠，四川广安人。四川陆军速成学堂毕业，由见习军官而排长、连长、营长，自川滇军阀混战后，杨森随着由旅长而师长、军长。1926 年 10 月杨森易帜就任国民革命军第二十军军长职。1928 年 11 月杨森组织八部同盟围攻二十一军刘湘时，其防区为下

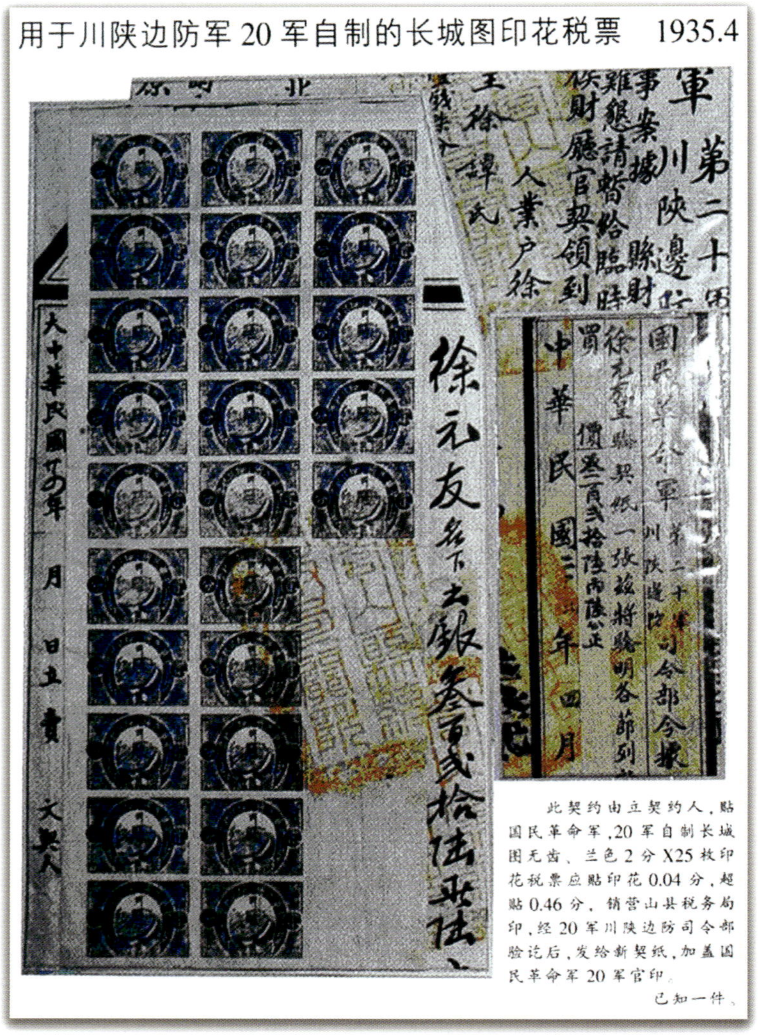

图 5　民国二十四年（1935）营山县二十军的契约

川东十六县，即巫山、巫溪、夔府、云阳、开江、开县、万县、忠县、丰都、涪陵、石柱、酉阳、秀山、黔江、彭水、梁山。（二十军在此防区内发行的印花税票待今后研讨。）1928 年底，八部同盟发动的下川东之战结束，杨森丢失下川东十六县全部防区。残部逃到渠县借罗泽洲防地暂驻，约有二十个团、一万余人，至此即无防地，更无税收，军需饷项全无着落，不得不依靠罗泽洲、李家钰等接济维持。

1931 年 1 月，罗泽洲内讧，杨森此时正闹饥荒，见如此好机会，借扶罗泽洲复辟为名由渠县率部趁机占领广安，接着又进占岳池、营山、蓬安、南充等县，将罗泽洲防区大部囊括。此时杨森防区扩展为六个县，并随即将二十军军部移驻广安，并在这里一直驻扎达四年之久，杨森进占罗泽洲防区和进驻广安后，又趁机扩充实力，并巧立名目，横征暴敛，比以前驻防下川东万县时有过之而无不及。杨森驻广安四年，每年预征田赋有六、七年到十一、二年的，到 1935 年止，在广安就预征了三十多年的田赋，如果连同前罗泽洲时预征的在内，这时已预征到 1990 年了。杨森同样把印花税作为重要税收项目，图 2 票就是杨森在其占据广安六县后，发行和使用的印花税票。其实例参见《成都获奖邮集精选》第 211 页陈大贤先生税集一件民二十四年营山县二十军的契约。（图 5）

1932 年底至 1935 年杨森及其他四川军阀多次发动“围剿”中共红四方面军的进攻，均遭重创。1936年春，中共中央红军进入四川境内，此时蒋介石令薛岳第四军吴奇伟部，并指挥贵州军入川，会同四川刘湘的“四川剿匪总司令”所辖的各路总指挥下属部队，到川黔边境和川西南对红军入川过境部队实行堵截和拦击。杨森在当时的形势下，认识到蒋介石将以追剿红军为名，趁机进入四川。他经过深思熟虑，最后决心放弃川北六县防区，直接投靠蒋介石，像北伐战争时期那样，他比四川其他军阀先走一步，为蒋家王朝卖命，由此而得到以后十多年中蒋介石对他的信任。

1935年4月，杨森奉蒋介石令率所部六个混成旅共二十二个团兵力，由川北出发，取道顺庆、遂宁、安岳、内江、自流井到宜宾集结阻击红军西进，军部率余部队集中雅安待命。6月下旬，杨森部追击中央红军经芦山、宝兴越夹金山至懋功会合。11月遭红军重创。后奉蒋介石令将全军开到洪雅整编，至此，结束了堵截拦击红军的战斗。（1936年2月，杨森全军取道川南宜宾、筠连到西昌集结。1937年率部出川参加抗战，并就任第二十七集团军总司令。1944年12月杨森调任贵州省主席。1947年5月调任四川重庆市市长。1949年杨森从成都逃飞中国台湾。1977年老死台北。）

《印花交流》总212—213期
2008年3月—4月刊

印花单据欣赏

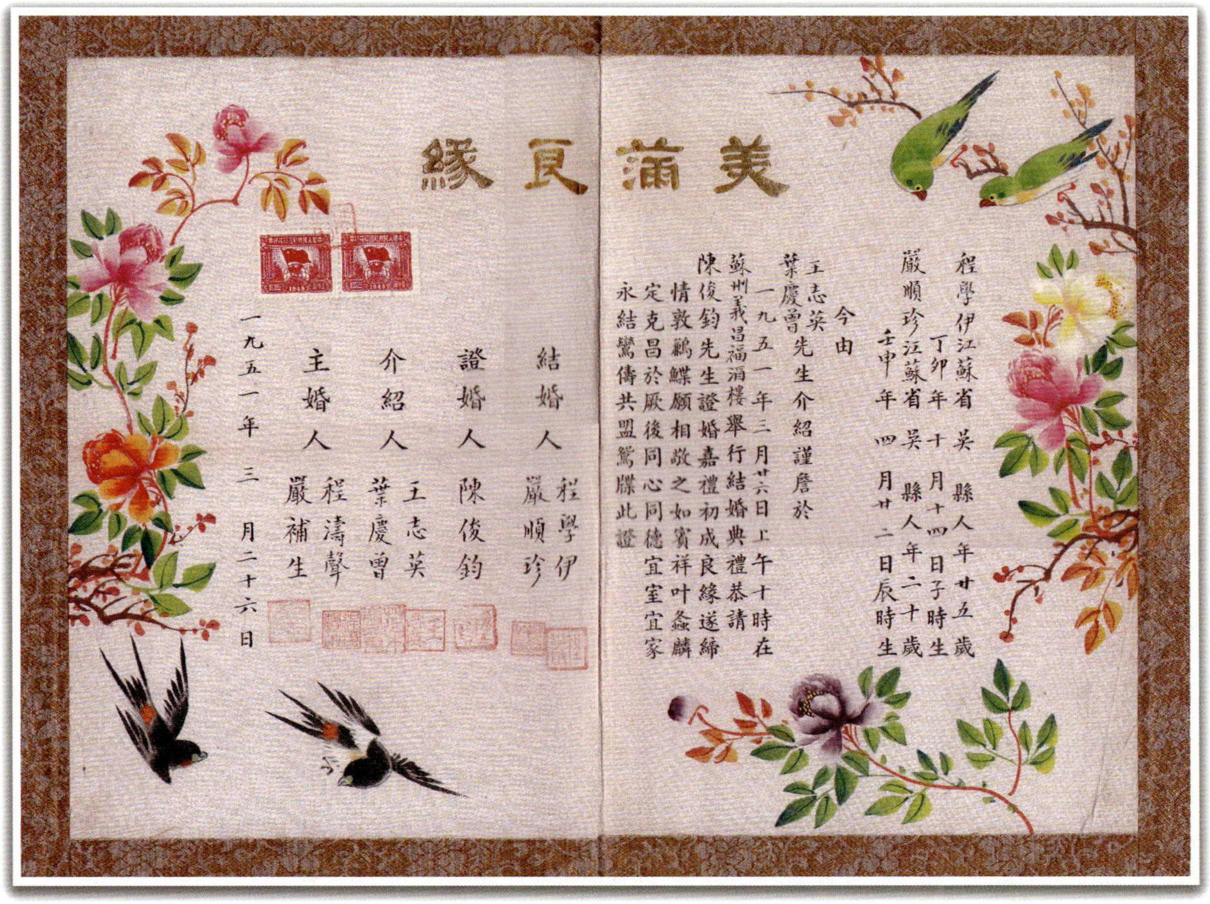
美滿良緣

程學伊江蘇省吳縣人年廿五歲
丁卯年十月十四日子時生
嚴順珍江蘇省吳縣人年二十歲
壬申年四月廿二日辰時生
今由
王志英
葉慶曾先生介紹謹詹於
一九五一年三月廿六日上午十時在
蘇州義昌福酒樓舉行結婚典禮恭請
陳俊鈞先生證婚嘉禮初成良緣遂締
情敦鶼鰈願相敬之如賓祥叶螽麟
定克昌於厥後同心同德宜室宜家
永結鸞儔共盟鴛牒此證

結婚人 程學伊 嚴順珍
證婚人 陳俊鈞
介紹人 王志英 葉慶曾
主婚人 程濤聲 嚴補生
一九五一年三月二十六日

1951年江苏苏州贴中华人民共和国球旗图印花税票的婚书

我对钟列之《民国时期四川地方版印花税票介绍（一）》一点质疑

台湾　韩进文

2006年10月25日收到上海李德元先生之《印花交流》总195期新刊，见重庆钟列先生之大作《民国时期四川地方版印花税票介绍（一）》，拜读过后，对于该文第二段的某些内容有一点质疑，引述如下：但是笔者分析认为，“川省”长城图印花税票（如图1，票上盖有“总”字）却最有可能就是刘湘任四川总司令兼省长时于1921年7月—1922年5月在川东地区发行。由于使用时间短暂，加上军阀混战，留传至今的实物十分罕见。据知目前公布发现的仅有1角新票一枚；2分票三枚，2分票三枚中两枚是新票，另一枚贴于四川万县（川东）银行汇票背面，使用时间是1931年，该单据原为四川一藏家拥有，现已转让台湾人。笔者对该件实物进行过仔细观察研究，发现该票可能是伪贴或后贴。（注：盖销该票的长条型时间戳记盖在汇票上的图印和盖在税票上的图印不在同一条直线上，且税票上反映的时间图印模糊，而刚好在税票图印模糊处又增加销盖，有一与时间戳记交叉的方型戳记［销盖方型戳有有意掩盖时间戳记缺陷的可能］，该方型戳记的图印非常完整地同时销盖在税票和汇票上，但是方型戳记中的文字无法辨认，类似的汇票均无一票销两戳的发现，此乃绝无仅有，所以是弄巧成拙。）

笔者对号入座，立即找出钟列所说的那件实物，仔细比对后发现：（1）盖销该票的长条型时间戳是盖在印花税票下面。（2）印花税票上面所盖的骑缝印章仅有一个戳记，不是钟文所说的“一票销两戳”。（3）骑缝章的线条盖在印花票面上与银行汇票上的直线是一致的，换言之，是同一条直线。（4）至于骑缝章（即钟文所说的“方型戳记”）的字迹模糊是自然现象，可能参展次数过多曝光（光害）所致。（5）此件聚兴诚银行之汇票是新历年卯月卯日（即4月4日）开立，於中华民国二十年八月廿二日付清，并无不妥。

多年前的一个机缘，购得此件印花税品，十分感谢四川陈姓藏家，此贴片历经全国展、亚洲邮展评审专家多次的高度检验，确实是真品。钟列先生所见的实物，或许是时间久了，不复记忆；也可能只是复印件或2005年4月印刷之《成都获奖邮集精选》第207页左下图即是，该图案过小，仅为实物原件的1/4大小，看不清楚所致。今借贵刊一角，寄上1∶1彩印件供参考，予以澄清，以正视听。倘有疏漏之处，尚祺指正。谢谢大家！

《印花交流》总196期　2006年11月刊

注：本人此次去成都，就聚兴诚银行贴“川省”长城图2分单与原陈姓藏家进行了切磋。双方一致认为，此票应于民国十年后发行，东西不假，属后期沿用。在重庆亦与钟列先生交换了看法，钟先生也仅属有点怀疑而已。其实本人当年电询原藏家后对于贴用的时间也有过疑问，认为不会那么晚使用。本人曾在《印花交流》总81期（1997年4月）《北洋政府时

期中央及地方发行的印花税票史略》一文中，对该票发行时间及背景有过简单的描述，认为是川军刘湘任四川各军总司令兼省长时发行，使用时间不长。至于为什么会在1931年时仍有引用，尚需进一步探讨。对四川自制长城图票大致的时间阶段是“川省”（1921年6月）——“四川暂制”（1923年）——石印长城图（1925年）——二十四军及二十军、二十一军、二十八军各军长城图（1926年）。

本人认为，对于有疑问的问题提出看法是很正常的，从而能引起讨论，弄清事物来龙去脉，进一步明辨是非真伪是很有益的。

附图

“四川边防军转发”长城图印花税票初探

木 子

1911年10月武昌起义成功，史称“辛亥革命”，定1912年为中华民国元年。不久，颁布《印花税法》，并定于次年起实施，但由于印花税票未能及时印就，推迟至3月首先在京师实行，各省以税票领到之日起一月内开征。

此套印花税票主图为长城上插红、黄、蓝、白、黑五色旗，寓意汉满蒙回藏全国共和，全套1分、2分、1角、5角、1元五枚，俗称长城图印花税票，为中华民国首套印花税票。

1915年底，由于袁世凯意图恢复帝制，引起各省激烈抵制。尔后孙中山在广州成立军政府，仿制发行了广东平版长城图印花税票，随后广西、四川、云南、贵州、湖南、福建、山东等地都先后发行和使用过仿制的长城图印花税票，其中以四川为最，无论是从品种数量、版式、使用时间、使用范围上。

去年，四川安岳流出“四川边防军转发”的长城图票，2分（图1，草绿）二枚和1角（图2，紫红）一枚两种面值，圆孔齿，图幅22 mm×29 mm。票图下边的边纸上印有“四川边防军转发”七字，与四川刘文辉发行的“二十四军转发”长城图票如出一辙，但图中吉祥花中无文字。

图1　四川边防军长城图印花税票 2分

图2　四川边防军长城图印花税票 1角（钟列藏）

查“四川边防军”之称谓，有数次，最早的是1918年北洋政府授予赖心辉“川北边防军总司令”；第二次是1922年四川军阀刘成勋任川军总司令后任命赖心辉为“四川边防军总司令”，驻泸州；第三次是1924年赖心辉通电拥护北洋政府，获得北洋政府任命为“四川陆军第一师师长兼四川边防军司令”；第四次也是最后一次，是1927年前后四川军阀混战后赖心辉被刘文辉等合谋扣下，被迫通电下野，邓锡侯为拉拢笼络李家钰，要来了“四川边防军总司令”的职务给他，时间在1927年5月。所以说，“四川边防军转发”长城图印花税票是李家钰做了四川边防军总司令之后发行的，与“二十四军转发”文字风格十分相似，所以应该是在二十四军转发长城图之后发行的。

1926年7月间，广东国民政府开始北伐，势力所向披靡，四川军阀根据形势先后加入依附了国民政府，国民革命军从1—8军发展到了40个军，其中四川军阀就有杨森二十军，刘湘二十一军，赖文辉二十二军，刘成勋二十三军，刘文辉二十四军，邓锡侯二十八军，田颂尧二十九军七个番号，各个军阀大都在自己的防区内发行过印花税票。“二十四军转发”长城图税票是刘文辉于1926年11月转投国民革命军后发行的，刘文辉是四川较大的军阀，鼎盛时期占有70余县。

此次流出的数枚票中，除了三枚为四川边防军转发长城图票外，尚有数枚“边防”版图旗1角票，这两种票是一脉相承的，应是同一人李家钰发行，即李主政防区几年期间分前后两次发行，前期是长城图，后期是“边防”版图旗。还有一种小型的“四川暂制”的长城图票，加盖“四川边防军”，都不在今天的话题内。目前虽然还未发现实用单子，但票上均有销戳痕迹，说明是实用了的。它发行于何时，现在尚未有确切资料。李家钰只是个小军阀，鼎盛时也仅占有7个县，军队2万人不到。

李家钰（1892年［一说1890年］—1944年5月21日），字其相，绰号李矮子，四川蒲江人。早年就读于四川陆军小学堂，四川陆军军官学校，南京陆军军官预备学校。1915年随邓锡侯部参加历次川军混战，因富谋略，更兼作战勇敢，很快在川军中脱颖而出。

1925年军阀混战中，李家钰占据的势力范围在遂宁、安岳、乐至、潼南、资阳、简阳等七县，按当时省政府“驻防外县军队就近拨领薪饷”的训令，自筹军费，以维持庞大的军费等开支。李拥兵自重，在防区内自委官吏，摊派捐税，估提盐价，制造枪弹，培训官佐，遍设关卡，增收田赋实行预征，各种杂税有26种之多（图3）；但也为地方兴修水利，开办学校，旧城改造，敷设电话线，修筑公路等利民实事等，被称为“遂宁王”。其总部设在遂宁县城北辰街三元宫内，他要维持军饷开支，在自己防区内包括发行印花税票在内的征税手段是很正常的，但在1931年的“北道之战中”，全川大小军阀云集，李家钰最终退据营山、蓬安二县，势力大为削弱。1932年—1933年，刘湘、刘文辉叔侄互相争夺地盘的“二刘大战”中，李家钰依附刘湘进攻刘文辉。1933年起，李家钰先后被任四川“剿匪”第三路总指挥、整编104师师长兼四川第一绥靖区司令官，在遂宁设留守处，多次追堵红军，但均损兵折将。1936年川军整编时，李被任四十七军军长，辖一〇四师和一七八师。1937年7月卢沟桥事变后，李请缨受命率二师17 000多人出川抗战，转战七年，重创日军。但在1944年5月河南郏县作战中为掩护友军撤退时，被日军便衣队空袭身故，至少身中三枪，终年52岁。国民政府于6月追赠李为陆军上将，在其殉国40年后的1984年5月21日，中华人民共和国民政部批准追认李家钰为“在抗日战争中壮烈牺牲的革命烈士”，承认了李家钰为中华民族抵抗外来侵略者的历史功绩。

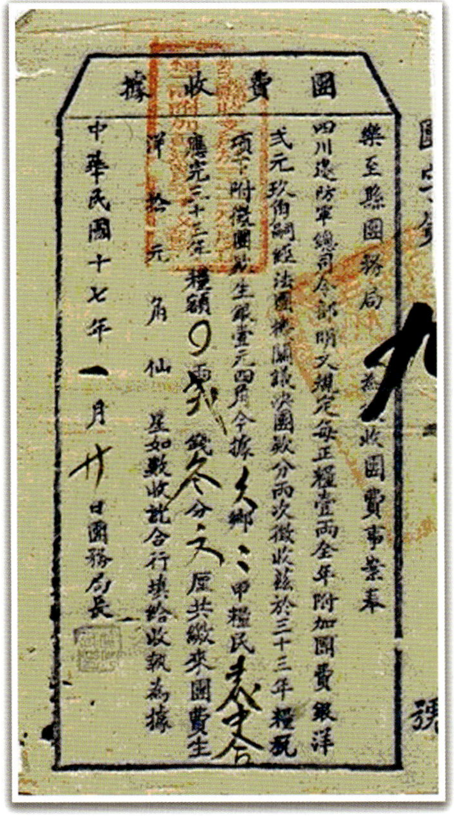
團費收據
樂至縣團務局　收團費事業奉
四川邊防軍總司令部明文規定每正糧壹兩全年附加團費銀洋
弍元玖角經法團機關議決團款分兩次徵收茲於三十三年糧稅
項下附徵團費生銀壹元四角今據　鄉　甲糧民
應完三十三年糧額　錢　分　厘共繳來團費生
洋　拾　元　角　仙　如數收訖合行填給收執爲據
中華民國十七年一月廿日團務局長

图3　四川边防军

附：李家钰将军图片（图4），供参考。

图4　李家钰

《印花交流》总271期　2013年2月刊

靖国军许卓然部及其印花税票考证

木　子

1917年7月1日，北洋军阀将领张勋在北京拥戴末代皇帝溥仪复辟，并强迫解散国会。12天后，复辟闹剧虽被平息，但北洋军阀头目代总统冯国璋、国务总理段祺瑞等仍拒绝恢复孙中山在民国元年所制定的《临时约法》和国会。孙中山于是号召发起护法运动，率领部分国会议员和在上海的海军舰队南下广州，组织军政府，就任大元帅，以桂军首领陆荣廷、滇军首领唐继尧为元帅，发动护法战争。经孙中山多方活动，广东、广西、湖南三省组成护法联军，进军湖南。不久，云南督军唐继尧通电成立靖国军，将其部队扩编为8个军，进军四川；于右任在陕西、熊克武在四川、黎天才等在湖北也组织靖国军，响应护法。各军在与北洋军阀作战中，取得了一些胜利，但陆荣廷、唐继尧只是想借孙中山之名来扩大势力，并不真正支持护法，因而在军政府中极力排斥孙中山。1918年5月，孙中山愤而返回上海，护法军与靖国军解体，只有杨虎城领导的一部分陕西靖国军坚持到1922年。

1917年6月秋，为响应孙中山护法号召，许卓然、杨持平等以福建南安凤巢山为根据地，组织闽南靖国军。许卓然任司令，杨持平任副司令。

1918年6月底，为配合援闽粤军陈炯明部进攻漳州，牵制闽督李厚基兵力，靖国军许卓然率领安溪、同安、晋江、南安民军千余人围攻同安县城，与驻城北洋军激战月余，于8月1日攻陷同安，3天后汀漳镇守使臧致平率部反攻，靖国军退入安溪及凤巢山。

1919年初，驻粤桂军陆荣廷派方声涛到永春，策动护法军参谋长张贞另组靖国军。4月，靖国军在晋江县安海成立晋（江）南（安）同（安）政务处，10月12日改为安海县。次年9月，北洋陆军第十混成派第二团入驻安海，撤销安海县，复归晋江县。

安海县建制存在于民国八年十月至次年九月，不足一年，戊午年账页（附图）贴广东平版长城图2分四枚，加盖军政府发行（无英文花押）手盖安海・靖，就是靖国军许卓然部驻安海（今晋江南部）时发行加盖，为佐证这段历史留下了宝贵的实物资料，弥足珍贵。

附图

附：许卓然小传

许卓然，别名寄生，曾化名李华、树华。晋江（今属鲤城区）人。生于清光绪十一年(1885)。原住泉州城外北郊马加埔村，后迁居城内花棚下。为人任侠尚义，不拘小节。读书不重章句，而留意治乱兴革之理。

光绪三十三年，卓然往新加坡谋生。时南洋华侨倾心孙中山反清斗争，他耳濡目染，向往革命。不久，毅然还乡，在厦门参加同盟会。

宣统二年（1910），卓然活动于泉州安海两地，与泉州同盟会成员叶青眼、陈仲谨、傅维彬等创办西隅学堂于小开元寺，为同盟会联络同志、宣传革命的秘密机关。三年又在安海与同盟会会员陈清机、陈少宝等组织秘密团体“革命军”。泉州光复前夕，革命党人在清源山赐恩岩集会，会上，卓然被推为主席。

三年农历九月十七日（公历11月7日），安海爆发焚毁清汛防都司署的革命暴动。卓然回安海改组联乡会为保安会，部署革命党人应付清官府剿办及维持社会治安。同年11月19日（农历九月二十九日），县城泉州光复。

民国元年（1912），卓然支持一部分革命党人组织共和实进会，宣传革命，倡设新民阅书报社，又与陈清机等人在厦门创办《声应报》，鼓舞民气，拥护共和。

袁世凯窃国，二次革命兴起。卓然支持援闽粤军第二支队司令许崇智拥孙道仁以福建独立，响应赣、宁、湘、粤、桂，声讨袁世凯，《声应报》为此大喊大叫。及赣宁讨袁失败，北洋军阀督军李厚基入闽，福建取消独立，《声应报》被封，卓然被通缉。他潜回泉州藏身龙会铺，遭警方围捕，越墙而逃。先避居香港，再转上海。以后为谋驱除李厚基，辗转于莆田、福州、上海等地。

民国四年五月，袁世凯与日本签订卖国条约《即二十一条》，卓然冒险回泉州，与书报社同人合作，以反对二十一条为号召，印发宣言，设坛演讲，抨击袁世凯丧权辱国。李厚基闻报，电令泉厦驻军查缉。一天，军队到天后宫讲演所抓他，恰他因事未到，误捕演讲者谢德而去。卓然幸免于难，走避亭店乡。

六月二日，泉州驻军马步云部兵变，杀害县城平民40余人，群情激愤。卓然适因母病在家，闻变紧急召开公民大会，向社会呼吁，奋力抗争，通电省垣要求查办肇事长官。结果以军部赔偿死者丧葬费各三百元了事。马步云因此对卓然恨之入骨，秘密策划逮捕卓然。时孙中山率舰队南下护法，密函卓然募闽中子弟响应。他虽遭母丧，闻命旋即前往内地，因而未遭马步云毒手。

七年，卓然等募集一批人员，以晋江、南安、同安、安溪四县交界的凤巢山大小岭为基地集中训练，组成“闽南靖国军”，卓然为第二路司令。不久，靖国军进占安海和溪美。卓然驻兵安海，大力支持安海商会会长蔡德远办“安海电灯公司”，并函请陈清机回国兴办实业。

八年，靖国军以安海为政治中心，与驻泉北军罢战言和。卓然卸去二路司令职务，专司地方建设。四月，与陈清机在安海筹组“闽南民办汽车路股份有限公司”，并向南洋华侨募股投资，七月动工筑路，同时兴办学校，颇著成绩。

是年夏秋间，靖国军与护法军、粤军发生混战，互相残杀。卓然对此十分愤慨，遂往菲律宾。

十一年，卓然应孙中山之召往上海，共谋驱除李厚基。事成之后回泉州，招集旧部，组织自治军。

十二年，卓然为泉州卫戍司令，后改泉州警备司令。不久，脱离军事工作，致力于党务。

十六年四月，蒋介石叛变革命，在全国各地发动“清党运动”。卓然支持国民党晋江县县党部书记秦望山在泉州采取缓和办法，坚持不抓人不杀人。

时泉州、晋江等一带驻军为新编军。新编军系出自地方武装，大都土匪出身，虽为收编，但匪性不改，为害百姓，海外华侨深恶痛绝。卓然和秦望山为此前往南京控告，但问题未得解决。后十一军调驻福建，卓然乃求助军长陈铭枢，方将新编军缴械。与此同时又对北伐时泉州当局收编流氓匪徒组建的“市卫队”采取行动，枪毙其中首恶14人。

十七年，福建省政府正式成立，拟任卓然为财政厅长。卓然推辞不就，返厦门接办《江声报》。

十八年春，卓然与秦望山、陈清机、张贞、梁龙光等人联合创办泉州黎明中学。

十九年五月二十八日，卓然在厦门遇刺，翌日去世。（晋江地方志）

《印花交流》总217期　2008年8月刊

福建“大山图”印花税票初探

木 子

福建大山图印花税票使用于1923年—1928年闽北数县，因其图形酷似层峦叠嶂，圈内同好称之为“大山图”，约定俗成，流传至今，但却鲜有人对它进行研究报道。本人为了追寻福建地方税票，几年来先后到过闽西北永定、龙岩、连城、长汀、宁化、清流、永安、三明、沙县、将乐，查阅了福建文史资料及福建军阀混战史、福建近代军史、北洋军阀史话、沙县大事记、汀州志、百度郭锦堂、郭凤鸣等相关史料，结合本人藏品，不揣冒昧，先行探索，并就教于诸位。

一、铭文为“陆军第一旅司令部印花税票”的大山图印花税票

郭锦堂［棠］，1887年—1924年，号贵轩，又名华生、发生，长汀县人，素好结交江湖朋友。

1915年，汀州知府自杀，其眷属回福州，途经归化（今明溪）遭匪洗劫。新任汀州知府俞绍瀛认为系郭所为，但又畏郭声势，于是设计捕获。但郭经严刑拷打，终不肯认供，因案情重大，无奈之下，又好派数十武装兵勇押解省城。其家属得到信息，纠集帮会“关爷会”及亲友20余人，设伏于长汀赴省清流县之嵩口，击退押解兵勇，将郭劫至深山绿林。当时还有人认为是俞有意卖放，从此郭在沙县、永安、大田、归化、将乐等县，凭借地势险要占山为王，过起了绿林生活。他们打家劫舍，掳人勒赎，奸淫烧禾，无恶不作。所积横财，陆续购买枪弹，以充实力。初仅三四十人，后增至七八十人，数年间发展至200余众。

当时将乐、顺昌、沙县驻有北洋军，经数次围剿，均被郭得之消息而逃遁，兵来匪去，兵去匪来，人民不堪其扰，纷纷责地方军队造成郭部坐大，深致不满。后来福建陆军第一师师长姚建屏，令旅长张清汝派兵二营，联合归化、将乐、永安、沙县地方团队分路围剿，但郭极其狡猾，又熟悉地形，把队伍化整为零，潜散各处，昼伏夜出。实力虽未消耗，但经此围剿后，郭认为绿林生活，终非长久之计，遂萌生弃暗投明投诚受编之念。

北洋军张清汝部驻延平（今南平），见无法剿灭，改用招抚方法，指使沙县陈子坚等人出面劝郭下山接受改编。双方一拍即合，郭接受改编后，为博取信任，将家眷迁居南平。而姚、张为巩固闽北防务，允派师部副官长何恩溥，会同将乐县知事周赓慈点编郭部人枪，各有200余，委郭为队长，令驻沙县集中训练。

1918年北洋政府以福建督军李厚基为闽浙军援粤总司令，并浙江陆军第一师师长童葆暄率部赴闽。大军分兵三路，从永定攻粤省大埔，一路从平和攻饶平，另一路由浙军童部从诏安攻潮汕，但闽浙联军屡战屡败，浙军从漳州退驻同安、安海一带，闽军退据厦门，主力屯于泉州。援闽粤军许崇智部由闽西攻龙岩，占永安，派兵一团沿贡川、三元（今三明）攻沙县，围城达40余日。时驻沙县北洋军仅有步兵一营及炮兵一连及新编郭部先锋队。粤军久攻不下，乃乘夜挖地洞，用炸药炸开城门，是日郭部正踞守西门，拼死击退粤军，粤军伤亡惨重，数

次无功而返，三元、沙县终得保存。时役关系北洋军在闽北的防务，至关重要。郭锦堂深得姚建屏欣赏，遂升为福建陆军第一师补充营营长，驻延平。是年冬粤闽双方在沙县举行停战谈判，双方决定在三元划界而守，树石碑为界，互不侵犯。

1920 年秋，援闽粤军总司令陈炯明响应孙中山号召，率部返粤参加驱逐桂系，在与李厚基签停战协议，李给陈 50 万军饷和 600 万发子弹后，陈部陆续退出所占 20 余县地盘，分兵三路退出闽省。而李没有力量及时占领粤军退出的地盘，一时形成权力真空地带，一些地方势力趁机发力，招兵买马，扩展势力，割据一方。

1921 年，姚建屏调任福建陆军省防军司令，第一师番号撤销，郭锦堂亦奉令改编为福建省警备第一路第一营营长，仍驻延平。后归新驻延平的中央陆军第二十四混成旅旅长王永泉指挥。

1920 年直皖战争，皖系失败，北洋政府内以曹锟、吴佩孚为代表的直系控制了中央，势力日益壮大，以段祺瑞为代表的皖系势力日益衰落。原属皖系的闽督李厚基为了保住自己的地盘，见风使舵，决定改换门庭投靠直系，被皖系智囊徐树铮察觉。为先发制人，1922 年 10 月，在徐树铮指挥下，联合靖难失败从江西进入福建的粤军许崇智部，从左路建欧进攻古田向福州进军，王永泉部由右路樟河坂进攻水口，郭锦堂奉王令担任别动队支队长随军出发。王部与李厚基部唐国谟旅在水口、湾口激战，王部获胜进入福州，任郭为福建警备第一路上校统领，扩编为三营制，独负沙县防务。

王永泉逐除了李厚基后，10 月 17 日徐树铮以建国军政制置府总领名义委王永泉为福建总抚，统辖军民两政。但是北洋政府不承认这个政府，10 月 24 日下令讨伐徐树铮，10 月 31 日王永泉取消“总抚”名义改称福建总司令。11 月 2 日，徐树铮离开福建。1923 年 1 月，许崇智东路讨贼军奉孙中山令回粤参加讨伐陈炯明。

北洋政府直系为了收回福建，1922 年 10 月 18 日派了驻江西的河南陆军第一师常德盛师进军福建。11 月中旬攻占光泽、邵武、建宁、将乐等县，但很快被郭部和王永彝部（福建陆军第四旅旅长、王永泉之胞弟）联合击败，常师退回江西。但王、郭二人随后发生矛盾，关系恶化，王曾扬言要攻沙县、灭郭而后快。后被王永泉往闽南，王、郭一场争斗始告结束。吴佩孚遂于 1922 年 12 月改派孙传芳为援闽军总司令率中央陆军第二师、周荫人为副总司令率中央陆军第十二师进军福建，声讨王永泉。郭锦堂得知消息，遂派人与其接洽，而周荫人也急需收编地方杂牌，以扩充势力，遂派参谋长马克祥与郭部参谋长杨廷英在将乐面商，由周荫人委郭为福建陆军第一旅旅长，划沙县、永安、归化三县为防地，旅部设在沙县东岳宫。郭凤鸣，郭锦堂之二弟，也擢升为第二团团长，周又补充了郭机枪山炮，郭又向闽西北等地招募新兵和收编小股民军，同时加紧训练，实力得到加强，仍盘踞沙县、永安、归化。

郭在区域内就地筹饷，私设造币厂，擅派县长，截留税收，私设田赋清理处，勒派军米，迫种鸦片，搞得老百姓怨声载道。郭极为迷信风水，听信风水先生话后霸占别人山地作其父“寿穴”，次年其父病故，即强葬于此。郭又效故人守制于山上，不意突患风寒，经他的堂叔旅部军医郭拱阙一手诊治，卒因误投药石，经旬日不治而死，年仅 38 岁，时乃 1924 年 10 月 7 日。

图 1 为民国十二年永安县新契纸，贴“陆军第一旅司令部印花税票” 1 分票，即为郭锦堂 1923 年 1 月被周荫人任为陆军第一旅旅长后在自己辖区内发行，到 1924 年 10 月郭病故为止，大约有一年半时间。目前仅见 1 分面值，红色，仿长城图，图幅为 30 mm×22 mm，上面隐约有加盖文字，但无法辨认。

段志清编著《中国印花税史稿》第 117 页称见 1 分、1 角税票，但仅列 1 分票图，未列 1 角票图，也不知此票在何处。为谨慎见，余说

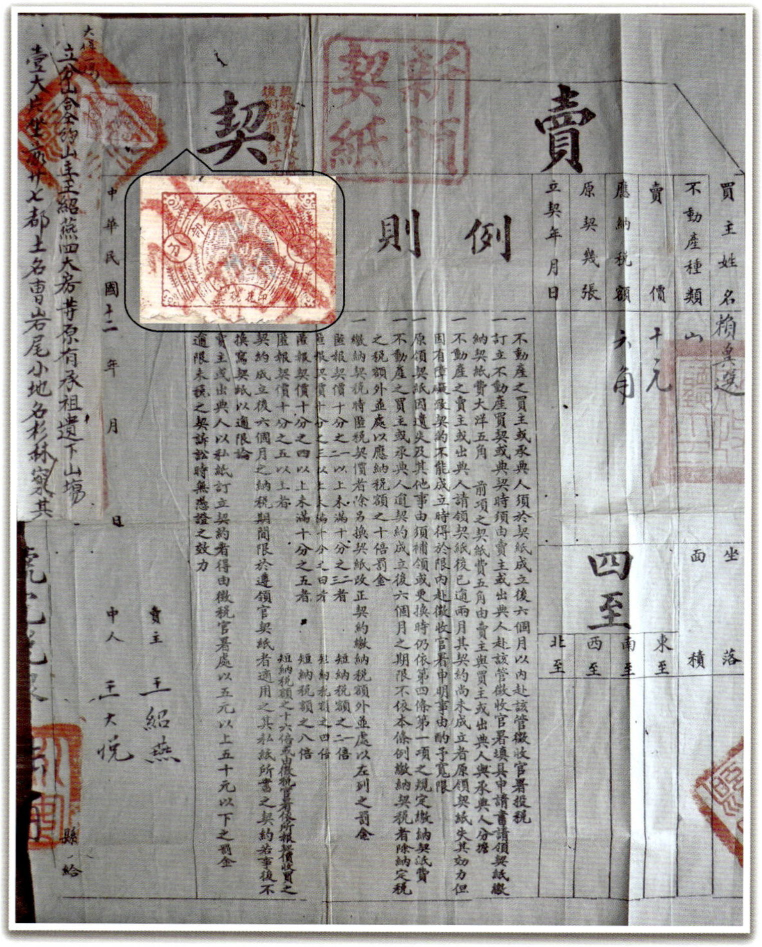

图 1

仅见 1 分面值。近接福建林君来电，谓其藏有“陆军第一旅司令部印花税票”1 角面值票。林君乃福建税票收藏大家，其说真实可靠，唯余仍未能一睹芳容。

二、铭文为“中华民国印花税票”的大山图印花税票

（1）据《汀州志》载：民国十二年粤军离闽返粤，陆军第三师王献臣部驻县城，开场聚赌，征收赌捐。十三年五月福建陆军第一师师长臧致平、第二十四混成旅旅长杨化昭绕道县城退回浙江，王献臣移兵退避古城。臧、杨进城后提取公款供军饷，三天后大肆拉夫装运辎重，城内秩序大乱，街市商店一日数次关门。十六年十一月，福建省防军第二混成旅旅长郭凤鸣（长汀人）部驻县。秋季，省防军郭凤鸣设汀州公路局，筑县城通往古城公路。十八年（1929）三月十四日，中共毛泽东、朱德率领工农红军第四军于长岭寨击毙省防军混成旅旅长郭凤鸣，红军进驻县城。

另据《龙岩地区志》载：民国十二年一月粤军返粤所经闽西各县均被苛征军饷，赣军李烈钧部到龙岩。三月五日孙传芳部一个旅约 5 000 人进入闽北，向延平推进。四月十四日，北京政府任原李厚基部属王献臣为汀杭镇守使。六月下旬，李烈钧属下赖世璜、苏世安部与汀杭镇守使王献臣在上杭一带激战。1924 年 5 月陆军第一师臧致平、二十四混成旅杨化昭部由闽去浙，途经龙岩、上杭、长汀等地，王献臣避往古城。秋，驻龙岩和永定的赖世璜部烧杀抢掠、勒索捐税、迫种鸦片，民愤极大。1925 年 3 月，各系军队交替进驻汀属各县。

先是，1923年1月许崇智奉孙中山令回粤讨伐陈炯明。经过沙县，休息二天，郭锦堂对许殷勤接待，曾托许之弟许济旅长转陈：愿率所部，参加粤军，听候驱策。许以郭乃汀州人，熟悉闽西各县情形，乃委郭为汀属卫戍司令。但当时郭实力仅三千余人，而当时汀州所属驻有王献臣部七、八千人马。

王献臣旅是前督军李厚基嫡系，李为防范王永泉、臧致平，派王部驻防汀州各县，1922年11月时还驻扎在上杭，12月李逃离福建。1924年9月孙传芳部离闽去浙，周荫人保留了孙传芳督闽时已收编的王献臣旅扩编而成的陆军第三师。旋王被周荫人免职，由旅长李凤翔代理，所属有曹万顺，杜起云第六、第七两个旅，驻扎在汀属上杭、长汀、永定、武平、宁化、清流、连城七县。曹万顺旅驻上杭县保安宫（今县政府址）。1926年9月北伐军东路军进入福建后，曹万顺、杜起云二旅相继起义，被改编为国民革命军第十七军。

郭奉许委后，自感对卫戍闽西力量薄弱，正踌躇间，忽奉王永泉令进攻汀州王献臣部，并派其总部中校副官杨克琳为代表前来沙县促郭出发，杨亦随队同行，寓有监军之意。郭部于1923年春节前（2月8日）进攻清流，王献臣部两团之众，固守山地，至黄昏进攻失败退至清流、归化交界处，王部因地险林密，恐遭伏兵，未有追来。不意三日后王献臣竟派炮兵营长赵勤甫、步兵第一团中校团副许国安，持王手函来访郭锦堂。函中大意说：不要上王永泉的当，被其利用，胜败兵家常事，一切当可谅解，并要求郭派代表偕赵、许克日抵汀面商。郭当场表示：①编成一旅；②委其父郭履安为师部顾问、堂叔郭拱阙为师部军医官；③划化归毗邻的清流和永安毗邻的连城为郭部驻地。王献臣均允照办，并委郭为陆军第三师补充旅旅长。郭闻讯色喜，即率部回沙县。越数日，王献臣又派师部副官李滋茂来沙县，促郭速就第三师补充旅旅长职，以增加王部实力，对抗王永泉，保存其汀属地盘。此际，孙传芳、周荫人进军福建，声讨王永泉，当部队抵达将乐时，周荫人部十二师参谋长马克祥与郭部参谋长杨廷英系陆军军官学校同学，郭认为投靠周荫人更有发展前途，遂决定弃王献臣之委任，就周荫人委福建陆军第一旅旅长之职。时间大约在1923年2月（农历一月）。

这些文献史料，虽无王献臣部在1923年入驻长汀具体时间，但可推断应在1923年1月，当时与王永泉部郭锦堂有过交火和招编联系接触，后郭投了周荫人。不久王献臣被周免职，改李凤翔任第三师师长，继续驻扎在汀属地区，但经常受到其他民军骚扰。从1923年初李厚基旧部王献臣部驻长汀，到被收编后又被周免职，大约有一年多时间。到1924年9月孙传芳离闽进入浙江前夕，第三师师长已是李凤翔。1926年9月北伐军东路军进攻福建，李凤翔被周荫人改编为第二军军长，令从大坝、蕉岭进攻广东，此时第三师已不复存在。李驻长汀大约有二年时间。

图2为民国十二年六月长汀契，贴中华民国大山图印花税票1角盖长汀二枚，应为王献臣部驻长汀时仿郭锦堂大山图印花税票，改“陆军第一旅司令部”为“中华民国”。郭锦堂受编在先（1923年1月—2月），王献臣部受编在后，理论上郭发行印花税票应该早于王。王献臣福建陆军第三师（和郭锦堂福建受编后的陆军第一旅）是省防军编制，每月都应有正常军饷下拨，但李厚基兵败离闽后王部一度失去了军饷来源，或为自行扩编队伍，为增加粮饷而发行。当初从永安流出民国十二年贴“陆军第一旅司令部印花税票”1分实单共二件，但均未填写月份，与图2加盖长汀实单，难以判别孰先孰后，或为郭锦堂仿王献臣部大山图票加印“陆军第一旅司令部”也未可知，总之需要更多的实单才能得出比较正确的结论。图3（2分盖长汀），图4（2分盖长汀彩照），图5（1角盖长汀彩照），图6（正山，复印件，真伪难以辨识）。

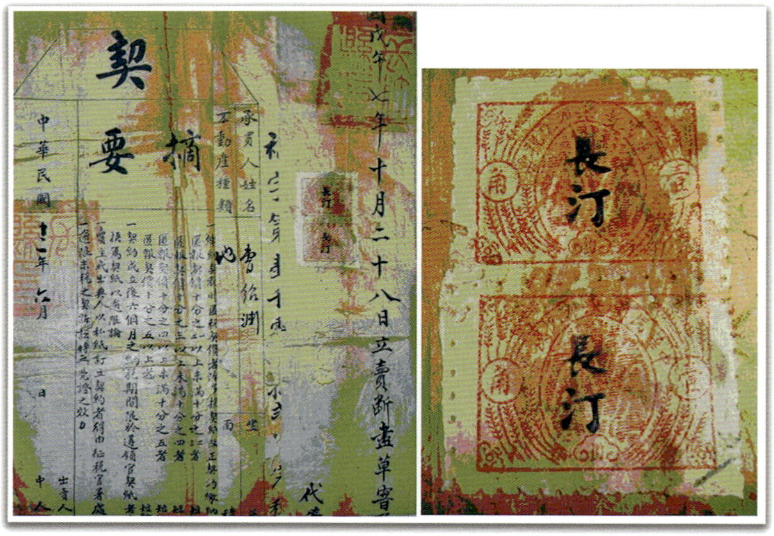

图 2

图 3

图 4　彩照

图 5　彩照

图 7

图 9

图 6

图 8

图 10

图 11

感谢海外华人胡炽铭先生提供本刊大山图盖长汀 1 分、2 分及正山、倒山图片。见图 7（1 分盖长汀），图 8（2 分盖长汀），图 9（倒山大 2），图 10（正山小 2）、图 11（正山小 2）刷色深浅二种，说明大山图前后有多个版别。早年有许多珍稀税票流出国门，近年来亦有回归祖国的趋势。

（2）1924 年 10 月郭锦堂病死后，周荫人派上校参谋朱方廷为代表，到沙县吊丧，同时商讨继任旅长事宜，最终委郭锦堂二弟原二团团长郭凤鸣继任旅长。

郭凤鸣（1893—1929），字歧山，长汀城关镇人，秉性顽皮，常聚众斗殴。1918 年投奔大哥郭锦堂，不久即升任营长、团长。郭凤鸣靠其兄长势力当官，本来就难以服众，加上生性多疑，喜怒无常，又刚愎自用，升任旅长后不久，原参谋长兼第一团团长杨廷英、补充团团长童庆高等人，相继离去。随后原部属第二统领不同意提高船舶税以解决军饷的办法，被郭指责为通匪，当场枪毙。郭想杀一儆百，却又引发众多将领不辞而别，郭实力大为削弱。后郭苦心经营，把沙县、永安、归化三县要职委派给自己的心腹、亲友，又和任沙县县长的叔叔郭凤城商量，免去农民所欠烟苗赔款，以笼络人心，终于稳定局面。周荫人在站稳脚跟后，对原先委任的不听话的民军进行围剿和讨伐，使部分民军对其产生戒心。1924 年 10 月尤溪卢兴邦趁郭锦堂刚死，欺郭凤鸣弱，强将永安、沙县两县地盘占去。1925 年 5 月卢兴邦认为沙县和尤溪毗邻，周荫人支持郭即是打击卢，于是在南平附近截劫周支助郭部七九步枪子弹 2 万发。周大怒，于 7 月间几乎动员了全省兵力进行征讨，迫使卢部放弃尤溪，化整为零，郭部随进攻部队接收了沙县、永安。

1926 年 9 月，北伐军东路军总司令何应钦部入闽，郭一看北洋军大势已去，通电起义，大开沙县城门，迎接北伐军入城。何应钦委郭为北伐军东路军第二独立师师长，仍负责沙县、永安、归化一带防务。同年冬郭部开往邵武，配合驱除周荫人残部，从此结束了郭旅在沙县长达六年的统治。战斗结束后，郭部调往福州，沙县、永安被卢兴邦占据。1927 年初，何应钦率部向浙江进军，之前对民军进行了改编，郭被委新编军第二师师长。4 月 18 日蒋介石在南京成立南京政府，任命杨树庄为海军总司令，7 月兼福建省主席，杨欲收编新编军，改称省防军，从而与新编军发生摩擦。1927 年 11 月郭凤鸣为保存实力，率部二千余人自泉州返回长汀。1928 年初，杨树庄为拉拢地方势力，电委郭为福建省防军第二混成旅中将旅长。从此郭将上杭、连城、清流、宁化（明溪）等县几股土匪民团收编到部下，扩充势力，到年底，兵力扩充到五千多人枪，编为四个团，地盘扩展到汀州府下属八县。在他控制的地盘内，加粮加税，派捐派款，吸取民脂民膏。罗廷辉，原是陆军第一旅旅长郭锦堂手下，驻民溪，1928 年任郭凤鸣部第二团团长，驻长汀。

1929 年 3 月 12 日，毛泽东、朱德率领的工农红军第四军首次入闽，在四都渔溪击溃郭旅一团。郭凤鸣慌忙把主力布防在汀城南边 5 公里的胜华山（当地又称长岭寨），并于次日晨亲自指挥战斗，红军发动凌厉攻势，攻占主峰，又迂回包抄，郭部官兵死伤累累。郭换上士兵服装，企图逃遁，被当场击毙，时年 37 岁。余众由卢新铭收容退往上杭县，同年 9 月，红四军攻占上杭县城，歼卢新铭部二千余人，省防军第二混成旅经二次打击，已溃不成军了。

图 12 为民国十七年六月连城县实单，贴大山图 1 角盖连城二枚，红色；图 13 为大山图 1 分盖连城，褐色；图 14 为大山图 2 分盖连城（彩照）；图 15 为大山图 1 角盖连城，红色（与图 12 盖连城版式不同）；图 16 为大山图 1 角正山大字版（李朝滨藏）；图 17 为大山图 1 角加盖永安。图幅均为 30 mm×22 mm，齿度有线式齿和不规范园孔齿。这种大山图，应该是郭凤鸣执掌部队后继续发行，取消了“陆军第一旅”的番号铭文，改为“中华民国”，目前收集到加盖地名有“连城”和“永安”二种，面值有 1 分、2 分、1 角三种。

多年前，本人曾购入一些大山图加盖武平的票，也有不加盖的，面值有 1 分、2 分、1 角，有正山和倒山。“国”字均为繁体“國”，“贰”字为简写“弍”，卖家先是说有实贴单，但却一直没有能拿出来。一次偶然一枚票掉在地上，当时是 38℃大热天，低头捡票时额头上汗水滴下去正好滴在票面上，票上的颜色立刻就模糊了。于是我把一枚残次的票浸泡在水中，几分钟后，票上的图文全褪掉了，才确认是伪品。

另外，当年曾有三明市的朋友欲售我大山图 1 角票单，惜我不在家而无法联系到我，结果被别人购去，惟不知是何年何地使用，加盖何地名，至今深以为憾。

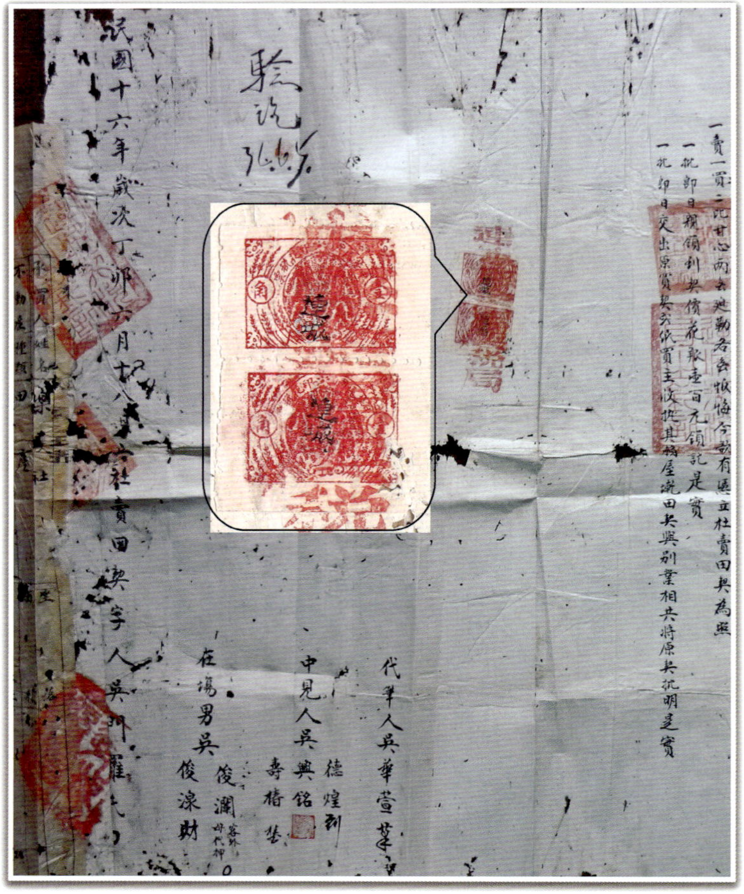
一賣一買二比甘心兩無迫勒各無反悔今欲有憑立杜賣田契為照

一批明日後領到契價花銀壹百元領訖是實

一批即日交出原買契券并交置主收執其稅屋號田契與別業相共將原契批明是實

民國十六年歲次丁卯六月　日立杜賣田契字人吳

代筆人吳華萱

中見人吳興銘　德煌　壽椿

在場男吳俊涼　俊瀾

图 12

图 13

图 14　彩照

图 15

图 16　李潮滨藏

图 17

福建“大山图”印花税票至今没见 5 角和 1 元的高值票，理论上应该有，可能是因为印制和使用更为稀少，或许迄今还隐藏在“大山”深处未被发现。这些承载着福建“民军”历史的实物，已经离我们越来越远，非常难以寻觅，福建的许多地方博物馆也在大事收购。挖掘和保护、整理和研究历史文化遗产是我们共同的责任，本人期待有新的发现。（全文完）

《印花交流》总 280—282 期
2013 年 11 月—2014 年 1 月刊

福建“龙属印花税票”和“同安喜字印花”初探

木　子

民国期间，由于军阀连年混战，民军割据，福建财政枯竭，军费难以筹措，所以各地民军，甚至省防军为支撑、补充部队粮饷，都使用各种方法筹饷，其中包括发行印花税票，这也是福建地方印花税票层出不穷的原因。今天本人不揣冒昧，就二种印花税票作一些探索，抛砖引玉，期待各位专家学者批评指教。

“龙属”，是一个特定的地域名称，是指闽西龙岩附近的上杭、永定、武平、漳平等县。“龙属印花税票”是 1926 年秋北伐军东路军进入福建后，民军陈国辉部归顺北伐军加入国民革命军后在 1927 年—1929 年驻龙岩期间发行、使用。该票图案仿照广东版士农商盾图版式，把铭文“国民政府印花税票”改为“龙属印花税票”。所见有 1 分票，石印，黄色，图幅 22 mm×17 mm，齿孔 13°。本人十多年前从一台湾朋友手中购得 1 分方连新票，后陆续分拆给三位同好，此外未有另见（图 1）。前年打听到有一个贴十枚龙属印花税票 2 分票的毕业证书（图 2），但价格颇巨，谈了几次，一时降不下来，就在《印花交流》2013 年 1 月总 270 期登刊，未标价格，意在投石问路。不料消息一经

图 1　福建“龙属印花税票”1 分

图 2-1　毕业证书贴福建“龙属印花税票”2 分十枚

图 2-2　福建“龙属印花税票”2 分

泄露，就被福建同好顺藤摸瓜，收入囊中，本人仅留下了对方的传图，为此懊恼不已。

陈国辉（1897—1932），因排行第五，故小名陈五，号耀臣，南安县九都墩村人。因脸有天花麻斑，闽南方言“麻”与“猫”音同，故绰号“猫仔五”。父亲早亡，母亲携他改嫁，童

年上山放牧，少年时贩卖猪苗。

民国三年，陈国辉投奔退居八都山的福建护国军第一路军司令员吴瑞玉，当随身勤务员。次年，吴率部参加讨袁战争，进攻泉州时阵亡。陈国辉收集残兵 20 余人枪，退居八都山，打家劫舍，绑架派款，实力逐渐扩大。

民国六年七月，陈国辉部被护法军收编，担任第四支队副营长。七年，闽南靖国军打败护法军，陈国辉再受编，担任靖国军独立团副团长兼第一营营长。随后广东护法军入闽进击靖国军，陈国辉兵败，只带 10 余名亲信重上八都山。

民国十一年，陈炯明叛变，许卓然回泉州组织自治军。不久被改编为东路讨贼军第八军，统辖三路司令，陈国辉任第一路司令。十二年，东路讨贼军返粤讨伐陈炯明，中途失利，陈国辉又投靠陈炯明部张毅师，受任第四旅旅长兼十团团长。十三年，孙传芳、周荫人入闽，陈国辉被委省防军陆军第八旅旅长，盘踞在安溪、永春一带。但陈并不完全臣服，只是权宜而已。八月，周荫人不想让陈坐大，于是命自己嫡系二十九混成旅孔昭同及民军高义、吴威向陈国辉进攻，至十一月，把陈逼往安溪赤岭，此时陈的处境非常艰难。

民国十四年，民国内部继续火拼，陈国辉老巢安溪、永春失而复得，后陈被周荫人委为安溪、永春剿匪司令。

民国十五年九月，何应钦率北伐军东路军入闽，一路势如破竹。陈国辉召集旧部随北伐军到省城福州接受整编，在福州整编受训。陈国辉部和德化徐簪枝部合编为国民革命军新编军独立第一团，陈任团长，时有一千多人兵力。

民国十六年九月，南昌起义部队占领广东潮州、汕头，刚上任一月的省政政府主席杨树庄和军事厅长方声涛因手中无兵力，决定利用民军防共并借此削弱民军，达到一石二鸟的目的。但当时在福州的只有陈国辉独立团比较完整，遂决定调陈国辉部及独立旅高义部赴闽西防共。陈此时犹豫不决，急召在南安诗山的参谋长吕俊星去榕面议行动方略。经反复研究，最后一致认为，若留在福州没有机会发展，反而会有被吞并的危险；如回南安老巢，势必同驻泉属各地的郭凤鸣陆军第二师发生摩擦；较有希望的是去闽西发展。9 月 24 日陈决定奉命率部进驻龙岩、漳平、宁洋（1956 年撤建），趁机向福建省政府委员兼军事厅长方声涛联系，表示愿意效命。部队开拔去龙岩前，在漳州设立办事处，负责护送军需任务。新编军军长谭曙卿还拨了步枪百余枝，马克沁重机枪二挺及子弹十万余发。

十一月，蒋光鼐、蔡延锴率领的国民革命军第十一军与杨树庄、方声涛合作入闽，以新编军军纪太坏，扣押了谭曙卿，并加以缴械解散。此举使各民军首领惶惶不安，纷纷逃往老巢，陈国辉见势不妙撤离龙岩，退入漳平。当时闽西革命领导人郭滴人在群众大会上声讨陈国辉及其走狗欺压工农的劣迹，明确指出军阀陈国辉初来就这样残酷地剥削压迫农民，是由于有本地土豪劣绅做帮凶。并组织起愤怒的农民捣毁了与陈国辉有勾结的劣绅林尚轩、林树宏的住宅，引发了龙岩城镇暴动。陈国辉随即率部镇压。因“剿共”有功，被方声涛委为福建省防军第一混成旅旅长。

民国十七年三月初，共产党人罗怀盛、郭滴人、邓子恢领导后田农民武装暴动，陈国辉兵分两路洗劫后田，逮捕群众 60 多人。七月十五日，爆发白土暴动。龙岩、永定、上杭三县暴动武装 600 多人分两路攻打龙岩城。九月二十四日，陈国辉急率主力由永定回龙岩大本营，进行残酷的进剿。是年夏，中共永定县委在永定溪南、金丰举行暴动，成立闽西工农红军第七军第十九师。

民国十八年四月，蒋桂战争爆发，广东的军阀徐景唐响应桂系，陈国辉部协同张贞部开赴广东潮州、汕头，讨伐徐景唐。不久，张贞在广东被徐打败，陈也丢兵弃甲。五月，毛泽东、朱德率工农红军第四军二度入闽，大军直逼龙岩，陈国辉急忙从粤东回师救援。六月十九日，红四军第三次进攻龙岩，共歼敌二千余人（陈部共三千余人），陈国辉只带几个亲信化装躲过多次搜捕逃到漳州。闽西的形势因红军直取龙岩而豁然开朗，各县、区的苏维埃政权纷纷建立，出现了大片的赤色区域。

陈逃漳州后设立收容所，收容各县残部200余名，又命驻漳平、永福等地部队集中同安，陈国辉不久也来到同安，纠集残兵败将一千余人，枪支八百余支，打算重整旗鼓。六月上旬，海军陆战队林寿国旅奉命进驻泉州，收编高为国部为海军晋南惠游击大队，委高为国为大队长。当时方声涛已不在福州，杨树庄乘陈国辉惨败后退驻同安、安溪一带的机会，从七月起至十一月间，曾先后二次发动了讨伐陈国辉的战争。先是命陈收复龙岩，将功赎罪，但陈如漏网之鱼，惊魂未定，不敢出兵龙岩，借口弹药粮饷欠缺，要求省府拨给，然后出发。七月，省府既不补给反而责其抗命，以“剿共不力，擅离防地”的罪名，取消省防军第一混成旅番号。

先是许卓然在漳州陆军四十九师张贞部师部会议上力主消灭陈国辉部及高为国部，时许卓然任泉州卫戍司令，由于张贞正在进兵闽西，无法分身，又因与陈国辉讨伐广东徐景唐时有过合作，碍于情面，故借故避开，许卓然无法，只能请海军载运省防军教导团到厦门，和海军陆战队林寿国部从集美登陆，进兵同安，并由省府下令缉拿陈国辉。因事机不密，陈已放弃同安，先期逃窜至安溪、永春老巢，围剿部队毫无收获。

就在陈国辉部兵败驻同安期间，没有省里拨发粮饷，只能就地筹饷，曾经发行过一种婚书印花，铭文全称为“民国十八年　国民政府印花　福建　同安　双喜　叁角”（图3）。我们知道，民国时期结婚证书应贴4角印花税票，而这种婚书印花竟然把价格提高了二倍，一个婚书从贴4角涨至1.2元大洋，横征暴敛可见一斑。这种婚书印花目前知道有二、三件，本人曾询问出品人，说未发现贴用的婚书实物，但从收集到的婚书印花票来看，是实用了的，但使用时间应极为短暂，可能只有三、四个月，因为陈六月下旬到同安，被通缉围剿而至十一月间撤离至安溪、永春。

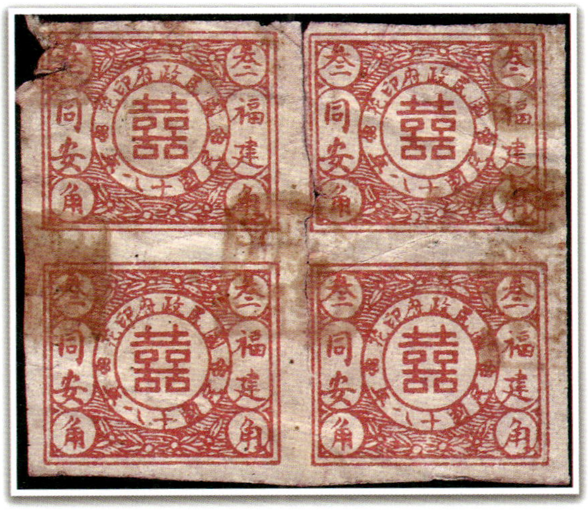

图3　福建同安双喜印花

民国十九年四月中原大战爆发，大部队都调去前线，省内兵力空虚，蒋介石为维持省内秩序，只好起用方声涛代理福建省府主席，准其便宜行事。陈国辉得知消息，十分欣喜，立即派出人马游说，诉说几年来惨状，再次表示效忠，恳乞提援，方也正好利用陈部支持，实施对福建的统治，即应其所求。十一月，福建省政府代主席方声涛下令取消陈国辉通缉令，恢复其省防军第一混成旅旅长职务，并加委陈国辉为安（溪）南（安）永（春）德（化）警备司令，设官邸于泉州旧府衙，势力扩展到今天福建省泉州市的所属莆田、仙游、晋江、南安、惠安、泉港、安溪、永春、德化等县。不久，陈国辉剿平泉州著匪高为国，晋升为陆军中将。他一手控制泉属各县的军、政、财大权，辖区内县长和文武官员，都是他手下人，军、政、财税都由他包办，人称“泉南王”。

陈国辉为应付庞大的军费开支，滥科捐税，强迫农民种植鸦片，苛收大宗烟苗税。还对大华侨、巨商强行摊派，敲诈勒索。

民国十九年底至民国二十年初，蒋介石对中央苏区连接发动两次“围剿”，陈国辉奉命率部再进闽西。第二次“围剿”失败后，陈国辉趁机回师泉州，经过扩充，共有15 000余人，轻重机枪70余挺，各种火炮17门，还有从德国购买的新式步枪3 000杆，尤其还有6架当时最新式的飞机（一说2架），这是陈国辉军事生涯中的鼎盛时期。陈国辉还无视国民党政令，私自创立捐税，其中以鸦片捐为最大宗，陈国辉每年在其辖区南安、永春、安溪、惠安等地收有鸦片捐达四、五百万元。除此外，还有三十几种捐税，诸如“剿共捐、新厝捐、桥梁捐、迷信捐、募兵捐、拆城捐、建筑县署捐、鸦片公卖捐、竹木捐、地瓜苗捐、猪仔捐、灶捐、烟灯捐、地丁附加捐、无线电费、运动会费、香楮捐、私造印花票捐、茶捐、飞机场捐、纸捐、棺材捐、家酿捐、果树捐、百货捐、瓦窑捐、建筑监狱捐、飞机捐、加收屠宰捐、常月捐、石灰捐、鸡鸭卵捐、猪母捐、道释捐、修路捐、宣传费、门牌捐、矿务学校费、特别给养捐、菇笋捐、嫁娶捐、贾铺捐、消遣捐”，等等。并大肆敲诈勒索，强迫民众栽种罂粟，收取烟苗捐等，稍有不遂，动辄置人于死地。

陈国辉在其民军生涯中，曾先后投靠许卓然、李厚基、许崇智、张贞、何应钦、方声涛等人，参加过北洋军、北伐军、靖国军、护法军、讨贼军、省防军、国民军，由一名勤务兵逐渐升至国民党中将旅长。其创立捐税，掳人绑票，敲诈勒索，杀人抢劫，渎职殃民，为龙岩、泉州地区民众的生命财产带来了巨大的伤害，其在民国十九年十一月至二十一年九月驻泉州和莆田、仙游时期亦有可能另外还发行过其他的印花税票，有的可能至今还未被发现，甚至已经湮灭。因为根据陈的一贯作风，他在有实力有地盘时不可能无所事事，他要支撑部队巨大的粮饷开支。比如有一种旭日型双旗图福建印花税票 1 分加盖莆田的，双旗为国民党党旗和军旗，但迄今只见几枚票而未见实单。还有一种铭文为“南永安印花税票”，十年前我见过印刷件，可能已流入国外，我推测可能是陈国辉在民国十八年十一月逃离同安后，十九年十一月官复原职前，有一年时间驻南安、安溪、永春期间发行的，这地区属三不管地带。本人曾从泉州去南安、安溪、永春进行过寻觅，然毫无收获。当然推测归推测，目前尚不能确定哪个发行，还需要更多的史料和实物，还需要进一步的探索。

民国二十一年夏，国民革命军第十九路军入闽，总指挥蒋光鼐出任福建省绥靖公署主任。陈国辉部调往莆田、仙游，泉属各县由十九路军接防。闽南各团体和海外华侨纷纷控告陈国辉的罪行，新仇旧恨，伺机控诉的人，数以千计。是年九月二十六日，十九路军以福建绥靖公署主任蒋光鼐的名义，召陈赴省议事，将其扣押。十一月，十九路军发动“闽变”，成立“中华共和国人民革命政府”后，华侨纷纷上书要求捕杀陈国辉。最后陈国辉被省府绥靖公署组织军事法庭，以“横征暴敛，擅创私税，勒种罂粟，屠杀焚村，摧残党务，拥兵抗命”等为罪名，“依陆海空军刑法，齐条规定，合并论罪”，判陈国辉死刑，十二月二十三日在福州东湖枪决，终年 36 岁，并暴尸示众三日，以平民愤。

附：

中华民国二十一年十二月二十三日福建省绥靖公署枪决陈国辉布告：

为布告事：照得福建省防军，第一混成旅旅长陈国辉，系剽骑鸣镝之徒，因缘时会，啸聚闽南，暴戾恣睢，无恶不作。如庇匪掳勒，渎职殃民，横征暴敛，擅创捐税，勒种罂粟，屠杀焚村，摧残党务，拥兵抗命，种种罪恶，擢发难数皆属社会共见共闻，无可掩讳之事实。当本军转师入闽之初，接受海内外民众团体及被害人控诉，陈犯祸福文电，积存盈尺。本主任犹一再优容诫勉，冀其悔悟自新，不图该犯怙恶不悛，荼毒地方，拥兵抗命如故，如今拿办，业已呈奉国民政府，军事委员会，由今组织军事法庭会审，并经详细研读，罪证确凿，法无可宥，该犯陈国辉一名，合依陆、海、空军刑法第二十五条，及二十七条，三十五条，四十七，六十三条。各条规定，合并论罪，判处死刑，即于本月二十三日，验明正身，绑赴刑场，执行枪决，以照炯戒，切切此布。

计开陈国辉一名，年三十五岁，福建南安县人。

中华民国二十一年十二月二十三日
绥靖公署主任蒋光鼐

《印花交流》总 284—285 期
2014 年 3 月—4 月刊

福建“闽北王”卢兴邦及其发行的印花税票初探

木 子

卢兴邦（1880—1945），原名文梁，号正栋，字光国，世居尤溪县西城镇七尺村朱源里自然村，1923年迁居新阳镇双鲤村公馆峡。据记载：卢兴邦出身贫寒，早年失怙，青年时靠制造、贩卖土纸为生。1912年10月底，因赌博以祖业竹林作为抵押向同村地主黄名扬借贷，后黄名扬以卢已过还贷日期为由霸占卢的竹林，卢一气之下口出怒言，骂道：“像你这个恶财主，我固然奈何不了你，只有土匪有办法对付你!”适巧几日后黄名扬即遭土匪抢掠。于是，黄名扬一口咬定是卢所为，并带兵缉拿，欲置卢于死地。卢无奈，遂逃往德化加入以同盟会苏益为首反抗北洋政府的民军组织“保安会”并任小头目。其后势力得到发展。1918年春，卢部被广东军政府收编为粤军第三师第五旅第九团，卢任团长。后来卢部奉令到永安、沙县一带攻打北洋军阀李厚基部队，获胜，卢被升为粤军第三师第五旅旅长。

1922年5月6日孙中山在韶关誓师北伐，许崇智率粤军第二军及梁鸿楷第一师和李福林部，粤军第一路司令黄大伟部从仁化进攻崇义、上饶。6月16日陈炯明部叶举等发动叛变，许崇智、李烈钧、李福林、朱培德、梁鸿楷、黄大伟等闻变即在赣州开会，决定由许崇智领第二军、梁鸿楷第一师及朱培德、李福林、黄大伟等部回师广州。后因在韶关战败，各部分头撤退，其中许崇智率第二军及李福林、黄大伟两部退往赣东，在瑞金休整所部时，深感回师广东一时已不可能。时中山先生与皖系段祺瑞尚保持一定的合作关系，许、李、黄三部合计约万人，于是联合驻福建之皖系陆军24混成旅旅长王永泉进取福州。

是役由王永泉旅担任对延平正面攻击，许军以一部协助王旅侧重击延平之敌，以李福林、黄大伟两部从间道直窥福州。两部间道进至洪山桥时，李厚基猝不及防，仓皇出走。10月13日李福林、黄大伟部遂先入福州，许崇智、徐树铮、王永泉等亦先后抵达福州。孙中山在沪闻捷，于10月18日，电令入闽北伐军改称东路讨贼军，任命许崇智为“东路讨贼军”总司令兼第二军军长，黄大伟为第一军军长，李福林为第三军军长，蒋介石为总司令部参谋长。东路讨贼军成立之后，所属三军扩编为十二旅，共约二万余人。到1924年秋，东路讨贼军改为建国粤军，因此东路讨贼军番号大约存在有二年时间。东路讨贼军虽已成立，但整补需要时日，未能立即回师广东。1922年6月，广东军政府任卢兴邦为东路讨贼军第三路司令；10月，又任为东路讨贼军留闽第一独立旅旅长。卢兴邦率部围攻尤溪县城，驻城北军李厚基部田顺昌团全部投降，于11月12日占领尤溪县城。次年春，东路讨贼军返粤时，广东军政府任卢兴邦为东路讨贼军留闽第一师师长。卢兴邦设司令部于尤溪县城，把持了全县军政大权，势力扩及大田、永安、宁洋（1956年撤建）等县，部队驻尤溪、大田两县，把师部设在尤溪城关。

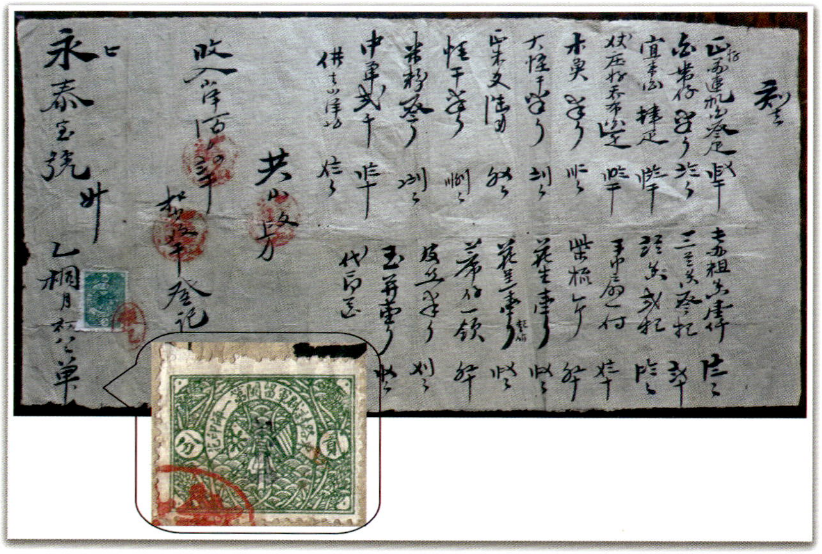

图 1　东路讨贼军留闽第一师印花税票 2 分 实用单

一、东路讨贼军留闽第一师印花

初次听说“东路讨贼军留闽第一师印花”时还是在前年，当时很兴奋，也很惊诧，福建的珍罕税票真多啊!？于是到处打听寻觅，但是直到去年才在福建同好处见到图片和实物。

铭文为“东路讨贼军留闽第一师印花”，双旗水波纹图案，石印，图幅 30 mm×22 mm，齿孔 10°。目前已知福建同好有 1 分二枚实单，及 2 分票 1 枚，巧的是该 2 分票正好是本人单子上脱落的一枚票。本人贴 2 分的单子是乙（丑）桐月（1925 年农历三月，图 1），应为卢兴邦 1923 年初被广东政府委为东路讨贼军留闽第一师师长后在尤溪发行并使用，大约行用有一年多时间。因为到 1925 年 7 月，卢兴邦被周荫人驱赶出尤溪，直到 1926 年 1 月才回到尤溪，而东路讨贼军番号也早在 1924 年秋被撤销。

在闽的粤军回师广东之后，1924 年北洋直系军阀派孙传芳、周荫人率部相继入闽。这时民军如高义、陈国辉、郭凤鸣等，为保存实力，均相继依附，只有卢兴邦和南安的黄炳武两部未受编。1924 年春末，广东政府派方声涛入闽收编福建各地民军，在大田成立福建闽军总司令部，方为总司令。卢兴邦不服整编，适逢方声涛的侍卫旅阴谋叛逃，事泄，其旅长被枪毙。卢兴邦趁机策动该旅袭击司令部，逼走方声涛，并收编其部队，扩充自己势力。1925 年 6 月，卢部在南平葫芦山截劫了福建督军周荫人由闽江运送援济沙县郭凤鸣部的一批枪械弹药，周荫人大怒，调动了省内大批兵力，分七路进兵尤溪围剿卢兴邦。卢兴邦不敌弃城进山，化整为零，部分兵力留在尤溪，部分兵力散往邻近各县与北军周旋。后来周荫人部被调往浙江，留下的北军也人地生疏，无法取胜，却大肆骚扰百姓，半年后被卢部击溃，但卢的实力也损失了三分之一。至 1926 年 1 月，卢部重新占领尤溪县城。

1926 年秋，国民革命军北伐军东路军何应钦部入闽，委卢兴邦为闽北指挥官。卢部协同北伐军攻克沙县、延平（今南平）、古田、建瓯、邵武等重要城镇，受编为国民革命军新编第一独立师，卢兴邦任师长，兼任闽北各属绥靖委员，在延平设师司令部和闽北各属绥靖委员公署。1926 年底，北伐军离闽北上，委卢部管辖尤溪、延平、顺昌、将乐、沙县、永安、建瓯、建阳、崇安、浦城、松溪、政和、邵武、光泽、建宁、泰宁、大田、清流、连城、归化、古田、屏南共二十二个县，成为该地区内呼风唤雨式的人物。卢兴邦在延平设立“福建临时军务处”和“福建临时政务处”，向这些县派驻部队，安插亲信把持政权，截留部分国课省税，并在延平的延福门、尤溪口和顺昌的洋口等处设立关卡，对水上运输的木材、土产品和百货等抽收厘金。

1927年，卢任国民革命军陆军暂编第二师师长兼军官教导团团长、福建省政府委员。1928年初，卢部番号改为陆军第十四师，司令部设在延平的延建邵道署。1930年初，副师长卢兴荣联合海军陆战队第一旅旅长兼省防司令林忠和海军马江要塞司令萨福畴，在福州绑架省政府委员林知渊、程时煃、陈乃元、许显时、郑宝菁及水上公安局长吴澍共六人（吴澍并非省府委员，但史料上均称为“六委事件”或“一·六事件”），分别囚禁于延平、尤溪。卢兴邦闻讯大惊，但已势如骑虎，只好委任卢兴荣为前敌总指挥，准备与方声涛等人对抗到底。据《南平市志》大事述略载：民国十九年一月六日夜，卢兴荣在省委委员陈培锟家宴上，武装绑架林知渊等六名省政府要员，分别运送尤溪、南平监禁，发起风靡全国的“闽省一六事件”。卢兴邦闻讯大惊，但覆水难收，无可奈何。一旅旅长卢兴明激烈反对，弃职赴沪旅居。秘书长洪钟元与参谋长余柏良、总参议杨愚谷共商后事，秘密派员赴山西，和督军阎锡山联系“倒蒋”大计。阎委任卢兴邦为中华陆军第二十军军长，并许诺攻取福州后，即以“省主席”兼之。卢转忧为喜，坐镇南平，任命卢兴荣为前敌总指挥。

1930年6月4日，卢部分三路进攻福州，南京国民政府闻讯后，下令驻闽陆军第五十六师刘和鼎部讨伐卢兴邦。卢部中路陈荣标旅战于白沙一带，其先头部队已逼近省城，但碍于工事坚固、电网密布，未能攻克。卢部战事不利，先邀江西周志群旅出兵助战，亦不能取胜。再请江西彭团支援，反遭小败。7月底，卢部退守水口，划地驻防。9月，卢兴邦在南平成立“福建省临时政务处”和“临时军务处”，发行纸币、印花税、契税等有价证券，强迫县民用黄金、银元兑换。10月—11月，卢兴明在上海用巨金贿赂亲蒋派要员陈肇英出面调停。卢兴邦不得已向南京国民政府输诚请罪，送还绑架之人。所部被降为福建省防军第三旅，编制缩为三个团及一个独立团，给养按旅编制由省拨给。卢兴邦被降为旅长，兼“闽西剿共前敌指挥”。随后，卢兴邦率部由延平、建瓯等地退驻尤溪、沙县、大田、永安。

1931年秋，蒋介石为了“剿共”的需要，围剿闽西工农红军，允许卢兴邦在尤溪派募新兵1 500名，并将闽西卢新铭旅归其领导。升卢兴邦为国民革命军陆军新编第二师师长，卢兴荣任副师长。师部驻沙县，在永安、宁化、清流、归化等县围剿红军。

1933年11月，卢兴邦拥护抗日将领蔡廷锴、蒋光鼐等人在福州成立中华共和国人民革命政府，被委任为十九路军第十五军（亦云三十二军）军长。不久，因为蔡廷锴、蒋光鼐等人无法兑现卢部军饷，副师长卢兴荣只好潜往南昌，会见蒋介石。蒋介石将卢部收编为国民革命军陆军第五十二师，军饷由国防部直拨，卢兴邦任师长，卢兴荣任副师长。由于十九路军及其成立的人民革命政府是反蒋抗日的，卢此举犯了蒋的大忌，后来卢兴邦被明升暗降，削了兵权。1934年9月，蒋介石委改任卢的堂弟卢兴荣为师长，安插军统特务黄鹤为副师长，改任卢兴邦为军事委员会委员长驻南昌行辕参议。1936年1月28日，卢被南京国民政府授予中将军衔。

二、“中华印花税票”和“中华民国印花税票”

在1927年到1930年之间，为筹措军队粮饷，卢兴邦部还曾发行过二种印花税票，一种名为“中华印花税票”，石印，图幅30 mm×22 mm，仅见1分黄色和2分绿色，图案仿福建印花税票，为五色旗和铁血十八星旗交帜（图2）。

图 2　中华印花税票 双旗图 1 分

另外一种是在 1930 年发行的党徽图的铭文为“中华民国印花税票”，面值见 1 分、2 分、5 分，票幅仿南京政府版图旗实行小型化，图幅 21 mm×18 mm（图 3）。

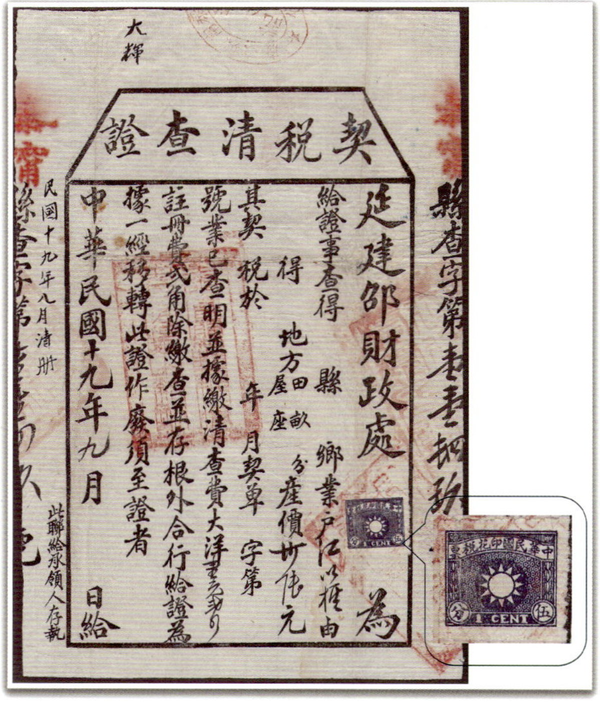
契稅清查證
延建部財政處 為
給證事查得 縣 鄉 業戶江以椎由
得 地方田屋 畝座 分 產價 仟伍元
其契 稅於 年 月契單 字第
號業已查明並據繳清查費大洋 元 角
註冊費式角除繳查並存根外合行給證為
據一經移轉此證作廢須至證者
中華民國十九年九月 日給
民國十九年九月清册
此聯給承領人存執

图 3　中华民国印花税票党徽图 5 分 单据

此二种印花税票均在其闽北势力范围内使用，这段时期武汉政府与蒋介石南京政府之间发生宁汉之争，后来北伐、编遣军队以及蒋介石与唐生智、桂系、冯玉祥等军队争斗，又及 1930 年开始的中原大战，当时南京政府无暇顾及，这也是南京政府势力范围内的福建地方民军很晚才发行的印花税票。

1920 年—1930 年，福建各地民军风起云涌，大小实力派或受雇于北洋政府，或受委于广东政府，或自己占山为王，另立旗号，为了生存、发展、壮大，不惜互相倾轧、斗争，用腥风血雨形容也不为过。为了维持军队粮饷，很多军阀都发行过印花税票，在很窄小的范围、很短暂的时间内行用，有的甚至印制后还未来得及使用就被人灭了。这种独特的历史环境，造就了一些特有的稀少印花、税票。斗转星移，九十年过去了，就仅发现了这么几枚，其珍罕程度，还没有被国人充分认识。当然，不排除今后还会有新的品种面世，本人也将继续关注并将陆续予以披露。

1937 年 8 月 13 日，“八·一三”淞沪抗战爆发，卢兴荣的部队参加抗日，被国民政府军事委员会编入刘建绪第十集团军战斗序列。在上海大场攻围战和坚守苏州河阵地中，由于缺少训练，武器粗劣，虽然顽强作战，也重创了日军，但所部 4 700 余人有 4 300 多人为国捐躯。淞沪战役结束后，卢部因损失过重，番号被撤销，残部以及从后方新招募的士兵分别被并入国民革命军第十一、十三、六十一师参加南京保卫战和武汉会战。

军队是资本，没有了军队，就没有了本钱，卢兴邦从此淡出军界后回到了双鲤老家。日本投降后的不久，1945 年 9 月 17 日，卢兴邦病卒于双鲤老家，终年 66 岁。

图 4　卢兴邦

错误之处，祈同好不吝赐教。

图 5　1929 年，陆军第二师留省同人欢叙摄影于玉尺山房（桥上右二为卢兴邦）

《印花交流》总 286—287 期　2014 年 5 月—6 月刊

福建上杭版“士农工商盾”印花税票初探

木 子

1926年6、7月间，广东国民政府开始北伐，发行的第一套印花税票即为“士农工商盾”印花税票，寓意工农商学兵为北伐的强大后盾。“士农工商盾”印花税票起先只发行于广东，为筹集北伐军饷。后来广西和福建官方也相继发行，凹版印制，面值及刷色为1分棕色、2分绿色、1角红色、5角紫色及1元蓝色，图幅为22 mm×18 mm。除此之外，这三省均有石印仿版。

本人今天要说的是福建龙岩上杭县发行的石印版“士农工商盾”印花税票。

图1为民国十六年六月上杭县买契连光绪三十四年草契，贴石印“士农工商盾”印花税票2分盖“福建汀龙属上杭”，销“上杭县公署检查讫”章（图2），目前只发现2分一种，深灰色，存世大约二三件。因为福建另有厦门地区发行的石印版“士农工商盾”印花税票，二种版式风格完全不同，本人将此种称为“上杭版”。

上杭县地处闽西北，南与永定和广东蕉岭接界。西连武平，北接长汀、连城，东和龙岩为邻，时属长汀龙岩管辖。

据《上杭大事记》载；民国十四年秋，国民党上杭临时县党部在庐丰成立。

十二月，曹万顺令城区商家集股购买50千瓦发电机一部，开设“福曜电灯公司”。民国十六年五月始发电照明。

是年，雷世修在城关开办“益智书局”，置石印机一台，为上杭县石印印刷之始。

民国十五年十月，北伐军进逼上杭城。驻军曹万顺响应国民革命军号召（在广东蕉岭宣布起义），改编为国民革命军第十七军，任一师师长。后随国民革命军东路指挥何应钦北伐，只留2营兵力驻守县城。

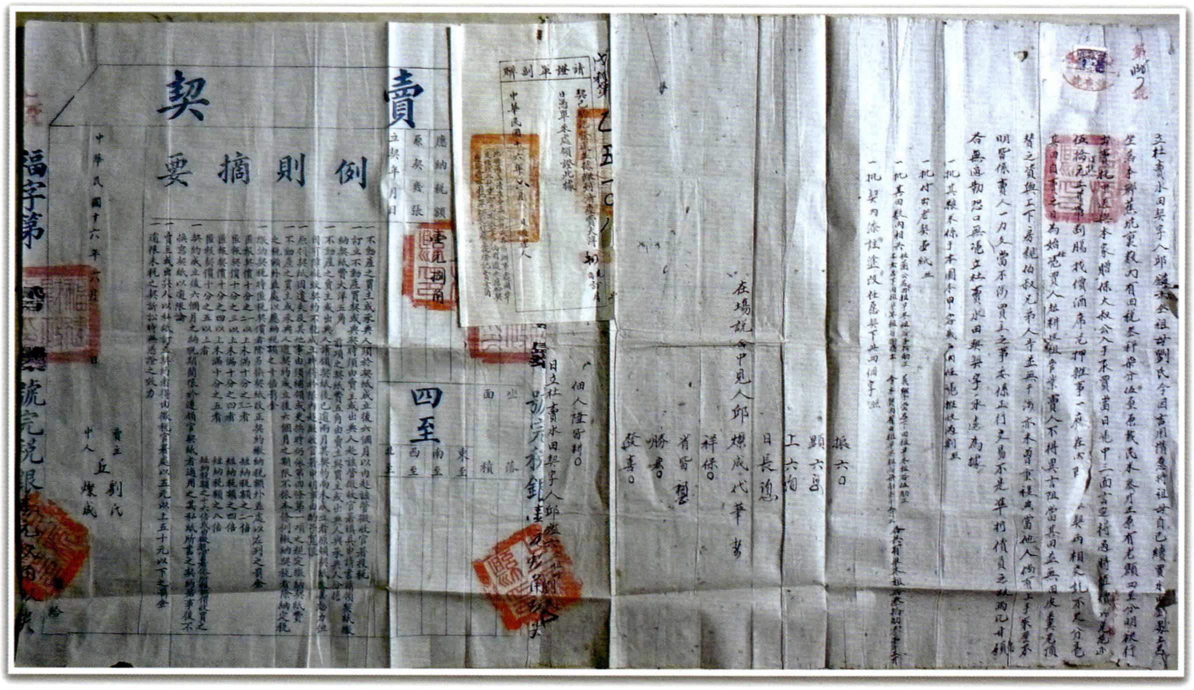

图1　福建上杭县卖契

图 2

另从百度百科介绍：蓝玉田（？—1930年），别名笋卿，晚清秀才，福建武平中堡乡章丰村人，辛亥革命前入汕头法政讲习所学习，并加入中华革命党（国民党前身）。

民国六年，孙中山在广州成立军政府，倡导护法，并组建国民革命军准备北伐，蓝玉田被委任为护法军司令。同年冬，蓝玉田回武平组建队伍，乡民持鸟枪土炮长矛参加。蓝玉田任命钟大辉为副司令，互为犄角，协同作战，数次击溃进攻中堡乡的北洋军阀闽省督军李厚基部。

民国七年春，粤军总司令许崇智率军援闽，与蓝玉田所率民兵会合进击武平县城，北洋军退至长汀。蓝玉田民兵被许编入正规军，蓝玉田、钟大辉分别被任命为营长。接着蓝玉田随许部进击上杭、长汀、清流、归化（明溪）等县。民国八年，蓝玉田被任命为清流县知事（县长）。

民国九年蓝玉田随粤军回粤，为国民革命军襄赞军。

民国十二年五月，福建省陆军第三师第五旅旅长曹万顺部进驻上杭。

民国十五年国民革命军誓师北伐，蓝玉田回武平组织故乡子弟参加民兵。

民国十六年三月，蓝玉田率民兵用土枪土炮围困驻守杭城作恶多端的原北洋军第三师残部曹万顺部卢明凤、田德胜 2 个营，经 3 天激战，迫使其弃城逃走，收复武平、上杭、长汀等县。国民革命军第一军军长谭曙卿任命蓝玉田为闽西第一游击司令部司令，进驻长汀。五月七日，国民党右派勾结驻军蓝玉田部刘炳坤等人发动反革命清共事变，封闭汀属政治监察署、社会运动人员养成所和县总工会筹备处、县农民协会等革命团体，大肆抓捕革命人士，公开屠杀共产党员和革命分子。当晚，国民党左派张楷被杀害，县党部筹备处即停止工作。县农协会常委包究生，县总工会筹委会委员长周继英，中共上杭支部书记共产党员林心尧在万安被捕，谢秉琼赶到长汀求救于蓝玉田，蓝玉田写信叫勤务兵送给蓝部独立连长王光烈，但此时林已被害于武平城。蓝回上杭后将王处死，并将捕杀林心尧策划者刘炳坤参谋长驱逐出队。

民国十七年二月，新编军旅长郭凤鸣率部自闽南回窜长汀，蓝玉田退守上杭、武平。继之，郭凤鸣旅进驻上杭，蓝玉田部败退。不久，郭部跟踪追击，蓝军大败，蓝玉田率残部转驻漳州，为国民革命军四十九师师长张贞缩编为一个营，营长钟绍葵。蓝玉田被任命为师部高参。

民国十九年，蓝玉田告老还乡，由漳州转潮汕，逆韩江而上回武平，病死在峰市途中。

综上所述，本人认为这种上杭版“士农工商盾”印花税票，应是闽西第一游击司令蓝玉田于民国十六年三月驱赶北洋军第三师残部，收复上杭等县后，响应北伐军，与时俱进，而仿制发行，而且很可能就是当地的“益智书局”印制。至今仅发现二三件，也未发现其他面值。实用时间为民国十六年六月，但这票使用时间非常短暂，因为不久，民国十六年八月一日从江西南昌起义的（中共）部队 2 万多人于九月十二日，从长汀分三批进驻上杭城。到十七日，起义军又分水陆两路离开县城开赴广东。紧接着，到民国十七年二月新编军郭凤鸣部进驻上杭，所以使用时间仅数月，弥足珍贵。

以上错谬之处，敬请各位方家斧正。

《印花交流》总 288 期　2014 年 7 月刊

福建税票上旗帜的演变

福建 林 伟

民国十年四月六日，广州非常国会选举孙中山为大总统，并授北伐全权。民国十一年六月陈炯明叛变革命，林森随革命军入闽，同年十一月被孙中山推为福建省长，兼管在闽中央各行政机关，并发行有铭为“中华民国印花税票”之福建三旗图印花税票。票上旗帜分别为：左边国民党旗，右边九角十八星旗，中间为五色旗，三面不同旗帜同时出现在印花税票上是史无前例的，其反映福建时局之混杂（图 1）。

民国十三年二月，由于“倒林拥萨”之风潮，在位仅三个月的林森被迫下台，萨镇冰正式接任福建省长。其在位时间较长，福建政局相对稳定，期间发行有铭为“福建印花税票”之双旗图印花税票，多种版式而旗帜相同，双旗分别为：左边九角十八星旗，右边五色旗。从不同版式情况分析，当为各承包发行人之行为，其侧面也反映出此时财税之混乱与复杂（图 2）。

图 1　三旗图 1 分

图 2　福建印花税票双旗图 施行 1 角

民国十五年十二月四日，随着北伐军的入闽，萨镇冰下野。十六年三月三十日海军总司令杨树庄通电归附国民革命军，并更换五色旗为青天白日旗。四月十八日南京国民政府成立，杨树庄被任命为福建省主席，其时税票旗帜也随之而变，铭为“福建印花税票”之红太阳双旗图印花税票，旗帜分别为右国民党旗，左青天白日旗，双旗交叉辉映。泉属地区有铭为“福建泉属印花税票”之双旗图印花税票，旗帜为左国民党旗，右青天白日旗（图 3）。

图 3　福建泉属印花税票 双旗图 2 分

以上税票中不同旗帜的变化，可以清晰看出民国十一年至民国十六年不同政权在福建更迭交替的历史沿革。

（注：本人于 2001 年第 10 期刊于《印花交流》的两枚福建双旗图税票，所言双旗有误，当以此文为准，在此特向各位同好致歉。）

《印花交流》总 140 期　2002 年 3 月刊

注：福建三旗图印花税票上的旗帜，一是青天白日满地红旗，一是九角十八星旗，一是五色旗。青天白日满地红旗是国民党一直推崇的国旗；九角十八星旗又叫铁血十八星旗，原是共进会的会旗，北京政府成立后将其定为陆军旗；五色旗又称五族共和旗，是中华民国建国之初北洋政府时期的国旗。

孙中山在广州另立护法军政府后，打出的旗帜就是青天白日满地红旗。

1922 年 10 月，由于林森是在南方护法政权的粤军许崇智部的支持下出任的福建省长（11 月 8 日就职），这一时期福建还驻有北京政府所属的陆军王永泉部，因此其在任时福建省印花税票上面就有青天白日满地红旗（代表护法政权）、五色旗（代表国家）、铁血十八星旗（代表北京政府的陆军）。显示这时的福建省尊崇各方势力。

在林森就任之前，10 月 15 日，北京政府就已任命萨镇冰为福建省长。由于福州已在北伐军实际控制之下，萨镇冰无法就任，但毕竟存在着两个省长的局面，而萨镇冰也是福州人，并在家乡颇有人望。这种情况持续了 3 个月，林森就被萨镇冰取而代之。

萨镇冰时期的福建省政府，只代表北京政府的势力，因此其所用的印花税票上只有五色旗（国旗）和铁血十八星旗（陆军旗）。

杨树庄时期的福建省政府代表的国民政府，国民政府是国民党所建立的政权。因此这一时期福建省印花税票上的旗帜是青天白日旗（国民党党旗）和青天白日满地红旗（国旗）。

印花单据欣赏

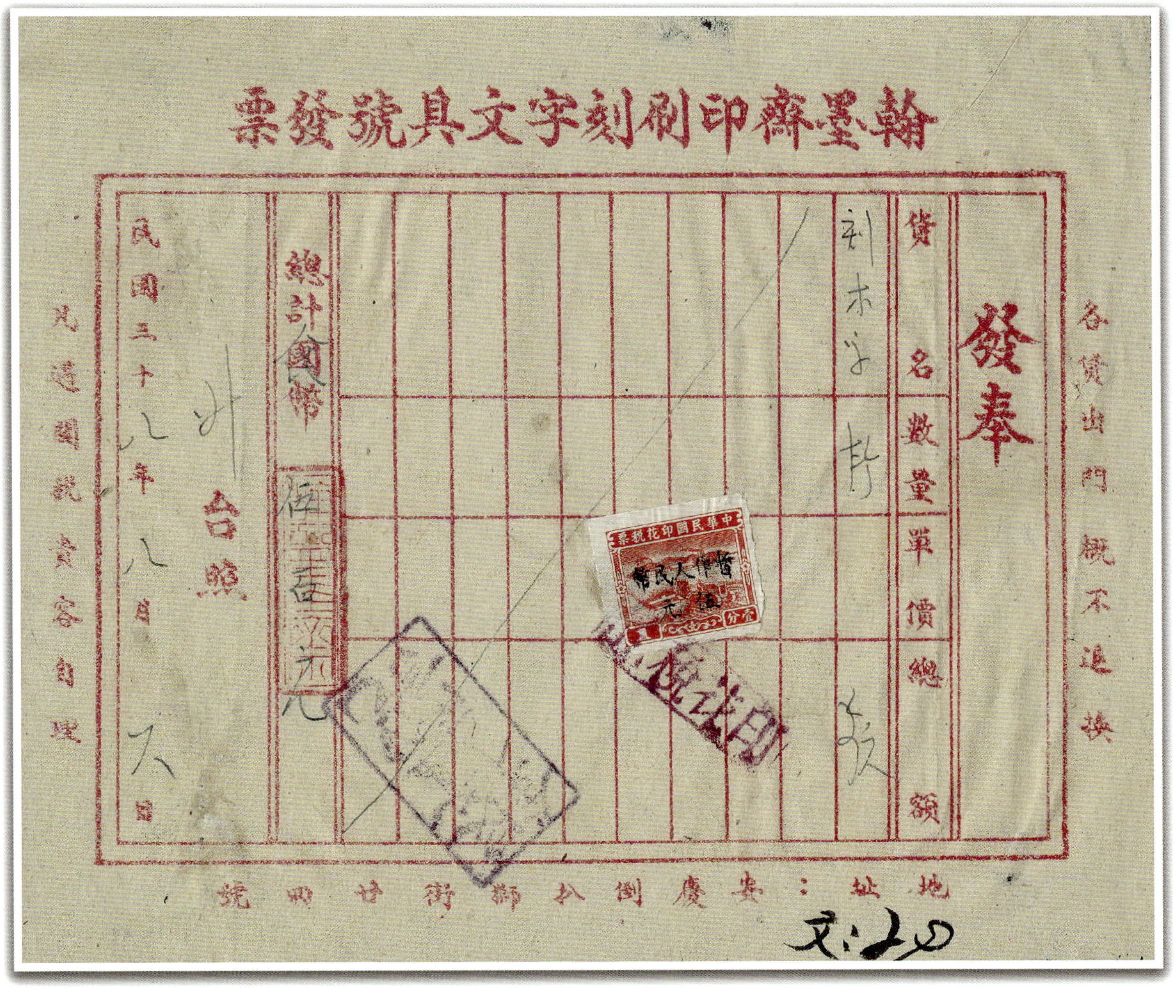
翰墨齋印刷刻字文具號發票

發奉

貨名 數量 單價 總額

總計國幣

民國三十八年八月 日

各貨出門概不退換

地址：安慶倒扒獅街廿四號

1949 年安徽贴安庆解放区加盖印花税票的发票

福建铁锚图“福宁属印花”初探

木　子

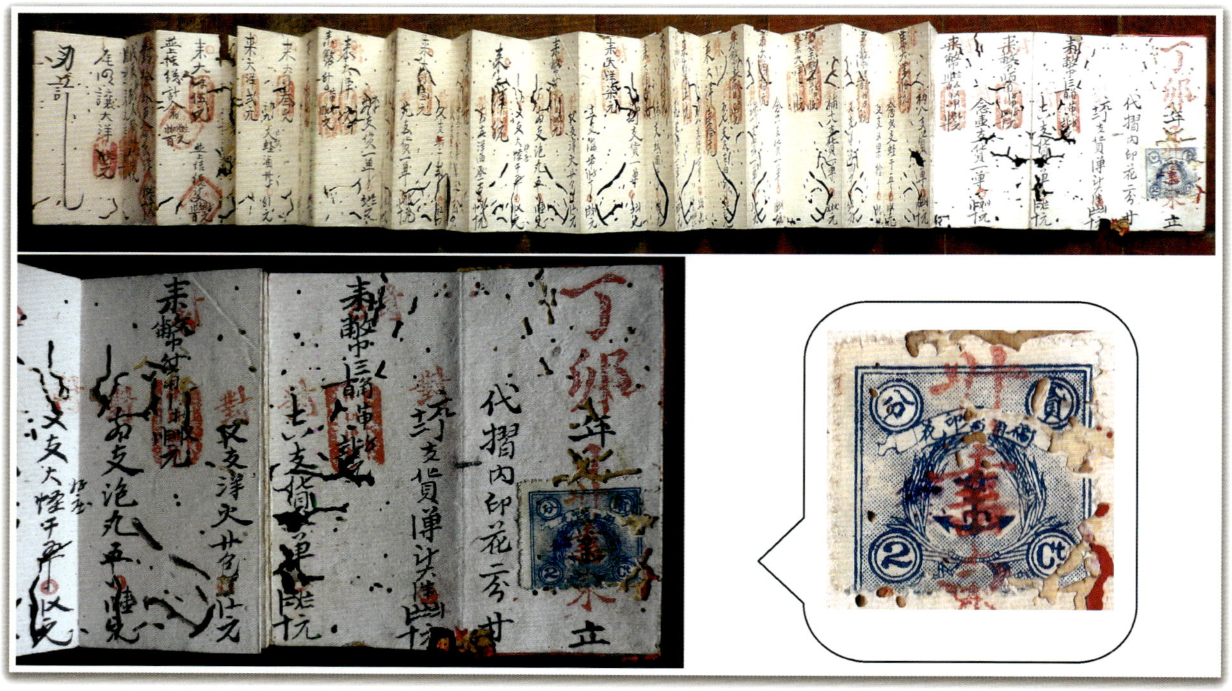

福建铁锚图“福宁属印花”

铭文为“福宁属印花”的印花税票主图为没有锚链的“铁锚”。“锚”是船只停泊在港湾或者在浅海区域停留的时候，防止船被海浪或者水流冲走的一种工具。

以铁锚为主图，很容易使人联想起与船舶有关，进而与海军有关。

中国在辛亥革命时，广东革命军曾组建海军陆战队。1914 年中华民国政府在福建组建海军陆战队，1914 年 12 月，裁撤海军卫队编为海军陆战队步兵两个营，直属海军部，分别驻防北京、上海、马尾，担负警卫任务。1922 年 10 月海军部命时任海军第二舰队司令部副官杨砥中为陆战队管带，率驻北京的陆战队第一营和驻上海的二个连会同至福建，11 月成立马尾警备司令部，统一指挥驻闽舰队和陆战队，并于长门鱼雷营设陆战队统带部。1923 年 5 月，统战部扩展为海军陆战队第一混成旅，杨砥中任旅长，驻防福清、长乐、连江、平潭等县。1924 年混成旅改为三团制，3 月，将陆军驻福州第一独立团改编为海军陆战队第一混成旅步兵独立团，分驻莆田、仙游等地。1925 年 4 月，杨砥中因贪赃枉法，在闽期间藉口清乡逼民种植鸦片收捐，民怨积深。1926 年 10 月 9 日，杨砥中微服潜往上海北洋军五省督军孙传芳处密谈，有意投靠，杨砥中来沪的消息被海军林建章老将军所得后，林视其为海军叛徒，遂下令给海军第二舰队司令曾以鼎，令其制裁杨砥中。杨逃命时拒捕被击毙，旅长由原团长林忠接任。其后，海军陆战队缩编为陆战大队，下辖2个支队，一支队长为林忠，二支队长为林寿国，大队长由时任海军总司令杨树庄兼任。

据百度、仙游年鉴、福安历史大事记、莆田中华民国大事记等载：林寿国（1891—1977），号玉田，福建仙游县龙华象运村人。少时随父在县城经营羊肉铺并与人合伙做生意。1919年投靠仙游民军首领林安国任营长，1921年李厚基主闽，派王献臣部驻仙游，王对民军采取剿抚二手，林寿国取代林安国被王收编，任第一独立营营长，驻仙游西部山区。1922年吴威受粤军改编，占领仙游，收编林寿国部。同年粤军许崇智部驱李出闽，林被许收编为第二军第三混成旅第二团团长。1923年许部返粤，北洋军孙传芳、王永泉入闽，林任吴威部第三团团长，后因不满吴威节制而脱离，被王永泉收编为福建陆军第一独立团任团长。1924年，林率部赴沪参加讨伐北洋军阀齐燮元、卢永祥战争，战后返闽。是年冬，林寿国率部分驻福宁属福安、福鼎、霞浦、寿宁、宁德、三都（团部设三都澳），肆行截留税收，勒令民众种植罂粟。1925年2月陈季良升任海军第一舰队司令兼闽厦海军警备司令。1926年9、10月何应钦率东路军北伐入闽，林寿国被陈委为连（江）、罗（源）福宁府七县指挥官。1927年3月14日海军正式宣告加入国民革命军。蒋任杨树庄为海军总司令兼闽省主席，杨于7月回福州就主席职，组织省政府，并就地设海军总司令行营，以便指挥驻闽海军和陆战队。但这时卢兴邦割据闽北，张贞四十九师占领闽南，省政府政令难行，杨乃大事扩充陆战队，将已有的一个混成旅、一个步兵独立团扩编为两个混成旅、四个补充团和二个独立团，控制闽厦、莆田、仙游、和福宁沿海各县。1928年2月原海军陆战队步兵独立团扩编为海军陆战队步兵第一旅，原任团长林寿国升为旅长，移驻莆田、仙游、涵江一带。1928年秋，杨又将第一旅改编为陆战队第二混成旅，仍以林寿国为旅长，下辖3个步兵团，1个炮兵营，仍驻莆田、仙游、涵江一带。同年11月，国民党中央核减驻闽海军协饷，自1929年1月起从22万元减至17万元，杨只能编遣裁减兵额，遂将陆战队两混成旅，缩编为陆战队第一、第二独立旅。1930年9月，海军第一舰队司令陈季良兼任闽海陆战队总指挥。1930年林寿国因省主席杨树庄许诺其当师长未实现，以辞职要挟，不意弄假成真被批准，只能下野而寓居上海，团长一职由林秉周接任。民国二十一年海军部曾起用林任海军陆战队剿赤指挥官，抗战期间曾任闽南七县自卫队副司令，但均属虚职并无实权。中华人民共和国成立前夕，林去香港从商，1977年病死中国台湾省。林自入民军，武装盘居仙游，先后统治福宁府七县、泉属各县，委派亲信任县长、税捐局长，大肆搜刮，横征暴敛，逼收烟苗捐，设卡抽税，百姓怨声载道。

福宁府（属）是指福建闽东地区福安、宁德、寿宁、霞浦、福鼎五县。目前所见福建发行的铁锚图印花税票有二个大类，一是闽南地区厦门海军系统发行，二为闽东地区海军陆战队发行，有“福宁属印花”和“福宁属兼罗源印花税票”。本文主要讲的是“福宁属印花”，主图为铁锚，目前仅见蓝色2分票，石印，图幅为26 mm×26 mm，成正方形，乃仿当时流行的双旗图福建印花税票。本人认为应为林寿国1926年底任海军陆战队江罗福宁属七县指挥官后发行，使用仅一年时间。

2006年3月下旬，本人为寻铁锚图，专程从上海经福州去连了罗源、宁德、福安、霞浦、福鼎等地寻觅，历时十天，结果一无所得。但回沪后不久，有人来电，一枪打售我十数手折，其中有丁卯年、戊辰年、己巳年、庚午年、甲戌年通盛福号折子，内贴加盖“福宁属”的税票有士农工商图、福建版图、大东版图、北平版图，还有乙亥年、丙子年、丁丑年折子贴宝塔图票，也就是从1927年到1937年，连续11

年的记账手折，均虫蛀厉害。最早的就是丁卯年（1927）的，唯有这个丁卯年的手折贴了铁锚图“福宁属印花”2分票，这本折子也是别人的漏网之鱼，我能拿到实属偶然，也算对我千里跋涉的回报。虽然耗费不菲，但没有比搞到珍罕收藏品更高兴的事了，从2006年起，8年过去了，未闻有新的流出，目前所知存世仅二枚。人云一分耕耘一分收获，诚不欺也。

福建同好占天时地利人和之优势，捷足先得，拿到了贴“福宁属印花”2分和贴“福宁属兼罗源印花税票”2分的折子。为什么为同一商号，在同一时间段内使用了二种不同品种的铁锚图票？为什么二种不同的票能在同一地区使用？又为什么要在一个地方发行二种不同的铁锚图票？另外除了2分票外是否还有其他面值？

假设一下，当时林寿国部驻宁德三都澳，控制范围不包括罗源和连江，很可能是先发行了“福宁属印花”，在福宁属所辖五县内使用。后林寿国被任为七县指挥官，而罗源县也在其管辖范围内，所以又发行了“福宁属兼罗源印花税票”。那么还有连江县也在七县之内，会不会另外有一种“福宁属兼连江”印花税票呢？会不会我们还没发现收集到抑或已经湮灭了呢？这还是个谜。事实上福建海军司令杨树庄在南京政府成立前就归顺了蒋，是蒋介石最早控制的福建、浙江、江苏、安徽四省之一。1927年4月18日南京政府成立，并于当年11月发行了带地名的版图旗印花税票，福建是最早在1927年底1928年初就使用了有地名的版图旗印花税票的省份之一，所以“福宁属印花”（包括福宁属兼罗源印花税票）只有一年的使用时间。我们从折子尾部所记载的日期“戊辰年二月”（1928年2月），以及戊辰年折子贴福建版图旗印花税票加盖“福宁属”就可以旁证。它是北京政府过渡到南京政府时期的产物。

闽东七县是福建民军最不活跃的地区，在1928年到1933年形成了闽东革命根据地。

当然，这里还有许多的谜团等待我们作进一步的探索。

《印花交流》总283期　2014年2月刊

注：铁锚图“福宁属印花”应是马尾海军支应局三都支应分局于1924年6月所发行的。

“福建印花税票”双旗图发行使用初探

木　子

1923 年至 1927 年初，在福州周边地区使用过一种铭为“福建印花税票”的双旗图印花税票。从 1922 年下半年开始北京政府对福建逐渐失控，福建形成了一种半独立局面。1923 年萨镇冰任省长的福建当局开始发行了双旗图“福建印花税票”，以代替之前徐树铮、王永泉发行的双旗图“中华民国印花税票”。“双旗”仍保持前“中华民国印花税票”中“双旗”的模式，即五色旗和铁血十八星旗相交织，但突出了“福建”的地方性，既体现现政权权威又能补充军队粮饷之不足。

该票为石印版，基色为 1 分黄、2 分绿、1 角红，刷色均有变色，尚未见其他面值。图幅 26 mm×26 mm，呈正方形，齿孔 11°，整版 10×10＝100 枚。本人没见过整版票，但见过超过五十枚的大方连和十连票。今经整理藏品及有关资料，不揣冒昧就“福建印花税票”双旗图发行历史背景及相关情况作初步研讨，望有识之士不吝赐教。

1922 年 10 月 17 日，许崇智、王永泉击败李厚基，进入福州。18 日，徐树铮以“建国军政制置府”的名义，任命王永泉为福建总抚，统管福建省军政与民政事宜。后来孙中山建议实行军民分治，时任广东大本营“国会非常会议议长”的林森离开广州后不久又到海外处理侨务。但没过多久，林森就奉孙中山命回福建，10 月 31 日，福州召开福建各界公民大会，林森被推举为福建省省长。而原属段祺瑞系统的王永泉被段系的徐树铮任命为闽军总司令，实行军民分治。不久，因王永泉不满徐树铮，徐树铮遂于 11 月 2 日离开福建赴上海，“建国军政制置府”也随之宣告结束。

林森就任省长的缘由是：为建立反攻广东陈炯明的战略基地。孙中山派福州出身的林森以及汪精卫、居正、蒋介石等来福州慰劳粤军，处理当地的复杂局势。

11 月 8 日，林森正式就任福建省省长。他在就职时的讲话表达了自己知难而上、竭诚尽力的决心：“森被单长闽，自审铨庸，难膺艰巨，迭承各界督促，责以桑梓任务，义不容辞。经于本月八日就职，军民分治伊始，经纬万端，一切措施悉待赞助，计惟周咨博访，冀可集思广益，敢恳示以周行不自踬山而蹶垤，得奉为圭臬，永当服膺而书绅，谨鞠微诚，泞闻明教。”

由于革命发源地广东已被陈炯明所盘踞，福建的战略地位就显得格外重要，林森也被孙中山寄予厚望；支持孙中山革命的海外华侨当然也对林森的当选寄予希望，缅甸华侨饶潜川等发来贺电：“福州林子超先生钧鉴：公当选省长，民治从斯发扬，吾党实深赖之。尚望刻日攻粤，殄戮叛逆，以慰侨望。”

上任伊始，林森就发布了五条施政方针：（一）筹设自治机关；（二）公开财政；（三）免除苛捐；（四）整顿金融机关；（五）维护教育事业。林森不建省长公馆，廉洁奉公，勤勉施政；轻车简从，深入民间；广招人才，励精图治。

尽管林森竭诚尽力，但还是难以如愿。在林森就任之前，10 月 15 日，北洋政府就已任命萨镇冰为福建省长。由于福州已在北伐军实际控制之下，萨镇冰无法就任，但毕竟存在着两个省长的局面，而萨镇冰也是福州人，并在家乡颇有人望。这种情况持续了3个月，林森就被萨镇冰取而代之。而福建的国民党系统内，欲谋省长之职者也不乏其人，国民党福建支部长兼福建盐运使、自治区总指挥的黄展云就是典型。在驱逐李厚基后，黄展云本以为省长职非己莫属，他的属下自治军将领张贞等人还联名致电孙中山“恳钧座迅任黄展云为省长，以慰众望”。孙中山则回电委婉坚持让林森任省长：“电悉。鲁贻（黄展云）为吾患难交，素所钦倚。惟福建省长一席，闽海外华侨同志多属望林子超。此时闽省财政困窘已极，若藉此而获华侨之资倾，俾闽省民治事业，畅行无阻，亦未始非计之得者。然省长关系于一省民治前途者极大，当由省议会选举，庶足以表示民众公意，预杜争端。兄等既为自治而战，此旨谅早已共喻。今福州虽下郊垒未清，下游贼氛犹炽，有待于贤豪之相与努力正多，幸为国自爱。不尽缕缕。”尽管孙中山态度明确，但黄展云心中仍然不快，对林森工作不支持配合，甚至挑动地方势力闹起“倒林拥萨”风潮，排斥林森。

在内政方面，林森责任重大，但也感到心有余而力不足。

鉴于福建已成为南方政府所控制的唯一省区，林森在就任后第二天就请示孙中山：“唯闽省反正以后，所有中央政府直辖之各行政机关均由省政府统辖，以维现状。现在钧府各部未行就职以前，可否仍由森暂行监管？抑或别定办法？谨候钧命，以便遵循。”孙中山批示“着暂兼管”。为解决财政困难，更为争回国家权益，林森准备将外国银行所存的盐税34万多元收回，但遭到法英领事的强烈抗议而一时难以办成。

当时大本营财政部为筹措北伐经费，准备在福建开设银行发行钞票。林森认为在没有预备基金的基础上开银行发钞票势必难以兑现，以致造成金融混乱，动摇民心；再者，福建本是“贫瘠之区，经人更番搜刮，几等不毛”，更难以承受之。于是，林森婉言谢绝了廖仲恺的要求，也引起大本营一些人的不满。11月28日，孙中山因需要钱款，致电林森，请在福建省发行公债300万以救急。林森虽尽快为之办理，但也加重了福建财政压力。

实行军民分治，本是推行地方民主政治的有益尝试。但在政局动荡、百般掣肘的情况下，手无兵权的林森难以稳固他的地位。林森任职两个多月后，广东的形势发生了变化。1923年1月16日，以滇桂联军为主力的西路讨贼军击败陈炯明，陈炯明逃往惠州。孙中山已经任命许崇智为“东路讨贼军总司令”，命他率军回粤打击陈炯明残部并稳定广东省政局。

2月2日，许崇智部奉命率军离闽回粤。林森在福建失去粤军军事力量的支持。闽军总司令王永泉趁机排斥林森，怂恿福州所谓“公民团”掀起“倒林拥萨”风潮。林森所面临的形势非常危急，有人劝林森暂时避让，林森则说：“我奉命来，不得违命出，生死进退唯总理命是从。”

孙中山对林森给予坚决支持：“子超为最忠于吾党主义，力倡民治之一人。”针对福州的“倒林拥萨”事件，他“发电大骂假冒公民，此间当维林排萨，并极力之所至以达此”。

但是2月8日，福州所谓“公民大会”依然推举萨镇冰为省长。在段系人士的奔走下，“倒林拥萨”风潮愈演愈烈，孙中山也难以制约得住。

鉴于广东已重新为南方政府所控制，福建的战略地位显得次要并已无法左右，孙中山准备返粤就任大元帅也需要得力之人襄助，就同意林森辞去福建省长之职。

2月25日，林森自行辞职，结束了3个月风风雨雨的省长生涯，一肩行李，两袖清风地离开省府。3月1日，萨镇冰从福州南台海军公所迁入城内省长公署，正式通电出任福建省长。

铭为“福建印花税票”双旗图除了一种被称为旭日型的票，其双旗是国民党党旗军旗，是属另一种政治倾向政权不在本文范围内外，主要有如下五种版式：

第一种版式为本人称之为水波纹图，因为图案形似清民时的波浪画法，而萨镇冰正是海军出身，曾任海军总长，比较喜爱海水波浪。所以有可能是萨任省长后发行最早的版式。本人收集到的水波纹加盖有：“闽侯”（图 1—图 3），“莆田”（图 4、图 5），“闽清”（图 6），“泉属”（图 7），“泰宁”（图 8），“建属”（图 9），“邵武”（图 10、图 11），“宁德”（图 12），“屏南”（图 13），以及加盖“闽侯　海军”（图 14），“漳属”（图 15）。这种版式使用最为广泛。

第二种版式，印有五角星和“施行”二字，本人收集到如下几种：加盖“古田”（图 16、图 17），“闽侯”（图 18、图 19），“泰宁”（图 20），“福宁属　宁德”（图 21），“思明　思明县”（图 22），“莆田”（图 23）。本人收集到最晚的是民国十五年十一月贴加盖古田的 2 分实单。这种版式使用也相当广泛。

图 1

图 2-1

图 2-2

图 3

图 4

图 5

图 6

图 7

图 8

图 9

图 10

图 11

图 12

图 13

图 14

图 15

图 16

图 17

图 18

图 19

图 20

图 21

图 22

图 23

图 24

图 25

图 26

图 27

图 28　林伟 藏

图 29　段志清 藏

第三种版式有人称为“闪电状”，本人收集到盖“闽侯县　城台”（图 24），“屏南”（图 25），“闽清”（图 26）。这种版式中比较少见。本人收集到的账本扉页上贴 1 角票，加盖“泰宁”（图 27），销“邵武印花税委员×××验讫”章，盖泰宁县当时属邵武管辖。另外在票上还墨书“民国十二年”字样，是本人收集到的最早的实单。

第四种版式，是很少见的版式，二个类似于“闪电状”曲折的“闪电”变形为弯曲的飘带状，有人称之为“双蛇状”。本人至今未收集到，只见段氏《中国印花税史稿》载有加盖“安海”2 分票，颜色偏兰，为福建同好藏品，贴于账本上（图 28）。

第五种版式，这种版式也是最近才见到湖南段先生传来的 2 分票，此票以前未有记载，在铭文上边左右各有一条长带条，有如二条长长的白眉毛，双旗似为飘扬状，不类前四种下垂状，据信为孤品，可惜加盖地名不清楚（图 29，经藏家同意）。

令人奇怪的是第一种“水波纹”和第二种“五星施行”和第五种“飘扬状”版式的 2 分票，英文字母“Cts”都漏了了复数“s”字母，错印成为“CS”，而其他二种版式都印成“Cts”。

《中华民国工商税收史》在参见民国十二年五月版《财政月刊》第 10 卷 113 号载：1923 年福建地区发现自制印花税票销售，经财政部查明系闽军财政总局印制，由福建思明县及道属印花税局会衔通告商民贴用，并禁止贴用财政部统制印花税票。该《财政月刊》第10卷史料系5月版，说明1923年5月前“福建印花税票”已在当地行用。由于粤军返粤，留下许多真空地带，被许多地方实力派占山为王，割据一方，实际上福建省当局对许多地方也失去了控制，所以“福建印花税票”双旗图在有些地区并没有行用。

据《福建军阀混战史》披露：王永泉驱逐李厚基后，收编了李厚基的一些残部，组建了福建第一军，下辖4个旅。到1923年4月孙传芳、周荫人入闽前夕，福建北洋陆军计有下面几个师、旅建制：中央陆军第十一混成旅，旅长王麒（中间派）；中央陆军第二十四混成旅，旅长王永泉；福建陆军第二师，师长臧致平；福建陆军第三师，师长王献臣（李厚基残余）；福建第二独立旅，旅长张毅（李厚基残余）；福建第一军第一旅，旅长姜明经（王永泉部）；福建第一军第二旅，旅长刘春台（王永泉部）；福建第一军第三旅，旅长王永彝（王永泉部）；福建第一军第四旅，旅长杨化昭（王永泉部）。

在赶走王永泉、臧致平之后，孙传芳收编了王永泉的残部重新组建中央陆军第二十四混成旅，任命原第二师第四旅旅长张俊锋为第二十四混成旅旅长；收编“民军”高义为福建第二师；招募组建福建第一、二、三、四混成旅。到1924年9月孙传芳进入浙江前夕，福建北洋陆军共计有下面几部分：中央陆军第二师，师长孙传芳；中央陆军第十二师，师长周荫人；中央陆军第十混成旅，旅长孟昭月（孙嫡系）；中央陆军第十一混成旅，旅长王麒（中间派）；中央陆军第二十四混成旅，旅长张俊锋（孙嫡系）；福建陆军第一师，师长张毅（李厚基残部）；福建陆军第二师，师长高义（原为“民军”）；福建陆军第三师，师长李凤翔（王献臣部）；福建第一混成旅，旅长彭德铨（孙嫡系）；福建第二混成旅，旅长董胜标（周嫡系）；福建第三混成旅，旅长苏埏（周嫡系）；福建第四混成旅，旅长刘宝题（孙嫡系）；督署卫队团一团，团长孙基昌（孙嫡系）；督署卫队团二团，团长张世铭（孙嫡系）。另外，孙传芳、周荫人还收编了一些地方“民军”。“民军”郭凤鸣、高义、尤赐福、陈国华、杨汉烈、吴威、叶定国、陈国辉分别被委任为福建第一至第八旅旅长。其中高义的福建第二旅还被升编为师，即福建第二师。但这些“民军”是迫于无奈才接受委任，并不是真心为孙传芳卖命。

1924年9月，江浙战争爆发，孙传芳组织闽赣联军进攻浙江。带走的部队有：中央陆军第二师；中央陆军第十、十一、二十四混成旅；福建陆军第一、四混成旅；督署卫队一、二团。

孙传芳入浙后，周荫人掌握了福建的军政大权。为了能占据福建，周荫人也同样大力招兵买马。招募组建了中央陆军第二十九混成旅，以原中央第十二师二十四旅旅长孔昭同为旅长。把福建陆军第三混成旅改编为中央陆军第三十混成旅。收编赣军张庆昶为福建陆军第四混成旅。在原福建陆军第二师高义接受广东国民政府改编后，把第二师残部吴大洪旅扩编为福建陆军第五混成旅。另外，周荫人还组建福建补充旅，蒋启凤任旅长。组建督署卫队一、二、三团，以王炎、梁春圃、王云岳分任团长。

到1925年上半年，周荫人辖下的北洋军队有：中央陆军第十二师，师长周荫人；中央陆军第二十九混成旅，旅长孔昭同；中央陆军第三十混成旅，旅长苏埏；福建陆军第一师，师长张毅；福建陆军第三师，师长李凤翔；福建陆军第二混成旅，旅长董胜标；福建陆军第四混成旅，旅长张庆昶；福建陆军第五混成旅，旅长吴大洪；福建陆军补充旅，旅长蒋启凤。另外还有：督署卫队团一团，团长王炎；督署卫队团二团，团长梁春圃；督署卫队团三团，团长王云岳。1926年3月，广东国民政府北伐前夕，周荫人又招募组建了福建陆军第一混成旅，孙云岳任旅长。

这些部队除中央编制由北京政府拨款和部分民军就地自筹粮饷外，都需省里下拨粮饷。

所以萨发行“福建印花税票”补充了军队粮饷，这些先后掌握兵权的王永泉、孙传芳、周荫人都只会支持而不会反对。萨镇冰任福建省长自1923年3月到1926年12月，有近4年时间。在1923年4月孙传芳、周荫人入闽后，省长一职仍由萨担任，因萨和孙、周都是北京政府任命的，又是闽省人，在中央及地方都有很广的人脉。本人收集到的双旗图“福建印花税票”最晚的也使用到1926年底，实际使用长有四五年之久，涵盖了萨镇冰任省长全部时期，不过其中版式有不同。本人有一实单，同时混贴水波纹和五星施行的，均加盖“古田”（图30）。当然，本人收集到的品种还很不完整，加盖地名也肯定有不少遗漏，期待新发现和各地同好补充纠正。参见“福建印花税票”各种版式行用地域图。

1926年底北伐军东路军进入福建，开始了新的时期。

双旗图“福建印花税票”几种不同版式是同时期并用还是承前启后交替使用？是什么原因造成同一时期有几种不同版式？是民军仿制还是为承包制发包人定制？它们之间究竟有什么关联？由于没有见到该票确切的具体发行时间史料，这些都需进一步研究探索。

《印花交流》总293—294期

2014年12月—2015年1月刊

注：曾有福建印花爱好者，将这种印花分为近十个版式。这种印花究竟可以分为几种版式，还有待进一步发掘整理、研究探讨。

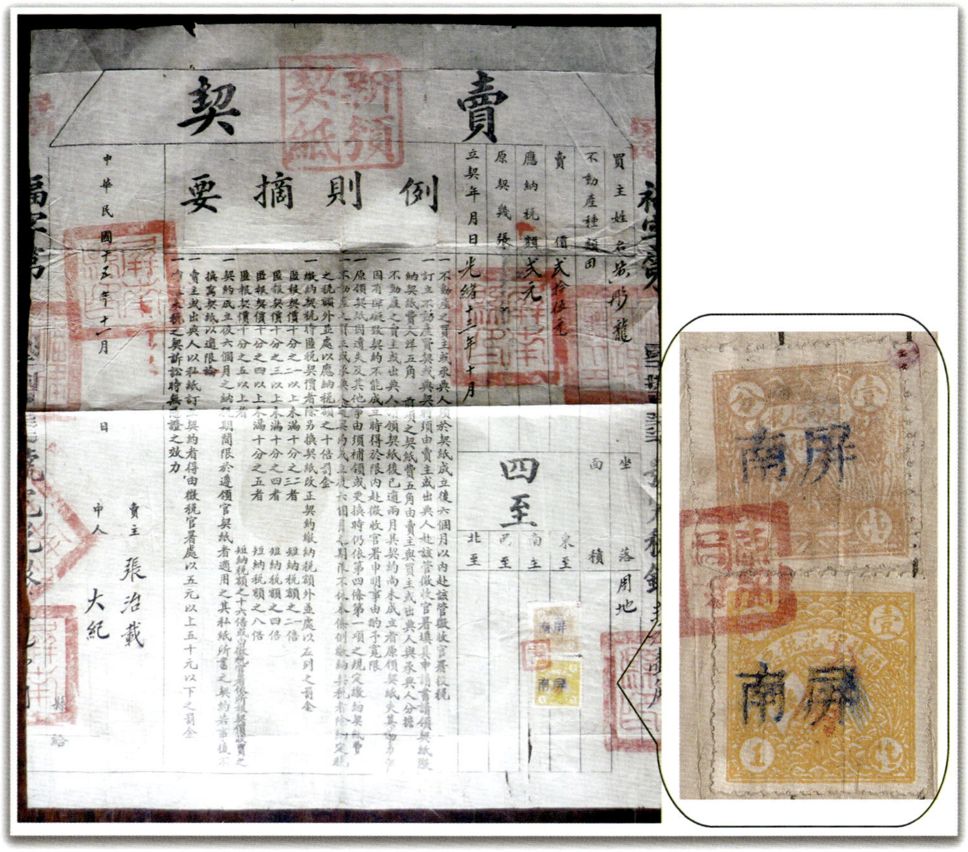

图30 民国十五年（1926）屏南县卖契 贴第一种版式与第二种版式票

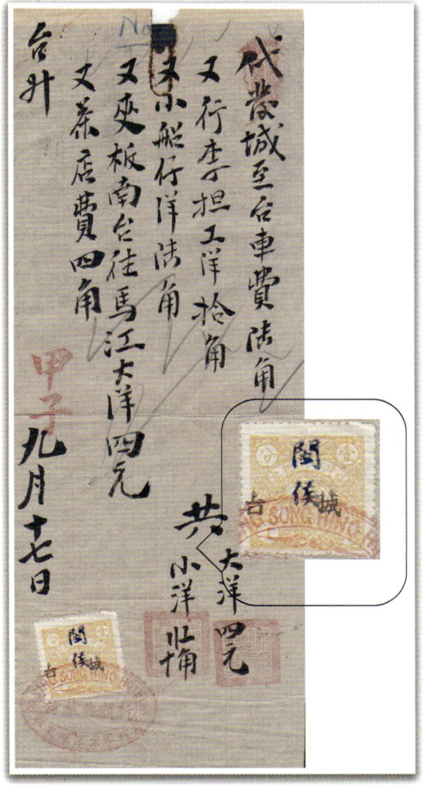

图 31　第一种版式实用单据

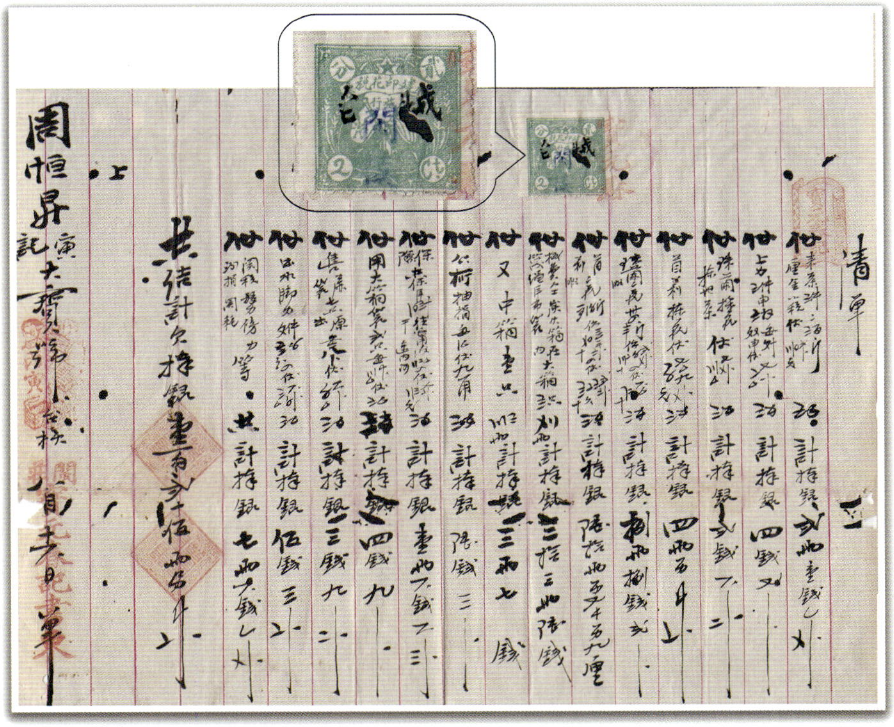

图 32　第二种版式实用单据

评孙中山像图“永春印花税票”

——暨与林琼主编商榷

木　子

由福州市地税局林琼主编的《福建印花税票图史》日前面世，填补了福建发行、使用的印花税票专题图录的空白，值得称颂。笔者蒙林君厚爱，惠赠一册。

拜读《图史》，书中珍品比比皆是，尤其是第192页第四节，“永春印花税票”为首次公开亮相，堪称孤品。其注释全文如下：“1930年4月，方声涛代理福建省主席，陈国辉得以官复原职，并被任命为兴化、泉州、永春警备司令，设官邸于泉州旧府衙，势力扩展到今福建省泉州市、莆田市所属各县。不久，陈国辉剿平泉州著匪高为国，晋升为陆军中将。”

“1930年底至1931年初，蒋介石对中央苏区接连发动第一、二次‘围剿’，陈国辉奉命率部再进闽西。第二次‘围剿’失败后，陈国辉趁机回师泉州，经过扩充，共有15 000余人，轻机枪70余挺，各种火炮17门。陈国辉一手控制泉属各县的军、政、财大权，他还无视国民党政令，私自创立捐税，其中以鸦片捐为最大宗。陈国辉每年在其辖区收有鸦片捐达四五百万元。除鸦片捐外，还有三十几种捐税，私造印花票捐、茶捐等等，大肆敲诈勒索，强迫惠北民众栽种罂粟，收取烟苗捐等苛捐杂税。此件税单所贴孙中山像永春印花税票为陈部在永春地区征收印花税票提供了有力证据。”下面附有实单图片及文字：“收据：民国庚午年〔1930〕正月16日收据，贴印花1分。”对此注释，笔者不敢苟同。

该“永春印花税票”实单系去年流出，笔者得到朋友传来该票图片后，曾探索其来龙去脉，初步判定了该票发行的历史时期。后经辗转打探，才知该单已被林君高价纳入囊中。

让我们先来看图片，该实单左下方书有“庚正月十六日”字样，未有“庚午”年的“午”字。干支纪年是中国古代的一种纪年方式，用天干十个字：甲、乙、丙、丁、午、已、庚、辛、壬、癸，配合地支十二个字：子、丑、寅、卯、辰、巳、午、未、申、酉、戌、亥，循环组合，以60年为一甲子，周而复始无穷无尽。中华人民共和国成立后，废弃干支纪年，采用公元纪年。

干支纪年在数百年历史时期中会有数个相同的干支纪年，有时会产生难以判别孰前孰后时间的情况。在60年一甲子时期内如果书写人只写天干而省略了一个地支，也会发生难以判断的情况，“也有只写地支而未写天干的”。

从1911年辛亥革命成功成立中华民国起至1949年中华人民共和国成立，期间天干庚字打头纪年总共有三个，即“庚申”（1920）、“庚午”（1930）、“庚辰”（1940）。本书所载“永春印花税票”实单就是把天干“庚”字误判为“庚午”年（1930），与“庚申”年“正月十六日”（换算成公历应是1920年3月6日）相差10年。

石印孙中山图像印花税票上的铭名为“永春印花税票”，并不冠以“中华民国”或“国民政府”，独立性和地域观念很强。再看图像，虽然十分简朴，所处印刷条件环境应该是非常简陋和艰苦的，而1930年左右的印刷技术水平就已经相当成熟。而用孙中山先生像入图本身就已表明了发行人的政治倾向和理念，这决不是一般土匪土包子所能设想的。一般而言，南方地区发行的印花税票自广东1926年北伐开始发行士农工商盾印花税票后，都趋予小型化，虽然《图史》未注明该票的图幅尺寸大小，但凭图片判断该票仍属于类似长城图票幅较大的、属于较早期的一种。因《图史》局部图片分辨率不高故而我用自存的图片。

我们再来看《永春大事记》记载："……民国七年（1918）正月初三日上午9时至11时，地震，连续六、七次。是年，闽粤战争爆发，闽南各地民军纷起，五月十三日，陆军十一旅营长陶质彬，驻德化警备队营长朱德才，在民军赵光、王荣光（有传）策动下，从德化率部攻占永春县城，俘杀统带阎广威，宣布永春起义，支持护法运动。八月，陶质彬、朱德才摊派'特别捐'，群众无力缴交，纷纷逃往南洋。秋，闽南各地民军合编为闽南护法军，推宋渊源为总司令，赵光、王荣光为军长。民国八年（1919）春，陶质彬、朱德才又滥派饷款，激起民愤。王荣光回永春解除陶、朱兵权。六月，永春各界响应'五四'运动，召开大会，并组织宣传队分赴邻县宣传。十八日，德化匪首林玉龙窜扰锦斗、玉坑等地。是年，驻粤桂军陆荣廷派方声涛入闽，策动护法军参谋长张贞另组靖国军。张趁机攻入永春、德化，王荣光退守德化东区。民国九年（1920）春初，王荣光率部攻入永春，张贞败走。三月，成立永春县议会，选举县长；禁止留辫缠足；设工务局，拆城垣，开公路；设教育局，令各乡将公盟产拨充办学经费。十月十五日，德化匪首林清龙率匪徒数百人劫掠呈祥西村，打死群众4人，掳去儿童40多人，全村牲畜财物被抢无数。后林清龙被王荣光收编。秋，举行全县首届学生体育运动大会。是年，县城建大街（今八二三东路）、五里街建新街（今西安路）。县城至五里街公路建成通车。民国十年（1921）八月，北洋军阀省督军李厚基派马步云率部攻入永春，王荣光退守永德边区。

"……民国十七年（1928）一月十五日，尤赐福部攻占永春县城，林寿国旅退驻莆田、仙游。……九月二日，陈国辉联合湖洋民团围攻盘踞永春的高义和尤赐福，高部营长苏永升叛变，陈国辉遂占据永春县城。二十四日，陈国辉部调往龙岩'剿共'。陆军第四独立师张贞派黄克绳团进驻永春，成立永春民团总局，林妙庆任局长，郭其祥（有传）、刘子宽（有传）任副局长。

"……民国十八年（1929）……八月二日，德化民军徐飞龙率部攻破永春县狱，劫走匪犯徐敦遨等人。二十二日，朱德率领中国工农红四军第二、三纵队3 000多人，从德化屏山（今属大田）进驻永春福鼎，休整六天后，到一都住宿一晚，然后转往漳平。九月，……在龙岩被红四军击溃的陈国辉残部窜回闽南，十四日占据永春县城。二十八日，海军陆战队林秉周部联合湖洋民团反攻，陈国辉退回南安诗山。十二月十五日，陈国辉占领永春县城，委郑铭彝为县长，大派鸦片捐和各种捐税。

"……民国十九年（1930）春，……一月一日，陈国辉准备在西较场召开'军民联欢会'进行反共宣传。……四月十八日晚，陈国辉部500余人进犯鳌峰。……七月二十二，陈国辉分兵三路围攻湖洋，二十五日攻陷。"

1929年4月至6月工农红军第四军曾三度攻占龙岩，消灭陈国辉部2 000余人，陈化装才得以逃命至漳州，收集残部近千人集中同安。此时陈的靠山方声涛已不在福建，陈被福建省主席杨树庄以"剿共不力，擅离防地"而被取消省防军第一混成旅番号，又被通缉，陈只得放弃同安，逃至南安东田廿八都山区。不久又与林寿国部争夺诗、淘、码，相持数月。1930年4月中原大战爆发，省内大部军队被蒋调去前线，以致闽北王卢兴邦把军队开到省城，发生"一六"事件，蒋为维持福建秩序无奈只好再次启用方声涛，准其便宜行事，如此陈国辉得以东山再起，先后取消通缉令，恢复第一混成旅旅长职务，不久又加封为兴、泉、永警备司令，地盘扩展到晋、南、惠、安、莆、仙、永、德八县。

据360百科载："宋渊源，字子靖，永春五里街镇村儒林村人，清光绪八年（1882）生。18岁参加县学生员（秀才）考试，名列榜首。光绪三十一年，到福州福建优等师范学堂学习。毕业后东渡日本，肄业于东京体育会兵事科，并参加孙中山领导的同盟会。学成回国，与邑人倡办永春中学堂，设书报社，介绍西方资产阶级民主革命思想和科学知识，同时倡办州立高初两等小学堂和私立新智小学堂，任永春中学堂监学兼两等小学堂堂长和州视学。宣统元年（1909），渊源再度赴日，肄业于明治大学。

"民国元年（1912），渊源任福建省议会议长，并膺选为国会参议员。翌年7月，李烈钧在江西发动'二次革命'，讨伐袁世凯，闽省响应。'二次革命'失败后，渊源离开福州，转赴南洋各地，发动讨袁，并在香港成立讨袁军事统筹部。民国四年秋，回闽参加领导讨袁斗争，并奉孙中山令，与叶青眼、许卓然等在厦门成立中华革命党福建支部，渊源任支部政治委员。闽省反袁斗争失败后，渊源转奔上海、香港等地，图谋再举。讨袁斗争结束后，渊源到北京参加国会工作。民国六年，张勋复辟，解散国会，孙中山在广州发动护法战争，渊源即赴广东参加，并派王荣光、赵光、宁益生等回闽南组织民军。粤军入闽后，永春、德化、安溪、仙游等地民军组织闽南护法军，公推渊源为总司令。（1920年9月，宋渊源的父亲宋忠勋逝世，宋渊源回乡奔丧。由于宋忠勋为成全爱子救国壮举，曾丧尽家财资助孙中山革命，孙中山先生特亲笔写了"高朗令终"的挽联，以示褒奖）"

另据百度百科载："王荣光（1885—1922），名恩（又一名温），字润忠，号荣光，俗称王司令，系五代闽国三王之王审邽衍派，世居福建省永春县石鼓乡。

"王荣光其人身材高大，长面阔口，少时拜名师习武，擅于骑马和拳术，任侠好义，名声和威望甚好。

"荣光1911年毕业于南京军官学校，1914年毕业于日本东京体育会兵事科，同年年参加中华革命党。1917年毕业于北平体育总会，深受军事教育。

"1918年春，宋渊源派荣光入闽，荣光入闽后，聚义八都山，劝降陶质彬，收服朱德才，擒杀阎广威，袭占安溪城，施政永春州，先后任闽南护法军军长，福建自治军第一路军司令，充分展示了自己的军事和政治才能，把闽南民军带入了最光辉的时期。1920年3月，王荣光兵进永春，成立议会，并进行了一系列变革，主要内容如下：开辟公路，建设大菜市，修建永春县城；设工务局，设教育局；严令禁止缠足留辫，举办永春县首届体育运动会，使永春县成为福建省的模范县之一。1922年8月14日，荣光被李厚基部张清汝杀害，时年37岁。"

根据这二段历史记载，宋与孙中山先生渊源颇深，崇拜、追随孙先生是毫无疑问的。宋与王也颇有渊源，王也是孙的崇拜追随者。孙中山先生在1920年前后的影响如日中天，1925年应段祺瑞邀请抵京共商国事时达到鼎盛，病逝后影响逐渐淡出，况陈国辉与孙中山素无渊

孙中山像图"永春印花税票"

源，所以1930年初发行孙中山像图似已不能。更何况陈在1929年时被红军连续击溃了三次，后又受福建当局通缉，处于惶恐不安疲于奔命之中，而官至兴、泉、永警备司令，势力扩展到泉、莆所属各县时则已在1930年4月后，怎么会单单发行一个小小的“永春印花税票”呢？所以综上所述，笔者认为该票应为宋渊源、王荣光于1919年左右在永春时发行并使用。

以上系个人管见，为了不误导后人，也为响应主编后记中所说再版时予以完善，愿与林琼主编商榷。

《印花交流》总295期 2015年2月刊

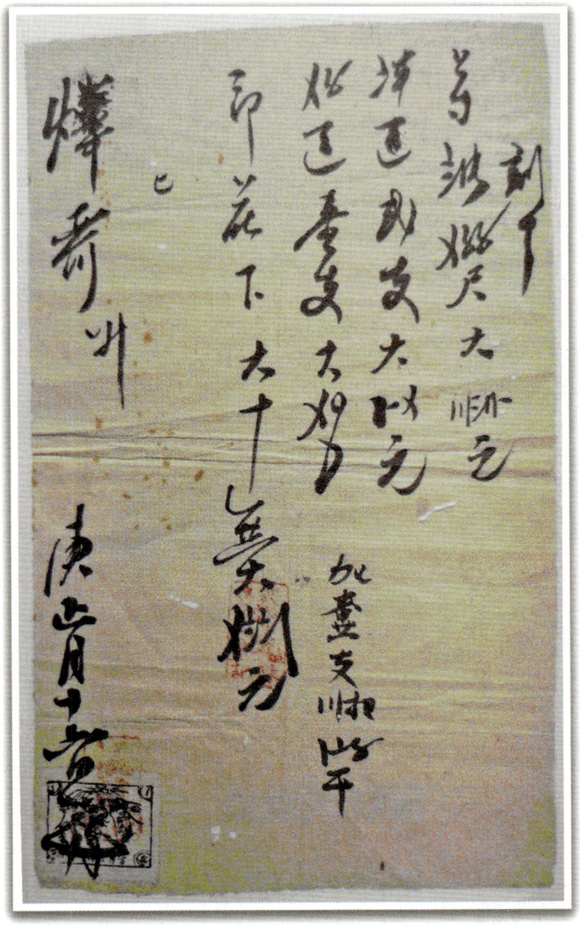

永春印花税票实贴单据

对“永春印花税票”的解读

陕西　焦继承

近阅总 295 期《印花交流》刊，刊主李德元先生对近期出版的《福建印花税票图史》一书中第 192 页所列的“永春印花税票”的注释文字中的内容提出质疑一文，对文稿中德元先生提供的清晰图片（图 1）进行仔细对比分析，也对这段注释文字的观点产生质疑，但却不敢苟同德元先生之观点。

图 1

今就这枚票谈一点个人认识。

先从此票的构图说起——这枚印花税票票铭为“永春印花税票”，票铭下主图为一人物半身像，两侧及下边以嘉禾拱绕，四角分别为汉字及阿拉伯数字面值。单色线条蓝色油墨石版印刷。

原书稿中将其界定为：1930 年底到 1931 年初陈国辉部在永春地区发行的；并称其为“孙中山像永春印花税票”。

对其发行时间，笔者大致认同，对其票图名称存疑。

细观此票主图，票图中人物头发有谢顶之征象，身穿西服、打领带，与孙中山像相去甚远，却与这张图片中人物有八分相似（图 2）。那么此枚印花主图中的人物到底是谁？**（见后文答 1）**

图 2　陈国辉

关于此人可参阅《印花交流》2014 年 3、4 月号（总 284 期、285 期）的文章介绍。这里不再赘述，以节约有限的版面。

1932 年 12 月 23 日，35 岁的陈国辉在福州伏法。社会人士中有云罪有应得，也有惋其不幸。时任国府主席林森赠挽联云：“兴学五百，筑路三千，谁言武林无学识；三十而立，拥兵十万，堪称草莽出英雄。”时任上海市长吴铁城亦挽联：“兴学四百，辟路三千，贤者所难能，莫谓武人无卓识。”于右任赠送陈国辉挽联：“铙歌留壮志，弦诵有哀思”。

如若此君一无是处，可能不会有这些名人的如此评价。**（见后文答 2）**

我们再来说永春县当时的政局。

福建民军是杂凑而成的一伙，各有背景，各有打算，为政治需要或自身利害关系，时而联合，时而火拼。他们在驻地截留税收，擅加捐款，横征暴敛，自给自足。陈国辉部还常用掳人勒赎的手段，绑架华侨或侨眷，索取巨款，积案甚多。尤其在民国十九年后，方声涛为解决财政拮据，竟然暗中通知张贞、陈国辉和其他支持他的原民军部队，在驻区漳州、泉州和兴化一带，种植罂粟，牟取暴利。各自解决人、枪、粮、饷问题。

处在军阀割据的乱世，三十出头的陈国辉一时风光无限，其势力所及莆田、仙游、晋江、南安、惠安、安溪、永春、德化等地，号称“泉南王”。陈国辉官匪一身，为官时修路架桥，建设市政，捐资办学，倡修孔庙，扶助乡里，为乡人感戴（如建设全国首座乡镇公园诗山公园）；为匪时派款绑票，强占侨眷，敲诈勒索，烧杀掳掠，祸害乡里，为乡人所切齿，尤为华侨所痛恨（如残杀马来亚华侨领袖林理绍一案）。作为当时永春县的主政者，此人在历史上毁誉参半。（见后文答3）

从《永春县民国志》得知：

附：民国历任县知事/县长一览表

姓名	任职时间（民国纪年）	委任机构	备注
此前略……			
赵维炎	七年四月		代理
蔡石泉	七年五月	陶质彬	
方　谷	七年	许崇智	
朱建泰	八年		
李汉升	八年三月	王荣光	
陈　亮	八年	宋渊源	
俞　奋	八年	朱　震	
陈治安	九年	宋渊源	
孙贻孙	九年	张　贞	
陈世哲	九年		
张乃武	九年	朱德才	
郑家驹	九年	县议会推选	
林怀愉	九年	宋渊源	
林子鳌	十年	马步云	
吴　拭	十年	李厚基	
校培乙	十一年		
郑玉辉	十二年	许崇智	
苏其璧	十二年六月	吴　威	
周祖武	十二年十二月	陈国辉	
吴俊星	十三年四月		
吕拱辰	十三年八月		
陈维垣	十三年十月		
略……			
吕拱辰	十四年十月	陈国辉	

【第二部分　研究文稿精选】

(续表)

姓名	任职时间（民国纪年）	委任机构	备注
略……			
周祖武	十八年九月	陈国辉	
郑明彝	十八年十二月		
陈维垣	十九年二月		
郭其祥	二十一年十月	永春县各界代表选	职务：县政务委员
林贤聪	二十一年十月	蒋光鼐	
黄庆藩	二十二年一月		因贪污被撤职
郑淑麟	二十二年十一月		
此后略去……			

再从此票实用单据上面的文字“庚正月十六日”推断：这一时间段干支纪年有庚申（1920）、庚午（1930）、庚辰（1940）。

结合前述福建永春政局及实用单据推断：此票的发行时间应为民国十八年九月到民国十九年二月，这一时间段陈国辉任命的永春县政权。**（见后文答 4）**

从 1928 年 9 月第 14 期《财政公报》载财政部致广东、广西、贵州、陕西、甘肃、新疆省政府电称：……查印花税为国税之一，各省税票应统由中央印制给领，方能集中稽核。苏、浙、闽、皖各省，早经由部颁发……（这是指“版图旗”印花税票）

再联系《福建地方志通讯》依据福建地方报纸记载的陈国辉“私造印花票捐”事。推断此票即为陈国辉私造票。

综上几点所述分析：印花税票图案中主图采用陈国辉像、地方报纸中的记载、及其从实用单据推断的发行时间段……数个条件相互吻合。

个人认为：这是 1929 年 9 月到 1930 年 2 月陈国辉任命的永春县政权发行的，以陈国辉像为主图的地方印花税票（图 3 为电脑处理的陈国辉像与印花图像的对比）。

这样解读这枚印花税票是否更顺理成章一些？

我们从陈国辉的履历看，其先后投靠许卓然、李厚基、许崇智、张贞、何应钦、方声涛等人，参加过北洋军、北伐军、靖国军、护法军、讨贼军、省防军。

对这种缺少信仰的投机军阀来说，他会用孙中山像为图案发行印花税票吗？

再说 1929 年 5 月到 1930 年 4 月，陈国辉先被共产党军队打败、后被福建省政府通缉，这一时段内并无明确的政治倾向。在他控制的地盘上会采用他人的图像做印花税票的主图吗？

1925 年 3 月 12 日孙中山病逝，成为国民党党章确定的唯一的“总理”之后，其威望达到顶峰，此后在相关凭证上多有出现，此前偶见。

从永春县的政权变动分析：1919 年初，许崇智率 2 000 余人由安溪县入永春，进攻莆田败北，退回永春时，任命朱金泰为县知事兼筹饷局长，永春为就编于粤军的陶质彬（原为李厚基部营长，又先投靠援闽粤军王荣光部，粤军入闽后被编入）旅所驻防；5 月王荣光领导的闽南护法军（宋渊源组织福建护法军时，王荣光易帜为闽南护法军归其领导，担任军长）回驻永春，解除了陶质彬的武装，逼走了朱金泰，王荣光任命了李汉升为永春县长；不久宋渊源任命陈亮为县长；粤军总司令陈炯明命许崇智派朱震率部进攻王荣光部，援助陶质彬（已退守德化），朱震占领永春后，任命了俞奋为县长；年底，闽南护法军王荣光联合靖国军张贞部击败粤军，生擒朱震（后以礼释放回粤）及其数千兵卒，收复永春；不久张贞奉方声涛之命突袭护法军，占永春；次年初王荣光部反击，张贞败走，1920 年春，宋渊源任命陈治安为县长。

这一时期永春县政权如同走马灯一样，代表不同派系的利益。

因此个人不支持这是“1919 年左右发行”的“孙中山像图”永春印花税票之说。

图 3　电脑处理的孙中山像、陈国辉白描像与印花图像的对比图

印花单据欣赏

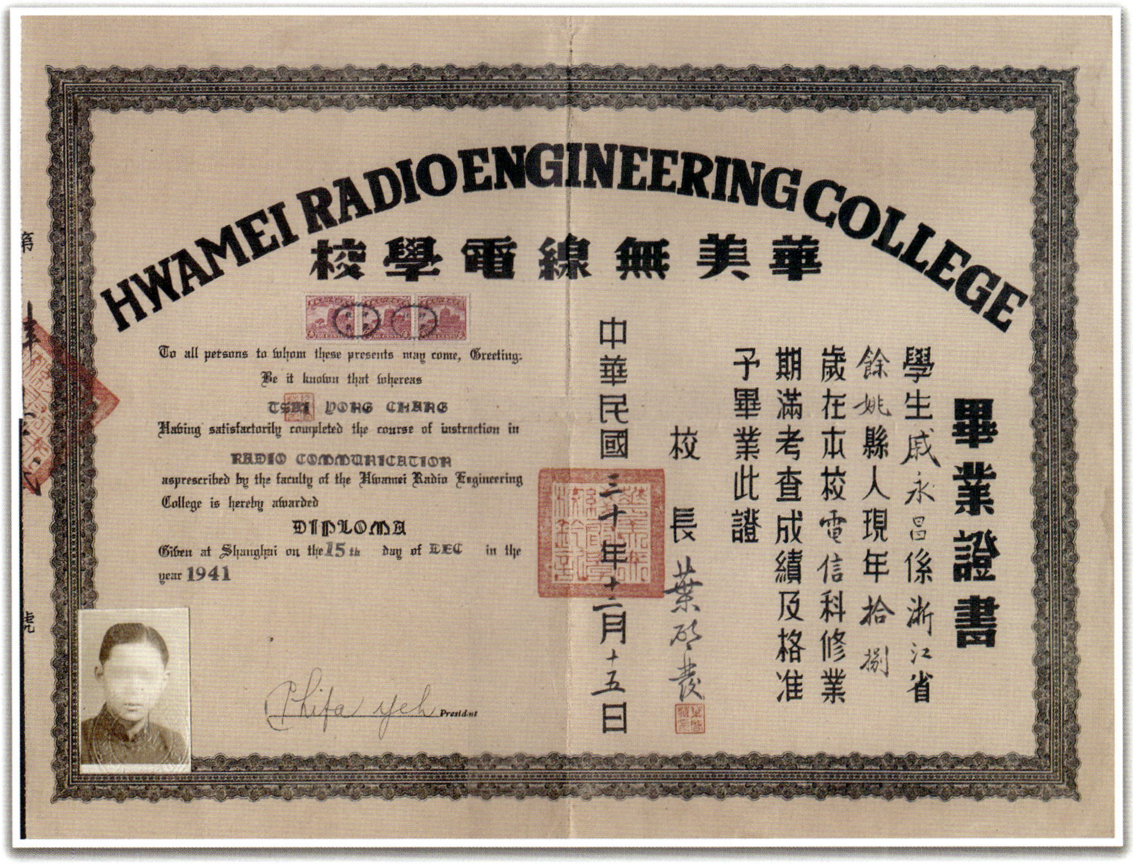

HWAMEI RADIO ENGINEERING COLLEGE

華美無線電學校

To all persons to whom these presents may come, Greeting:

Be it known that whereas

YONG CHANG

Having satisfactorily completed the course of instruction in

RADIO COMMUNICATION

as prescribed by the faculty of the Hwamei Radio Engineering College is hereby awarded

DIPLOMA

Given at Shanghai on the 15th day of DEC in the year 1941

Chifa yeh President

畢業證書

學生戚永昌係浙江省餘姚縣人現年拾捌歲在本校電信科修業期滿考查成績及格准予畢業此證

校長

中華民國三十年十二月十五日

民国三十年（1941）华美无线电学校贴六和塔图印花税票的毕业证

第二部分　研究文稿精选

《对“永春印花税票”的解读》一文不同见解

木 子

【答 1】 孙中山经常到国外，所以穿西装打领带很平常。1920 年时孙先生已有 54 岁，头发有谢顶之征象也很正常，怎能凭此说与孙中山像相去甚远？此票图与后来财政部发行的孙中山像印花税票何其相似乃尔，倒是陈国辉比孙中山小整整 20 岁，1930 年时才 33 岁，谢顶就不太正常，凭此模糊图像说有八分相似何以说起，电脑修改的图像难免有 PS 之嫌。

【答 2】 这些名人的评价，一则死者为大；二则 1932 年底陈被十九路军处决后，不久十九路军成立的福建人民革命政府被蒋分化瓦解，有些人为献媚蒋，故意吹捧抬高陈而贬低十九路军；三则哪怕是罪行罄竹难书的人恐怕也会有几个狐群狗党的上级和下属为其歌功颂德；四则陈被方声涛重新起用，进驻泉州后确实为当地做过一些有益的事，修路筑桥、发展乡镇交通、建造轮船码头、修建街道公园、发展教育事业、创立学校图书馆、举办学校运动会，以标榜自己的功德。在 1934 年 6 月陈国辉家属为其举行出殡仪式上，有人写挽联说他几句好话也很正常。但是，陈的这些所谓业绩都是以剥夺当地民众和华侨的劳动财富为基础的，而且也是 1930 年底以后的事。

【答 3】 所谓号称“泉南王”也就是陈被方声涛重新起用、撤销通缉令、恢复省防军第一混成旅旅长、并加委安南永德警备司令以后的说法，是在 1930 年 4 月后驻泉州的二年多时期内。所以与该票单“庚正月十六日”的使用并无关联。

【答 4】 据永春县志记载，陈是 1929 年 12 月 15 日才占领永春并委郑明彝为县长。而《泉州文史资料全文数据库》有更详细记载，陈是 1930 年 2 月下旬才占据永春并委郑丝竹为县长，这个史料比较令人信服。如果时间属实，怕也赶不及“庚正月十六日”，似这样简陋的图文，怎么看都不像是 1930 年时发行的。

在南京举行的十七省代表会议上，孙中山被推举为中华民国临时大总统。1914 年 7 月，在东京成立中华革命党，被推举为总理。1917 年 9 月 1 日，孙中山当选为中华民国军政府大元帅。1918 年孙中山在上海完成了《孙文学说》《建国方略》《建国大纲》等著作。1919 年 10 月，孙中山把中华革命党改组为中国国民党。孙有大批的三民主义信徒。1919 年左右以他的像为图制作税票非常可能。

图 1　孙中山像

注①：焦继承先生对我在本刊上期文章《评孙中山像“永春印花税票”》一文表示不同见解，对孙中山像和发行时间均予以否定。本人对学术研究百家争鸣表示热烈欢迎。本人上百篇文章，很少有人表示异义。今将焦文刊登，并期望对该票历史有兴趣的同好特别是福建地区的朋友参加讨论，以便弄清历史真相，还其本来面貌。黑体字为本人回应及补充。

注②：上期焦继承先生文章《对“永春印花税票”的解读》，因刊幅限制，有几幅图片未能放入，其中包含陈国辉一图，今予补上。另附孙中山 1910 年于加拿大温哥华筹款时西装像（图 1），并于 1943 年作部颁标准像印制孙中山像印花税票。各位如对本人评论文章和焦文及本人辩驳有不同观点，欢迎继续发表。

《印花交流》总 296 期　2015 年 3 月刊

印花单据欣赏

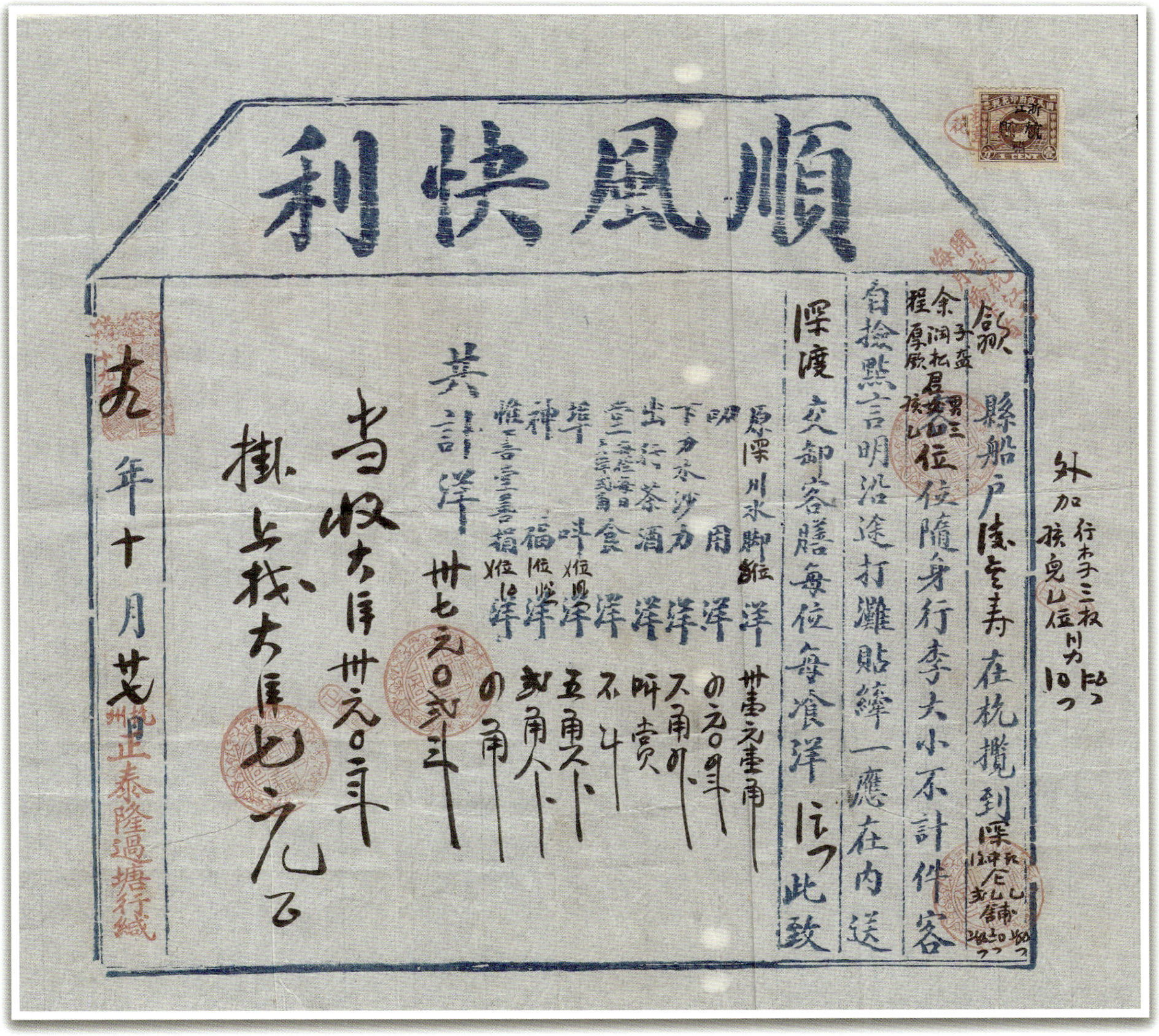

民国十九年（1930）浙江杭州贴版图旗印花税票的正泰隆过塘行顺风快利账单

也谈“闽变”人民革命政府印花税票

木　子

中国台湾省游振杰先生在台湾《邮史研究》总 14 期刊上著文《谈闽变“人民革命政府”之印花税票》，谈及 1933 年 11 月 20 日至 1934 年 1 月 13 日，在福建省福州成立的“中华共和国人民革命政府”（史称“闽变”）发行的“人民革命政府印花税票”之情形，文采飞扬，内容翔实。

唯有一点：“截至目前，还未曾发现以此套任何乙枚税票实贴于实用单据或证照上，五十五天被消灭亡国，时间上实在来不及发行使用……”在游先生发表文章之际，我们大家都未发现过实贴单也是事实。

在 2001 年 9 月南京全国邮展期间，我与游兄有幸目睹了此票的实用单复印件（由于太大不便携带原件，复印件长 1.5 m×0.5 m）。游兄嘱我写篇文章补述，以求史之实，其务实精神殊为可嘉。

图 1

图 2

图 3

此实单是福建同好从福州被清理的档案中得到，实属有缘。

原契为民国十九年十二月典卖土地草契（价大洋 1 000 元），为福建财政厅卖契，国号“中华民国”改盖为“中华共和国”，时间为“元年十二月二十三日”，编号为 692 号，贴大东二版版旗图 1 角二枚盖“福建闽侯城台印花烟酒局”，销“印花”戳。又连“中华”盖房用土木石工料投税草契（价大洋 1 500 元），连福建财政厅卖契，国号为“中华民国”改盖“中华共和国”，时间为“二年一月三日”，编号为“10”号，贴“人民革命政府印花税票”1 角二枚，销“印花”戳。两张官契上均盖有多枚“福建省财政厅闽侯税务局之钤记”及“福建省财政厅印”，在 1950 年 3 月 22 日还盖有“福州人民政府验讫章”多枚。此实单之真实性毋用怀疑。其立契从“元年十二月二十三日”至“二年一月三日”（相隔仅 10 天），在福州“人民革命政府”存在的 55 天之中。

从此单的面世，可以从中得到几点启示：

（1）“人民革命政府”昙花一现的 55 天中，不但发行过印花税票，而且有实用，仅见 1 角面值，此种实单极为罕见，仅在福州有发现。就此种卖契而言，到一月三日时编号仅为“10”号，在此后的 10 天时间内，也不会有过多的实单，而在其余闽海、延平、兴泉、龙汀四省和厦门特别市实用的可能性更小。

（2）其所以罕见，除了政权存在时间短以外，在蒋政权消灭了“人民革命政府”后，还比较彻底地清除了“伪政府”存在时期的一切痕迹，包括印花税实用单，只有隐匿于民间的新票得以保存。

（3）此套票整版为 10×10＝100 枚，无版铭。从“人民革命政府”十一月二十日成立到所见元月三日贴用，要在一个多月时间内完成设计、制版、印刷、贴用，只有福建百城印务局能做到，所以可推断为该厂印制。

《印花交流》总 135 期　2001 年 10 月刊

印花单据欣赏

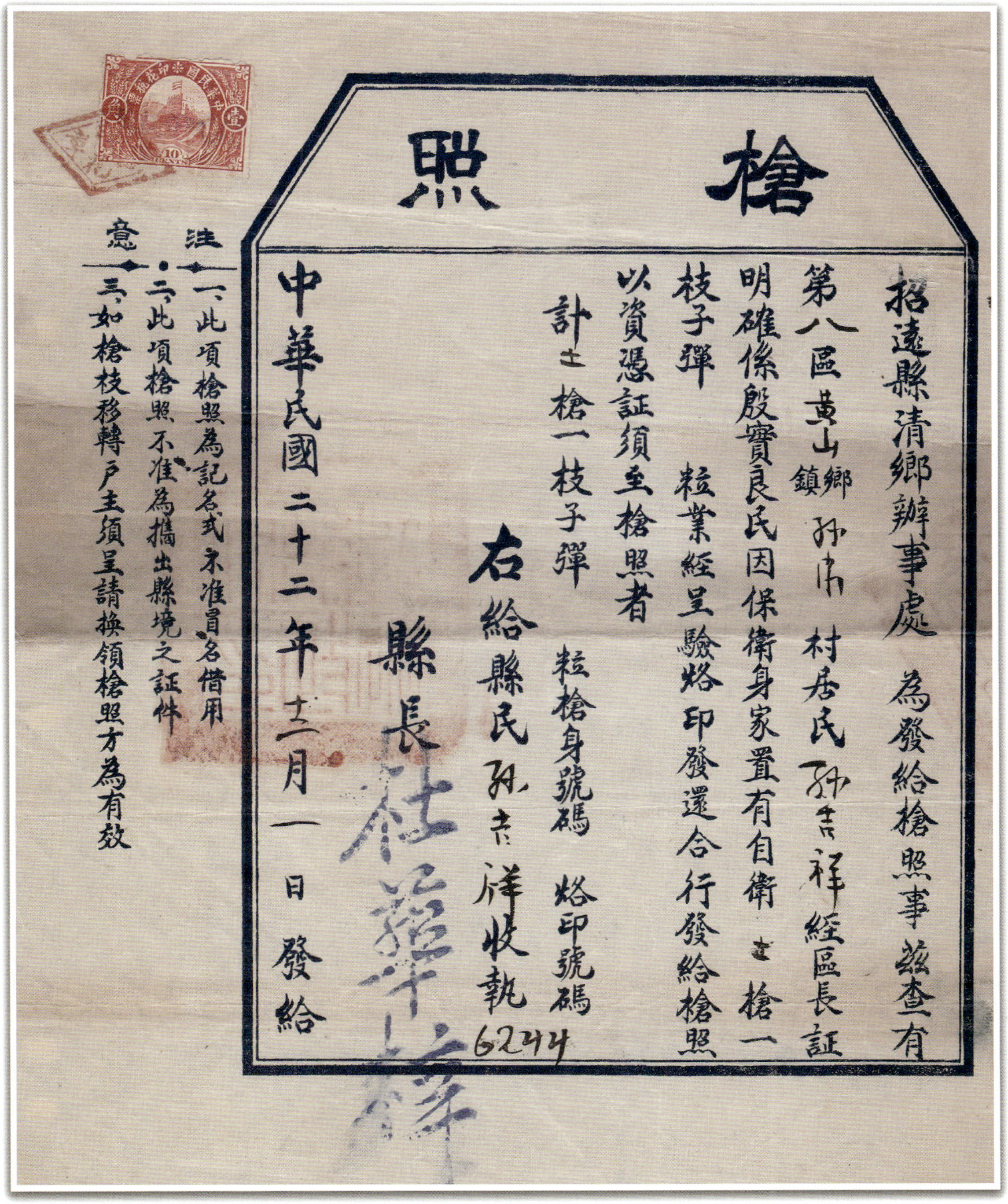

槍照

招遠縣清鄉辦事處　為發給槍照事茲查有
第八區黄山鎮鄉孫家村居民孫吉祥經區長証
明確係殷實良民因保衛身家置有自衛土槍一
枝子彈　粒業經呈驗烙印發還合行發給槍照
以資憑証須至槍照者
計土槍一枝子彈　粒　槍身號碼　烙印號碼 6244
右給縣民孫吉祥收執
縣長
中華民國二十二年十二月一日發給

注意
一、此項槍照為記名式不准冒名借用
二、此項槍照不准為攜出縣境之証件
三、如槍枝移轉户主須呈請換領槍照方為有效

民国二十二年（1933）山东招远贴长城图印花税票的枪照

见证“闽变”历史的印花税票实用单

木 子

“闽变”即“福建事变”，它是民国历史上的一件重大事件。

1932 年初，日本蓄意在上海制造事端，借口日僧人被殴致死向驻守闸北的十九路军开枪挑衅。十九路军奋起自卫，并屡获胜利。当时日军陆战队在上海仅 1 800 人，武装日侨4 000余人，但是日本不甘心失败，不断增兵，陆战队增至 7 000 余人，最终增加到 9 万余人，飞机300 架，兵舰 80 艘。当时十九路军共 3 个师 3 万人马，加上后来蒋调中央警卫第八十七、八十八师组成第五军，由张治中领衔开赴淞沪战场，也不足 5 万。由于日本吸取了在正面进攻失败的教训，从侧翼进行偷袭，守军终因兵力不敷分配，日本得以在浏河登陆成功，中国守军腹背受敌，不得不于 3 月 1 日夜撤至第二道防线。在美、英等“调停”下，5 月 5 日国民政府与日本签订了“淞沪停战协定”。

旋十九路军被调往福建，参与对中央根据地红军的围剿，而十九路军在与红军作战中，屡屡损兵折将，深感蒋的借刀杀人，消除异己的毒计，便酝酿反蒋脱离国民党。当时的两广军阀已联合起来，成立了广东的“国民政府”，对南京政府形成半独立的状态。1933 年 6 月 1 日，《塘沽协定》签订后第二天，十九路军总指挥蒋光鼐，军长蔡廷楷在福州发表通电，反对蒋介石对日妥协。蒋、蔡等联合了国民党内的李济深、陈铭枢等一部分反蒋的左派力量，以及与中共中央商谈，到江西瑞金与工农红军签订了《反日反蒋初步协定》。

在全国民众抗日救亡浪潮影响下，1933 年 11 月 20 日上午 9 点，在福州南教广场（今五一广场）召开“中国人民临时代表大会”，来自广东、广西、安徽、福建、湖南、湖北、江苏、浙江、江西、河北、四川、山东、山西、河南、陕西、甘肃、西康、云南、贵州、黑龙江、吉林、辽宁、察、绥共 24 个省及华侨代表共百余人，及十九路军官兵，福建、福州各机会团体群众数万人参加了大会。大会通过了《福建人民政府代表大会决议案》《人民权力宣言》《制定新国旗案》等议案，确定了新国旗为上红下蓝二横条，中嵌一颗黄色五角星。11 月 21 日，李济深等通电脱离国民党，随后联合第三党和神州国光社成员发起成立生产人民党，以陈铭枢为总书记。

11 月 22 日上午 9 点，假座福建省政府礼堂举行成立典礼，宣布成立“中华共和国人民革命政府”（即福建人民革命政府），发表宣言。宣言主要精神：外求民族解放、排除帝国主义在华势力；内求打倒军阀、推翻国民党统治。实现人民民主自由，发展国民经济，解放工农劳苦群众，并发表了最低纲领 18 条。定都福州，国号为中华共和国，改民国二十二年为中华共和国元年，推李济深、陈铭枢、陈友仁、蒋光鼐、蔡廷楷、戴戟、黄琪翔、徐谦、李章达、余心清（代表冯玉祥）、何公敢共十一人为人民革命政府委员，又推李济深为主席，正式宣誓就职。

同时制定了组织大纲 9 条，设立了“三会”：军事委员会（李济深兼任主席）、文化委员会（陈铭枢兼任主席）、经济委员会（冯玉祥任主席）；“两部”：外交部（陈友仁兼任部长）、财政部（蒋光鼐兼任部长）；“一院”：最高法院（徐谦任院长）；“一局”：政治保卫局（李章达任局长）；“一处”：秘书处（彭泽湘任秘书长）。

并把福建分为四省：闽海省（何公敢、阮淑清正副省长）、延平省（萨镇冰、郭冠杰正副省长）、兴泉省（戴戟、陈公培正副省长）、龙汀省（许友超、徐名鸿正副省长）和二个特别市福州、厦门（市长黄强），并定于中华共和国二年元旦成立。其中因战火逼近，延平省流产。军事机构和部队也作了改组，设立第一方面军总司令部，下辖十九路军总指挥部和七个军、二个空军大队。

中华共和国人民革命政府成立后受到全国各地民众和海外华侨的拥护，中共也派了军事代表张云逸驻福州，但同时也遭到蒋政府的攻击和军事镇压。蒋派人四处活动，游说收买两广军阀，通电反对闽变。12 月下旬起抽调了进攻江西苏区的嫡系部队十余万人，以蒋鼎文为前敌总指挥，在海、空军的配合下，由赣东和浙江分路进攻延平、古田等地。由于双方力量对比十分悬殊，人民革命政府也派人请求红军支援，但遭到当时中共“左”倾领导人的拒绝。

1934 年 1 月上、中旬，蒋军先后占领延平、古田、福州，人民革命政府和十九路军分别迁往漳州和泉州。21 日，泉州、漳州相继失守，李济深、陈铭枢、蒋光鼐、蔡廷楷逃往香港，十九路军番号被取消，部队被蒋改编。福建人民革命政府终告失败。

福建人民革命政府实际存在不到二个月，它曾发行的“人民革命政府印花税票”被禁止流通，已使用的也遭受销毁的命运，遗存非常之罕见。笔者曾在 2001 年 10 月《印花交流》总 135 期撰文《也谈“闽变”人民革命政府印花税票》一文中，披露过福州同好从档案中挖掘到一件中华共和国元年十二月二十三日至二年元月三日贴人民革命政府版旗图印花税票 1 角的实用单，这仍是迄今所知的唯一一件。

笔者今天要说的是在北平版图票上加盖“人民革命政府”的实用单，贴在新加坡华侨银行（图 1）、和丰银行汇到漳州厦门的汇票上（图 2），面值为 1 分和 2 分（以前在同好处曾见过 1 角面值票），时间在 1933 年 12 月 25 日及 1934 年 1 月 9 日，它们应该是在人民革命政府版图旗印制前先使用。

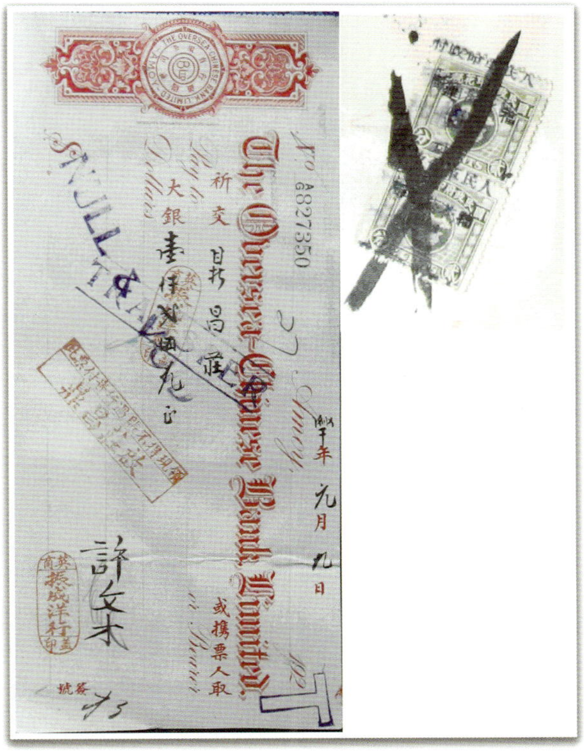

图 1

新加坡华侨银行 1919 年成立，其创办人李光前是著名爱国华侨陈嘉庚的女婿。在他的主导下，新加坡华商银行、和丰银行、华侨银行于 1932 年合并为华侨银行，而早在 1925 年，华侨银行就在厦门设立了第一家分行。

弹指间，70 多年过去，福建事变的战火早已灰飞烟灭，参与事变的当事人也可能所剩无几，唯有“人民革命政府印花税票”还在诉说当年的风云际会：历史不应当以成败论英雄。

《印花交流》总 207 期　2007 年 10 月刊

图 2

印花单据欣赏

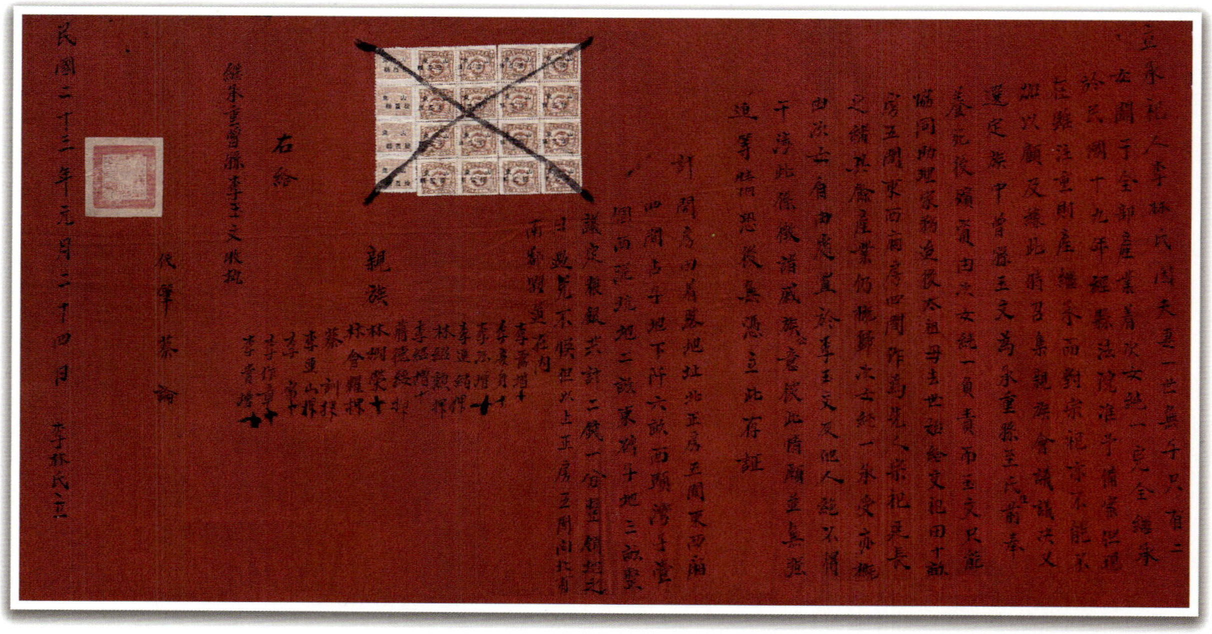

民国二十三年（1934）栖霞县第三区贴版旗图印花税票的民间财产继承书

见证“闽变”历史的印花税票实用单补遗

木　子

笔者在《印花交流》总207期（2007年10月）撰写了《见证“闽变”历史的印花税票实用单》一文。

1933年11月20日在福州成立的“中华共和国人民革命政府”，也称“福建人民革命政府”（史称“闽变”“福建事变”或“十九路军事变”），下辖闽海省、延平省、兴泉省、龙汀省四个省和福州、厦门二个特别市。经过福建同好多年的努力挖掘，已经发现贴原印“人民革命政府”1角票的地契单以及用版图旗税票加盖“人民革命政府”的实用单，主要是漳属地区使用，面值有1分、2分和1角，这要得益于去年6月在厦门鼓浪屿发现的华侨银行厦门分行的一批实物，弥补了史料的不足。

另外，在这批实物中，笔者收集到了厦门特别市的实用单，这也是最近才发现的，主要是用北平财政部版和大东二版的版图旗票加盖“厦门特别市政府　人民政府”字样，面值有1分（图1）、2分（图2）和1角，主要是在思金东（思明、金门、东山）地区使用。1933年11月25日宣布成立厦门特别市，首任厦门特别市市长许友超（许友超［1900—1962］，爱国侨领，原名许书丁，晋江市人。曾任菲律宾马尼拉“中华商会”会长及“菲律宾国难后援会”和“中华航空建设协会马尼拉分会”副会长。为19路军的淞沪抗战及在福建建立空军提供数百万元捐款），12月1日宣誓就职，任职19天后于12月13日升任龙汀省省长。1934年1月10日眼见“人民革命政府”失败在即，力辞省长一职回菲律宾继续经商。第二任市长由漳厦警备司令黄强（黄强［1887—1974］，广州龙川人，曾任19路军参谋长）兼任，但任职仅27天，1月9日厦门攻陷前夜就仓促出逃香港。

图1

为此笔者在想，作为“闽变”事件中的二个特别市之一的厦门特别市的实用单已经发现，那么作为中华共和国人民革命政府的首都“福州特别市”是否真的存在过？因为各种史料对此均语焉不详。如果存在过，是否会有实用单？

如果有，会是什么样的呢？让我们再努力挖掘吧。

《印花交流》总216期　2008年4月刊

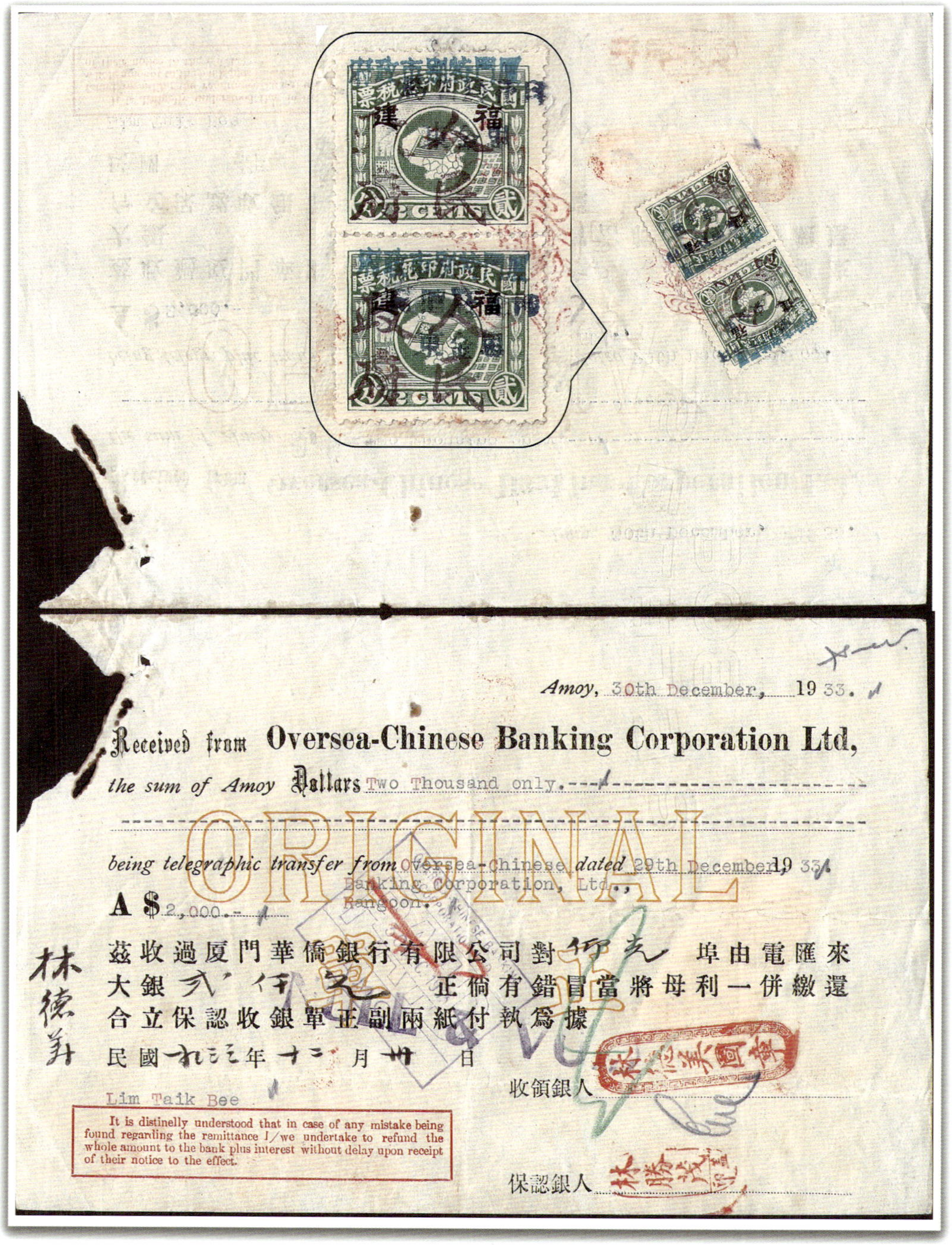

Amoy, 30th December, 1933.

Received from Oversea-Chinese Banking Corporation Ltd,

the sum of Amoy Dollars Two Thousand only.

ORIGINAL

being telegraphic transfer from Oversea-Chinese Banking Corporation, Ltd., Rangoon. dated 29th December, 1933.

A $ 2,000.-

林德美

茲收過厦門華僑銀行有限公司對仰光埠由電匯來大銀貳仟元正倘有錯冒當將母利一併繳還合立保認收銀單正副兩紙付執爲據

民國廿二年十二月卅日

收領銀人

Lim Taik Bee

It is distinctly understood that in case of any mistake being found regarding the remittance I/we undertake to refund the whole amount to the bank plus interest without delay upon receipt of their notice to the effect.

保認銀人

图 2

“闽变”事件实用单补遗

木 子

图 1 陈林浩藏

1932 年 11 月 22 日—1933 年 1 月中旬发生的“闽变“（福建事变），在蒋军的围剿下，前后存在不足二月。

目前发现的遗存实用单有以下几类：

（一）中华共和国元年 12 月 23 日——二年元月 3 日（1933.12.23—1934.1.3）福州贴“人民革命政府印花税票”1 角实用单（孤品，林伟藏品，参见 2001 年《印花交流》总 135 期《也谈“闽变”人民革命政府印花税票》）。

（二）2007 年从厦门华侨银行分行流出一批档案，内有极少部分汇票贴有北平版图票加盖“人民革命政府”字样，（大致从 1933.12.16—1934.1.16），在“漳属”地区行用。（图 2，参见 2007 年《印花交流》总 207 期《见证“闽变”历史的印花税票实用单》）。

（三）在北平版图票上加盖“人民政府”字样，在“泉永属”地区行用。（图 1，陈林浩藏品）。

（四）在大东二版和北平版图票上加盖“厦门特别市政府·人民政府”，在“思金”、“思金东”地区行用。（图 2、图 3，图 4 参见 2008 年《印花交流》总 216 期《见证“闽变”历史的印花税票实用单补遗》）。

（五）在“闽变”失败后，原加盖“人民革命政府”的剩余票上，再叠盖“国”字在“人”字上，以示核加盖票已不再作为“人民革命政府”的“伪政府”票，而仍恢复作为“国”字打头的“国民政府”票。大致为 1934 年 2 月 19 日后，这是在“泉永属”的情况。由于实物有限，可能会有差错或遗漏，欢迎补充指正。

《印花交流》总 228 期 2009 年 7 月刊

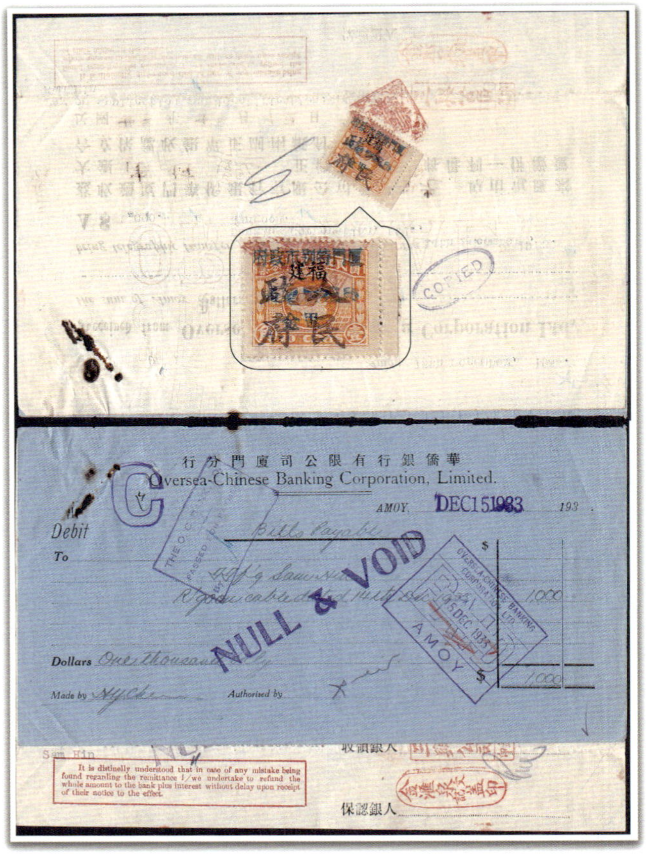
華僑銀行有限公司廈門分行
Oversea-Chinese Banking Corporation, Limited.
AMOY
DEC 15 1933
Debit
To
NULL & VOID
Dollars
Made by
Authorised by
收銀人
保認銀人

图 2

OVERSEA-CHINESE BANKING CORPORATION LIMITED.
THE HO HONG BANK LIMITED
Exchange for
Singapore
25 JAN 1934
Pay to
the Sum of
Value received
TRANSFER
For THE HO HONG BANK LIMITED

图 3

OVERSEA-CHINESE BANKING CORPORATION LIMITED.—Successors to:
THE HO HONG BANK, LIMITED.
No. 2/132
Exchange for A$150/**
Singapore 19 FEB 1934
At sight of this Sola of Exchange
Pay to 安園公司 OR ORDER **********
the sum of AMOY DOLLARS ONE HUNDRED AND FIFTY ONLY.**
Value received which place to account of OURSELVES.
For THE HO HONG BANK LIMITED.
To 華僑銀行有限公司 廈門

图 4

印花单据欣赏

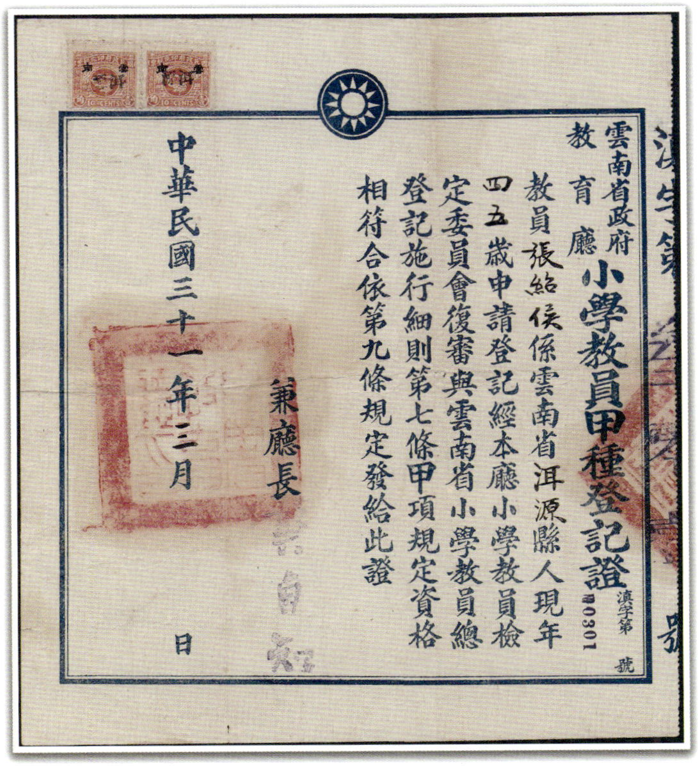
雲南省政府教育廳
小學教員甲種登記證 滇字第B0301號
教員張紹侯係雲南省洱源縣人現年四五歲申請登記經本廳小學教員檢定委員會復審與雲南省小學教員總登記施行細則第七條甲項規定資格相符合依第九條規定發給此證
兼廳長
中華民國三十一年三月 日

民国三十一年（1942）云南省教育厅颁发的贴云南地方版版图旗印花税票的小学教员甲种登记证

福建婚书贴加盖“人民革命政府”印花税票的变迁

木　子

一段尘封已久的历史。

1933年11月22日，福建发生了一件惊天动地的大事。国民革命军第十九路军在福州成立“人民革命政府”，史称“福建事变”，简称“闽变”。

1932年淞沪抗战后，5月5日，蒋介石与日本签订了中日《淞沪协定》，并于6月将十九路军全军调往福建，令十九路军进入福建“剿共”，十九路军入闽后收编了陈国辉、张贞等杂牌部队，同时频频向苏区进犯，但主力部队在闽西、闽北连遭红军重创。十九路军领导人逐渐意识到“剿共”没有出路。

1933年11月20日，十九路军领导人蒋光鼐、蔡廷锴等联合李济深、陈铭枢等各地抗日反蒋人士，在福州召开“中国人民临时代表大会”，会议通过了《中国人民临时代表大会人民权利宣言》，宣布与蒋介石国民党决裂，公开举起反蒋抗日的旗帜。22日，成立中华共和国人民革命政府（简称“人民革命政府”或“福建人民政府”），由李济深担任主席，陈铭枢、陈友仁、冯玉祥（余心清代）、黄琪翔、戴戟、蒋光鼐、蔡廷锴、徐谦、何公敢、李章达共11人为人民革命政府委员，废除国民政府年号，改民国二十二年（1933）为“中华共和国元年”，宣布将福建划分为闽海、延建、兴泉、龙汀四省及福州、厦门两个特别市，福州为中华共和国首都。废除原来的青天白日满地红国旗，另立新国旗。并宣布革命政府的中心任务是外求民族解放，排除帝国主义在华势力；内求打倒军阀，推翻国民党统治，实现人民民主自由，发展国民经济，解放工农劳苦群众。

中华共和国人民革命政府成立后，受到各地民众和海外华侨的拥护。“闽变”后的12月26日，漳州全体机关、社团、工厂、商店、学校，一律悬挂上红下蓝中央嵌着一颗黄色五星的新国旗，各界人士和民众万余人聚会马道底，庆祝中华共和国成立。1934年元旦，漳州地方军政当局，在漳州东坂后（今青年路）礼拜堂举行“龙汀省人民政府”成立典礼。出席典礼的有中华共和国主席李济深、文委会主席陈铭枢、财政部长蒋光鼐、军委委员兼第一方面军总司令蔡廷锴、经委主席余心清、外交部长陈友仁等，徐名鸿副省长率全体政府官员在此宣誓就职。龙汀省政府下设财经、文教、工农运动三个委员会，辖闽西南龙溪、海澄、漳浦、南靖、龙岩、漳平、永定、长汀、清流、宁化等21个县。

与此同时，人民革命政府也遭到蒋介石政府的舆论攻击和军事镇压。

蒋介石亲自兼任“讨逆军”总司令，调集海、陆、空军十万余人犯闽。12月下旬，蒋介石抽调进攻江西苏区的嫡系部队十余万人，以蒋鼎文为前敌总指挥，在海、空军的配合下，由赣东和浙江分路进攻延平、古田等地。同时，蒋介石大撒金钱，收买十九路军高级将领，使其内部自乱阵脚，军长师长几乎全部向中央军投诚。

由于双方力量对比悬殊，在福州外围战事

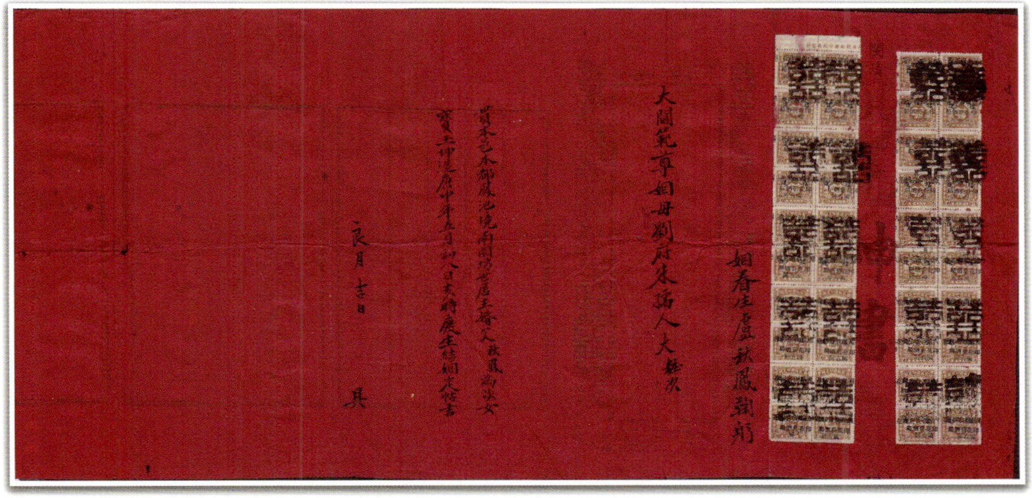

图 1　福建婚书贴加盖“人民革命政府”印花税票

图 2　福建婚书贴加盖“人民革命政府”印花税票 婚书局部放大图

失利的情况下，新政府决定放弃福州，设在福州的首都也在 1934 年 1 月 13 日通电移到漳州，十九路军总部迁往泉州。1934 年 1 月上、中旬，延平、古田、福州先后被蒋军占领，到 21 日下午，蒋军攻占漳州，存在仅 58 天的中华共和国人民政府宣告失败。因此，在民国时期有“漳州做了八日国都”之说。

李济深、陈铭枢、蒋光鼐、蔡廷锴逃往香港，第十九路军的番号被取消，军队被蒋介石改编，保留六十、六十一、七十八师三个主力师番号，军官大多调整为黄埔系。

萨都剌词曰：“一江南北，消磨多少豪杰。”

“闽变”事件离开我们已经整整 80 年，其中的当事人可能大部已经故去，当时的建筑如今大多已荡然无存，只剩下些许传说。

“人民革命政府”的成立和失败有着种种国际国内和个人的原因，让历史学家去研究吧。

本人收藏的一件福建闽清县（当时属人民革命政府闽海省所辖）的红纸中式女婚书（图 1），长 100 cm，高 27 cm，贴北平版图 1 分×40 枚（图 2），印花税票上加盖了“福建”，第二次兰盖“印花烟酒局闽古屏”（闽清、古田、屏南），第三次兰盖“人民革命政府”，第四次加盖“国民政府印花”，销双喜字戳。婚书上无具体年月，唯有女方生辰“庚申年五月初八亥时”生，换算成公历应是 1920 年 6 月 23 日生，所贴印花是“人民革命政府”1934 年 1 月失败后遗存的加盖税票，被再次加盖，使它的属性回复到了国民政府。民国二十四年十一月一日国民政府发行宝塔图印花税票，如此推算，理论上讲这个婚书存在时间当在 1934 年 1 月 20 日—1935 年 11 月。当时这个名唤卢秋凤的女子年龄至少已超过 14 岁。

过去发现过在厦门华侨银行汇票上贴加盖“人民革命政府”的印花税票，失败后，在加盖“人民革命政府”的“人”字上只复盖一个“国”字，使之成为“国民革命政府”（因为汇票已经确立，涉及面太广，不能轻易毁灭，而手工加盖一个“国”字，省时省力省财力）。现在发现在“人民革命政府”文字加盖了“国民政府印花”六个字，欲造成全覆盖的效果，（这种尚未使用的加盖“人民革命政府”的整版印花税票，可以在印机上重新加盖印刷），只是因为加盖时没能对准产生移位，所以未能完全达到上述效果。

这说明当时的国民政府并未完全销毁“人民革命政府”的遗存物资，还是想尽量利用，做到物尽所用，当然不排除当时还没有新的印花税票替代的因素，所以这种概率实在是少之又少。

今天，从极少的实物及史料中，我们还能依稀看到一些当年叱咤风云的人民革命政府的少许遗迹，领略到当年金戈铁马的斗争气息。

以上如有谬误，请不吝赐教。

《印花交流》总289期　2014年8月刊

印花单据欣赏

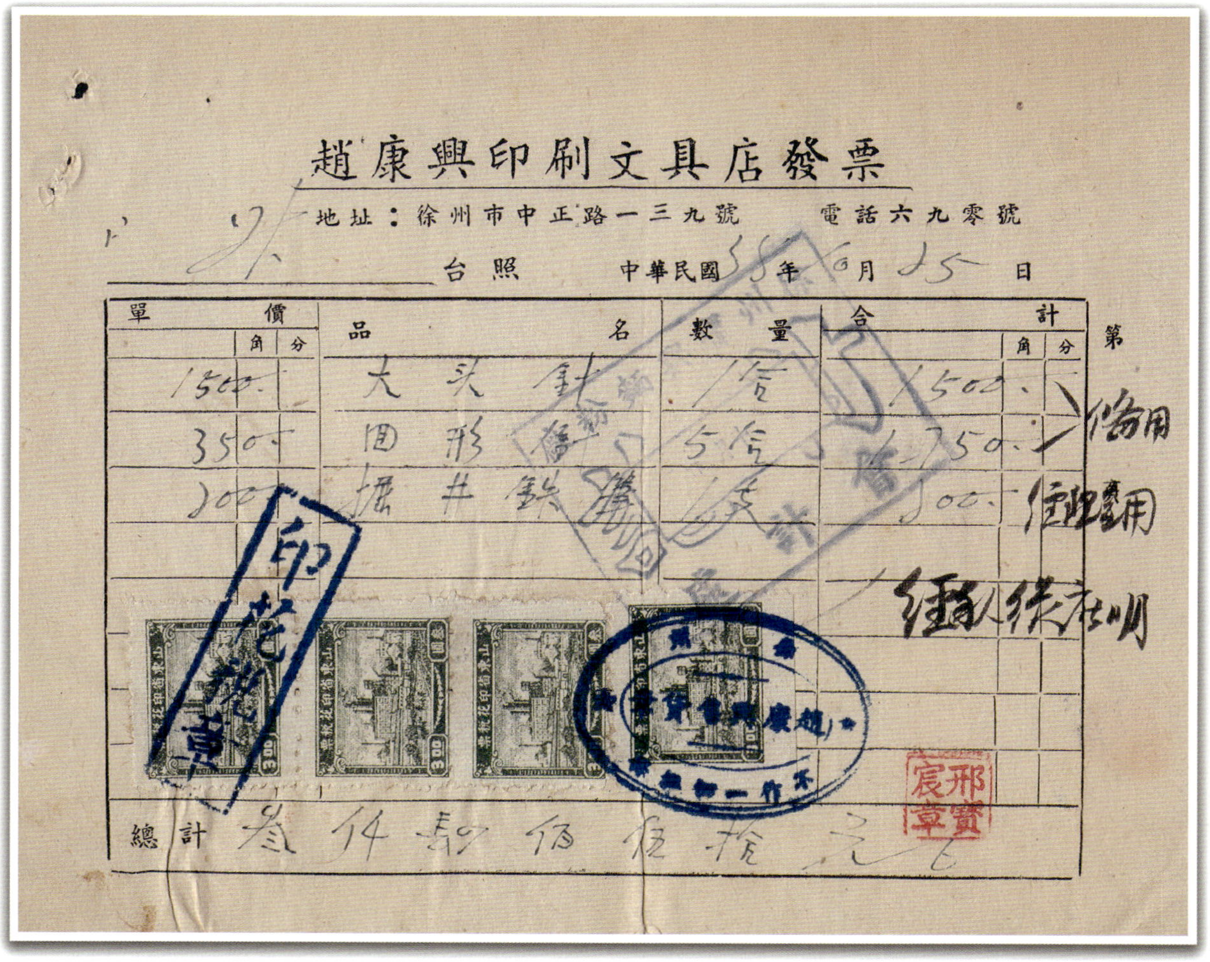

趙康興印刷文具店發票

地址：徐州市中正路一三九號　　電話六九零號

台照　　中華民國　年　月　日

單價		品名	數量	合計		第
角	分			角	分	

總計

1949年山东徐州贴山东解放区工厂图印花税票的发票

福建使用版图旗印花税票另类加盖综述

上海　李德元

1927年4月18日南京政府成立，由上海大东书局先后印制大东一版、大东二版版图旗印花税票，1928年统一全国后在北平发行财政部版版图旗印花税票。全套五枚，1分赭色，2分绿色，1角橘红色，5角紫色，1元蓝色。

大东一版也称地名版，南京政府在自己控制的江苏、浙江、安徽、福建四省首先发行原印有省名的版图旗印花税票。后来，因印有地名的推广到全国使用比较麻烦难以掌控调剂，所以第二版就不印省名，而由财政部在各省领用前统计数量后由厂方统一加盖省名，各省从财政部领取税票后可直接加盖领用的市县名称。大东一版、大东二版版铭为“上海大东书局承印”中英文版铭。二版加盖省名采用窄距楷书加盖。1928年北伐完成，东北易帜后，南京政府表面上统一全国。最后发行的是北平财政部版，版铭全称为“国民政府财政部印刷局制印”，也称北平版，除了暗记各有不同外，加盖省名采用宽距，字体为隶书。

福建是南京政府最早控制的江苏、浙江、安徽、福建四省之一，也是最早使用版图旗票的省份之一。各市县领用后往往还会进行第二次加盖市、县名称，还有第三次甚至更多次加盖。这些加盖文字字体各异，有宋、隶、楷、草等书体；有竖盖、横盖；字距有长短，字体有大小；字体颜色，各有不同。另有加年月铭，仅见四川万县商会，及加盖具体小地名、加干支纪年，如山西，以手工加盖为主。主要是防止当地税源流失及记录发行机构名称。

多年以前，福建厦门华侨银行流出一批汇票、支票，这批单据贴版图旗票的有加盖行业单位名称等情况，比较另类。

最近出版的《福建印花税票图史》不知何故均未有载录，今经整理实单，试述如下：

一、加盖行业名称：“旅馆客栈”（图1）；“旅馆客栈乐户”（图2）；“贸易”（图3）；“报关”（图4）；“旧货”（图5）；“茶商”（图6）；“土货”（图7）；“参药”（图8）；“五金”（图9）；“钱庄”（图10）；“办事处”（图11）；“商市”（图12）；“船业”（图13）；“百货”（图14）；“外运”（图15）；“酒业”（图16）；“首饰”（图17）；“什货”（图18）；“代理”（图19）；“典途”（图20）；“银信分局”（图21）；“华侨银信”（图22，二种）；“国货”（图23，二种）。这些加盖类似于上海的同业公会防盗加盖，也有防止跨行业税源流失的原因。

二、加盖年月：“十九年七月份杂货途”（图24）；“十九年八月份城厢”（图25）；“拾月份城厢”（图26）；“拾贰月城厢”（图27），这里的城厢指的是漳州市芗城区，十九年即1930年。

三、加盖单位名称：“海关”（图28）；竖盖“厦海关”（图29）；“厦海关”（图30）；“金门分局”（图31）。

四、加盖区域名称：“厦禾区”（图32）；“厦鼓区”（图33，二种）；“厦港区”（图34）；“厦港区专用”（图35，二种）。

五、加盖“思金发还流用”（图36，六种）：这种加盖也不多见，所见均为1934年使用，说实在“思金发还流用”是什么意思至今还未搞明白，什么背景也不清楚。

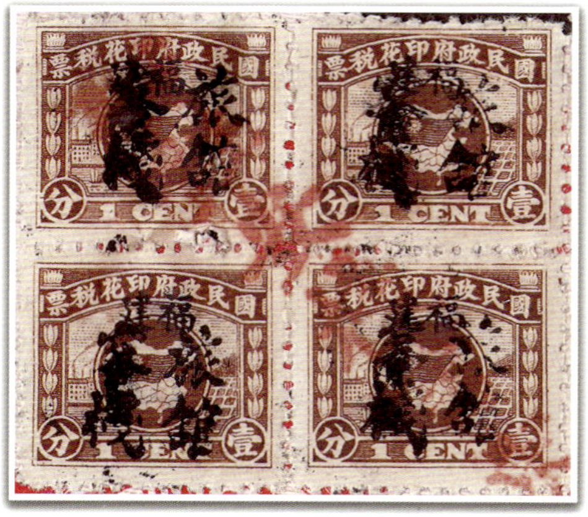

图 1　加盖“旅馆客栈”

图 2　加盖“旅馆客栈 乐户”

图 4　加盖“报关”

图 3　加盖“贸易”

图 5　加盖“旧货”

图 6　加盖“茶商”

图 9　加盖“五金”

图 7　加盖“土货”

图 8　加盖“参药”

图 12　加盖“商市”

图 11　加盖“办事处”

图 13　加盖“船业”

图 10　加盖“钱庄”

图 14　加盖“百货”

图 15　加盖“外运”

图 17　加盖“首饰”

图 19　加盖“代理”

图 16　加盖“酒业”

图 18　加盖“什货”

图 20　加盖“典途”

图 22-2　加盖“华侨银信”

图21　加盖“银信 分局”

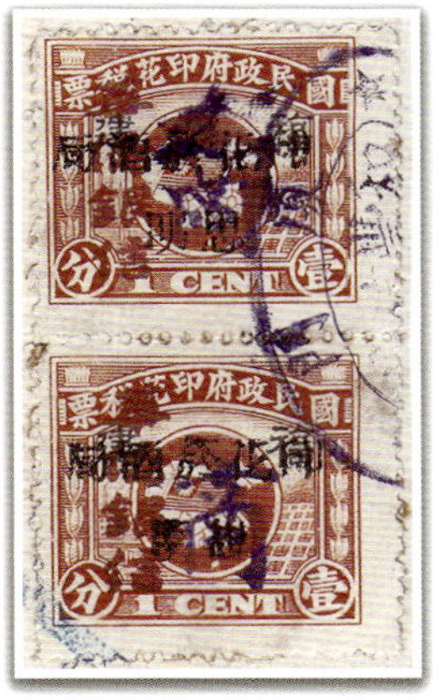

图 22-1　加盖“华侨银信”

图 23-1　加盖“国货”

图 23-2　加盖“国货”

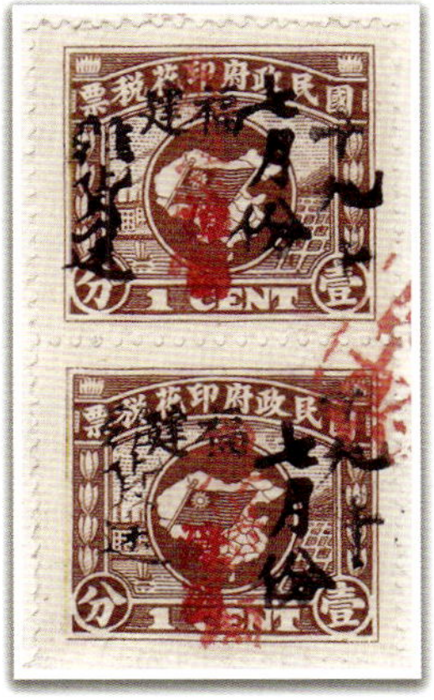

图 24　加盖“十九年七月份杂货途”

图 25　加盖“十九年八月份城厢”

图 26　加盖“拾月份城厢”

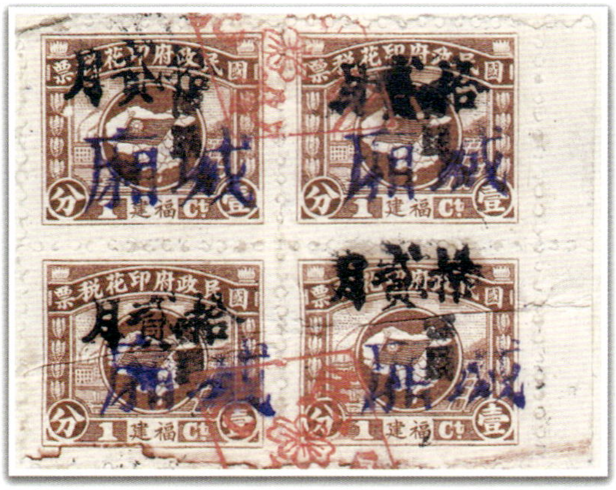

图 27　加盖“拾贰月 城厢”

图 28　加盖“海关”

图 31　加盖“金门分局”

图 29　竖盖“厦海关”

图 35-1　加盖“厦港区专用”

图 30　横盖“厦海关”

图 32　加盖“厦禾区”

图 33-1　加盖“厦鼓区”

图 33-2　加盖“厦鼓区”

图 34　加盖“厦港区”

图 35-2　加盖“厦港区专用”

图 36-1　加盖“思金发还流用”

图 36-2　加盖“思金发还流用”

图 36-3　加盖“思金发还流用”

图 36-4　加盖“思金发还流用”

图 36-5　加盖“思金发还流用”

图 36-6　加盖“思金发还流用”

六、除此之外，还有许多变异加盖品种，加盖移位、错别字：如“印花烟酒局”误盖为“印花浪酒局”（图 37）；“印花烟局酒”（图 38）；“印花烟酒局局　漳属属”（图 39）；“印烟烟酒局”（图 40）；“印花酒烟局”（图 41）；“印花烟洒局”（酒字误成“洒”字并侧卧，图 42）；“印花烟酒局”（“酒”字侧卧，图 43）；“思明”误盖为“明思”（图 44，四种）；“晋南惠”误盖为“晋雨惠”（图 45）及“晋两惠”（图 46）。

七、加盖“××借用”：过去曾分三次购进过一百多件不同地方加盖“借用”的实单，后来听福建同好反映，这种加盖太容易做伪，怀疑供我货的朋友有做假嫌疑。我在《印花交流》总 215 期、216 期（2008 年 6 月、2008 年 7 月）曾撰文《民国版图旗税票福建加盖“借用”成因及版式探讨补遗》及《……补遗（二）》，经漳州陈林浩先生提出质疑其中部分存在变造情况。为此决定，撤销上述二篇文章，这样我把第三次买的退了回去，把之前买的二批几十种贴加盖不同“借用”的实单又相约福州林伟、漳州陈林浩在南昌邮展期间作进一步鉴定，请他们帮助挑出他们认为有作假嫌疑的单子，但他们看了半天，也没能挑出一件假的来，我无意指责他们。“借用”加盖名称以前作过报道，今天根据刊幅情况附一些图片给各位参阅。（图 47—图 71）。

八、其他如十九路军在福建成立“中华共和国人民革命政府”政权更迭的加盖票，本次不再赘述。

这些单子都是从数百上千份实单中挑出来的，花了不少精力和财力，这些另类加盖票过去没有系统刊录过。从时间上贯穿了 1929 年至 1934 年，在地域上涵盖了整个福建省。当然肯定还有许多我未收集到的，相信全国各地大小财税博物馆收藏馆都没有记载或收藏。这些都是不可再生的文化遗产，证明了福建地区当时使用版图旗印花税票的情况，值得珍惜和保护。

《印花交流》总 299 期　2015 年 6 月刊

图 37　加盖“印花浪酒局”

图 38　左边一枚加盖“印花烟局酒”

图 42　加盖“印花烟洒局”（酒字误成“洒”字并侧卧）

图 43　加盖“印花烟酒局”（“酒”字侧卧）

图 39　加盖“印花烟酒局局 漳属属”

图 40　下边一枚 加盖“印烟烟酒局”

图 41　左下一枚加盖“印花酒烟局”其他加盖字体大小不一

图 44-1　“思明”误盖为“明思”

第二部分　研究文稿精选

图 44-2 “思明”误盖为“明思”

图 44-4 “思明”误盖为“明思”

图 44-3 “思明”误盖为“明思”

图 46 “晋南惠”误盖为“晋两惠”

图47 加盖“思金借用”

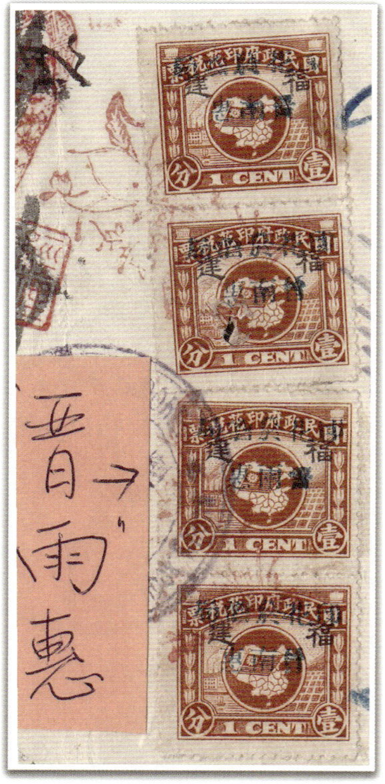

图 45 “晋南惠”误盖为“晋雨惠”

图48 加盖“思明借用”

图 49 加盖“思金借用”

图 50 加盖“思明借用”

图 51 加盖“思明借用”

图 52　加盖“思明借用”

图 53　加盖“思金借用”

图 55　加盖“晋南惠借用”

图 54　加盖“思金借用”

图 56　加盖“漳属借用”

图 59　加盖“福宁属借用”

图 57　加盖“福宁属借用”

图 58　加盖“思明借用”

图60　加盖“晋南惠借用”

图 61　加盖“思金借用”

图 62　加盖“思明借用”

图 64　加盖“思金借用”

图 63　加盖“思金借用”

图 65　加盖“思明借用”

图 66　加盖“思金借用”

图 67　加盖“同安借用”

图 68　加盖“思金借用”

图 69　加盖“晋南惠借用”

图72　加盖“思金借用”

图 70　加盖“漳属借用”

图 71　加盖“漳属借用”

图 73　加盖“同安借用”

图 74　加盖“漳属借用”

印花单据欣赏

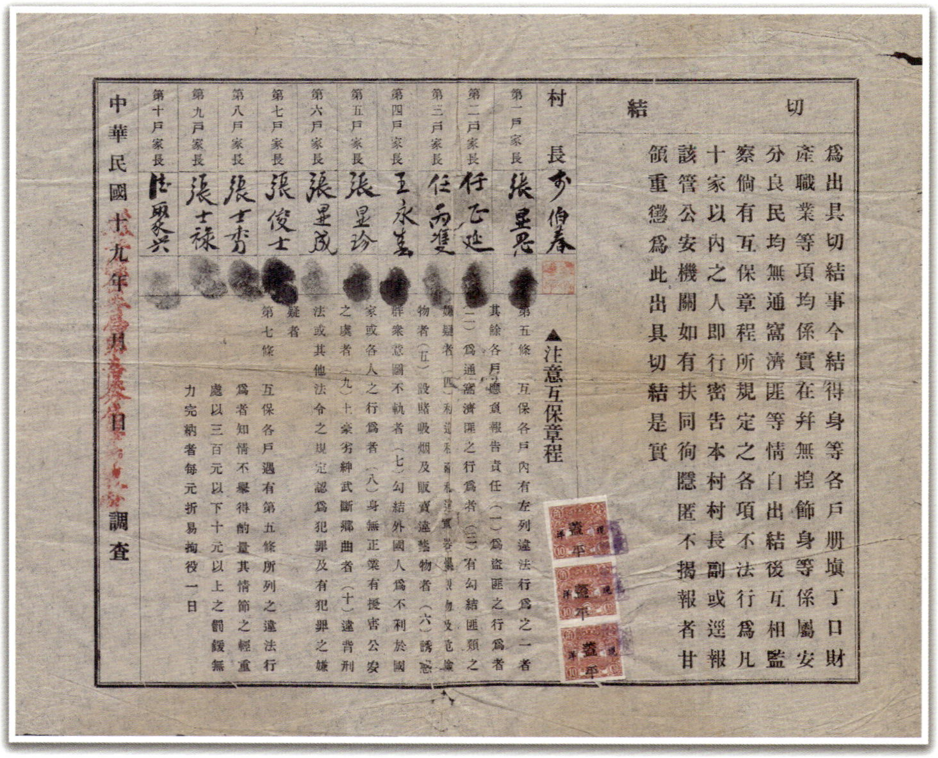

切結

爲出具切結事今結得身等各戶冊填丁口財產職業等項均係實在並無捏飾身等係屬安分良民均無通竊濟匪等情自出結後互相監察倘有互保章程所規定之各項不法行爲凡十家以內之人即行密告本村村長副或逕報該管公安機關如有扶同徇隱匿不揭報者甘領重懲爲此出具切結是實

村長

第一戶家長

第二戶家長

第三戶家長

第四戶家長

第五戶家長

第六戶家長

第七戶家長

第八戶家長

第九戶家長

第十戶家長

▲注意互保章程

第五條　互保各戶內有左列違法行爲之一者其餘各戶應負報告責任（一）爲盜匪之行爲者（二）爲通窩濟匪之行爲者（三）有勾結匪類之嫌疑者（四）私運私藏私造軍器爆炸物及危險物者（五）設賭吸烟及販賣違禁物者（六）誘惑群衆意圖不軌者（七）勾結外國人爲不利於國家或各人之行爲者（八）身無正業有擾害公安之虞者（九）土豪劣紳武斷鄉曲者（十）違背刑法或其他法令之規定認爲犯罪及有犯罪之嫌疑者

第七條　互保各戶遇有第五條所列之違法行爲者知情不舉得酌量其情節之輕重處以三百元以下十元以上之罰鍰無力完納者每元折易拘役一日

中華民國十九年　月　日調查

民国十九年（1930）奉天盖平县贴奉天地方城楼图印花税票的切结

民国时期福建地方印花税票发行初探

上海　木子

福建，简称“闽”，地处我国东南沿海，北与浙江接壤，西与江西、广东为邻，东南与台湾省隔海相望。

1914年7月18日，北洋政府总统袁世凯晋升李厚基为福建护军使。适福建副镇守使杜持因反对巡按使兼管警备事宜，受到撤职处分，李即独揽了福建全省的军权。1916年3月，袁世凯被迫取消帝制，同年6月，袁忧愤而死。7月6日，段祺瑞的北洋政府特任李为福建督军。1917年3月，黎元洪与段祺瑞发生府院之争。4月，李赴北京参加段召开的军事会议，拥护段对德宣战的主张。19日，李呈文以解散国会，改选总统相威胁要挟黎元洪。5月21日，李从北京去参加张勋召开的第四次徐州会议，在会上李既表示倒黎元洪，又赞成张勋关于复辟的决定。28日，黎元洪免除段祺瑞的国务总理，后命李经羲组阁的次日，即1917年6月1日，李宣布福建独立，紧接着李回闽后驱逐了省长胡瑞霖，于是福建全省军政大权全部落入李之手中。

6月22日，李响应张勋入京，宣布福建取消独立。7月1日，张勋拥戴溥仪复辟，任命李为福建巡抚。7月3日，李猝闻段祺瑞在马厂誓师讨逆，临时应变，通电各省，大骂张勋，吹捧段祺瑞，表示坚决拥护共和。7月18日，段重新组阁的当天，即明令李为福建督军兼省长。

目前发现存世的大清纽约版印花税票20文、100文、1 000文，加盖“福建　中华民国”，相信即为福建宣布独立后加盖，因“独立”只有短短的20多天，尚未加盖改值，只有新票，未见实用（图1）。

1917年8月，孙中山先生在广州组成军政府，与北洋政府对峙，福建因处于南北势力的交汇处，情况特别复杂。1918年，孙中山因受省内广东督军陈炳焜的掣肘，谋求向外发展，接受省长朱庆澜的建议，把20个营的警卫部队组成“援闽粤军”，约5千人枪，以陈炯明为司令。1918年6月，援闽战争打响，经过10个月的战斗，援闽粤军控制了闽西南20多个县，总司令部移驻漳州。

此时，北洋政府徐世昌上台，一再申令南北停战，当时第一次世界大战已结束，西方列强为了他们在华的利益，对中国南北政府施加压力，迫使和谈。经双方多次会谈，终于在1919年夏，签订了划界停战协议，认可了粤军的占领。

而此时的援闽粤军已达2万余人，并着手整编。整编结果，援闽粤军分为二个军，陈炯明以总司令兼第一军军长驻闽南漳州，许崇智为第二军军长驻闽西永安。由于闽西各县多贫瘠，筹饷困难，除得到孙中山先生在沪向华侨募款支助外，还发行过印花税票。目前发现的石印大山图1分、2分、1角三种面值票加盖“长汀”（图2，分有齿与无齿），相信即为斯时

图1　美国版大清印花税票20文 加盖“福建 中华民国”

图2　福建 大山图印花税票

斯地发行（近期发现民国七年正月实用单，比援闽军进入福建早数月，因单据失落了验契单，所以还不能完全说明问题，有待今后继续寻求实物）。而驻闽南的援闽粤军主要用中央版长城图加盖使用，1920 年 8 月，援闽粤军接受孙中山令在漳州誓师，回粤讨桂。其驻闽时间前后二年左右。

在援闽粤军打回广州，驱走广西军阀，又参加了援桂战争，安定广西之后，1922 年 4 月，孙中山决定改道江西北伐，大本营移驻韶关，任李烈钧为北伐军总司令，许崇智为总指挥，向江西进兵。然而，陈炯明热衷于联省自治，阴谋阻止北伐，并于 6 月 16 日在广州发动叛乱。孙中山撤了陈的广东省长、粤军总司令等职，并令北伐前线部队返粤靖难，但却遭陈部阻击，又受到北军江西及投吴佩孚的沈鸿英部南北夹击，北伐军不敌，许崇智率第二军李福林、黄大伟等部，退往江西瑞金休整。

此时期，属皖系段祺瑞的徐树铮在沪、浙间活动，在沪会见了离粤抵沪的孙中山先生。徐想获取福建地盘，拟策动驻延平（今南平）的第二十四混成旅王永泉部，讨伐叛逆闽督李厚基（李原属皖系，直皖战争皖系失败后投向直系）。说服孙中山调驻瑞金的部队一同攻李，事成后分享福建成果。孙先生认为可借此机会使困处江西的部队调到福建补充整训，然后再回广州讨逆。遂派员赴赣，传达与徐会谈情况，旋派胡汉民赴延平与王永泉面谈合作攻取福州情事，并签订了协议。如此，许崇智部 5 千人马由瑞金开赴邵武、建阳、建瓯，另派龚师曾部进入泰宁，由于得到了王永泉的默契，一路上没有遇到抵抗。不久，徐树铮也来到延平，随即成立“中华民国建国制置府”，组织建国军。9 月 29 日，王永泉在延平宣布独立，并致电李厚基，促其即日离闽，许崇智亦同时通电声讨李。王、许两部由闽江右岸向福州进攻，并于 10 月 17 日攻入福州。目前发现铭为“中华民国印花税票”双旗图 2 分的票单，应为王永泉宣布独立后印制，并在占领福州后使用。所发现实单均为民国十二年福州地区使用（图 3）。

而铭为“中华民国粤军财政总局”长城图 1 分、2 分、1 角当为许崇智粤军攻占福州后发行使用（见有薄纸和厚纸，薄纸十分罕见，文字图案比厚纸清晰，薄纸发行在先）。10 月 19 日，孙中山委许崇智为东路讨贼军总司令，粤军成为独立系统。王永泉及许崇智部各自在自己的势力范围内征税，以维持军队的粮饷。（1923 年 2 月，许奉令返粤后仍发行此票，故此票在福州及广州均有发现，图 4）。

图 3　福建　中华民国印花税票　双旗图

图 4　粤军财政总局　长城图

1922 年 10 月 24 日，北洋政府下令讨伐徐树铮，任李厚基为讨逆军总司令，萨镇冰为副司令，许其调遣海军，另命第二师孙传芳及第十二师周荫人任福建援军正、副司令，率部从湖北经江西屯兵福建边境。10 月 26 日，孙中山派林森、汪精卫等抵福州犒宴三军。当时，“联省自治”“闽人治闽”高唱入云，孙中山先生主张实行民治，“和平统一”，反对各省借自治为名，实行割据。徐树铮在福州设立制置府为各方所反对，王永泉遂辞“总抚”。后由汪精卫主持召开福州各界会议，31 日公推王永泉为福建总司令，林森为省长（后由孙中山加委），实行军民分治。

11 月 3 日，福建各界通电，告徐树铮已离闽，建国制置府已取消，宣布“闽事闽人自决”，请各方军队停止入闽。萨镇冰并辞讨逆军副司令，以示和平解决。11 月 8 日、9 日，林森、王永泉分别通电就职。

林森，福州市人，早年追随孙中山，加入同盟会，后又加入中华革命党（国民党前身）。在“闽人治闽”的口号下为省长最佳人选。但林任省长后，困难重重，政令不畅，财政枯竭。廖仲恺等人来闽，想在福建印发钞票，筹措革命经费，以供军饷，但被林以闽省贫瘠，局势未定，不宜动摇人心而拒，廖等不悦离闽。许崇智原以为能发行钞票，则军费可以不愁，后此事不成，对林主闽也未予积极支持。国民党福建支部长黄展云，原以为驱走李厚基后，省长一职非他莫属，而今以林为省长，愤愤不平，勾结地方势力，对林处处为难。王永泉虽表面与粤军合作，但内心垂涎闽政，与北洋政府暗通款曲，如此种种，使林日益孤立，勉强维持了四个月。

1923年1月，因广东军情紧急，孙中山令许部迅速回粤讨伐陈炯明。2月1日，许率东路讨贼军八个旅自福州、泉州、漳州入粤（仍留四个旅留闽）。粤军离闽后，王永泉感到势单力薄，自己打的是南方革命政府的旗号，虽与林不洽，但林是民选的，又是孙加委的，不便反对，也希望与较中立的萨镇冰搞海陆联合以抗孙传芳。林森在“倒林拥萨”风潮中（2月8日）被迫辞职，同日，萨做了“自治”省长（早在10月15日，曾被北洋政府任为省长），林不久也应孙中山电召离闽返粤。

在林主闽的四个月中，曾发行过铭为“中华民国印花税票”的石印三面旗图票，右为铁血十八星旗，左为青天白日旗，中为五色旗，三面代表不同政权的旗帜同时在印花税票上是绝无仅有的，也反映出当时闽局的复杂政治局面。所见面值1分、2分、1角三种，有的票上加盖有麦穗纹饰及篆书“总”字（图5）。（近期发现民国十一年十二月实单）。1923年2月萨任省长后，与王永泉等致电北洋政府表示拥戴。3月以后，孙传芳与周荫人部自江西杉关长驱直下福州，孙任督理福建军务善后事宜，于5月驱走王永泉后向浙江用兵，周荫人继为福建军务督办，萨仍为省长。

在萨镇冰任福建省长的几年中，曾发行铭为“福建印花税票”双旗图票，面值见1分、2分、1角，不同版式多达五、六种，推测为代表不同时期、不同承包发行人所设。发行时间从1923年起至1926年，个别有延期使用至1928年（图6）。

图5　福建三旗图印花税票

图6　福建印花税票 双旗图

自粤军离闽后，一批地方势力及李厚基的残余势力，趁机割据地盘，也发行过印花税票。如民团林寿国部，盘踞莆田、仙游，曾发行石印“莆仙印花税票”，无齿，仅见1分面值，未见实用，推测发行于1924年—1925年（图7）。在泉州地区，还发现铭为“福建泉属印花税票”石印双旗图2分面值票单，图案仿均福建印花税票，发行实用时间在1926年—1927年间（图8）。尚见一种加盖“福建陆军第三师”的红色1分票，图案极为模糊，看似大厦图，发行时间为民国十五年（图9）。据闻，还有一种老鹰图的印花税票，惜未见实物，缺图（某刊曾登图片。因其特别声明：图片属于知识产权，非经许可，不得翻印，为免“官司”，不翻印，本刊也不为其扬名广告）。本人曾收藏民国十二年二月的实单，贴有石印长城1角票，刷色与以往红色的不同，为土黄色，此单目前为台湾同好收藏，迄今未见过第二枚。这种长城图票发行时间要早一些。以上这些票，当为福建不同的地方势力所发行。

图7　福建莆仙印花税票

图8　福建泉属印花税票 双旗图

图 9　福建陆军第三师印花税票

闽系海军在 1923 年前后，北洋政府给予海军的军饷不足，致使欠饷长期得不到解决，为维持生计，只得自寻出路，就地筹饷。1924 年 6 月，练习舰队司令杨树庄使用政治手腕，迫使臧致平师放弃厦门。海军割据闽厦后，成为独立王国，设立捐税机关，任用私人，截留地方税款，名为征税，实为包税，税收多中饱。还发行印花税票，铭为“闽南财政厅印花”，红色 1 角，贴用于当时婚书（图 10），及 1927 年厦门实用的铁锚图 2 分票单（图 11），均应属海军系统发行。

图 10　闽南财政处印花

图 11　铁锚图印花税票

图 12　南永安 印花税票 林伟藏

在英国 1986 年发行的“THE REVENUE STAMPS OF COMMUNIST CHINA”第 10 页附有一枚铭为“南永安印花税票”1 分票加盖“永春”，是使用于南安、永春、安溪的地方票，其发行时间推测为 1927 年—1928 年（图 12）。

1926 年 10 月，北伐军东路军由何应钦统帅在松口一战，击溃周荫人师后分兵三路入闽，12 月 2 日迫近福州。目前发现铭为“龙属印花税票”1 分票（图 13），应是北伐军克龙溪（今漳州）后所发行，但未见实用。

图 13　福建 龙属印花税票

图 14　人民革命政府印花税票

1933 年 11 月 20 日，国民党十九路军，因反对蒋介石，在福州成立“中华共和国人民革命政府”，发行了“人民革命政府”印花税票一套三枚，1 分、2 分、1 角。该政权在蒋的派兵围剿下失败，只存在 50 余天。近期在福州发现实用单，为仅见（图 14）。

1938 年 5 月 13 日，厦门被日军侵占，同年成立维持会，发行一种铭为“厦门治安维持会印花税票”，以鼓浪屿日光岩与太极图为主图，目前仅见 2 角面值（图 15）。1943 年 3 月 26 日成立厦门特别市（按：文献时间可能有误，已发现民国三十年实用单），发行铭为“厦门特别市印花税票”，图案相似，唯以国民党党旗改换太极图，面值有多种（图 16）。

图 15　厦门治安维持会印花税票

图 16　厦门特别市印花税票

另外，人称“闽北王”的卢兴邦，从 1922 年开始，割据闽北多年，迄今尚未闻流出什么印花税票，让人有点不解。随着印花收藏的深

入，经过挖掘，相信还会有新的品种问世。（本文票图部分为友人提供，全文完）

为使本文内容能更清晰明了，特制成下表，将历史大事和所用印花加以对比列出，敬请参考。

民国六年—民国十七年福建大事记		附图	印花税票种类
六年	设立福建印花税分处		
六年六月一日—六月二十二日	李厚基宣布福建独立	图 1	大清印花加盖“福建中华民国”（20 文、100 文、1 000 文）
七年夏	陈炯明率援闽粤军入闽	图 2	闽西各县使用大山图加盖“长汀”（1 分、2 分、1 角）；闽南使用长城图加盖“龙溪”
九年十一月	改称福建印花税处		
十一年九月二十九日	王永泉在延平宣布独立	图 3	中华民国双旗图 2 分
十一年十月十七日	许崇智率粤军攻占福州	图 4	粤军财政总局长城图 1 分、2 分、1 角（注 1）
十一年十月三十一日	林森任省长	图 5	三旗图 1 分、2 分、1 角
十二年二月八日	萨镇冰任省长	图 6	福建双旗图（按 1 分、2 分、1 角，版式多达五、六种）
十三年	民团林寿田部据莆田、仙游	图 7	莆仙印花税票 1 分（未见实用）
十三年六月	闽系海军杨树庄割据闽厦	图 10	闽南财政厅印花 1 角
十五—十六年	泉州地区	图 8	泉属印花税票 2 分（按有 1 角）
十五年冬	北伐军入闽	图 13	龙属印花税票 1 分（未见实用）
十六年	海军系统发行	图 11	厦门铁锚图 2 分
十六—十七年	南安、永春、安溪地方	图 12	南永安印花税票 1 分加盖“永春”

注①：此文系本人 2002 年 3 月 2 日在台湾中华集邮会上的讲演稿，由台湾同好游振杰先生代为讲演。关于福建印花的文章写了有半年多时间，在这半年多时间里，经过同好的努力挖掘，又有新的品种面世，为了互通情况，简告如下：

（1）福建泉属印花税票（图）。

（2）中华民国印花税票党徽图 1 分、5 分（推测为卢兴邦于 1928 年—1930 年发行，图）。

（3）石印士农工商图 2 分、1 角盖“厦门”（图）。

（4）厦门治安维持会印花税票 2 分、1 角（图）。

（5）闽军总司令部印花税票双旗图 2 角（推测发行于 1924 年，用于婚书）。

注②：根据最新资料“粤军财政总局”长城图在漳州于 1918 年底至 1919 年初发行。

（总 146 期修正与补充）：

★ 福建李朝滨先生来信，对《初探》发表看法，摘录如下：

（1）关于“龙属印花税票”：漳州自唐垂拱二年设州以来，虽几经变革，称路、府、道，但始终冠以“漳州”，民国几套加盖票亦为“漳属”，从未称“龙属”，本人估计可能是龙岩发行。（按：有理，“龙属”应指龙岩所属，今起从此说。）

（2）该文像是漏了一种“士农工商图”加盖“福建”……（按：因原票系广东发行，故未列入）

（3）关于日伪“厦门特别市”：根据福建日报社编，1980 年出版的福建地方史料《八闽纵横》第一集，1938 年 5 月 11 日，日军占领厦门，搜罗一些汉奸，建立伪厦门治安维持会。1939 年 7 月，改维持会为伪厦门市政府。1941 年元旦，升格为伪厦门特别市，属汪伪中央的直辖市。（按：此史料比较可靠，故“厦门特别市印花税票”应为 1941 年发行，与发现的民国三十年实单相符）。

★ 有同好补充“厦门特别市印花税票”另一种版式：2 分（黄色），2 角（绿色），特征：

（1）小写体“式”字；

（2）党旗无褶痕。（附图）

《印花交流》总 143—146 期
2002 年 6 月—9 月刊

“唐山（印花税票）过台湾”之史事

台湾　游振杰

“唐山过（来）台湾”是句台湾话。“来”有些不发音。意思是自中国大陆搭船经过黑水沟（台湾海峡）来到中国台湾省。

“唐山”泛指中国大陆之意。明清时代，离乡背井的闽南人称故乡都叫“唐山”（闽南语）。至今，海外老一辈的华侨，尤其是东南亚闽南华侨，还是这么说。

民国北京政府第一套印花税票曾在中国台湾省还是日本殖民地时期出现过，当时的台湾人一定称此“中华民国印花税票”为“唐山的印花”。

时代的演变，谁也没想到，长城图印花税票居然在海峡两岸往来的历史夹缝中作了一些见证。除了涉及两岸民间买卖的契纸文书贴低额面值长城图印花税票外，笔者在此拿出几份官方证书贴高额面值印花税票，与同好前辈共切磋，赏玩其乐。

如图 1 所示，原件为 31.5 cm×21 cm 之厦门交涉公署证明书，此种证明书为既印格式之文书，专为国人出境赴他国交给证明之用。

此份证明书为民国十五年（1926）五月三日厦门交涉公署给福建省惠安县木材商陈银生携子前往台湾宜兰之用。行文之意：向日本领事官署（类似今天边防移民官员等）呈验以资执证凡经过地方庶可照章保护，有如今天所用的护照效果。

此份至今将近八十年的证明书，透露出如下信息：

（1）右上角贴长城图印花税票，面值 1 角二枚（横双连），所盖销的圆图章与盖销在照片上的相同。表示此证明书贴花注销，完成法律手续，始有效用，陈氏父子得以成行赴台。

贴花 2 角，可能是因为父子两人之故，盖北洋政府税制时期，印花税法规定：人民投递官署呈文申请书贴印花一角。或福建税制自行规定亦有可能。

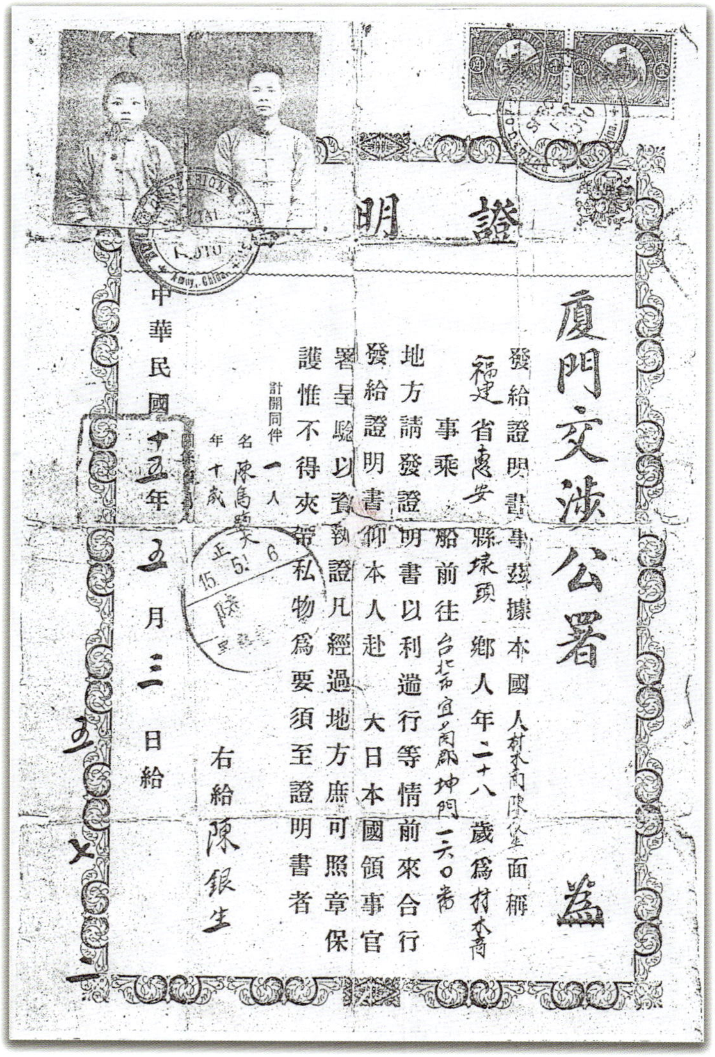
證明

廈門交涉公署

爲發給證明書事兹據本國人材木商陳銀生面稱

福建省惠安縣埭頭鄉人年二十八歲爲材木商

事乘船前往台北府宜蘭坤門一六〇番

地方請發證明書以利遄行等情前來合行

發給證明書仰本人赴大日本國領事官

署呈驗以資執證凡經過地方庶可照章保

護惟不得夾帶私物爲要須至證明書者

計開同伴 一人

名 陳烏

年 十歲

右給陳銀生

中華民國十五年五月三日給

图 1　厦门交涉公署证明书

详视其票，乃北京版长城图者，票上加盖黑色字样，惜模糊不清。所盖圆形图章为英文，外圈为 BUREAU OF FOREIGN AFFAIRS, Amoy China（译：中国厦门外事局或称中国厦门交涉公署），中间为 SPECIAL FOR PHOTO（相片专用），应该也算是官章。另一关防盖在年份上，惜字体不清楚。

（2）证明书填发日期为为民国十五年五月三日给。

当时南方政府尚未入闽纳其势力范围，福建省各军阀有其自制印花税票，却也未使用其印花税票。

是否涉外单位或中央体系还是用北京政府颁布的印花税票？但北京政府于民国十四年九月以后已发行麦穗图印花税票，为何又不用印制福建字样的麦穗图者（如图 2 所示）？

图 2　嘉禾图印花税票 福建 2 分

而为何福建之麦穗图印花税票一直未发现有使用过的？甚至连票品本身都很困难寻觅到？

（3）当时厦门到基隆行船需约两三天的工夫。

证明书上盖有入境章，为大正十五年五月六日，基隆警察署，上陆（即上下岸登陆之章）。

（4）在中国台湾省被日本殖民时期，过海也很容易嘛！只要一纸证明书贴上照片的印花税票即能成行。

“君自故乡来，应知故乡事，来日绮窗前，寒梅著花未？”今适逢长城图印花税票发行九十周年，此份厦门交涉公署证明书在中国台湾省已历经两个不同的时代，其上“唐山”的印花税票记录海峡两岸往来的史实，其彰显的历史意义是非凡无比的。

注：游振杰先生多年来活跃于海峡两岸税坛，其对税票钻研的执着精神是大家有目共睹的。其文章注重档案史料与实物的结合，有血有肉有文采。其人也善，见多识广而又虚怀若谷。其为本刊撰文，是对本刊的支持，在此表示诚挚的感谢。

《印花交流》总 155 期　2003 年 6 月刊

广东使用长城图印花税票初探

木　子

多年以来，就想写一篇有关广东使用长城图票的文章，但一直迟迟不敢动手，原因有二：一则广东地方军阀与周边诸军阀关系错综复杂，政权更迭，人事变化频繁。据统计自民国二年起至民国十四年的十二年间，主管军政的有 13 人（次），主管民政的竟然有 29 人（次）之多。1912 年至 1917 年财政厅长有 9 人（次），1917 年至 1925 年军政府时期财政部长也有 6、7 人（次），真是城头变幻大王旗。二是实物与史料均十分匮乏，怕写不好，反而会谬种流传，贻误他人。

去年适逢机缘，购得几批实单及有关史料。时间从民国七年至民国十七年，加上早年收集到的实物，经过综合分析、排比，对广东使用长城图票有了比较系统的感性认识。近期又得到江苏、上海二位同好无私提供军政府及大本营时期一些史料，故而不揣冒昧，作初步探索，以期抛砖引玉，错漏之处，祈知者斧正。

1911 年 10 月 10 日，武昌起义爆发，短短二个月，全国有 17 个省先后宣布脱离清政府而独立。广东亦于 11 月 12 日成立军政府。军政府下设财政部，综理全省赋税。

1912 年 1 月 1 日，中华民国临时政府在南京成立，孙中山任临时大总统。2 月 12 日，清帝在袁世凯逼迫下宣布退位。3 月 10 日，袁世凯在北京就任临时大总统，临时政府迁北京，史称北洋政府（北京政府）。孙中山先生迫于压力，辞去临时大总统。

民国二年七月十二日，北洋政府首任胡汉民为广东都督，至次年六月十四日免，改任陈炯明（未任），七月二十六日革职，八月三日（一说十八日），北洋政府委派龙济光为都督（至民国五年六月）。

八月十一日，广东接到北洋政府发来的长城图印花税票，遂于九月十日正式开征印花税。并于省河设立分发行所 20 间，各地由县署兼办。

十月一日，原军政府财政部改称财政司，并依北洋政府规定，划分国税及省税，设立国税厅综理国税，财政司综理全省赋税。

民国三年七月十日，同时裁撤国税厅、财政司，成立财政厅，综理国税及省税。

民国五年七月十日，北洋政府任陆荣廷为广东督军（至六年四月十日免）。1915 年底，袁世凯复辟帝制，招致全国反对。云南一马当先，首先宣布独立，与北洋政府决裂。在长城图税票上加盖“云南　独立自主”字样，首开地方发行印花税票之先河。

民国六年六月二十六日（一说二十二日），桂军以护法为名，宣布两广地方军民政暂行自主，（宣布独立）。七月，孙中山反对北洋军阀解散国会，提出拥护约法，恢复国会的主张，并亲率驻沪海军及部分国会议员南下广州，联合西南各省已宣布独立的实力派开展护法运动。八月在广州召开国会非常会议（议员不到法定人数，非正常），决定成立中华民国护法军政府。九月一日孙中山当选为大元帅（十日就职），广西陆荣廷、云南唐继尧为元帅。从此以后，广东成为全国政治斗争的中心，但陆、唐均不就职，他们并非真心与孙中山合作，不过是借用孙中山的护法主张及影响来抵制北洋政府的武力吞并。

同年，成立广东印花税分处，撤销省河各分发行所，另外设置省河，潮梅、佛山、江门、台山、中山、陈村、石龙、南韶连（南雄、韶关、连山）、海口、两阳（阳春、阳江）十一支处，清远、宝安二个专员，其余仍由县署兼办。

当时，广东除了军政府外，还有原北洋政府任命的督军陈炳焜（八月二十一日辞后改莫荣新），虽已不与北洋政府往来，但仍听命于北洋政府任命的两广巡阅使陆荣廷的调遣。二者的关系颇为微妙。一方面孙中山拥有部分海军及国会议员的支持为后盾，但不能控制局面，办事处处受到掣肘。而陆及在广东的代理人也要借用孙的威望及政治主张对抗北洋政府，故而也不敢过分得罪孙中山。孙中山忍无可忍时也曾为惩罚莫荣新的跋扈行为，命军舰炮击督军署，而莫督恐事态扩大也忍而不发。

广东“独立”前，粤督方面在中央版长城图加盖“县署”（图1）。“独立”后，利用中央版长城图加盖“粤发行所”，竖排，字体极小（图2）。军政府成立后，也仿粤督方面的字体及加盖形式在中央长城图上加盖“军政府发行”（图3，后来也发行过平版票加盖“军政府发行”），两种加盖票十分相似，实行双轨制，以致经常会发生互相“搀销”的情事。本人持有民国七年九月及九年四月贴加盖“粤发行所”的实单（图4），此时期孙中山已被排挤出军政府。

图1　中央版长城图
2分　加盖“水东支处”

图2-1　中央版长城图
1分　加盖“粤发行所”

图2-2　中央版长城图
2分　加盖“粤发行所”

图3　平版长城图　2分
加盖“军政府发行”

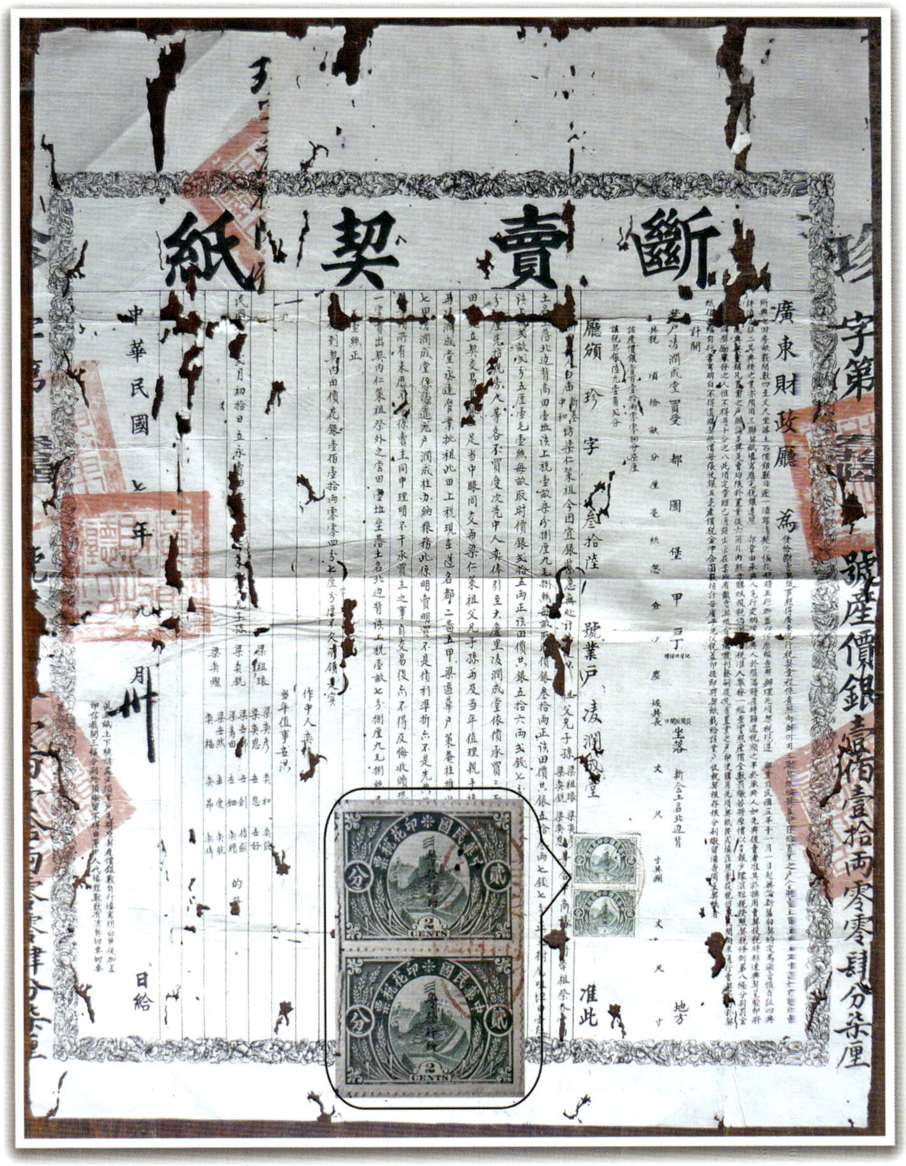

图4　民国七年（1918）九月贴加盖“粤发行所”长城图印花税票的实单

由于随孙中山南下的海军较弱，又有不稳的趋势，孙中山领导的军政府无法开展护法运动。为了改变这种局面，孙中山接受了省长朱庆澜的建议，接收20个营的亲军成立粤军，却遭到陈督的拒绝，推说要请示陆帅，后来又提出诸如使用、名称、人事、经费、枪支补给等问题，尤其提出要由广东督军统辖。后来孙中山与朱庆澜直接协商，为减少阻力，军队组建后可命名为粤军，如去打福建则冠以“援闽”，以示绝不留在广东与桂军分地盘，以现任广东警备司令陈炯明为司令。统属问题，桂系力争就暂不与之计较，待掌握实权后就好办了，补给问题当然由广东省负责。后来朱与汪精卫代表孙中山与陈炳焜谈判，陈一直拖延不办。由于陈的骄横，引起护法人士不满，陆荣廷不得不以莫荣新代陈督粤。恰于此时，潮梅镇守使莫擎宇受段祺瑞收买，招致驻闽北洋军臧致平师入粤，宣布独立，发兵西犯，粤东形势突变。莫荣新为缓和内部矛盾，共同对敌，不得不对孙中山作出让步，允许成立粤军，但仍坚持由广东督军任命陈炯明为总司令，军费由广东财政厅支付，枪支由督军署批准，向兵工厂领取。该部即为后来开赴福建，建立闽南护法根据地的“援闽粤军”，并在1919年至1920年间在漳州发行使用“粤军财政总局”长城图（图5）。（请参阅《印花交流》总146期（2002年9月，《也谈“粤军财政总局”长城图票》，这里不再赘述）

图5　粤军财政总局印花税票1分

由于孙中山的一系列言行不符合陆荣廷等军阀的利益，桂系加快了排挤孙中山的步伐。民国七年，桂系联合了非常国会部分议员和政学会首领岑春煊，把军政府一长制改为合议制，选举岑春煊、唐继尧、陆荣廷、孙中山、唐绍仪、伍廷芳、林葆怿七人为总裁，以岑为首席总裁。孙中山遂于5月4日宣布辞去大元帅职，并于5月20日离穗赴沪。

同年7月裁撤广东印花税分处，由财政厅接管。10月，北洋政府徐世昌为大总统，倡议南北议和。时第一次世界大战结束，人心思定。岑春煊以首席总裁名议赞成召开和平会议。1919年2月开始在上海召开会议，会议开了很久，总无结果。孙中山为此发表声明并于8月7日辞总裁职。

前面所称实行“双轨制”，是指军政府与粤督省政府两个不同的政治集团在各自势力范围内，分别使用不同的税票进行征税。前者用加盖“军政府发行”，后者用加盖“粤发行所”，两种加盖十分相近，以致容易发生搀销情事。

1919年1月13日，广东军政府发表《关于推行印花税票的训令》，可能是由于加盖“军政府发行”长城图在推行使用中受到挫折或阻力，也可能是发行新版长城图加盖“军政府发行”，这二种（即中央版加盖及新版平版加盖）均有实物留存，但迄今均未见实用单，说明使用时间及范围均十分有限。1919年6月18日广东财政厅发布《关于代售印花税票简章布告》，其称：“……嗣据各支处呈称：属内各处时有外来之票贬价搀销等弊，请将支处所领税票加盖小戳，始行转售。如无小戳，即非支处发售之票，概作无效等情到厅。……其各县知事领存之票，尤须加盖县署小戳……”目前所见，确有加盖“粤发行所”又加盖支处的票（图6）。

民国七年下半年后到九年，粤督与军政府的力量对比慢慢发生变化，以岑春煊为首的军政府渐渐地控制了广东局面，先后撤换和任命了省长及财政厅长。

民国八年十二月，军政府发行新版长城图印花税票。1919年12月18日广东财政厅《关于换领新印花税票布告》称：“现奉财政部令委本厅兼理印花税分处处长，并饬到部请领印花税票发售。……查部颁印花税票，系由政务会议议决刷印，自发行后，西南各省一律通用，将来南北统一，已发之票当然继续有效。……现在省城内外各地方旧票多未售罄，其颜色字样与新票微有不同，倘一体并行，则新旧混淆，殊不足以昭划一而便查考，自应酌订善法，使旧票不至废弃，而新票亦易推行。兹特呈请军政府核准，将旧票收回，换给新票。……至此次部发新票、系一分、二分、一角三种。五角、一元二种尚未印就。……”据分析，此种新版长城图印花税票，即是加盖“军政府发行”及大型英文花押的一种，平版印制，面值见 1 分、2 分、1 角及 5 角（图 7），表明 5 角、1 元二种票后来也印就了。同时为了避免以前加盖相近而发生搀销情事，所以此次发行新票与以前加盖“军政府发行”微有不同在于：增加了英文签字及“发”字写法有所不同，前者为“發”，后者为“䒶”。本人最早的实单为民国十年（图 8）。

图 6　加盖“粤发行所”又加盖“水东支处茂名分所”

图 7　加盖“军政府发行”及大型英文花押

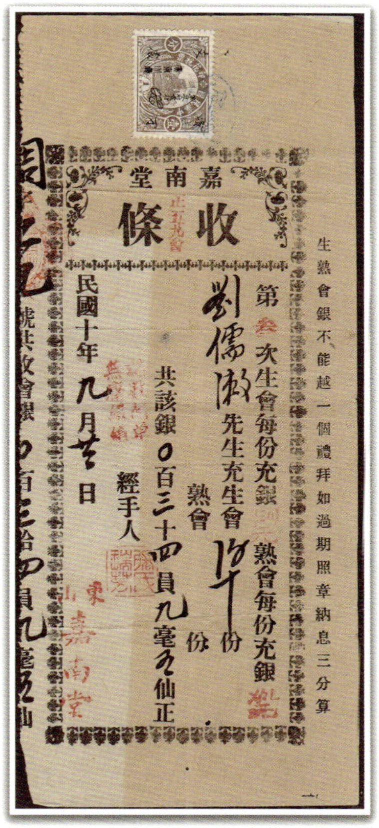

嘉南堂
收條
第叁次生會每份充銀　先生充生會　份
熟會每份充銀　熟會　份
劉儒徽
共該銀〇百三十四員九毫五仙正
經手人
民國十年九月廿日
生熟會銀不能越一個禮拜如過期照章納息三分算

图 8　民国十年（1921）九月单据

根据收集到的实物，此种加盖票，在黔、桂、湘都有实用，但未在云南使用。虽由政务会议决，西南各省一律通用，但云南唐继尧并未完全听命于桂系掌权的军政府，他与桂系矛盾较深。桂系在军政府中，对外响应和平会议，向北洋政府讨价还价，对内还阴谋吞并驻粤滇军。面对桂系的阴谋，1920 年唐继尧曾派人到漳州会晤援闽粤军总司令陈炯明，商议粤滇两军夹击广州，驱赶桂系。而陈也因桂系曾极力阻止援闽粤军的发展壮大，撤其惠潮梅督办职断其粮饷而心存怨恨。至 1920 年 8 月，陈响应孙中山号召回粤驱桂，并于 10 月底攻下广州，岑、陆等逃离广州，先后通电宣布解除军政府职，并声明取消独立，南北统一，以取悦北洋政府。孙中山在沪闻广州收复，以国民党总理名义，任命陈炯明为广东省长兼粤军总司令，并与唐绍仪、伍廷芳等通电否定 10 月 28 日岑、陆宣言及非法撤销军政府并返广州，29 日重组军政府。

民国十年一月一日，孙中山在广州军政府举行南京临时政府成立九周年纪念会上发表演说，认为“非组织强有力的正式政府，便不得外人承认，交涉事件，多难得力”。同年四月七日，根据孙中山的建议，撤销军政府，设中华民国政府于广州，国会非常会议选举孙中山为非常大总统。五月五日，孙中山宣誓就职。

1920 年 11 月重组后的军政府及次年撤销军政府后成立的中华民国政府，都设置了财政部，首任部长为外交部长伍廷芳兼任（至 1922 年 6 月 23 日因陈炯明叛乱忧愤而死）。目前所见竖加盖“财政部”及英文花押的长城图票，应为孙中山领导的军政府或中华民国政府于

1920 年底至 1922 年 6 月期间发行使用，所见面值有 1 分、2 分、1 角三种（图 9）。本人持有民国十年十月（1921 年 10 月）实单（图 10）。实际发行还要早一些，此种加盖票只见在广东使用。而此前的以岑春煊为首的军政府（1918 年 7 月—1920 年 11 月）未设置财政部，而由莫荣新督军省政府设置财政厅综理全省赋税，财政厅长先后为黄孝觉、杨永泰（1918 年 8 月 10 日军政府任命）、龚政（1920 年 5 月任，10 月离）、丘哲（10 月任），一直到陈炯明由福建回粤驱桂后任省长兼总司令时，仍继承衣钵，设置财政厅，厅长为丘哲、马育航、钟秀南（陈炯明任）。

图 9-1　1 分 加盖“财政部”及英文花押

图 9-2　2 分 加盖“财政部”及英文花押

图 9-3　1 角 加盖“财政部”及英文花押

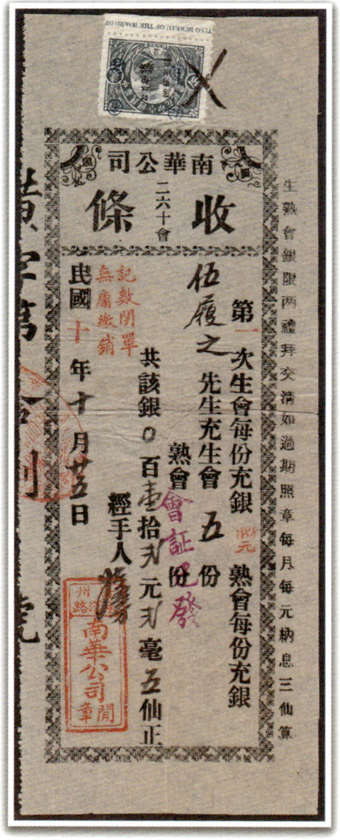

南華公司

收條

二六十會

生熟會銀限兩禮拜交清如過期照章每月每元納息三仙算

第一次生會每份充銀　五　份　熟會每份充銀

伍履之先生充生會

熟會

共該銀 0 百壹拾五元 毫 五仙正

記數閉單 無庸繳銷

民國十年十月廿五日

經手人

图 10　民国十年（1921）十月单据

另外，在 1920 年 10 月底陈炯明回粤后，以前在闽境内漳州发行的“粤军财政总局”长城图票，仍继续在广东使用，台湾同好提供有民国十年四月（1921 年 4 月）的实贴单可以佐证。最近有广州同好提供 1922 年 4 月实单。

1920 年 10 月底起，掌握了广东实权的陈炯明开始热衷于“联省自治”“粤人治粤”，与孙中山的“北伐”政治主张产生了严重的分歧，认为“粤省一隅之地，不足以敌北京政府及其所属军阀”，“联省自治可以相安而进行长治”，故而拉拢湖南赵恒惕、福建李厚基、浙江卢永祥、云南唐继尧及江西陈光远，暗中还与吴佩孚勾结。并把他的政治主张付之于行动，他主政时的财政厅也发行了新版长城图票，在上边加盖了“广东财政厅”字样，所见面值也有 1 分、2 分、1 角三种（图 11）。本人最早的实单为壬戌年（1922）所立的账本（图 12），实际发行还应早一些。这样，军政府发行的加盖“财政部”及英文的票与省政府发行的加盖“广东财政厅”的票同时在省内行用，又是另一种“双轨制”。

图 11　1 分 加盖“广东财政厅”

早先陈炯明对孙中山是十分敬畏的，随着二人的政治主张不同而矛盾日益加深激化，孙中山于 1922 年 4 月撤消了陈炯明的省长及粤军总司令职，仍保留陆军部长及内政部长职。（省长由伍廷芳兼，总司令部裁撤，粤军归大本营

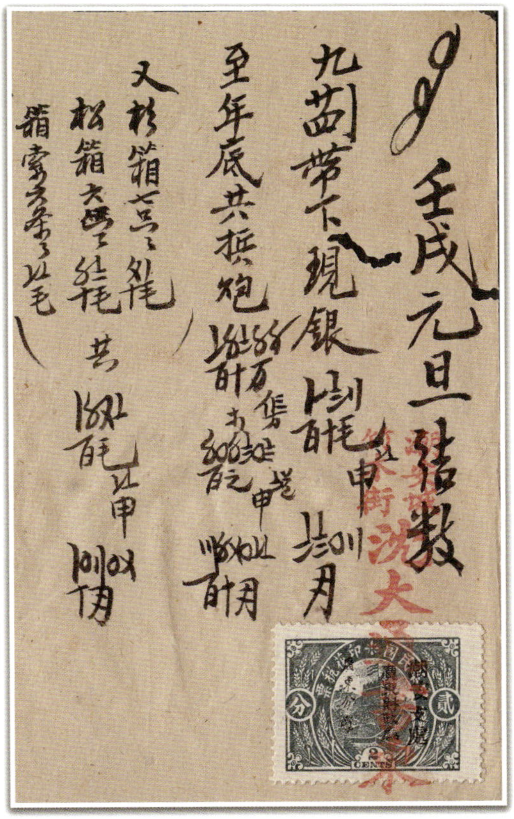

图 12　壬戌年（1922）所立的账本

直辖）。而陈的部下为此愤愤不平，纵容陈抗命，并请孙中山下野，在陈的默许下，陈部叶举等于 6 月 16 日发生围攻炮击总统府的叛乱。继而许崇智等部靖难失败退往江西福建边境，孙中山也于 7 月 9 日离开广州。许崇智部辗转福建（后改称东路讨贼军），于 1923 年 2 月 1 日，响应孙中山号令，由闽境西进夹击陈军。在此前，孙中山派人联络滇、桂，及江西一带的粤军组成西路讨贼军。1923 年 1 月 4 日，孙中山发出讨伐陈炯明通电，西路讨贼军各部从西江而下，直攻广州。1 月 15 日，陈炯明宣布下野，并脱离部队，逃往香港。陈军退出广州进入粤东。16 日联军进入广州，各路人马互不买账，群龙无首，于是邀孙中山来穗主持大计。2 月 17 日孙中山由沪抵穗，不再继承大总统，而复改大元帅职，21 日就大元帅职。

1923 年 3 月 1 日，大本营正式成立，下设财政部，廖仲恺任首任部长（未到任前由邓泽如兼）。

当时广州方面，有滇军杨希闵部 5 个旅，进入广州后扩编为 5 个师，一部驻东江，一部驻广三铁路沿线及南海清远、广州之间，总兵力 2.5 万；桂军刘震寰部，大部驻东莞、石龙、樟木头，围攻惠州，小部驻广州，总兵力 1.2 万（桂军沈鸿英部在 1923.4.15 叛乱已被击溃）；赣军朱培德部驻花县、从化、禺北一带，约 4 千人；湘军谭延闿部大部驻湖南、粤北，共 2.4 万人；豫军樊钟秀部驻南雄，始兴间，约 4 千人；其余如陕军于右任部，黔军谷正伦部，鄂军蓝天蔚部，川军熊克武部及粤军许崇智部（3 万人），总数不少于 10 万人。这些军队与其说是被孙中山邀来讨陈的，倒不如说是冲着广东这块肥肉来的。陈军退出广州后，各军更是保存实力，不听指挥，或是阳奉阴违，向孙中山要钱要弹，甚至派人坐镇税收机关，包收国税和地税，为此大本营于 1923 年 4 月 2 日，发布（56 号）训令，令大本营兼理财政部长邓泽如“广东全省印花税应一律归大本营部办理”。目前发现上竖下横加盖“大本营财政部”即为此时发行，平版印制，所见有 1 分、2 分、1 角、5 角（图 13），另外也见有石印版（图 14）。本人持有最早的实单癸亥年四月（1923 年 4 月）（图 15）。

图 13-1　1 分　加盖“大本营财政部　广东分处　江门支处”

图 13-2　2 分　加盖“大本营财政部　省河”

图 13-3　2 分　加盖“大本营财政部　广东分处　省河支处”

图 13-4　5 角 加盖“大本营财政部 省河”

图 14　1 角 石印版 加盖“大本营财政部 广东分处 省河”

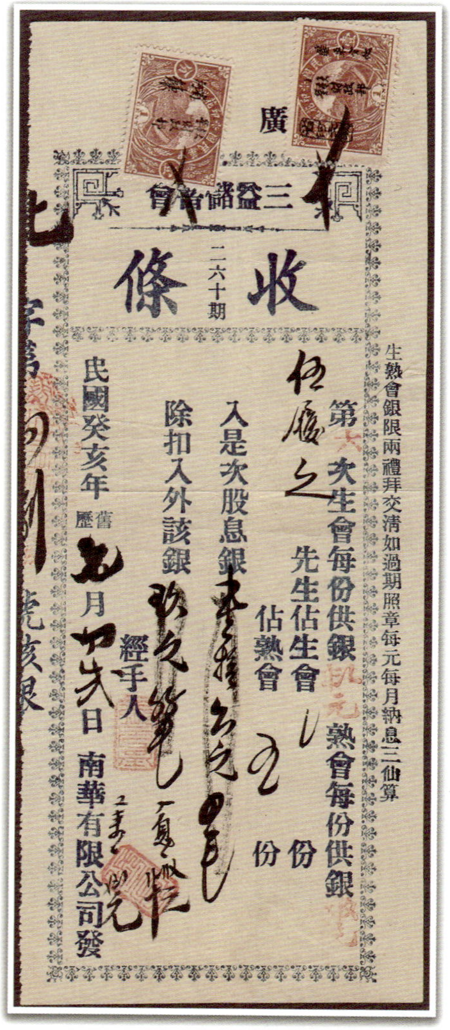

三益儲蓄會

收條

生熟會銀限兩禮拜交清如過期照章每元每月納息三仙算

第　次生會每份供銀　熟會每份供銀

先生佔生會　份

佔熟會　份

入是次股息銀

除扣入外該銀

民國癸亥年　歷舊　月　日

經手人

南華有限公司發

图 15　癸亥年七月单

回过头来说说陈军情况。1923 年 1 月，陈军虽已退出广州，但其实力不可小视，其主力林虎部踞兴宁、梅县；叶举部驻军于平山；洪兆麟部驻汕头，其余如尹骥部驻潮安；刘志陆部驻五华；熊略、罗献祥、翁辉滕、陈献南诸部驻河源、淡水；杨坤如部驻惠州；李易标部驻龙川；陈修爵部驻龙门；练演雄部驻深圳、龙岗；总兵力号称 5 万。但是林、叶、洪三人各自为政，互相之间不买账，分别与齐燮元、曹锟、吴佩孚挂上了钩。各军各踞一方，就地筹款。陈炯明在汕头还设有筹饷局，以维持军饷。

再说陈炯明看到广东方面并未追赶，后来从香港返回部队，但已不被其部下接纳。原因一是陈撤出广州后私自脱离部队逃到香港，留下建制打乱的残兵败将，让别人收拾残局，丧失了作为一个主帅的基本条件；二是陈炯明因叛变孙中山，政治影响已一落千丈，已经没有号召力了；三是林、叶、洪已经投靠了新的主子。所以陈炯明在老隆住了一段时间悄然到香港去了（1933 年 9 月 22 日病死于香港）。部队已成为没有陈炯明的陈军了。

1922 年下半年至 1925 年，陈军驻粤东与广东方面相持有二、三年时间，先是用加盖“广东财政厅”版二次加盖潮梅筹饷局使用，另外还印制了二种长城图印花税票，可分为石印及平版，其版式及加盖形制分别介绍如下：

一、汕头石印版：发行较早，可分为两种。

A 型：右侧竖加盖宋体“潮梅筹饷局”，面值见 1 分、2 分，其中 2 分票，“贰”字为小写体“弍”字。本人持壬戌年十二月（1922 年 12 月）贴 1 分票潮安实单（图 16）。

B 型：印制模糊，刷色较深，环形加盖楷体“潮梅筹饷局”，中间有“发”字，仅见 1 分、2 分。本人持癸亥年正月（1923 年 1 月）潮安 1 分实单（图 17）。

二、汕头平版：面值见 1 分、2 分，其中 2 分票，“贰”字为大写体字，最后一点在“弋”之上（财政部版一点在“弋”之下）。

潮梅筹饷局为不同时期发行承包人设置多种不同的加盖形制，主要有如下几种：

（1）竖形加盖“潮梅筹饷局”，宋体字（另有楷体字，字体小，甚为少见），加盖位置分右、中、左三种（图 18、图 19）。

（2）环形加盖“潮梅筹饷局”，字体似隶似魏碑，分中间有“发”字及无字二种（图20）。

（3）环形加盖“潮梅印花处”，外置圆圈，中间无字。本人有甲子年实单（图21）。

（4）环形加盖“潮梅印花处”，外置梅花形纹饰，中间有“郭”字。本人有环形加盖“潮梅印花处”（图22），及最晚的实单见之于戊辰年七月（1928年7月）。

由于各军征讨不力，以致孙、陈两军在东江、惠州一带相持二、三年的混乱局面。孙中山目睹如此状况，乃决心改组国民党，接受俄国顾问建议，1924年1月召开第一次国民党全国代表大会，采取“联俄、联共、扶助农工”的三大政策，孙中山在政治上改组了国民党，接下来对原中央直辖的粤军和许崇智的东路讨贼军统一改编为建国粤军，许崇智为总司令（大约在3月中旬，查大本营1924年3月12日96号训令仍称东路讨贼军，到3月14日99号训令改称粤军总司令许崇智）。

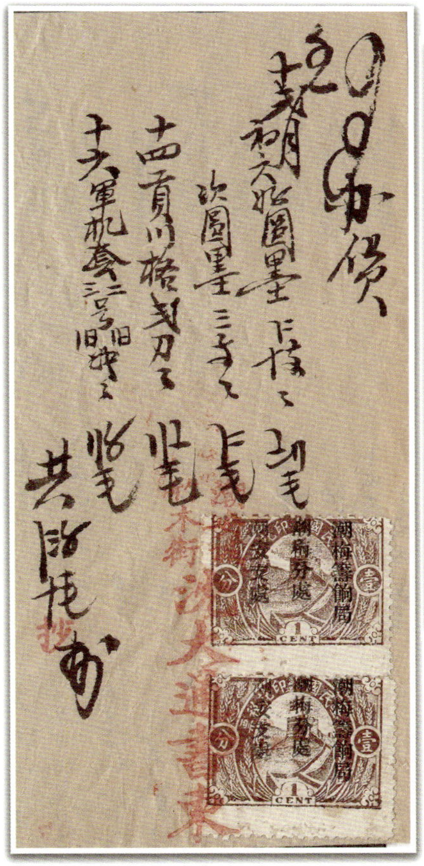

图16-1　壬戌年十二月（1922年12月）贴1分票潮安实单

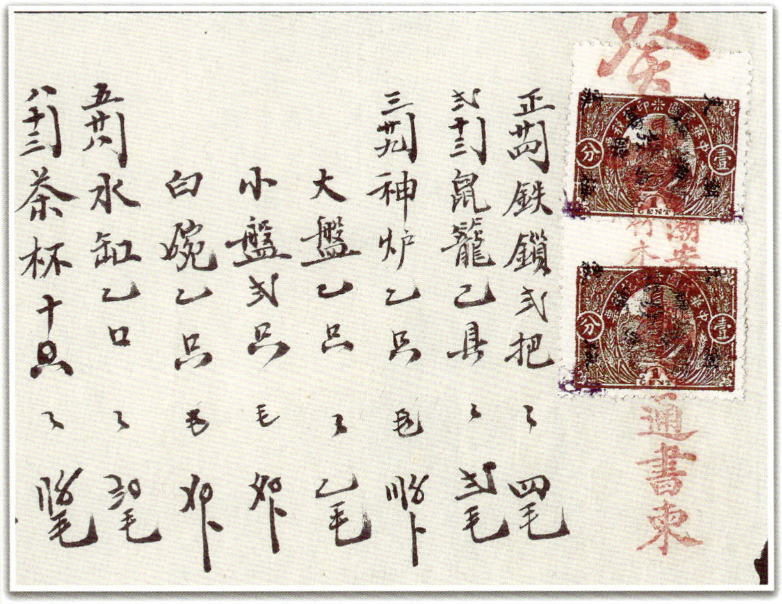

图17-1　癸亥年正月（1923年1月）潮安贴1分实单

图16-2　汉字面值“贰”小写为“式”

图17-2　汕头石印版 B型2分环形加盖楷体“潮梅筹饷局”，中间有“发”字

图18　竖形加盖“潮梅筹饷局”

第二部分　研究文稿精选

图 19-1　竖形加盖“潮梅筹饷局”（宋体）

图 19-2　竖形加盖“潮梅筹饷局”（楷体小字）

图 20-1　环形加盖“潮梅筹饷局”（中间有“發”字）（唐卓敏藏）

图 20-2　环形加盖“潮梅筹饷局”（无發字）

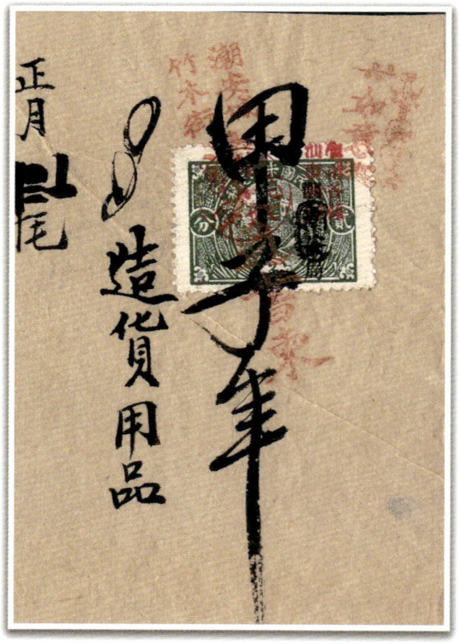

图 21　甲子年潮安实单贴环形加盖“潮梅印花处”外置圆圈 票

1924 年 10 月 25 日发生了震惊全国的北京事变，冯玉祥等邀孙中山北上。孙中山在广州召集建国粤军总司令许崇智、桂军总司令刘振寰、滇军总司令杨希闵部署讨伐陈军以统一广东根据地，决定以桂军为左翼、滇军为中路，粤军为右翼。孙中山 11 月 10 日发表“北上宣言”应邀北上。而刘、杨等只顾占地盘，待孙中山离穗后，佯攻惠州，只有粤军于 1925 年 1 月誓师东征。经过三个月的浴血战斗，先后攻占石龙、常平、淡水、平山、海丰、陆丰、惠来、潮阳，到 4 月终将陈军击溃，逐出广东，前后不到三个月。目前见有“大本营财政部”版竖加盖有“建国粤军海陆丰各属财政总局”及“潮梅支处”为许崇智建国粤军攻占粤东潮梅等地后加盖使用，本人持有乙丑年（1925）混贴此票的账页（图 23）。此外建国粤军另外发行石印版一种，加盖一如上述，面值仅见 1 分、2 分（图 24）。

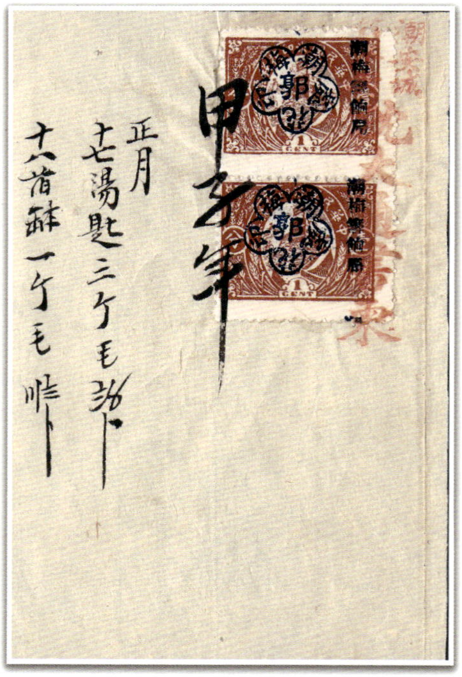

图 22　甲子年潮安实单贴环形加盖“潮梅印花处郭”外置梅花形纹饰票

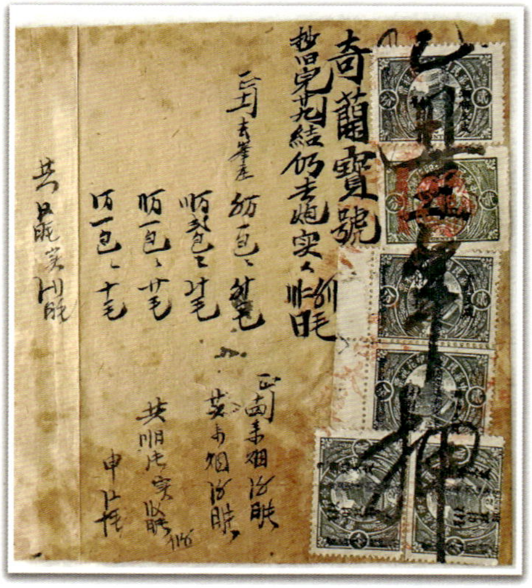

图 23　乙丑年（1925）混贴加盖有“大本营财政部”“建国粤军海陆丰各属财政总局”及“潮梅支处”的账页 唐卓敏藏

图 24-1　1 分 加盖“大本营财政部”“建国粤军海陆丰各属财政总局”及“潮梅支处”

图 24-2　2 分 加盖“大本营财政部”“建国粤军海陆丰各属财政总局”及“潮梅支处”

1925 年 3 月 12 日孙中山因病在北京逝世，刘、杨滇桂军得知孙中山去世，趁广州空虚之际，于 6 月 4 日阴谋叛乱，企图推翻广州政府。代理大元帅胡汉民获悉后于 6 月 5 日宣布免除刘、杨二人职，并急调东征粤军平叛，于 12 日击溃刘、杨叛军。

自孙中山逝世后，3 月 19 日唐继尧在云南昆明宣布就任副元帅，由于东征尚未取得全胜，为稳定时局，国民党中央通电不承认唐的副元帅职，并决定一长制改为委员制。6 月 24 日，胡汉民发布改组国民政府案，7 月 1 日，国民党中央执行委员会通过《国民政府组织法》，正式成立中华民国国民政府。为了统一财政，整顿税制，实行中央和省级两级税收体制，国民政府设置财政部管理国税，省财政厅管理省税。廖仲恺任首任财政部长兼财政厅长，曾发行一套长城图票，票面上加盖“国民政府财政部”字样。所见 1 分、2 分、1 角（图 25），平版印制，此票的用纸与前不同，为斜纹纸，增加了防伪性。本人持有民国十四年实单（图 26）。

1925 年 12 月广东印花税分处改设印花税处，次年 4 月又改为印花总处。至此广东发行过的长城图一直在沿用，有一种印制较为模糊的长城图加盖“粤军第十师司令部”票，因未见实物暂不列入。

图 25-1　1 分 加盖“国民政府财政部”

图 25-2　2 分 加盖“国民政府财政部”

图 25-3　1 角 加盖“国民政府财政部”

图 25-4　5 角 加盖“国民政府财政部”

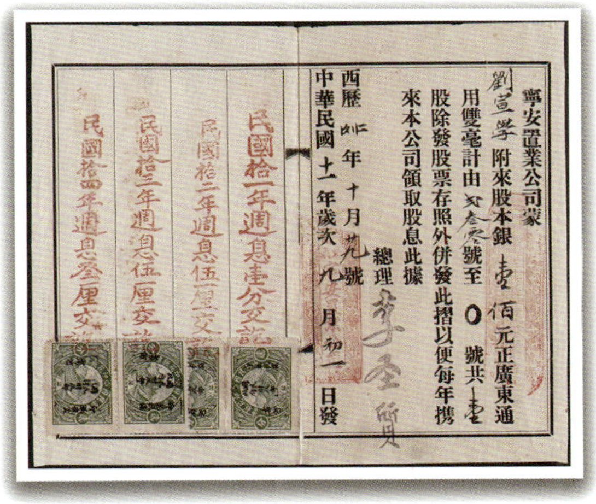

寧安置業公司蒙
附來股本銀　　元正廣東通
用雙毫計由　　號至　　號共　　
股除發股票存照外併發此摺以便每年携
來本公司領取股息此據
總理
西歷　　年　　月　　號
中華民國　　年歲次　　月　　日發
民國拾一年週息壹分交訖
民國拾二年週息伍厘交訖
民國拾三年週息伍厘交訖
民國拾四年週息叁厘交訖

图 26　民国十四年（1925）实单贴加盖“国民政府财政部”票

图 27　总字长城图印花税票 无齿

最后，说说“总”字长城图票（图 27）。本人仅有无齿 2 分票，未见有其他面值，迄今也未发现有实单。此票用纸较薄，但骨子较挺括，文字较为纤细，类似行书，英文字母“CENTS”的“E”印成封口的“B”。与一般长城图最大的不同之处，一是上边吉祥花改为

"总"字，二是五色旗改为国民党标志性图案青天白日旗。查有关资料得知，1924 年 6 月 30 日，国民党中央执行委员会决议，定青天白日旗为党旗、军旗，青天白日满地红为国旗。此票应发行于 1924 年 6 月 30 日以后是无疑的了。广东作为国民党的发源地，此票在广东发行也应是无疑的，但印制可能不在当地。这个"总"字应与"总司令"有关。在 1924 年 6 月 30 日后，任总司令，又能代表国民党身份的，有许崇智和蒋介石。前者 1924 年 3 月后任建国粤军总司令；1925 年 2 月后任粤军总司令；后者 1926 年 6 月任北伐军总司令。二者均可能有条件发行此票。印制后未及时行用，可能与许氏 1925 年 9 月被蒋借廖案突然袭击、驱逐失势有关。（而廖仲恺被刺一案在蒋统治的 20 多年中一直未澄清破案，而许崇智从此退出政界、军界，1965 年在香港病逝）。也有可能在蒋当上了北伐军总司令后印制，但随即进行北伐，发行士农工商盾票，此票被认为不合时宜，最终未实用而销毁。所以，本人把它界定在 1924 年 6 月 30 日—1926 年 6 月之间发行。为何只有 2 分票面未见其他面值，有二种可能：一是有可能在印制完成后，由于许的失势而进行了销毁，但其中有极少数 2 分票被有意无意留存下来；二是也有可能先印制极少数的 2 分成品票，作为样票运到广东，其中部分已被打齿孔，部分未打齿孔，后来由于发生变故，包括其他面值在内未再继续印制。以上是两种推测，当然，究竟如何，有待今后实物、资料的补充证实。（全文完，欢迎批评指正）。

附表：广东使用发行长城图及其加盖基本格式及沿革简表（见另页）

总 153 期修正与补充：

★ 广州同好来电称有民国九年贴军政府发行及大花押的实单，比本人持有的提早一年。

总 155 期修正与补充：

★ 上期文章图 15，癸亥年实单时间为 1923 年 7 月，非 4 月。

总 159 期修正与补充：

★ 上期简表有二处有误未校出：（1）大本营版长城图加盖"……海陆丰各属……"，"属"字误为"局"；（2）汕头版加盖梅花形章"潮梅印花处"，"处"字误为"局"。

今注：已有实单证实，总字长城图票系四川发行实用，特修正。

《印花交流》总 151—158 期
2003 年 2 月—9 月刊

补充：《广东使用长城图印花税票初探》后记

《初探》业已完稿，拖了好几个月。这对于对此有兴趣、有研究的人来说无疑是一种痛苦和折磨。缺少一气呵成的连贯性，给同好带来了困难和不便，我深表遗憾。这其中除了刊幅版面限制之外，还有我一边写作，一边在补充史料、实物，一边在听取反馈。虽然至今尚未有明确的反对意见，并不等于我的文章无懈可击，仍有需要完善和补充的地方，这一点我有自知之明，所以请同好不吝赐教。因为毕竟历史过去了这么多年，许多史料实物已经湮灭，难以寻觅。另外，还有一个经济能力问题，前曾有人向我提供二张实单，一张为 1923 年贴小写体"式"分石印长城图加盖潮梅筹饷局五枚的单子，索价 5 千元以上；一张为贴加盖"粤军第十师司令部"长城图 1 分二十枚之毕业证书，索价也是 5 千元以上。我清楚缺少史料和实物（特别是关键性的东西），缺少深入的研究，要想写出高质量的文章是不可能的。但因囊中羞涩只能放弃，十分无奈。但是广东使用长城图历史演变的轮廓大体已出来了，这一点也是聊以自慰的。

不久前，我购到南方政府《军政府公报》第一辑第 16—23 册仿制本，时间从民国七年十一月二十七日—八年三月，仅为数个月，内有数条相关史料，今摘录如下，一并以飨读者：

一、“财政部令，委任令，委字第 1 号，兼财政部长伍廷芳，民国七年十二月三日”，是为伍廷芳兼任财政部长之始。

二、“《军政部咨财政部据陈拟设印花税票总发行所并印刷印花税票等由请予备案经议决照行文》，军政部咨第 195 号，民国七年十二月十六日”。本人理解为军政府批准设立印花税票总发行所，第一次印制广东平版长城图票之始。

三、“财政部以有人在港澳省城等处私造印花饬广东财政厅通行各印花支处认真查缉电，民国八年二月六日”。本人推测为陈炯明援闽粤军在港澳省城等地谋求印制“粤军财政总局”长城图票，称“私造”，即不是军政府印制，只能是“粤军财政总局”长城图票，称“港澳省城等处”到底系何处？“认真查缉”结果如何？不详。但有一点，即“粤军财政总局”长城图票发行时间应与“民国八年二月六日”相去不会太远。

四、“财政部通告，政务会议议决，照办，当将财政处改为财政部业于一月二十四日成立，民国八年二月二十四日”。综上所述，伍廷芳被任命兼财政部长后不久，正式将财政处改为财政部，并在该时期第一次发行广东平版长城图票。

《印花交流》总 159 期　2003 年 10 月刊

印花单据欣赏

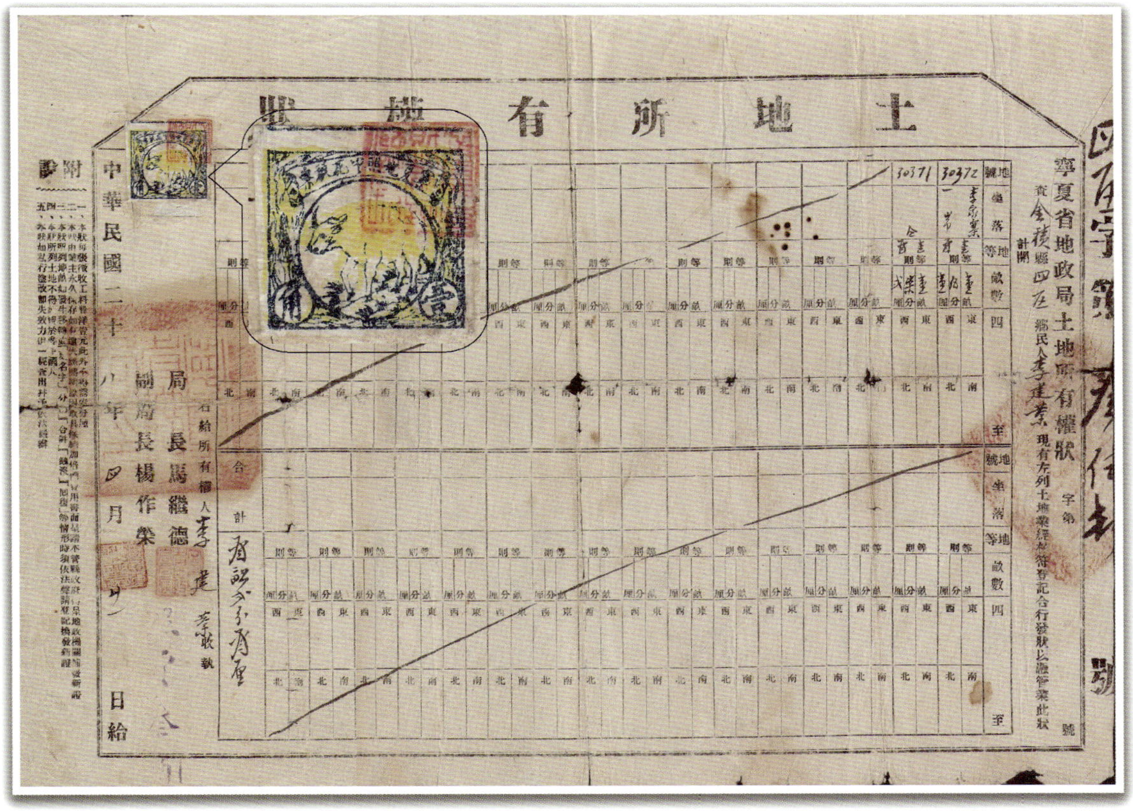
土地所有權狀
寧夏省地政局土地所有權狀
中華民國二十八年　月　日給
局長馬繼德
副局長楊作榮

民国二十八年（1939）宁夏贴宁夏地照印花税票的土地权状

附：广东使用发行长城图及其加盖基本格式及沿革简表

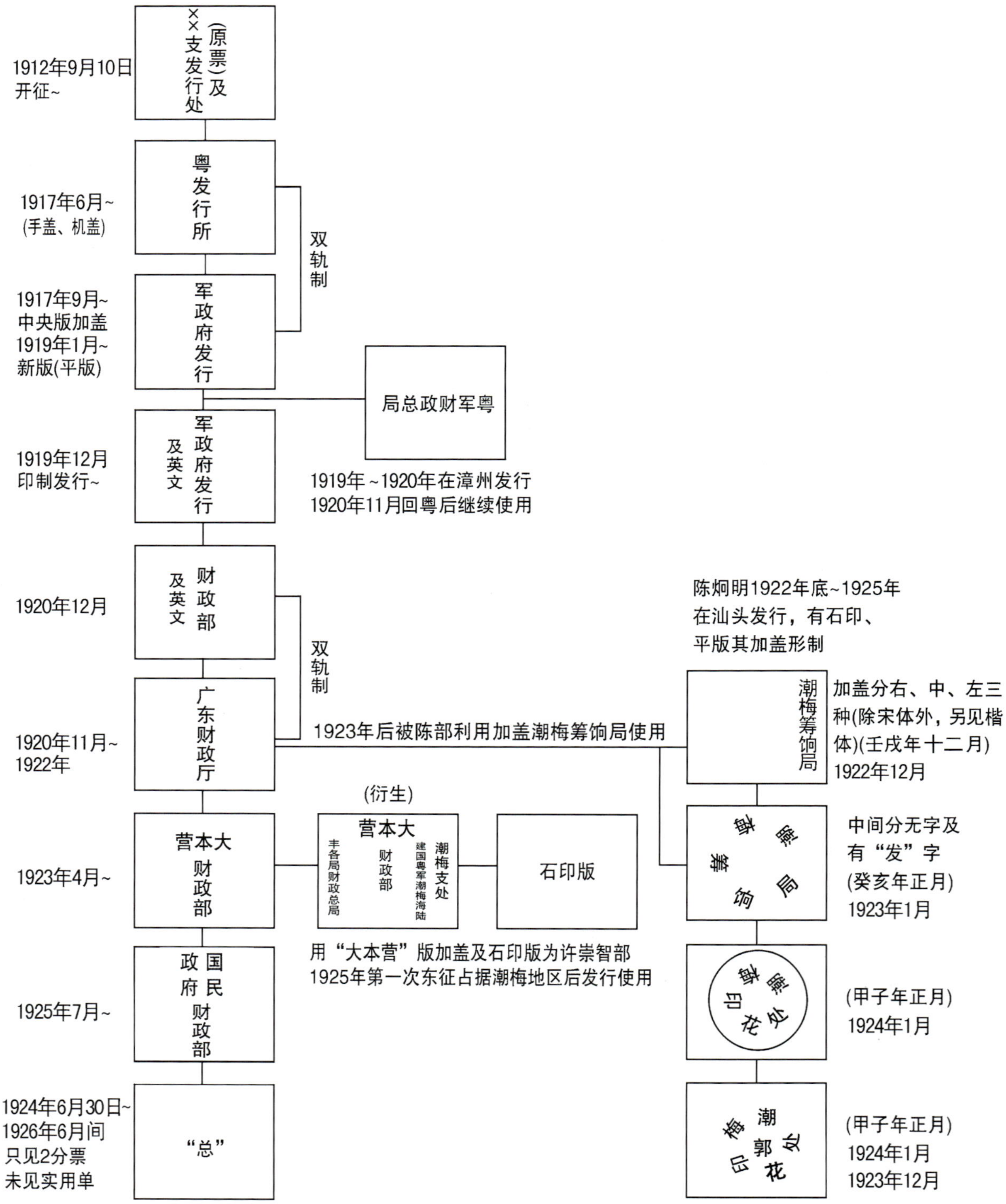

也谈“粤军财政总局”长城图票

木　子

《港台粤印花税票交流中心》2001年9月创刊号，刊有香港唐卓敏先生撰写的《初探“粤军财政总局”版长城图印花税票》，其说到此票“发行时间大概从1915年—1922年期间”。随后在2002年3月第三期上，有北京徐一青先生撰文《粤军财政总局长城图印花税票》，文中认为“此票系为叛军征税使用”，从而把发行时间界定在粤军总司令陈炯明1922年6月16日叛变孙中山之后；另，有陕西焦继承先生著文《粤军与粤军财政总局印花税票》，认为“粤军财政总局”印花税票是陈炯明任总帅的潮梅粤军总部财政总局发行，其发行时间当在1924年5月—1925年9月间。

本人在今年3月台北讲演稿（由游振杰先生代讲）《民国福建地方印花税票发行初探》一文中，认为是靖难失败退往福建的许崇智领导的粤军在1922年10月攻占福州后发行。目前由于新资料的出现，使扑朔迷离的情况有了根本性的突破。

粤军是一个军事集团的统称，是指从1917年建立的援闽粤军起，直到1925年间的广东军事集团。“粤军”并不是这个集团的固定番号，在八年的演变过程中，先后有过援闽粤军、粤军、各路讨伐军、建国粤军等番号，由于它们是一脉相承的，所以习惯上将其统称为粤军。

1917年7月，孙中山先生南下广州，筹建西南护法根据地，8月25日召开非常会议，8月29日通过组织大纲，31日通过中华民国军政府组织大纲，9月1日选举孙中山为大元帅，陆荣廷、唐继尧为元帅，9月10日孙先生宣誓就职。广东省长朱庆澜采取联合孙中山的政策，向孙先生建议，将所辖的警卫军20个营（约5千人马）改为省长亲军，任陈炯明为司令，归大元帅府管辖。孙先生即把这20营警卫军作为建立粤军的基本队伍。由于省长朱庆澜及滇军联合孙中山，特别是将20营警卫军改编为省长亲军任陈炯明为司令，使盘踞广东的桂系军阀十分恼火，便鼓动省议员倡议民选省长，并派兵包围陈炯明司令部，收缴其关防，迫使陈逃往香港，并以督军名义接管了亲军，朱庆澜也被迫辞去省长。

粤督陈炳焜对军政府处处逼迫，孙先生与桂系军阀的矛盾表面化了，陈为形势所迫，不得不辞去广东督军一职，陆荣廷由于身体有病便派亲信莫荣新代理粤督（莫于11月21日就任）。胡汉民等趁机提出以陈炯明复任亲军司令作为莫督粤的交换条件，莫为了缓和矛盾；另外当时潮梅镇守使莫擎宇受段祺瑞动运宣布独立，领兵由兴梅向东江攻击，闽督李厚基则派臧致平一师侵入潮汕，虽被平定，但大军仍然压境，莫为利用陈炯明攻闽以保两广地盘，于是将20营警卫军拨还给陈炯明，并授陈“援闽粤军总司令”名义。援闽粤军由此成立。陈炯明对莫故示恭顺，以希获得惠潮梅军务督办的头衔。后来果如所愿，陈炯明以粤军总司令身份兼惠潮梅军务督办。莫对广东军政府处处进行刁难，使孙中山忍无可忍，在1918年1月3日令军舰炮击督军府，想等桂军还击后，各路军队分头进攻。但莫事先得到密告，认为进行抵抗会引起其他各军的攻击，因此不敢还击。

恐事态扩大，故意示弱。并于次日亲自谒见孙先生，被孙先生当面痛斥。1月10日孙先生又派人与莫商定，援闽粤军全归孙中山指挥，随同出发的滇军及海军也归孙先生调遣。事后桂系曾阻止商定办法的实行，但援闽粤军已受孙中山令于1月中旬开赴潮梅地区整编集训。

1918年4月，桂系操纵非常国会，把大元帅的元首制，改组为多头制，孙中山愤而于5月4日辞大元帅职，并留书告别粤中父老。随即，孙中山赴汕头视察了在潮梅地区集训的援闽粤军，并对陈炯明面授机宜，力促早日向福建进军，一方面可以摆脱桂系军阀的控制，一方面在建立闽南护法根据地过程中，使援闽粤军能得到保存及壮大。5月20日非常国会选出岑春煊等七总裁（8月推举岑为主席总裁）。孙先生于5月21日离开广州前往上海。

1918年5月17日，援闽粤军分兵三路向福建进攻。经过二个月的战斗，援闽粤军控制了闽西南的20余县。8月底，设总司令部于漳州。

而在此时，粤督莫荣新见援闽粤军日益壮大，便设法打击遏制，通电取消陈炯明的惠潮梅督办，使依靠惠潮梅地区矿捐盐款维持粮饷的援闽粤军陷于绝境。陈炯明将此消息通电在闽各处的援闽粤军各将领。1918年10月18日，入闽粤军将官发表愤激陈词，摘录如下：

“（漳州来电云）我军转战数月，艰苦困难，一往求前。全军饷糈计由省库及潮梅筹饷局所支出，前后不及二十万，全恃惠潮梅督办处筹定盐矿各款，陆续接济，尤且极力节缩，始得竭蹶支持。今我军深入闽境，前方战事正因应，多方取给尤亟；乃日初督军偏于此时通电取消惠潮梅督办，并取消矿捐，军府又同时攫取盐款，不问粤军饷项之盈绌，双方并进，突如其来，三军闻命，震骇莫名。窃思吾粤设立镇守使地方兼设督办者，非止一处，何以潮梅独异？在日初督军不忍陈总司令兼任过劳，挚爱可感；陈总司令两握督篆，均视同敝履，为国牺牲，岂复恋此虚衔？惟督办机关，关系全军命脉所寄，若撤督办，饷源立竭，即无异断送全军；况矿盐两款同时并夺，尤为难堪。当此血肉相薄之时，忽有此沮丧士气之举，万一闽事败于垂成，咎将谁属？务乞莫督收回成命，顾全大局；否则，铿等进不能驱饥兵而效命，退不能处绝地而图存。计无复之，惟有返旗回粤，以待后命。诸公提倡护法，利害相关，迫切陈词，伏候明教。援闽粤军参谋长邓铿、军长许崇智、督办署总参谋马育航、汀漳镇守使洪兆麟、支队司令李炳荣、李次皋、熊略、蒋中正、罗绍雄、邓本殷、关国雄、龚振鹏、林祖密、陈炯光、统领饶寿平、许廷杰、谢文炳、梁鸿琛、蒋国宾、赵光、田乔、张化如等率全体官兵同叩，真印。”

本人认为，惠潮梅督办取消后，部队的粮饷就成了问题，就地筹饷成了当务之急，所以部队砍伐樟树制作樟脑，走私烟土等均作为收入来源。另外，增设项目扩大税源，一方面用当地库存中央版长城图加盖使用，另一方设计发行有粤军特色的长城图票——“粤军财政总局”长城图票（大山图亦应为同一时期发行）。所见面值1分、2分、1角三种（如图）。不久前有漳州同好披露一张民国八年六月（1919年6月）书立的私契连9月粤军财政总局的买契，贴有粤军财政总局长城图2分二枚，加盖“龙溪”（漳州）。此类实单，目前发现还不止一张。这就清楚地表明，该票为陈炯明领导的援闽粤军发行，时间在1918年底—1919年初，并首先使用于漳州。

图1　1分

图2　2分

另外，本人多年前曾收集到一张民国九年一月（1920年1月）龙溪实用的“粤军总司令部执照”，盖“援闽粤军总司令行营之关防”等多种印章，贴有中央版长城图1角十枚盖龙溪，所以才误认为陈炯明驻漳州时用中央票加盖，从而疏忽了他另外发行粤军财政总局长城图票，而把此票的发行历史归属到 1922 年攻占福州后的许崇智名下，今在此予以纠正。

图 3　1 角

1918 年 11 月 16 日，上台不久的北京政府大总统徐世昌发布停战命令。11 月 23 日，广州军政府亦下达停战令，双方在上海进行“南北议和”，经过半年多的和谈，在 1919 年 7、8 月间，双方在前线就地停战划界。此后援闽粤军就进行了整训扩编，人马已发展到 2 万余人。

1920 年夏，援闽粤军响应孙中山先生的号召，回粤讨桂。8 月 12 日在漳州誓师，16 日开始，分左、中、右三路向广东全面进攻，一路势如破竹，不久即兵临广州城下。岑春煊 10 月 20 日通电解除军政府职，莫荣新 10 月 26 日逃出广州，10 月 28 日广州被攻克，桂系残部向西北逃回广西。孙中山先生在沪闻捷大喜，以国民党总理名义任陈炯明为广东省省长兼粤军总司令，不久广东全省底定。孙中山先生也由沪来粤，于 11 月 29 日恢复军政府。

日前台湾同好提供民国十年正月书立的私契连十年四月官契贴有“粤军财政总局”长城图 2 分五枚盖“潮梅支处”，说明陈炯明回粤驱桂后仍使用该票。至此，此票的身世之谜已初步揭白，但此票版票多少枚？有否版铭？1 角票是否同时发行？最终沿用到何时？尚难以定论，须进一步探索。此票归属于福建、广东，抑或单独归属于粤军也需共同探讨约定。

《印花交流》总 146 期　2002 年 9 月刊

印花单据欣赏

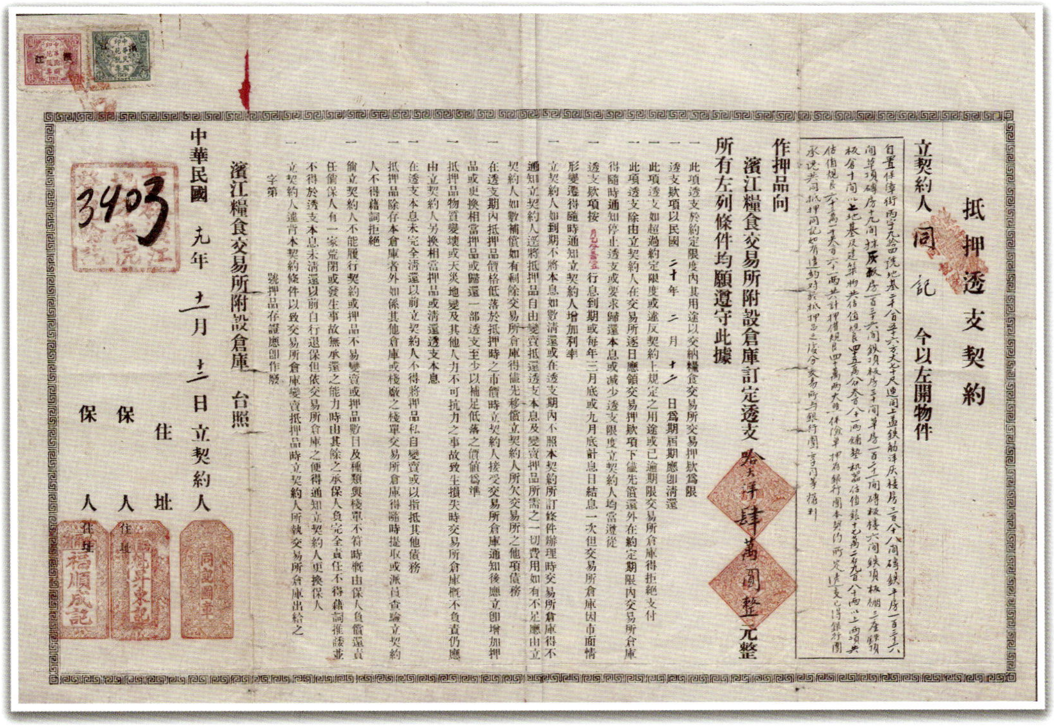

抵押透支契約

立契約人 同記 今以左開物件

作押品向

濱江糧食交易所附設倉庫訂定透支 大洋肆萬圓整 元整

所有左列條件均願遵守此據

一 此項透支於約定限度內其用途以交納糧食交易所交易押欵爲限

一 透支欵項以民國 二十年 二月 十? 日爲期屆期應卽清還

一 此項透支如超過約定限度或違反契約上規定之用途或已逾期限交易所倉庫得拒絕支付

一 此項透支除由立契約人在交易所逐日應領交易押欵項下儘先償還外在約定期限內交易所倉庫得隨時通知停止透支或要求歸還本息或減少透支限度立契約人均當遵從

一 透支欵項按 月九分五釐 行息到期或每年三月底或九月底計息日結息一次但交易所倉庫因市面情形變遷得隨時通知立契約人增加利率

一 立契約人如到期不將本息如數清還或在透支期內不照本契約所訂條件辦理時交易所倉庫得不通知立契約人逕將抵押品自由變賣抵還透支本息及變賣押品所需之一切費用如有不足應由立契約人如數補償如有剩餘交易所倉庫得儘先移償立契約人所欠交易所之他項債務

一 在透支期內抵押品價格低落於抵押時之市價時立契約人接受交易所倉庫通知後應立卽增加押品或更換相當押品或歸還一部透支至少以補足低落之價値爲準

一 抵押品物質變壞或天災地變及其他人力不可抗力之事故致生損失時交易所倉庫概不負責仍應由立契約人另換相當押品或清還透支本息

一 在透支本息未完全清還以前立契約人不得將押品私自變賣或以指抵其他債務

一 抵押品除存本倉庫者外如係其他倉庫或棧廠之棧單交易所倉庫得隨時提取或派員查驗立契約人不得藉詞拒絕

一 倘立契約人不能履行契約或押品不易變賣或押品數目及種類與棧單不符時概由保人負償還責任倘保人有一家荒閉或發生事故無承還之能力時由其餘之承保人負完全責任不得藉詞推諉並不得於透支本息未清還以前自行退保但依交易所倉庫之便得通知立契約人更換保人

一 立契約人違背本契約條件以致交易所倉庫變賣抵押品時立契約人所執交易所倉庫出給之　字第　號押品存證應卽作廢

濱江糧食交易所附設倉庫 台照

中華民國 九年 十二月 十三日 立契約人

住址

保人

保人

民国十九年（1930）吉林滨江贴吉林地方版嘉禾图印花税票的抵押透支契约

“粤军财政总局”长城图印花税票在闽使用范围及其他

——纪念长城图印花税票发行100周年

木　子

有关“粤军财政总局”长城图印花税票，本人曾先后写过三篇文章，探索该票发行历史背景及时间、地点，认为该票是援闽粤军于民国七年十二月发行，并首先使用于龙溪（今漳州），本文就该票使用范围作些探讨。

1917年底，孙中山趁闽督李厚基攻打汕头的机遇，利用广东省长朱庆澜的亲军20营组建“援闽粤军”，陈炯明任总司令。

经过数月筹建整训，1918年5月，援闽粤军分三路向福建进军，经过2个多月大小数十次战斗，控制了闽西南20多县，并于8月31日攻占龙溪（今漳州）。9月1日，设总司令部于漳州，形成了以漳州为中心的闽南护法区。但是闽南护法区的辖区，有认为17县，有认为21县，有认为25县，福建师范大学张慧卿先生在2005年硕士论文《闽南护法区研究》一文中认为是26县。

“护法”是指孙中山先生反对北洋政府，护卫《中华民国临时约法》，恢复根据宪法产生的国会而进行的战争。援闽粤军打着“护法”的旗号在福建开辟护法区，也就师出有名了。“闽南护法区”是专指陈炯明援闽粤军控制的闽西南26县，不包括以“护法”名义进入福建的方声涛靖国军，以及当地民军以护法名义所控制的地盘。为什么会造成计算数目不一致、造成混乱？援闽粤军进入福建后，靖国军然后也进入福建，还有当地民军所占地盘，由于缺少统一指挥，所占领地区互不联系。另外，由于战争在经常变化，地盘也常有变动，再有行政区变动，如闽南护法区的宁洋县，1956年撤建，分别划入龙岩县、永安县和漳平县。

1918年底，国际国内形势发生了很大变化，南北双方经过谈判，决定从（1918年）11月1日起停战，双方各退10公里，互不侵犯。两军在厦门经过多次谈判，于1919年4月宣布划界结束，上游以延平、邵武为界，延、邵以东为北军区域，以西为南军区域；闽南以泉州、厦门为界，泉、厦为以北为北军区域，以南为南军区域。依据划界结果，福建护法区内有如下：诏安、云霄、平和、漳浦、南靖、龙溪、海澄（以江东桥为界一半给北军），长泰、永定、漳平、宁洋、大田、龙岩、上杭、武平、永安、长汀、宁化、建宁、泰安、将乐、归化、清流、连城、沙县、德化、永春、仙游、莆田、安溪、同安、惠安、南安，共33县。从1918年5月援闽粤军进入福建到1918年11月南北停战，护法区鼎盛时达37县，超过了福建一半的地盘。这其中安溪，南安、德化、大田、永泰、永安、尤溪皆为民军占领。在护法区内各部队之间也是存在矛盾冲突，最激烈的是援闽粤军与方声涛的靖国军，在永春，莆田、安溪、仙游、德化，经常发生摩擦。后来虽经军政府调停，有所缓和，但在此种情况下，难以有效行使全部政治经济、文化权利。

因此，陈文认为闽南护法区最稳定控制的是诏安、云霄、平和、漳浦、南靖、龙溪、海澄（今龙海，停战时以江东桥为界，一半为北军）、长泰、永定、漳平、宁洋、大田、龙岩、上杭、武平、长汀、宁化、建宁、泰宁、将乐、归化、清流、连城、德化、安溪、沙县，共26县。本人对此26县持保留态度，明显的破绽是在大后方靠近粤闽区境的东山县却未予列入26县中，而大田、德化、沙县、安溪应为靖国军或民军地盘，由于本文并不是针对闽南护法区专门研究，在此不予展开。

另外，称“闽南”护法区不是很贴切，这26县中，19个县属汀漳道（原称西路道，共20个县），属闽西地区；只有大田、德化、安溪3县属厦门道（原称南路道），属闽南地区；另有将乐、沙县、泰宁、建宁属建安道（原称北路道），属闽北地区。所以称闽南护法区抑或称闽西南护法区均不甚确切，如称“福建护法区”将更为妥帖。

本人自1995年去福州时曾买到过1分和2分票，由此也产生过误判。2001年开始又多次去福建闽东、闽西南，搜集到民国七年至民国九年的8份实单（见表）。其中民国八年一月的还是从嘉德拍卖行拍得。

援闽粤军从1918年5月进入福建到1920年8月返粤，有2年多一点时间，但实际贴用粤军财政总局印花税票是从1918年12月开始，到1920年9月，不足2年。从理论上说，陈炯明控制的闽南护法区都有开征印花税的可能，但实际发现的仅寥寥数县，还有更多的未被发现和收集到，这里不排除有粤军离闽后，闽政府收回销毁的可能。为了使粤军早日离闽，闽督李厚基支助了援闽粤军数十万发子弹和款项。陈军响应孙中山号召，8月20日在漳州誓师，返粤驱除桂系势力。陈军回粤后，留下的地域空白，为福建民军（地方武装势力）发展壮大留下了巨大的发展空间，形成民国十二年至民国十五年民军地方割据的局面。

收集到的粤军财政总局长城图实单一览

使用时间	使用地点	贴用面值	贴票特征	备注
民国七年十二月	邵武	2分	无云	
民国八年一月	龙溪	1分二枚	无云	嘉德拍卖所得
民国八年六月	龙溪	2分	满云	
民国八年十二月	龙溪	2分	无云	
民国八年十二月	泰宁	2分	无云	
民国九年四月	漳平	1角二枚	满云	
民国九年梅月	漳平	1分	满云	
民国九年八月	永定	1角二枚	满云	另见有民国九年九月的实单

“粤军财政总局”长城图印花税票是广东地方武装在敌占区发行的地方性印花税票，是一个特定历史时期的特定产物。（陈军回粤后，在广东潮汕等少数地区仍有使用，这不在本文范围）

说到援闽粤军发行的“粤军财政总局”长城图印花税票，就不能不说到援闽粤军总司令陈炯明。早年评价其主张“联省自治”，反对北伐，背叛孙中山。近年研究表明，孙中山原先也是主张粤人治粤，地方自治，后来发展到反对和推翻北洋政府。最后孙、陈二人因政见不同而分道扬镳，陈被政府军打败后去了香港，最终贫病交加，客死香港。他死后，家中收到的政要达人挽联多达3千多幅。“九·一八”事

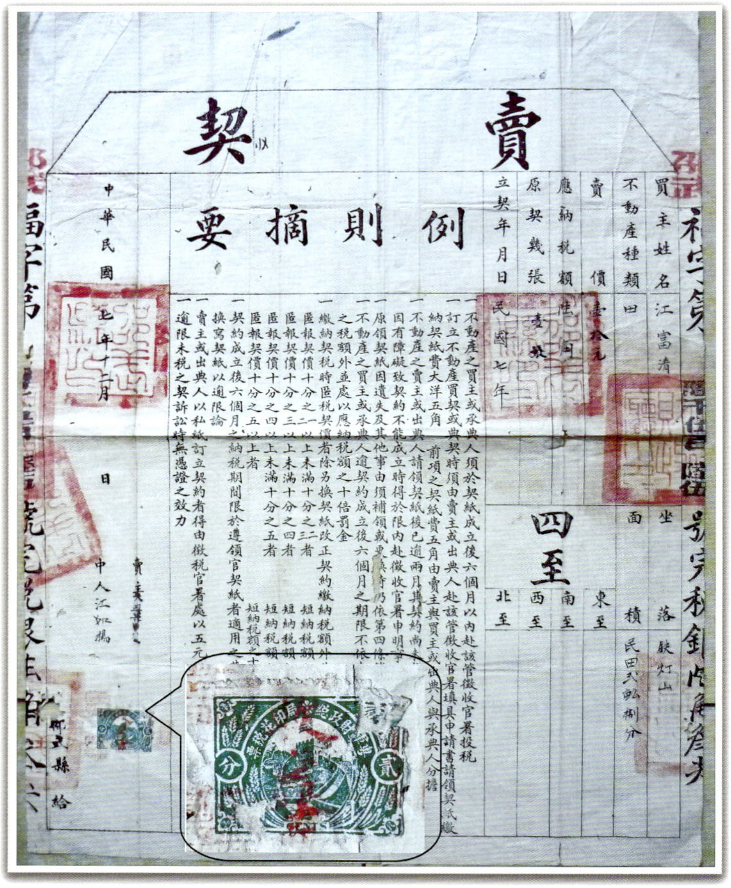
賣契

例則摘要

買主姓名

不動產種類

賣價

應納稅額

原契幾張

立契年月日

四至

東至

南至

西至

北至

坐落

面積

中華民國　年　月　日

图 1　民国七年（1918）十二月邵武县卖契

变后日本人曾企图拉拢陈，给陈 8 万元支票，陈在支票上打叉退回，反过来要求日本归还东三省，陈的民族气节和个人操守，可圈可点。陈炯明是中国近代史上的一个悲剧人物。

陈炯明（1878 年 1 月 13 日—1933 年 9 月 22 日），原名陈捷，字赞之，又字竞存，祖籍广东省梅县人，出生于海丰县联安镇白町村一个绅商家庭。幼读旧学，1898 年中秀才。1906 年 6 月考进广东法政学堂甲班，1908 年 7 月毕业。1909 年 11 月加入中国同盟会。1910 年参与广州新军起义，黄花岗起义时任一路指挥。是中国南方近代史上一位重要政坛人物。

1911 年 10 月 10 日武昌起义胜利，在惠阳淡水组织民军发动起义，光复惠州，建立新政。11 月 17 日经粤军都督胡汉民提议，广州各界代表补推为粤军副都督。1912 年 1 月代理都督，遂率部“循军”1 万多人抵达广州。1918 年 5 月，“援闽”粤军奉命援闽，在漳州建立闽南护法区。在“建立新社会”“提倡新文化”的口号下，整军治武，刷新政治，创办《闽星》半周刊和《闽星日刊》，宣传社会主义，建立享誉中外“漳州政绩”，发展教育、推广新学、进行市政建设、繁荣市场、选派学生赴法留学、革除旧风俗。1920 年 5 月 5 日孙中山宣誓就任中华民国非常大总统，委陈为陆军部部长、内务部总长、广东省长兼粤军总司令。1921 年率军平桂，主持桂人治桂，时称“两广都督”。执政期间，在广东实施禁烟、禁赌，雷厉风行，身体力行，深得大众支持。后来因主张“联省自治”，反对孙中山北伐，最终与孙中山的政见不同而分道扬镳。

1925 年所部被国民革命军击溃后寓居香港。1931 年组建中国致公党香港总部，召开第二次代表大会，选为致公党总理。晚年贫病交加，三餐亦有所不济，身后更是萧条之至。

1933年9月22日因肠炎病在香港逝世，终年55岁。1934年4月棺柩归葬广东省惠州西湖紫薇山。

《印花交流》总274—275期

2013年5月—6月刊

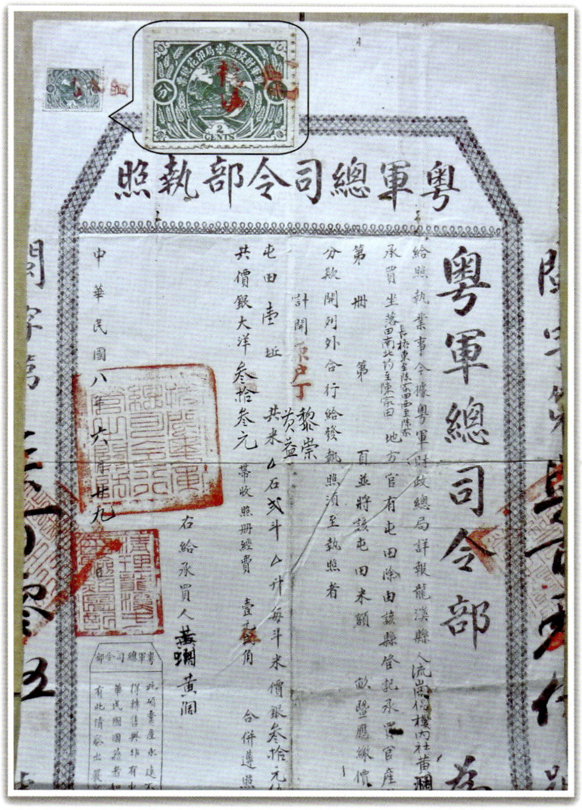

图2 民国八年（1919）六月龙溪县粤军总司令部执照

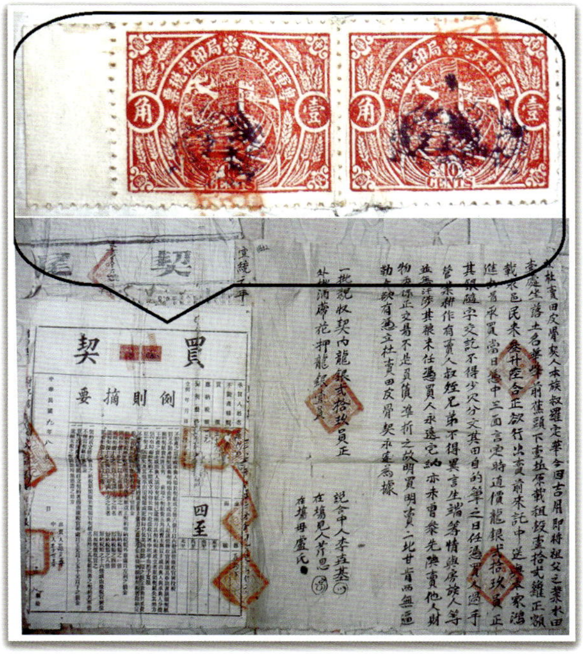

图3 民国九年（1920）八月永定县买契

三谈“粤军财政总局”长城图印花税票

木　子

民国六年底，孙中山等国民党人经与主政广东的桂系艰苦协商，终于将原省长亲军二十营部队从桂系手中挖出，以海军陆战队的名义转隶到护法军政府的海军部，由陈炯明任总司令。

后由于北洋闽军威胁广东，国民党与桂系又进一步议定，将陈炯明部开往惠潮梅地区，改称援闽粤军，用于对福建方向的作战。这种结果，民党方面固然是借战争的东风谋取军权，一旦对闽作战得手，就可取得生存和发展的根据地；桂系则是坐收渔翁之利，援闽粤军胜，闽军对广东的威胁便解除了，亦可就此将援闽粤军扫地出门；援闽粤军败，莫荣新就有了充足的理由将其吞并。桂系并有言在先，不负责部队的军需，仅由督军署给予适当名义，从驻地税收中按定额提取军饷。

民国六年十二月八日，陈炯明就援闽粤军总司令之职，并兼惠潮梅军务督办。次年一月，援闽粤军由广州开往惠潮梅地区，准备对闽方作战。陈炯明从省长亲军接受来的部队，原有二十个营，每营编制三百六十人，实际人数则严重不足，每营不过二、三百人，全军总数约五千人。编为五个支队、一个预备队和一个警备队，分别是：第一支队李炳荣部（三个营）、第二支队许崇智、关国雄部（四个营）、第三支队罗绍雄部（三个营）、第四支队邓本殷部（三个营）、第五支队洪兆麟部（三个营）、预备队熊略部（两个营）、警备队徐连胜部（两个营），到潮梅后，又接收了杨坤如一营。鉴于大战在即，部队残破、装备低劣，整编、扩充问题相当紧迫，陈炯明遂向广东督军署申请扩军十营，但仅获批准增加三营编制，不过援闽粤军在实际扩军中并不理会这个限制，光预备队就增收了新兵两营。

援闽粤军扩军的兵员，从粤东和赣南地区招募，并不是什么大问题，关键在于如何筹措军饷和装备、弹药。桂系本是不得已才将部队交出，哪里还会愿意再出钱出枪呢？所以议定成立援闽粤军的时候，桂系就有言在先，督军署不负责军需，军饷由惠潮梅地区税收中按定额提取，这便是陈炯明兼任惠潮梅军务督办的由来。援闽粤军从广州开拔时，粮草皆无，还亏得桂系大将林虎，看在往日的情面上出来打圆场，莫荣新也急于赶陈炯明上路，才从省库拨出三十万元军饷。到了惠潮梅，再想要东西，真是难于登天了。可事先与莫荣新方面议定的每月七万八千元的定额，地方上收不足，便是收足了，连维持原编制部队的军饷也有困难，更谈不上满足扩军需要了。

由于扩编的部队多是黑户口，与省方交涉要给养，当然就缺少理由。既然与督军署商量是与虎谋皮，援闽粤军就只能自力更生了，好在羊毛总是出在羊身上的。潮梅地方，油水最重的是钨矿，陈炯明下令建矿务局，收取开矿执照费；又将省财政厅规定的钨矿税率提高一倍多，每月所得之十多万元税款全部截留；加上进一步截留属于中央税的盐税、向所属各县政府打秋风、不足部分再向商会发公债，这样东拼西凑，在备战的四、五个月的时间里，共额外筹集到了一百多万元，总算勉强维持住局面。

这种擅改税率、截留税收、私发公债的行为，在任何正常社会里，都是无法无天的行为，然而当此时，陈炯明这个秀才，手里有枪有地盘，又不想坐以待毙，除了学军阀行径，是别无他法的了。即便如此，当时在驻粤各军当中，援闽粤军的待遇仍然是最差的。

在援闽粤军备战的数月时间里，做的另一件大事便是建立后方基地，陈炯明任命当年当广东都督时的副官长黄强为兵站总监。黄强在各要点上建起了四个分兵站，建立储运系统，储备战争物资。援闽粤军的弹药供应，本来应该是一件非常伤脑筋的事，恰好黄强在任兵站总监前，由新省长李耀汉任命为广东工艺局局长，他便利用职权，命工艺局赶制全套设备，运到汕尾，建起一家兵工厂。虽说简陋些，实际只是一家子弹厂，但全军子弹供应的难题，就此迎刃而解。

5 月 17 月援闽战役正式爆发，援闽粤军以许崇智率二支队为左路军；邓铿统洪兆麟五支队、徐连胜警备队为右路军；陈炯明督主力一、三、四支队及预备队为中路军，进驻三河坝。全军分成四个集团（中路军分成两个集团），从南北两个方向开始了军事行动。

在北线，左路军许崇智率第二支队，由蕉岭向闽西南攻击前进。许崇智从清末起就在福建陆军中任职，民国初年更曾是福建军界的头面人物，在福建有一定的威望。许部进入福建，迅速占领了武平、上杭，击破当面之敌；武平守军一营、上杭守军一个大队倒戈。许部随后一面准备进攻长汀、连城，一面派兵增援受阻的中路军。中路军的李炳荣、熊略集团出大埔，进占闽境峰市，但在攻击永定时受阻，后在许崇智部二营援军支持下，夺占永定，进而谋夺龙岩。

在南线，邓铿率右路军洪兆麟、徐连胜等部守澄海、黄岗，监视诏安、云霄之敌，中路军之罗绍雄、邓本殷集团则出饶平，顺利攻占了柏嵩关，准备进攻平和。

至此，粤军在北翼获重大胜利，南翼也取得一定进展，全线突破闽军第一道防线，进入闽境五十公里。正当粤军准备发动第二期攻势时，北洋方面援军，浙军第一师增援到了前线。

经过与浙军二个多月的艰苦战斗，援闽粤军邓铿右路占领诏安、云霄、漳浦，进逼漳州；许崇智左路进占上杭、汀州、龙岩等地，随后会合右路主力，8 月 30 日占领漳州，9 月 3 日，熊略部进占漳厦铁路终点嵩屿，威胁厦门。

经邓铿电请孙中山，9 月 1 日，许崇智正式就任援闽粤军第二军军长之职，并以前敌总指挥身份，指挥李炳荣、罗绍雄、邓本殷、熊略各部在漳厦之间与浙闽军相持。战至 11 月，双方精疲力尽，终于协议停战。协议停战后，援闽粤军以所占漳汀等地二十六县建立闽南护法区，有了根据地。前方局面打开，后方压力随之增大，自攻克漳州以后，桂系加紧逼陈炯明全军离粤，一面派刘志陆军入粤东，压迫援闽粤军撤出惠州，一面于 9 月 21 日明令裁撤惠潮梅军务督办公署，由军政府另行任命陈为福建宣抚使兼攻闽军总司令，使陈军失去驻粤及征税的名义。10 月 18 日，以邓铿领衔的援闽粤军向莫荣新发表愤激陈词。“粤军财政总局”长城图印花税票便是在这种形势下诞生了。

本人曾在北京嘉德 2007 年秋拍上拍得民国八年一月龙溪县的典契，贴“粤军财政局”长城图 1 分二枚，为当时最早的实用单。如今本人又收集到民国七年十二月邵武县贴“粤军财政总局”长城图 2 分的实用单，为迄今发现的最早实单。邵武远离龙溪（今漳州）粤军总司令部和粤军财政总局，第一时间使用的可能性要小于靠近龙溪县的地方。邵武的实单名义上比龙溪的实单早了一年，实际只提早了一个月，但更接近于真实，更接近于实际发行的时间。（参考文选：历史网）

《印花交流》总 242 期　2010 年 9 月刊

贴粤军财政总局印花税票的南胜区婚书解读

木　子

几年来，本人关于粤军财政总局印花税票的文章已写过几篇。

1917年广东省长朱庆澜的警卫军二十营，经平塘会议陆荣廷允准，将二十营军队交陈炯明，11月21日，莫荣新就任代理粤督后，即将二十营军队交陈炯明，前提是不得在广东驻屯。广东军政府孙中山将其改编为“援闽粤军”，12月2日任命陈炯明为总司令，邓铿为参谋长兼第一师师长，许崇智为支队司令，担任讨伐闽督李厚基的任务，进军福建。当时军队人数不足5 000人，每月饷银6万元。1月12日，孙中山令陈炯明赴汕头，滇军方声涛部移防潮州。27日陈炯明到汕头后，即发布援闽军抵汕布告。2月，在汕头设潮梅筹饷局，综理潮梅财政兼征收盐埕税，规划恢复潮梅航政局，以开财路。3月孙中山任陈炯明为潮梅督办，邓铿、许崇智协助之。5月设钨矿税局于汕头，抽收矿税，作援闽军饷，每担征毫洋10元，仅此项便获款数百万元。

1918年6月，援闽粤军向福建推进，北洋军闽、浙联军则向广东急攻。7月双方在闽粤边境展开激战。8月4日援闽粤军攻克大埔，6日破永定，8日占上杭。嗣后，长汀、清流、平和、连城、守祥、安溪、漳平、永春、大田、德化、仙游、龙岩均入援闽粤军之手。浙军陈肇英团，因退路被切断而投降。30日援闽粤军占延平、南靖、漳浦、长泰、云霄、同安等县，8月31日进占漳州，司令部就设在漳州。

10月4日，因粤督莫荣新宣布撤销惠、潮、梅督办署，惠、潮、梅督办署总参议马育航等发表通电反对。11日，援闽粤军将领邓铿、许崇智、洪兆麟、李炳荣、熊略，蒋介石等也发表愤激陈词，指出撤销惠、潮、梅督办，取消矿捐以及军政府提取盐款，将使援闽粤军“饷源立竭”“断送全军”。要求莫荣新“收回成命，顾全大局”。

10月17日，新的军政府免去陈炯明惠、潮、梅防务督办兼职，派桂军将领刘志陆为潮梅镇守使。由于断了军饷来路，迫使援闽粤军千方百计筹饷，除了孙中山向华侨募捐外，广开税源、发行税票也是其中之一。

根据本人收集到的实物，在民国七年十二月就已发行使用了粤军财政总局印花税票。目前已见1分、2分、1角三种面值，石印，图幅22 mm×30 mm，有厚纸和薄纸之分，1分、2分有满云版和无云版，1角目前仅见满云版。

粤军最多时曾占领福建至少有27个县，占福建全省70多个县市的三分之一强。后来南北议和，孙中山于1920年8月令陈炯明返粤驱除桂系，8月12日在陈在漳州公园召开返粤讨伐桂系誓师大会，后分兵三路返粤。

最近本人收集到一份布质的婚书（图1），是一份民国九年五月的红布契约，34 cm×46 cm，贴粤军财政总局印花税票长城图2分票八枚（图2），红盖南胜，骑缝竖盖二方柜形章，上书“南胜区婚书　粘贴印花票”十个大字。根据这个章的形制及文字内容，应该是属官方专盖婚书用之章。在民国时期有很多人家结婚都没有婚书。根据民国税法，当时婚书应该贴印花4角。传统的婚书，民间一般都用红纸，红色表示喜庆，就是官方印制也用红纸，用红布作载体一般见之分家、遗嘱；立嗣、过继；典妻、再醮；金兰结义等，用于正规婚书几乎没有。

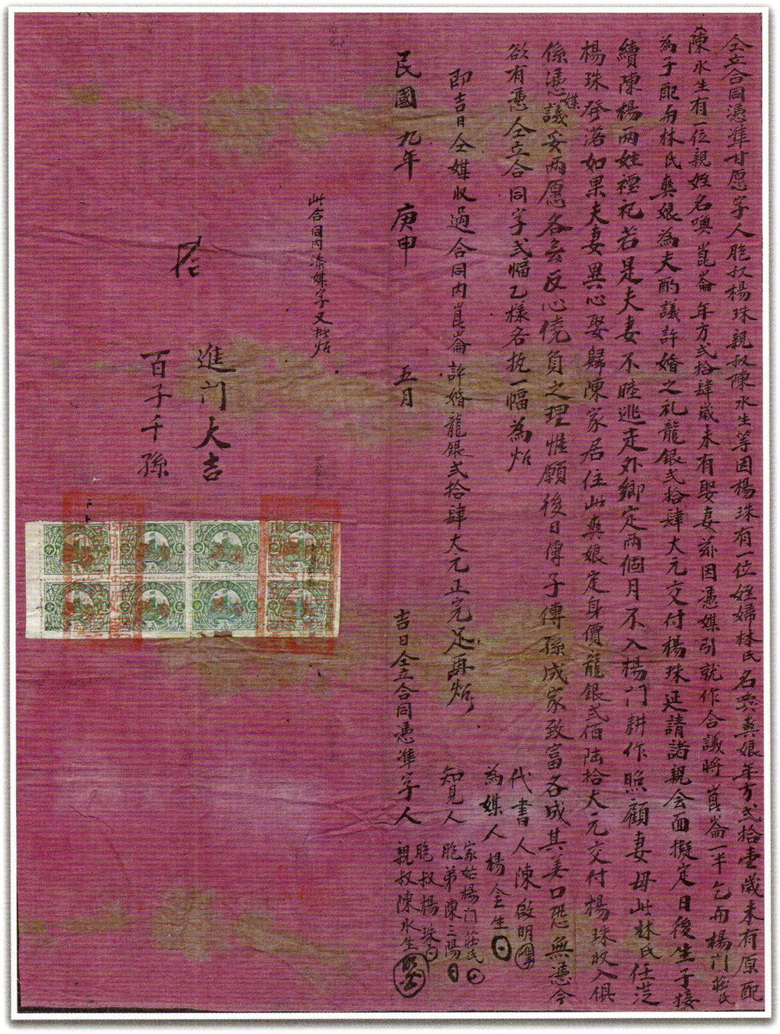
全立合同憑準甘愿字人胞叔楊珠親叔陳水生等因楊珠有一位姪婦林氏名喚𡚸娘年方弍拾壹歲未有原配
陳水生有一位親姪名喚崑崙年方弍拾肆歲未有娶妻茲因憑媒引就作合議將崑崙一半乞而楊门莊氏
為子配與林氏𡚸娘為夫酌議許婚之礼龍銀弍拾肆大元交付楊珠足請諸親会面擬定日後生子接
續陳楊兩姓禋祀若是夫妻不睦逃走外鄉定兩個月不入楊门耕作照顧妻母此林氏任从
楊珠發落如果夫妻異心娶歸陳家居住此𡚸娘定身價龍銀弍佰陸拾大元交付楊珠收入俱
係憑媒議妥兩愿各無反心悔負之理惟願後日傳子傳孫成家致富各成其美口恐無憑今
欲有憑全立合同字弍幅乙樣各執一幅為炤
即日全媒收過合同内崑崙許婚龍銀弍拾肆大元正完足再炤
民國 九年 庚申 五月 吉日全立合同憑準字人
代書人陳啟明
為媒人楊全生
知見人 宗姑楊门莊氏 胞弟陳三昜
胞叔楊珠
親叔陳水生
此合同内添媒字又炤
存
進门大吉
百子千孫

图 1　南胜区婚书

图 2　婚书所贴粤军财政总局印花税票

下为该婚书内容：

“仝立合同凭证甘愿字人胞叔杨珠亲叔陈水生等，因杨珠有一位姪妇林氏名唤爽娘，年方弍拾壹岁，未有原配；陈水生有一位亲任名唤昆仑，年方弍拾肆岁，未有娶妻，兹因媒引就作合议将崑崙一半乞与杨门荘氏为子，配与林氏爽娘为夫，酌议许婚之礼龙银弍拾肆大元交付杨珠，延请诸亲会面，拟定日后生子接续陈杨两姓禋祀。若是夫妻不睦逃走外乡，定两个月不入杨门耕作照顾妻母，此林氏任之杨珠发落，如果夫妻异心娶归陈家居住，此爽娘定身价龙银弍佰陆拾大元交付杨珠收入。具系凭媒议妥，两愿各无反心侥负之理，惟愿后日传子传孙成家致富，各成其美。口愿无凭，今欲有凭，仝立合同字弍幅乙样，各执一幅为口”，“即吉日同媒收过合同内昆仑许婚龙银弍拾肆大元正完足再烦”。

下边为代书人陈启明签字画押；为媒人杨金生签字画押；知见人家姑杨门荘氏、胞弟陈三阳签字画押；吉日同立合同凭证字人胞叔杨珠、亲叔陈水生签字画押。民国九年庚申五月。（原文无句读，个别错别字已改正），换算成公历应是1920年6月。

实际上这是一份多方自由同意、以书面文字的形式来约束双方应尽的义务和责任、带有买卖性质的招婿入赘的契约。契约的前提条件是男方须住在女方家，需照顾妻母及耕作，如果要去男家住，须支付龙银260元。

而1角6分的印花税是以许婚之礼金龙银24元的千分之三税率交纳的，名义上是招待亲朋好友的花销费用，实际上花不了这么多。而作为官方的结婚管理部门，只要收到印花税款，就盖上了婚书专用章。

南胜区为福建漳州平和县的一个镇，位于漳州平和县东南部，南与云霄县交界，东与漳浦县毗邻，总面积143平方公里。民国九年时平和县已在援闽粤军控制之下，据平和县历史大事记载：“民国九年夏，平和县知事受命到大溪办‘义捐’，打死廖赤安一名孕妇，抓走12名农民，引起后嗣民众义愤，持枪反抗。陈炯明派兵镇压，杀死农民50多人。”夏，一般指6、7、8月，粤军已控制平和县，与契约在时间上相吻合。

从1918年发行粤军财政总局长城图印花税票到现在，已有近百年的历史。援闽粤军占领福建时间前后大约有二年时间，实际使用粤军财政总局长城图印花税票时间大约有22个月，其间贴用婚书的我还未见过。曾经在福州收集到一枚2分票，上有销墨字“婚”字，是否从婚书上脱落已无从考察，但愿有朝一日能见到贴粤军财政总局印花税票4角面值的真正的婚书。

以上译读，是否妥确，望方家指正。

《印花交流》总290期　2014年9月刊

注：该契约贴用1角6分的印花税票，具体是按照什么标准贴用，有待进一步考证。

“粤军第十师司令部”长城图印花税票之谜

——纪念长城图印花税票发行100周年

木 子

（前言）十年前，本人在长城图印花税票发行90周年之际，曾在《印花交流》总151—158期（2003年2月—9月）分8期连载《广东使用长城图印花税票初探》一文，当时认为“总”字长城图票可能是广东发行，现在已有实单证明是四川发行，今予以修正。另外一个是当时未见到“粤军第十师司令部”长城图的实单，故未有论述。

本人曾二次去福建闽西永定县，在那里买到过一本民国十四年的账本，账皮上贴“粤军第十师司令部”长城图印花税票1分六枚（图1），由于账本千疮百孔，故只保留了账本封皮。账本上没有地名，只有年份及店号，但这名气不大的店号，在数十年后已无从查考。这本账簿也许是店主在外乡开店最终带回老家永定，虽然破烂不堪，却承载着一段鲜为人知的历史。

好在数年前有福建林君也在永定买到过一个（毕业）“证书”的残件，背后贴“粤军第十师司令部”1分二十枚（图2）（除此外在香港包晓春先生1987年的国华邮票公司的让品目录上也见过一枚1分票）。把这二个实单结合起来，一件有“民十四年”字样，一件有“永定县”字样，二件贴票的实单均出自永定，可以确定，“粤军第十师司令部”长城图印花税票出自永定。

那么究竟是谁印制发行的呢？我们就从“民十四年”“永定县”“粤军第十师”三个要素着手。民国十四年的广东发生了很多重大的历史事件，有第一次东征（1925年1月15日—4月20日），孙中山逝世（1925年3月12日），第

图1 贴“粤军第十师司令部”长城图印花税票的账本

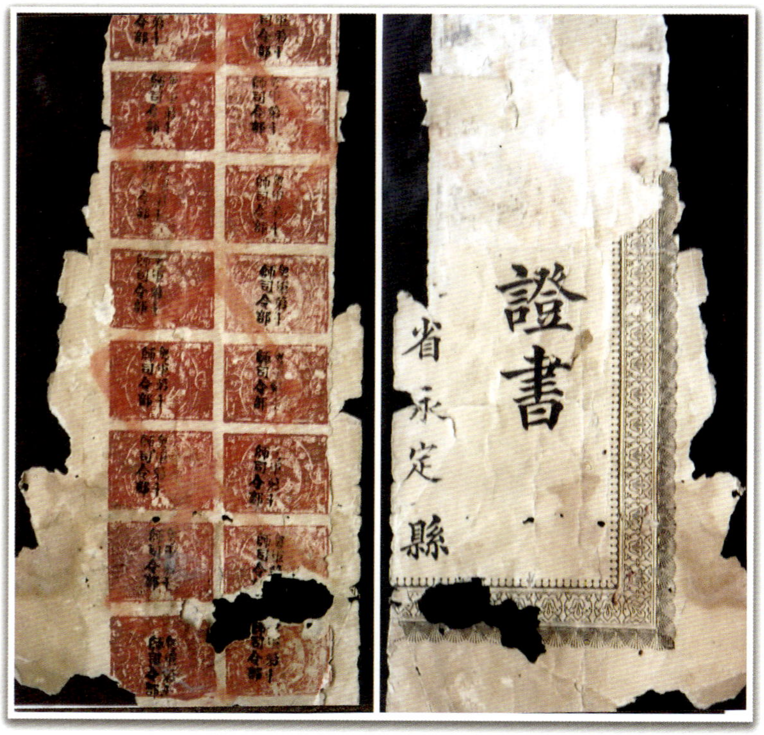

图 2　贴“粤军第十师司令部”长城图印花税票的毕业证残件

二次东征（1925 年 9 月），平定杨希闵叛乱，成立国民政府（1925 年 7 月 1 日），以及南征邓本殷。从地理位置上说，永定属于闽省，位于福建西南，南和广东梅县、大埔接壤，西与上杭交界，东与平和、南靖毗邻，北接龙岩，而印花税票上却冠以“粤军”番号，使人联想起广东。“粤军”是一个军事集团的统称，从 1917 年的援闽粤军、各路讨贼军、建国粤军、到 1925 年 7 月 1 日成立国民革命军为止，都称粤军。

孙中山与陈炯明二人因政见不合，一个要北伐，推翻北洋政府，一个要联省自治，搞地方割据，最终导致在 1922 年 6 月陈部炮击总统府；粤军分化，一部分跟陈炯明，一部分跟随孙中山。当时亲陈的军队控制了广州。亲孙的许崇智等部靖难失败退往江西、福建，最终 1923 年 2 月许崇智率东路讨贼军从福建返粤，以及孙中山联络西南各省部队，打败了陈军，重新控制了广州，而陈军退往东江地区。

1924 年秋，陈军经过一年多休整、补充，力量大为好转，陈炯明趁孙中山应冯玉祥之邀北上时，以“救（定）粤军总司令”名义发动进攻，以图恢复广东地盘。但最终被豫军樊钟秀部以及许崇智部、杨希闵部击败，损失惨重。反攻失败后，陈军又经一次整编，分编为 6 个军和若干师，大致如下：各路总指挥叶举；东路总指挥林虎兼第一军军长、辖黄任寰师（第一师）、黄业兴师（第三师）；副总指挥洪兆麟兼第二师师长；第二军军长刘志陆，辖黎生师（番号?）；第三军军长尹骥，辖李云复师（番号?）、谢文炳师（第五师）；第四军军长李易标，辖黄广其师（番号?）；第五军军长熊略，辖林烈师（番号?）；第六军军长杨坤如，辖骆凤翔师（第八师）、钟子廷师（第九师）。另外还有不入编而直接受叶举指挥的有：粤军第十一师师长陈修爵，第十二师长陈演雄，第十三师师长陈子云，以及其他一些兵力不大的部队。这里有几个师番号未能查到。也未见第十师的番号。由于叶、林二人不合，谁也不愿听从对方指挥，以致后来被政府军各个击破。

1925年1月15日，广州大本营所辖之许崇智建国粤军，杨希闵之建国滇军，刘震寰之建国桂军，谭延闿之建国湘军以及黄埔军校教导团和学生军为主组成东征联军，以杨希闵为联军总司令，发布东征宣言。东征联军约5万人分三路向陈军发起进攻，而陈军有6万多人。经过多次激战，2月26日，东征军右路张明达第二师占领海丰，教导团是日亦会师海丰。3月4日，张明达师之许济旅入普宁。5日占揭阳。3月7日，张明达师占领汕头。10日汕头商会开会欢迎东征军，许崇智到会演讲。3月12日，孙中山在京逝世。3月13日，陈军与东征军在棉湖发生激战，后经陈铭枢旅及警卫军增援，始反败为胜，陈军林虎部向江西退去，由于林虎与叶举不和，所以林虎部残部撤退时大都退入江西境内。这次战斗东征军也伤亡千人以上。3月16日，闽督周荫人做三项决定，指示张毅俟陈军残部退入闽境时，拨款20万元接济、掩护陈军退却，派人与陈炯明、洪兆麟接洽并指定云霄诏安为粤军驻地。3月20日东征军攻占了兴宁、五华、梅县、蕉岭、大埔，陈军洪兆麟残部退往粤闽边境。许崇智曾致电闽督周荫人“请转饬闽边驻军，对于林洪残部，实行堵截缴械，勿予收容，致防邻谊”。3月下旬，林虎派刘公伟赴南昌谒请求方本仁划驻地事宜，方允划出赣南的龙南、定南、全南三县为林军驻地，3月赋税既作林军伙食，并令原驻军赣军第五旅邓琢如部撤防返省，邓部于3月25日撤离。3月底，闽军第一师师长张毅、第三师师长李凤翔向闽督周荫人呈报陈炯明残部退入闽境共有一万八、九千人，其分布情况：平和4 000人，诏安4 000人，云霄600余人，永定千余人，永定属之峰市5 000余人，武平千余人，海澄900余人，漳浦500余人。陈军除得闽军张毅、李凤翔掩护支持外，还得到赣军赖世璜部及海军支援，驻长汀闽军李鸣皋部为助陈军反攻开赴大埔，张毅还亲自到漳浦指挥。

又据长沙《大公报》4月上旬载东征军和陈军残部分布情况：其中陈部温中和部500人驻紫金，陈修爵部约600人驻闽省平和，李易标部1 500人驻江西安远，黄亚兴部3 000人驻江西寻乌，林子云部1 200人驻江西篁乡、寻乌，王定华部1 800人驻江西篁乡、寻乌，刘志陆部2 000人驻上杭，熊略、陈继雄部约2 000人驻武平，李云复部1 200人驻平和、小溪，洪兆麟、谢文炳部3 000人驻永定。

败退入闽的陈军进行了改编，洪兆麟部改编为12营，尹骥部改编为9营，谢文炳部改编为4营，第一、二第师残部合编为2营，共计约30营，分驻平和、永定、云霄、诏安、漳浦、海澄、石码等处。

4月16日，许崇智致电质问周荫人，对于分窜平和、永定、龙岩等地洪兆麟残部是否派兵缴械，抑系收容，请其明白答复。

4月20日，陈军杨坤如部困守惠州与滇军胡思舜部妥协，是日，让滇军进驻惠州，杨坤如部骆凤翔、钟子廷改编为第八师、第九师师长，第一次东征胜利结束。

根据2003年《惠城文史资料》第19辑记载“1925年7月10日汕头各界人民在审判厅前开呼吁和平大会，推举代表分头向汕头建国军行营主任孙本戎、洪兆麟部第十师师长谢文炳、潮州粤军临时办事处主任刘志陆请愿，要求陈军与政府军双方彻底和平”。这里有“第十师师长谢文炳”一语，根据以上情况，综合分析，“粤军第十师司令部”长城图印花税票应为1925年被第一次东征军击溃退入福建永定的谢文炳第十师（或败退入闽改编后的“粤军第十师”）部所发行，以维持残部粮饷，前后约有半年（1925年4月—11月），到1925年9月第二次东征时，11月9日陈军被程潜部追击入永定以北30里，陈部从此以后不能为患。

有人认为是陈铭枢的第十师部发行的，其实陈在第一次东征时只是第一师第一旅的旅长，到1925年6月14日国民党决定大元帅府改组为国民政府，7月1日正式宣告成立，7月6日又成立军事委员会，8月30日粤军第一师扩编为第四军，第一旅扩编为第十师，9 月间第十师在江门成立，陈铭枢任第一任师长，虽然民国十四年下半年陈铭枢是第十师师长，但此时他正在参加南征邓本殷的战斗，而且是主力部队，打下高州、雷州、钦州、廉州，距闽粤边境之永定县有千里之遥，而此时第十师，不再是“粤军”或“建国粤军”，而是国民革命军第四军之第十师。

这种税票为石版印制，铭为“中华民国印花税票”，以长城为主图，目前仅见 1 分面值（图 3），红色，无齿，图幅 30 mm×22 mm，文字图案十分模糊粗劣，显然是仓促之际印制，距今也有近 90 年的历史了。

图 3　谢文炳

谢文炳（1882 年—1949 年），号炎瑄，衡阳县台源镇人。曾在广州讲武堂受训，后结识黄兴，加入同盟会。1911 年参加广州起义，任敢死队员，起义失败后被俘，经许崇智等营救出狱，加入援闽粤军后，历任连长、营长。1918 年 1 月—10 月率部参加援闽战争。1920 年 6 月任粤军第二军第九支队司令，次年 6 月任援闽粤军第七独立旅少将旅长，1923 年初任陈炯明粤军第三军第五师师长。1925 年第一次东征所部被击溃，退入闽西永定，同年第二次东征中被击败后退入江西、湖南，投靠吴佩孚，阻击北伐军。后来加入直鲁联军，历任第十三军六十一师师长，第十七军军长。1929 年军队整编后免职闲居上海。抗日战争期间亲往南岳找到蒋介石，请缨抗日，未得同意，只因谢当年跟随陈炯明背叛孙中山，蒋对此一直耿耿于怀。后往香港经商，1949 年 6 月病逝。

《印花交流》总 272—273 期
2013 年 3 月—4 月刊

注：谢文炳（图 3）原属许崇智的第二军第七独立旅，后追随陈炯明参加叛乱，1922 年 11 月任陈炯明粤军第十师师长，归洪兆麟节制。1924 年底其部被编为第三军第五师，归尹骥节制。如若此票为其部第十师发行，应当发行在 1924 年底之前、1922 年之后。1925 年 4 月后，其部退入永定，这时其部已不再有“粤军第十师”之番号，应当属于沿用。

民国“琼崖印花税票”发行初探

木　子

2000年，在广州流出十多枚名曰“琼崖印花税票”的一分面值票，被各地来穗的同好抢购一空。

该票平版印制，棕色，主图为五色旗与铁血十八星旗交叉而成，与福建双旗图颇为相似，在票底印有“琼崖印花税支处”，加盖“琼崖善后处”，图幅31 mm×24 mm，比长城图票略大，齿孔21.5°。票上自上而下墨划销，原贴在一、二张实单上。此票《总目》未载，系第一次面世，引起众多爱好者的种种猜测，也引起笔者的浓厚兴趣（见图）。

琼崖印花税票 双旗图

笔者查阅和研究了当时的一些史料，虽未找到该票发行的直接资料，但可以认定该票系广东军阀邓本殷于1923年—1926年初割据琼崖时期发行与使用。

清代广东置广肇罗、南韶连、惠潮嘉、廉钦、高雷、琼崖六道。民国成立后均裁撤，1914年6月，依原六道管辖区设粤海、岭南、潮循、高雷、琼崖、钦廉六道。1920年废道，设东、西、南、北、中等善后督办。1925年设广州、东江、西江、南路、琼崖五行政区。

琼崖与雷州半岛隔琼州海峡相望，辖琼山、澄迈、定安、文昌、琼东、乐会、临高、儋县、崖县、万宁、陵山、感恩、昌江13县（会同于1914年改名为琼东，万宁原名万县因与四川县名相同于1914年改万宁，昌江原名昌化县因与浙江县名相同于1914年改名为昌江）。

邓本殷，生年不详（　—1926年），字品泉，广东防城人（一说钦州人，今属广西）。行伍出身，清末曾任管带，民国成立后解甲回乡，后投福建漳泉镇守使黄培松。龙济光据粤后任广东警卫军营长，任统领，参加援闽之役，入闽后升任第六支队司令，先后参加粤军回粤和援桂之役。1922年升任第三独立旅长兼琼崖善后处长，1922年6月陈炯明叛变，旋为西路讨贼军败退东江，邓部滞留琼崖。1923年联合申葆藩、黄志恒等部，组成南路八属联军，任总指挥，和东江陈军遥相呼应。并勾结北洋军阀，与广州革命政府对抗，1926年2月，所部为国民政府南征军所败，邓仅带数人逃往上海，同年3月病死。

1922年6月，陈炯明叛变后，一度占据广州。孙中山在沪邀滇、粤、桂诸军组成讨贼联军，攻取广州，迫使陈军于1923年初退出广州逃往东江一带，双方相持二年多时间。当时联军主要对付在东江一带的陈军，未有力量讨伐邓本殷部，所以在1923年—1925年南路大小军阀得到了暂时喘息的机会，他们各自为政，霸占税收，争夺地盘，互相残杀。计有高州六县吕春荣部（讨贼军师长，所属莫荣，叶大森两旅）；雷州三县林树巍部（讨贼军雷州总司令）；廉州、北海黄明堂部（孙中山委广东讨贼军南路总司令）；钦州、防城申葆藩部（旧桂系陆荣廷、林俊廷嫡系，孙中山委广州讨贼军南路总指挥，辖陆云桂，苏廷有两个师）；阳江梁士锋部（属讨贼粤军第一军梁鸿楷部）；阳春、新兴、罗定余六吉、苏继开、徐东海部）；琼崖邓本殷部。

1923年7月，申葆藩部为争夺地盘，扩充实力，派苏廷有师进攻廉州，黄明堂部不敌缴械，所部被收编。旋邓本殷派人与申联系，组织高（州）雷（州）廉（州）琼（州）崖（州）罗（江）阳（春）八属联军，在南路独树一帜，既不帮孙中山，也不帮陈炯明。申要邓脱离陈炯明，邓要申脱离桂系。8月邓申联名发出通电，宣布自治，保境安民。但不久内部矛盾迭现，邓、申、苏互相猜疑，各自寻找政治出路。1923年8月苏部攻占高州后，迭电申来坐镇，申却未加理睬，八属联军右翼总指挥苏廷有部在收编黄明堂部后实力大增，并委派了各县县长，才请邓出兵会攻阳江，并请邓来坐镇高州，两部联合攻占阳江后，因邓部肆意抢劫建国粤军第一军梁鸿楷所属第二师梁鸿林及梁士锋司令家属，被苏制止，并勒令退还所抢物品，引起邓对苏的强烈不满。在邓坐镇高州后将苏委县长等尽情撤换，高雷税收也尽获已有，并不接济苏部粮饷，从此苏邓关系恶化。申终日沉缅酒色，对苏亦不放心，亦无粮饷接济，苏也形同独立，不受申的命令，暗中派人与东江熊略联系，表示接受陈炯明命令。

琼崖是邓本殷的老巢，1923年4月，北洋政府任邓为琼崖镇守使，1924年2月改为琼崖护军使，1925年4月27日，段祺瑞执政，特命邓为督办高雷罗江钦廉琼崖善后事宜，邓曾鼓吹建设琼崖，曾在海口修了一条马路，又修了一条海口到嘉积（琼海）的公路，重修了秀英炮台，还开办了一家兵工厂，为自己修造兵械弹药。邓部军纪极坏，时常纵容部属侵扰黎族，草菅人命，为维持军饷，摊派苛捐杂税，有大大小小一二百种之多，其中也有印花税，当地民众苦不堪言，许多人都逃出去谋生。

1925年孙中山病逝，胡汉民代帅，广州政府先后二次东征，期间又发生滇军杨希闵，桂军刘震寰叛变。广州政府急调东征军回师广州，平叛了叛乱，并于7月1日正式成立国民政府。当初，苏廷有曾想投靠粤军总司令许崇智，但不久因发生瘳案，胡、许被蒋扣押并驱逐，苏就打消了投诚的念头。1925年8月，陈军派人与苏联系出兵江门，以牵制广东粤军，苏决定出兵并电邓同意，邓要苏先出兵，他随后出兵，但当苏出兵后，邓不但不出兵，反将驻高雷的嫡系部队撤回琼崖。苏部因原部属陈章甫被许崇智任为建国粤军暂编南路第二师长而拉走了一部使实力有所减弱。

1925年9月间，广州国民政府组成南征军，以朱培德为总指挥率第三军一部（王均旅），李济深第四军第十师（陈铭枢师），第十二师（原梁鸿楷部梁鸿林师，梁被扣押后改编）、张发奎独立旅，及桂系第七军俞作柏部分兵三路，讨伐邓部。在10月间，由阳江准备攻江门的苏廷有部与第四军陈铭枢师发生激战，期间梁鸿林师因梁鸿楷被扣押发生叛变，与苏廷有会合对抗南征军。最终不敌李明瑞团，向电白溃退，转而向茂名进攻，被茂名守军广西旅俞作柏部击败，苏逃往安南，残部被陈德昌、何华廷率领向陈铭枢缴械收编。在钦廉的申葆藩部则被胡宗铎团击溃，申亦逃往安南。

邓本殷一向与广西李宗仁、黄绍竑有联系，以为李、黄不会进攻高州。当苏廷有出兵江门时，国民政府命令广西出兵，俞作柏部进攻高州，邓本殷一枪不发退回琼崖。1926年1月25日李济深第四军陈发奎独立旅，陈济棠第十一师（歼邓后升十二师长），云瀛桥独立团乘船攻琼崖，在铺前登陆成功，2月间将邓部肃清，邓本人逃往上海。

在邓本殷盘踞琼崖的三年时间里，为维持军队粮饷，发行使用“琼崖印花税票”，估计不足三年，是否还有其他面值票未被发现？以及其在坐镇高雷地区时期是否也用此票，抑或发行另外的印花税票，尚待更多的实物来佐证。错误之处，盼同好指正。

《印花交流》总179期　2005年6月刊

注：这是1925年5月邓本殷任督办的八属善后督办公署下辖的琼崖印花支处印制发行的。

广东平版国旗地图印花税票探讨

台湾　吴铁涛

廿多年前要选购印花税票，在台北除了仅见的一位“垃圾黄”（黄志毅先生胞弟黄金江）在中华商场开业专售印花税票外，后来亦仅有少数邮商兼营，并且几乎大部分的来源都是经由香港转入。笔者一直到近二十年前因洽商的关系，开始在香港东南亚各地走动，政府开放大陆探亲之后，香港更是必经之地。每每在正事完毕的闲暇时间，一定帮自己到中环邮票商场及摩罗街古董市场逛上一个下午的节目，一来轻松一下紧绷的神经，再来如果能挖到宝，岂仅是值回票价而已（飞机票）。本文主角即是在这种情私下被“挖”到的，当年眼未花，虽顶着四五百度的大近视，可还眼尖得很，一眼发觉一枚票“不大对劲”，细看之下，竟然是从未见过的平版票，当时激动兴奋的心情自不在话下。

这枚平版2分票一直未被同好发掘及报道过，不久前北京邮展特地随身携书求教各地同好，均表示未曾见过，特整理此文并提出讨论，希望有一天有更为完整的相关资料再次提出。

那国旗地图印花税票，为国民政府北伐成功，自民国十六年起，陆续发行。有三种版式，一版为省名版（原票即已印有福建、浙江、江苏、安徽四省之省名），二版为五线（白日下）楷书加盖省名，三版为四线隶书加盖省名。前两版均为上海大东书局承印及加盖省名，三版为北平财政部印刷局承印并加盖省名。为区分方便，大妨称之大东一版、大东二版、北平版国旗地图印花税票。

三版票各省请领后，几无例外都再次加盖县市或地区的名称，以限制越地销售而免流失税源，四度加盖的也属常见，甚至有五度加盖的。

本文所讨论的平版2分票，图案属大东二版，贴用於民国二十年七月间之汇票，混贴一枚平版2分及九枚大东二版凹版2分票（图1）。这枚平版票印纹极为细致，如不细看，一般人完全无法分辨出，即使挑到，也很可能被当作普通凹版票放过了。

图1　广东 私仿平版版图旗印花税票 2分

我们知道，这一时期各地军阀势力仍在，划地自雄，往往自己发行印花税票，截留税款，国旗地图票三版都有地方私印票存世。不但有平版，甚至难度较高的凹版票也都出现（平版票有山东、河南、四川、云南、新疆。凹版票有山东、四川各省发行过），基本上，地方版因印刷厂水准不高，还要在短时间内大量印出，成品往往流于粗糙，甚至拙劣不堪，像这一枚平版票如此精细应为特例。

由平版票（图2）及凹版票（图3）放大图作比较，可以发现除了小船下方的“TT”及田埂下端的“大”字，都有些微的缩小之外，连工厂一楼左起的第二个窗子，凹版比较大，有一点像一个门，是母模修饰不小心造成，凹版票各面值都有些特徵，而平版票依然呈现。至铭文字体、图纹几乎全相同（仅仅平版票白日徵内圈由点所构成，凹版为实线），可以证明这枚平版票是以凹版票成品，直接照相翻制胶版所印刷而成。孙中山像上海大东二版金圆邮票即为相同的情形，只不过 2 分印花翻制的功夫来得好些，邮票翻的差些印纹粗得多。

图 2　凹版 局部

图 3　平版 局部

至于加盖的省名方面，我一直以为平版凹版并无分别，是相同的，那么即代表也是由上海大东承印及加盖，但摄成照片后，经同好提出，方发现两者有所区别。

粗略地看，两种加盖字体形态的确蛮神似，但平版票“东”字的“口”部并不方正，较大些且稍偏左，“广”字第一点变成向右下偏斜的一划。

凹版票加盖油墨厚重，且印痕陷入纸面，明显说明是浇制特制字模所加盖出来的。而平版票却显得轻浮，没有任何印痕，说明是胶印方式加盖，上述“相似而变形”的字体，也是翻制胶版过程失真所致。经一一核对，这种加盖版式从未出现于其他广东票，由这一点可以证明此票并非上海大东所印。

至二次加盖的直排“潮梅”二字，与同一时期正常凹版票全相同（前后期印模污染嵌入杂质，清晰度有别），则可以说此枚平版票之印制由广东省经手。

由以上各点推测，可能当时因为繁用的 2 分税票不敷使用，上海大东又供应不及，广东主管当局呈准就地赶印以应急。至何厂承印，由齿孔粗糙观之，不以香港大东及商务两厂，有可能在广东当地所印，也可能商务制版、广东印刷。它的纸质平滑，未刷背胶，印墨较为灰暗，与以往印的较精细的国民政府版（黑字加盖）长城期图印花税票有若干的共通点，可能为同一印刷厂承印。

当然，也有同好会提出，有可能是主管当局为谋私营利而私自偷印的伪票。我提出以下几点似乎可以稍加排除可能性。

一、这枚平版票，在英文面值“CENTS”各字母之间，原来凹版票仅为一团团的“色块”，现在逐一修成平行的线，一般如果没有特别的要求，印刷厂能省即省，不会多此一举，显示平版票的制版时是相当慎重的。

二、国民政府由广东发迹，在北伐前，广东省内印花税票之发行，检查制度相当健全，未见徇私舞弊的报道。

三、目前仅发现 2 分面值一种，如印伪票，其他面值不会放过。

四、行用时期短，存世量少，代表发行量有限，可能应急过后，正式票到即不再添印，如果目的是伪票捞钱，既然印得那么好岂不应大量印、大量赚之理。

当然目前没有具体文献可兹佐证，任何其他的可能性还是存在的，欢迎同好提出指教。

注：有关广东平版版图票，内地同好未见报道。本刊今天转载台湾邮刊吴先生的文章，以对此进行探讨。二年前，我听吴先生讲起此票，当时心中尚有疑惑，笔者收集多年，从未闻说有此版式，又因价格十分昂贵，一直未购入。直至去年在京见了吴先生的实物，才确信为从未见过的广东平版。今年才下决心购入一枚。

《印花交流》总 121 期　2000 年 8 月刊

广东私仿平版版图旗印花税票新发现

木 子

台湾同好吴铁涛先生曾在2000年8月《印花交流》总121期上撰文《广东平版国旗地图印花税票探讨》一文，首次披露广东在民国二十年七月的一张汇票上贴有私印的平版大东二版版图2分票的情况。介绍该票发现的经过及该票与大东二版比较差异情况。在他的启发下，笔者经多年寻觅，终于有所发现，真是功夫不负有心人。事情要从一份资料说起，就在该文发表不久，笔者从有关资料中查到一份民国档案史料，才知事情来龙去脉，今一并披露，以飨读者：

广东印花税局关于查获伪印花税票致财政部呈（1930年6月10日）

广东印花税局呈

十九年六月十日

呈 为呈报事：窃职局自领销部颁税票发行未久，商民之鉴别未真，常恐狡黠之徒乘机伪造掺销致妨国税，迭经领饬各分局严密侦查，并悬赏购缉在案。随据线人吴志成举报，内称海陆丰地方有伪印花税票行销，经将伪票就近呈交潮梅印花分局核办，蒙将该专员林铁愚扣留，理合报告暨将伪票一包缴验。等情前来。即经验明该税票确系伪造，自应将该犯员提解来局，以凭澈讯究惩。当经饬据潮梅分局长罗仲威呈称：遵查此案，先据吴志成于三月十六日到局密报，复派亲信人员前往汕尾、海丰等处设法查访，果于海丰城大街葵利号购获伪造二分印花十八枚，与吴志成缴验之伪票无异。经派员会同县警将葵利店东林胜南拘留县署，并将专员林铁愚押解回局提讯，直认该伪票系由其办事处发出，惟制自何处？经手何人？再三究诘，均不切实指供。兹奉令饬提解，合将该犯林铁愚一名连同供词、物证，解请核收讯办。至本案关系人葵利店东林胜南一名应否并案讯明分别处理，仍乞示遵。等情。据此。讯据该专员虽不认有伪造印花情事，但供出葵利店所发见之伪印花确系由该办事处所售出，适因抱病托他人领票发行时，未曾过目，及后查出，已派人四处换给真花等语。就使属实，该专员事前不能察觉已属渎职，且发见后并不呈报上级机关，又不能将伪造人指出引拿，实属难辞其咎。至本案关系人葵利店东林胜南一名，据该专员供称此种伪印花系向其办事处买得，则无论该店为自用抑为代销，既向主管机关价购而来，似尚无犯罪之故意，应准先行保释，随传随到，以免押累。其犯员林铁愚一名，案关行销伪票，系属刑事范围，当经移送法院审办，以伸法纪。正在办理间，又据石龙分局长黄精一呈称：职于四月廿一日出巡增城县属新塘墟地方，发觉有粘贴伪印花多起。查系由东莞增城专员李心台委托该处之和昌杂货店代销，当将伪票约二千份全数没收回局。续又出发东莞属太平墟巡视，复发觉各店所用一分印花亦多伪造，随会警在该墟合记公司、瑞芳、英泰、洪泰等代销处查获伪票共九千八百余份，饬令缴案。并询据各店供称：此项印花概由李心台交来等语。至该专员李心台，系由前石龙分局长刘绍章所委任后，最近一二月内竟将伪票发交各商店代售。兹将伪票及代销商店供结缴呈察核，恳乞从严澈究，并布告禁止东、增两属商人不得再行贴用，以维国税。等情到局。据此。当以该李心台系办理印花税务人员，竟敢行销伪票，实属玩法已极，即经派员严密侦拿。旋于四月三十广州市大新街将该犯员李心台一名缉获讯供，直认在新塘等处行销伪票不讳。诘以该项伪票来源，则谓向佛山梁生即梁灼买来，曾闻谈及系南海县属平洲墟业印刷之亚李所制等语。复经职局先后派员会县驰赴佛山、平洲两处，按址将供开之梁生、亚李等搜捕，讵已闻风逃逸，亦无证据起获。除再严密购缉务获并究以绝根株外，先将缴案之伪票式样条列分办各点分发所属机关，并布告商民周知俾易认识。仍责成各分局嗣后对于属员务须严加甄别，毋任再蹈覆辙。其李心台一犯既经直认行销伪票，实属触犯刑章，经于六月四日解送广州地方法院收审核办。至新塘和昌、太平合记等商店所代销存之伪票，确系备价向该属印花税专员合法购来，票之真伪固属不知，案经查明尚无串同行销伪票之故意，自应免予追究，以省拖累。其没收过上项伪票，拟仍由职局按其价值责成分局长刘绍章负责偿还，以维信用而恤商艰。所有先后查获行销伪票犯员林铁愚、李心台二名讯办各缘由，理合备文连同伪票式样各一十枚呈报钧部察核。再，潮梅分局长罗仲威、前石龙分局长刘绍章所委用专员林铁愚、李心台等竟被行销伪花，事前失事察觉，亦属责有难辞。惟该分局长罗仲威能于据报后即将该专员林铁愚扣留解办，查明尚无故纵情弊。该刘分局长绍章任内，虽未能将李心台查获，但既已撤换在先，拟请从宽并免置议。至新任石龙局长黄精一于抵任之日，即能发见伪票报由职局将李心台拿获解办，足见办事认真，殊堪嘉许。可否由部明令嘉奖以资鼓励之处，伏候指令祇遵，实为公便。谨呈

国民政府财政部部长　宋

附呈　伪票式样各乙十枚［原缺］

广东印花税局局长　沈载和

副局长　梁致广

广东财政特派员公署《财政月刊》1930 年 6 月出版

原来早在民国二十年三月，广东地方当局就已发现有人伪造大东版图票并将人犯拘捕，搜交伪票 1 分、2 分若干，并追查到印刷厂及销售地。但 70 多年过去了，直到前几年吴先生偶然中发现了混贴于大东版图票中的私印 2 分票，才使这 2 分票大白于天下，但 1 分票直到今日才被发现。当初的伪品（与一般意义上的伪品不同的是，它已通过非法的渠道正式进入了流通领域，进行了使用，成为了历史），如今成了难得一见的珍品。

图 1　广东 私仿平版版图旗印花税票 1 分 实用单

图 2　广东 私仿平版版图旗印花税票 1 分

这份单据是汕头一家公司的保险声明书，正侧贴私仿 1 分票，使用于民国二十年九月六日（1931 年 9 月 6 日），票上加盖“广东潮梅”，“潮梅”二字非常不清，但仍能从字体的形态上能辨别出来，“广东”二字与 2 分票上的加盖如出一辙。同样的单子还有若干，但贴伪票的仅见此枚。与 2 分票使用于民国二十年六月，说明伪票从被发现到后来有至少半年的时间在流通。当时广东地方当局虽说查获不少伪票，花了很大的精力，但仍难以全部查获，遂成漏网之鱼。

《印花交流》总 197 期　2006 年 12 月刊

印花单据欣赏

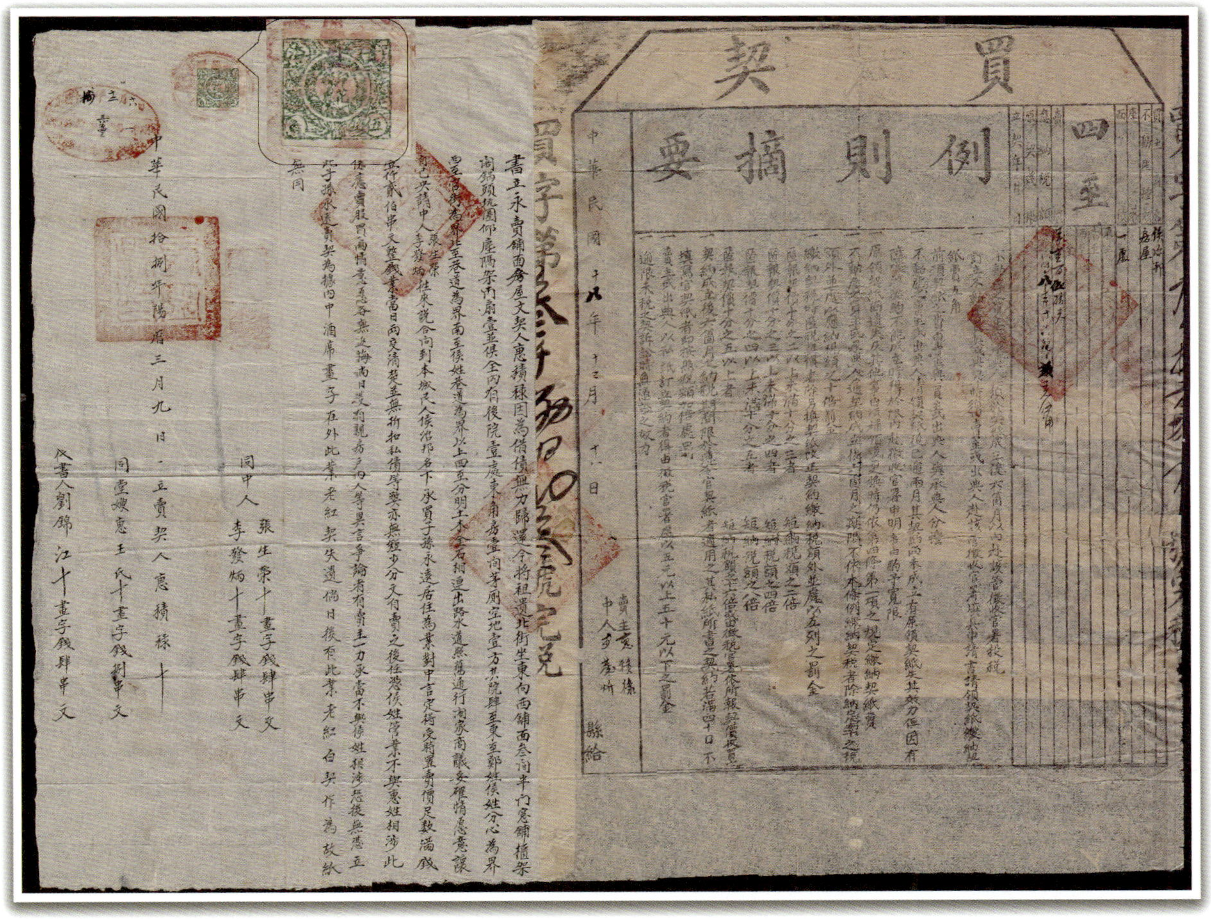
买契
例则摘要

民国十八年（1929）青海贴青海党徽图印花税票 5 角面值票的买契

广西地方印花税票发行初探

木　子

广西，在民国历史上占有十分重要的地位。不仅仅是因为出了一位代总统李宗仁。广西在反对袁世凯称帝时的西南数省中堪称中流，在广东国民政府北伐时担当前驱，在相当长的时期内，始终保持了相对的独立，并在这期间发行了许多印花税票，这些印花税票的具体发行时间及有关情况至今仍是一个谜。本文今天试图对这些票的发行情况作初步探索，并祈盼广西及全国同好斧正。

要探索广西地方印花税票，就必须了解广西的地理位置及当时的历史背景。广西地处我国西南边陲，西与云南交接，北与贵州、湖南接壤，东与广东为邻，南与安南（今越南）为界。真可谓天高皇帝远，中央政府有鞭长莫及之吁。

1911年辛亥革命成功，清广西提督陆荣廷被推为都督，统辖全省军政、民政。1915年底，袁世凯称帝，云南于12月25日首先起义，宣告独立。广西于次年3月15日响应，宣告独立。陆荣廷被免职（3月17日改任贵州宣抚使）。由原桂林镇守使陈炳焜（1916年7月6日—1917年4月10日）及原龙州镇守使谭浩明先后任督军（1917年4月10日—1918年2月5日）。时任广东督军龙济光在1916年4月6日宣告广东独立。6月30日，龙被免职，7月10日，陆荣廷任广东督军，到1917年4月10日陆免督军改任两广巡阅使，由陈炳焜接任广东督军（8月21日辞）。（广西在1917年6月20日又一次宣称独立，1920年11月3日取消独立）。

广东督军陈炳焜不受粤人欢迎，迫得陆荣廷调回广西，改广西督军谭浩明督粤，不久谭改为援湘联军总司令，遂命广惠镇守使莫荣新为粤督，莫亦为陆之亲信。时广东已在桂系军阀控制之下，孙中山被迫离开广州。

1920年10月，由孙中山组建的援闽粤军在南北议和停战后，由陈炯明指挥，从福建向广州挺进。10月下旬攻占广州，驱走了桂系军阀，瓦解了以岑春煊为首的广东军政府。陆荣廷亦退回了广西。

1921年4月，广州召开非常国会，选举孙中山为非常大总统，并授北伐全权。由于广西督军陈炳焜通电反对，孙中山推迟至5月5日宣誓就职。1920年10月败回广西的陆荣廷为保持广西的地盘，宣布仍效力北京政府，取得了北洋直系军阀的支持，并积极策划东进攻粤，企图颠覆广州政府。孙中山为防陆卷土重来，免除北伐后顾之忧，决心肃清桂系残余势力，乃檄滇、黔、赣三省之兵，先发制人，由粤军总司令陈炯明统率，分兵数路，向广西进攻。1921年6月，中路军向梧州挺进，直取广西省会南宁。一路上粤军节节胜利，迎战中路军的桂军刘震寰部在梧州倒戈。7月16日，谭浩明逃走。7月17日，陆荣廷见军心涣乱，局面无法控制通电辞职。8月4日，粤军攻占南宁，陆逃入龙州，桂军听说陆帅下野，南宁失守，军心涣散。8月13日，粤军攻占桂林。9月30日，占领龙州，陆、谭逃往安南，后赴上海。

10月1日，陈炯明被广东政府任命为广西善后督办，但陈未就职。陈为阻挠孙中山北伐，于11月率兵返粤（1922年5月，广东政府重又任命刘震寰为广西绥靖处督办）。由于陈的迅速撤兵，未能肃清残存之敌，留下了隐患。刘震寰由于临阵倒戈，在桂人中缺少威望，粤军扶持成立的马君武省政府缺少实力，无法控制局面（马君武曾在1921年7月15日粤桂战争后被广东政府任命为省长，1922年5月22日辞职后由张其锽任省长）。所以自粤军撤走后，广西局面十分混乱，原陆荣廷旧部及游兵散勇一哄而起，占山为王，割地称雄，有大小军阀数十个。百色一带的刘日福，自称"广西自治军第一路总司令"；宾阳、上林有陆云高自称"自治军第一师"；武鸣、那马一带陆福祥称"广西陆军第一独立派"；隆山、忻城一带蒙仁潜称"边防司令"；桂林一带梁华堂的"桂林自治军"；此外还有融川的李绍英，柳江、融县的何中权，武宣的陈天泰，桂林的刘权中，沈鸿英势力在抚河，昭平以上至桂林，李仁宗、黄绍竑割玉林、梧州、浔州一带，称"广西自治军第二路司令"。

这些稍有势力的司令纷纷向北京政府表示效命，北京政府分别加以"册封"，李宗仁得任桂林镇守使，贲克昭为柳州镇守使（改为柳庆镇守使），陆云高为浔梧镇守使，韩彩凤为龙州镇守使，陆福祥为百色镇守使（蒙仁潜原任南宁镇守使）。1923年1月30日公推林俊廷为广西自治军总司令（北洋政府也曾任林俊廷为广西绥靖督办，蒙仁潜为省长，陆荣高为财政厅长，但林未就，蒙徒有省长空衔，陆的财政厅长也只能在南宁一带原防地收税），原在南宁的马君武省政府早在粤军撤走后不久迁往梧州，后无形解散。

此时，北京政府认为陆荣廷回广西收拾局面最有利，陆也想东山再起，于是，在北京政府扶持下，1923年9月陆由沪返桂，宣布就任"广西边防军务督办"，并取消自治军名称，改编部队番号。1924年1月30日林俊廷被免职。此时期，李宗仁、黄绍竑的势力迅速崛起，广西已形成了陆荣廷，沈鸿英、李、黄三雄鼎立的局面。

1924年4月，李、黄联合沈鸿英部，向陆部发起进攻。6月25日攻占南宁，李宗仁正式就任"定桂讨贼联军总指挥"。1924年9月12日，陆在大势已去后，在广西全州通电下野，去了苏州做寓工，结束了在广西十多年的统治（1928年11月6日在上海病逝）。在消灭了陆荣廷后，李、黄又借助广东的力量，在1925年2月向沈鸿英部发起了进攻。经过几个月的战斗，终于扫平了沈鸿英部，沈化装出逃香港做了寓公。1925年3月12日，孙中山在北平逝世。云南唐继尧3月18日通电就任"副元帅"，欲假道广西去广东夺取革命成果，勾结桂军刘震寰部向广西进兵，经过4个月的战斗，李、黄驱走了滇军，在7月初，统一了广西。广东政府任李宗仁为广西军务督办，黄绍竑为广西省主席。至此，广西开始了一个全新的时期。

在此前的数年间，这大小军阀为解决部队的军饷，在各自的势力范围内发行过数种印花税票。

1. 仿长城图票：铭为"广西财政厅印花税票"，平版，30 mm×22 mm，仅见1角面值（红色），推测发行于1920年前后（图1）。

图1 广西财政厅印花税票 长城图 1角

2. 仿长城图票：铭为"中华民国印花税票"，平版，30 mm×22.5 mm，加盖"广西大本营财政部"（原票为广东发行长城图票），为1921年7月粤军攻占广西梧州后发行。见1分、2分（图2）。

3. 仿长城图票：铭为"中华民国印花税票"，石印，27 mm×21 mm，比中央版略小，仅见1分（豆沙色），楷书加盖"广西印花"，发行于1922年—1923年2月（图3）。

4. 仿长城图票：铭为"中华民国印花税票"，石印，27 mm×21 mm，比中央版略小，仅见1分(褐色)，隶书加盖“广西印花”。发行于1923年—1924年（图4）。

5. 仿长城图票：铭为“中华民国印花税票”，石印，30 mm×22 mm，1分（浅灰色），1角（桔红色），盖绿色方形纹饰，内篆体“广西印花”，发行于1923年—1924年（图5，已发现1924年2月实单）。

6. 仿长城图票：铭为“中华民国印花税票”，平版，30 mm×22.5 mm，原票为广东发行长城图票，加盖广西通用军政府发行及英文花押，见2分，1角（图6）。

该票为1925年3月—7月间，滇军假道广西，一度占据广西部分地区，由于时间甚短，未见实用。

7. 火车行驶图票：铭为“中华民国广西印花票”，石印，30 mm×22 mm，见1分（绿，浅绿），2分（咖啡），1角（红色），1925年7月发行(图7)。

图2-1 地方版长城图加盖“大本营财政部 广西” 1分

图3 地方版长城图 楷书加盖“广西印花 永淳县”

图4 代用

图2-2 地方版长城图加盖“大本营财政部 广西” 2分

图5-1 地方版长城图盖方形纹饰，内篆体“广西印花” 1分

图5-2 地方版长城图盖方形纹饰，内篆体“广西印花” 1角

图6-1 地方版长城图加盖“军政府发行”及英文花押 广西通用 2分

图6-2 地方版长城图加盖“军政府发行”及英文花押 广西通用 1角

图7-1 中华民国广西印花票 火车图 1分 黄绿色

图7-2 中华民国广西印花票 火车图 2分 深褐色

图7-3 中华民国广西印花票 火车图 1角 红色

徐一青先生查得1926年3月号《银行月刊》“省政府自制印花税票”，谓：“广西印花税一项，向归烟酒公卖办理。全省最高机关为广西全省印花烟酒局，设于南宁税收所。自民国四年后，已入省款。惟所用之票，仍系中央者。民国十年粤军入桂，则用广东政府所发之印花票。自民国十四年度，省政府即自制印花税票。文曰‘中华民国广西印花票’，中为火车形，侧仍以嘉禾伴之，但纸质、花纹均极粗劣……”可以证明。

以上这些票，由于发行使用时间短，使用范围小（除2分盖广西通用较多，及火车行驶图1分稍多外），均十分少见罕见。

1925年7月，李宗仁、黄绍竑以及后来加入的白崇禧，率部先后消灭了陆荣廷、沈鸿英部，又驱逐了滇军出境，统一了广西。8月6日，广东政府令裁撤广西总司令、省长，广西军、民、财政着李、黄以全省绥靖处名义办理。9月5日，广西省政府改组，李任军务督办，黄任军务会办兼民政长。

当时摆在李、黄面前的有三条路：一是投靠北洋政府；二是地方自治；三是向广东靠拢。由于广西在平定内乱中，得到了广东方面军事上、经济上的有力支持，李、黄倾向于广东合作。

1925年7月1日，广州大本营改组，成立国民政府，史称“广州国民政府”，在10月至11月间，发动了第二次东征，消灭了陈炯明在惠州的势力，完成了广东的统一。1926年初，广州政府派出了汪精卫等人访问广西，就两广统一进行磋商，尔后，广西也派了白崇禧等赴粤实地考察。经过两个多月的协商，最终达成协议，国民政府于3月14日公布了《实行两广统一决案》，其主要内容为三条：（1）广西政府接受国民政府命令，处理全省政务；（2）广西军队全部改编为国民革命军；（3）广西财政受国民政府指挥监督。3月30日“两广合作宣告”公布，两广统一正式告成。至此，广东国民政府在肃清了境内之敌，两广统一的基础上着手准备完成孙中山先生未竟遗志——北伐消灭北洋政府。

1926年4月，湖南的唐生智部受到北洋军阀吴佩孚的压力，爆发战争，唐渐不支，向李、黄求援，并表示只要肯支援，愿为北伐作前驱。黄与唐有同学之谊，李、黄曾答应唐作其后盾，另外考虑到万一唐溃退，广西必首当其冲，将与北军直接发生冲突。情急之下，李、黄不等广东方面同意，先期派出一团人马开赴湖南支援唐部，同时电告广东，催促早日北伐。另外，由于广西经济贫困，虽然广东方面不时接济粮饷，但长期维持一支数万人的军队也是一个不小的负担。而军队是李、黄赖以起家的工具，决不能放弃，李、黄原本是两支部队，长期共处难免发生矛盾，李、黄经过协商后决定，一旦有机会就谋求向外发展，所以把军队一分为二，一部由李率领准备参加北伐，一部由黄领导，留守广西。所以广西北伐的热情，不亚于广东。

但是，广东方面驻有滇、黔、赣、川各省军队，由于北伐统帅未能落实，迟迟不能开拔。李、黄亲赴广东，说明缘由，以促粤早日出兵。经过多方努力，终于确定蒋介石为北伐军总司令。由于军情紧急，（粤军）第四军李济深部派遣独立团叶挺部于5月底首赴衡阳前线，紧接着陈铭枢、张发奎部亦开赴前线。

6月4日，国民党正式通过《迅速北伐案》，5日任蒋介石为国民革命军总司令。6月上旬，广西第七军第二批部队开至永州。7月1日，广东政府发表北伐宣言，蒋以军事委主席名义下达北伐动员令。6日，国民党通过《国民革命军出师宣言》。9日，举行总司令就职典礼，并誓师北伐。

北伐开始后，广东政府发行了“士农工商盾”图印花税票。广西省经广东政府许可，也发行了相同图案的广西版印花税票，所见二种版式，均为石印，图幅22 mm×17 mm，铭为“国民政府印花税票”。第一种版式：仅见1分面值，浅褐色，在票图底边有“广西财政厅准制此代用”（刘忠玉先生释）。本人释为“广西财政厅准制北伐用”。由于为石印版，字迹模糊难辨，“此代”与“北伐”二字笔画十分相近，而持此品的据悉仅二、三枚，盼能今后有较清晰的票时才能加以确定（图 8）。第二种版式：所见 2 分（浅绿），1 角（红色），票图右、左边分别嵌有“广”“西”字样（图 9）。

图 8-1　广西财政厅暂准制此代用 1 分

图 8-2　广西财政厅暂准制此代用 2 分

图 9-1　嵌有“广”“西”字样 1 角

图 9-2　嵌有“广”“西”字样 2 分

另外，广西还使用广东版士农工商盾图票加盖“广西”字样（图 10）。

图 10-1　士农工商图 1 分加盖“广西”

图10-2　士农工商图 1 角加盖“广西”

1927 年 4 月 12 日，蒋介石发动政变，并在 4 月 18 日于南京成立国民政府，史称“南京国民政府”。从而与武汉国民政府发生了“宁汉之争”，北伐一时中断。此时的李宗仁及其所统率的第七军，因作战有方及英勇善战，屡建战功而声名显赫，桂军的实力大涨，与前已不可同日而语。李协助蒋实行政变成立南京政府而只能当配角就不服气，大有取而代之之意。8 月 15 日蒋被逼通电下野，至南京成立“特委会”，李实权在握，雄踞两湖的唐生智借口反对“特委会”欲东征讨宁，南京方面也调兵遣将兴兵讨唐，终于在 11 月底攻占两湖，唐通电下野。10 月底，汪派的张发奎率第二方面军抵达广州，打出“拥汪护党”旗帜，反对“特委会”，宁粤发生对立。10 月底，汪接张邀到广州，蒋 11 月 10 日抵沪，二人为谋复出达成协议。11 月 17 日，张发奎乘汪、李济深离粤赴宁之际，向驻粤桂军发动进攻，桂军被迫退入广西，广州落入张发奎之手。这就是“广州事变”。几乎在广州事变的同时，1927 年 11 月开始，南京政府在上海大东书局印制发行了有地名及无地名的版图旗印花税票，首先在其势力范围内的江苏、浙江、福建、安徽省实施，并由财政部长宋子文出面公告，要求全国各省到京认领。到 1928 年 5 月先后有七个省（湘、鄂、赣、豫、晋、鲁、滇）认领，但广西未认领。广西发行过一种铭为“广西省政府临时印花”的士农工商盾图印花税票，石印，图幅 22 mm×17 mm，仅见 1 分面值，棕黄色（图 11）。图案完全仿照北伐时发行的士农工商盾图，唯更改铭文。推测发行时间在 1927 年 11 月至 1928 年 4 月之间，时李与蒋争夺最高权力失败，以此抵制蒋以（挟天子以令诸侯）中央名义要求各省认领的版图旗票，以保持广西财政的独立自主。埋下“临时印花”伏笔，以防中央追究起来，可以有所推脱。也足见李对蒋的防范与戒心。李蒋矛盾可见一斑。

图 11　广西省政府临时印花 士农工商图

1928 年初，蒋正式复出，4 月 5 日在徐州誓师北伐。到 6 月 4 日，张作霖败退关外车至皇姑屯被炸身亡，8 日北伐军占领北平，12 日占领天津。北洋政府垮台，北伐宣告完成。

此时李宗仁身为第四集团军总司令兼武汉政治分会主席（白崇禧为副总司令兼前敌总指挥驻天津、塘沽，黄绍竑坐镇广西），与二、三集团军冯玉祥、阎锡山分别拥兵数十万，使蒋深感不安，决心“削藩”。从1928年7月至1929年2月，进行了马拉松式的编遣裁军各种会议，激起了李、冯、阎对蒋的戒心，各方面都在暗中调兵布阵。而蒋面对群雄，四面出击，恐力不能胜，决定各个击破，杀一儆百。李与蒋的矛盾最为尖锐，而李的战线太长，兵力分散，从天津到广西成一字长蛇，弱点一览无遗，成为蒋打击的首选目标。1929年2月19日，李以武汉政治分会名义，罢免亲蒋的鲁涤平湖南省主席及十八师师长，宣布何建为湖南省省长，并派部队星夜奔袭长沙的鲁部，控制了湖南，鲁仓促率兵退入江西，“湘变”的发生，引发了蒋对李的打击。“蒋桂战争”开始。

1929年3月开始，蒋用军事压力和金钱收买，采用“砍头”“击腹”“切尾”三部曲。（策动唐生智接管被白崇禧收编驻津的旧部，逼迫白星夜出逃；利用与李明瑞有姑表兄弟的俞作柏策反李明瑞倒戈，允诺事成后委俞任广西省主席，时第七军夏威生病住院，部队交李明瑞指挥；调动湘、粤、滇三路人马向广西进兵。）不多久，李、黄、白所部便分崩瓦解，李、黄、白流亡越南。6月12日，俞作柏受命任广西省主席（之前5月4日—6月12日伍廷飏任主席），收编了李、黄残部，7月1日组成省政府，李明瑞任广西编遣分区特派员。蒋桂战争历时四月不到，李、黄、白20多万人马顷刻间化为乌有。

由于俞、李收编了李、黄残部，违抗了蒋的“根本铲除，不留后患”的宗旨，犯了大忌，加上俞、李“左倾”，使蒋大为猜疑，要二人赴京听训。俞、李恐遭不测（前广东与桂系关系密切的李济深赴南京调解蒋李矛盾被蒋拘捕，软禁于汤山），迫得俞、李在1929年9月27日通电反蒋。蒋故伎重演，收买二人手下大将，使俞、李孤掌难鸣，不得已，俞亡命海外，李参加了工农红军。

值此良机，汪精卫设法通知了时在香港的黄绍竑，由黄火速通知在越南的李、白，自己先行返桂。由于桂系部将与李、黄渊源甚深，一致拥戴，11月李、白先后抵桂，广西复入李、黄之手。

俞、李反蒋后，蒋在10月5日委任吕焕炎任广西省主席（吕原系李、白部将，因李、白返桂后，大权被夺，心存怨恨，在1930年1月桂军与张发奎部攻粤失败之际，在玉林率部叛变，就任了蒋委任的广西省主席。6月14日被刺身亡）。从1930年1月到4月间，李、张部一直在蒋派的军队围剿追击下去，处于危殆中。此时北方的形势有了新的变化，因蒋的兵力南调，造成北方空虚，而冯、阎等大小军阀不甘坐以待毙，纷纷行动，推戴阎锡山为中华民国海陆空军总司令，冯、李在驻地分任副总司令，准备南北夹击，推翻蒋政权。5月1日，蒋先发制人发表讨伐冯、阎“誓师词”，中原大战揭开序幕。

战局一开，桂、张军挥师北上，一路所向披靡，5月22日，抵永州，6月4日破渌口、株洲，5日占长沙，8日克岳阳。北方西北军在冯指挥下连战告捷。然而由于冯战略决策失误，加上黄绍竑舍不得放弃广西，行动迟缓，贻误战机，使李、张部陷于不利困境，最终不得已全线突围，于7月3日撤回全州。在李、黄、张率部离桂的2个月间，在南宁只留千余人部队以阻滇军入侵。桂、张军撤回广西后，湘、粤军紧追入境，双方处于相持阶段。张发奎部因损失惨重，与黄公开反目，而黄绍竑由于贻误战机，负疚良深，遂萌生退志，最终于8月辞去副总司令及省主席职（于年底赴港，次年3月由港赴京，投向了蒋）。黄绍竑离职后，省内政务由黄旭初接替。9月20日，南宁在滇军围攻下再度告急。10月，白崇禧率部解南宁之危并驱逐滇军出境，粤军见滇军败退，也退避三舍，蒋因北方战事无暇顾及，广西桂军总算有一点喘息机会。目前广西桂林发现一张民国十九年十二月的实单，贴用石印红色1角面值的铭为“印花税票”的印花税票，图幅 21.5 mm×16.5 mm，图案为太阳底下农人耕田，其图案风格仿士农工商盾图，英文字母为“CENT”，缺“S”（图 12）。本人推测，“印花税票”当是 8 月黄旭初接任广西政务后（在 1930 年 8 月—12 月间）所发行。铭文不加“国民政府”是李不承认蒋的南京政府，不加广西地名（1930 年底一次年七月，南京政府不设广西省主席），亦是因没名正言顺的衔头及地盘。中原大战，历时 7 个多月，双方投入 100 多万兵力，后由于张学良出兵助蒋，最终蒋取得了胜利。

1931 年 2 月 28 日，胡汉民为约法问题，与蒋发生冲突，被蒋以宴请为名软禁于南京汤山。从而又一次激起国内外反蒋联盟的形成。拥胡的广东陈济棠充当了这次反蒋的盟主，然而单靠广东反蒋难以长久，而近在咫尺的广西李、白、张则是最好的伙伴，于是陈在 4 月 22 日派人去广西释疑修好，联合反蒋。此时的李早已失去昔日与蒋争夺天下的雄心，局于广西一隅苦苦支撑，见此良机正求之不得，双方一拍即合。并于 5 月 28 日在广州成立广州国民政府，宁粤又一次对立。

1931 年“九·一八”事件发生，在全国各界的“停止内争，一致对外”的高呼声中，经粤方的坚持，最终以蒋下野，改组南京政府为条件，广州国民政府于 1932 年 1 月 5 日宣布取消。目前，中山纪念碑图印花税票，有二种版式：广东版，铭为“国民政府财政部印花税票”，发行于 1931 年 6 月初。广西此时唯广东马首是瞻，也发行同样图的印花税票，铭为“国民政府印花税票”，在票图两侧，置“广”“西”二字，平版，面值见 1 分（草绿）、2 分（桔黄）、1 角（浅褐）、4 角，图幅 22 mm×18 mm，发行时间稍晚于广东版（图 13）。广西版未印就前曾借用广东版加盖“广西”字样（图 14）。自此以后，广西就再没有印制发行过印花税票。（以上个人观点，全文完）

图 12　印花税票
农人耕田图

图 13-1　广东版 中山纪念碑图 1 分 加盖“广西”

图 13-2　广东版 中山纪念碑图 2 分 加盖“广西”

图 13-3　广东版 中山纪念碑图 1 角 加盖“广西”

图 14-1　广西版 中山纪念碑图 1 分

图 14-2　广西版 中山纪念碑图 2 分

图 14-3　广西版 中山纪念碑图 1 角

图 14-4　广西版 中山纪念碑图 4 角

（总 132 期修正与补充）：

★近日本人购得民国十七年闰二月实单，贴广西版石印士农工商盾印花税票之 2 分面值，其底部有“广西财政厅准制此代用”，前国内只有 1 分面值报道，系第一次发现。同时证实了是“此代用”，而非本人原先释读的“北伐用”，为此可作最后定论。

★广西中山纪念碑尚有石印版，面值暂见1分。

（总152期修正与补充）：

★本刊以前曾介绍过一种石印士农工商图1分、2分，票底下有字，曾释读为“广西财政厅准制此代用”，近见较为清晰的票，在“厅”与“准”之间尚有一字，因石印版十分模糊，推测应为“暂”字，完整的读法应为“广西财政厅暂准制此代用”，十一个字，无论从语法上、语气上都较妥帖，在此了结一件悬案。

《印花交流》总127、128、132、152期

2001年2月—2003年3月

注：广西财政厅印花税票长城图近年见流出有2分面值票；中山纪念碑图印花税票有多种版式；广西版中山纪念碑图有孔齿与无齿之分；广西版中山纪念碑图1角面值有中心图案反置票存在。

印花单据欣赏

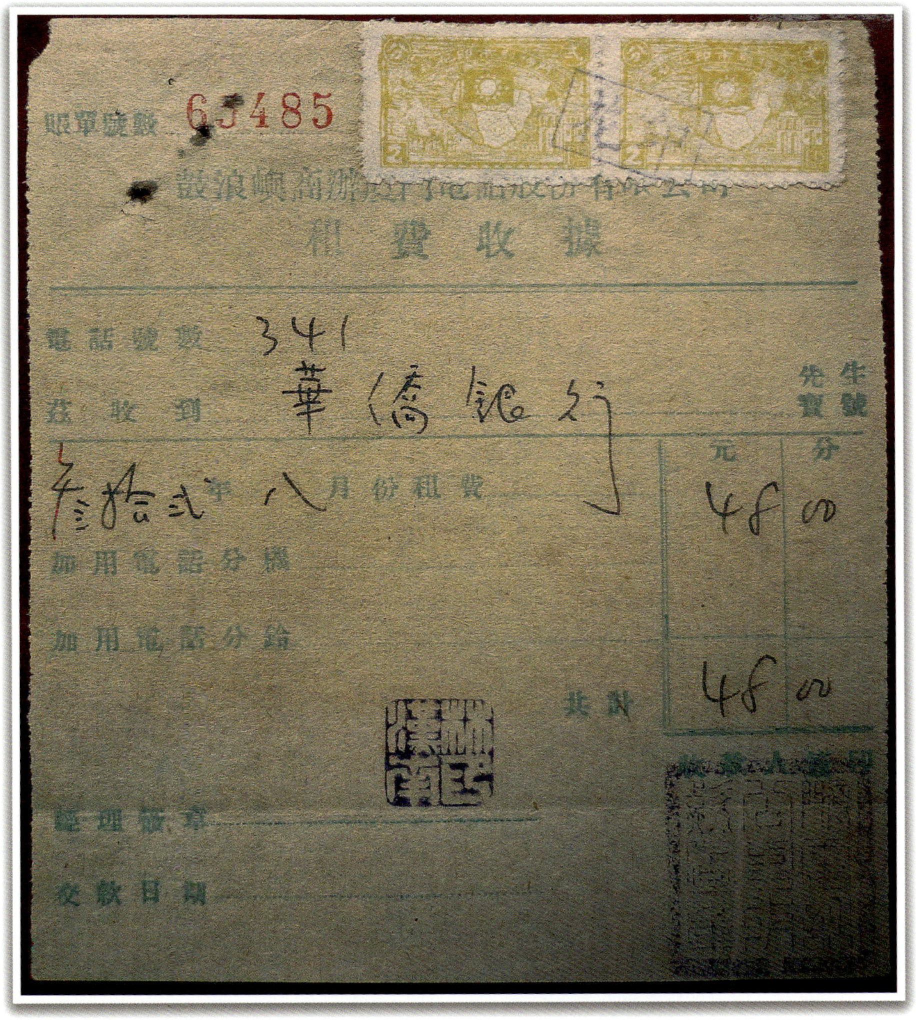

民国三十二年（1943）鼓浪屿商办厦门电话股份有限公司收据 贴伪厦门特别市印花税票

李宗仁和广西石印长城图印花税票

木 子

广西，地处南疆，简称“桂”，首府南宁（自广西设省起，省会绝大部分时间在桂林，仅1912年—1936年曾一度迁到南宁）。笔者十多年前曾二次到广西十余市、县寻找广西地方版印花税票。在广西收集到五种石印版长城图印花税票，其中有二种版式和李宗仁有关。第一种版式田字形加盖楷书“广西印花”四字，原来只见1分票，笔者曾得到过竖十连票，也有过1924年2月加盖“永淳县”的实单，但这种未加盖地名的未见实用单据，所以一直无法确认使用时间和区域。本人在《印花交流》2001年2月至3月总127—128期发表的《广西地方印花税票发行初探》一文中，曾列出六种版式的广西地方长城图票，此种为其中之第3式，当年预测发行时间为1922年—1923年2月。去年笔者从广西购到“鬱林县凭单”，首次发现贴2分和1角的实单。在实单上仅可以看到“年一”字样，年份和“月”字被贴票粘住，无法一睹真容，于是小心用水润湿贴票慢慢揭开，“拾叁”二字浮现眼前。文章写后14年过去了，今天终于可以确定是桂系李宗仁1922年占据玉林时发行使用。这种2分和1角票，英文字母均无复数“S”，图幅29 mm×21 mm，略小于中央版长城图票（图1）。

图1-1 广西石印长城图印花税票 1分

图1-2 广西石印长城图印花税票 2分

图1-3 广西石印长城图印花税票 1角、2分实用单

鬱林——简写为郁林——20世纪50年代改为玉林。从明代开始，玉林开始脱离梧州府，成为直属于行省的州。到清代，延续明代建制，大致分为省—府—州—县四级制，但省一级在比较重要的州实行直接管理，称为直隶州。玉林州就是清代广西省的直隶州，行政级别比府低一级，但直接由省一级管理。辖五县，玉林、兴业、北流、陆川、博白县，称“玉林五属”。

民国初年，玉林一度升格为府，追平了当时玉林的两个邻居——梧州府和浔州府的地位。

但好景不长，仅一年多，约1913年左右，民国使用了省—县（市）两级行政层级制，玉林就撤府为县了。值得说明的是，民国广西一直使用了民团区制，是一种军事加点行政类型的松散的非一级行政政府但又有一定的行政职能的机构，当时广西大致在原来设府的地方设民团区，玉林也是民团区驻地，辖的大致也是原来的玉林五属。

1920年下半年盘踞在广州的桂系军阀、两广都督陆荣廷被广东军阀驱逐，史称“第一次粤桂战争”。李宗仁所在的部队担任撤退大军的后卫，幸好军中有林虎部营长李宗仁和马晓军部连长白崇禧、黄绍竑、廖光等这样的一些青年军官镇定指挥，拼死冲杀，最终击退阻击粤军，桂系大军才得以冲出重围，退回广西。

桂系部队退回广西后，因广西落后贫瘠，各部队军饷难以满足，以及各实力派首领的权力地位难以平衡，陆荣廷对桂系的控制及影响能力开始减弱。陆荣廷并不甘心失去广东地盘，他在南宁召集将领会议，策划攻粤。林虎以桂军刚打过仗，元气未复，力主固守本土，不再继续用兵。但陆态度坚决，林虎反对无用，愤而出走。1921年6月13日，桂军沈鸿英部出兵攻入广东，意图重新控制广东。刚刚在广州就任非常大总统的孙中山以陈炯明为粤军总司令，迎战桂军，“第二次粤桂战争”爆发。

7月9日，因形势不利于桂系，桂系内部分裂。沈鸿英见势不妙，即宣布“广西自治”，独立于陆荣廷，自称“救桂军总司令”，并与粤军接洽合作。各地桂军纷纷脱离陆荣廷的指挥以谋求自保。7月中旬，粤军南下攻击重创在钦廉地区的陆荣廷嫡系部队，使陆部基本丧失作战能力。陆见军心涣散，时局完全无法把握，于7月16日，通电下野。8月5日，粤军没有遭遇任何抵抗而进占南宁，随后攻占龙州。就在粤军正步步深入、节节胜利、胜利在望之时，不料广东后院起火，粤军陈炯明随后因与孙中山政见不同，导致与孙中山之矛盾激化，粤军最终于1922年初退出广西。广西随后陷入各割据势力之混战中，各地大小军阀划地为政，打出自治招牌。

当时李宗仁正在陆荣庭手下桂军林虎部任营长，林虎出走香港赴沪后，林部交由李宗仁上司黄业兴指挥，黄率部在梧州驻防两星期后，收拾残兵开拔到玉林驻守，并设置司令部。李被安排到玉林五属的兴业县城隍镇驻防。这个地方为两广交界地，处在六万大山边缘，荒山野岭，匪患严重，李到此驻扎兼有剿匪任务。有一次李宗仁到玉林城里办事，然后和司令部的军官们在玉林街上游逛，见到一名姓崔（一说是姓苏）的算命先生，那些军官说此人算命很准，然后怂恿李也去算一把。李宗仁在回忆录中是这样描述的：“他首先就说：‘我看你先生的相，比你同来的朋友们都好多了。’他这话说得相当大胆，因为我们同去的都是司令部的几位高级军官。有位是少将的，我当时是少校，官阶最低。我说：‘在这里，我是阶级最低的啊！’他说：‘没关系，按相上来说，你明年要连升三级！’我说：‘那除非明年这里发瘟疫，把我这批朋友都害死了，我才有这机会连升三级。’大家哄堂一笑。他说：‘我不知道啊，但是相上是应该如此的。’别人又接着问他：‘连升三级以后又怎么呢？’他说：‘鹏程万里，前途无疆。’”当时李自认不迷信，没当一回事。

初，1921年6月第二次粤桂战争时李所在的黄业兴部在谭浩明指挥下攻打高州、化县，一路斩关夺隘，多有所获。旋听说陆荣廷下野，再战已无意义，便主动放弃了向高、化方面的攻击，黄业兴收拾残兵，不分昼夜退到玉林。这一仗，李因作战英勇、富冒险精神，先升为帮统，退到玉林后升为统领（相当于团长）。几天以后，粤军攻陷南宁的消息传来，司令官黄业兴是广东人眼看玉林也守不住了，就率部撤出玉林带上队伍，向广东的钦、廉方向退去（今属广西）。而李宗仁部的广西人不愿去广东的属地，于是在几个广西籍连长的支持下，联络了其他营的几个广西籍连长共11个连的兵力，趁乱脱离了黄业兴另谋发展。这11个连的兵力就是李宗仁的起家部队，李决定再次回到城隍，并率部进入城隍附近的六万大山，消灭山内的女匪姜姐，然后占匪窝为营，暂避在姜姐寨内保全实力。在这期间，李陆续收留了不少被粤军打散的桂军残兵败将，以扩大自己的队伍。

李宗仁驻守玉林后，实行一系列措施，收容地方武装及山贼，收缴民间枪支，在凌族宗祠院内设立兵工厂，在城内的寒山庙内设军医院。当时广西群龙无首，李宗仁趁机占领了玉林及附近几个县。因李办事公正，不私心自用，部队各级官兵都愿意接受调派，服从指挥，李宗仁作为玉林团体领袖的威望也逐步建立了起来。这样李便拥有玉林五属，后又驻兵容县等地，独树一帜，成为广西一方实力派人物。后来接受了粤军的收编，被陈炯明任命为粤桂边防军三路军司令。这样李宗仁在一年内实现了连升三级之举，一时成为佳话。

陆荣廷下野后，孙中山即任命马君武为广西省长。原陆荣廷创办的"模范营"也在驻地百色宣布拥护马君武，马君武任命马晓军部"模范营"扩编为田南警备司令部。"模范营"扩编后，在驻防地百色与陆旧部刘日福的军队打了一仗，损兵折将，黄绍竑出面搜集残部，得两个营共 600 余人。白崇禧则因作战过程中跌伤了脚，往广州治疗而离开部队，于是这支部队成为黄绍竑起家的基本部队。在百色兵败走投无路这个十分窘迫的情况下，黄绍竑带着这支 600 人的部队投入了玉林李宗仁的旗下，这次合并为新桂系李、黄、白三人的合作拉开了序幕。李宗仁对部队进行了重新整编，并打起"广西自治军第二路"的旗号。

1922 年 9 月，陆荣廷从越南返回广西，纠合旧部数千人，在龙州就任北洋政府任命的"广西边防督办"职务。次年 11 月，又从龙州回到南宁，自封为"广西全省善后总办"，并以"总办"名义，将全省自治军名目一律取消，重新颁发各部队番号，李宗仁的"广西自治军第二路军"被改为"广西陆军第五独立旅"，仍令其驻防玉林。

从驻防玉林起，李宗仁就注意招兵买马，扩充队伍。还多方延揽人才，陆军大学、保定军校、广西陆军小学、广西陆军速成学校和广西干部军官学堂培养出来的广西军官，在他那里都担任了比较重要的官职，营长以上军官基本上都是这些人充当。这使各种有用人才，都"相率来归，乐为之用"。这批人后来在李、黄、白统一广西的战争中起了重要的作用。经过两三年的苦心经营，李宗仁所部发展成 6 个纵队约五千余人。

黄绍竑率第三支队驻防容县、岑溪两县，经过两年时间的休整扩充，恢复了元气，就产生了往外发展的意向，他看中了有广西门户之称的梧州。

李宗仁当然不愿意黄绍竑分兵离去，他在自己的回忆录中这样评价黄绍竑和自己当时的心情："黄氏是个不受羁绊的干才，挽留不易，不如成全他向外发展的志向，异日或能收到表里为用之功。"于是赞成黄乘虚袭取梧州，还表示届时将出兵支援黄的军事行动。黄绍竑深为李的宽宏大量所折服，向李表示"日后倘能成功，还将拥戴李为首领，绝不独树一帜"。并提出两个请求：在取得梧州之前，一切费用仍由李照发；万一进兵梧州失败，请李予以收容。令黄没有想到的是，连这两点都得到李宗仁的允诺。

白崇禧未等脚伤痊愈即赶回广西与李宗仁、黄绍竑部署。此次回广西，白崇禧首次与李相见。这次相见彼此十分坦诚，见解也相当投机，有相见恨晚之感，也成就了李、白两人二十多年风雨同舟，不离不弃的共事历程。

1923 年夏黄绍竑离开驻地往梧州时，不仅带走了自己的第三支队三个营，还带走了李派去接防的俞作柏部两个营，李共 11 个营的兵力被黄带走了 5 个，这使李大为不快。在旧军中相互勾引对方的部下，拆台挖墙脚的事是很平常的，而一旦出现这类情况，彼此今后即很难相处。但李宗仁仍然容忍下来，正是李胸怀大度，不计较一时得失，使他日后成为新桂系不可替代的首脑人物。对于此事，黄绍竑也十分感动。他在自己的回忆录中承认"李气量宽宏，能忍人所不能忍”，这也是后来李、黄两部仍能由分而合，黄甘居李之下的原因。

黄绍竑出兵梧州首先打败了驻防梧州的沈鸿英部冯葆初，成功进占梧州。正式挂出了广州军政府委任的广西“讨贼军”总指挥部招牌，自任总指挥，白崇禧为参谋长，胡宗铎为总参议，部队也扩充为三个团，紧接着又在粤军李济深的支持下，打败了驻防梧州上游藤县的卢得洋、黄超武等部，随后又联络李宗仁打败了盘踞在平南、桂平、贵县、宾阳等县，控制着广西重要交通地区的陆云高一个旅5 000余人。

黄绍竑连战皆捷，声威大震，用仅有的五个营约2 000人的兵力，迅速发展到拥有5个纵队、约6 000余人了。1924年，黄绍竑、白崇禧又在李宗仁的支持下，打败了由广州向梧州进攻的陈天泰五千余人。俘陈天泰部官兵2 000多人，部队得到极大补充。这时候，李宗仁打的是“定桂军”的旗号，黄绍竑、白崇禧树的是“讨贼军”。1924年6月1日，当陆荣廷、沈鸿英两军正为争夺广西领导权在桂林、柳州间激战的时候，李、黄二部分别自桂平和梧州誓师讨伐陆荣廷，并乘虚联合攻占了广西省会南宁。

占领南宁后，黄绍竑、白崇禧与李宗仁将“定桂”和“讨贼”两军重新合并，组织“定桂讨贼联军总司令部”，推李宗仁为联军总指挥，并且定出了“联沈倒陆、先陆后沈、各个击破、然后统一广西”的战略方针。此时两部合共有人、枪一万余，成为广西举足轻重的一支政治军事势力。

第二种版式，面值只见1分和1角，均有实用。加盖上下右左排列绿色篆字“广西印花”及纹饰，印刷也要精致一些，图幅30 mm×22 mm，1角票无英文复数“S”，1分票有倒盖“永淳县”字样，当年是在玉林蒋孟博先生处征集到，1分有数枚，1角为孤品（图2、3）。此种为《广西地方印花税票发行初探》文中之第5式，我当年也收集到民国十二年上述第一种版式加盖广西印花1分实单，另加盖“永淳县”，与第二种版式加盖“永淳县”相同，所以这二种版式都是李部发行，第二种版式应是李控制区域扩大后发行使用，时间要稍晚一些，当年预测发行时间为1923年—1924年，现已发现1924年2月实用单据。

图2

图3

李宗仁（1891年8月13日—1969年1月30日），字德邻。军事家，政治家，国民革命军陆军一级上将，国民党新桂系首领，曾任中华民国首任副总统、代总统。广西临桂（今桂林）人。1908年入广西陆军小学堂，1910年加入同盟会，1913年于广西陆军速成学校毕业，任南宁广西将校讲习所教官。一年后，该所停办，返回桂林，应聘为省立模范小学高级班军训教官。1916年夏，投护国军第六军任排长，参加护国战争，后又参加护法战争，由排长递升至营长。第六军改称为粤桂第一路边防军后，1921年6月升任统领。1921年，任少校营长的李宗仁争取十多个连队和他一起退到六万大山的玉林地区，整军经武，伺机而动。他先后将所部改称“粤桂边防军第三路”“广西自治军第二军”，并自任司令（1921年—1922年），防区逐步扩大到七个县。后任广西“自治军”第二路总司令（1922年—1923年）、北京政府桂林镇守使（1923年5月1923年11月）、北京政府“定桂军”总指挥（1923年11月—1924年）。11月，被孙中山任命为广西省绥靖督办公署督办兼广西陆军第一军军长。1925年初发动讨伐沈鸿英战役。李采用合纵连横的策略，至1925年7月，消灭陆荣廷、沈鸿英、陆云高各部势力，统一广西，成为新的国民党桂系军阀首脑。

在李宗仁与省内最后一个劲敌沈鸿英决战期间，孙中山于北京病危。滇系军阀唐继尧趁机联络广东军阀陈炯明、邓本殷、刘震寰等企图东下入粤，消灭新兴之国民党。唐继尧向李宗仁开出700万元银洋借道费，被李宗仁拒绝。唐遂派龙云、卢汉、唐继虞等率领7万滇军，兵分三路入桂。自1925年2月至7月，李宗仁、黄绍竑、白崇禧在广东方面支持下以2万人之军力，终将三路7万滇军击溃。至此由名将蔡锷一手训练、装备精良之滇军，不能再成为中国军界的主要势力之一。

这期间在广西还收集到加盖军政府发行广西通用及英文大花押的石印长城图1角票，至今仍为孤品，票上有销章痕迹，说明是使用过的，应该是滇军进入广西后使用的客票。20多年前在云南昆明曾流出几十版2分面值版票，带原胶及衬纸，下边有英文版铭，应该是滇军退回云南后所遗存。现在所见2分新票均为其撕开后的散票，尝闻有1分实单存在。当年曾有人认为是广西某军阀发行，非是，如系广西军阀发行，如何解释在云南昆明流出的大量新票。因此票与李宗仁抵御滇军有关，今在此作些补充解释（图4、5）。

图4

图5

斯人已逝，时光荏苒已过去了九十多年，历经沧桑的玉林石印长城图实单还在默默地追忆着当年金戈铁马的峥嵘岁月。

一孔之见，盼方家指正。

《印花交流》总297—298期
2015年4月—5月刊

印花单据欣赏

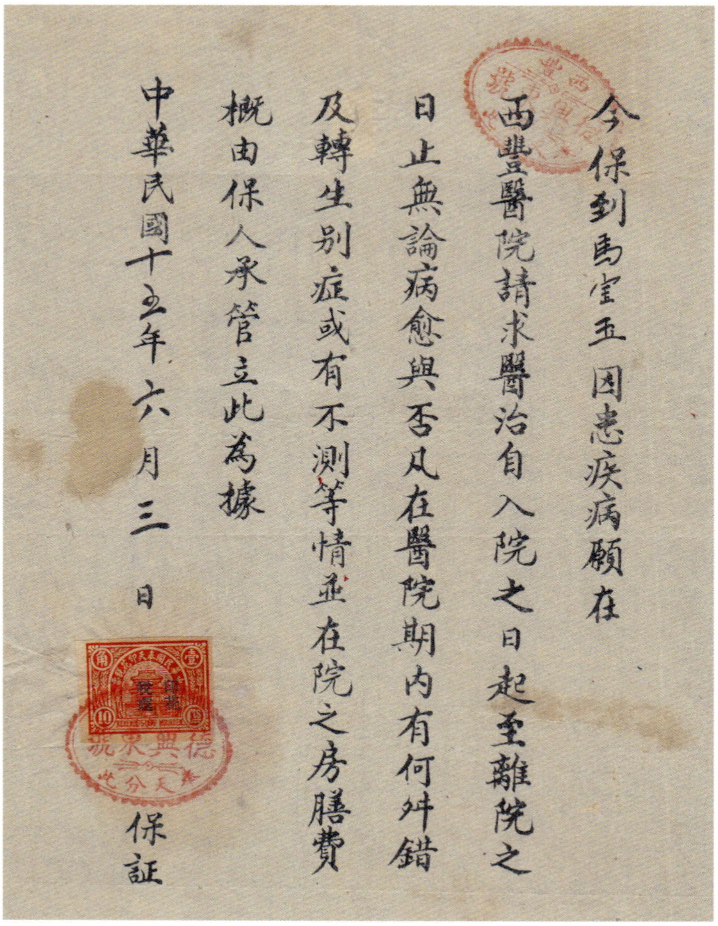

今保到馬宝玉 因患疾病願在
西豐醫院請求醫治自入院之日起至離院之
日止無論病愈與否凡在醫院期内有何舛錯
及轉生别症或有不測等情並在院之房膳費
概由保人承管立此為據
中華民國十五年六月三日
保証

民国十五年（1926）奉天德兴东号保单

民国时期广西印制加盖和使用印花税票初探

广西 孟国华

广西地处祖国西南边疆，其政治、经济、文化等各方面都较中原及东南沿海诸省相对落后。但是，由于其在中国近百年史上先是出了一位从绿林出道而名威南疆的两广巡阅使陆荣廷，后又出了一位由平民弟子而闻名遐迩民国代总统李宗仁，而使国人对广西并不感陌生。

从 1912 年到 1949 年的民国时期，广西除了沿例使用当时“中央”政府下发的印花税票外，也曾自行印刷、加盖使用过多种地方印花税票。由于岁月的洗涤和时代的变迁，而造成今日有关广西印花税票文献史料的空白和税票实物、实单的极度稀少，这给学者对其进行研究造成极大的困难。近期，有幸在民刊《印花交流》上分别拜读到上海李德元先生和陕西焦继承先生发表的研究广西印花税票的专文，颇受教益。笔者是一位初涉印花税票收藏的业余爱好者，学识和能力都深知不足，只是身处广西而有“近水楼台先得月”之便利。现将自己数年来收集广西印花税票的收获和体会向各位师长们汇报，敬请指正。

为了更清晰地介绍广西印花税票的加盖、印刷和使用情况，笔者将其分为四个历史阶段分别述说。

一、旧桂系治桂时期（1912 年—1921 年）广西使用的印花税票

1911 年 10 月 10 日武昌首义，11 月 4 日广西宣布脱离清廷独立。广西独立后，先是前清巡抚沈秉堃被推为广西都督，藩司王芝祥和提督陆荣廷分任副都督。不久，外省籍的沈、王分别离桂，从此陆荣廷登上广西都督高位，开始了以其为首领的旧桂系集团在广西的十年统治。1914 年，北京袁世凯总统授陆荣廷为“宁武将军”，督理广西军务。不久后，袁又晋授陆为“耀武上将军”。1915 年底，袁世凯盗用民意阴谋称帝，而陆受南方共和派影响，反对袁世凯称帝。1916 年，陆荣廷加入护国讨袁运动，袁世凯在全国一片反对浪潮中病死。1917 年，北洋政府任命陆荣廷为两广巡阅使，从此陆雄踞两广数年，时有“北冯（国璋）南陆”和“北张（作霖）南陆”之说，陆荣廷成为当时政坛举足轻重的大人物。1920 年 10 月，第一次粤桂战争爆发，占据广东的桂军战败，退回广西。1921 年 6 月，第二次粤桂战争爆发，桂军又大败，广西大部分地区也被粤方占领，陆荣廷被迫下野。

陆荣廷治桂十年间的前九年，其势力是向外扩张型，在广西境内没有爆发大的战争，广西的社会比较安定。陆氏治桂时期，他的军力大部在外省活动、驻扎，特别是长期占据富裕的广东珠江三角洲一带，他的军费主要开支依靠掠夺广东人民，这样就使广西人民的负担相对较轻。

据史料记载，陆荣廷治桂十年共计印发各种面额纸币 2 540 万元，加上沿用清末广西银行印成移交的 313 万元，总计 2 853 万元。按当时全省人口 800 万人均摊，每人只占 3 元多。陆荣廷发行的广西银行纸币，每次都是委托正

规的上海商务印书馆代印的精美机印版币，而决无粗劣的石印版纸币。目前发现的陆荣廷治桂时期使用的印花税票，也都是机印版长城图税票，而没有发现过石印版的印花税票，可见当时广西没有自行印刷和发行过印花税票。不过，在当时使用这些税票时，有些加盖了一些地名。如发现有加盖“桂林县发行”字样的实单和加盖“融县发行”“平南县署发行”等字样的销票。然而，也不能绝对排除陆荣荣治桂后期或陆荣廷 1922 年 9 月短暂复出后曾自行印发税票的可能性。据闻台湾省一位税票收藏家手上有一枚铭为“广西财政厅印花税票”的仿长城图 1 角票。该票如是机印平版，则可能是陆氏所为；如是石印版，则就是自治军时期某一“豪强”所印制了。

二、自治军时期（1922 年—1925 年）广西印制、加盖和使用过的印花税票

第二次粤桂战争导致了陆荣廷旧桂系集团统治广西的结束，广西进入一个群雄割据、战乱纷繁的非常时期，即自治军时期。1921 年 8 月，孙中山任命马君武到南宁就任广西省长职。1922 年 5 月，粤军主力撤回广东，马君武也不得不离邕去职。同月，自治军系统的蒙仁潜占据南宁并自封为广西省长。1923 年，陆荣廷旧部、广西自治军总司令林俊廷到南宁就任广西省长。未久，北洋政府任命的张其锽又接任林俊廷的广西省长职。“广西省长”就如走马灯似的数月一换。现在已知，这四位在南宁就任的广西省长在位时都印制发行过军用纸币。马群武、蒙仁潜、林俊廷发行的都是在南宁本地印刷的石印版劣质纸币，只有张其锽发行的是请北京印刷局代印的机印版正规纸币。

广西北部的重要城市桂林，也几乎和南宁一样频频换将。1921 年 8 月，粤军占领桂林。1922 年 4 月，孙中山率部离开桂林返粤，桂林即被自称公民自治军司令的梁华堂占据。未久，沈鸿英率部由湘返桂收编梁华堂部而踞桂林。1924 年，陆荣廷又以广西全省善后总办之名义进驻桂林，并在稍后与沈鸿英部在桂林进行了一场激烈空前的攻防战。先后占据过桂林的粤军、梁华堂、沈鸿英都发行过纸币，其中粤军在桂林发行的是机印版的客钞——“国立中华国民银行”券，梁华堂发行的是在桂林当地石印的“桂林地方银行”券，沈鸿英发行的是委托北京印钞局代印的机印版“广西临时军用票”。

当时代表新生力量的李宗仁、黄绍竑部队则以玉林五属和梧州、苍梧一带为根据地虎视全省。

在这特殊的历史时期，各种诸侯除自行印制发行各种军用钞票外，肯定也自行印制发行了各种印花税票。按照他们各自的能力和具备的条件，他们大多数也只能印制石印版的印花税票。李德元先生文章中所附的图 3、图 4、图 5、图 7 四种石印版长城图和火车图印花税票，就是这些地主豪强所印发。其中图 3、图 4、图 5 三种应该是自治军系统的蒙仁潜、林俊廷发行，而火车图则可能是沈鸿英发行。至于李文中的图 1 仿长城图平版 1 角票，前面我已提到可能是陆荣廷治桂后期所印发，但也可能是北洋政府任命的广西省长张其锽所发行。李文中的图 2 和图 6 两种机印平版长城图税票，肯定是入侵广西的广东“客军”和云南“客军”（唐继尧）所携带来的“客票”。自治军时期印发的石印版广西税票，是广西印花税票中最精彩、最珍贵的部分。

三、新桂系治桂时期（1925 年—1937 年）广西印制、加盖和使用的印花税票

1925 年，李宗仁、黄绍竑、白崇禧率部消灭陆荣廷的残余势力后，又于 4 月在桂林两江附近全歼了沈鸿英残部。6 月，入侵广西的滇军也被击败，并退出广西。7 月，李宗仁进驻广西省会南宁，宣告广西全省统一。

1926 年 2 月，广州国民政府组成“统一两广特别委员会”，研究讨论两广的统一问题。据黄绍竑回忆，在两广统一会议上一共解决了五

个重要问题，其中之一就是广西的财政税收问题。与另外四个问题不同的是，有关广西财政收支当时达成的共识是：广西财政由广西自收自支，中央（指广州国民政府）不过问。所以文本的财政在国民政府的名义下其实一直没有真正统一过。6 月，广西撤销“广西省民政公署”，改为“广西省政府”，黄绍竑任广西省政府主席兼省党部主任委员。7 月，李宗仁率新组编的国民革命军第七军出师北伐，黄则留守广西。

随着北伐进程的节节胜利，新桂系势力也不断发展壮大。兵力由北作开始时的二、三万人发展到近二十万人，所占地盘也扩展到湘、鄂、浙、沪及平津一带。因利害关系，蒋桂之间开始产生矛盾。

1929 年 3 月，蒋桂终于兵戎相见。由于被蒋暗中收买的桂军干将李明瑞阵前倒戈，致桂军大败。顷刻之间近二十万桂军被瓦解，李、黄、白被迫流亡海外。9 月，回广西尚未站稳脚跟的俞作柏、李明瑞又仓促通电反蒋，这样就使李、黄、白有机可乘，又夺回广西政权。1930 年 5 月，冯玉祥、阎锡山、李宗仁联手反蒋，惨烈空前的中原大战爆发。此刻，李宗仁任“中华民国陆军第一方面军”总司令，率部入湘，并很快占领衡阳、长沙、岳阳等地。后由于黄绍竑后援不力而导致了桂军的失利，桂军战败退回广西，黄也负疚辞退身兼各职并呼吁“息兵和谈”，并离开广西出走到南京政府任职。1931 年 7 月，由黄旭初就任广西省长一职，从此新桂系集团以李宗仁、白崇禧、黄旭初为代表。蒋桂之间的争斗，一直延续到 1937 年抗日战争爆发，表面上才宣告结束。

新桂系治桂时期印制和加盖发行了多套印花税票，这个时期是广西印花税票发行和使用的鼎盛时期。目前已发现的成套税票有：

1. 票铭为“国民政府印发税票”，票图为士农工商盾，并直加盖“广西”字样的 1 分、2 分、1 角票（可能还有 4 角或 5 角，但尚未发现）。

2. 票铭为“国民政府财政部印花税票”，票图为中山纪念碑，并横加盖“广西”字样的 1 分、2 分、1 角、5 角等。

3. 票铭为“国民政府印花税票”，票图也是中山纪念碑，但票图两侧制版时有“广西”两字的 1 分、2 分、1 角、4 角票。

4. 票铭、票图、票额均同第 3 项，但未打齿孔的无齿票。

以上四套广西印花税票都是平版机印正规票。其中第一套和第二套是借用广东模版印刷，而后在票面上另行加盖“广西”字样。而第三和第四套则是仿广东版自行刻模印制。可以肯定，加盖“广西”字样的两套在前，模版上有“广西”字样的两套在后。但具体发行时间则因缺乏文献记载和实单佐证而暂时无法定论，还有待进一步探讨。不过，可以大致确定它们的印制时间应该是 1927 年以后，使用的时间则一直延续到抗战爆发后的四十年代。

除前面介绍的四套机印广西印花税票外，还发现有三种可以肯定是新桂系政权印发的石印版广西印花税票，它们是：

1. 票铭为“国民政府印花税票”，票图为士农工商盾，票图底边有“广西财政厅准制此代用”。

2. 票铭、票图均同前项，但票图左右嵌“广西”二字（见李文图 9）。

3. 票铭为“广西省政府临时印花”，票图也为士农工商盾，仅见 1 分票（见李文图 11）。

其中第 1 和第 2 项石印版税票，我认为可能是 1925 年下半年至 1926 年上半年新桂系系统一广西之初期印发，时间应该要早于前面介绍的四套机印版广西税票。而第三项“广西省政府临时印花”票，我推测可能是俞作柏、李明瑞短期主政广西时所为，但目前也拿不出实单作证。（按：此第三项与编者木子观点有异）

另外，在桂林还发现一枚石印版的票铭为“印花税票”，票图为太阳下农夫在耕作的 1 角税票。所幸该票贴在一张民国十九年（公元 1930 年）的桂林市西华门外买卖房屋的实单上，而可以肯定它是一枚广西印花税票。这枚印花税票的票铭和票图与所有其他的广西印花税票都决然不同，可以说它是广西印花税票中最特殊的一种。由于它的使用时间是1930年下半年（其印刷时间肯定稍早），所以估计它可能是1930年5月李宗仁与冯玉祥、阎锡山结盟反蒋参加中原大战，并任中华民国陆军第一方面军总司令后在广西本地印制的。这表明当时的桂系广西政权已不承认蒋记南京政府是其合法的顶头上司了，所以票铭和票图都一改往昔传统，标新立异，独创一格。（按：此票木子认为是黄绍竑离职，黄旭初接任后发行，时间在1930年8月—12月间）

四、蒋桂联合抗日以后（1937年—1949年）广西使用的印花税票

1937年"七·七"事变后，抗日战争全面爆发。面对日本侵略者的大举入侵，中华民族到了生死存亡的紧要关头。这时，民族矛盾上升为最主要的矛盾，而其他矛盾就相对弱化了。在这种形势下，不但国共两党联合抗日，蒋桂两派也携手抗日了。于是，蒋记中央政府的纸钞进入广西金融市场，"国币"和桂钞同时流通；同时，蒋记国民政府印发的税票也进入广西的财税市场。从1938年起到1949年底广西解放止，国民政府的六和塔图印花税票，人像图印花税票、复兴关图印花税票、交通联运图印花税票、工农建设图印花税票先后在广西全省正式使用。抗战爆发蒋桂联合抗日后，广西当局就没有再印制新的广西税票了。但是，原来已印成而尚未使用完的几种广西印花税票却仍然在继续使用。笔者就收集到1940年的实单上贴用中山纪念碑图广西印花税票，还收集到中山纪念碑图广西税票上加盖有"实征国币"的红色印章，这都证明在一段时间里广西印花税票和蒋记中央税票同时使用。

综上所述，广西印刷、加盖和使用印花税票最精彩和最有特殊的时期是自治军时期和新桂系治桂时期，而陆荣廷治桂时期和蒋桂联合抗日时期广西基本上没有自行印制税票，使用的均是当时"中央"政府的税票，因而既平淡也无特色而言。

以上为笔者一家之言，谬误之处，敬请指正。

《印花交流》总133期　2001年8月刊

中山纪念碑图印花税票浅识

陕西　焦继承

中山纪念碑矗立于广州市的越秀山顶（图1），它建成于1929年，由吕彦直先生设计。碑高37米，用花岗石砌成，外观形状呈四方形，高一十三层，内有旋节阶梯，可拾级直上碑顶。碑身正面镌刻有中山遗嘱全文，碑座下端辟有一条山阶与中山纪念堂相连。

图1　中山纪念碑

民国年间，曾以中山纪念碑为主图，发行过一套印花税票。近来有同好提出：中山纪念碑图印花税票与士农工商图印花税票，尺寸相近，风格雷同，认为同是1925年7月成立的广东国民政府早期发行的印花税票。对此，谈一点个人之管见。

中山纪念碑图印花税票有广东、广西版之分，广东版票铭为“国民政府财政部印花税票”；广西版票铭为“国民政府印花税票”，图内嵌有“广西”字样。

今见到的有1分、2分、1角三种面值票，闻广西版尚有4角面值票。

如果说中山纪念碑图印花税票是1925年7月在广州成立的国民政府发行的话，那么，它应发行在1925年7月1日至1926年底之间，且不谈1926年底中山纪念碑是否建成，将纪念碑为图作为刚刚成立的国民政府的第一套印花税票，是否有违国人之忌讳？

纵观国民政府早期发行的印花税票，士农工商图（1926年）、工农商学兵工具图（1927年）、地图旗（1927年11月），其票铭钧为“国民政府印花税票”，成一统一系列。若将中山纪念碑图印花税票（广东版）插于其间发行，单从票铭看，是否不伦不类，有违常规？

中山纪念碑图印花税票既不是第一套，又不可能成为第二、三、四套印花税票，那么，是否从上述可以推断：中山纪念碑图并非国民政府（1925年7月成立的广东国民政府、1926年底迁往武汉的国民政府、1927年4月18日成立的蒋介石南京国民政府、1927年9月改组后的南京国民政府）印制发行？

中山纪念碑建成之时，广东国民政府、武汉国民政府已不复存在；统一的南京国民政府已经成立（1928年10月10日）。因此可以肯定地说：中山纪念碑图印花税票不是南京国民政府发行。

但从其票铭看，确有“国民政府”字样，史称“国民政府”的机构有多个，那么，它具体是哪一个“国民政府”发行？

1931年2月，蒋介石与胡汉民立法院发生“约法之争”，3月1日，将胡汉民软禁于南京汤山，5月，蒋又操纵国会，通过训政时期约法。拥胡的粤籍中委纷纷反对，邓泽如、林森、古应芬、萧佛成联名通电促蒋下野。5月下旬，反蒋的国民党第一、二、三届执、监委员齐集广州（有孙科的再造派、汪精卫的改组派以及西山会议派），依持陈济棠、李宗仁的粤桂实力，打着“护党救国”的旗号，于5月27日在广州成立国民党中央执监委非常会议，决定另组国民政府。5月28日，广州国民政府成立（汪精卫、孙科、古应芬、陈济棠、邹鲁等十六人组成国民政府委员会）。由汪精卫等五名常务委员轮流担任主席，下设政务、军事、财政、侨务等委员会及参军、秘书二处，形成宁粤对峙之局面。

1931年10月，汪精卫的广州国民政府与南京国民政府在上海召开和平会议议和，决定11月在南京、广州分别召开国民党第四次全国代表大会。12月15日，蒋介石下野，22日到29日，宁、沪、粤三地所选中央执监委员在南京召开四届一中全会，决定改革中央政治机构，选举林森为国民政府主席，蒋介石、汪精卫、胡汉民等三十三人为国民政府委员。至此，国民党蒋、胡、汪三派表面上实现了统一。1932年1月5日，广州国民政府撤销。

广州国民政府虽撤销，但粤桂团结联合对抗蒋的割据局面仍存在（两广相对独立），1936年5月12日，胡汉民病逝，两广局势突变，6月1日，爆发了“两广事变”，蒋通过手段瓦解分化粤军，使两广与南京政府对峙五年之局面宣告结束。

中山纪念碑图印花税票很大程度上可能为此期政府发行。它大致发行于1931年6月到1931年底之间。

在目前尚无详实资料的情况下，也很难排除其为北伐完成之后，割据重新形成时期（1929年—1930年）两广地方政府以中央政府名义发行之可能。

由于此期政府控制区域有限，今见到的中山纪念碑图印花税票（广东版）除加盖“广东”“广西省”的外，未见到加盖其他省区的。

广东版的加盖有“广东”“广东省河”“广东潮梅”“广东潮汕”“广东高州”以及“广东番禺”等。

查台湾省严启文图鉴，1133号尚有加盖“广东”、销1938年字样的票。

认识错误之处，敬请同好指正。

《印花交流》总88期　1997年11月刊

注：广东版中山纪念碑图印花税票有多种版式；广西版有孔齿与点线齿之分。今配置部分图片以供大家欣赏。

图2-1　广东版 1分

图2-2　广东版 2分

图2-3　广东版 1角

图2-4　广东版 5角

图2-5　广东版 1元

图3-1　广西版 1分

图3-2　广西版 2分

图3-3A　广西版 1角

图3-3B　广西版 1角 固模反置

关于中山纪念碑图印花税票的一点补充

广东　钟东华

贵刊总 88 期刊登了西安焦继承《中山纪念碑图印花税票浅识》一文，其中有些地方的认识不符合，现我谈谈个人看法如下：

一、中山纪念碑于 1929 年 1 月 15 日立石，建于 1929 年，并不是建成于 1929 年，碑身高一十二层，共三十多公尺，非一十三层，可拾级直上碑顶层，不能上碑顶。

二、中山纪念碑图印花税票广东版面值除有 1 分、2 分、1 角外，还有 5 角、1 元票，印刷厂家在广州市，从收集到的票来分析，起码印刷了二版以上，本人集有最早使用单据日期为 1931 年 6 月 12 日。

三、广东版除焦文所说的加盖外，本人还收集有加盖“广西”的。

图　广西版 4 角

四、广西版目前发现有 1 分、2 分、1 角、4 角（4 角这枚本人小刊 31 期上有图），这四种，据说还有 1 元票，从我收集到的实物印刷纸质上分析，广西版起码印刷了 4 次以上。1 角票、分有齿票和无齿票，其他面值的还没发现。

《印花交流》总 89 期　1997 年 12 月刊

印花单据欣赏

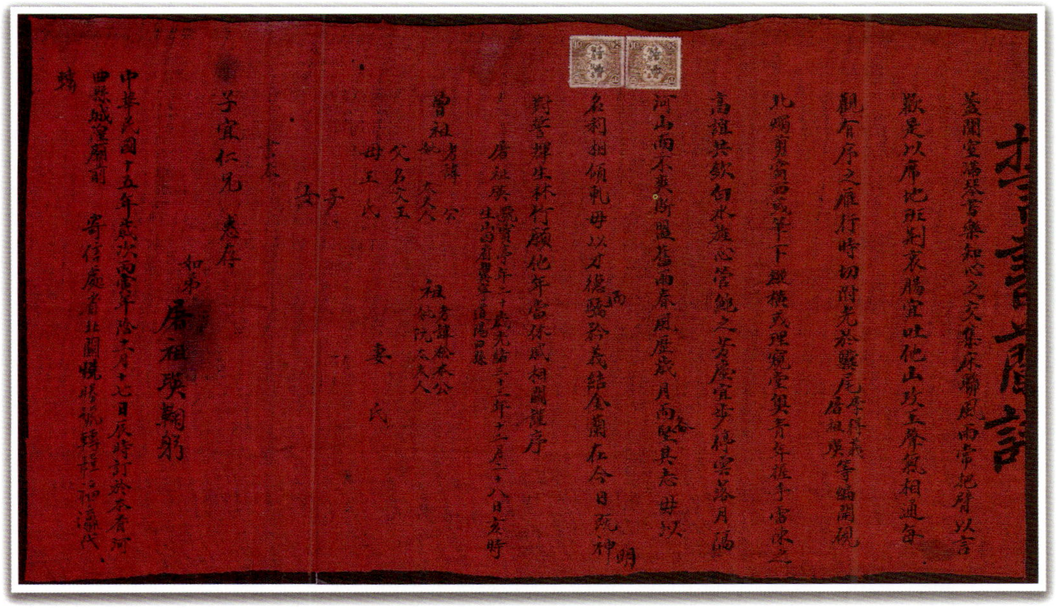

民国十五年（1926）山西河曲县贴嘉禾图印花税票的金兰谱

关于安徽自制印花税票

北京　徐一青

《银行月刊》第七卷第2号以“颁行新印花票”为题报道安徽自制印花税票情况，文曰：“安徽印花税处长吴梦兰任事后，又移蚌办公。嗣秉承总司令陈调元由省政府名义印制新印花税票，以后即在用解缴票款向中央政府请领。业经吴处长十通令六十县知事限期于十六年一月一日起一律贴用省政府颁发新印花税票。所有从前通用之中央印花税票均作为无效。芜湖总商会前曾具文力争，谓商民更换簿据皆以阴历为标准，请予展缓实行。吴处长当复函该会，对于账簿折据，尚可展缓，唯发票单据，仍应查照通令办理。”

查1927年安徽自制印花税票计有两种，一是振风塔图印花税票，一为党徽图印花税票。党徽图应在北伐军到达安徽之后，由此判断，北伐军尚未到达安徽的1927年1月自制的印花税票当为前者。由是也可知此种印花税票的确切发行时间了。欢迎识者就此探讨指教。

注：徐先生所述几可为定论。陈调元1925年12月1日被孙传芳任命为安徽督办兼总司令。陈追随孙，在江苏自印寒山寺印花税票后，亦自制安徽印花税票，图案采用安徽首府安庆之迎江寺振风塔，其使用时间1927年1月—4月左右。

安徽振风塔 1角

安徽振风塔 2分

安徽振风塔 1分

1927年2、3月，北伐军底定安徽后（陈调元投诚北伐军），3月27日在安庆成立安徽政务委员会，到7月25日改组为省政府，其间发行的“党徽图”印花税票使用至1928年初。

《印花交流》总97期　1998年8月刊

民国安徽地方印花税票发行史略

木 子

安徽省地处长江中下游，长江贯穿其中，把该省分隔为南北二部分。省名取自江北安庆及江南徽州的首字。相传春秋时为皖伯的封地，又有皖山绵亘，故又简称皖省。

民国成立后，安徽省属北洋政府皖系势力范围，其代表人物是合肥出身的段祺瑞。1920年，直皖战争皖系失败，王占元以孙传芳代替皖系吴光新任长江上游警备司令，次年8月，北京政府任命孙传芳为长江上游警备司令、吴佩孚为拉拢孙，还补发了欠饷30万元，孙遂投靠直系吴佩孚。1922年5月，第一次直奉战争爆发，直系独掌了北京政府。5月15日，孙领先通电全国，主张恢复法统，召开“民六”国会，速制宪法，请黎元洪复任。6月孙又电请黎复职。黎上台后投桃报李，授孙为陆军上将衔，又封为恪威将军，从此孙在政治舞台上崭露头角。

1923年1月，孙奉命从湖北经江西入闽，3月20日北京政府任孙为福建军务督理，孙随后通过种种手段把接近皖系的福建王永泉、臧致平部赶出福建。1924年9月，江浙战争爆发，孙出兵援苏，浙江卢永祥兵败逃亡日本，孙收编了卢部5个师的兵力，实力大增。10月，冯玉祥发动北京政变，孙曾接受吴佩孚令派兵北上讨冯，后被鲁督郑士琦部所阻。

1925年初，奉天张作霖借口与卢永祥同盟关系，派张宗昌率师南下，6月，势力已达淞沪地区。孙感到了威胁，四方联络冯玉祥、河南岳维峻、岳阳吴佩孚、江西方本仁、江苏陈调元等以联合抗奉。10月中旬，孙自称浙闽苏皖赣五省联军总司令，分兵五路向奉军发起进攻。由于孙的不宣而战，使奉军猝不及防，纷纷后撤，损失惨重。10月20日孙部攻占南京，11月中旬孙正式在南京成立五省联军，自任总司令，以周荫人、卢香亭、陈调元、邓如琢分任福建、浙江、安徽、江西总司令，以陈陶遗、夏超、王普、萨镇冰、李定奎分任为江苏、浙江、安徽、福建、江西省省长。孙就任总司令及江苏督办后，注意在辖区内颁布了一些措施，收买笼络人心。

1926年夏，广东国民政府北伐，孙传芳坐镇南京作壁上观，对吴佩孚的求援不予理睬。直到9月北伐军攻占两湖进入江西直指孙传芳时，孙才亲抵江西，指挥5省联军，分成六个方面军迎战北伐军，双方激战一月，孙大败逃回南京。北伐军于1927年2月底进占杭州，2月底从江西进入安徽，第五方面军总司令陈调元倒戈加入国民革命军，因而安徽未经重大战斗，北伐军即取得了芜湖、安庆等地。

在孙任联军总司令期间，其势力范围内的江苏、安徽、江西分别先后发行过图案、风格相似的税票。安徽省在江苏、江西后也发行铭为“中华民国安徽印花税票”主图为安庆迎江寺振风塔图的竖型票。凹版印制，圆孔齿，齿孔14°。票幅19 mm×21 mm，面值仅见1分、2分、1角（图1）。

图1

据北京徐一青先生在《关于安徽自制印花税票》（本刊《印花交流》总97期，1998年8月）一文中引自《银行月刊》第7

卷第 2 号“……嗣秉任总司令陈调元由省政府名义印制新印花税票，以后即在解缴款向中央政府请领，业经吴处长通令六十县知事限于民十六年一月一日起一律贴用省政府颁发的新印花税票，所有从前通用之中央印花税票均作为无效。……”所以发行于 1927 年 1 月 1 日，已不容置疑。这也是孙传芳势力范围内五省试图摆脱中央控制的一个证明。由于安徽不久即被北伐军控制，发行了安徽政务委员会印花税票，所以该票的使用时间及范围均受到了影响，北洋政府在 1925 年 9 月后发行的麦穗图票同样受上述二种因素影响，使用时间、范围也受到限制，所以上述二种票不多见。安徽宝塔图本人所见最迟的实单为 1929 年 5 月。

1927 年 3 月 27 日，安徽政务委员会在安庆成立，继而发行了铭为“安徽政务委员会印花税票”，主图仍为迎江寺振风塔，增加了国民党党徽图案，改竖型为横型，平版印制，图幅 29 mm×30 mm，齿孔 11.5°。面值见 1 分、2 分、1 角，票及实单均不多见，使用时间亦有限，1927 年 7 月 15 日，安徽政务委员会改组成立省政府，就不再发行新票，原有存票一直沿用下去，本人见最晚实用单是 1928 年元月。（图 2）

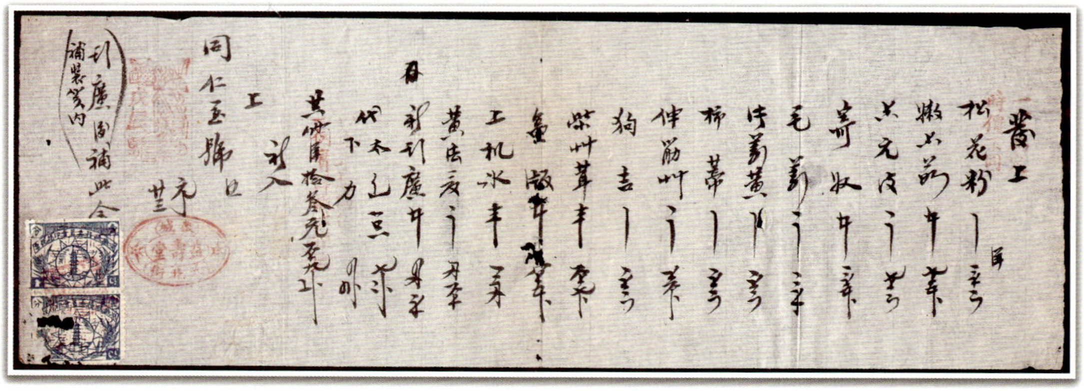

图 2-1

图 2-2

另在皖南地区徽州府，发行使用过一种铭为“徽州六属财政处印花票”，木刻版，图幅 26.5 mm×25.5 mm，面值见有 1 分、2 分（图 3）。主图为菱形，上边是铭文，中间有太阳放光芒，下边是花卉。六属，是徽州府属下歙县、黟县、绩溪、休宁、婺源（今属江西）、祁门六县。本人收集到的 1 分实贴单二件：一件是元月十五日同仁宝号单正贴 1 分票，一件为戊辰三月徽州胡集和单背贴 1 分二枚。此二件均为 1928 年的实单，另有数件实单，其中一件为民国十六年十二月二十五日徽州胡集和正贴 1 分单被他人购去。说明此种票最迟已在 1927 年底已有实用。在编撰《总目录》时，有人对该票实单表示怀疑，因曾有人持 1 分方连若干在兜售，均为未使用的方连票，因而产生怀疑。因当时编目有个约定，对有争议的票，一律不入《总目录》。故未列入。但经本人观察实单，均盖有防伪戳，所谓未使用方连新票很可能是当时未用罄的剩余票。此票为木刻版，印成方连或把版票撕开成方连便于保存、携带，亦属正常。据知歙县 C 先生曾经持有超过 20 方连的

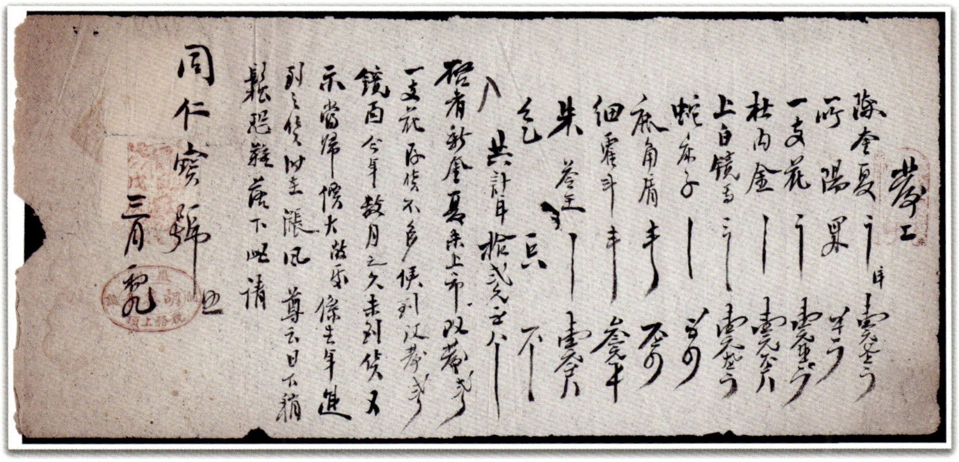

图 3-1

图 3-2

大版张。2 分票为浅绿色曾见过一实单，未销，疑伪贴，未购。

1926 年底到 1928 年初，北洋政府对安徽已处于部分失控状态。一方面安徽地方力图摆脱北洋政府的控制，一方面北伐军势力已到或未到，蒋介石的南京政府的势力尚未渗入，三个“中央政府”，即北洋政府、武汉政府、南京政府并存。安徽处于风雨飘摇，政治动荡之中，有的地区已形成真空状态，所以会产生安徽省自行发行印花税票及省内个别地区自行发行印花税票，由于北洋政府的麦穗图票，安徽宝塔图票，安徽政务委员会印花税票及徽州六属印花票几乎同时在省内使用，以及上期文章中所述的特种印花税票当印花税票使用的情况，（加上稍后南京政府的大东一版、二版版图）使税源分流，所以此些票，单均不多见。出现在同一个地区，同一个时期使用中央票、省票、地区票的特殊情况。

《印花交流》总 142 期　2002 年 5 月刊

安徽“徽州六属”印花探伪

台湾　吴铁涛

编按

台湾省同好吴铁涛先生浸淫印花税票集藏研究数十年，眼光犀利，造诣深厚。其论文原发表于台湾海峡两岸邮史研究会会刊《邮史研究》第22期（2003年3月21日），文中旁征博引，文风幽默，不仅肯定了“徽州六属财政处印花票”的真实性，还对凸、凹、平及石印版印刷方法有详细的介绍，显示了其此方面的专业知识，很有参考之价值，故本刊分三期予以全文转载，从中获取有益的营养。唯有数幅配图票幅甚大，不得不忍痛予以删减，为此深表歉意。

一、南、北政府过渡时期之安徽印花税票

本年（2003年）5月间，上海花友木子兄按时寄来他编的小刊，第一、二页依惯例刊登一篇印花相关的文章，这一期（总142期）由他自己操刀，“民国安徽地方印花税票发行史略”。文中相当翔实地将1920年起至1927年3月北伐军抵境，大小军阀互斗并掌控印花税票之发行情形，不厌其烦地铺陈出来，让我们这些对历史不甚了了的坏学生，在集藏活动之余也顺便进修，木子兄真是功德无量。尝鼓动他将中国印花的发行编成年表，如此一来哪一个政权或军阀势力在何时何处掌握大局并发行印花税票，将是相当容易查考以及运用于论证之上。可惜他感于经济拮据及心情不佳，所以难以从命。愚意年表其实比编总目什么还要来得重要，它真是基础的工夫，基础不完备，编出来的目录一定会乱掉，变成见木不见林的成果，对整个收藏界的不良影响不可谓不大。

这一篇大作此处略去复难的“军情”，摘其要点也就是咱们印花收藏者最关心的部分，条陈如下：

1. 直系军阀孙传芳势力范围之江苏、安徽、浙江先后发行图案，风格相似（作者注：甚至同一印刷厂——上海大东书局所印）的印花税票，安徽、江苏均系凹版小型竖式票，浙江则为凹版大型横式票，安徽版中心图案为安庆迎江寺振风塔（图1），由总司令陈调元以省政府名义印制，并通令自民国十六年（1927年）1月1日起，取代旧式北洋政府发行的麦穗图印花，面值见1分、2分、1角（注：应与江、浙一致，有5角及1元高额票，近见拍卖1元票十枚之铜版）。

图1-1　安徽 中华民国印花税票 1分　图1-2　安徽 中华民国印花税票 2分

2. 1927年3月27日，安徽政务委员会在安庆成立，发行铭文“安徽政务委员会印花税票”之印花税票，图案为国民党党徽白日，中央圈内仍为迎江寺塔，平版及较大型横式票幅，有1分，2分，1角三种面值(图2)。

3. 皖南区徽州府，发行使用过铭文为“徽州六属财政处印花票”者，木刻版，面值见有红色1分，浅绿色2分、及深绿色1角三种

（图 3），实用单据贴用于 1927 年底至 1928 年底左右。编“总目录”时因有人对单据持怀疑态度，故未列入。附图之实单所贴之票均盖有防伪戳，推测木刻版印成方连票或版票（全张）。

图 2　安徽政务委员会印花税票 1 分

图 3　徽州六属财政处印花票 1 角

二、“徽州六属”印花辨别属真伪之理由

看完全文，先松了一口气，因为很庆幸不像有些省份，发行版式之多已到了数不清种类、数量的地步，譬如山东、福建都是如此，区区三种容易搞定。再来细看附图，拜印刷技术精进之功，纵使原件相当粗糙、色泽昏暗，但图案、字迹、印章均清晰可辨。反复检查数遍之后，对这件单据（图 4）有了初步的论断，以下面这几点理由认定系出于变造，也就是说此票之贴用出于伪作，甚至于原票亦为臆造品。

图 4

1. 销票之方章为有花框之护封印（篆文），这种印式常见盖于邮件之封口处，以防他人私开信件，极少见盖用于印花单据，尤其本件正面倘盖有椭圆双框戳一个，一般情形会顺手用之销票或毛笔划销。再者，作者因蒐集印石，藏有大量古印，此类“护封”印乃市面上极易见到之物，匣中轻易找出十几、二十颗，作伪之人亦能方便入手。

2. 两枚票一正一倒上下并贴，这种剪开再贴方式很怪：票又剪成阔边，给人僵硬不自然的感觉。约两年前此票以新票面目现身，无论设计、图案、油墨色泽，均极类似再早一、两年的一批臆造安徽税票（上海造），以至于当时就极少藏家愿意花大价钱购藏。

3. 两枚票上之防伪亦不能互相凑合成一个完整图案，这里称它为防盗戳其实与早期邮票上防盗加盖意思并不尽相同。邮票除了要防止其他地区拿过来套用，主要还是因为邮票常大量遭劫失窃，名称上是很妥切。但是印花税票加盖印戳，最主要的着眼点是“掌控税源”，早年流行包税制度，印花税票要推销出去有时还要照票面打折等等促销手法，政权更迭第一件事就是限期通用新的加盖样式税票。当然印得简陋，加盖有助于防止伪造这方面的功能也是有的。是此之故，愚意以“肥肉加盖”最为贴切（有一点俗气，想一想有什么高档一点的雅词），本文也就暂时借用防盗一词。印花税票之上最常见到的所谓防盗戳记，一般如长城图地名加盖也应该算，有些税务机关喜欢破坏美感，以小官印盖在票面正中，且每票一戳（如图二）。福建、广东会盖在票的背面，偶尔多票一戳，总之只要能达其“到手肥肉能吞下肚”的目的即可。本票采极不明显的红印泥加盖，是十分不寻常的，颇招人起疑。

心意既定，因为与木子兄太熟，一向最爱消遣、捉弄人当然免不掉故伎重施一番。电话中他却一反常态，很慎重的说原提供人再三保证是真货，他也认为没有问题。笔者举出上面的疑点之后，他决定大方的把原件寄给我亲自过目鉴定。这下子可惨了，结果非但硬生生地吞回之前错误的研判，还要花好大的功夫去照相、辨伪以及把印刷相关的一堆东西搞清楚再整理出来，真是自己挖个大洞自己跳。

这次先后寓目的计有两张单据（图 4、图 5），合计四枚原票及一个复印件（三）。为慎重计把四枚原票格放大（图 11-1 至图 11-4），希望借助犀利的镜头，能方便解开谜团。一看完这些放大照片，我几乎马上认定其属真货而非臆造之物。最主要的原因在于这四枚票由“特征”研判，分属四个不同位置（Position of Sheet）：以及四个圆圈之内面值之字型明显差异（就是西人常爱说的 Another Hand）。与其现代的伪造、臆造品来自于远远进步一大截的照相制版技术，造成成品几乎无明显位置特征，整体图案亦无明显差异，等等，很容易在比对之下益发突显其为真品之可能性。

图 5

除了印刷方式及制版流程在本文后段详加研讨外，还有几点对辨别真伪亦有辅助之功能：

1. 凡伪、臆造者皆有所本，此票几为正方形，中央菱形框作间隔完全与存世之票毫无瓜葛，四个角落面值圆框。当时福建发行地方版双旗印花相仿应为巧合，其实四角为面值已成惯例，只是圆圈相同巧合而已，周围类似描白手法作出的草状花纹也属独创。

2. 中央图案为放射状线条所构成国民党十二道光芒白日徽，前景传统左右两束稻禾，其间饰以一朵类似牡丹的重瓣花，构图显然多多少少经过一番构思及设计，并且切合时局现势。其实如果刻工细致，譬如说以雕刻凹版制成的话，倒是相当有创意不落俗套的作品。

3. 税票贴在单据所造成的压纹痕迹、票与单据吻合的虫蛀迹，两者同步氧化（老化或酸化），种种迹象证明其为原据原票，非后贴或伪贴。且非如今古文物领域所常见“作旧”手法作成（最多的样本是 20 世纪 30 年代上海广告画片，外行人容易上当）。

4. 虽因样本数不多，且红印泥色泽过浅，但防盗戳依然可以辨出字迹为“印花稽（征）处”双框下栏，由右而左，上栏及中央不清。戳没有作伪的感觉，印泥亦有年代感。各票包括新票在内印墨亦无所谓的“贼光”，亦即同样的具有年代感。这里顺便提一下，造假者多半会处心积虑的去找老纸、水印纸来用，所以光凭纸旧并不足以说明票旧，大家要特别留意。

5. 臆造品有“量大”的特征：先是少量推出，建立稀有的错觉，然后默默地到处推销，往往隔一阵子充斥于市，变成随处可见之物。此票则发现至今已三、四年之久，并无此种现象产生。

6. 本票如果真如木子兄文中所一再强调的“木刻版”的话，反倒使它属于作伪的可能性大大提高，并且使辨认的难度相形之下同步攀升。但经研判后认定，其仅母模为木雕刻，成品是以旧式石印版方式印出的，利用这种早就落伍并被淘汰已成稀有的石印技术，所伪、臆造的票品在目前的收藏领域可谓绝难一见。以此票印纹粗糙随便，造假者仅刻一枚类似图章的木模，在老纸上逐一沾墨盖印，是何其方便的造假手法。就是再多费点事，一块木版上多刻到四枚甚至更多的二十枚，难度也不是太高，但此票完全没有木刻版凸版的特征，亦即印纹凹陷，油墨晕开等现象，可以排除木刻版的可能性。因此，要证明本票系石印版制成，显然成为当务之急也就是最重要的一个环节。

三、凸版、凹版、平版三大类印刷技术

传统的票品印制方式，包括现在最为流行问世历史最浅的影写版，大致以凹版、凸版、平版三大主流版式所分占。凹版（Intaglio or Gravure）大家最熟悉，日常生活不可或缺的孔方兄（钞券部分），即是此法中的雕刻凹版（Engraving Plage）印成。其原理（图 6 之中）为：版面乃平整无印纹部分，图纹部分被雕掉凹陷低于版碳其内填入印墨、擦拭版面、覆上纸张施压印墨过纸即完成印刷过程。成品油墨浮凸于纸张的表面，是三种方式中最难以伪造者，近日有以网印（Screen Printing 或丝印）仿者，亦能有相同的浮凸效果，颇令当局惊讶及头痛。

凸版印刷（Typography）原理（图 6 之上），是印纹图案浮凸于印版之上，此一部分沾墨后再接触纸张即完成成品。此法问世历史最为久远，因流程少印速快而省事，取其价廉而因此占有很大的比例。由印版区分，克难的木刻版（如版面），常见的橡皮戳印，或旧式书刊上采用的铅字都是不出此范畴之外。集藏界最常见到的票品有很大的比例是凸印方式印出者，但应该多数是采用比较进步的间接凸版印刷，而非旧式的平压式直接印刷。即使在我们手中以最进步的多色轮转式凹版印刷技术印成的千元大钞之上，仍然可以发现它的踪迹（号码及印章）。

凸版印刷品因印纹高于版面，施压于纸会造成纸背有轻微凸起印痕的特征，此外印纹边缘部分受压较重，致边缘的印墨较中心部分浅淡些，也就是成一种“晕”状。

“三大”年资最浅，而市场占有率目前却占了绝大多数的平版印刷（Lithogreaphy），是由十八世纪末期所创始的石版印刷开始，发展成金属平版，到现在普遍使用的间接印刷橡皮机。数十年前制印风景明信片、照片、图书相当杰出的珂罗版（Collotype）、平版原理所衍生出的平凸版、平凹版（以现在一般色彩印刷为代表）都是属于平版的范畴。因适用范围太广泛，经济效益大，为成长最快的印刷方式。

平版印刷的印版是均一的平面，印刷原理（图 6 之下）是让印纹部分粘住油墨，非印纹部分则吸附水分，利用水与脂肪性油墨相互排斥反拨的特性，再将印墨移转至纸张。一开始会采用石版当作印版（图 7），最主要的原因是利用石材的多孔性，其对水分的吸附有极佳的表现。

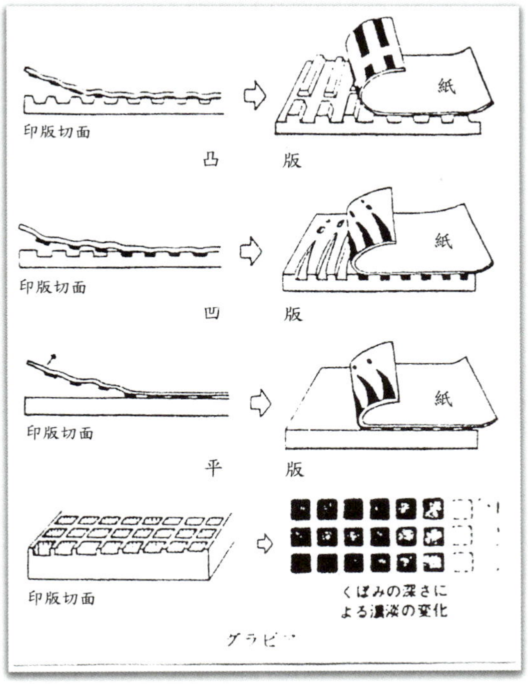

图 6

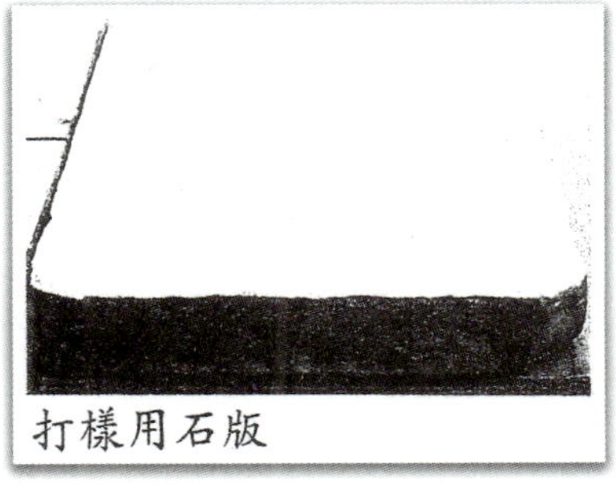

图 7

一般而言平版印刷成品的特征是：线条或网点中心部分墨色较浓，边缘因印版易受水侵蚀，会产生不整齐的情形。

四、石版印刷之制版

石版印刷在1876年由法国籍天主教教士传来中国，在上海开设一间“土山湾石印所”，印刷教会画报。不久之后，以发行点石斋画报闻名于世的点石斋石印局亦随之开设，著名的商务印书馆则是迟至1905年方开始彩色石印。

早期石版印刷属于直接印刷，石版直接接触纸张完成成品。它的制版方法透过直划、转写、复写、反转及前面提到过的珂罗版等等方式的制版法。将印纹以转写墨或描或转印贴附于石版之上，再经化学处理后成为印版。化学反应后之石材部分及转写墨的印纹部分，分别转化成“吸收水分力量极强”及“排斥水分极强”的两极特性。

因平版印刷进步很快，石版及相关的装版技术很早就被淘汰掉了，幸好，现在印制钞券等有价证券时，在打样阶段尚能派上用场，因此在中央印制了55周年之特刊中发掘到下面这一小段可供参考的资料。照录于下，括弧内为更正的错字，划圆圈涂胶水再洒松香粉这一节我实在参不透所为何来。似乎只有真正的行家才有解说的能力，读者最好学我将这一段略过不去深究，以免头痛。请注意，这里所谓的平版是指现代的间接印刷（如图8所示），并不是指石印，方格卡纸拼版如图九所示，“当时”指1940年代。

雕刻：

当时照相制版技术尚未兴起，所有印版均需仰赖人工雕刻，由于平印是间接印刷，须经过橡皮转印，过于精细之线条无法印出，故雕刻不能太细或太密，仅能以线条之宽窄来表现浓淡明暗、且所刻之深度必须一致。

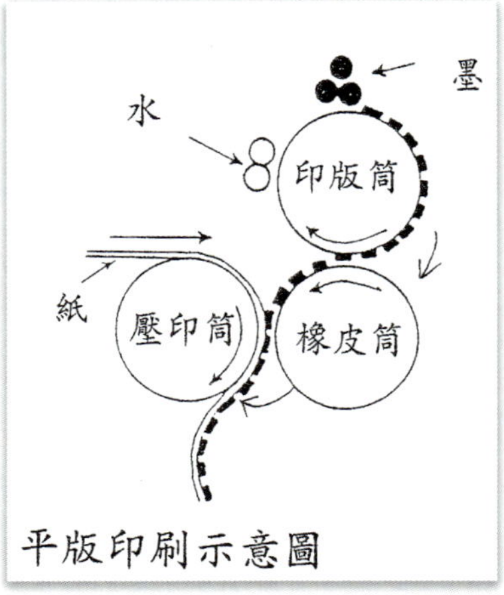

图8

制版：

1. 浆糊纸制作：

浆糊纸是转印的媒介，以面粉、玉米粉、甘油、水为材料调成糊状，用两手肘沾之，均匀涂布于四十磅道林纸上，然后置于木架晾干备用。

2. 石版打样及拼版：

（1）石版系由德国进口之一种石材，使用前需将表面磨平，然后将绿矾水倒在石版上，约三分钟用水洗净并吹干。

（2）浆糊纸在母版所拓之印样依标准尺寸拼贴在有格子的卡纸上，然后覆于纸版上用滚筒辗压，确定浆糊纸印样贴牢石版将卡纸取下，用水将浆糊纸浸湿剥离，石版上仅存纸样。

（3）用布团沾胶水及墨以划圆方式涂抹版面，并扑上松香粉，然后以水清洗版面，最后上一层胶保护。

3. 全开石版印样：

将石版之胶水洗掉，整个版面上墨，贴上浆糊即拓得正式印大张之印样。

4. 制作印版：

方法与制作石版相同，只是材料改用锌版。

要将与原稿完全相同的图案转移至石版上成为印纹，第一步工作是完成母模（Master Plate），今天的方法当然是既方便又好用的照相制版，早年照相技术并不普遍，通常以手雕的方式为之。先以雕刻凹版为例，母模的材料通常是挑比较软而好刻的铜版，或者低碳的软钢板，版面的印纹文字图案与成品呈水平反转状态，所刻入的凹穴亦即将来正式印版填入印墨之低陷部分。手雕母模通常只有一块，透过转压或揿的方式，可以大量复制完全相同的印模。所谓的揿，是以母版盖在未完全冷凝的铅、锑、锡合金溶液之上，加压并待合金冷却即成单块锡版。修整每一块完成的锡版，再拼合成整版（如 100 枚、200 枚全张即分别为 100 或 200 块拼成）。经长时间镀铜的电镀方式，最后增厚成铜板将之与锡版脱开、整修、镀络增硬即可以上机开工了。转压则适用于轮转式板模，需刻铜版及加上淬火手续。

平版的制版流程虽然不若雕刻凹版那么繁复，但仍然需要母模、拼版的工序，因少掉一段压揿的工序，母模材质的选择性就大的多了，木板（枣木、梨木或黄扬木等）、锌版、硬质胶版都能采用。完成的母模经施墨，再像盖印章一样将印纹移于转写纸上，也就是前面出现过的浆糊纸，再拼贴一定数量的转写纸于方格卡纸（图 9），转印至石版上完成由一而百的复制效果。

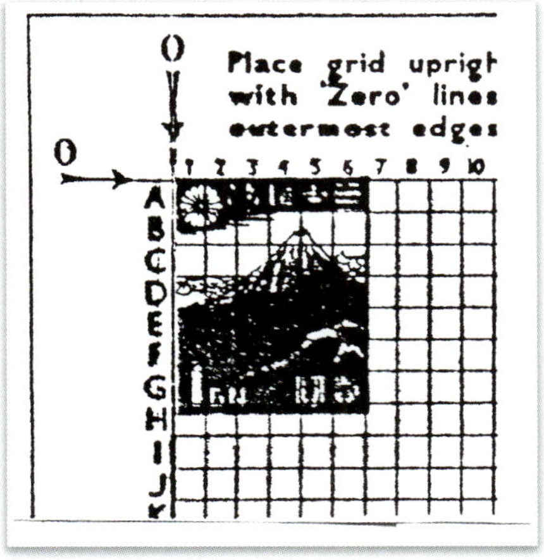

图 9

五、“徽州六属”税票版式之研究

六属，即徽州府所辖六个县——歙、黟、绩溪、休宁、祁门及今改属江西的婺源，乃是皖南地区鱼米之乡富裕之境，是任何政权都急于掌控的税源所在，此应为六属票发行的最大理由。祁门的红茶自古以来闻名中外，辛苦寻访却不过尔尔：绩溪出名人，胡适之先生的故乡也；歙砚亦为名品，惜今所出质已大不如前。

一个世界级的景点黄山即位于境内歙县西北之处，中外游人如织，如果未参加旅行团自由行的话，定由黄山市搭航机或火车出入，则不妨至不远的屯溪老街走一走。整条街大约一公里长，整体上说是“整新如旧”。对收藏者的福音是西首进口不远在右手边开设有一家略具规模的古旧店，也许能碰一碰运气找些印花单据、老信封什么的，本文中几种单据十有九成即出自于此，可人家三天两头来巡，真能逮着漏网之鱼可就不是普通的福气了。慢慢晃到古街东首，人累腿酸，唯一的一家酒楼好像叫第一楼吧！豆腐菜挺有特色，臭桂鱼却是一绝但并非天天有货供应，仍饕客必修之学分。此外，回程软卧票务请事先备妥，黄山可不是寻常地方，无坐票那种阵仗肯定让您倒足胃口，笔者有实中战经验，此言不虚。现在请仔细观察手头上五枚“徽州六属”税票图纹（图 3、图 11），可以发现：除了四个角落圆圈内的文字部分有明显差异之处外，其它的图案尽管各个之间都有微小的不同之处，但是因有最明显的共同特征，如变粗的左下角外框条（甲处），变圆弧状的右上角内框线条（乙处），以至于非常明显地说明全由同一母模（图 10）翻印出来。以此亦可推测，当年因印制数量不大，采用了方便入手的木版，并且刻制母模时面值空出未刻，拼版完成后再以直写方式（手写）填入四个角落的面值部分，分别完成 1 分、1 角的印版，

图 10　复印件

第二部分　研究文稿精选

图 11-1　彩图

图 11-2　1 分

图 11-3　1 分

图 11-4　徽州六属财政处印花票 1 分

至今尚未见到的 2 分印版，几乎也可以推定是以相同的方式制版。

本版母模可能是请一位普通的刻印者为之，而图纹的左下角渐宽偏浓，很可能是反映出母模并非如雕刻凹版一般的为一块十公分的平方板子，而根本就是一颗木质印章。印花税票因母模刻得太粗糙，所以成品蛮像一张小型的版画，也许正是被误认为木刻版的主要原因，但由成品墨色的均匀度：印刷纹路完整不断线来判断，绝不可能木刻版直接印出。与木刻版直接印刷比较起来，石印仍然要快速省力许多，也更经济些。

至于各票之间，在全图到处可以发现一部分微小的差异，是制版过程之中种种原因造成，也许是杂质，也许印完后不小心划过、或转印墨过多过少造成，这种些微的不同是不论印刷或制版技术再精再小心都会发生的，好比双胞胎兄弟也绝不可能百分之百相同，此即自古以来邮学家最爱好探索的“版式特征”。在分别研判每一枚票独有的版式特征后，可以推断出其于全版之版式位置为何，即位于全张的第若干枚，中国古典邮票的复组全版的研究，往往是邮学家穷其一生努力追求的目标，但因样本数量限制，有很多时候是难以达成的。

以手中四枚“徽州六属”1 分票观之，图案左上角外框分别有四种不同表现，由图 11-1 起依序是“上下荫开并连接内框”“断裂”“内缘一小缺口”“完美无缺”。当然因为本票制版工序中出现的部分直写版，使得特征更为好辨，这一点在将来有机会取得足够样本数，可以进行复组全版探讨之时，会使得工程轻松许多。

手头的四枚一分印花税票，实不足以判定其在全张之位置。如图 11-2 这一枚，明明票幅的左边及下边异常的宽阔，加上也像纸边的裁开状态，使它极像是全张的下角的那一枚票。但椭圆形防盗戳却销在左上角，这个戳照理是盖在每一组四方连票的中央位置最省事，所以销左上角唯一的可能性是：每一横裂的总数仅为单数，譬如说五枚而非一般常见的十枚票。图 11-4 为左阔边，防伪戳盖在右下角，属于第一行甚至第一号票的可能性都存在，但任谁在此种情况下都难以辨认并作出结论。

六、结语

1981 年左右，笔者曾尝试编出一小册“台湾省印花目录”（英文版），虽然资料并非完备，缺漏票品亦复不少，但因属初创，侥幸博得少许虚名，同时亦获得不少海外方面的回应。其中有一位加拿大籍人士（姓名因太久记不得了），特地来信并展示他对一枚赤嵌楼平版壹角票复组全版的成果，每一枚的版式特征都逐一列出，当时实在大大地为之折服。要想一想虽然仅仅是毫不起眼，几乎分文不值的票品，但在手边既缺全版票原件或图版，又没有同好可资查询，甚至中文都认不得几个的情况下，仍有如此的热情及毅力投入研究工作，相信是绝对值得大家肯定并效法的。同时他也透过版式的研究探讨，得到了集藏生活中极大的乐趣及满足，其与钻研顶级名贵的红印花、大龙票又会有什么不同程度的满足吗？我们的集藏界乃至于整个社会的风气，充斥着急功近利的想法、作法，要是有人肯花功夫做这类的基本功的探讨，倒极可能招致一阵阵讪笑，不客气地说一句：收藏家们甚至是已具国际评审资格者，能具如此水准的又有多少人？长此以往对收藏界将会投入极不利的影响。

最后，尚有小事一桩在此拜托读者诸君，上面这一席批评的言词如果任何人看了稍感不适的话，务请不啬尽速对号入座并提出诽谤告诉，尝于清末申报之上见有“台民好讼”之语，我友木子兄仅仅说明目录编印时程有延迟之实情，即在大陆遭一告并且再告，笔者不逊之言如未遭任何回应，岂不是灭了前人的威风，并且马上被比将下去，那将来真就是不好交代了。

《印花交流》总160—163期
2003年11月—2004年2月刊

印花单据欣赏

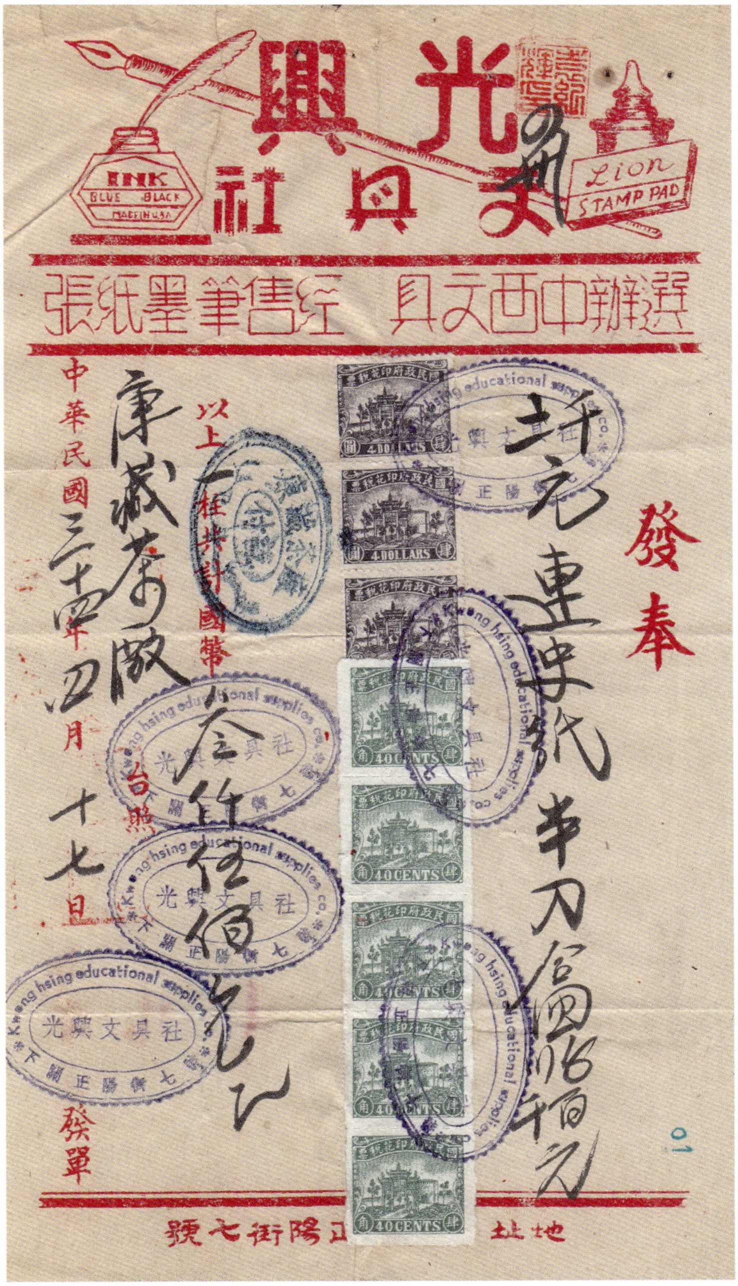

民国三十四年（1945）云南大理光兴文具社单据

罕见的安徽特种印花税票实用单

木　子

安徽曾发行过二、三种地方印花税票，其中二种已被列入了《总目录》，即1927年1月1日发行的铭为“中华民国印花税票·安徽”，主图为安庆迎江寺振风塔。另一种铭为“安徽政务委员会印花税票”，发行于1927年3月27日安徽政务委员会成立之后，图案亦为振风塔，另外增加了国民党党徽。前者属北方政权系统，后者属南方政权系统。另外有一种更低一级别地方政权发行的，铭为“徽州六属财政处印花票”，因被人质疑，而未列入《总目录》。以上三种均见1分、2分、1角三种面值，均有实用单存世。

今天披露的一张是戊辰杏月廿八（1928年2月）贴“国民政府安徽特种印花税票”1分的实用单。应当说不是普通的印花税票而是货物税印花当作印花税票贴用，这种情况十分罕见，是特定历史条件下的产物。

1927年3月，北伐军底定安徽，27日在安庆成立安徽政务委员会，归附北伐军的原皖督陈调元任主席，因陈参加北伐，故由常务委员、民政厅长蒋作宾兼代。

随着北伐军攻占南京，4月18日蒋介石在南京成立国民政府，从而引发了“宁汉之争”，双方东讨（蒋）西征（唐）战事一触即发。8月15日，蒋因北伐失利，加上宁方的压迫，被迫下野，而北方孙传芳倾“五省联军”全部剩余兵力，加上张宗昌直鲁联军，趁宁汉内部争斗之时，渡过长江，在龙潭一带与南京方面发生激烈战争。武汉方面唐生智趁机率部沿江东下，占领安庆、芜湖，将桂军驻皖军压迫出境。

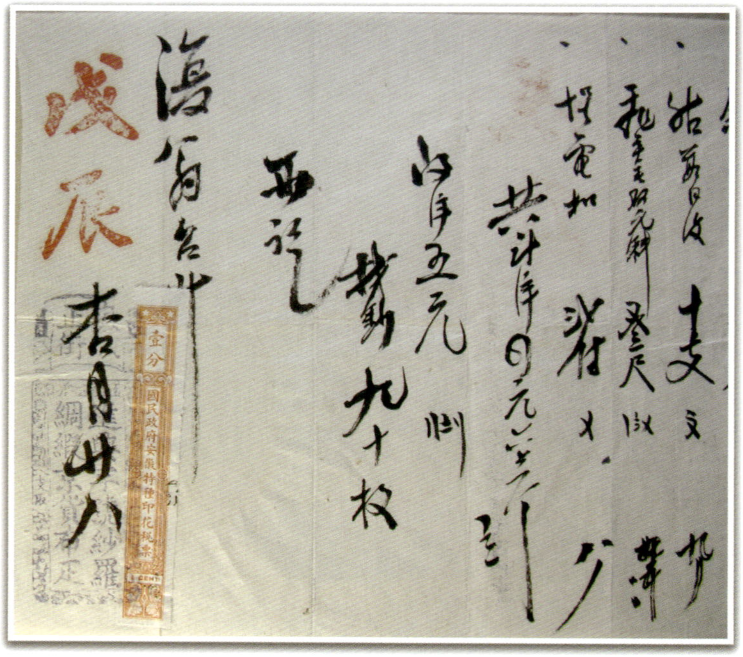

戊辰杏月廿八（1928年2月）贴“国民政府安徽特种印花税票”1分的实用单

9月15日，宁汉合流，成立了中国国民党特别委员会，由于汉方未能掌握实权，汪派唐生智9月21日在武汉成立武汉政治分会，与特委会对抗。10月20日南京方面李宗仁、程潜、朱培德率部沿长江两岸向皖、鄂唐军出击。11月中旬武汉方面已是四面楚歌，唐生智通电下野。接下来，先后发生了“广州事变”“广州起义”，蒋复职，而汪精卫却不得不出国。到1928年2月时，蒋恢复了总司令、军事委员会主席、中央党部常委、中央政治会议主席等职，准备“二次北伐”。安徽在此段时期内相当混乱，先是属桂系李宗仁的势力范围，安徽政务委员会1927年7月15日改组成省政府。8月下旬，安徽落入唐生智手，10月下旬，安徽再度易手，而到1928年2月时，安徽划为中央区。南京国民政府发行的大东一版、二版版图票，名义上是1927年11月发行，但最早的实单是1928年2月。所以在此之前一段时期内安徽使用的有北洋政府的麦穗图票、安徽地方宝塔图票、政务委员会宝塔图票、徽州六属印花票，以及此种“特种印花税票”，但本人收集到仅此1分面值实单，不知是否有其他面值实单，今公开以求答案。

《印花交流》总141期　2002年4月刊

印花单据欣赏

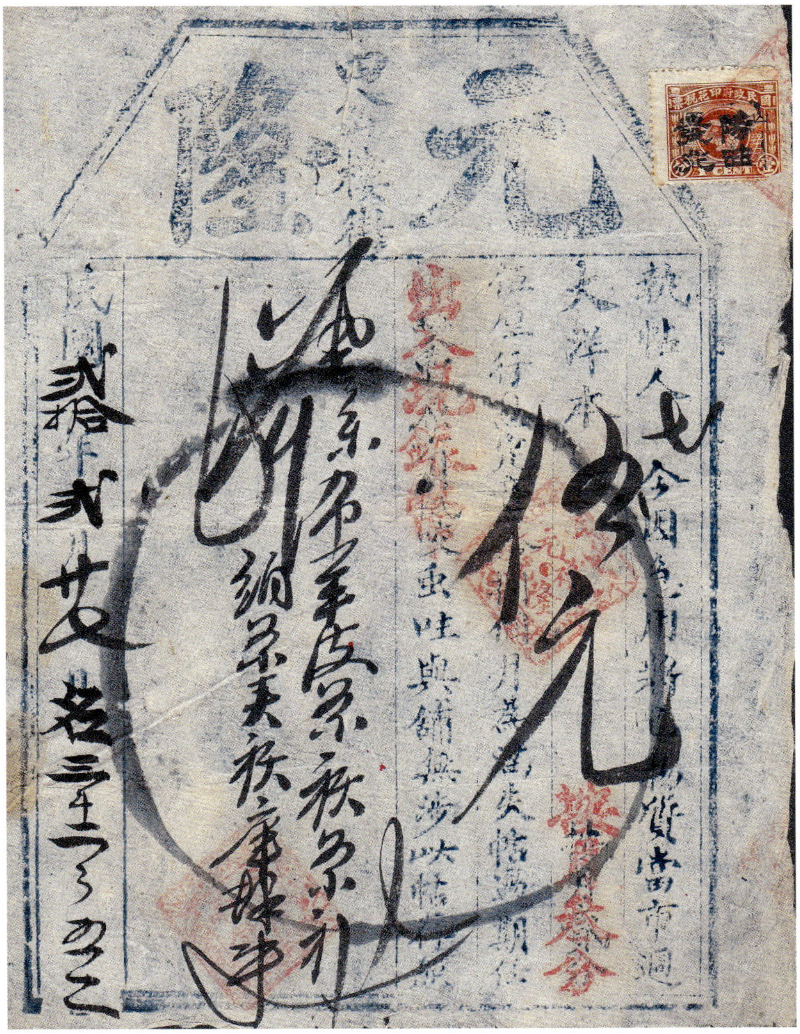

民国二十年（1931）山西太原元隆当当票

从“国民政府安徽特种印花税票”谈起

木 子

本人在《印花交流》总 141 期（2002 年 4 月）撰文《罕见的安徽特种印花税票实用单》，披露戊辰年杏月（1928 年 2 月）安徽歙县贴用安徽特种印花税票 1 分票（图 1）实用单。曾征询是否有其他面值及实用单，同年在苏州一位同好处亦见到类似的歙县 1 分实贴单。除此以外，尚未见过其他面值及其他地方使用。

近期，本人收集到安徽巢湖县贴用安徽特种印花税票 1 分三枚加盖楷书“代普通用”实用单。该单系光绪八年草契连民国十七年三月七日安徽巢湖县木版验契纸，销有“巢县之印”篆书官印于票端。

1927 年 3 月 24 日，蒋介石率领的北伐军攻入南京。4 月 12 日蒋在上海发动政变，15 日在南京召开会议，决定另立国民政府，定都南京。18 日开始办公同时举行定都典礼，正式宣告南京政府成立。不久划苏、浙、皖、闽为中央区。

当初的江苏省原是军阀孙传芳的地盘，先后使用的是北洋政府的麦穗图票和江苏自制的寒山寺图票。就在南京政府成立前一星期的 4 月 10 日，上海《申报》载登江苏印花税处通告：“照得印花税为国家收入大宗，在国民政府

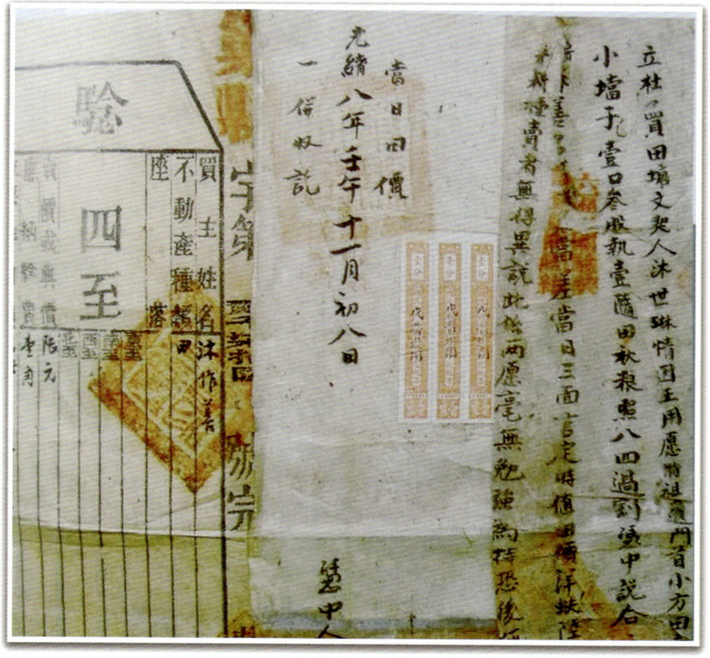

图 1-1

图 1-2

尚未颁定办法到处之前，所有关于印花税之通行法令，仍暂有效，惟非法政府发行之印花税票，应即一律作废，现在新票印制需时，权将本处所存各种印花加盖‘国民政府’四字篆文戳记，暂为贴用，……”（《中华民国工商税史料选编第四辑直接税·印花税》下册第2346页）。目前所见，加盖“国民政府”，均为江苏寒山寺图票。旧票作废，也有移作他用。（图2、3）

图 2-1

图 2-2

图 2-3

图 3-1

图 3-2

图 3-3

浙江省自1920年起与北洋政府关系中断，未及使用麦穗图票。1924年自制发行初阳台（岳庙图）票，1926年3月北伐军抵浙后即被禁用，后被加盖移作他用。而在南京政府实际控制的部分区域，该票被加盖宋体“国民政府”，继续使用，然而却未能找到相关文字资料。但在南京政府政令未到达的地区，或手中持有未加盖国民政府仍在使用（图4、5）。

南京政府成立初期，由于与武汉国民政府发生“宁汉之争”，有近一年的时间，部分地区处于无政府状态，使用印花税票也处于非常混乱的状态。

图 4-1

图 4-2

图 5-1

图 5-2

图 5-3

安徽部分地区仍贴用北洋政府的长城图和麦穗图票，部分地区使用安徽省自制的振风塔图票（1927年3月成立安徽政务委后，有的地方使用政务委的党徽振风塔图票），徽州地区除上述票外，还使用当地自制的“六属票”。

福建地区迄今未发现类似的加盖票使用，只使用北伐时发行的士农工商图票及福建自制票，也未见福建使用麦穗图票。

此次发现实单的系巢湖县，为长江以北之地区。安徽没有像江、浙二省那样用自制的振风塔图印花税票上加盖，而是用安徽自制的“特种印花税票”上加盖，是否因振风塔图票源不足不得而知，这种“特种印花税票”具体何时发行，尚未查到详细资料。仅在1927年7月28日南京中央政治会议第118次会议通过的《改革税制大纲》中列出：“现行特种印花税共有四种。惟洋酒、汽水、火酒三种由外国进口者，纳海关税，在国内仿制者，纳出厂税，一税之后，不再纳税。惟爆竹一项，原非厂制之品，日用既非所需，且有危险性质，人民狃于习惯，每年消耗甚多，自应由印花税（处）照常征收。”（同上第一辑综合类上册第 620 页）。如此说来，“特种印花税票”原是为征收洋酒、汽水、火酒、爆竹而印制的，前三类既不再征收，爆竹也用不了这么多，便当作废物利用了。当然也曾见过原印或加盖火酒、汽水、爆竹之类的特种印花税票，但有的是非南京政府的，有的可能是后来开征的了。

1927 年 8 月 4 日，南京政府召开了中央政治会议第 119 次会议，通过了《印花税暂行条例》，从而着手印制发行五枚一套的带江苏、浙江、安徽、福建字样的大东版图票，定于 11 月 15 日发行，但本人所见最早的实单是 1928 年 3 月。3 月前各省都用其他票（加盖）代用。3 月也是特种印花税票在安徽使用的最后期限，该票冠以“国民政府”，应是承认南京政府后的安徽省发行，加盖“代普通用”表示与“特种印花税票”不同以代替尚未领到的大东版图票前的短暂空缺。歙县贴用的加盖的是宋体字。另有“歙”字，与巢县加盖的楷体是有区别的，显然是县里奉令加盖，而非省里统一加盖。谁能告诉我还有其他地方贴用？错谬之处，请方家指正。

（总 189 期修正与补充）：

上期《从“国民政府安徽特种印花税票”谈起》发表后，即收到四川钟列先生来信，补充 5 分面值绿色票一种，系安徽休宁县丁卯年（1927 年）使用。楷体字加盖“代普通用”，字体较小，与歙县及巢湖使用的明显不同，有一枚还加盖“休”字。

《印花交流》总 188 期　2006 年 3 月刊

印花单据欣赏

結婚證書

魯金泉係浙江省紹興縣人 廿三歲 十五年十月初八日辰時生
阮阿菊係浙江省紹興縣人 十八歲 二十年九月十七日午時生
今由李建元 李阿信 先生介紹謹詹於中華民國三十八年十二月廿四日上午時在民豐造紙廠大禮堂舉行結婚典禮恭請 先生證婚兩姓聯姻一堂締約良緣永結匹配同稱看此日桃花灼灼宜室宜家卜他年瓜瓞緜緜爾昌爾熾謹以白頭之約書向鴻箋好將紅葉之盟載明鴛譜此證

結婚人 魯金泉 阮阿菊
證婚人 張載坤
介紹人 李建元 李阿信
主婚人 魯來有 阮鐸

中華民國三十八年十二月廿四日謹訂

1949 年浙江绍兴结婚证书

云南“清丈贴用”加盖初探

云南　赵天华

“清丈贴用”加盖是云南地方“清丈”（意为对耕地的清理丈量）运动在印花税票上的体现。民国十七年，龙云就任云南省主席后，一方面禁种禁运鸦片声浪日高，而禁种禁运鸦片罚金和耕地税又是财政主要收入来源，如果鸦片禁绝，收入将锐减；另一方面也存在着耕地税计税基数普遍偏低的状况。为平衡财政收入，克服财政困难，省政府决定在全省范围内实行“清丈”。

从民国十七年开始，到民国二十七年基本结束，共“清丈”110 个县，田地亩积由原来的 900 余万亩到 2 800 万亩，赋银由原来的新滇币 150 余万元，到后来 280 余万元。云南“清丈”的做法及成绩曾受到当时财政部长孔祥熙的赞赏和中央的表彰。

“清丈”的凭据是“清丈执照”（图 1），执

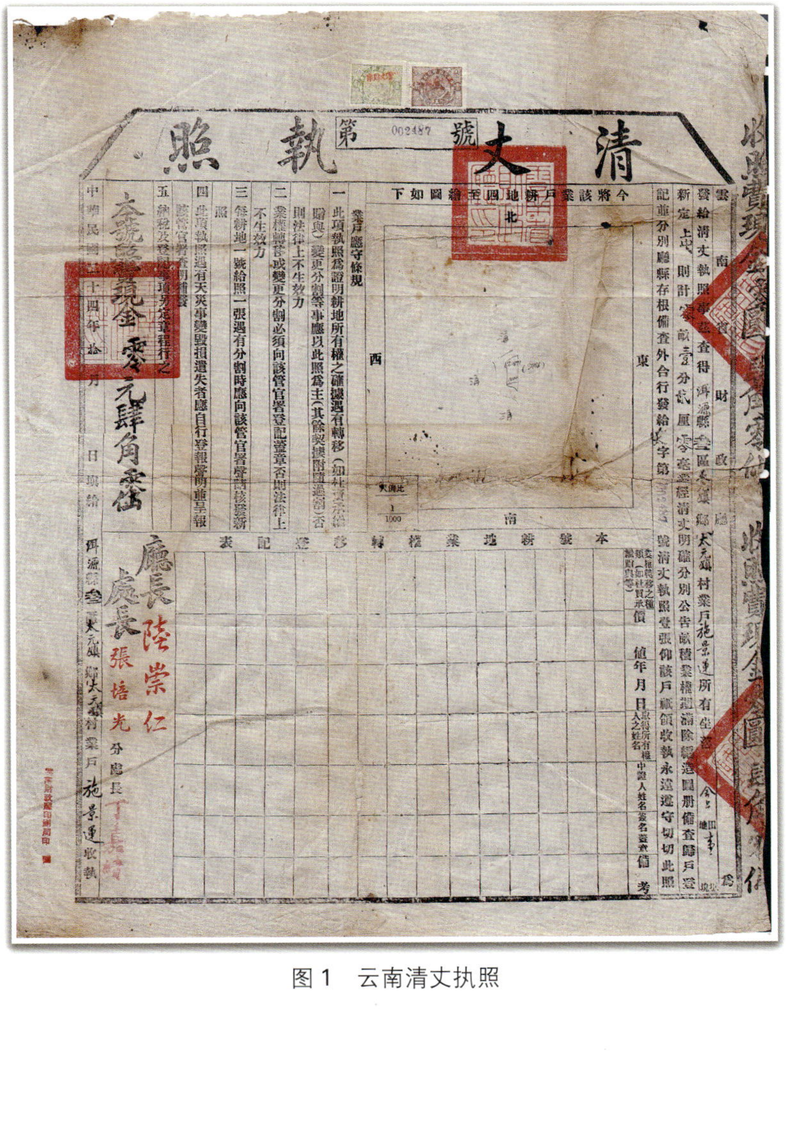

图 1　云南清丈执照

照长约 49 cm，宽 43 cm，为财政部专门印制，上半部内容为丈量耕地图样和业户应守条例，下部分为业权转移登记表，并根据耕地多少收取照费。

目前发现“清丈贴用”加盖印花税票四种，即云南长城图（平版）1 分、2 分两种（图 2、图 3）和版图旗（云南平版）1 分、2 分两种（图 4、图 5），加盖颜色为红色，字体均为楷体，手盖。印花均贴于“清丈执照”正面左上角，票上有的销带有“清丈”字样的红色戳，也有的未销。（这可能是印花属专用，执照严肃性又很高的缘故，而免销吧）。

图 2　云南平版长城图 1 分 加盖“清丈贴用”

图 3　云南平版长城图 2 分 加盖“清丈贴用”

图 4　云南地方版版图旗 1 分 加盖“清丈贴用”

图 5　云南地方版版图旗 2 分 加盖“清丈贴用”

“清丈贴用”加盖印花，为云南所特有，它反映出这一时期云南财政的特殊形态，具有重要的历史价值和研究价值。

《印花交流》总 47 期　1994 年 6 月刊

注：原文无附图，今配以图片以便欣赏。另加盖“清丈贴用”字样的印花税票尚有财政部北平版版图旗（图 6）。

图 6　北平版版图旗 加盖“清丈贴用”

河南石印版图旗印花税票漫谈

木 子

1927年底南京国民政府发行版图旗印花税票后，相继有武汉、福建、四川、云南、山东、新疆、河北、河南八个地方仿制发行了版图旗印花税票，今天我要谈的是河南石印版图旗印花税票。

河南地方版图旗印花税票有二种版式：

一、阳文版："国民政府印花税票"八字为阳文，亦称朱文，无齿，图幅22 mm×19 mm，(各票有0.5 mm—1 mm差异)。面值见1分赭色，2分绿色，1角黄色。1角票发行要稍微晚一点，因为加盖"河南"二字仿北平版图为宽距，而1分、2分加盖"河南"均为仿大东版窄距（图1、2、3、4）。

二、阴文版："国民政府印花税票"八字为阴文，亦称白文，有齿，齿孔9.5°，图幅22 mm×19 mm。面值见1分赭色、2分绿色，1分英文多复数"S"（图5、6）。由于多次印刷，用纸、刷色、图幅均有少许差异。

十多年前，上海阜丰机器面粉有限公司流出大批档案，在送造纸厂前被藏友截获而流入坊间，其中有贴该票的通丰面粉厂的发奉账单传票。

安徽寿县人孙多鑫、孙多森兄弟俩于1897年创办阜丰公司，为中国第一家华商机器面粉公司。利用当地丰富的粮食资源，1918年又在河南新乡合股创办通丰面粉厂，资本50万元，占地90亩，有美式磨机18部，五层粉楼1座，厂房、办公室、宿舍400余间，职工最多时有300多人。1919年建成投产，日产面粉5 000袋，除供当地外，还远销天津、北平，为河南最大的面粉厂。通丰公司在当地收购、运送麦子以及日常经营开支的各种单据最终汇集到了上海阜丰公司总部。

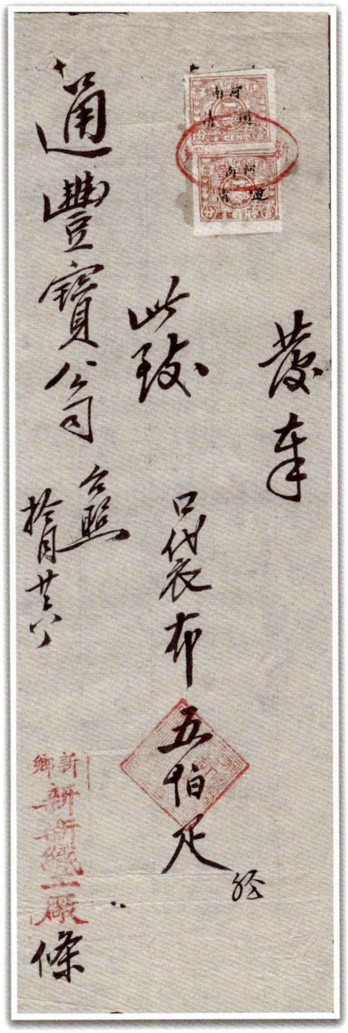

图1 阳文版 1分 实用单据

这些单子上贴无齿票加盖的文字只有二种，一是加盖"河南淇县"，二是加盖"河南道清"，都是楷体；而有齿阴文版无加盖"河南××"字样，但有手盖文字。由于阴文版的票单特别稀少，有限的几个票手盖文字都模糊不清。

图 2　阳文版 2 分 实用单据

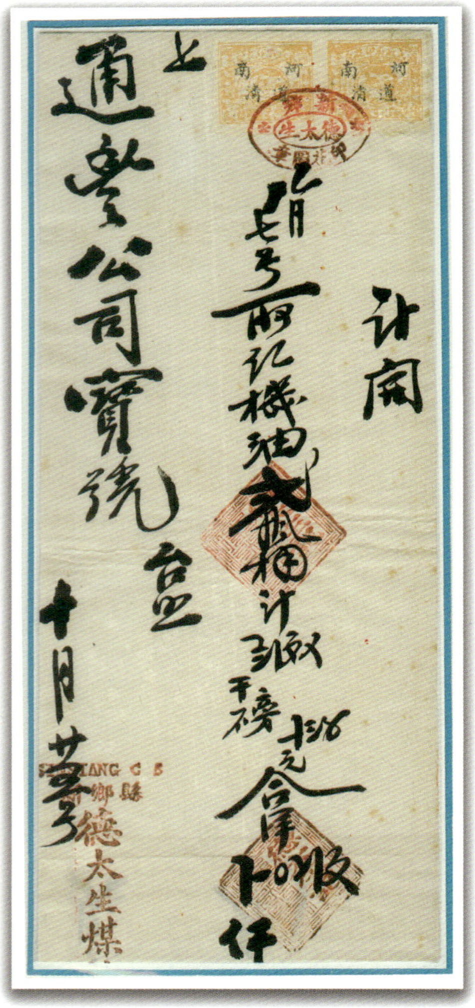

图 3　阳文版 1 角 实用单据（孔卫平藏品）

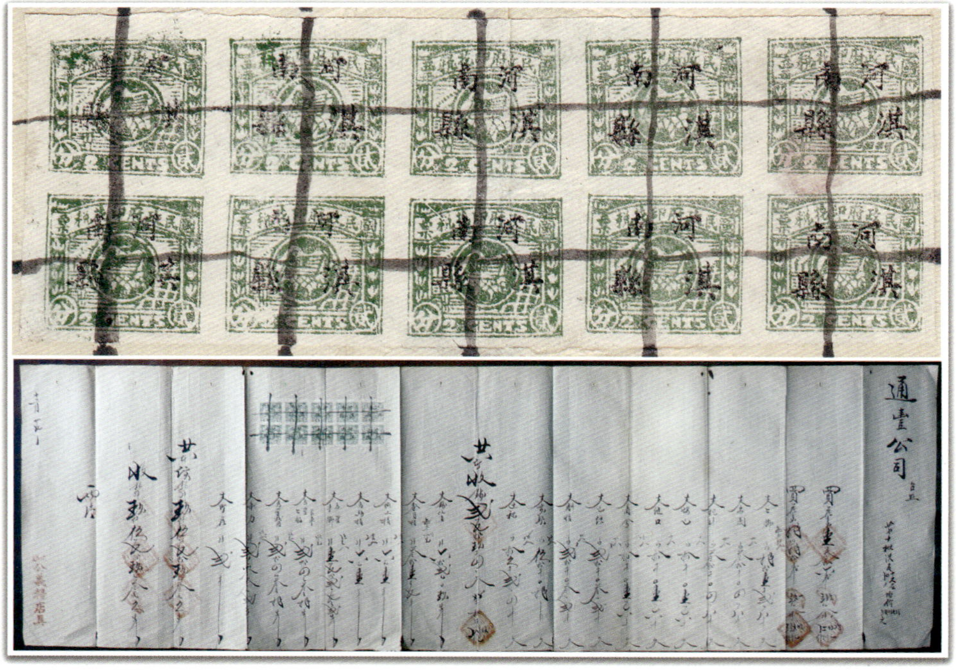

图 4　阳文版 2 分 实用单据

图 5　阴文版 1 分

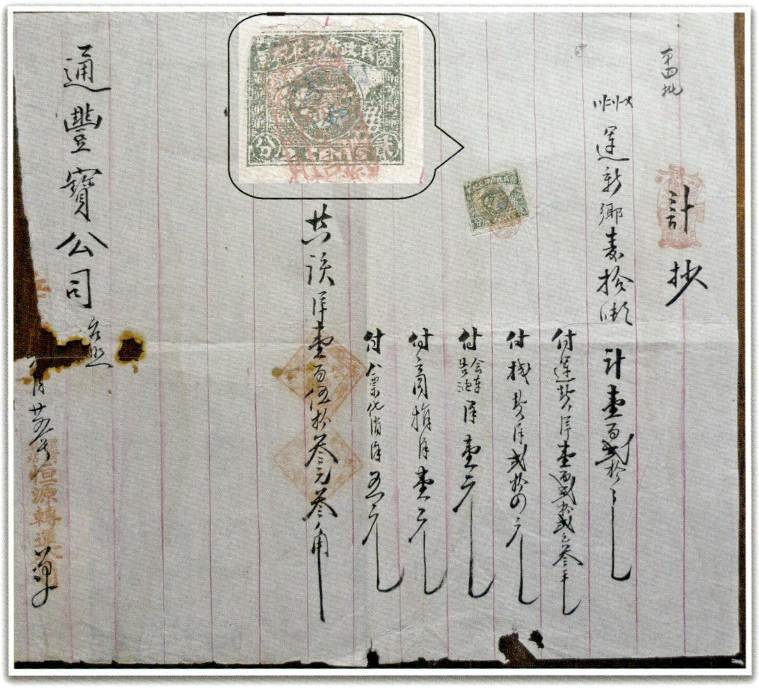

图6　阴文版 2分 实用单

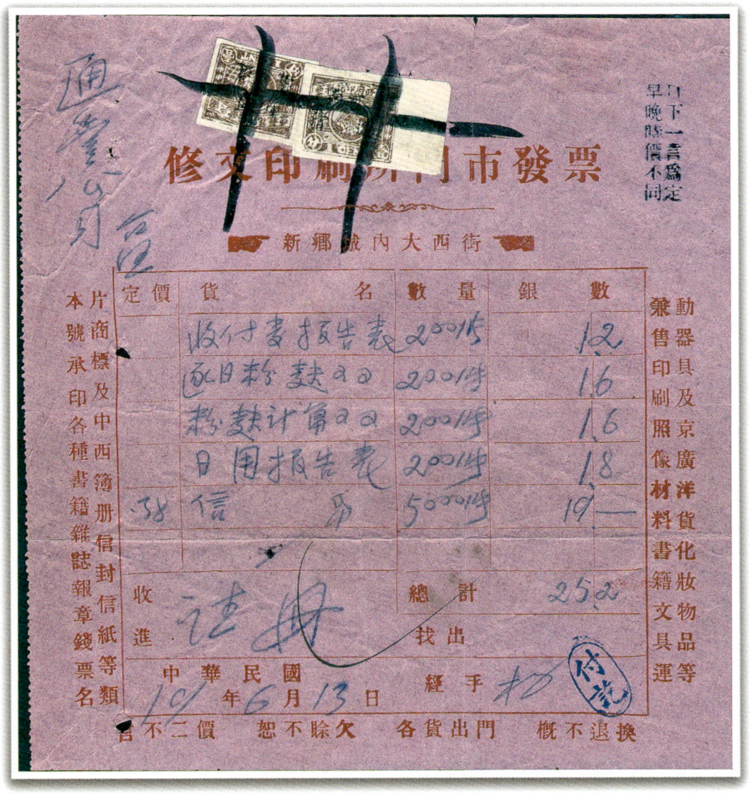

图7　新乡修文印刷厂民国十九年（1930）六月十三日发票贴用 1分票

我们见到版图票河南加盖有“新汲浚淇”，就是新（乡）汲（县）浚（县）淇（县）的缩写（“浚”字今简写为“浚”），而“道清”是“道清铁路”的缩写。

道清铁路始筑于 1902 年，1907 年正式开通，是河南省第一条铁路，全长 150.044 6 公里，经浚县、滑县、汲县（今卫辉）、新乡、获嘉、修武、河内（今沁阳）七县。道泽铁路原定从浚县道口（今滑县道口）到山西泽州（今山西晋城市），后因山西人民坚决反对，故无法向泽州方向施工，改向沁阳清化镇（当时河内县清化镇今博爱县清化镇），道口——清化，“道清铁路”名称由此而来。

本人收集到的单子使用时间最早 1930 年 10 月 26 日，最迟为辛未六月二十五日（1931 年 6 月 25 日），尝见新乡修文印刷厂民国十九年六月十三日发票（图 7），其间正好有 1 年的时间，使用的地点有新乡、卫辉、淇县、漯河以及最近刚收集到的河南涉县实单（涉县今属河北），这个与上面这批票单来源不同有关，容后面再叙。

那么是哪个地方政府或地方实力派发行的呢？笔者求解多年，至今没有确切的资料，还是让我们翻阅一下这段历史，从中寻找一些蛛丝马迹。

陕、甘、宁、青、豫是冯玉祥部的根据地，也是贫瘠苦寒之地。冯有军队 40 万，北伐时出力最多，胜利后没有得到一点实惠，反而要编遣部队，于是联合了山西阎锡山、广西李宗仁、白崇禧和蒋介石第一集团军展开大战，从1930年4月1日到11月4日，打了7个月，河南是主战场，史称中原大战。

据《近代中国研究》以及其他一些史料：石友三原属冯玉祥的西北军，他所统率的军队训练严格，具有较强的战斗力。石友三又是个野心勃勃、反复无常的军人，在蒋介石拉拢收买下，1929年5月22日冯玉祥第一次举兵反蒋时，他和韩复榘、马鸿逵突然率部叛冯投蒋，导致西北军几乎全面崩溃，蒋介石因此任他为第十三路军总指挥。

1929年秋，石部由河南许昌移防安徽亳州，蒋派人点检石部后又派往山东德州，这时安徽省主席方振武（原冯玉祥部下）酝酿反蒋，被蒋解除武装。石被委为安徽省主席，是年10月下旬，石率部刚进驻蚌埠一带，尚未正式接任主席，蒋又命石抽调兵力南下讨粤（因李宗仁、张发奎发动反蒋）。石猜度蒋有分散其兵力之意，其久欲得一地盘，现刚刚得偿夙愿，岂能甘心舍弃。乃以退为进，电请蒋准其全军南下，谁知蒋复电照准，并以广东省主席相许。这使石进退两难，大伤脑筋，恰此时唐生智派其顾问袁华选前来拉石共同反蒋，广东方面也派邓芝园来游说反蒋，邓对石分析了蒋的真正意图，可能利用在船上中途各个消灭。原来蒋要求石部分乘木船到上海集中，再乘海船到广东，木船每只载人很少，会拉得很开，碰到事情很难照应。石深以为然，同年12月9日石部抵达浦口召开紧急军事会议，决定与蒋决裂，同唐生智联手反蒋，先扣留了蒋的代表卢佐，然后数十门大炮排列浦口江边，向南京城内突然轰击，蒋未料到石会来这一手，城内乱成一团。

石炮轰南京后迅速北撤至河南商丘，沿途驻军全部被缴械。此时韩复榘是河南省主席，所部亦驻河南，马鸿逵是第十五路军总指挥，所部驻徐州，此3人同时叛冯投蒋，关系密切，有军事密约，蒋恐事态扩大会激起3人兵变，未予深究，后韩认为商丘离南京太近，长驻恐蒋不能容忍，乃劝石移驻豫北新乡一带。

据《中华民国史料丛稿》（大事记）记载：1930年1月1日青岛市长马福祥到京为石哗变事代向蒋请求宽大处理，蒋表示，如石确能悔过知罪，中央无不予以自新，石原任皖省主席不予变动，驻蚌部队酌情分驻皖北各地。是日马赴蚌向石转达蒋意，20日石部移防发生障碍，由汴（开封）赶回蚌埠，21日蒋电韩复榘、石友三，任石为河南省清乡总指挥，归韩节制，所部离蚌移驻归（德）、亳（州）。23日石率部离蚌向指定地点开拔，随军的还有前月刚成立皖省政府各机会及有关人员，24日石部入豫，23日、24日石二次电蒋，表示痛改前非，27日国民政府任命王金钰为安徽省主席，免去石友三安徽省主席。30日王电蒋辞皖省主席，3月5日石电张学良响应张之东电，力倡和平。6日蒋因韩、石通电拥护中央，并遵照命令如期调防，石部由归德移驻郑州，晋军孙楚部奉阎令将驻郑部队撤至新乡，石奉蒋令自归德开至郑州，将孙楚未撤一部包围缴械，10日石部由郑州开抵新乡。3月中旬，在石准备接任安徽省主席期间，冯玉祥曾派沈克赴新乡见石，表示自责并希望石能归来，虽说后来沈为石所留（石委沈为副军长），事未告成，但经疏通，前嫌稍释。但同时又电何应钦表示拥护中央，称“现晋军南移，冯师东进，弟因外面环境内部将士关系，不得已敷衍晋冯，请陈转总座，万勿介意。”据《申报》载，阎曾允拨石现款100万元，子弹200万发，面粉5万袋及机枪、炮弹等物，但迄今未发给，石乃与阎决绝。图7为1930年6月13日新乡贴用1分二枚实单。

1930年春，阎锡山许石以山东省主席，并委以第四方面军总司令之职游说石反蒋。此时石驻豫北新乡一带，粮饷弹药主要靠韩复榘接济，石权衡再三，炮轰南京已经得罪蒋，蒋决不会善罢罢休，依附韩复榘终非长久之计，于是决定与阎、冯联手共同讨蒋。4 月 1 日阎锡山在太原就陆海空军总司令职，同日冯玉祥、李宗仁分别在潼关、桂平就副司令职。2 日石友三在新乡就任阎所委陆军第四方面军总司令职。但石于 5 日又派代表毛以亨到南京见蒋，面陈"拥护中央，决不受阎冯诱惑"，蒋予嘉勉。至 21 日蒋派姚以价、詹旭初到新乡，劝说石反阎冯，却被石扣留解往太原。

5 月初大战正式拉开序幕。中旬，石部南渡黄河参加作战，蒋一度险象环生，但石部从 5 月中旬打到 8 月连战数月，最初粮饷弹药还能及时得到补充，后来变成屡呼不应，石大发脾气，将队伍撤出，待援观变，石的行为打乱了阎、冯的部署，动摇了军心，给蒋有机可趁，蒋部乘势于 8 月 15 日收复济南。蒋和张学良曾以济南为约，蒋克济南张就出兵助蒋。9 月 18 日张学良发出拥蒋通电，率兵入关，形势急转直下。阎、冯失败。

而石友三此前已同张学良暗中联络，在 8 月底就率部主动北撤至冀南豫北一带。石是吉林人，利用东北籍关系，投靠了张学良。石退到新乡后，将新乡兵站物资占为己有，并截留晋军孙楚部炮兵 1 营。大战之后，阎、冯损失惨重，石友三占据了河北省南部和河南省北部 30 多个县，自委县长，就地筹饷，俨然一方君侯。

1930 年 10 月 16 日冯部孙连仲派参谋长李汉辉由新乡抵济见韩复榘、蒋伯诚，请代为疏通收编，次日得蒋电允。19 日蒋伯诚偕李汉辉奉召抵南京见蒋介石，蒋委孙连仲为二十六路总指挥，指定鲁西为驻防地点，29 日孙在新乡就二十六路总指挥职。

1930 年 10 月 23 日反蒋阵营靳云鹗旧部第二十军团长陈耀武在辉县发生兵变，打死军长刘春荣及旅、团长多人，驻新乡石部据报于 28 日派遣第一、二军及教导师孙连仲一部赴辉县平叛，毙千余人。刘万春等率部下 4 千余人到顺德归附石，（石军部驻顺德，今邢台）。11 月 7 日石部米文和旅进占辉县，刘春荣残部陈耀武旅被缴械，27 日主谋陈耀武在郑州被捕枪决。石的队伍在接受韩复榘接济同时，不足部分就就地筹饷，除各种赋税及摊派外，还发行了河南石印版图印花税票，但兵多钱少，不敷分配，且名义不正，终非长久之策。为此他利用东北人的关系，向张学良表示恭顺，26 日石应张学良约自新乡到沈阳，张令石不许招兵，静候点编，驻地俟蒋决定，石表示遵办。11 月 7 日石从沈回防地，11 月 15 日在顺德通电接受改编，就十三路军总指挥职，所部（最多时有 6.4 万人）缩编为六个师，石语记者，该军 3.2 万人，淘汰 7 000 人，中央允月给军饷 60 万元。12 月 13 日原驻新乡一带之孙连仲之二十六路军奉调鲁济宁。

另据沙河档案（军警民宗）记载："1930 年石友三所辖第四师沈先（原文如此，'先'应为'克'字所误）部驻沙河一带，1931 年夏北撤。"

1931 年 5 月，汪精卫、陈济棠、李宗仁在广州另组国民政府，派李汉魂到顺德，委石为广东国民政府委员和第五集团军总司令。6 月 6 日石友三因军费支绌，对南京政府不满，是日部力子奉蒋命到济南晤韩复榘，马鸿逵抚韩，冯向石疏通。7 日，石派外交秘书刘宽进京谒蒋，谓石竭诚拥护中央，但该部 7 万余人，中央月拨 40 万元，仅够伙食费，恳请中央增加饷项。16 日邵回南京谈，中央已允给石增饷 10 万元。

7 月 10 日，第十三路军石友三接受广州"国民政府"所委的第五集团军司令名义，但表示要先攻占天津，驱逐张学良，使山西、河北、山东连成一片，然后再挥兵南下。11 日石部扣留京汉路火车，将存在彰德的弹药运往顺德。15 日石部开始由顺德北进，16 日米师从彰德北进，18 日抵高邑，19 日至元氏，20 日抵石家庄，五日内长驱直入 300 余里。这段历史与沙河档案记载 1931 年夏石部离开了原驻防区是吻合的。

石的势力范围北起冀省南部顺德、沙河，南至豫省漯河，是一条南北狭长地带。处于晋冀鲁三省交汇处，背靠河南韩复榘庇护（韩于1930年10月调任山东省主席，刘峙接任）。

今年新发现的民国十九年十二月涉县“德和长当铺”实单贴石印版图1分加盖“河南涉县”也可证明，当时涉县也在石的势力范围内（图8）。

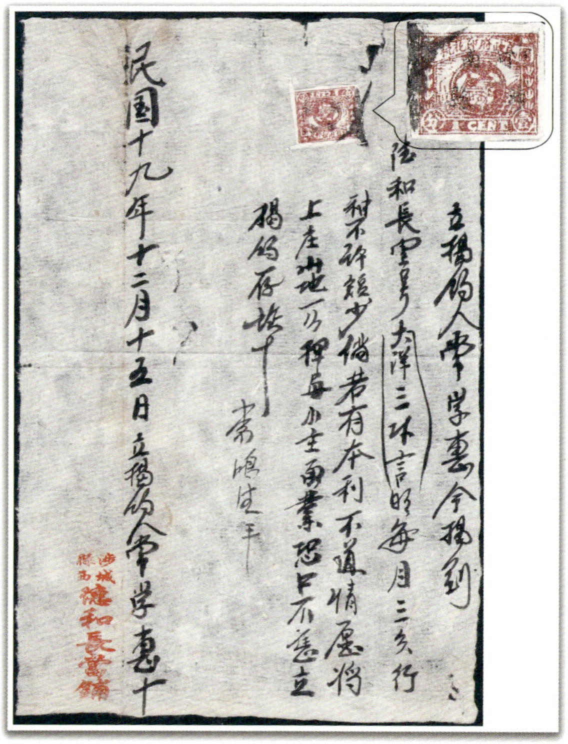

图8 民国十九年（1930）十二月涉县“德和长当铺”实单贴石印版图 1分 加盖“河南涉县”

1931年夏，石部北撤，至今未收集到7月以后和1930年6月12日之前的贴石印版图的单子，或许是机缘未到，或许大多已经湮没，因为毕竟发行时间只有1年多一点，发行范围仅有数县，而时间已悠悠80载过去了。

关于白文有齿票，所见1分四枚单（上海蔡君藏品），是辛未（1931）年一月十五日漯河豫茂祥陆陈粮店卖小麦给通丰公司的发票，和本人持有2分票单是辛未（1931）年六月二十五日漯河恒源转运公司为通丰公司运送麦子的发票，另外见过辛未（1931）年四月十三日漯河鸿丰转运公司贴阴刻2分的单子，与本人持单的2分票有所差异。漯河离新乡较远，中间还有许昌和郑州等市县，是否属石友三的势力范围，现在只有这二三个漯河的单子能说明一些问题。但没有许昌和郑州等其地区的贴石印版图的单子，所以阴文版的票单到底是石部在漯河地区使用这种版式，还是后期发行的版式，抑或是其他军阀所发行，还需要有更多的实物来判断。

另外，当年我收集到民国二十年二月的一个残单（图9），贴了二枚1分无齿票，除加盖“河南道清”，还有紫红色加盖了“暂准借用”。因单子有部分被水浸蚀，部分字迹已模糊不清，仅能辨出“福建”二字，当时误以为是福建方面向河南方面借用了石印版图旗印花税票。见本人在《印花交流》总209期（2007年12月）《民国版图旗税票福建加盖“借用”成因及版式探讨》一文中一览表中列序号13号。直到后来

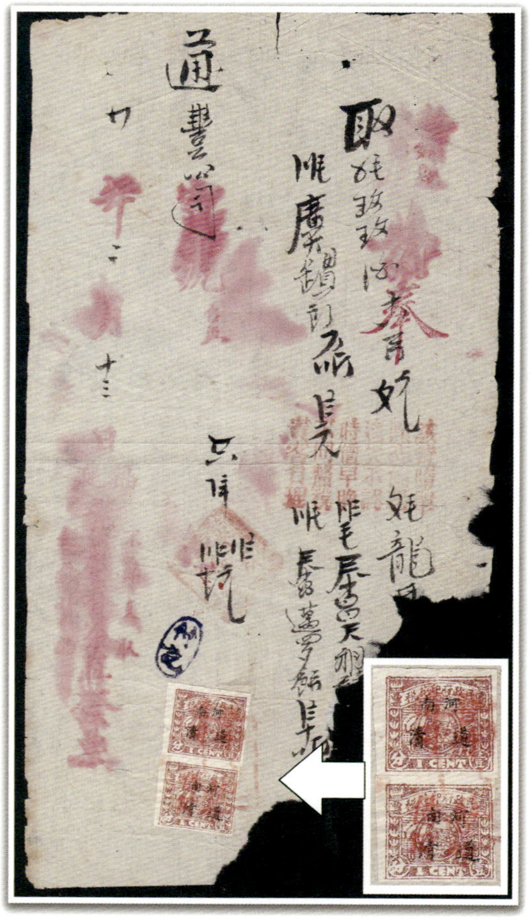

图9 民国二十年（1931）二月单

搞到同一茶庄的发票，才知原来是福建人在河南新乡开的“紫岩春茶庄”所开出卖茶叶的发票，遵循有错必纠的方针，今予以撤销，以正视听。

同样的茶庄发票，本人还收集到民国十八年、二十年、二十一年、二十二年、二十三年的，但都是贴大东版或北平版图加盖“道清”“新汲浚”“新汲浚淇”的，独缺民国十九年的（图 10）。

综上所述，河南石印版图旗印花税票是军阀石友三部于 1930 年 3 月 10 日—1931 年夏驻豫北割据时所发行。

错漏之处，欢迎方家指正。

《印花交流》总 277—279 期
2013 年 8 月—10 月刊

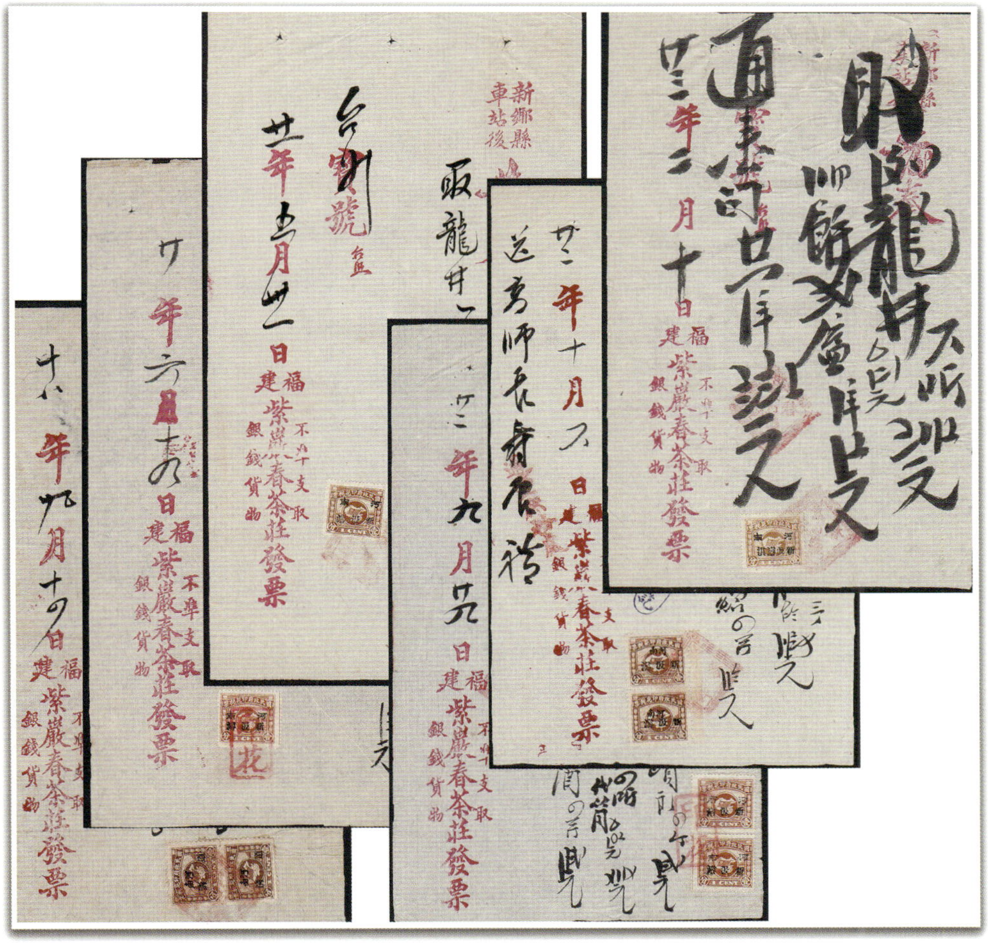

图 10 民国二十年（1931）到民国二十三（1934）年单据

山东私制版图旗印花税票初探

木　子

中国税票集邮研究会会刊《税票集邮》第8期（1998年6月30日），有已故副会长徐一青（徐惠恩）先生撰文《关于山东仿地图旗印花税票》一文，“……1932年9月7日韩将刘（珍年）逐出山东，从此成为全山东统治者，1937年“九·一八”事变后，日军向山东进攻，韩一枪不放，弃守济南，次年1月被蒋介石诱杀。在韩复榘统治山东期间，其大老婆高兰珍卖官鬻爵，求官者多走其门下，高来者不拒，大发横财。尤有甚者，为了聚敛更大的财富，她伙同当时的山东烟酒印花税局局长周宗尧仿造财政部制发的地图旗印花税票。事发后她和韩复榘逼死了周宗尧，以逃避罪责（见《西北军将领》一书第61页及当时的山东报纸）。这些情况，对于了解山东仿地图旗印花税票的来历是有帮助的，但是此种地图旗共有两种，两种都是他们仿制的，还是只是其中的一种，待考。”

徐会长离开我们已有多年，音容笑貌还宛如在眼前，他对于我会的贡献是不少的，不论是筹建研究会，还是对追寻印花税票的历史溯源都是功不可没的。

山东仿制版图旗印花税票的来龙去脉，至今仍不是很清楚。徐会长说的是韩复榘的大老婆高兰珍，可能是二老婆纪甘青之误。

大老婆高艺珍，一代名士高步瀛的侄女，（会刊上误为高兰珍，可能未看清楚老徐的字印刷有误），人称管家夫人。1904年14岁时嫁给了韩复榘，出身贫寒，识字不多，但遵守父母嘱咐到韩家后，手脚勤快，处事适当，夫唱妇随，生活和和睦睦。但韩婚后，一度迷恋赌博，输得债台高筑，高艺珍变卖了嫁妆，度过了一段时间隐居低调生活，这种患难夫妻的恩情，韩深埋于心，发迹后也没忘记，韩被蒋介石诱杀后，高带领四子一女，四处流离，最后定居于北京，1957年67岁病故于北京。

二夫人纪甘青，原名徐水仙，嫁韩后易名纪甘青，婚前为河南源河一带的名伶，唱得一口好听的河南坠子。1928年10月，北伐胜利后，韩当时属冯玉祥部驻河南，12月冯玉祥把自己的河南省主席让给韩。徐水仙时才28岁，一副好口才，青春活力，又懂人际关系，人见人爱，韩一见钟情，多方设法，终于如愿弄到身边，当了二夫人，韩如获至宝，终日形影不离。其时韩身边的人都知纪甘青有这种本领，称她为“外交夫人”。

三夫人李玉卿是韩叛冯玉祥后被蒋调任山东省主席后纳的，原为济南名妓，艺名“红菊花”。

话说韩叛冯投靠了蒋介石，因考虑在河南直面老上级冯玉祥，士气受影响，因此要求调离河南，1930年9月，蒋调韩为山东省主席。韩的手下有个周宗尧的军需官，在韩“甘棠换旗”叛冯中立了功，加之周平时很会拍马屁，深得韩的欢心，不久被任命为山东省烟酒印花税局局长。周上任后，见印花税油水很大，但如截留税款必须要有印花税票，周就想到了纪二夫人，韩对她是言听计从，韩不好出面办的事都由纪来出面，能当山东省府半个家，于是通过了纪，仿造起印花税票来了，韩也乐得睁一眼闭一眼。但纸终究是包不住火的，据《民国官场迷信实录》等记载：1933年春，南京政府发来咨文，严厉斥责山东印花税局仿造印花税票并出卖事，要求查清原委，把印花税局局长解送南京。并附上仿制的印花税票5元（原文如此）面值的一套。

而此时，蒋已打败冯、阎、李各个军阀坐稳天下，韩不得不屈从蒋介石，把周宗尧传进办公室，故作不知，把咨文丢给周宗尧，周这时候是哑巴吃黄连，有苦说不出。他只能去求助纪甘青，但纪甘青躲起来不见，此时周才知晚了，被执行监视居住，最终被迫吃烟膏自杀。

韩给南京政府财政部回复周宗尧畏罪自杀，伪造印花税票一案无从查证。人死了，南京方面也只能不了了之。

本人目前收集到的仿版版图旗印花税票有平版和凹版两种，面值有1分、2分、1角、5角四种。加盖地名的也有数十种之多，均为济南以外地区加盖使用。但至今未见过全版张及版铭，图案仿上海大东二版，旗下为5条线，但无“大”字暗记，加盖“山东”隶书，宽距与北平版加盖相似，唯1角面值的“角”字上部成“刀”字，与大东版和财政部版明显不同，也与同是仿制版的5角票的“角”字不同，不知何故。

韩是1930年9月被调任山东省主席，到1938年1月11日被捕杀，督鲁有七年多时间，基本上处于半独立状态，盖韩投蒋后，原先蒋承诺的财政支持几乎是一纸空文，引发了韩强行接收中央在山东的税收机关及税款事件。韩时与控制胶东的号称胶东王的刘珍年水火不容，刘珍年控制着掖县、平度、莱阳以东的黄县、福山、栖霞、招远、蓬莱、文登、乳山、牟平、海阳、荣成等十几个县以及烟台、龙口、威海三市，对省政府命令置若罔闻，双方曾多次发生摩擦，韩为了统一山东军政大权，决心驱逐刘珍年。1932年9月双方在掖县、莱阳一带结集大批人马，大战一触即发，后有蒋从中调和，把刘部调往温州，从此韩在山东一人独大。

适本月16日收到福建万冬青先生寄赠《艺林》（邮文掇英）第7期，上有台湾省王学文先生《山东省仿制中央印花税票案》一文，内引用吴铁涛先生提供国史馆档案抄本内容：“22.9.2南京（无线）12037，牯岭总司令蒋钧鉴都密……（2）济南官印局有精巧印刷机四架仿印中央印花税票……每日每机约印税票十万枚，工作甚秘密，所印税票均发外县使用，闻此举系该局局长黄某受韩复榘密令办理，自七月起开始仿印生戴笠叩冬已印”“已复并转财政部九·四”“并复悉，密电财部严令注意”。此第一封电报由戴笠1933年9月2日从南京发往牯岭（庐山）蒋介石，第二、三封即蒋9月4日回复，及告财政部密切注意。而《民国官场迷信实录》等记载财政部发咨文时间为1933年“春”，根据分析，前后时间有不符，也许《民国官场迷信实录》等属小说类，没有档案史料的严密，或许1933年春南京发来咨文是以讹传讹，但要说戴笠的电报上的日期有误，那是不可想象的事，所以南京发咨文时间或为1933年“秋”，或为“1934年春”。根据戴笠电报称7月起开始仿制，应为1933年7月开始仿制，所以到1933年“秋”，或“1934年春”，也有二、三个月到半年多时间，虽时间不算长，但每天每机能印十万枚数量也不在少数。

周宗尧具体什么时间当上山东省印花税局局长，具体什么时间开始仿制印花税票，具体什么时间被逼死，《民国官场迷信实录》等都语焉不详。但据《中国印花税史稿》（第209页）载：“1932年秋印花税局改组，局长周宗尧伙同韩复榘大老婆高艺珍，又私仿版图旗印花税票截留税款，1933年春事发，周宗尧被韩、高逼死。”与戴笠密报时间不符，戴不可能在1933年春事败后的9月2日再行密报。

本人山东地方版图实单最早的二份是民国二十一年三月和五月，即1932年3月和1932年5月，都早于戴笠所说的1933年7月，当然，只凭这一、二张实单还是不能说明问题的。但是说韩督鲁三年后1933年7月起仿制是才开始仿制，于情于理都不太可信。

据戴笠密报仿印版图票为济南官印局印制，山东省官印刷局是张宗昌1925年创办，印刷水平当时就堪称一流，后来又会精益求精，但石印版图票大多粗劣不堪，不类官印局水平，或为早期试印也未知。

《印花交流》总263—264期
2012年6月—7月刊

图1 1分 加盖“山东第二区”

图2 2分 加盖“山东第二区”

图3 1分 加盖“山东第三区 栖霞”

图4 2分 加盖“山东第三区 栖霞”

图5 1分 加盖“山东第三区 福山”

图6 1分 加盖“山东第五区”

图7 1分 加盖“山东第六区”红盖“文登”

图8 1分 加盖“山东第六区”

图9 2分 加盖“山东第六区”红盖“海阳”

图10 1角 加盖“山东第六区”

图11 1分 加盖“山东安邱县”

图12 1分 加盖“山东 掖”

图13 2分 加盖“山东 掖”

图14 1分 加盖“山东 胶”

图15 2分 加盖“山东 无棣”

图16 1分 加盖“山东平度县”

图17 2分 加盖“山东平度县”

图18 1分 加盖“山东莱阳县”红褐色

图19 1分 加盖“山东莱阳县”赭色

图20 2分 加盖“山东即墨县”

图21　1 分　加盖“山东乐陵县”

图 21-1　1 分　加盖“山东　乐陵县”

图 22　2 分　加盖“山东招远县”

图23　1 分　加盖“山东海阳县”

图 24　2 分　加盖“山东海阳县”

图 25　1 角　加盖“山东第六区”红盖“海阳”

图 26　2 分　加盖“山东牟平县”

图 27　1 分　加盖“山东蓬莱县”

图 28　2 分　加盖“山东阳信县”（深绿）

图29　2 分　加盖“山东阳信县”（浅绿）

图30　1 分　加盖“山东文登县”

图 31　2 分　加盖“山东蒲台县”

图 32　2 分　加盖“山东济宁县”

图 33　2 分　加盖“山东淄川县”

图34　1 分　加盖“山东惠民县”

图 35　5 角　加盖“山东第贰区”

“中华帝国”及其加盖印花税票

木 子

在民国早期的历史上，发生过一件震惊世界的大事。

1915年中华民国大总统袁世凯积极准备恢复帝制，要把中华民国改为中华帝国，自任中华帝国皇帝。

1915年12月12日袁世凯宣布承受帝制，13日在居仁堂接受百官朝贺。12月25日，袁世凯公然宣布从1916年1月1日起改中华民国纪年为洪宪元年，举行登基大典。消息传出，引起全国强烈反对。云南蔡锷、李烈钧、唐继尧等将领在昆明护国寺召集会议，通电全国，宣布云南独立，并组织护国军，讨伐袁世凯。与此同时，孙中山发表讨袁宣言，痛斥袁世凯的窃国罪行。

“中华帝国”及其加盖印花税票

随后不久，广东、广西、浙江、陕西，四川、湖南等省纷纷宣布独立，并要求免袁世凯大总统职。西方列强也改变主意，让袁缓称帝。袁众叛亲离，于3月22日宣布取消帝制，但仍称大总统，又遭全国反对。在一片讨伐声中，于6月6日忧惧而死。

在此段时期内，湖北老河口在长城图印花税票上加盖“中华帝国　洪宪纪念”字样，仅见1分面值的实用单。另有山西太谷县在长城图上竖盖“中华帝国　洪宪纪念”实用单，也仅见1分面值。

今再披露一件河北柏乡的洪宪元年立账本，贴1分长城图加盖票。加盖字体“中华帝国　洪宪纪念”系隶书，比台湾省严氏目录上的加盖字体略小。曾见某同好长城图竖加盖“中华帝国”的散票，均为罕见之品。在全国仅有极少地方承认“中华帝国”并有加盖票，也说明了袁世凯恢复帝制多么不得人心。

《印花交流》总217期　2008年8月刊

注：原文中将长城图印花税票1分面值加盖“中华帝国 洪宪元年”字样明显误写为“中华帝国　洪宪纪念”字样，由此对读者造成的误读，表示道歉。今特此予以更正。

长城图加盖“中华帝国 洪宪元年”印花税票

正式加盖发行只有五天的印花税票

天津　周　军

印花税票是政府出售作为缴纳印花税凭证的一种特殊印刷品。民国初期，地方政府于其上加盖省市名称是为了限地区使用，以防止外地印花税票流入，挤走本地税源。时用版图旗图案印花加盖“直隶天津特别市”字样的印花税票（图 1）又是在一种怎样的背景下出台的呢？

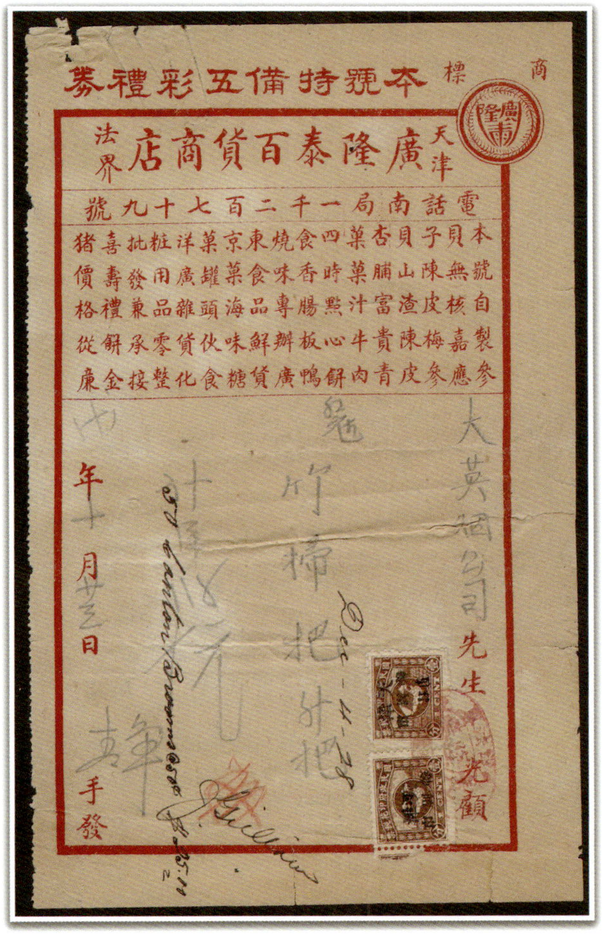
商標
本號特備五彩禮劵
天津 廣隆泰百貨商店 法界
電話南局一千二百七十九號
本貝子貝杏菓四食燒東京菓洋粧批喜猪
號無陳山脯菓時香味食菓罐廣用發壽價
自核皮渣富汁點腸專品海頭雜品東禮格
製嘉梅陳貴牛心板辦鮮味伙貨零承餅從
參應參皮青肉餅鴨廣貨糖食化整接金康
先生
年　月　日
手發

图 1　天津广龙泰百货商店戌年十月二十三日单据

民国十七年即 1928 年 6 月，国民革命军挥师北伐，进逼天津，“十一日夜十一时，西站总站及电报局均见青天白日旗之飞扬矣。十二日晨遂完全入于国民政府治下，京津之北伐军事至是告一段落。”（《革命文献》第 21 辑）十六日，任命傅作义为天津卫戍司令，南桂馨为第一任天津特别市市长，天津特别市宣告成立（天津文史资料）。六月二十日，国民党中央政治会议第 145 次会议，对直隶名称问题作出决议，直隶省改名河北省。

从六月十六日天津特别市成立至二十日直隶省更名河北省，使用“直隶天津特别市”一名仅有五天时间。加盖“直隶天津特别市”的印花，当为此短短几天内加盖，因二十日后，直隶易名河北，所加盖文字改为“河北天津特别市”（图 2），故不会再加盖发行有“直隶”字样的印花税票。按印花税票使用的惯例，如非政权更替，或推行新版印花，前者加盖的印花税票，仍可在本地与后者一同使用。

图 2　天津单据局部放大图

纵观当时的历史情况，因政权更替，国民政府使用直隶天津特别市名称只有极短的五天，印花加盖的数量当是十分有限的。笔者所藏仅见 1 分、2 分两种。

注①：周军先生文章称地图旗加盖“直隶

天津特别市”极为少见，行用时间仅数天。但所提供实单图片，使用时间却为民国十七年（阴历）十一月。本人从近百枚天津加盖实单上仅找出一张加盖“直隶天津特别市”实单，使用时间是（民国十八年）三月初一。故实际使用时间尚有继续探讨的必要。

注②：图片为新配图。今配以戊年十月二十三日天津广隆泰百货商店单据。戊年应该是指“戊辰”年，即1928年。

《印花交流》总66期　1996年1月刊

印花单据欣赏

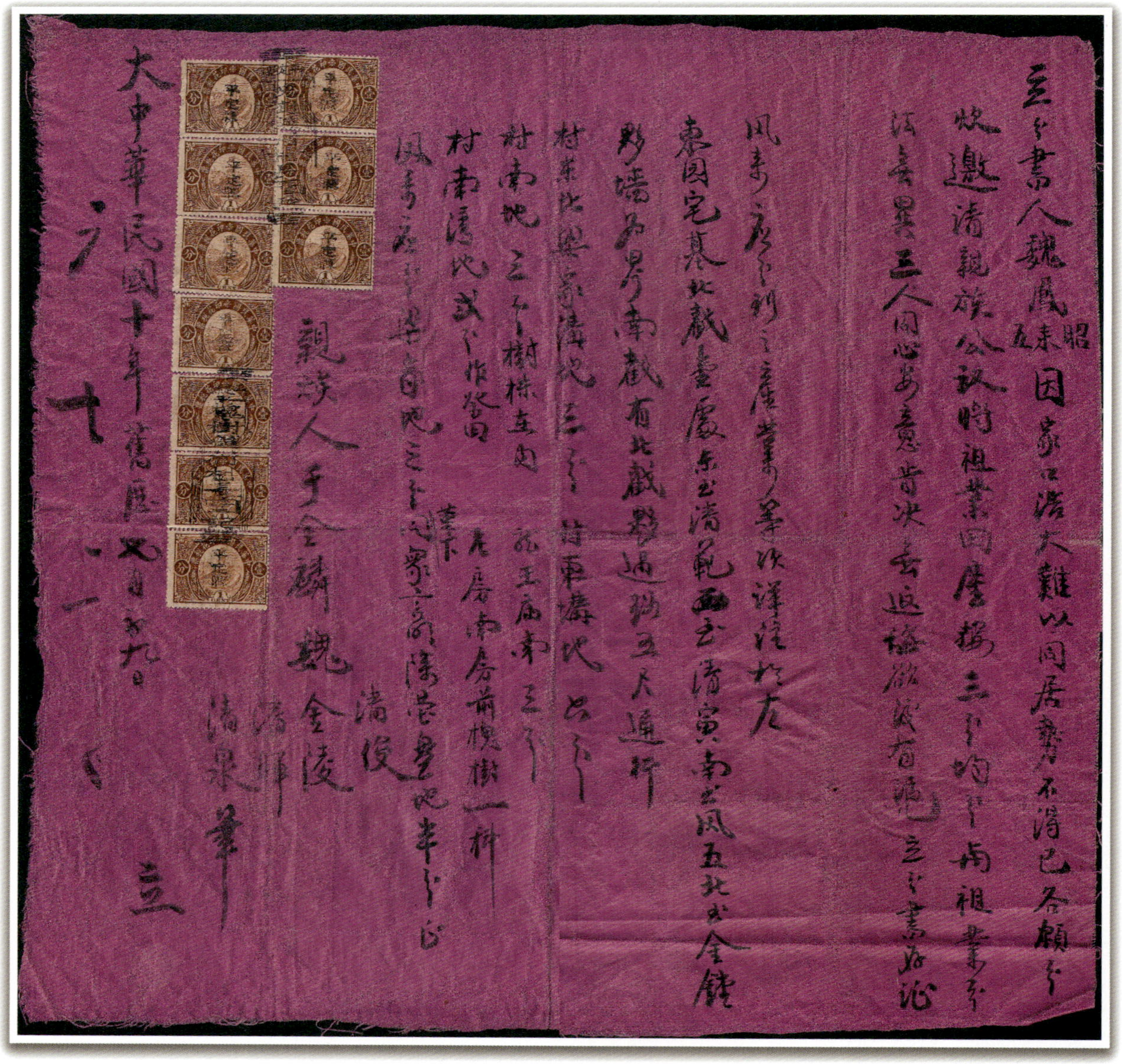

民国十年（1921）山西省平定县贴长城图印花税票的民间分书

“辽宁省卷烟纳税证”的探讨

辽宁　李乃序

我在1984年向“辽宁省卷烟纳税证”的知情者，了解此税票在当时的使用情况。以下是根据他当时的回忆提供给税友探讨。此票在民国十八年（1929年）张学良把“奉天”改为“辽宁”后发行的。在东北的中东铁路沿线重要车站都有日本的附属地，日本有统治权，用各种名义在附属地内征收各行各业的捐税。中国税务当局无权过问。日本商人免税，这样日本卷烟价格低，并向中国地大量推销，同中国卷烟竞争，损害中国烟商的利益。

在这种状况下辽宁财政厅规定：凡从附属地进入中国地的日本卷烟都必须纳税。并要求烟商经营者在每盒日本卷烟的烟封上按价格分等级贴“卷烟纳税证”，并有税务人员随时检查，如发现没有贴“卷烟纳税证”按偷税处理。这在当时确实起到了保护中国烟商的经济利益。此税票使用到“九·一八”事变终止，大约使用了一年多时间（见附图照片）。

辽宁财政厅卷烟
纳税证 五等

辽宁财政厅卷烟
纳税证 七等

辽宁财政厅卷烟 纳税证　七等

《印花交流》总92期　1998年3月刊

罕见的对剖票实用单

木 子

在印花税票使用过程中，对剖票的实用单十分罕见。除了新疆三区票及宝塔图有实用对剖票，其他未有见闻。早期使用的更是寥若晨星。笔者收藏有一张民国十九年七月黑龙江依安县销货发票，贴有黑龙江角楼图2分对剖票。

1928年底，东三省已易帜，归附于国民政府。在印制的发票上也能看出原先的五色旗已改成了国民党党旗和国旗。民国十九年七月，依理应贴用统一的版图票。而此单仍贴用地方票，原因何在？

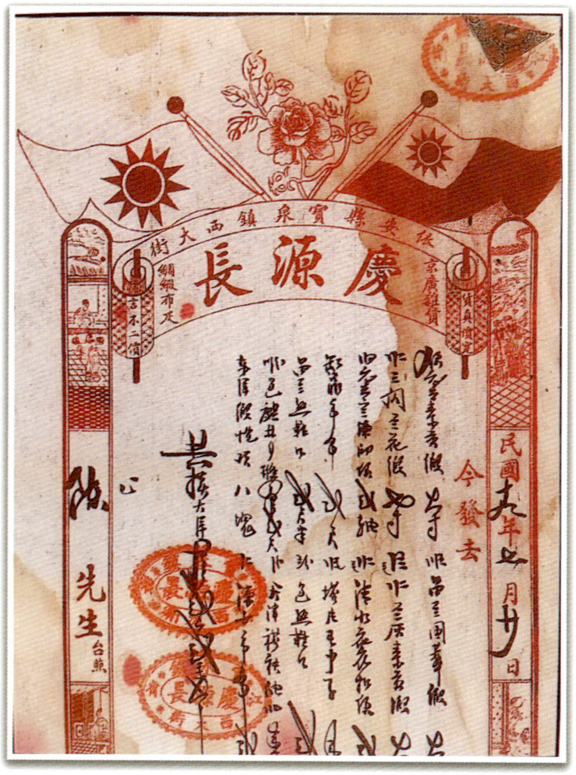

附图

台湾王学文先生在《邮史研究》第13期（1997年8月25日）《“辽宁”旗图印花税票使用之探讨》一文中披露了许多史料：“民国十八年五月财政部电告奉天、黑龙江、吉林、热河等省政府，‘现在全国统一，训政开始，部省尤宜融洽，分担责任，各省税收，自应力谋整齐划一……印花税票统应由中央制印给颁，方能集中稽核，苏、浙、闽、皖各省早经由部颁发，湘、鄂、赣、豫、鲁、陕、甘、蓟、察各省亦均先后领用，贵省现在所用税票应即停止使用……’。电文内容反映部分省份把持财政税收不愿领用部票的事实，经过财政部催领函电，东北政务委员会只得原则同意，然各省政府态度冷热不一，由宋子文电东北政务委员会张主席电文略知一二……，‘经迭次电函商得贵会同意，嘱先拨发税票二、三百万元……因敝部准函后，即饬由北平印刷局加工赶印，九月间印刷工竣，当由俭电奉告，旋准十月齐电复称，已分饬辽吉黑三省府转饬……除辽宁张兼印花税处长业经具呈请领……其余吉黑两省迄未遵照办理，刻该印刷局制成税票积存如山，既已分套省名，势难移作别用，特再切电奉达，务希迅赐转饬，将旧票限期结束，领用部颁新票……’。最后在东北政务委员会出面协调之下，终于获得暂时解决，可由民国十九年三月六日财政部咨东北政务委员会（印字第10515号）电文了解，‘贵会协赞中央维持统一之盛意，莫名感佩，惟核阅该委员来函述及张长官意旨，以现在收束旧票手续尚感困难，主张先领用新票，以期逐渐推销，徐图统一，自属目前权宜办法……兹经按照来电，谓领票额参酌辽吉黑三省需要情况，分别种类、酌量支配，计共拨发五种税票六十万三千九百张，合面额洋一百万元，分装八十二箱，奉派委员卜宗翰押运来沈，交由陶委员昌善转呈，贵会照数验收，分拨各该省领用……'"。

根据以上资料，一方面东北地方政府种种理由拖延使用中央票，另一方面中原大战已开始，牵制了国民政府一部分精力，加上东北易帜不久，张学良又是全国副统帅，国民政府对其实施怀柔政策，所以部分商民原有存票得以继续使用，其中存票多的就得设法早日使用掉，而 2 分面值有多（也可能缺 1 分票），故对剖后使用。

后来东三省一直拖到 1931 年 6 月才开始使用中央版图票，但不久，"九·一八"事变发生，东北沦陷，中央版图票在东北使用不过短短数月。

《印花交流》总 139 期　2002 年 2 月刊

印花单据欣赏

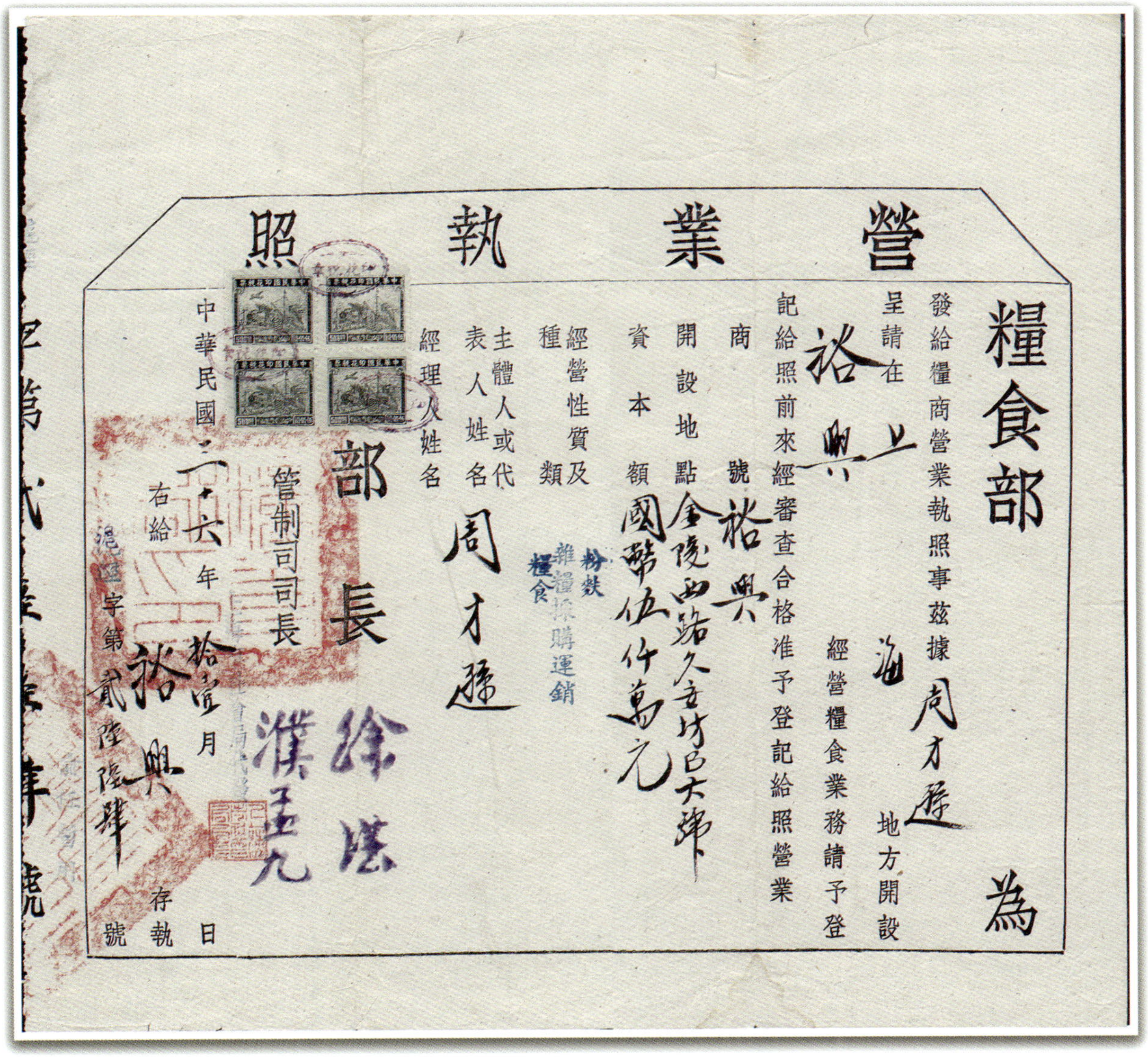
營業執照

糧食部 為
發給糧商營業執照事茲據 周才遜
呈請在 上海 地方開設
裕興 經營糧食業務請予登
記給照前來經審查合格准予登記給照營業

商號 裕興
開設地點 金陵西路
資本額 國幣伍仟萬元
經營性質及種類 雜糧採購運銷 粉麸 糧食
主體人或代表人姓名
經理人姓名 周才遜

部長 徐堪
管制司司長 濮孟九

中華民國三十六年拾壹月 日
右給 裕興 存執
滬糧字第貳陸陸肆號

民国三十六年（1947）粮食部颁发的贴交通联运图印花税票的营业执照

新发现的吉林婚书专用印花税票

辽宁　王大林

笔者在《集邮博览》增刊（2）发表的《民国时期奉天婚书印花税票之演变》一文中提到“迄今还未见到热河、吉林、黑龙江省贴有印花税票的婚书”。余双清在《集邮》增刊第 8 期发表的《民国“囍”字印花税票》一文中也提到“除中央政府之外，还有四个省发行了自己的婚书专用印花税票，这就是陕西、奉天、山东和福建”。可见两篇婚书印花税票专述成文之时，尚未发现的吉林婚书专用印花税票。

前不久，笔者有幸收到一对中华民国十九年三月十九日吉林全省印花税处发龙凤牡丹双旗彩色婚书，上贴吉林地方版嘉禾图印花税票 1 角方连，加盖双喜字，销“吉林印花税处”方形章，所用油墨均为紫色。婚书外围尺寸 39 cm×37 cm（见附图）。婚书背面红字印刷“吉林全省印花税处颁发婚书简章”八条（以下简

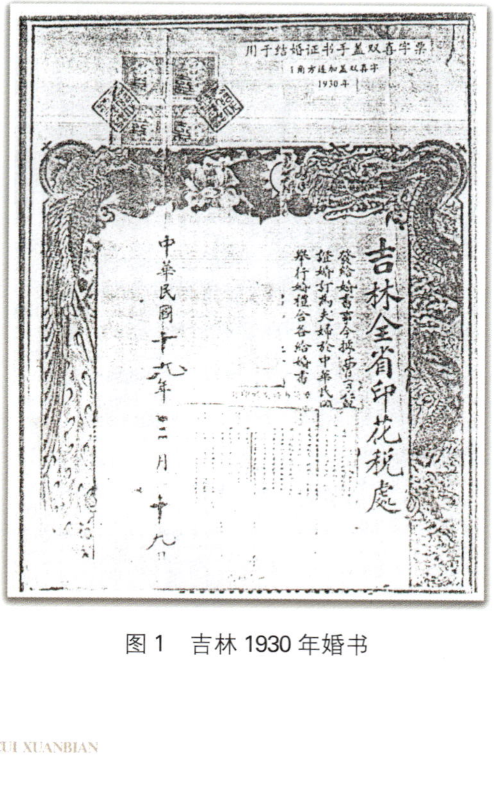

图 1　吉林 1930 年婚书

图 2　吉林婚书专用印花税票

图 3　长城图 囍字印花税票

图 4　长城图 囍字印花税票 加盖“直隶”

图 5　长城图 囍字印花税票 加盖“晋省”

图 6　长城图 囍字印花税票 加盖“限新疆贴用”

图 7　山东省制嘉禾图囍字印花

图 8　浙江初阳台图 1角 盖囍字印花（蔡黎藏）

图 9　冀东政府鸳鸯图婚书印花

称简章）。从这对婚书及其简章，我们可以得知如下信息：

1. 此简章没有落款年代，不知从何年代行用，但此婚书与以前所见婚书最大的不同点是婚书背面下部印有“寒字第 01936 号”，一对婚书为同一编号，由此推断此种婚书行用时间大约在民国十八年至 1932 年 3 月伪满洲国建立时止，接近奉天小楼婚书专用印花税票行用时间。

2. 此婚书由省统一印制，用四联式，存根留县办事处，交省处一份，男女两家当事人各一份，贴双喜印花现洋 4 角。简章第五条规定“自本简章施行后人民订婚须遵办如有遗漏者得劝令补领之”。可见当时对此的重视，不是可办可不办，而是要严格执行的。

3. 简章第八条规定：“凡从前各项机关及书肆印制局等发售之婚书自本简章呈准之日起概予禁止以归一律”。由此可见，在此种婚书行用之前尚有其他样式的婚书行用，但未见实物，有待同好今后留心收集。

注：王大林先生所述吉林地方版嘉禾图印花税票加盖“囍”字票，过去未见报道。《集邮》增刊第 8 期余双清先生《民国“囍”字印花税票》列举了许多“婚书专用票”及其使用情况。除此之外，尚有浙江岳庙图加盖“囍”字票，及长城图加盖“限新疆贴用”及“囍”，山西另有一种加盖篆书“晋省”及“囍”字票。所谓“婚书专用票”，大致可分为二类，一类是原印“囍”或“婚书”字样的印花税票，面值有 4 角、2 角、1 角三种。一类是用通用印花税票加盖“囍”而使之属性发生变化，面值均为 1 角。此种加盖“囍”字票偶见使用在非婚书上，说明使用并不十分严格，反之通用印花税票贴于婚书则十分常见，面值并不局限于 1 角票。

另外，冀东政府婚书印花，《总目》未载，今把以上漏缺一并补上，供欣赏。随着时间的推延，或许还会有新的品种面世。

《印花交流》总 156 期　2003 年 7 月刊

陕西国民党党徽图印花税票初探

木　子

1924年10月间，第二次直奉大战爆发，冯玉祥国民军第一军与胡景冀第二军、孙岳第三军于22日夜发动政变，扣押了贿选总统曹锟，史称“北京政变”。

24日冯电邀孙中山北上商谈国事。10月底，在冯的支持下，黄郛组成摄政内阁，并通过了驱逐溥仪出宫的提案，废除了清帝名号。

孙中山收到冯的邀电后，不顾大家劝阻，决心北上，发表了《北上宣言》，并于11月初辗转北上。但抵达天津时肝癌发作，到北京后一病不起，未能参加相关会议，终因抢救无效，于次年3月11日病逝。

就在孙北上期间，北京政局发生了巨变，先是迫于各方压力，请出段祺瑞任中华民国临时执政政府临时执政（总统和总理集于一身），此时冯已左右不了局面，就在段就职宣言（1924年11月24日）次日，冯提出辞职，并通电全国，所以当孙中山抵京时冯已去了西山不在北京了。

段祺瑞在冯辞职后为了拉拢冯抗衡奉张等势力，授冯西北边防督办，把察哈尔、绥远及京兆地区作为第一军的地盘（胡景冀第二军地盘是河南，孙岳第三军地盘是陕西）。冯不甘心退出中原角逐，但又无力扭转局势，为了蓄养实力，就以西北边防督办名义，把部队集结在京包线上，所部鹿钟麟驻北京，张之江驻张家口，李鸣钟驻绥远，刘郁芬驻包头，就在此时甘肃督办陆洪涛因病辞职，段执政此时已站稳脚跟，为了迫冯部离京，委冯兼甘肃督办。1925年夏，冯派刘郁芬第二师进军甘肃，10月刘部进入兰州，并着手打击清剿地方割据势力，大约用了一年时间，统一了甘肃，使后来从南口退败下来的冯部有了喘息的地方。在冯从苏联回来在五原誓师（1926年9月17日）并宣布加入国民党后，东出潼关参加北伐。此前冯在1926年1月迫于形势通电下野，3月取道库伦赴苏联考察，部队交张之江等继任。5月兵败南口。

国民军第三军孙岳督陕后，收编了原靖国军杨虎城部，编为第三师驻三原地区，西安及其周围十几县为国民军第二军李虎臣第七师驻守。为拒刘镇华、杨虎城部1926年4月入西安共守西安，刘镇华10万大军围西安十月而不下，后冯先后派数路部队援陕，击溃刘部并将其逐出陕西境内。

而陕西境内的土著军阀霸占地盘，把持财政，不听调遣，冯一方面派兵参加北伐，一方面要维持后方稳定，派多支部队进行围剿，战争打得很艰苦。1928年初，宋哲元（国民军第四方面军总指挥兼陕西省主席）亲自指挥这些部队，先后攻克了三原、泾阳、富平、高陵、朝邑、韩城、郃阳、蒲城及凤翔，直至1928年10月，土著军阀全部肃清。

冯玉祥于1927年5月1日在西安宣誓就任武汉国民政府任命的国民革命军第二集团军总司令之职，随后东出潼关参加北伐。6月出师前任于右任为驻陕军总司令及省主席，为陕西最高长官，统一管理民政和军权。7月由石敬亭代理，到11月由宋哲元接任。就在宋哲元主政陕西期间，发行了陕西国民党党徽（下简称“党徽”）图印花税票。其与甘肃与青海、宁夏党徽图一脉相承，中间主图是国民党的党徽图，无齿，图幅28 mm×24 mm，全版10×10=100枚，目前仅见1分、2分、1角三种面值（此处不包括陕西党徽图特别印花和婚书印花），暂未见5角及1元。理论上应该有，甘、宁、青都已发现高值票，纸张以薄纸为主，厚纸很少，1分以赭色为基色，2分以绿色为基色，1角以红色为基色，深浅变化多有不同，除原票外，更多的是加盖票。

加盖的形制有多种，字体也有大小之分，字距也有宽窄之别，兹分类如下：

一、加盖县名：中部县、延川县、宜川县、延长县、户县（2分）、洛川县、吴堡县、三原县、洵阳县、高陵县、吴堡县（二种色）、宜君县，周厔县（2分）、吴堡县（1角）。

二、加盖县政府："安塞县政府""吴堡县政府""延川县·政府（二行）""宜川县·政府（二行、二种色）"。

三、加盖县名及年月："延长县　一八，四，""韩城县　一八，四，""澄城县　一八，五（二种色），""三原县　一八，五，""泾阳县　一八，八，""郃阳县　一八，八，""华阴县　一八，九，""大荔县　一八，十一，""澄城县　一八，十二，""绥德县　一八，十二，""华阴县　一八，十二，""缓德县　一九，一，"（2分）"蓝田县　一九，二，""米脂县　一九，二，""绥德县　一九，四，""澄城县　一九，五，""吴堡县　一九，六，""米脂县　一九，六，""郃阳县　一九，六，""澄城县　一九，六（2分）"。

四、加盖县政府及年月：

"三原县政府　一九，七，""潼关县政府　一九，十，"［注：一枚錯盖为：一　九十］"南郑县政府　一九，十一，""渭南县政府　一九，十二，""潼关县政府　一九，十二，"。

五、加盖县名及春夏秋冬：

"长安县　一九，春"（2分）"长安县　一九，夏"（2分）"长安县　一九，冬"。

在陕西行用党徽图票的同时，1928年6月北伐军攻入北京，冯玉祥部首当其冲，捷足先登。1928年底东北易帜，全国统一。1929年1月，国民政府召开裁军编遣会议，蒋系、桂系、冯系、阎系各大实力派争夺地盘和势力范围。在几大实力派中，以冯人马最多、实力最强、也最能吃苦，冯玉祥部地盘被安排在陕、甘、宁、青、鄂，均属贫瘠苦寒之地，地方收入不

图1　陕西党徽图印花税票 1分 实用单

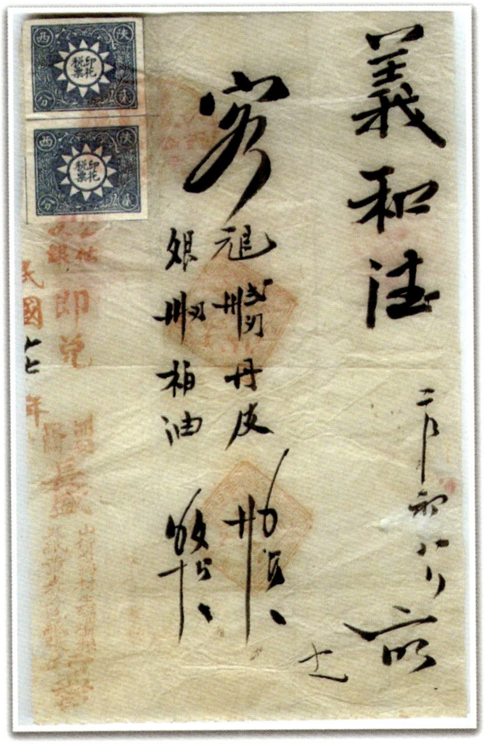

图2　陕西党徽图印花税票 2分 实用单

能维持军队。蒋以财政困难为由，对其他势力压缩裁军，从而引发一系列战争，蒋桂战争（1929年3月—6月）；蒋冯战争（1929年5月—11月）；蒋唐战争（1929年12月—1930年1月）；蒋石战争（1929年12月）；蒋冯阎战争（1930年4月—10月）。但最终都以蒋胜利而告终，冯部方振武、石友三、韩复榘等都被

蒋拉拢过去，先后委以安徽、河南、山东省主席等重任。冯部势力被削弱、分化、瓦解，陕西党徽图印花税票也因冯部势力衰败到 1930 年底退出了历史舞台。

1927 年 7 月 18 日陕西省政府成立，共辖有 100 个县，即使在冯部势力巅峰时也未能在全省每个县发行使用，本人历时 20 多年只收集到 20 多县的票单，而且有的品相很差，残破或墨销，但作为实物史料，不可或缺，因为它如实地记载了当年的历史。陕西党徽图印花税票使用时间自 1928 年起至 1930 年底，前后不足三年，由于使用时间短、范围小，收集颇为不易。以上错漏难免，盼各位同好补充指正。

《印花交流》总 251—252 期
2011 年 6 月—7 月刊

图 3　陕西党徽图 1 分
赭色

图 4　陕西党徽图 2 分
绿色

图 5　陕西党徽图 2 分
蓝色 带上边纸

图 6　陕西党徽图 2 分
蓝色 带右边纸

图 7　陕西党徽图 1 角
红色

图 8　陕西党徽图 1 分
赭色 加盖“延川县”

图 9　陕西党徽图 1 分
赭色 加盖“洛川县”

图 10　陕西党徽图 1 分
赭色 加盖“洵阳县”

图 11　陕西党徽图 1 分
赭色 加盖“延长县”

图 12　陕西党徽图 2 分
草绿色 加盖“高陵县”

图 13　陕西党徽图 2 分
深绿色 加盖“鄠县”
（户县）

图 14　陕西党徽图 1 角
玫瑰红色 加盖“吴堡县”

图 15　陕西党徽图 1 分
赭色 加盖“宜川县”

图 16　陕西党徽图 1 分
赭红色 加盖“三原县”

图 17　陕西党徽图 1 分
赭紫色 加盖“三原县”

图 18　陕西党徽图 1 分
红色 加盖“吴堡县”

图 19　陕西党徽图 1 分 赭色
加盖“吴堡县”四方连

图 20　陕西党徽图 1 分
赭色 加盖“宜川县 政府”

图 21　陕西党徽图 1 分
赭色 加盖“延长县 政府”

图 22　陕西党徽图 1 分
赭色 加盖“吴堡县政府”

图 23　陕西党徽图 1 分
赭色 加盖“安塞县政府”

图 24　陕西党徽图 1 分
赭红色 加盖
“延长县政府”

图 25　陕西党徽图 1 分
赭红色 加盖“延长县
一八，四，”

图 26　陕西党徽图 1 分
橙色 加盖“澄城县
一八，五，”

图 27　陕西党徽图 1 分
赭色 加盖“澄城县
一八，五，”

图28　陕西党徽图 1 分
赭紫色 加盖“三原县
一八五”

图 29　陕西党徽图 1 分
赭红色 加盖“郃阳县
一八，八，”

图 30　陕西党徽图 1 分
赭色 加盖“华阴县
一八，九，”

图 31　陕西党徽图 1 分
赭色 加盖“大荔县
一八，十一，”

图 32　陕西党徽图 1 分
赭色 加盖“澄城县
一八，十二，”

图 33　陕西党徽图 1 分
赭色 加盖“绥德县
一八，十二，”

图 34　陕西党徽图 1 分
赭色 加盖“华阴县
一八，十二，”

图 35　陕西党徽图 1 分
赭色 加盖“米脂县
一九，二，”

图 36 陕西党徽图 1 分 赭色 加盖“绥德县 一九，四，”

图 37 陕西党徽图 1 分 赭色 加盖“蓝田县 一九，二，”

图 38 陕西党徽图 1 分 赭色 加盖“澄城县 一九，二，”

图 39 陕西党徽图 1 分 赭色 加盖“米脂县 一九，六，”

图 40 陕西党徽图 1 分 赭色 加盖“郃阳县 一九，九，”

图 41 陕西党徽图 2 分 草绿色 加盖“澄城县 一九，九，”

图 42 陕西党徽图 1 分 赭色 加盖“吴堡县 一九，六，”

图 43 陕西党徽图 1 分 赭色 加盖“三原县政府 一九，七，”

图 44 陕西党徽图 1 分 赭色 加盖“绥德县 一八，十二，”

图 45 陕西党徽图 1 分 赭色 加盖“南郑县政府 一九，十一，”

图 46 陕西党徽图 1 分 赭色 加盖“潼关县政府 一九，十二，”

图 47 陕西党徽图 1 分 赭色 加盖“渭南县政府 一九，十二，”

图 48 陕西党徽图 2 分 草绿色 加盖“长安一九，春”

图 49 陕西党徽图 2 分 草绿色 加盖“长安 一九，夏”

图 51 陕西党徽图 1 分 赭色 加盖“潼关县政府 一九，十，”。下面一枚错盖为“一，十九”

图 50 陕西党徽图 1 分 赭色 加盖“长安 一九，冬”

图 52 陕西党徽图 2 分 绿色 加盖“府谷县”

图 53 陕西党徽图 2 分 绿色 加盖“盩厔县”（周至县）

图54 陕西党徽图 1 分 赭色 加盖“耀县 一八，十二，”

世界之最——最高面值的印花税票60亿元

上海　包明伟

抗日战争胜利后，蒋介石撕毁停战协定，全面发动内战，致使军费开支浩大，财政年年赤字，国库空虚，全靠滥发纸币来收刮民脂民膏。通货膨胀，物价飞涨，广大劳苦群众受害无穷。至1948年8月21日，法币发行数高达6 636 946亿元，等于抗战前夕的四十七万倍。物价比战前上涨三千四百九十二万倍，在经济完全破产、法币已全面崩溃的情况下，国民党政府于1948年8月19日又实行了“币制改革”，即发行“金元券”，以法币300万元换金元券1元，再一次对劳苦群众进行大搜刮。但金元券的破产比法币还要快，到1949年6月，发行额达到了原发行额的65万倍，约60万亿元，金元券5亿元才能换银元1元，金元券发行前夕，还只要法币600万元合银元1元（即金元券2元合银元1元）相比。在短短9个月内，金元券已贬值二亿五千万倍，金元券面值从几角几十元直线上升到几万几十万，直到100万元。新疆省政府发行了高达60亿元面值的纸币，成为世界上面值最高的纸币。而60亿元这样高面值的纸币，仅与同期国民党政府中央银行发行的金元券等值。到5月21日金元券130多元仅能购买一粒米，1万元金元券还购买不到一两米。

在此同期，为了适应滥发纸币、物价飞涨的局面，国民党政府对“印花税法”不断进行修正，印花税票的面值也随纸币面值上升而上升，新疆省政府在发行高面值纸币的同时发行了10亿、30亿、60亿元面值的印花税票（还有6亿元高面值一种，编者注），也成为世界上最高的面值的印花税票。

《印花交流》总5期　1990年11月刊

新疆60亿元印花税票

陇东宝塔图印花税票简介

宁夏　李宁勇

1930年5月，西北军暂编第一旅旅长陈珪璋，揭出了陇东路联军司令旗帜，开始独霸陇东。1931年，蒋介石给陈珪璋以“陆军新编第十三师师长”名义。陈珪璋为了巩固自己“陇东王”的地位，割据一方自行其是，发行了一套陇东版印花税票。印花税票为木刻印版，有白纸和报纸，图幅18 mm×25 mm、19 mm×26 mm（因木刻图幅差距较多），面值有1分、2分、5分、1角（银币）。

注：李宁勇此篇短文是应本人邀稿而作，寄来已有数月，因本人查找相关史料未得而延迟至今发表，现据查到的很少一点历史背景史料补充如下：

甘肃省简称甘或陇，位于我国西北地区。取甘州（张掖）、肃州（酒泉）两地首字得名甘肃。属多民族杂居地区，省位兰州。1925年北京事变后，冯玉祥部刘郁芳以代理甘肃军务督办名义率先入甘。至1926年夏先后击溃了陇东镇守使张兆钾，陇南镇守使孔繁锦等当地武装而控制了甘肃局面，9月，冯玉祥在五原誓师加入了国民党，部队也改称为国民军。1928年发生了河州事件，历时一年多，死伤数十万人，民族矛盾由此加深，并造成了当地民众对国民军的仇视。1929年—1930年冯、李、阎反蒋战争相继发生，冯在甘部队逐渐东调，先是刘郁芳部进驻西安，孙连仲部进驻兰州，随后孙部开拔前方，把兰州交给王桢，甘肃形成政治军事真空，这就使甘肃的失意军人及地主武装蠢蠢欲动，占山为王，而蒋介石为了动摇冯玉祥的后方，不择手段，对多方面的反冯人员封官许愿，给予很多司令头衔。

1930年初，国民军主力已全部东下，兰州以王桢为首的八大委员维持地方。驻甘州的雷中田，驻肃州的李朝少量部队也集中在兰州。

1930年秋，马仲英从宁夏逃出，收集了流散的旧部，11月火并马谦，占据甘州独立，自称甘青宁联军总司令，但不久又被马步芳部逐出甘州。

在河州事变过程中，汉、回人民反抗国民军的斗争遍及全省，在陇东有马顺、杨二、吴发荣、惠彦清、黄得贵、杨万清、李贵清、陈珪璋，在陇南有鲁大昌、史鼎新、王长胜、景平桂、王有邦、白云、张俊曜等，并由此事变引起的吴延章肃州兵变，马步康鼎新兵变，韩有成高台兵变，以及各县的宗教迷信武装纷纷割据，至最终，在陇东养成了陈珪璋的势力，陇南养成了鲁大昌的势力，河西养成了马步青、马步芳的势力。

蒋曾委任陈珪璋为新编十三师师长，鲁大昌为新编十四师师长，马仲英新编三十六师师长，马步青为暂编骑兵师师长，李贵清为新十旅旅长，石英秀为新十一旅旅长，但只给名义，不发粮饷，故只得自筹军饷。

1931年中原大战结束，蒋击溃了冯玉祥后把甘肃政权暂交杨虎城就近代管。10月杨以西安绥靖主任名义，派孙蔚如率陕军第十七师向甘肃进军，同时联系陈珪璋等部分进合击。10月28日克会宁，下定西，12月1日攻占兰州。

图1 壬申年正月初七渊发明商行取洋壹仟元凭证贴印花 2分二枚

图2 2分

图3 5分

图4 1角

1932年元月，孙蔚如被任命为甘肃宣慰使。孙就职后，一面维持省政，积极整顿财政，一面着手调整军队，以便为杨虎城西北扩张计划打基础。当时兰州大军云集，粮饷无着，陈珪璋部仍据陇东平凉地区，控制着陕甘咽喉。陈随军抵兰后，居功自傲，尾大不掉，国民党CC分子田惃山等又从中挑唆陈部脱离孙蔚如的指挥，兰州城内又传“甘人治甘，驱逐陕军出境”等风声。因此孙陈矛盾加深，孙对陈百般猜疑，时刻提防，为了先发制人，孙决定解决陈部，遂于农历正月十五（1932年2月9日）夜间发动事变，一面派特务营以抓逃兵为名将陈珪璋从佛照楼旅馆捕去，并于当夜处死；一面派部队包围解决了驻在拱星墩营房的孙远志旅和骑兵团，并星夜派兵解决平凉城郊一带的陈部。陈部蒋云台、谢晋齐、汪飞西等率残部向庆阳西峰镇地区逃去，后陆续收编了陈流散在各县的残部，从此，陇东各县均已落入陕军之手。

号称“陇东王”的陈珪璋在1930年前后控制陇东数县有二、三年的时间，所见陇东印花税票极为罕见，至今仅见2分实单及5分票一枚。估计陈死后不久就被停用及销毁。

杨虎城时任陕西省主席，对西北各省有扩张雄心的。但蒋对杨一面利用，一面防备，1932年5月蒋委邵力子为甘省主席，并派人鼓动陕军马青苑部背叛杨虎城，杨获悉后即派兵击溃马部，马只落得只身逃往南京。1933年2月，蒋派嫡系中央军第一师胡宗南部驻天水，又从政治经济上对杨施加压力，逼令陕军退出甘肃。1934年10月，陕军孙蔚如陆续从兰州撤回陕西。

《印花交流》总175期　2005年2月刊

商务印书馆及其防盗加盖印花税票

木 子

商务印书馆由美国基督教长老会美华书馆（The American Presbyterian Mission Press）工人夏瑞芳、鲍咸恩、鲍咸昌、高风池四人，得到长老会美籍牧师费启鸿的帮助，于 1897 年 2 月 11 日创立于上海，是中国历史最悠久的现代出版机构。

初期为合伙经营的小型工厂，以出版商业簿册、报表为主，故名“商务印书馆”，1900 年收买日商修文印刷局。

1901 年吸收时任南洋公学译书院院长张元济、闸北纱厂老板印有横的资本，改为股份有限公司，资本增至 5 万元。1902 年正式开设印刷所、编译所及发行所，聘蔡元培为编译所所长，在蔡因苏报案离沪后，由张元济主持编译工作。1903 年吸收日商金港堂资本，成为中日合资公司，资本各 10 万元，并引进日本先进印刷技术。

1907 年商务印书馆从租界迁往闸北宝山路的新厂房，占地 80 亩（图 1）。1909 年将编译所所收藏古籍善本和参考书籍的图书馆命名“涵芬楼”，（1924 年）后改名“东方图书馆”对外开放。

1914 年 1 月 10 日，商务印书馆创办总经理夏瑞芳遇刺身亡，张元济接任总经理。接着退日股，资本增至 150 万元，职工 750 多人，成为国内集编辑、印刷、发行为一体的出版企业。

1921 年经胡适推荐，王云五到印书馆任职，并于 1930 年任总经理，从此开始了商务印书馆现代史上的辉煌时期。

1932 年“一·二八”淞沪大战第二天十时许，日机多架，飞达闸北上空，向商务印书馆总厂掷下炸弹 6 颗，全厂皆毁。东方图书馆三十年搜罗几十万册中外图书及古籍善本均付之一炬，其损失非金钱所计。从此元气大伤，业务受重创。直到 1932 年 8 月 1 日在中外友人帮助下，宣告复业，但已今非昔比。抗战前夕，在长沙建设印刷厂，往香港及西南地区疏散存书及机器设备。抗战爆发后，总管理处迁至长沙，后移至重庆，后迁回上海福州路，中华人民共和国成立后迁至北京。

一个世纪以来商务书馆出版了各种书刊近 5 万种，成为中国出版业巨擘，对中国现代的文化与教育产生了巨大而深远的影响。

在 1940 年前后，市面因辅币短缺，各商家往往用小额邮票及印花税票找零抵用。当时比较有规模的商家、厂家、公司企业往往会在自用的印花税票上加盖自己商号公司名称，以防被他人盗用，我们称为“防盗加盖”。规模小的企业往往手盖，用量大的都用机盖，这种情况也得到有关税务监管部门认可。

商务印书馆最多时员工达 5 000 多人，属大型企业，自用印花税票数量亦很可观，又有印刷便利条件。根据本人收集到品种可分为：银元时期、法币时期、金元时期、人民币时期共四期，加盖均为机盖，宋体。加盖文字早期的曰：“商务书馆贴用”，后来的都称：“商务印书馆用”。本人收集最早的是 1939 年的单子是加盖在中央版宝塔图上。最晚的加盖在限上海市用解放区票上。依大致发行时期排列，供大家参考、欣赏，错漏之处，望方家指正。

兹将收集到的品种整理归类如下：

一、加盖“商务书馆贴用”。竖盖，此为早期形制，如（图2、3、4），分别是中央宝塔1分、2分、大东宝塔2分；

二、加盖“商务印书馆用”。

（1）竖盖右读：仅见振明版球旗图5元（图12）。

（2）横盖右读：有孙像4角（图5），中央复兴关1元（图6）及红盖（仅见）（图7），振明球旗图3元（图8），京华复兴关4元（图9）、20元（图10），大东球旗图5元（图11），上海联运图10元（图13）、30元（图14）、200元（图15）、300元（图16）。

（3）横盖左读：上海联运图10元（图17）、20元（图18）、30元（图19）、300元（图20）、1 000元（图21）、5 000元（图22），大东联运图10元（图23），100元（图24），振明联运图100元（图25），大业联运图30元（图26）、300元（图27）、3 000元（图28），农工图5分（图29）、1角（图30），农工图1分盖限上海市用10元（图31）。

这些加盖涵盖了国币时期、法币时期、金元券时期，一直到中华人民共和国成立初期人民币时期。没有收集到银元券的加盖票，这是因为上海已于1949年5月27日解放，6月起停止金元券流通，而银元券是国民党政府1949年7月2日在广州公布恢复银本位，全国仅有少数几个尚未解放的省份发行过，大部分省都直接过渡到了人民券（币），上海也不例外。

《印花交流》总249期　2011年4月刊

图1　商务印书馆新馆及标识

图2

图3

图4

图5

图6

图7

图8

图9

图 10

图 11

图 12

图 13

图 14

图 15

图 16

图 17

图 18

图 19

图 20

图 21

图 22

图 23

图 24

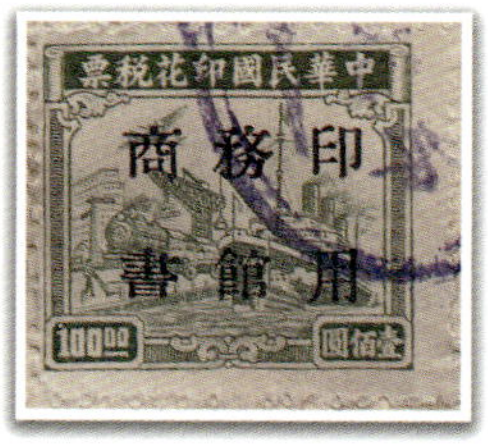
图 25

图 26

图 27

图 28

图 29

图 30

图 31

“孤岛时期”的“无从遵贴”戳记及其他

木　子

《税票集邮》总29期（2003年6月20日）曾刊登江苏徐州黄道成、吴进二位同好《“无从遵贴”税花戳记》一文，近整理旧藏，作些整理补充。错误之处，祈方家教正。

“孤岛时期”指的是上海沦陷后处于日军包围之中的“租界”（法租界及公共租界），从1938年到1941年12月太平洋战争爆发前的不到三年的时间。

1937年7月7日，中国开始了对日本长达8年的全面抗战。日军急于扩大侵华战果，8月13日驻上海日军陆战队向驻闸北的中国军队发动进攻，停泊在黄浦江上的日舰也对市区进行炮轰，中国军队奋起抗击。战斗进行得十分激烈，日军前后共出动陆海空30万余人，200多架飞机，300余门大炮，200余辆战车从海路、空中进行立体的战斗。战争进行了整整三个月，日军在伤亡6万余人后，终于于11月12日占领上海。

当时处于日军包围中的上海“租界”，由于有“中立”旗帜的保护，日本当局因不想过早得罪英、美、法等国，以免引起国际纠纷，所以没有对“租界”直接采取干预，所以“租界”在近三年内处于比较稳定的政治局面。随着日军的疯狂进攻，大批国土相继沦陷，沿海港口城市多被日军封锁控制。有许多工厂迁入“租界”复工和江浙诸省沦陷区大批人口涌入租界避难，使租界内人口激增，社会需求量大幅扩大。由于上海的工业基础雄厚，内地工业落后，所需工业品也要到上海购买，大量游资也集中于“租界”，使“租界”内呈现一片“繁荣”景象。直到日军扩大第二战场，偷袭珍珠港，爆发太平洋战争，“租界”被日军占领，“繁荣”才破灭。

由于经济发达，工商业繁荣，税源也非常丰富，日伪和国民政府争夺税源十分激烈。上海沦陷后不久，邮局被迫停售印花税票，敌伪也加紧发行伪印花。为了不影响税收，财政部税务署于1939年2月发出指令，改由同业公会代销印花税票。由于沿海地区各地大多已陷日军手中，印花运输非常困难，供应短缺。特别是上海，由于使用量大，情况更为严重。财政部曾三次调运印花税票至前方各省，计131万元，上海占1/2强，达70万多张，上海在印花税票改由商会代销后，每月仍可收10万多元。1940年6月，印花税业务由财政部直接税处接办。

本人整理了该时期近40家不同商家的实用票，最早的为1939年4月9日，最迟的为1942年1月27日。此类戳记颜色有红、兰、黑色，分有框与无框，文字从8字到16字不等，内容却大致一样，即说明买不到印花，无法照贴，言下之意——并非是我商家故意逃税，而是没有税票可买，责任嘛——自然不在我商家身上。相关税务部门因鞭长莫及也无从监督检查，而在数年后，也因特殊时期原因造成的未加追究，予以默认。

此种戳记，有极少数后来当作销戳派用场，在联运图票上及解放区票上，其性质内涵均已发生变化，属销戳章。

另外在1948年10月2日，未贴票单子上也盖了此类戳，此时已不属“孤岛”时期。属于印花偶然脱销情况。以及1948年8月30日、9月27日二张单子没有贴票，在背后用铅笔书写“印花无从购买，买到补贴”，与上面情况大同小异，说明后来偶有发生税票断档，被商家找到借口偷逃一、二次税款。详见列表一览。

单据使用日期	加盖字体			加盖形式
	8字	9—10字	12—17字	
民国二十八年四月九日		邮局停售无从购贴		2行长框
民国二十八年十月二十九日（民国二十九年六月八日；民国二十九年七月三日；民国三十年四月三日；民国三十年十月一日；民国三十年十一月四日；民国三十一年一月二十七日）民国三十三年十一月二十五日	印花停售无从照贴			4行横框
民国二十九年三月二十六日（民国二十九年三月三十一日；民国二十九年六月三十日；民国二十九年六月底；民国二十九年七月十日；民国二十九年九月二十九日；民国二十九年十月三十日；民国二十九年十月三十一日；民国三十一年一月七日）；民国三十七年十月二日（注）			票据簿折 应贴印花 邮局停售 无从照纳	4行方框
民国二十九年三月二十八日（民国二十九年九月七日）		印花无从购买暂不照贴		2行无框
民国二十九年三月二十八日	印花未到无从照贴			2行无框
民国二十九年三月二十八日			印花税票无从购买暂不照贴	2行长框
民国二十九年三月二十九日（民国二十九年七月二十二日；民国二十九年十月八日）		无从购买暂不照贴		2行无框
民国二十九年三月三十日		印花税停售无从遵贴		3行方框
民国二十九年五月十一日		现无购处暂时止贴		2行长框
民国二十九年五月十七日	印花停售无从购贴			2行长框
民国二十九年六月八日			印花税票因邮局停止出售故无法贴用	2行长框
民国二十九年六月八日（民国二十九年六月二十九日）		无从购买暂不照贴		2行长框
民国二十九年六月十九日	印花停售无法照贴			2行无框
民国三十年十一月四日		邮局停售无从照贴		2行长框
民国三十一年一月十日		邮局停售印花无从照贴		2行长框
民国三十一年一月十一日（民国三十一年一月十五日；民国三十一年一月二十七日）	无从照贴印花停售			2行长框

《印花交流》总193期　2006年8月刊

注：今将256期刊（2011年11月刊）文图附后，仅供大家参阅。

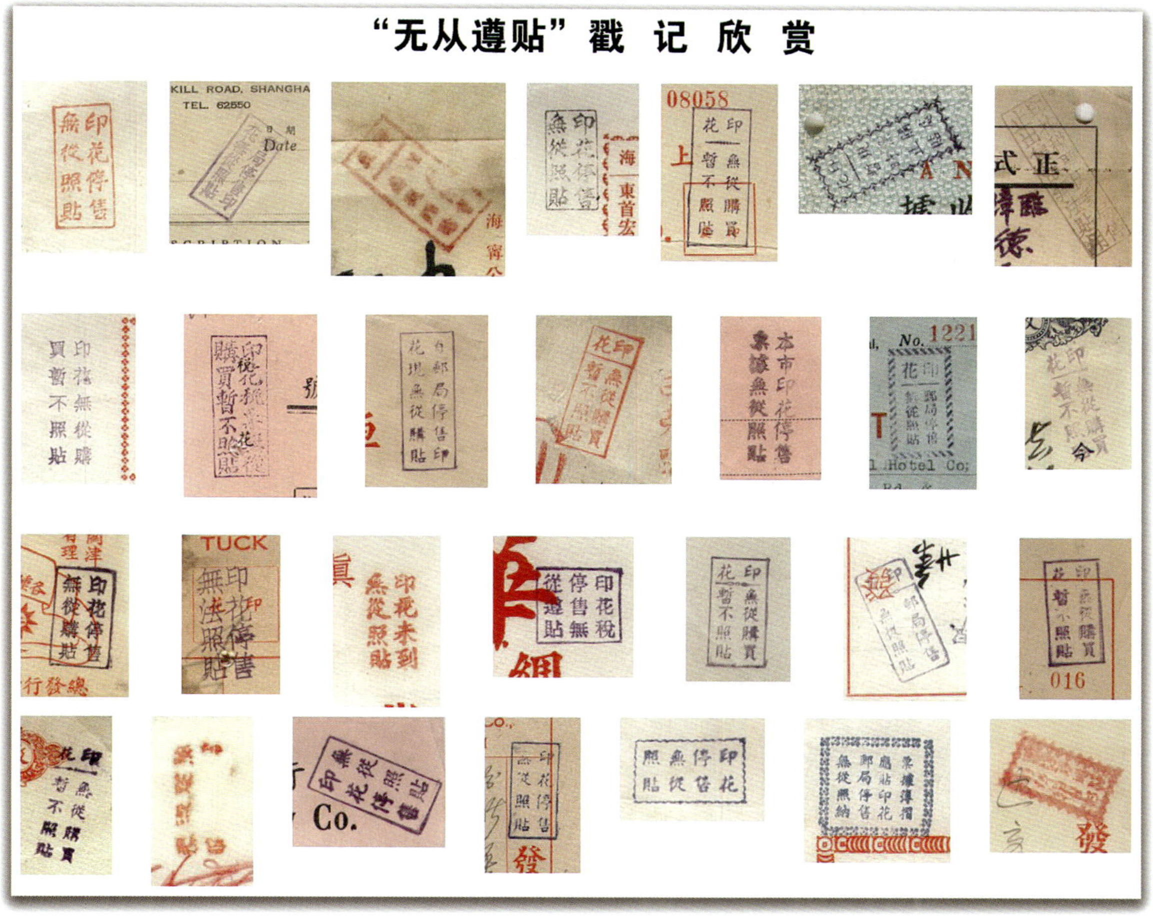

256 期文 “孤岛时期”的“无从遵贴”配图

印花单据欣赏

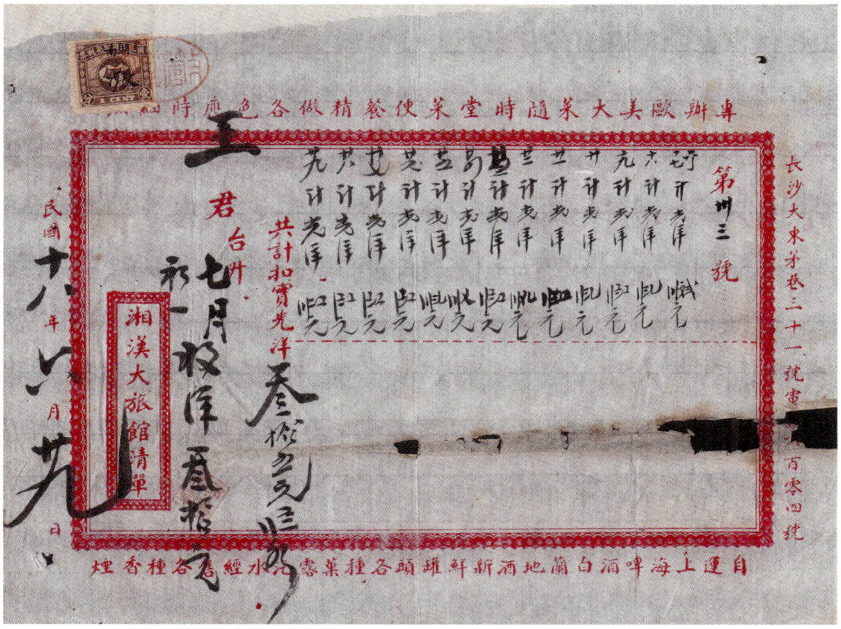

民国十八年（1929）长沙湘汉大旅馆账单

“无从照贴”类戳记与同业公会

西安　焦继承

“无从照贴”类戳记是指上海沦陷时期产生的、销盖于未贴印花税票的凭据上的一类注释戳记。早在数年以前，杭州郑家裕先生曾在其主编的《杭州西湖集藏》上作过征答，详见《杭州西湖集藏》（2001 年）第 12、13 期。在会刊《税票集邮》第 29 期，徐州黄道成、吴进二同好再次提及此类戳记；《印花交流》第 192 期上李德元先生对其产生背景、戳记形式作了进一步研究。

这类戳记，虽然形式不同，但内容却大同小异，似乎有统一组织之行为。从这一点推断，此应是同业公会之行为——同业公会要求销盖同样内容，由各商号自行制作。

同业公会是由会馆、公所、行会等组织演变而成的工商业界的同行业联合组织。其在中国的历史已很久远。中国的行会组织大约产生于唐代，据史料记载：唐代时“西京长安，东西各有二百二十行；东京洛阳，有一百二十行，三千余肆”；宋代时，杭州有“四百四十行”（《西湖老人繁盛录》记载）。唐代时工商行会尚处在不分的阶段，到了宋代手工业行会已从商业行会中分离了出来；时至元代，行会组织比唐宋时期有了更大发展。

行会在唐代时称“行”，宋、元、明初时称“团行”，明中叶到清代改称“会馆”“公所”“公会”。

旧时的行会组织有其自己的行规及职能，如：严格的学徒制度；商品质量、规格的统一规定；议定物价职责；固定的交易地点；祭祀本行祖师活动；本行业的行话；传统的经营方式；等等。也兼排挤外行商人加入本行；规定行内工匠工资；抵制牙行对本行业的敲诈勒索等职能。

1929 年国民政府颁布了《工商同业公会法》后，统一改为“同业公会”。其法规定：在同一区域内各种工商业者有七家以上发起组织，经核准即可建立。其主要任务为维护同行业的利益，协调生产、运销和雇佣关系等。民国时期，其常为某些行内大户或业内把头所把持。

上述的这一类“无从照贴”类戳记，就是非常时期（上海沦陷，印花税票供应中断）同业公会为应对印花税检查时、为保护同行业利益免受损失（免遭处罚）、而统一规定加盖的戳记。

另外还有一类“印花已贴发票（收据）”类戳记，其产生之目的、原因、形式，亦与上述雷同，只是产生背景不同，不再赘述。（有兴趣者不妨参阅中国台湾省《中国邮刊》总 79 期《从两组税票单据试论〈印花税法〉有关条款的修正与完善》一文）

过去的同业公会，亦常常有垄断物价、欺行霸市之行为，笔者所藏的有这样一份单据（《中国邮史》总第 14 期第 56 页有附图），其上的两枚戳记就可作为见证。

戳记一：同业公议照码八折一律大洋照市贴水（在单据中部）。

戳记二：同业公议自民国廿九年五月三日起湖水毛笔门庄批发增加六成连前共和十八成徽墨增价五成连前共合十五成倘有减低工料取巧跌价者察觉议罚（单据的右下角）。

认识错误之处，诚恳欢迎指正！

《印花交流》总 194 期　2006 年 9 月刊

浅析“天津特别市反日会通销证”

天津　周　军

最近收到徐州陈千里编的《税票苑》(1996年第3期)，拍卖栏目中有一枚民国“天津特别市反日会通销证5厘”，上印“经济绝交”字样。笔者手中也存有两枚“天津反日会通销证”，除此5厘之外，尚有2厘（茶色）一种面值，此前曾多方求教于税友，查阅文献资料均未有结果。

近几日闲暇之余，偶然于一册天津特别市反日会秘书编印的条例汇刊之中查得《天津特别市反日会日货通销证使用条例》及有关内容，始得如下之资料：

一、《天津特别市反日会日货通销证使用条例》依据全国反日会颁布对日经济绝交计划大纲制定。

二、此种通销证共有八种面值，计2厘（茶色）、5厘（黄色）、1分（粉红色）、1角（红色）、2角（绿色）、1圆（蓝色）、2元（浅蓝色）、5元（紫色）。

三、通销证由救国基金保管委员会印制保管和发行，救国基金保管委员会隶属于天津特别市反日会全市代表大会之执行委员会。

图1　孔齿　2厘

图2　孔齿　5厘

四、此通销证实际上是日货售卖使用的通销证。其使用办法为：已经登记的各日货商铺零售日货时，如价在2角以上者须开具发单，并按百分率贴用通销证（如棉布类每元贴用5分，每角贴用5厘；五金类每元贴用2分，每角贴用2厘；余按种类类推）。

图3　无齿　1分

图4　无齿　1角

图5　无齿　1元

图6　无齿　2元

图7　无齿　2厘

五、对于伪造者按照伪造纸币条例处罚。

此条例汇编于民国十七年十二月（即1928

年 12 月）。全国人民抵制日货，提倡使用国货，通销证的使用正是在这种背景之下，为了减少商民铺户的损失，逐渐排除日货侵害的一种折衷方法。通销证的发行时间当于天津特别市成立之后（民国十七年六月），而又不晚于民国十七年十二月，此条例汇刊编印之前。

由于资料有限，希望有识之士能够予以更正和补充。

《印花交流》总 73 期　1996 年 8 月刊

印花单据欣赏

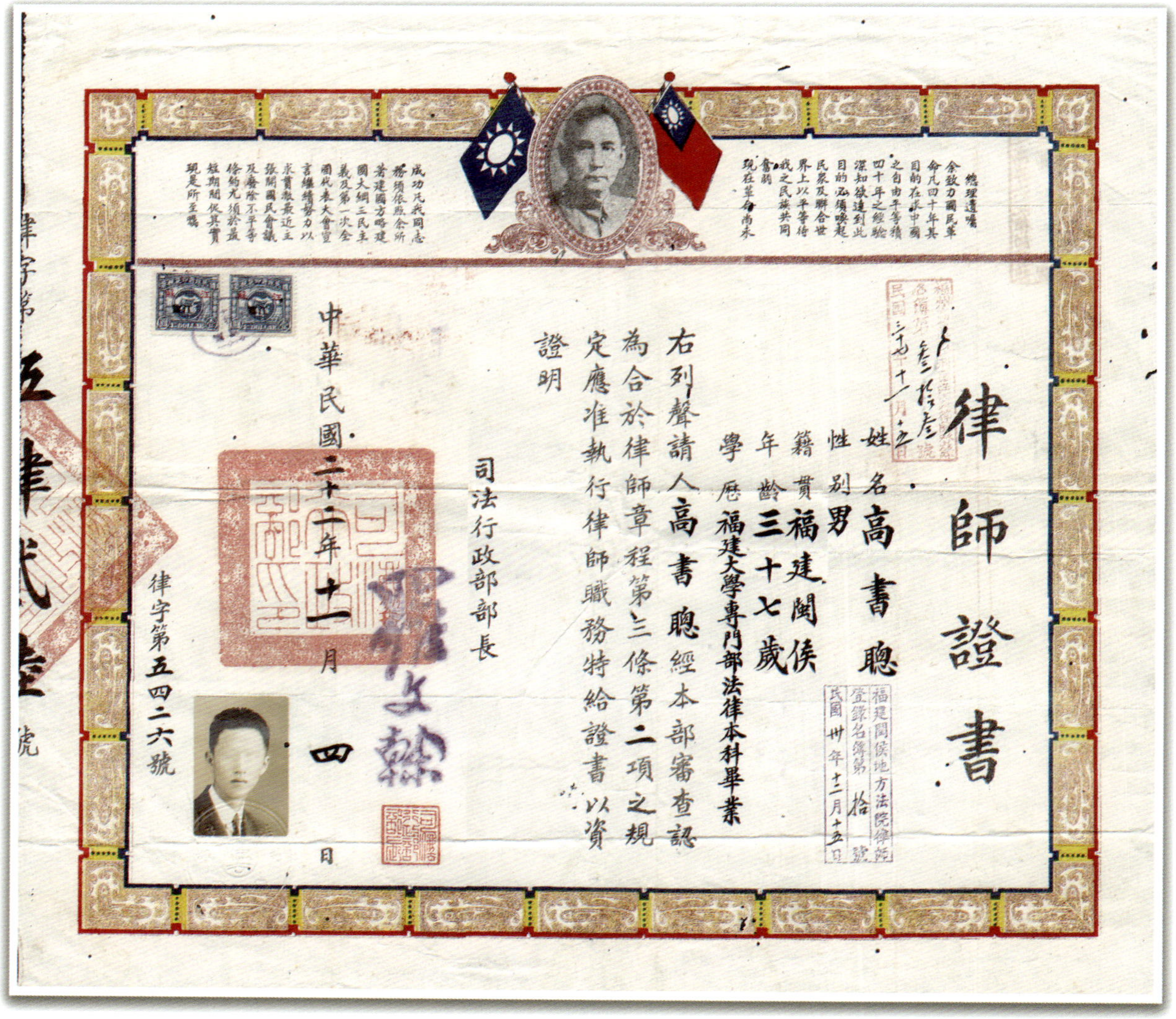
總理遺囑
余致力國民革命凡四十年其目的在求中國之自由平等積四十年之經驗深知欲達到此目的必須喚起民衆及聯合世界上以平等待我之民族共同奮鬥
現在革命尚未成功凡我同志務須依照余所著建國方略建國大綱三民主義及第一次全國代表大會宣言繼續努力以求貫徹最近主張開國民會議及廢除不平等條約尤須於最短期間促其實現是所至囑

律師證書

姓名　高書聰
性別　男
籍貫　福建閩侯
年齡　三十七歲
學歷　福建大學專門部法律本科畢業

右列聲請人高書聰經本部審查認為合於律師章程第三條第二項之規定應准執行律師職務特給證書以資證明

司法行政部部長

中華民國二十二年十一月四日

律字第五四二六號

福建閩侯地方法院律師登錄名簿第拾號
民國卅年十二月十五日

民国二十二年（1933）司法行政部颁发的贴版图旗印花税票的律师证书

一枚山西介休县发行的印花大票

天津　周　军

民国二年，印花税始征。用于贴用的印花税票（长城图）分为1分、2分、1角、5角和1元五种面值。在使用中，与普通百姓相关的经济行为，所涉款额都较小，一般贴用低面值印花（1分、2分、1角），而像5角、1元的高面值印花的使用相对来说就很有限，故库存较多。经济不发达的地区尤为明显。

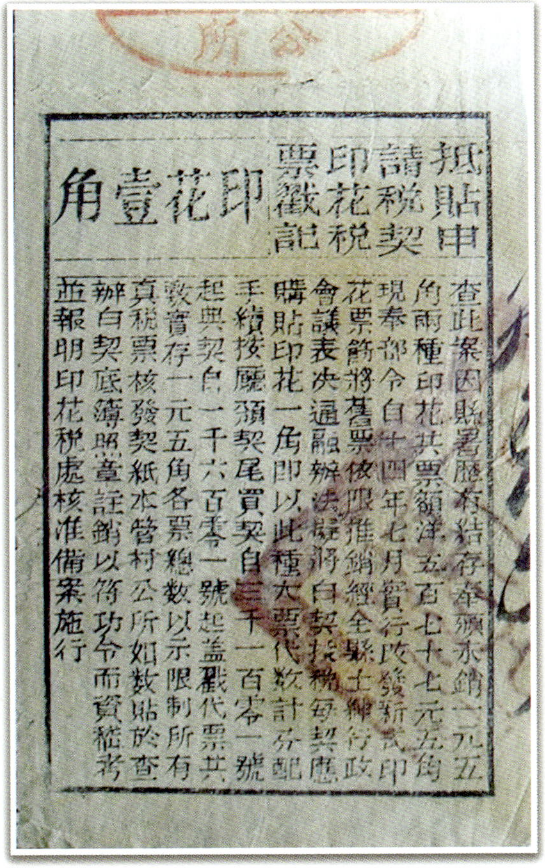

抵貼申請稅契印花稅票戳記

印花壹角

查此案因縣署歷有結存舊額未銷一元五角兩種印花共票額洋五百七十七元五角現奉部令自十四年七月實行改發新式印花票飭將舊票依限推銷經全縣士紳行政會議表決通融辦法擬將白契按稅每契應購貼印花一角即以此種大票代數計分配手續按照額契尾買契自三千一百零一號起典契自一千六百零一號起蓋戳代票共數實存一元五角各票總數以示限制所有真稅票核發契紙本管村公所如數貼於查辦白契底簿照章註銷以符功令而資稽考並報明印花稅處核准備案施行

山西印花大票

当新式印花税票即将发行，旧印花税票被取代之际，一些地方州县为充分使用库存不适用的高面值印花，遂采取了一种变通的方法——即以高面值印花为准备，发行小面值适用的地方印花作为补充。

下面介绍一枚此种情况下发行使用的印花大票。

此票（附图）贴用于一张山西介休县补契纸上。其上所书内容大意为：介休县知事为第三区义安村毛松浦补发因年代久远丢失的买契一张。发契人为介休县公署，时间为民国十四年四月十四日。在契纸上竖贴三枚1分长城图印花（加盖篆字晋首）。与此三枚印花相邻的尚贴有一枚1角印花大票（票下叠压一些契纸费收据），票右上方有“抵贴申请税契印花税票戳记”，左上方为“印花1角”，票的正下方对此票行用的起因和行用办法做了概括说明，详见实物复印件。

从票中所写内容看，此种票为一种临时性印花税票，使用时间只有几个月时间，发行量当为5 775枚，这是所用印花税票的第1 012张。从山西其他各县的契约比较，印花大票应为契纸费收据上所贴印花。

作为尚未被人们重视的印花税票，其历史意义不能抹消的，它为我们今后对税史的研究提供了很好的实物资料。

《印花交流》总61期　1995年8月刊

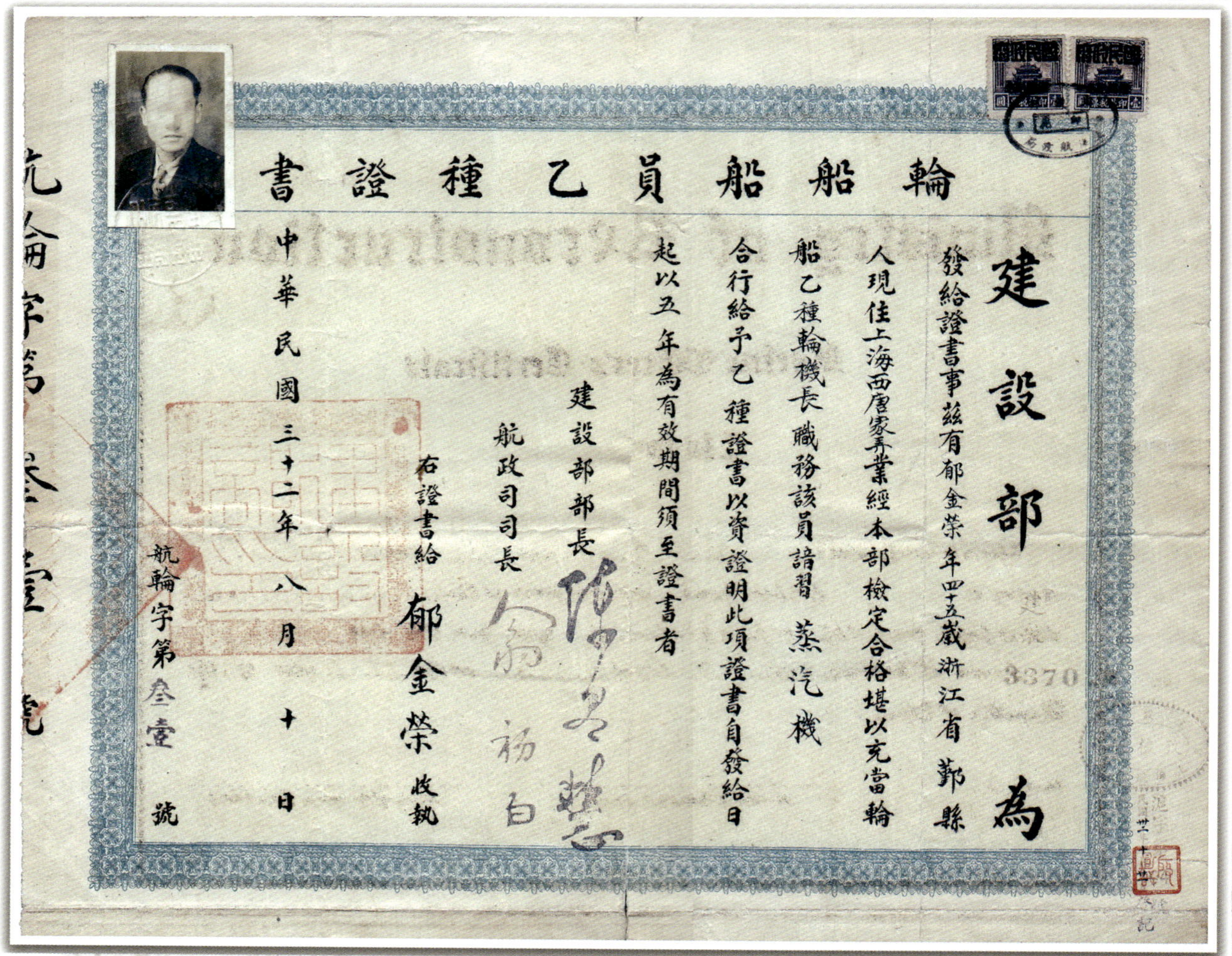

輪船船員乙種證書

建設部為

發給證書事茲有郁金榮年四十五歲浙江省鄞縣人現住上海西唐家弄業經本部檢定合格堪以充當輪船乙種輪機長職務該員諳習蒸汽機合行給予乙種證書以資證明此項證書自發給日起以五年為有效期間須至證書者

建設部部長

航政司司長

右證書給郁金榮收執

中華民國三十二年八月十日

航輪字第叁壹號

3370

贴维新政府起义门图印花税票 1元 加盖“国民政府还都纪念票”的民国三十二年（1943）船员乙种证书

敌伪傀儡政权及其印花

上海　李德元

1931年9月18日事变后，日本帝国主义开始了把中国变为它的殖民地的过程，扶植了一个又一个傀儡政权，作为它统治中国的工具，来达它以战养战、以华制华的目的。

一、满洲国及满洲帝国

“九·一八”事变，日寇强占沈阳的第二天，关东军参谋部的健川美次就向司令官本庄繁提出，以清朝末代皇帝溥仪为“盟主”建立一个“得到日本政府支持的政权”。经多次讨论，由关东军参谋板垣征四郎等出面，拼凑了汉奸张景惠、熙洽、臧式毅、赵伯欣等人，组织伪政府，于1932年3月1日宣布伪“满洲国成立，以长春为首都，改名“新京”，年号“大同”。3月9日。溥仪沐猴而冠称“执政”，清廷遗老郑孝胥为“国务总理”。1934年3月1日改称“满洲帝国”，溥仪由执政改称“皇帝”，改年号为“康德”。

直到1945年8月15日，日本宣布无条件投降，关东军指使吉安直，妄图把溥仪劫持到东京，其在8月19日沈阳机场做了苏联红军的俘虏，满洲帝国的傀儡才宣告剧终。

满洲国及满洲帝国的印花税票迄今已发现多种版别。大满洲国印花税票1分、2分、1角、5角；新京特别市印花1角5分、5元；满洲国奉天市印花3角、5角；满洲帝国收入印纸1分、2分、3分、5分、10分、20分、50分、1元、5元、10元（三种版别）；及卷烟统税、火柴公卖证等。

二、冀东政府及其印花

日本帝国主义在“分化”和“蚕食”的方针下，制造了“塘沽协定”“察东事件”“华北事件”等一系列的罪恶阴谋，而这些又都是为“华北自治”服务的，所谓华北自治，也就是把华北实际变为日本侵略者的殖民地。

图1-1　大满洲国印花税票　1分

图1-2　大满洲国印花税票　2分

图1-3　大满洲国印花税票　1角

图1-4　大满洲国印花税票　5角

图1-5　大满洲国印花税票　1元

图1-6　大满洲国印花税票　2元

图1-7　大满洲国印花税票　5元

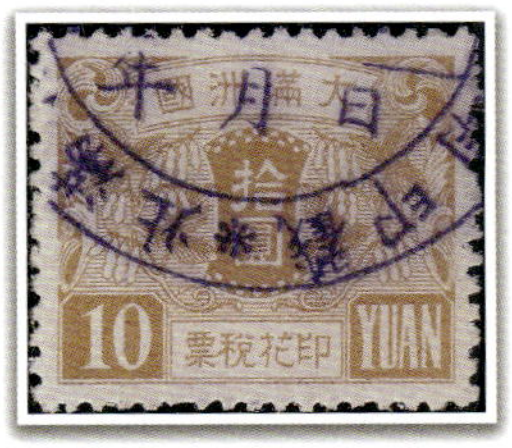

图1-8　大满洲国印花税票　10元

第二部分　研究文稿精选

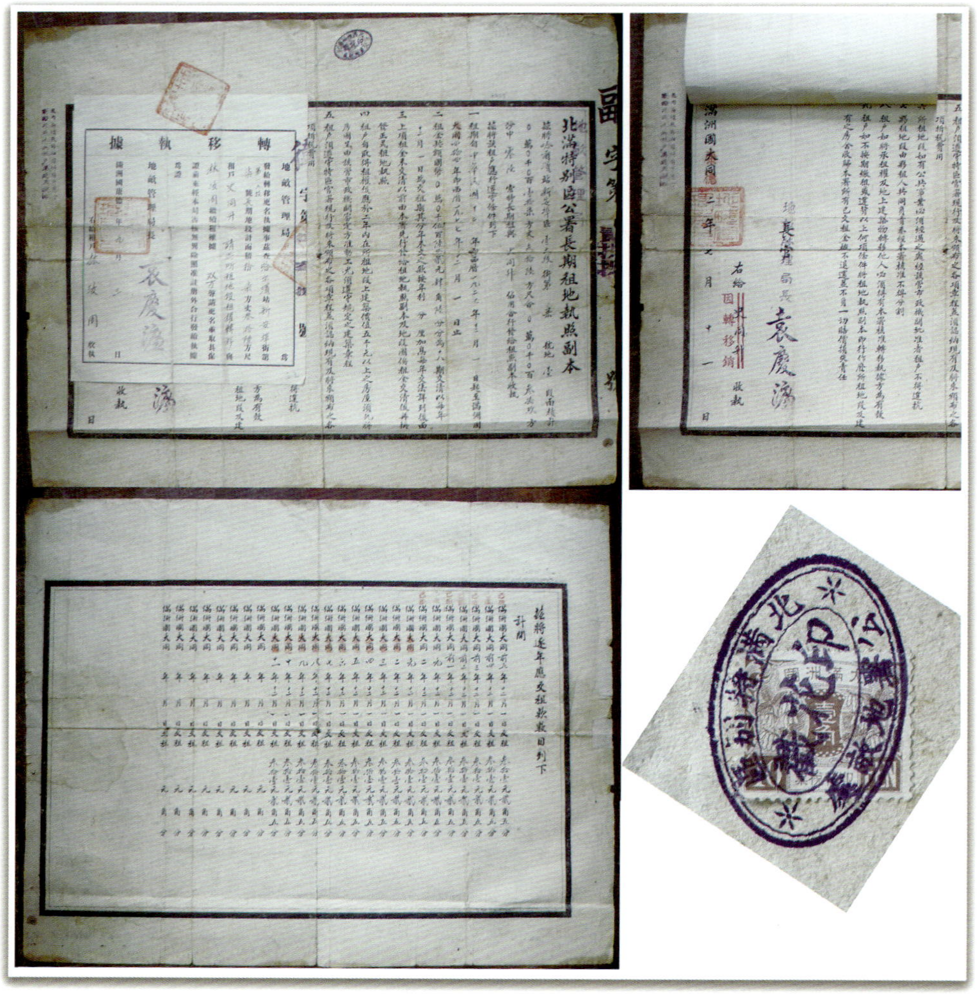

图 1-9 北满特别区公署长期租地执照副本

图 2-1 满洲帝国
收入印纸 1 分

图 2-2 满洲帝国
收入印纸 2 分

图 2-3 满洲帝国
收入印纸 3 分

图 2-4 满洲帝国
收入印纸 5 分

图 3-1 满洲帝国
收入印纸 1 角

图 3-2 满洲帝国
收入印纸 2 角

图 3-3 满洲帝国
收入印纸 5 角

图 4-1　满洲帝国
收入印纸　1 分

图 4-2　满洲帝国
收入印纸　2 分

图 4-3　满洲帝国
收入印纸　3 分

图 4-4　满洲帝国
收入印纸　5 分

图 4-5　满洲帝国
收入印纸　1 角

图 4-6　满洲帝国
收入印纸　2 角

图 4-7　满洲帝国
收入印纸　5 角

图 4-8　满洲帝国
收入印纸　1 元

图 4-9　满洲帝国
收入印纸　2 元

图 4-10　满洲帝国
收入印纸　5 元

图 4-11　满洲帝国
收入印纸　10 元

图 5-1　吉林嘉禾图加盖
“暂作新印花 1 分用”
再盖“大满洲国”

图 5-2　吉林嘉禾图加盖
“大满洲国 暂作新印
花 1 分用”

图 6-1　冀东政府印花
税票　1 分　加盖“滦县”

图 6-2　冀东政府印花
税票　1 分　加盖“唐山”

图 6-3　冀东政府印花
税票　1 分　加盖“玉田”

图 6-4　冀东政府印花
税票　2 分　加盖“抚宁”

图 6-5　冀东政府印花
税票　2 分　加盖“遵化”

图 6-6　冀东政府印花
税票　2 分　加盖“滦县”

图 6-7　冀东政府印花
税票　1 角　加盖“唐山”

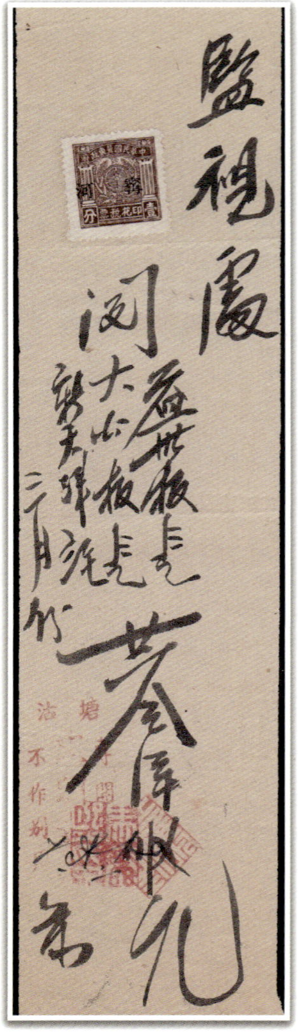

图 6-8 冀东政府印花税票 1分 加盖“宁河”实用单据

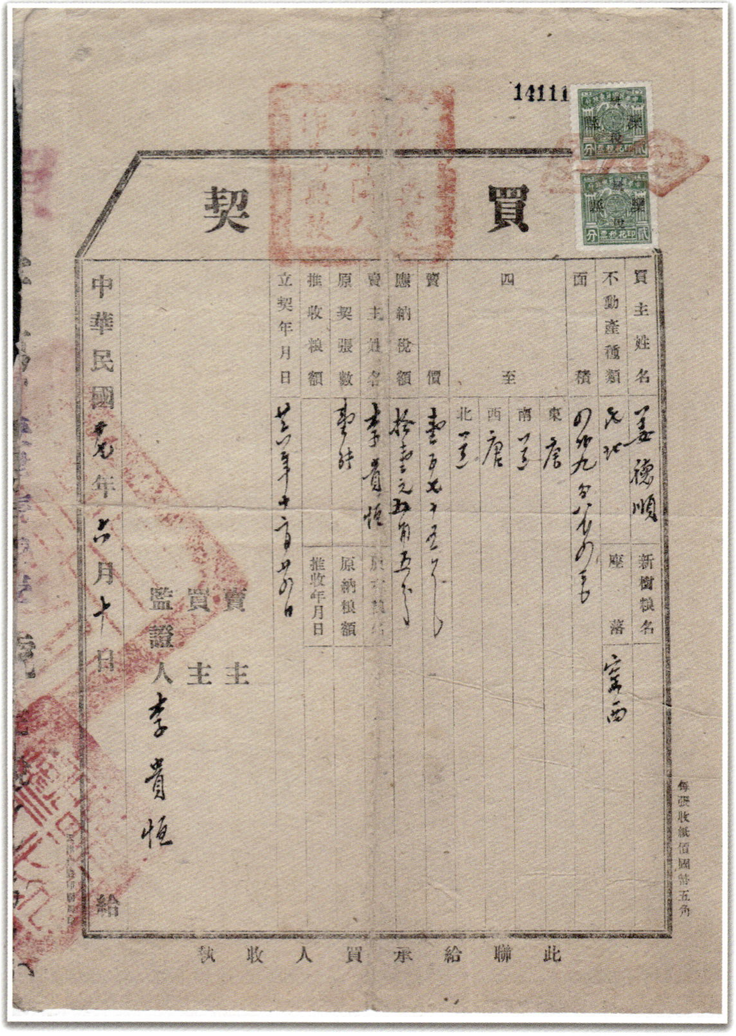

图 7 冀东政府印花税票 2分 加盖“滦县统税”实用单据

图 6-9 冀东政府婚书印花

1935 年 11 月 25 日，国民党华北督察专员、大汉奸殷汝耕在日本帝国主义扶植下，秉承侵略者意旨，在华北通县，发表脱离中央宣言，宣布成立“冀东防共自治政府”，并自任政务长，死心塌地地为帝国主义做走狗。自此，冀东地区二十多县的大好河山，就落入了帝国主义的魔掌。

冀东政府的印花有 1 分、2 分、1 角、1 元（是否有其他面值?），加盖地名有宁河、滦县、通县、密云、临榆、唐山、昌黎等，票幅不大，图案相同。

冀东政权存在时间不长，它所发行的印花有地域的局限性，目前所见的不多。

《印花交流》总 11、总 14 期
1991 年 5 月、8 月刊

注：原文未配图片，今重新配以图片，以求图文共赏。

苏浙皖印花税票上加盖“艳”“陷”“俭”之解

山西 姚仲安

在苏浙皖印花税票上加盖文字中有“杭艳”“杭陷”“嘉俭”等字，不得理解。

苏浙皖印花税票是日本扶持下的维新政府发行的，它成立于1938年3月，于1940年3月并入汪伪政府，“杭陷”按字面意是杭州陷落。但杭州早已落在日本人手中，不可能倒时间来印“杭陷”纪志。另“俭”和“艳”又是什么用意？

近阅中国历史，发现了这个谜，提出供同好探讨曲直。

日本侵华后，一直诱逼蒋介石投降。1938年国民党副总裁汪精卫逃到河内，发表“艳电”，公开投降日本，于1940年汪在南京成立伪政权。苏浙皖印花税票上的“艳”字与“艳电”的“艳”正好合拍，这说明维新政府对汪精卫的呼应。另“陷”“俭”二字亦可迎解，“陷”“俭”二字与“艳”字音近同，是“艳”字的误用。

姚先生此文的解释，有些牵强，本人不敢苟同，但又缺少令人信服的论证，望同好及行家指教，以期能早日解开加盖文字之谜。

《印花交流》总44期 1994年3月刊

注①：这类苏浙皖灵谷寺图案的印花税票上加盖的“杭艳”“杭陷”“嘉俭”“湖艳”等字样（图1—图11），有两重含义：第一个字表示的发行地域；第二个字表示的发行日期。“杭”表示“杭县”，“嘉”表示“嘉兴”，“湖”表示“湖州”，这个想必大家不会异议；“艳”“陷”“俭”是韵目代日中表示不同日期的韵目，表示出售日期。

图1 中华民国 苏浙皖印花税票 1分 加盖“浙江 杭陷”

图2 中华民国 苏浙皖印花税票 1分 加盖“浙江 杭艳”

图3 中华民国 苏浙皖印花税票 1分 加盖“浙江 嘉陷”

图4 中华民国 苏浙皖印花税票 2分 加盖“浙江 杭陷”

图5 中华民国 苏浙皖印花税票 2分 加盖“浙江 嘉陷”

图6 中华民国 苏浙皖印花税票 2分 加盖“浙江 嘉艳”

图 7　中华民国 苏浙皖印花税票 2 角 加盖“浙江 嘉陷”

图 8　中华民国 苏浙皖印花税票 2 角 加盖“浙江 嘉艳”

图 9　苏浙皖印花税票 1 分 加盖“中华民国 浙江 嘉艳”

图 10　苏浙皖印花税票 2 角 加盖“中华民国 浙江 杭俭”

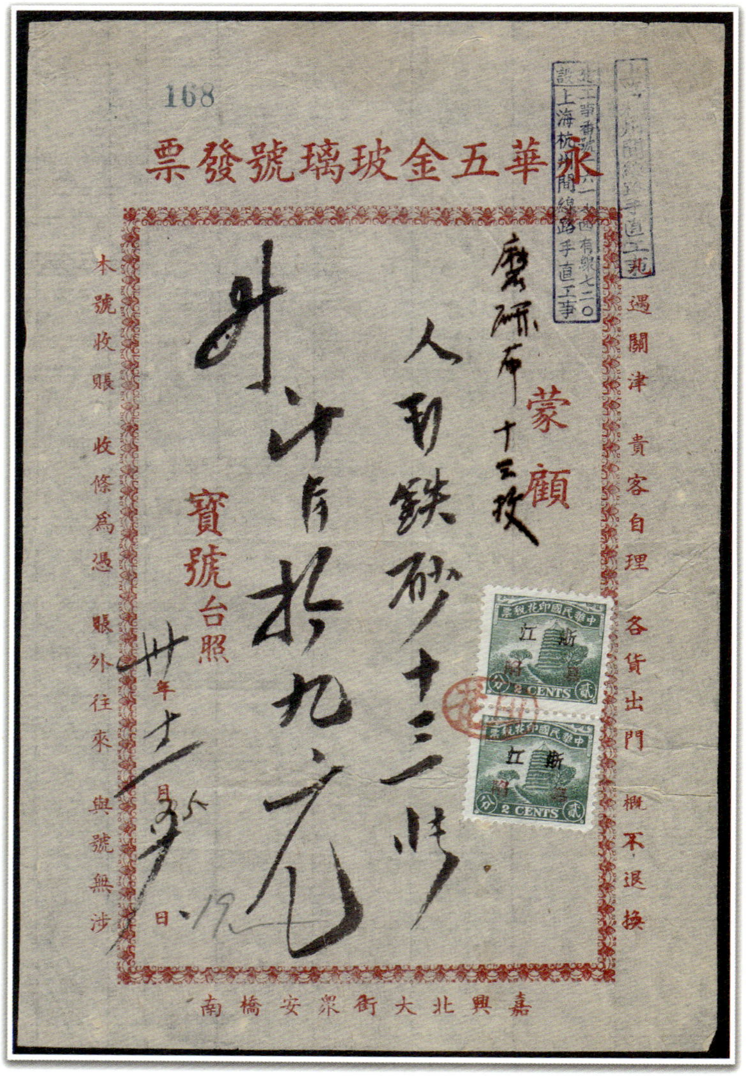

168

永華五金玻璃號發票

本號收賬收條爲憑賬外往來與號無涉

遇關津貴客自理各貨出門概不退換

蒙顧

寶號台照

年　月　日

嘉興北大街衆安橋南

图 11　中华民国六和塔图印花税票 加盖“浙江 嘉陷”实用单据

清政府开通电报引入中国后，因为发送电报非常昂贵，按字论价，可谓“字字是金”，所以节约用字就非常重要。为此洪钧（图 12，1839 年—1893 年，同治七年状元，曾任任侍读学士、内阁学士兼礼部侍郎，俄、法、荷、奥四国出使大臣，兵部左侍郎。曾改造中文电报码，提出了以地支代月，韵目代日）以金代编修的《平水韵》的韵目代替日期，发明了一种新的纪日办法。这就是“韵目代日”法。这种纪日方式民国时期在其他领域也得以推广使用，尤为文人墨客所喜爱。它应是中国传统文化的一部分。随着白话文的兴起，这种纪日方式逐渐退出了人们的视野。所以今天的人很难弄得懂了。

图 12　洪钧

注②：韵目代日表（图 13）

30 日，按规定该用“陷”，但是于军队不吉利，忌用，便用“卅”（卅，拼音：sà，就是三十）字代替；又公历 31 日没有韵目可用，通常都用象形的“世”或“引”字来代替；“世”字是“卅一”的合写（也可拆成廿、十、一），“引”字则像阿拉伯数字 31。

历史上部分著名的事件，便采用的是韵目代日，如“马日事变”“灰日暴动”“文夕大火”，以及臭名昭著的“艳电”。

根据韵目代日表，“东日”应该是指 1 日；“马”代表 21 日，“马日事变”是指发生在（1927 年 5 月）21 日的事变；“文”代表 12 日，“文夕大火”表示发生在（1938 年 11 月）12 日晚上的大火；“灰”代表 10 日，“灰日暴动”便是指发生在（1927 年 12 月的长沙暴动）10 日的暴动；“艳”表示 29 日，“艳电”则是指（1938 年 12 月）29 日的电报。

通过前述，结合韵目代日表查询可知：“杭艳”表示“杭县，29 日”，“杭陷”表示“杭县，30 日”，“嘉俭”表示“嘉兴，28 日”。

这类所见的加盖种类，只有在浙江用票中能够见到，因此说这应该是浙江日伪政权的特色加盖。

日期	韵目					日期	韵母			替代
	上平声	下平声	上声	去声	入声		上声	去声	入声	
1	东	先	董	送	屋	16	铣	谏	叶	
2	冬	萧	肿	宋	沃	17	筱	霰	洽	
3	江	肴	讲	绛	觉	18	巧	啸		
4	支	豪	纸	寘	质	19	晧	效		
5	微	歌	尾	未	物	20	哿	号		
6	鱼	麻	语	御	月	21	马	个		
7	虞	阳	麌	遇	曷	22	养	祃		
8	齐	庚	荠	霁	黠	23	梗	漾		
9	佳	青	蟹	泰	屑	24	迥	敬		
10	灰	蒸	贿	卦	药	25	有	径		
11	真	尤	轸	队	陌	26	寝	宥		
12	文	侵	吻	震	锡	27	感	沁		
13	元	覃	阮	问	职	28	俭	勘		
14	寒	盐	旱	愿	缉	29	豏	艳		
15	删	咸	潸	翰	合	30		陷		卅
						31				世、引

图 13　韵目代日表

民宝塔图印花加盖江苏地名之我见

上海　李德元

中华民国宝塔图印花税票加盖江苏地名，我收集到各种面值六十余枚（种），经过整理归类，可分为两大类。一类为加盖市县集镇地名，计有江苏省：苏州、无锡、武进、宝山、镇江、南通、昆山、上海、泰州、江宁十种；另一类为加盖地区性地名，计有江苏：常锡区（常州、无锡）、武宜区（武进、宜兴）、镇扬区（镇江、扬州）、上宝区（上海、宝山）、泰东区（泰州、东台）、苏吴区（苏州、吴县）、昆太区（昆山、太仓）、通海区（南通、海门）、广东区（义不详）、宁浦区（南京、江浦或浦口）十种。未见江苏北部泰州以北地区的淮阴、盐城，或徐州地区市镇。

其中2分面值为大部，约占总数80%，1分面值占15%左右，其余1角、2角、5角、1元面值合计占5%。

另外，尚有加盖上海特区二十余枚（种）。上海原属江苏省管辖，后划为特区，归中央直辖。

在实贴税单上可以看到，此类税票最早使用时间为民国三十年七月，最迟使用时间为民国三十三年十二月。即1941年7月到1944年12月。此时期上述地区为日伪统治地区。而泰州以北地区为新四军控制的苏区根据地。日本投降前，此类印花就停止使用。

由于收集上的有限，可能在加盖地区有未收集到的，在使用时间上也可能有稍早于始用，又稍迟于停用的税单存在。

以上整理情况仅供邮友参考。

《印花交流》总20期　1992年2月刊

印花单据欣赏

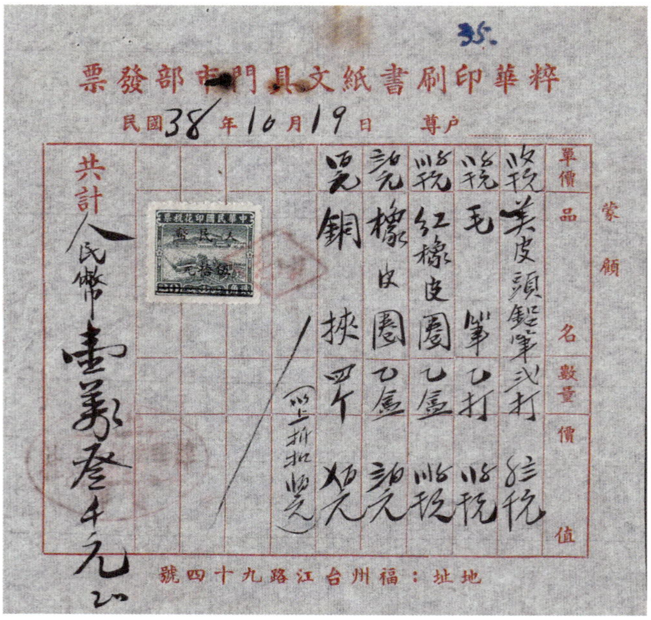
粹華印刷書紙文具門市部發票
民國38年10月19日　尊户
單價　品名　數量　價值
共計
地址：福州台江路九十四號

1949年福州粹华印刷书纸文具门市部发票

人民革命战争时期

REN MIN GE MING ZHAN ZHENG SHI QI

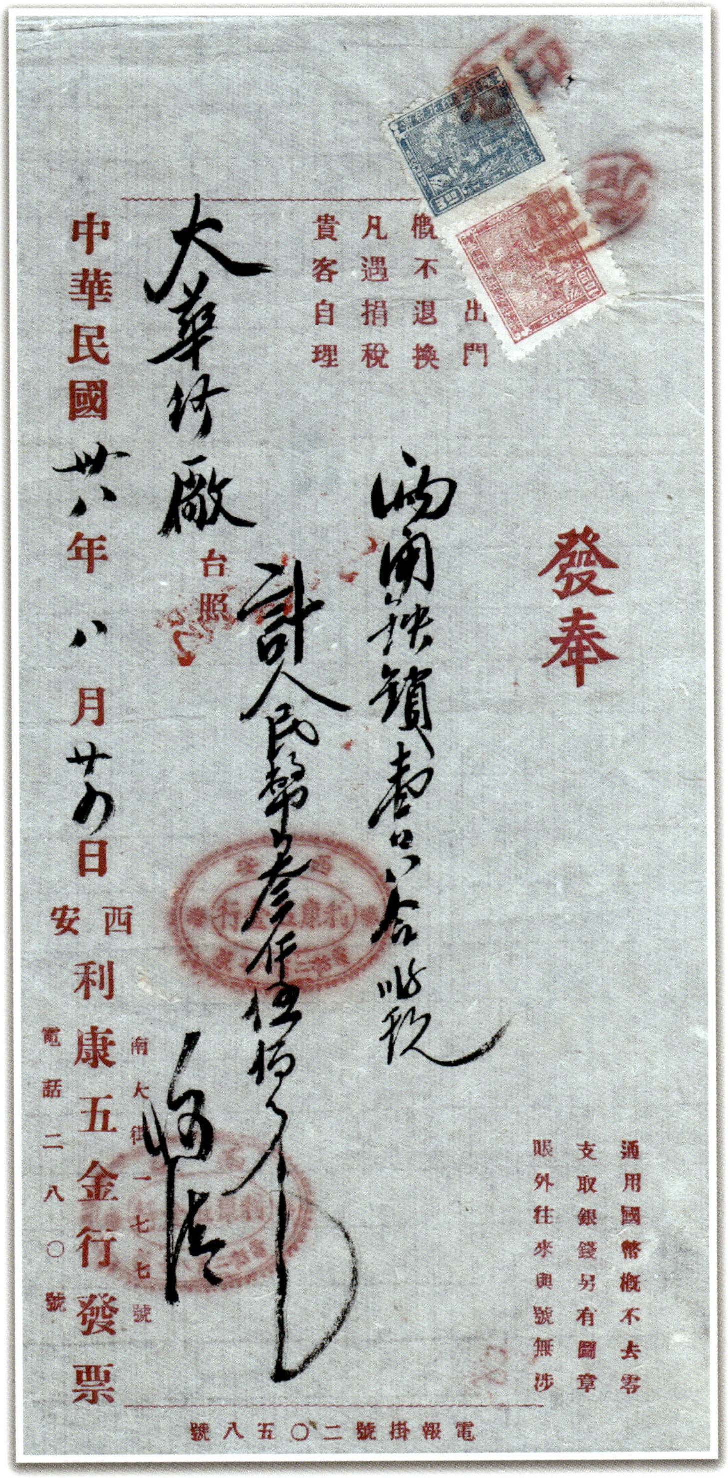
出門概不退換 凡遇捐稅 貴客自理

中華民國　年　月　日

台照

發奉

通用國幣概不去零 支取銀錢另有圖章 賬外往來與號無涉

西安利康五金行發票

南大街一七七號

電話二八〇號

電報掛號二〇五八號

贴陕甘宁印花税票的 1949 年 8 月 24 日
西安利康五金行开具给大华纱厂的发票

关于晋察冀边区及其印花税票

——纪念抗日战争胜利60周年暨纪念《印花交流》创刊15周年

木 子

前 言

晋察冀边区政权是抗日战争全面开始后，中国共产党领导的第一个敌后抗日根据地，她从1937年诞生，最终演变成华北人民政府。在1937年—1945年的八年抗战期间，曾在1938年—1941年发行使用过“晋察冀边区印花税票”和“冀中区印花票”

前几年因为实物难觅，市场上（河北）曾有人伪造晋察冀边区票而牟利，五颜六色，颜色特别鲜艳刺目，用很薄的宣纸印刷，背后还伪造成曾被利用过的样子，甚至还有所谓整版票，使初涉者上当受骗，挫伤了收藏爱好者的热情。目前经过大家的揭露宣传，已无市场。近来河北当地有人到农村挨门挨户地毯式收购，才有一些实用晋察冀及冀中票单流出。他们的动机无可指责，他们与制假售假者有本质的区别，不可相提并论。

由于爱好者的努力挖掘，至今已发现《总目》未记载的出谱品，如晋察冀边区2分兰紫色有齿票，冀中区1分、2分、3分、5分票。

往事并非如烟，这些小小的纸片，承载了沉重的民族历史的沧桑，它们经历了抗日战火的洗练，它们见证了中国军民的抗战历史，并为此作出了贡献，在它们身上我们似乎见到了抗日军民英勇的身姿。它们功不可没，它们是珍贵的抗日文物。

本文的重点在于边区创立的前、中期历史，以及对其发行的印花税票作初步探索研究，本文将分4—5期连载。由于史料及实物的限制，肯定存在不少疏漏、错误，盼方家指正。

1945年8月15日，日本宣布无条件投降。

中国人民在反抗外来的日本侵略者的斗争中，涌现了无数可歌可泣的英勇事迹。今天我们怀着崇敬的心情，回顾历史，缅怀当年处在抗日前线的晋察冀军民。

1931年9月18日，日本出兵占领东北。由于张学良东北军主力已全部挥师入关支持蒋介石对付冯玉祥、阎锡山，关外形成空虚，再加上国民党采取了“攘外必先安内”的不抵抗政策，致使大批国土沦陷。至1936年间，日军相继占领热河、察哈尔北部及河北东部，并扶植成立冀东防共自治政府。

1936年12月12日，在中国共产党抗日民族统一战线政策的影响下，东北军张学良联合西北军杨虎城，在西安发动兵谏，扣押了到西安部署剿“匪”（共产党）的蒋介石，并电延安，协商处理。中国共产党从民族抗日的大局出发，派周恩来等人去西安，最终使西安事变和平解决，迫使蒋同意国共合作，一致抗日。1937年红军接受改编，成立国民革命军第八路军，下辖三个师。

1937年7月7日，驻北平近邻丰台的日军诡称人员失踪，派兵向驻北平西南宛平县城及卢沟桥的国民党守军发起攻击。当地驻军宋哲元二十九军奋起反击，卢沟桥事变爆发，全面抗战开始。但国民党部队有的缺枪少弹，在日军进攻时损失惨重；有的为保存实力，不战而溃；数十万军队抵挡不住日军的进攻，致使日军8月底攻陷南口，9月占领大同、保定、沧县，10月攻占石家庄、娘子关、德县，11月8日攻陷太原。

华北危急、山西危急！在此紧急关头，中国共产党根据华北战局的急骤变化，作出了重大部署。八路军三个师分兵三路，115师进入晋东北，120师进入晋西北，129师进入晋西南，开辟华北敌后抗日根据地。

1937年8月20日，115师举行改编抗日誓师大会，22日从陕西三原出发。但刚一出动，24日南口失守，日军趁势攻陷张家口，大同、归绥。115师因此改变原定计划，迂回敌后，阻止突破平型关、雁门关的日军。9月25日，林彪、聂荣臻115师取得抗战以来第一次大捷——平型关大捷，歼日精锐板垣征四郎第5师团21旅团1 000多人，打破了日军不可战胜的神话，极大地振奋了军心民心。115师回师五台山，随即又于10月23日离开五台急援忻口激战。聂荣臻根据中共北方局10月20日《为筹建晋察冀边区给聂荣臻电》的指示，留守五台山，以一个团、一个骑兵营、二个不完整的连及部分军政干部，总计约2 000人，着手创立第一个抗日战争根据地——晋察冀边区。

在聂荣臻的领导下，杨成武率独立团活动于灵丘、广灵、涞源间。10月10日攻击涞源城，16日收复广灵城，23日攻占灵丘城，26日攻击蔚县，形成四县为中心的雁北察南抗日游击区；刘云彪骑兵营活动于阜平、曲阳、行唐间，10月18日攻占曲阳，24日进占唐县，29日占领完县，11月11日占领满城，形成以阜平为中心的冀西抗日游击区；11月间赵尔陆，舒同等率部分军政人员开赴五台山、定襄、代县、繁峙、崞县、摧毁敌伪政权，组织游击队，开辟了晋东北抗日游击区。晋察冀省委也在10月正式成立，黄敬为书记。

1937年10月27日，晋察冀军区司令部在五台山成立，聂荣臻任军区司令员兼政委。11月5日，聂宣布就职，13日发布命令，成立一、二、三、四军分区。

这一系列的活动，使日军坐卧不安，如芒在背，必欲除之而后快。日军为了消灭晋察冀抗日活动，于1937年11月24日起，调集了2万多兵力围攻五台山地区。经过近一个月的战斗，晋察冀军民共歼敌2 000余人，粉碎了日军第一次围攻。11月18日，晋察冀军区由五台山迁驻阜平，12月5日正式成立“晋察冀边区军政民代表大会筹备处”，筹备成立晋察冀边区政府。

当时阎锡山主政山西，有土皇帝之称，太原陷落后，深感日军对他山西地盘的切身威胁，在抗战初期，对共产党领导的抗日救亡活动、团体采取了容让和合作的态度。

1938年1月10日，晋察冀边区军政民代表大会在阜平举行，包括国民党在内的各界代表参加了会议。15日大会通过《宣言》《通电》，晋察冀边区临时行政委员会宣告成立。经阎锡山转呈国民政府行政院及军事委员会，于1938年1月31日正式批准“晋察冀边区行政委员会”（简称边区，下同）。

1938年1月，根据中共北方局和边区军区的指示，初步确定冀中抗日根据地的范围：包括平汉、北宁、津浦三条铁路和滏阳河以北的平原地区。原国民党53军691团团长（共产党员）吕正操率改编的人民自卫军由路西回到冀中，和河北游击队一齐消灭汉奸土匪，摧毁维持会，建立了18个县的政权。4月1日，边区在冀中设立政治部主任专员公署（简称专署），以吕正操为主任，4月21日—5月1日，边区派黄敬主持召开了冀中区第一次代表大会，统一了党、军政权。冀中省委改为冀中区，黄敬为书记，河北游击队与人民自卫军合编为八路军第三纵队，并成立冀中军区，吕正操任第三纵队和冀中军区司令员，下设四个军分区。7月，冀中区党、政、军领导机关由安平移驻任丘县青塔镇，随后开辟大青河以北地区，冀中区扩大到24个县。

1938年3月20日，边区银行成立，并发行边区币钞。5月，边区税务局成立，统一征收烟酒、外货入境等六种税。

1938年9月20日，日军制定“中攻武汉，南取广州，北围五台”的方针，调集5万兵力，分兵25路，对边区五台、涞源、阜平中心地区围攻，经过45天的战斗，日军被歼常冈旅团长以下5 300多人，但唐县、定县、曲阳、五台、灵丘、涞县六县均陷敌手。

1939年10月，日军阿部规秀中将又调集了2万多兵力，分兵12路，开始冬季大扫荡，经过43天的战斗，日军被消灭5 600多人，但根据地破坏极大，房屋被毁65 300多间，除阜平外，其余县均落敌手。

与此同时，1938年11月12日，日军用3万多兵力，对冀中地区连继五次分区扫荡，占领了冀中极大部分县城，为了保卫冀中根据地，1939年1月，中央决定，派程子华到冀中任冀中军区和三纵政委，贺龙、关向应率八路军120师进入冀中，从而在五次反扫荡中共毙敌伪军5 700多人。日军扫荡失败后，于1939年夏，竟丧心病狂地掘开永定河、子牙河、滹沱河、大清河的河堤，造成数十年未见的大水灾，受灾30多县，淹没村庄1万多个（冀中占6 750多个），灾民达300万。

1938年底，为加强领导，边区裁撤冀西政治主任公署，所属地区由边区直接领导。1940年春撤销冀中政治主任公署，改设行署，以吕正操为主任，徐达本为副主任。同年夏，进行区划调整，在晋东北设一、二专署，在冀西设三至六专署，在冀中设七至十一专署，加上冀东第十三专署及北平第十四专署，全区为13个专署97个县政权，人口1 500万。

1940年日伪对根据地实行“碉堡政策”，逐步蚕食，同年8月20日—12月5日，为粉碎日伪的碉堡政策，八路军在彭德怀副总司令指挥下先后出动105个团、20余万人的兵力，进行了震惊中外的“百团大战”（边区有46个团参战），共毙敌4万余人，边区得到了进一步巩固的扩大。

1941年—1943年，是边区斗争最困苦艰难时期。日本为了急于解决中国战场，以便抽出力量扩大东南亚和太平洋地区，一方面对国民党施压和招抚，加紧轰炸重庆，封锁西南，逼迫国民党妥协投降，破坏统一战线；一方面集中60%以上的日军和90%的伪军对边区实行大规模的扫荡。1941年国民党亲日派、投降派制造了震惊全国的“皖南事变”，日军也变分散兵力扫荡为集中优势兵力各个击破的方法，对边区实行“烧光、杀光、抢光”的三光政策。

1941年6月，日军集中10万兵力，对北岳区实行“铁壁合围”。1942年4月，日军集中5万兵力，对冀中区实行“五一”大扫荡，持续了二个多月，抗日群众被杀5万多人，干部损失1/3。为保存力量，冀东、冀中的八路军主力暂时转入山区，边区面积大大缩小，游击区和敌占区占80%以上，在北岳区仅1941年被烧毁房屋15万多间，抢走粮食牲畜不计其数。

从1941年4月起，边区实行统一战线的财政税收政策——统一累进税。将原有的烟酒税、牌照税、印花税、营业税、田赋，公粮，统一为一种税，将原来多层（边区，县、区、村）多级多次征收统一为边区每年征一次。统累税给20%的贫苦雇工和农民规定了免税点，纳税的最初几级累进也很缓，不仅照顾到了最贫苦的农民，也使刚够上纳税的贫农、中贫农民负担也不会过重。统累税则规定除最贫穷者免税外，将税收负担面从原来的30%—50%扩大到80%，这就适当减轻了地主、富农等富裕阶层的负担。

1943年6月，日军出动4万兵力，对北岳区进行“毁灭扫荡”，北岳区被毁烧房屋13万余间，群众被杀6 000人以上，但抗日军民毙敌伪9 000多人，收复开辟1 000多村庄。冀中区在1943年春将转移山区的主力的一部调回，广泛出击，恢复和开辟了3 000多村庄，基本上恢复到1942年“五一”扫荡前的局面。1942

年9月—1944年1月，边区共恢复和开辟1万多村庄的地区，恢复和增设了14个县，人口增加到1 800多万。到1944年底，边区共有4个行署，18个专署，110个县（联合县、县佐），750个区，3万多村，面积20多万平方公里，2 000万人口。

1945年4月中旬至5月底，冀中部队连续作战，攻占了任丘、河间、新镇、文安、饶阳、安平、武强七县，歼敌日伪3 000多人，解放村镇500多个，并进行子牙河东、大清河北的战役，克服献县、大城，占领大清河以北重镇胜芳镇，解放了交河县城，使冀中与冀热辽、勃海区（晋冀鲁豫边区）连成一片。

1945年8月8日，苏联对日宣战，百万苏军出兵东北。8月9日，毛泽东主席发表《对日寇的最后一战》，8月10日、11日朱德总司令向解放区所有部队连续发布七道命令。8月15日，朱德命令日本侵华总司令冈村宁次停止在华一切军事行动，在华北的日军应接受聂荣臻将军的命令。

8月11日边区军区奉令进占边区范围内所有城镇和要道，19日杨成武指挥部队攻占天津西站。但由于国民党政府阻止日伪军向我八路军缴械投降，我部队受到敌伪的顽抗，我军改变方针，以夺取中小城市和广大农村、消灭敌伪有生力量，从8月9日—9月2日，边区部队共歼敌4 000余人，解放中小城市40多座，控制了热河、察哈尔及河北、山西的广大地区。

1945年9月2日，日本侵略者在无条件投降书上签字。

晋察冀边区部队从初创时的2 000人，发展到13万人，民兵从无到的，发展到90多万人，抗日民主政权从初期的三四十个不完整的县发展到包括察哈尔、热河两省，河北省大部，山西省东部、北部，绥远省东部和辽宁省西部在内的四个行署，一个边区直辖市（张家口），19个专署，140多个县，人口3 000万。

“晋察冀边区印花税票”，是边区从1938年5月成立税务局开始，至1941年4月实行统一累进税为止，在斯时斯地发行和实用。从目前收集到的实物看，仅在晋、冀的部分地区有使用，察哈尔至今未见实物及报道。据本人所知，在晋省，以五台山为中心，定襄、繁峙、盂县及冀省的井径、行唐，以定县为中心、唐县等发现实用。

晋票（晋察冀边区印花税票，下同）为平版石印，图幅22 mm×19 mm，图案仿版图，但中间改地图为国民党青天白日满地红旗帜。因当时国民党当局已承认了共产党领导的八路军的合法地位而形成的国共合作的政治局面。

山西使用的均为无齿1分棕色，纸特别厚，纸表背面均光洁；2分棕色；1角兰紫色，纸质较1分薄。河北使用的情况较为复杂，有无齿1分棕色厚纸，另有1分无齿蓝色票；2分为棕红色、报纸纸；1角紫色；另还发现2分兰紫色有齿票实单，系第一次发现。此种2分票图案与文字与前叙各种均有少许差异。它们仅见在定县、唐县使用，实用的范围究竟有多大，目前还是个谜。

晋票可分为无齿及有齿二大类，具体分叙如下：

A：无齿。棕色1分，道林纸，特厚特硬，纸张表背均光洁；蓝色1分、2分，“弍”字为小写体，褐色为基准色，刷色有深浅偏红等，纸张也稍有些厚薄之差异，晋省使用的纸质薄一些；1角票基准色为紫色，报纸纸；据同好告知有5角票为紫红色，仅见在晋省有实用。另据某资深藏家告知，另有1分墨绿色销票，版色不同。目前见到最早的是贴在民国二十七年吉日立的账本上，没有具体的日期。虽然边区税务局在民国二十七年五月成立了，但真正发行实施还有许多工作要做，如印刷厂的筹建，设备原料的添置，印模的刻制，工人、税收人员的培训，等等。但可以肯定在民国二十七年开征，要大大早于边区印花税暂行条例1939年9月修正公布的时间，因为是“修正公布”，故在此之前应该有更早的边区印花税征收规定（图1—图7）。

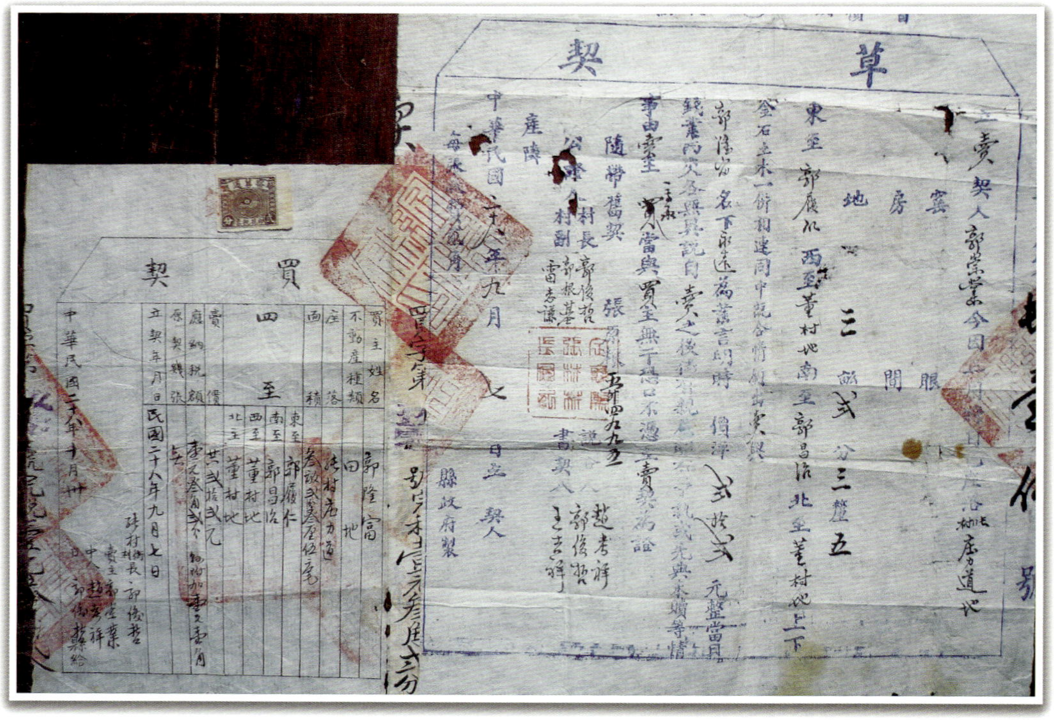

图 1-1　民国二十八年（1939）十月定襄县单

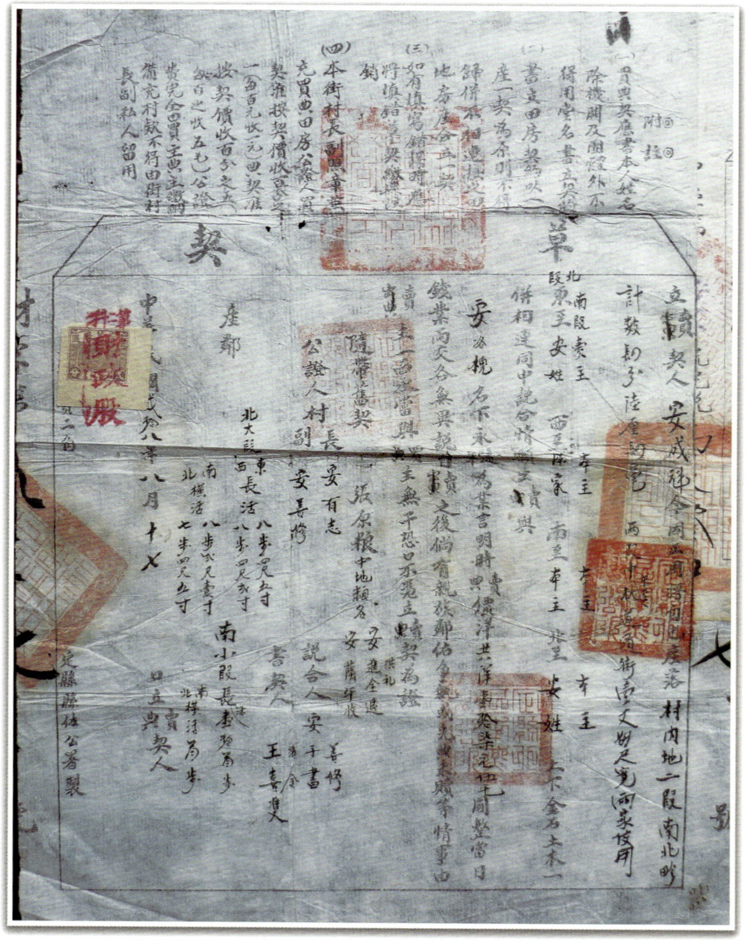

图 2-1　民国二十八年（1939）八月定县单

图 1-2　定襄县单局部放大图

图 2-2　定县单局部放大图

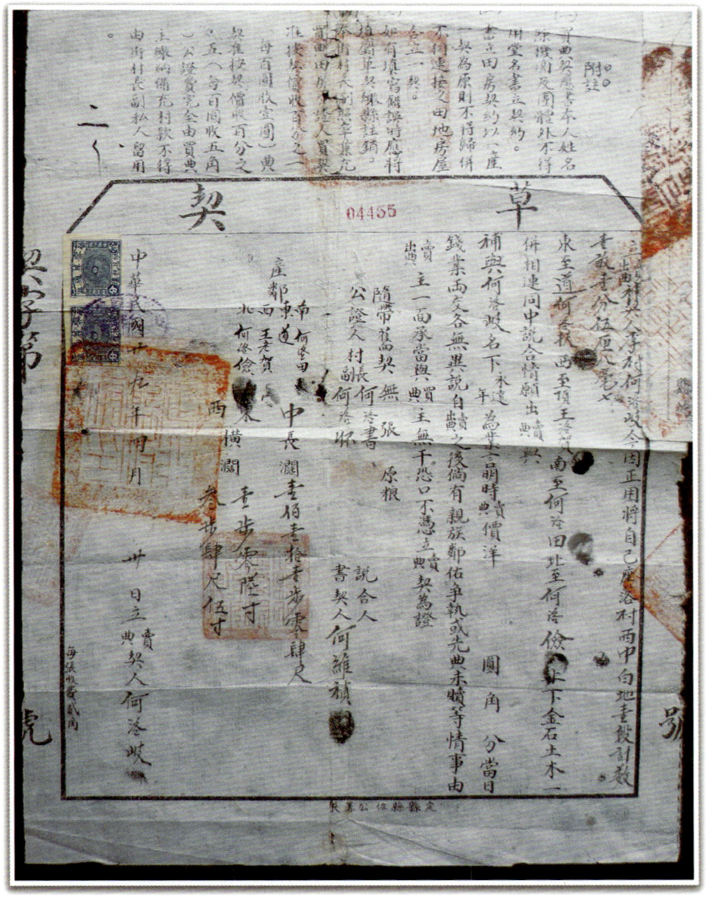

图 3-1　民国二十九年（1940）四月定（北）县单

图 3-2　定（北）县单局部放大图

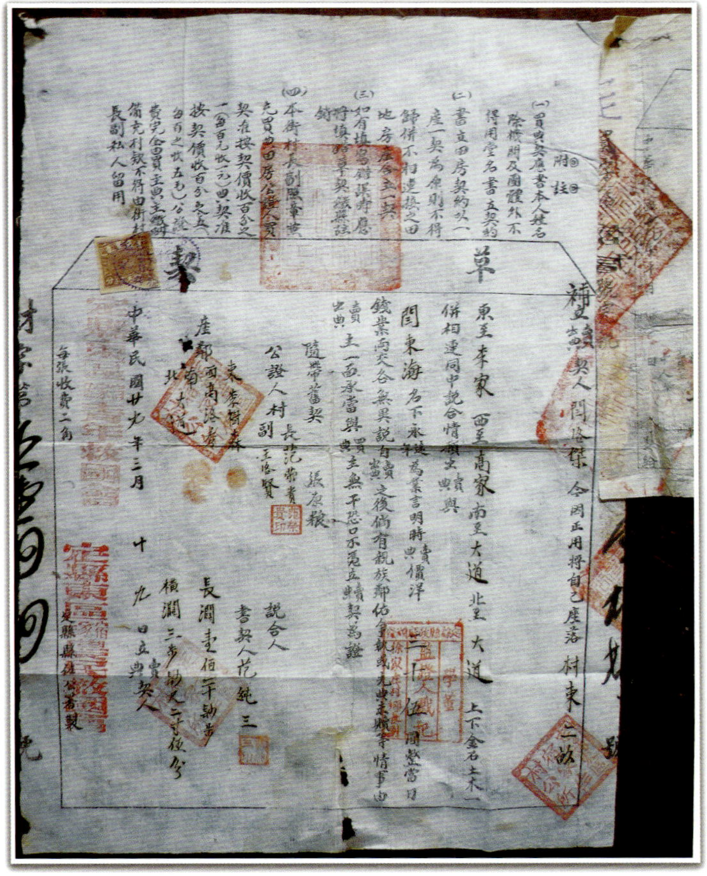

图 4-1　民国二十九年（1940）三月定县东区单

图 4-2　定县东区单局部放大图

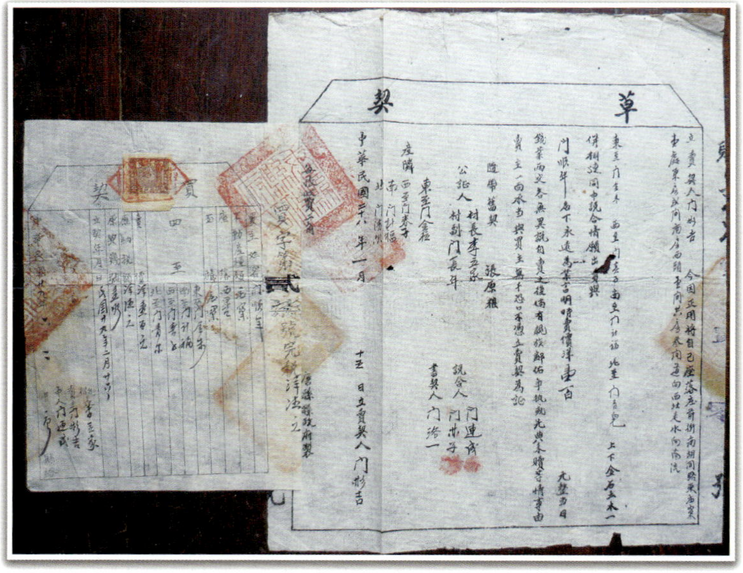

图 5-1　民国二十八年（1939）一月唐县单

图 5-2　民国二十八年（1939）一月唐县单局部放大图

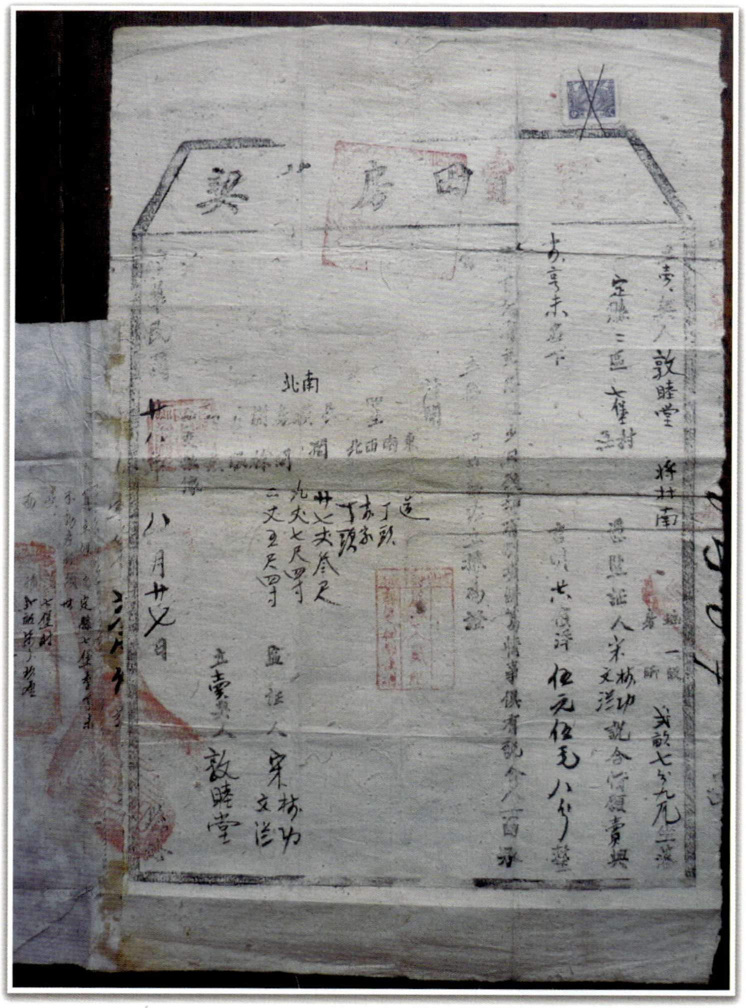

图 8-1　民国二十八年（1939）八月定县单　贴 2 分　紫色

图 6　晋察冀边区印花税票
1 分　深棕色

图 7　晋察冀边区印花税票
1 分　蓝色

图 8-2　民国二十八年（1939）定县单局部

B：有齿。图幅 22 mm×18 mm，较无齿票上下窄一点，边纸较宽，齿孔 6°。1 分桔红色，2 分紫色，二种均仅见冀省使用。此 1 分、2 分图案、文字均有异于无齿票，是为二种不同的版式。本人收集到最早的贴 2 分票买卖田房草契时间为民国二十八年八月二十七日相连的买契为民国二十八年十月十二日（图 8），最晚的实单为民国二十九年十一月，前后约一年之久。

那么同样是晋票，有齿与无齿又为什么版式不同呢？本人认为，刚开始印制的是无齿票，在后来的战争岁月里，印刷厂可能遭受日军的破坏，石印模版被损坏，甚至落入敌手，为防止被敌利用，于是就重新设计制模，从文字、图案、刷色均区别于无齿票，并打上齿孔，方便使用。

在晋、冀实单上贴票存在不同颜色、不同纸质、不同版式的晋票，是同一个印刷厂在不同时期多次印刷造成，还是有二个以上的厂在不同地区印制？本人认为属于后一种情况，当然由于战争环境的极端恶劣，即便是同一个厂也不能保证统自始至终统一用纸与油墨供应。另外由于战斗的频繁，战区的广阔，运输的困难，印刷厂的规模不可能十分庞大，厂址也不一定十分稳定，小型、分散更便于隐蔽和转移。印制好的成品送到就近的地区集中、保管、派发和使用，这样才能克服和减少战争造成的各种困难。这样就会形成各厂之间票的差异，但也有可能是为区分不同地区厂的印刷而有意为之。

除了纸张规格、质量、油墨配方不能保证统一外，还存在设备简陋，油墨配制操作不规范；或受油墨来源的限制，减少或增加某种相近的油墨，随意性很大，也是造成颜色变化多、深浅不同的原因。再加上某些油墨化学性能不稳定，后天受光照、空气氧化等诸多因素影响，均会造成色差、变异。

下面谈谈冀中区及冀中区印花票，1938 年 2 月，边区政府颁布的《政治主任公署组织法》，边区因战争环境需要，在适当地方设置行署，代行其职务，驻各战略区的代表机关，代表边区掌握各地形势变化，贯彻各项工作方针、政策。行署设民政，教育，实业，财政，公安五科，并设高等法院分院，银行分行，有权撤换县长，派代请委。

冀中政治主任公署（图 9），1938 年 4 月 1 日建于安平。主任吕正操，副主任李耕涛（税

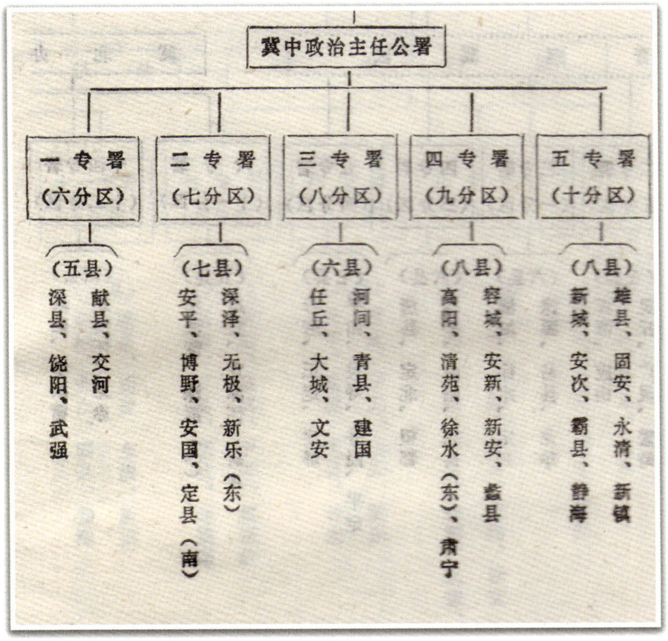

图 9 冀中政治主任公署行政区划

务局长尚子锦）。1938 年秋，下设四个专署，即冀中一专署（辖河间、深县、武强，饶阳、肃宁、献县、青县、交河、沧县）；冀中二专署（辖蠡县、安平、深泽、无极、定县［南］、安国、博野、正定、新乐东）；冀中三专署（辖文安、新镇、安次、霸县、永清、静县、大城、任丘）；冀中四专署（辖雄县、固安、新城、容城、徐水东、安新、新安、高阳、清苑）；1939 年 2 月，在日寇对冀中的五次围攻紧急情况下，各署中专署独立，并增冀中五专署（辖雄县、固安、新城、永清、霸县、安次、新镇、静海）。

1940 年 3 月 20 日，冀中政治主任公署撤销，改设冀中行署（图 10），在冀中代行边区职权，主任吕正操，副主任徐达本（后由吴砚农接任）。5 月—7 月边区对区划及干部作调整，调整的区划如下：冀中的一至五专署分别改为七至十一专署，仍由冀中行署代边区领导。

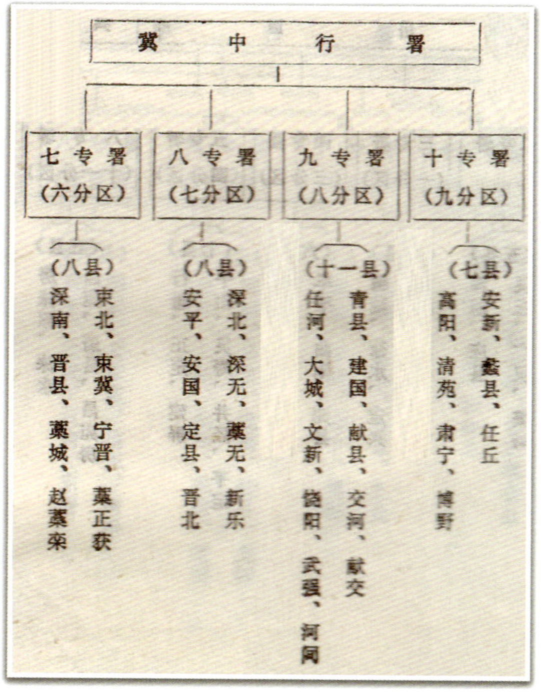

图 10　冀中行署区划

七专署：辖深南、束冀、赵藁栾、晋县、宁晋、藁城、藁正获、东北。（注：有许多地名与现今不符，如深南即深县南一部，束冀即束鹿与冀县接合部，下同）。

八专署：辖深北、藁无、安平、深无、晋北、定县、新乐、安国。

九专署：辖饶阳、武强、献县、任河、交河、献交、河涧、青县、大城、文新、建国。

十专署：辖肃宁、高阳、蠡县、博野、清苑、任丘、安新。

原冀中五专署改为十一专署：辖区不变。（1940 年下半年划归冀北，1942 年 3 月重新划归冀中）

1943 年 1 月，边区召开第一届参议会，选举产生新的边区，区划也有所调整（图 11）。1943 年 8 月冀中行署撤销，所辖七至十一专署，由边区直接领导。

上面 1941 年 6 月以后日军多次的疯狂扫荡，会对征税的实物遗存情况产生极大的破坏，所以不厌其烦地加以叙述，其他情况对我后面要讲的冀中区印花票关系不大，包括 1944 年恢复的一些情况，故略去不谈。

如此冀中行署存在的时间为 1940 年 3 月 20 日—1943 年 8 月。冀中票发行时间应该在冀中区辖区内，发行时间本人界定在 1940 年 3 月 20 日—1941 年 4 月之间。

但是从本人收集到的实用单，最早使用在 1939 年 11 月（贴票的典当田房草契是民国二十九年九月二十二日粘连的当契年份是民国二十八年十一月二十六日，本人取后书的时间），要早于行署设立的时间。最晚的是 1940 年 11 月实用单，前后约一年时间。

这种情况说明：由于战争的因素，冀中区相对独立，在冀中行署未设置前，冀中政治主任公署已实际代边区行使职权，它的管辖区划较大，有物力（有造纸厂、印刷厂），有权力。（但这个权力后来证明是滥用和扩大了，边区并未授权它发行冀中区印花票。曾经看过一个资料，因冀中区擅自发行冀中区印花票，相关领导人被边区通报批评。）

1941 年 4 月后边区实引“统累税”，印花税停征。理论上说应该可以使用到 1941 年

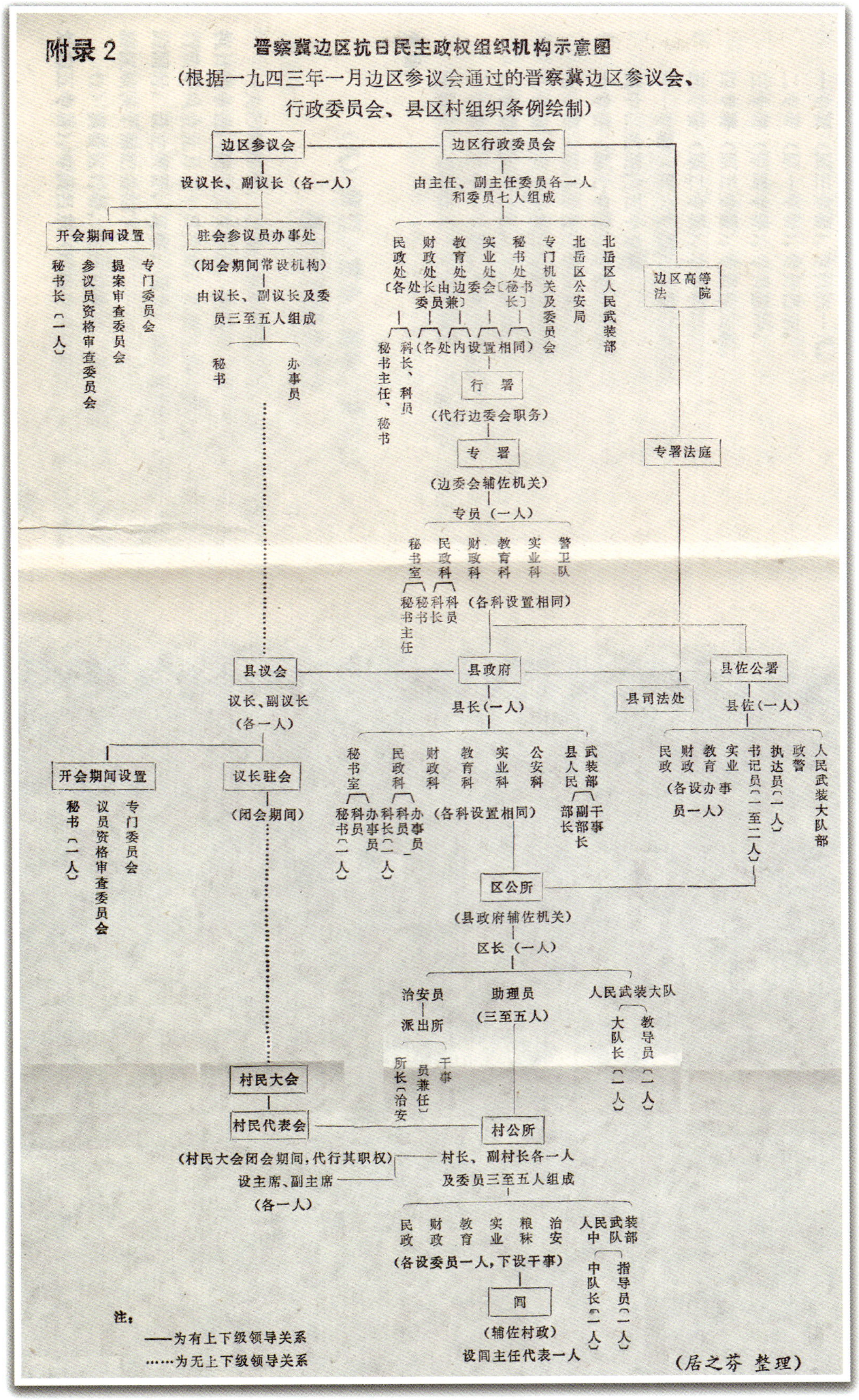
附录2
晋察冀边区抗日民主政权组织机构示意图
(根据一九四三年一月边区参议会通过的晋察冀边区参议会、行政委员会、县区村组织条例绘制)
边区参议会
设议长、副议长(各一人)
开会期间设置
秘书长(一人)
参议员资格审查委员会
提案审查委员会
专门委员会
驻会参议员办事处
(闭会期间常设机构)
由议长、副议长及委员三至五人组成
秘书
办事员
边区行政委员会
由主任、副主任委员各一人和委员七人组成
民政处
财政处
教育处
实业处
秘书处
〔各处长由边委会委员兼〕
〔秘书长〕
专门机关及委员会
北岳区公安局
北岳区人民武装部
秘书主任、秘书
科长、科员
(各处内设置相同)
行署
(代行边委会职务)
专署
(边委会辅佐机关)
专员(一人)
秘书室
民政科
财政科
教育科
实业科
警卫队
秘书主任
秘书
科长
科员
(各科设置相同)
边区高等法院
专署法庭
县议会
议长、副议长(各一人)
开会期间设置
秘书(一人)
议员资格审查委员会
专门委员会
议长驻会
(闭会期间)
县政府
县长(一人)
秘书室
民政科
财政科
教育科
实业科
公安科
县人民武装部
秘书(一人)
科员
办事员
科长(一人)
科员
办事员
(各科设置相同)
部长
副部长
干事
县司法处
县佐公署
县佐(一人)
民政
财政
教育
实业
(各设办事员一人)
书记员(一至二人)
执达员(一人)
政警
人民武装大队部
区公所
(县政府辅佐机关)
区长(一人)
治安员
派出所
所长(治安员兼任)
干事
助理员
(三至五人)
人民武装大队
大队长(一人)
教导员(一人)
村民大会
村民代表会
(村民大会闭会期间,代行其职权)
设主席、副主席
(各一人)
村公所
村长、副村长各一人
及委员三至五人组成
民政
财政
教育
实业
粮秣
治安
人民武装中队部
(各设委员一人,下设干事)
中队长(一人)
指导员(一人)
闾
(辅佐村政)
设闾主任代表一人
注:
——为有上下级领导关系
……为无上下级领导关系
(居之芬 整理)

图11 总184期图片

4 月。实际上 1941 年 1 月后，日寇对冀中大规模扫荡后，大部分变成了敌占区和游击区，此时已失去了上述条件。

"冀中区印花票"，石印，面值见 1 分、2 分、1 角三种（如图 12—图 14）。图案为农舍亭子与树（《总目》上称"粮仓"？不确，农民是个体户，粮食都短缺，哪里来的"粮仓"?）。图幅22.5 mm×21 mm，略成正方形，边纸较宽，齿孔 6°，1 分、2 分以黄色为基准色，有桔黄、杏黄、桔红，"贰"字为大写体，其中 1 角票最早 2001 年被发现时曾被人认为是伪品。1 角绿色，目前发现安国、定县、束鹿、衡水等地方有使用。前传发现 3 分（绿色）、5 分（棕色）二种，但至今仍未见实物或图文，是否确有？抑或是伪品尚不能确定，因为是否有必要要印制如此多的低值票。

由于石印，或多次印模存在一定的差异，或模版新旧差异，有的比较清晰，有的比较模糊，图幅由于纸张缩水率不同有 0.5 mm—1 mm 差异。

应该说晋票中的有齿票与冀中区印花票（冀票下同）是同一个地区的厂印制，它们所用的纸张相同，是一种比较细腻厚实的绵纸，边纸都较宽。它们都打有 6 度齿，都发现在冀中地区使用，贴的单子均为很厚的土纸，这土纸均为木版印制的"典当田房草契"或"买卖田房草契"。晋票中的无齿票发行在先，有齿晋票又比冀票发行要早，它们是即无齿晋票——有齿晋票——冀票。而有齿晋票发行在后，又同时在冀中区使用，这个厂应该在冀中地区，很可能在冀中的定县，本人定它为冀版，晋版未发现有齿票，真正情况如何，还待来日挖掘证明。

晋察冀边区及冀中区印花票，目前除上述几个地区发现实物外，其他地方尚未发现，原因何在呢？主要是：

（1）并不是边区所有的辖区开征。边区有一个逐步发展扩大的过程，有的地方刚建立时还未开征印花税，有的是印花税已停征后才建立。只有在那些政权比较稳固、基础比较好的地方才开征，实际征税的县不是很多。根据地多次易手，变化大。

（2）战争的残酷性，房屋大量、多次被毁，即使当时有留存，也可能毁于战火或淹毁。

（3）定县有多人下乡收购（但目前已知资源几近枯竭）。其他地方未闻有人专门下乡收购。

今后其他地方也有可能随深入的挖掘还会有新的发现，希望诸友补充修正。

图 13　冀中区印花票　2 分

图 12　冀中区印花票　1 分

图 14-1　冀中区印花票
1 角　红盖"深泽"

图 14-2　冀中区印花票
1 角　加盖"束鹿"

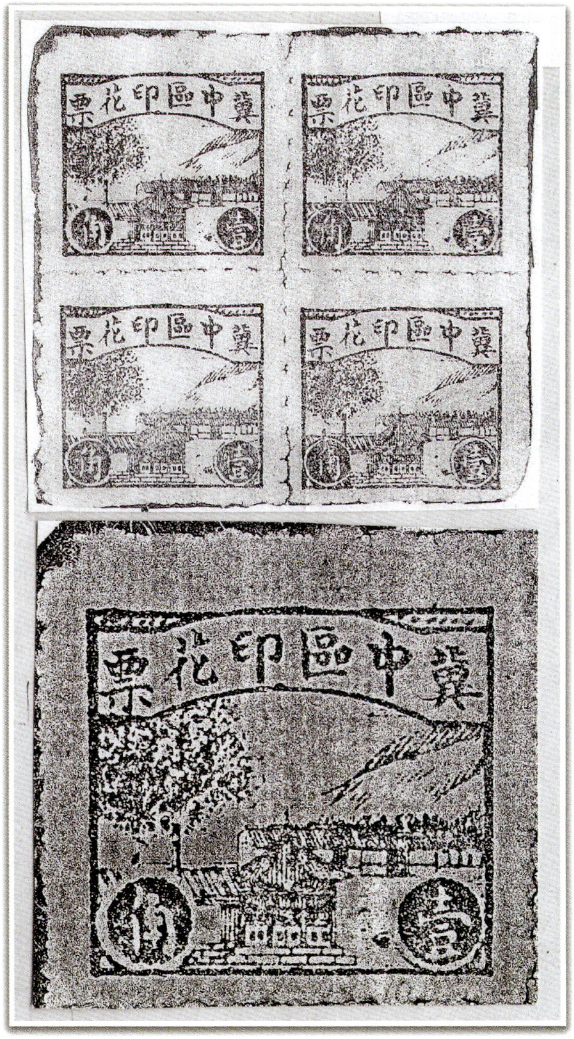

图 14-3

图 14-4　冀中区印花票 1 角 绿色（包晓春藏）

后　记

历史过去了 60 多年，许多历史资料都烟消云散了，许多当事人也都不在了，所以许多事不易弄清楚：比如开征的确切时间，比如面值有多少，比如真伪。

本人早先得到二个定县田房卖契残件，一个有巴掌大小，是原大的 1/8 不到，贴有齿冀省 2 分紫色票；另一个残破成三截，贴冀中 1 分票，曾拿去市里面画廊请裱画师作裱，却被拒裱，可见破残之惨状。二种票用纸均为较厚的绵纸，均为墨划。为什么要把此二枚票作真品的依据呢？理由很简单，作伪之人，总以牟利为目的，追求利益最大化，他要选择比较好的单子作凭证，那样就能卖善价，不会也不应该在残破不堪的单子上贴票下功夫。但目前已发现有真单假票流出，有同好寄来三个单请作鉴定，其中二件分别贴冀省 2 分墨绿色票及冀中 1 分票，均销“定县县政府经征处”戳，其中除“征”字为简体字外，“县”“经”“处”字均为繁体字。票的用纸比较薄，齿孔也不同且较新，缺少陈旧感，销戳也缺少沧桑感。经查，定县当时无“经征处”这个机构，当时的县政府人员机构十分精简，早期的定县称县佐公署，行政级别比县政府低半级，人员机构更为精简。但也有人对此持异议，存在分歧。而另一个单贴冀省有齿 2 分票，色紫偏黑，纸质较薄，图案与紫色 2 分真品有异，边框线条也较粗。前面已讲过，由于战争环境的险恶，印刷厂不能始终保证用纸及油墨的统一，但应该有相对的稳定，它不可能也不会经常发生变动。近代的纸张，由于设备及工艺的进步，又添加了增白剂等辅助用品，纸张较为白亮、紧密，所以作伪者往往定要作旧处理，而六、七十年前的纸张，不具备这些特点，做假者要找早年的纸张又谈何容易。当然，石印版由于刻制印模时，票与票存在一些差异，也是十分正常的。利用高科技完具备了图案惟妙惟肖的可能性，如伪造金融币钞，当然要视作伪者的需要，实力及各印刷厂的设备能力。另外，最近见到了定县贴晋票 1 角的三件实单，刷色为浅紫色，比山西的要浅，纸也薄一些，销“定北县县政府验讫”浅黑色椭形章，也系伪造。其中二张单子从上至下留有折痕，其中一张还折裂开了，但奇怪的是晋票 1 角正好贴在折痕线上却没有丝毫折叠过的痕迹，显见是后贴伪造。此几种真单假票几乎可以乱真，不能小视。而定县贴晋票1角真品据知迄今不超过十张，非常少见。

最近有同好告知山西盂县发现民国二十七年六月立的账本，贴晋票1角二枚，这是迄今发现最早使用晋票的实用品，初步可印证晋票发行于1938年6月。以前称有晋票5角面值是否确实，仍须打个问号。虽然出让者言之凿凿，但购买者却称回忆不起有此种5角面值。

由于伪品的出现，已经使收藏者望而却步，热情大减，目前对某些真伪界定仍有分歧，我们要提高警惕，慎重对待，以免造成混乱。

附：人物简介

晋察冀边区创始人领导人：

聂荣臻：（1899年—1992年）1899年12月生于四川江津。1922年加入共产党，1924年到莫斯科东方大学学习，1925年回国任黄埔军校政治部秘书兼教官，北伐开始后任广东区军委会特派员，1927年先后参加南昌起义、广州起义。

起义失败后赴上海转入地下，负责军委日常工作。1931年进江西瑞金，不久任红一军团政委，作为主要领导人之一率部队南征北战长达5年。1937年红军改编为八路军后任115师副师长，参与指挥了平型关战役，此后率2 000多人进入五台山区开辟晋察冀抗日根据地，半年多部队发展到4万多人，被毛泽东称为“抗日模范根据地”。抗战胜利后，继续任晋察冀边区司令兼政委，后任华北军区司令员。1955年被授元帅军衔。1992年5月14日逝世，享年93岁。

冀中区创始人领导人：

吕正操：1905年生，辽宁海城人。1922年参加东北军，次年进讲武堂学习，毕业后任东北军第53连长、营长、少校副官队长，第16师参谋处长，647团、691团团长。1936年任东北武装同志抗日救亡先锋队总队长。1937年5月加入共产党，抗日战争时期任冀中人民自卫军司令员、八路军第三纵队司令员、冀中军区司令员、冀中行署主任、冀中区总指挥部副总指挥、晋绥军区司令员。

尚子锦：（1911年—1996年）1911年生，河北深县人。1930年就读北平中国大学政治经济专科。1934年毕业后回家务农教书。1938年4月参加冀中抗日政权工作，1939年加入共产党，曾任冀中政治主任公署财政科员、科长、冀中区税务局局长。

《印花交流》总180—185期
2005年7月—12月刊

漫谈华北解放区印花税票的责任铭

上海　李德元

中国税票集邮研究会会刊《税票集邮》总17期（2000年10月10日）刊载北京邓学顺先生（已故）《张景海有多少?》；总18期（2001年1月10日）刊湖南段辉先生《称责任铭如何?》；总42期（2006年8月30日）刊天津安秉信先生《解放区（华北）印花税票上的工铭》等，有多位同好，都对华北解放区加盖票的责任铭有收藏和研究。

所谓“责任铭”，简单说就是工匠、产品加工生产者在自己加工制造的物件上加注了自己的姓名或代号称谓，以示对自己的产品予以负责，从而保证产品质量。

考古发现，远在秦代，在青铜器上物勒工名，就记载了负责监制铜器的官职名号、工长名、工匠名，所以秦代的礼器、兵器非常规范工整。延至汉代，在许多钱币、钱范上也刻印了工匠的代号暗记。

及至近代，在许多重要的产品上也都有承制人的铭文，如报刊、钞票、邮票、税票等许多有价证券上就印有承印厂的厂名，实际上也是责任铭，一种广义上的责任铭。

今天就谈谈华北解放区印花税票上的责任铭。根据同好及本人研究整理，华北解放区大字加盖票从1角、2角、5角；到1元、2元、5元；10元、20元、50元；100元、200元、500元，一直到1 000元、2 000元、5 000元，共角级、元级、十元级、百元级、千元级五级十五种。但由于底票不同，共有30几个品种，但目前仅发现了10种加盖票的责任铭，责任铭共涉及10人11种（见附表）。还不到全部加盖的三分之一，其中角级票还未发现责任铭，有5个加盖票各有二种不同的责任铭，换言之就是说每个工人印制加盖票的品种并不是固定的，今天你可以加盖这个票，明天我也可能加盖这个票，所以如果发现差错，责任人就难以确定。根据记载过去在大字加盖票上仅发现联运图20元盖“华北暂作2元”票，漏印“贰”字和误盖“暂作作暂”二种，而小字加盖票的错票，也至少有二种，即联运图10元盖“华北暂作5角”，错印成暂作“伍作”，和“暂作”为“角作”，但至今尚未发现小字加盖票的责任铭。据知小字加盖是天津加盖，大字加盖是北京加盖。

责任铭极大多数为姓名三个字，个别的在名字后加了“印”字，如赵国瑞印（图1）。责任铭所处位置在版票的第80号、90号、100号票位之间的右边边纸上，竖盖，字的颜色与加盖的文字颜色相一致，可以确定是一次性印刷。目前发现最多的责任铭是“赵国瑞”，在5种不同的加盖票上有他的责任铭。

图1

以前经手过整版加盖票，有的有责任铭，有的却无责任铭。现在仍不清楚的是大字加盖票是从什么时间加盖责任铭的？同时不清楚还有哪些票上有责任铭，还有哪些尚未发现的印刷工人的责任铭，也不清楚是哪个厂承印的，所以仍需努力收集挖掘，期待有新的发现。

图 2

图 5

图 6

除此以外，在华北人民政府发行的印花税票 5 分票上也发现了反印的责任铭“国店印”（图 8），但目前不清楚“国店”是一个机构的缩写还是人名。以上观点，希各位同好斧正。

图 3

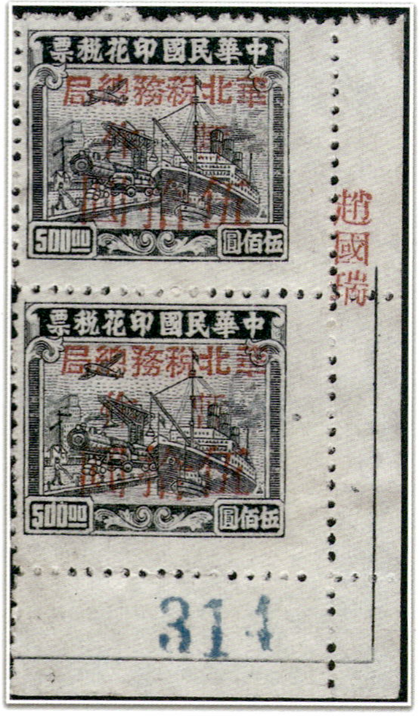

图 4

图 7　郑金铭

图 8

附表

华北解放区大字加盖票面值及责任铭简表

序号	原票（面票值）面		加盖面值	责任铭 1	责任铭 2
	联运图	复兴关			
1	20 元		1 元	马忠发	
2	200 元		5 元	关也平	郑金明印（注 2）
3	100 元		10 元	赵国瑞	张景海
4	100 元		20 元	赵国瑞	
5	500 元		50 元	赵国瑞（图 4）	郑金明（图 7）
6		3 元	100 元	马忠发	赵进禄
7		10 元	200 元	赵国瑞（图 5）	郭万成（图 6）
8		30 元	500 元	赵国瑞印（图 1）	张起泰（图 3）
9		50 元	1 000 元	张景海（图 2）	
10	（摘自安文：语焉不详）？			锅宗帽	

（另有图片下期补登或略）

注 1：此文系本人 2009 年 12 月在江西财经大学举办的“税票集藏展览及税票学术研究会”上的论文，曾在 2010 年陕西《税票研究》总第 7 期上登载过，今应同好要求在本刊上予以刊载。

注 2：“郑金明印”四字责任铭系新发现，见《补遗》图 1。

《印花交流》总 258 期　2012 年 1 月刊

《漫谈华北解放区印花税票的责任铭》补遗

木 子

《漫谈华北解放区印花税票的责任铭》这篇文章，是本人 2009 年 12 月在江西财经大学举办的“税票集藏展览及税票学术研究会”上宣讲的学术论文。经过这二年的收集，又增加了二件新的实物资料，需要对原文进行补充及修正，使之更为正确和完整。

实物一：北平联运图 200 元盖华北税务总局暂作 5 元票。原先被分散贴在账簿上。分拆成 3×5＝15 枚、2×5×2＝20 枚和 5 竖连共 40 枚。经拼接成 4×10＝40 方连。带下边纸及右边纸。在右边纸印有“郑金明印”四字责任铭（图 1），位置于全版第 30、40 号票右边纸。过去认为在第 80 号、90 号、100 号票位之间的边纸上，就不够正确了。这个“郑金明”三字的责任铭过去曾出现在联运图 500 元面值加盖 50 元的票中，但没有“印”字。所以“郑金明印”四字责任铭是新发现的。原先 200 元加盖 5 元的责任铭是“关也平”。

实物二：华北人民政府 5 元票，2×10＝20 方连，带上边及下边纸，在左边边纸上反印有草书“国庆印”（图 2）。其中“庆”字如何识读有不同说法，需探讨。过去只发现 5 分票在右边纸有反印责任铭，如今 5 元票在左边纸发现反印的责任铭。华北人民政府印花税票整版票为横 12×纵 10＝120 枚。由此测算，责任铭位置于第 49 和 61 号票的左边边纸。根据部分同好介绍，华北人民政府票不同于加盖票，均加印“责任铭”，有的在右边，有的在左边。也有二个字（无“印”字）有名无姓。字为草书，有倒印，有反印。

图 1

《印花交流》总 257 期　2011 年 12 月刊

图 2

印花单据欣赏

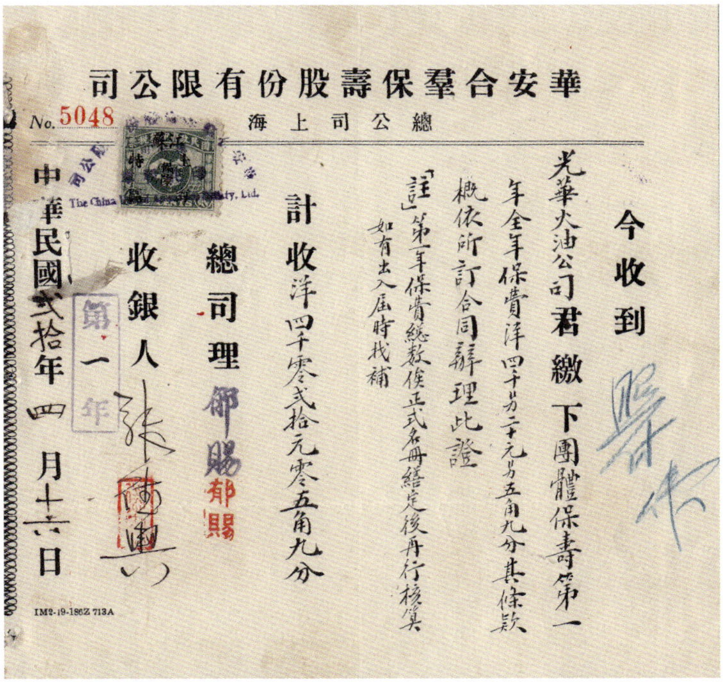

華安合羣保壽股份有限公司

總公司上海

No. 5048

今收到

光華火油公司君繳下團體保壽第一年全年保費洋四千另二十元另五角九分其保款概依所訂合同辦理此證

「註」第一年保費總數係照式名冊繕定後再行核算 如有出入屆時找補

計收洋四千零貳拾元零五角九分

總司理 鄔賜

收銀人

第一年

中華民國貳拾年四月十六日

IM2-19-186Z 713A

民国二十年（1931）上海华安合群保寿股份有限公司收据

联运图解放区加盖票综述

木　子

前言

民国联运图印花税票加盖、改值票是中华人民共和国建国前后发行和使用的。它是新老解放区在特定历史条件下的产物。其发行使用时间最长的约有一年半，最短的仅有数月，甚至更短。虽然发行使用时间非常短暂，但它在税收历史上的作用与地位是十分重要的。它见证了一个新政权的诞生，上面记载了历史的沧桑与文化信息，堪与解放区邮票与解放区纸币相提并论。但是我们对它的存在及历史功绩，没有给予应有的重视，至今没有一个博物馆让它展示、向人们叙述，而任其自生自灭。时光已经过去了五十多年，许多当初曾经亲手制定、使用过它的人，要么已经不在人世，要么已经耄耋之年。大量的实用票据，要么毁于天灾人祸，要么超过保管期限已被付之一炬。

1947年下半年，全国的战争形势发生了极大的变化。特别是经过（1948年9月—1949年1月）“辽沈战役”“平津战役”“淮海战役”之后，中国共产党领导的人民军队与国民党军队，力量对比发生了根本性的转折。1949年4月21日，人民解放军横渡长江，在一千多公里的战线上同时发起攻击，大批国统区被解放，国民党军队节节败退，从华北、华东、华中退向西北、西南，最终退出大陆。

随着一个个国统区的解放，新建立的各级地方政权都面临百废待兴的局面。而税收工作则一刻也不能停顿，一方面要承前启后，一方面要积累资金支援前方战事和建设。军事管制委员会或新的各级地方政府，大多采取一种既方便快捷又节省开支的办法，即把旧政权遗存在库内的民国税票临时加盖使用。而各地的库存票又不尽相同，但大部分是1942年后发行的，其中尤以1946年发行的海陆空联合交通运输图（法币面值）及1948年发行的农工建设图（金元面值）票为甚。某些地方库存只有农工图或宝塔图或复兴关图票，故而大部或全部用此类票作为票源。本文主要论述联运图（又称交通图）加盖票。

印制联运图票的厂家有中央印制厂北平厂（北平版），中央印制厂上海厂（上海版），振明印书馆（振明版），大东书局上海印刷厂（大东版），大业印刷公司（大业版）及英华印刷厂（英华版）。这些厂在民国时期印制了堪称天文数字的票，面值从10元开始直至50万元，全国除少数地区外，均有使用。随着国民党军事上的溃败，扩军备战，负担加重，滥印钞票，更加剧了金融恶化，通货膨胀，为挽救局面，于1948年10月再次进行币制改革，以法币300万∶1兑换金元，大量的法币面值联运图票因不适用而成废纸，搁置在库内，除了其中一部分被加盖为金元邮票外，仍有大量的票品后来成为解放区加盖票的票源。

作为解放区加盖票，由于解放的时间有先后，解放区的范围有大小，所以发行的时间有早晚，发行的量有多少。由于解放区之间缺乏统一的规划，各自为政，都形成自己独有的风格，自成系列，系列有大有小，也有孤立品种。在西南地区，由于解放晚，至今还有一些品种不明身世，生于何时何地，需要我们努力去探索。本人过去侧重于民国票特别是民国地方票的收集与研究，对解放区及中华人民共和国成立后的票讲述较少，今天起，将对解放区联运票加盖票作较为系统的论述，错、漏难免，希诸君不吝赐教，随时纠正、补充，以正视听。

解放区，广义上指在第二次国内革命战争时期、抗日战争时期，第三次国内革命战争时期中国共产党领导下的革命政权。1931 年 11 月在江西建立中央工农民主政权，同时存在中央，鄂豫皖、湘鄂西、左右江、川陕、陕甘宁、东江等革命根据地；抗日战争时期所建立的陕甘宁边区政府，同时存在陕甘宁、晋察冀、晋冀鲁豫、晋绥边区、山东、苏北、苏南、苏中、淮北、淮南、皖中、皖南、浙东、鄂豫皖、东江、琼崖诸区，以及东北抗联等革命根据地；解放战争前期，全国解放区分为陕甘宁、晋察冀、晋冀鲁豫、晋绥、东北和华北等大区。1947 年 5 月 1 日正式成立内蒙古自治区。解放战争后期又分为华北、东北、华东、中南、西北、西南六大解放区，本文主要讲的即是解放战争中的华北、华东、中南、西北、西南诸解放区的联运图加盖票。兹分述如下：

一、华北（解放）区

1938 年晋察冀边区政府在阜平县城成立，辖 56 县，大部分在河北省，1941 年又成立晋冀鲁豫边区政府，辖冀南、太行、太岳、冀鲁豫 4 个行政公署，154 县。1946 年晋察冀边区政府设冀中，冀晋、冀察（热河省）、冀热辽（冀东）区及察哈尔省，辖 168 县、9 县佐、7 市；晋冀鲁豫边区政府设太行、冀南、太岳、冀鲁豫 4 个行署，辖 193 县及 7 个市。1948 年两个边区政府合并成立华北人民政府（1948 年 9 月—1949 年 2 月华北人民政府驻石家庄），统辖北岳、冀中、冀南、冀鲁豫、太岳 6 个行政公署，275 县，其中约一半属河北。1949 年 8 月 1 日，河北省人民政府在保定成立，以原冀中、冀东行政区全部、冀南行政区大部，太行行政区一部及察哈尔的平西、易水、建屏 3 个专区，辖 4 市，132 县，10 县级镇。

（1）加盖“华北税务总局暂准使用”，利用原票面值。《中国印花税票总目录》（下称《总目》），列出 3 种：1 000 元，3 000 元，5 000 元，其中以 3 000 元，5 000 元为少见。（图 1）

图 1-1　3 000 元加盖“华北税务总局暂准使用”

图 1-2　5 000 元加盖“华北税务总局暂准使用”

（2）加盖“人民政府批准暂作××”，《总目》列 6 种，分别是 1 角/10 元，3 角/20 元，5 角/30 元，1 元/50 元，5 元/100 元，10 元/200 元，其中以 3 角最为罕见。（图 2）

图 2　加盖“人民政府批准暂作 叁角”

图3　20 元　加盖“华北税务总局 暂作 壹元（大字 宽距）”

（3）加盖“华北税务总局暂作××”，俗称大字加盖，《总目》列 26 种，错盖 1 种，其中 3-27a宽距缺图，今补上（图 3）。3-31，2 元/20 元及 3-38，10 元/100 元，字距有宽窄两种，《总目》未注明，且缺宽距票图，今补上（图 4、图 5）。造成字距及行距宽窄（复兴关图加盖）不同主要是由于不同版次排版时所致。该系列中以 1 角/10 元（红盖），1 角/50 元，5 角/100 元，2 元/3 000 元为少见。近闻有同好收集到新品种 5 角/10 元（红盖）一种，也很罕见。

图 4-1　20 元　加盖“华北税务总局（黑体）暂作贰圆（宽距　大字）”

图 4-2　20 元　加盖“华北税务总局（黑体）暂作　贰圆（窄距　大字）”

图 5-1　100 元　加盖“华北税务总局暂作拾圆（宽距　大字）”

图 5-2　100 元　加盖“华北税务总局暂作拾圆（窄距　大字）”

（4）加盖“华北税务总局暂作××”，俗称小字加盖，《总目》列 21 种，另列错盖品种 11 种。3－74 缺图，10 元/30 元，今补上。（图 6）

图 6　秦皇岛加盖“华北税务总局暂作　拾圆（小字）”（刘永新藏品）

需要指出的是，其中 1 角/30 元，2 角/30 元，3 角/30 元，5 角/30 元，1 元/30 元，2 元/ 30 元，5 元/30 元，10 元/30 元，八枚为一套，自成系列，应为河北秦皇岛市使用，似应单独列出（秦皇岛市 1949 年 3 月由临榆县析置，临榆县迁海阳，1954 年 3 月撤销，并入秦皇岛市及抚宁县）（图 7）。其中以 5 角/30 元，2 元/30 元最为罕见。

图 7-1　秦皇岛加盖“华北税务总局暂作壹角（小字）”

图 7-2　秦皇岛加盖“华北税务总局暂作贰角（小字）”

图 7-3　秦皇岛加盖“华北税务总局暂作伍角（小字）”

图 7-4　秦皇岛加盖“华北税务总局暂作壹圆（小字）”

图 7-5　秦皇岛加盖“华北税务总局暂作贰圆（小字）”

图 7-6　秦皇岛加盖“华北税务总局暂作伍圆（小字）”

香港包氏目录，曾列有加盖“华北税局”“华北特税局”“税务分局”的一些品种，内有无齿票，振明版，上海版，几年来均未见实物，本人在京、沪与包先生会晤时曾当面探询，被告知他也未见实物，是从国外某拍目转录的。经国内一些专家论证，应属臆造品。该目另列入 3 角/500 元，《总目》编辑时已被删除。

华北解放区是最早发行和使用加盖票的，以北平厂联运图为其加盖的主要票源。（另有东九省复兴关图票加盖）最低面值为 1 角，最高为 5 000 元。其中北京及天津加盖发行品种最丰富，今后仍有可能会有少量新品种面世。本人收集的最早是 1949 年 4 月 2 日秦皇岛实用单，应该说属于比较早的。

二、华东（解放）区

（1）（江苏）苏南区

抗战期间，八路军南下，新四军北上抗日，在苏南、苏北先后开辟若干连片或不连片的根据地，建立乡、区、县以至省级的政权。在苏北，以淮阴为中心，曾建立苏皖边区政府，苏北，皖北都是边区政府的组成部分。解放战争开始后，又组建华中行政办事处，至渡作战前夕裁撤，建立苏北行政公署。

1949 年 4 月下旬，（江苏）省会镇江解放，至 5 月中旬，江苏全境解放。由于苏北是老解放区，苏南是新解放区，江苏划分为苏北（驻泰州），苏南（驻扬州）两个省级行署区。（1952 年 11 月合并，恢复江苏省）。

目前苏北没有发现联运图加盖票，而主要集中在苏南地区，兹介绍如下：

① 镇江：

a. 加盖“人民券”：利用原票面值。右读，宋体加盖。《总目》列 6 种，分别是大业 30 元，上海平版 50 元、100 元，上海凹版 100 元、200 元、500 元。

b. 加盖“暂作人民券×圆”：右读，分三行排列，大写“圆”，《总目》列 2 种，即英华 5 千元改盖 10 元，上海 1 万元改盖 10 元。今补充新品种，大东 50 万元改盖 50 元。在加盖票上称“人民券”，是加盖票早期的称谓（图 8），华北加盖票虽然未写明，但早期也是以人民券计算的。上期文章图 7 右上角实单复印件有“人民券”（折反）字样，中后期改称人民币后，顺理成章地过渡了。有关“人民券”的来历，北京邓学顺先生最早曾于本刊 1998 年第 1 期（总 90 期）上著文《关于“人民券的一些问题的探讨”》，作过详情的论述。本人曾加注按语全文载录：“邓学顺先生考证了‘人民券’称谓演变始用时间，中国人民银行钞票→新币→人民票→中国人民银行券→人民券→人民币，‘人民券’即是‘人民币’在不同历史时期的不同叫法，对于中华人民共和国成立前夕，新解放区利用民国税票加盖‘人民券’的发行时间有了较为明确的界限，后来改称（加盖）人民币，所以‘人民券’的名称只存在了短短的几个月。”根据邓先生的研究结果，“人民券”名称从 1949 年 1 月 31 日起始用，面值有 1 元、5 元、10 元、20 元、50 元、100 元六种。加盖“人民券”的票发行和使用时间相对要早一些。

图 8a-1　英华版 5 000 元　镇江加盖“暂作人民券　拾圆”

图 8a-2　中央上海凹版 1 万元　镇江加盖“暂作人民券　拾圆”

图 8b-2　上海大东凹版 50 万元　加盖“暂作人民券伍拾圆”单据

图 8b-1　大业平版 30 元 镇江加盖“人民券”

图 9　中央上海平版 20 元短勾“弋”加盖“南京市税务局改作人民券伍拾元”

镇江曾作为会江苏省会，如今发现的品种和数量均不多（目前连同农工图加盖已知有 13 种）。去年曾有少量加盖票实单流出，但大多为农工图加盖（本人收集的最早实单是 1949 年 7 月 7 日，为农工图 1 元加盖“人民券”）。今后可能仍会有新的发现。唯前曾有人伪造以牟利，希收藏者多加留意。

② 南京：

a. 加盖“南京市税务局改作人民券×圆”：右读，楷体加盖，分三行排列，大写“圆”。《总目》列 8 种，其中 50 元/20 元，原票有二种不同版式，《总目》只列入原票“贰”字长“弋”一种，另有短“弋”一种未列入，今补上（图 9）。另补充新品种上海 300 元改盖 1 元（图 10）。《总目》缺 3-357、360 票图，今也一并补上（图 11、12）。其中以 1 元/300 元最为少见。四川邓希皋先生近在会刊总 30 期上补充上海平版 500 元盖 50 元一种。

图 10　贴大业平版 300 元加盖“南京市税务局 改作人民券壹圆”实用单据

图 11　大业平版 30 元加盖“南京市税务局改作人民券壹圆”

图 12　大业凹版 100 元加盖“南京市税务局改作人民券拾圆”

b. 加盖“南京市税务局改作人民币×元”：右读，楷体加盖，小写“元”，该系列比“人民券”系列发行稍晚，《总目》列入 8 种，以1 元/1 万元最为罕见。邓先生补充上海平版 20 元盖 50 元一种。

1946 年 5 月，国民政府还都南京，作为国民政府首都，人口众多，商业繁荣，经济比较发达。解放军渡江后首先解放，南京加盖票的品种和数量都较多。本人收集到的联运图加盖“人民券”和“人民币”最早的实单分别是 1949 年 6 月 1 日（图 13）和 1949 年 9 月 16。（农工图 1 分票加盖人民币自成系列，发行和使用最迟，最早的实单是 1949 年 10 月 6 日，最晚使用的实单是 1950 年 5 月 19 日）。据江苏刘卫东先生提供证据南京加盖始用时间为 5 月 1 日，其收藏最早的实单为 5 月 18 日。

③ 苏州：

苏州作为江苏重镇，历来为繁华之地，素有“上有天堂，下有苏杭”之称，排名还在杭州之前，加盖品种丰富多彩，除农工图外，联运图加盖如下：

a. 加盖“苏州行政区税务局印花税票暂作人民币×圆”：左读，黑体加盖，大写“圆”，因为字多达 16 个字以上，分为四行排列，为加盖票字体最多的品种。《总目》列 12 种，缺 3-291 大东 10 万元改盖 1 元票图，今补上（图 14）。3-318，200 元改盖 50 元，图暂缺。邓先生补充大业 300 元盖 1 元，振明 5 000 元盖 1 元。唯振明版无 5 000 元面值，可能把英华版误作“振明”版，两者图案十分相近。

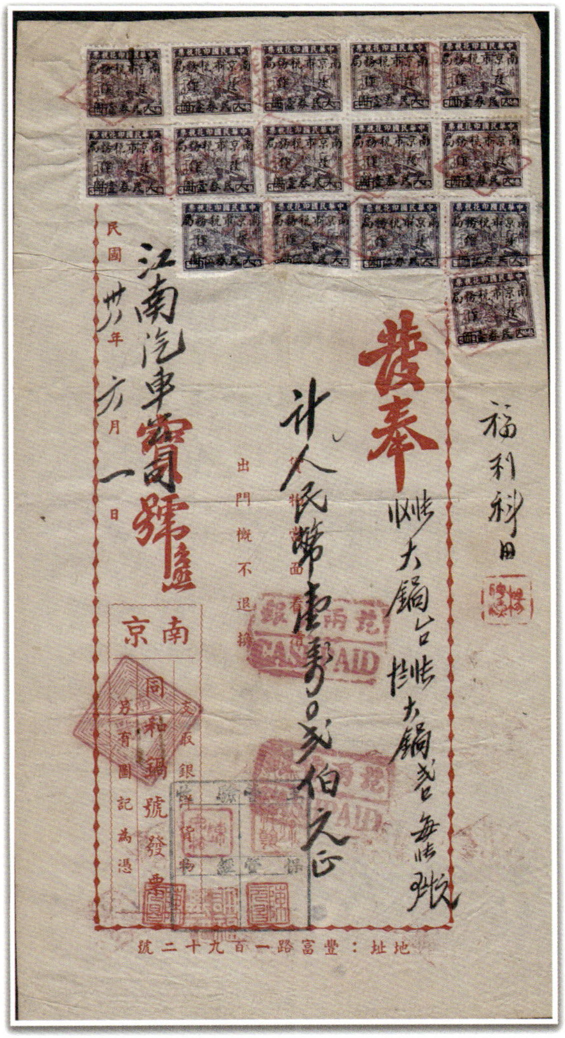

图 13　加盖“南京市税务局改作人民券”票实用单据

图 14　上海大东凹版 10 万元 加盖“暂作人民币 壹圆”

b. 加盖“苏州行政区税务局印花税票暂作×圆”：左读，黑体加盖，分四行排列，大写“圆”。《总目》列 7 种。邓先生补充大东 200 元盖 10 元一种。

④ 松江：

1932 年 9 月江苏全省划分 12 区，1933 年 12 月省政府制定《江苏省行政督察专员公署组织规程暨办事通则》，划分为9区，并呈行政院备案，1934年2月获准设立9个行政督察区，松江为第3区，下辖松江、金山、奉贤、南汇、川沙、上海、青浦七个县。1947年6月正式核准，到1949年仍为9区，增加了宝山、崇明、嘉定三县及嵊泗（局）。中华人民共和国成立后仍沿旧制辖10县（嵊泗局），1949年4月改置嵊泗列岛军事管制委员会，后隶苏南行政区，1951年置嵊泗县，1953年6月划属浙江省，松江属地级行政区隶苏南（省级）行政区。松江加盖品种也不少，可分为：

a. 加盖“苏★南 松江行政区税务局”，宋体，三行排列，大写“圆”利用原票面值，《总目》上列7种。其中3-270，大东20元《总目》注（A、B版），图片显示却为同一版式的“长弋”“贰”，本人也未见过另一版，是否存在？3-272，文字注明为“中央平版”，图片却是大业平版，与3-274（窄距）实为同一品种，本人也未见过“中央平版”加盖票。3-275《总目》标注为大东凹版（“税务局”宽窄距），本人未见过“窄距”的加盖票，而为3-275（窄距）实际是大业版，而应为3-276才对，错误之多，令人痛心。

b. 加盖“苏南松江行政区税务局×圆”，楷体，四行排列，大写“圆”《总目》列5种，不同字体版式共10个品种。其中3-285、3-286《总目》标注（A、B版），但所示图片均为同一种版式，即“长弋”“贰”。

（5）常熟：加盖“人民币×圆”，宋体，二行排列，《总目》列4种，未见有新品种。

（6）苏南：应为苏南行署统一加盖，使用面较广，其可分为三类：即“暂作”“改作”及“限苏南区用”，后二类未见有联运图加盖。仅在“暂作”类中存在。

a. 加盖“苏南暂作×圆”，楷体，二行排列，大写“圆”，《总目》列10种。缺3-229上海1万元盖1元之图片，未见。近邓希皋先生会刊上补充上海300元盖100元一种，另3-228大东100元盖20元，“贰”字“贝”字只列缺最后一笔的票，且未注明，即图所示。另有不缺笔票补上图（图15）。

图15　上海大东凹版100元加盖“苏南暂作贰拾圆”（工字纹）

（2）（安徽）皖北区

抗战爆发后，开辟了淮北、淮南和皖南和皖江解放区。1949年4月皖北全境解放，设皖北行署于合肥，5月上旬皖南全境解放，设皖南行署于芜湖，1952年8月皖北、皖南两行署合并，恢复安徽省。

皖北行署统一加盖的票为“限皖北区用”，未发现有用联运图票，仅在安庆加盖中有数种。

① 安庆：

a. 加盖“暂作人民币×圆”，仿宋体，二行排列，大写“圆”，《总目》列2种，即上海1万元盖5元，上海1万元红盖100元。

b. 加盖“暂作人民币×元”，楷体，二行排列，小写“元”，《总目》列2种，即上海1万元红盖100元，大东50万元盖500元。

安庆市1927年由怀宁县城析置，1930年裁撤，裁入怀宁县，1949年4月后又由怀宁县析置，1949年10月裁撤，并入怀宁县，1950年1月复置。短时间内频繁变动影响了加盖票的发行和使用，所见票品存世量不多。此类票系“安庆市工商管理局”加盖，每四枚票中间用钢印压制，以作防伪，在诸多解放区加盖上独树一帜（图16）。

皖南区：

② 加盖“皖南区税务局暂作人民券×元”，宋体，三行排列，小写“元”，《总目》列1种，《总目》3-180系“人民币”系列，错列入“人民券”系列，与3-187系一图二用，再版时应予纠正（图17）。

③ 加盖“皖南区税务局暂作人民券×元”，宋体，三行排列，大写“圆”，《总目》列1种，目前未发现新品种（图18）。

④ 芜湖：

图 16　中央上海平版 500 元加盖“芜湖市税务局改作人民券伍角”

图 17　中央上海平版 50 元加盖“芜湖市税务局改作人民券伍圆”

图 18　大东凹版 3 万元加盖“芜湖市税务局改作人民券伍拾圆”

图 19　中央上海凹版 300 元加盖“芜湖市税务局改作人民券壹百圆”

a. 加盖“芜湖市税务局改作人民券×圆”，宋体，三行排列，大写“圆”，《总目》列6 种，近年流出一些票单，品种有所增加。今补充上海平版 500 元盖 5 角，上海平版 50 元盖5 元，大东 3 万园盖 50 元，上海 300 元盖 100 元 4 种（图 19）。

b. 加盖“芜湖市税务局改作人民币×圆”，宋体，三行排列，大写“圆”，《总目》列 7 种 8 枚票。今补充：上海 1 万元盖 50 元，大东 3 万元盖 200 元（图 20、21），并补《总目》缺图 3-213（图 22）。据闻还有英华 5 千元盖 5 元、10 元，惜未见。

图 20　中央上海凹版 1 万元 加盖“芜湖市税务局改作人民币伍拾圆”

图 21　上海大东凹版 3 万元 加盖“芜湖市税务局改作人民币贰百圆”

芜湖 1949 年 5 月（解放后）由芜湖县城区及近郊三乡析置，直隶皖南行署，8 月为皖南行署驻地，1952 年 8 月复属安徽省。芜湖为解放初著名米市，目前时间流出一定的单据品种数量才与之相适应。

图 22　英华版 5 000 元加盖“芜湖市税务局改作人民币叁拾圆”

图 23　大业凹版 100 元古田加盖“人民币壹拾元”

（3）福建

① 古田加盖“人民币×元”，宋体小字二行排列，小写“元”，大业 100 元红盖 10 元，（图 23）。

② 崇安加盖：“人民币×圆”，宋体，二行排列，大写“圆”，大业 50 元红盖（图 24）。

③ 漳州加盖：“人民币×圆”，宋体大字，大写“圆”，大东 20 元盖 100 元，大业 30 元盖 500 元（图 25）。

图 24　大业平版 50 元 崇安加盖“人民币伍圆”

图 25-1　大业平版 30 元 漳州加盖“人民币伍百圆”（应当是厦门加盖）

图 25-2　大业凹版 300 元 厦门加盖“人民币 壹仟圆”双联

1949 年 8 月 17 日福州解放。福建是革命老根据地之一，气候湿润，虫蛀霉变实属常情，但商业较西南发达，但联运图加盖票较少见，迄今仅数枚而已，《总目》未载。随着挖掘深入，可能会有新的发现。

华东区山东及浙江均未发现联运图加盖。

三、华中（中南、中原）解放区

中南区拥有湖北、湖南及河南、江西一部。抗战期间，河南人民在中国共产党领导下，创建了晋冀鲁豫、豫皖苏、豫南、豫西抗日根据地，达77县。1946年8月，日本投降后，当年就解放了32个县城。1948年10月22日解放郑县（今郑州），24日省会开封解放。1949年3月，成立中原临时政府，（驻开封），辖黄河以南地区。

湖北境内解放战争期间，1946年8月—1947年5月，在鄂西北先后建立5个政府，1947年后又成立江汉和鄂豫两个行政公署，1949年5月在孝感县成立湖北人民政府，5月17日省会武昌市解放。

湖南境内有许多县属湘鄂区和鄂西区革命根据地，1948年8月5日，湖南和平解放。湖南除使用解放区加盖票外，也有自己加盖发行的票。

江西是中国革命的主要策源地，解放战争时的江西一部有使用华中解放区的加盖票，也有使用自己加盖发行的票，兹分述如下：

(1) 加盖“人民券”系列

① 加盖“人民券×圆”，右读，宋体字，单行排列，大写“圆”，上下由二条平行的丁形纹组成文武线，底票均为联运图凹版1 000元面值，分别为大东及上海版，《总目》列9种，该系列在湖北使用，其他地方未见。

② 加盖“人民券×圆”，左读。

a. 楷体，字体单行排列，大写“圆”。《总目》列13种，及不同票型共16种。

b. 宋体，字体为二行排列，大写“圆”。《总目》列8种，及票型不同，错盖数种。《总目》注3-506a误盖“民券人”（应为“人券民”，但图3-506a、3-506b是正常图票，均非错版票图，补3-506a错版“人券民”（左上角票）。

该二种不同字体均为红色加盖，上下各由四块独立的带纹饰的方模组合排列，圈内人称之“四方模”，整个华中区均有使用。

c. 宋体，字体分二行排列，大写“圆”，上下由六颗五角星及花枝纹平行排列，圈内谓之“花枝纹”，《总目》列5种，仅见在江西使用。

d. 宋体，字体为二行排列，大写“圆”，上下由环状回纹组成，圈内称之为“回纹”，《总目》列3种，仅见在江西使用。

(2) 加盖“人民币”系列

① 加盖“华中印花人民币×元”，分二行排列，可分二种不同字体。

a. 宋体，大写“圆”，《总目》列3种，及不同票型1种。

b. 楷体，小写“元”，《总目》列11种，及不同票型错盖数种。

该系列均为右读，上下文武线由二条平行的回纹组成，加盖分红、黑二种色，以湖北使用为主。

② 加盖“人民币×元”，楷体，右读，分二行排列，大写“圆”，上下文武线由弯曲线条平行组成，圈内谓“水波纹”，《总目》列34种及不同票型等共36种。河南杨超先生在会刊总30期上著文对水波纹加盖作了较为深入全面的补充报道，增补了8种（9种），即上海凹版10元/100元，30元/500元；平版30元/50元；大东凹版10元/300元，10元/500元；平版10元/10元，5元/50元；大业平版5元/50元（振明10元/50元）。该系列在华中区广泛使用，但主要在河南、江西、湖南。

③ 加盖“湖南省税务局暂作人民币×元”，该系列为湖南省自行发行，宋体，分三行排列，右读，小写“元”，《总目》列有4种。四川邓希皋先生在会刊补充上海版300元盖100元一种。据闻有上海版300元盖1 000元，未见，是否为加盖100元之误?!

④ 加盖“江西省税务局”，此亦为江西自行发行，比较复杂，有几种不同形式。所有加盖“江西省税务局”及“人民币”均为宋体字。

a. 利用原票面值：加盖“人民币”，竖形排列，宋体，分“人民币”大字及小字二种。《总目》注发行时间“1950 年”有误，笔者收集江西不同地区实用单，最早的 1949 年 11 月。应还有更早的。

A. 小字：《总目》列有 6 枚票，有二枚有注明“小字”，今补充大业 50 元加盖（图 26）。

B. 大字：《总目》未注明大字，列二枚票，即上海平版 15 元、20 元，另补充 30 元一种（图 27）。

图 26　大业平版 50 元加盖“江西省税务局人民币（小字）”

图 27　中央上海平版 30 元 加盖“江西省税务局 人民币（大字）”

b. 利用原票面值：加盖“改作人民币”，宋体，分横二行竖一行排列，《总目》列一种，未见新品种。

c. 加盖“改作人民币×元”，横二行竖一行排列。小写“元”，“改作×元”有宋体及楷体二种书体，字体亦有大小。

A. 宋体（指“改作×元”为宋体）

a. 大字：《总目》将 3 000 元盖 3 元未注明大字，3-589 是大是小（应为“大字”人民币），根据目前本人收集到的大字加盖有大东 3 000 元盖 3 元及英华 5 000 元盖 5 元共二种（图 28）。

图 28-1　大东凹版 3 000 元 加盖“江西省税务局 人民币（大字）改作叁元（宋体）”

图 28-2　英华版 5 000 元加盖“江西省税务局人民币（大字）改作伍元（宋体）”

b. 小字：《总目》列二种，即 5 元/20 元，5 元/5 000 元，今补充一种英华 5 000 元盖 3 元（图 29），可能与邓先生补充的为同一品种。

B. 楷体（指“改作×元”为楷体）

a. 大字：《总目》未载，今补充大东 3000 元盖百元（图 30）。

b. 小字：《总目》列 4 枚票，未注明，3-594 应注明为楷体。《总目》3-592、3-593、3-595 均加注宋体、楷体，但其中宋体字加盖均未见。补充大东 3 000 元加盖百元（图 31）。

邓先生补充的另 3 种，即 5 元/300 元，10 元/500 元，100 元/3 000 元，前二种未见，后一种可能即为图 31。

⑤ 加盖“赣州区专用，暂作人民币×元”，此为江西省地区一级自行发行加盖，《总目》列二种，未见新的品种。

江西加盖除赣州区专用在该地区使用外，余在江西许多地方见有使用。

图 29-1　英华版 5 000 元加盖“江西省税务局人民币（小字）改作叁元（宋体）”

图 29-2　大东凹版 3 000 元 加盖“江西省税务局 人民币（小字）改作叁元（宋体）”

图 29-3　大东平版 20 元 加盖“江西省税务局 人民币（小字）改作伍元（宋体）”

图 29-4　英华版 5 000 元 加盖“江西省税务局 人民币（小字）改作伍元（宋体）”

第二部分　研究文稿精选

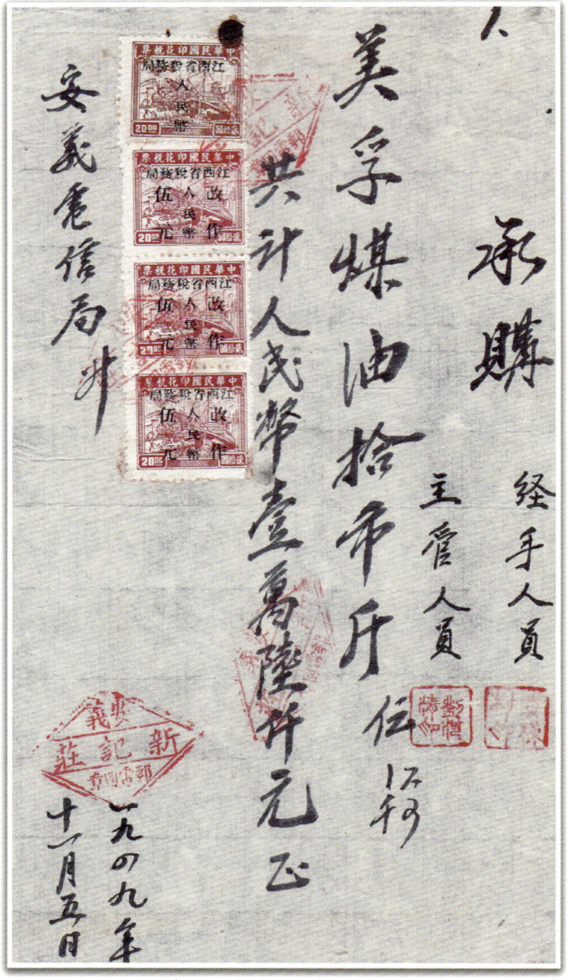

图 29-5　大东平版 20 元 加盖“江西省税务局人民币（小字）改作伍元（宋体）”实用单据

图 30　上海大东凹版 3 000 元 加盖“江西省税务局 人民币（小字）改作百元（楷体）”

四、西北（解放）区

西北区地域广阔，含陕、甘、宁、青、新诸省，但加盖票十分罕见。1949 年 5 月 20 日陕西省会西安解放，目前除西安发现一种，即联运图 500 元手盖楷体“暂作伍佰元”，其余均未见。估计为当时临时加盖，或许还会有其他加盖面值，有待今后挖掘。

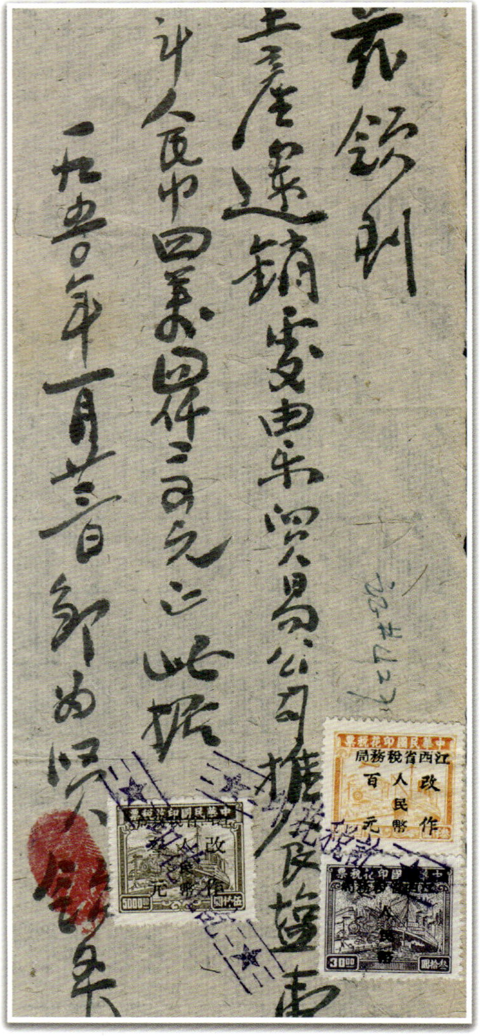

图 31　江西不同版式加盖实用单据

五、西南（解放）区

西南区指黔、川、滇、桂四省，是大陆最后解放的地区。

从 1949 年 4 月 21 日解放军百万雄师渡江作战，用半年多时间，把国民党军队驱赶到了西南一隅。蒋氏集团也从广州迁成都，最终逃往中国台湾省。

广西省会桂林 1949 年 11 月 22 日解放，贵州省会贵阳 1949 年 11 月 15 日解放，云南省 1949 年 12 月 9 日和平解放，四川省省会成都 1949 年 12 月 27 日解放。

目前西南区联运图加盖票发现品种和数量均很少，许多都是用农工图加盖。笔者根据多年的收集，仅有十多种而已。尚有待进一步挖掘。

目前可以明确的加盖有：

（1）桂林加盖：

“暂作人民币”，右读，宋体，分二行排列，《总目》列四种，即：上海联运图 10 元、50 元、300 元，大东 500 元，近年又发现一种，为上海 1 000 元加盖（图 32）。实用单据很少。

（2）四川（成都）加盖：

大东联运图 100 元机盖“暂作一千圆 1 000”，手写体，竖二行及横一行阿拉伯数，大写“圆”。此票为笔者 1996 年到成都时，从刘忠玉先生处双联票割爱得一枚，刘先生从当地所得，票上有半个长方形销戳，惜字迹难以辨认，但应为四川成都某地实用当无疑义。未闻有其他加盖面值（图 33）。

图 32　中央上海凹版 1 000 元 桂林加盖 “暂作人民币”复印件

图 33　上海大东凹版 100 元 四川（成都）加盖 “暂作 壹仟圆 1 000”

（3）广西地方加盖：

① 联运图大东平版 20 元机盖“人民券捌拾元”，宋体，左读，分二行排列，未见实用单，昔年曾从广东某同好处让得，该同好经常往返于广西南宁、柳州、梧州。去岁从梧州一位朋友处得到一些复印件，此品赫然在目，推测为梧州发行，但此票上未见有销戳，背面似有贴用浆糊痕迹，又有蛀孔多个。（图 34）（注：现已知为广东江门加盖）

② 联运图大东 200 元红机盖“人民券核作叁佰”，右读，竖一行，横二行排列，“人民券”三字为楷体，“核作叁佰”为宋体，票上留有销戳痕迹，显然是曾经有实用，但因无实单，具体使用地仍有待探讨。（图 35）

③ 联运图上海 5 万元红机盖“人民券肆佰”，为竖二行排列，“人民券”为楷体，“肆佰”为宋体，笔者所持票为新票，此票与上述之票似有一定关联及相似之处，a. 均为红色机盖楷体人民券，字形字体特别相似，所处位置也相同，“佰”字均为单人旁，推测为同一地区的二个不同的下属地方使用。（图 36）

图 34　广西地方加盖（实为广东江门加盖）

图 35　上海大东凹版 1 000 元 广西地方加盖 “人民券 核作 300”

图 36　中央上海凹版 5 万元 广西地方加盖“人民券 肆佰”

图 37　英华凹版 1 000 元 广西地方加盖 “暂作人民币 拾元”

④ 联运图英华版 1 000 元盖“暂作人民币拾元”，宋体，竖三行排列；小写“元”，票上有销戳，背后有揭薄，肯定有实用，因未有实单，未能判明它的生地。（图 37）

⑤ 加盖“中华人民共和国印花税票暂作人民券××元”，十九字，加盖字体最多，加盖国号绝无仅有。宋体，分四行排列，左读，小写“元”，小写“百”，红色加盖。目前仅见二种：

a. 大业联运图 30 元改盖 100 元。（图 38）

b. 大东联运图 50 元改盖 500 元。（图 39）

笔者收集的二枚票，一枚墨划，一枚缺角，当初曾嫌品相差，犹豫好久，但迄今近 10 年尚未能调换到好品相，可见十分罕见。想必当初新中国已成立，发行此票的地方政府就以国号“中华人民共和国”为名，据知仅二、三枚。

图 38　大业平版 30 元 广西地方加盖“中华人民共和国印花税票暂作人民券壹百元”

图 39　上海大东平版 50 元 广西地方加盖“中华人民共和国印花税票暂作人民券伍百元”

⑥ 联运图加盖“广西人民政府税务总处印花×”，所见有三种，即大东 1 000 元盖 10 元，大东 3 万元盖 30 元，上海 1 万元盖 50 元，票上均有销戳（除 1 万元盖 50 元），但未见过实单。笔者过手的票约十套，近些年却再无从觅得。此票存在争议，询广西方面同好，未闻有“税务总处”的机构名称。（图 40）

上述这些票（除桂林加盖），因无实单，难以判明真伪，或不能确定发行使用地等原因，未列入《总目》。（原议列入“待考品”，后不知何故未列入），今一并公开，供同好研究探讨，一旦有那位同好，有其实用单能明确告知，功莫大焉。

图 40-1　上海大东凹版 1 000 元加盖“广西人民政府税务总处印花 10”

图 40-2　上海大东凹版 3 万元加盖“广西人民政府税务总处印花 30”

图 40-3　中央上海版 1 万元加盖“广西人民政府税务总处印花 50”

图 41　上海大东凹版 3 000 元 广西加盖“人民券 叁角”

云南及贵州暂未见有联运图加盖票。建国后不久 1949 年球旗图票就开始发行，并通行全国。因西南区解放较迟，加盖票即便使用，时间也十分短促，不久便退出历史舞台，载入历史史册。

就像一位在广西银行工作的老同志离休后给我的信中说，当初是一卡车一卡车地集中销毁，化为纸浆。有解放军守卫，只能悄悄留下数张而已。这也许能证明为什么遗存这么少的一个重要原因吧！（全文完）

（总 165 期修正与补充）

★福建李朝滨先生来电补充：华北大字加盖 20 元/100 元，有宽距，在此致谢。

（总 169 期修正与补充）

上期文章由于本人校对疏忽，把广西桂林解放日期 1949 年 11 月 22 日打印成 11 月 12 日，经广西孟国华先生来电指出，今予更正。

另外广西应列入中南解放区，今同时找到一些遗漏资料，广西加盖票：

（1）大东联运图 3 000 元盖“人民券・叁角”（图 41）；大东联运图 1 000 元盖“人民券・伍角”（图 42）。

图 42　上海大东凹版 1 000 元 广西加盖“人民券伍角”

图 43　上海大东凹版 3 000 元 广西加盖“人民券 叁分”

（2）大东联运图 3 000 元盖“人民券・叁分”（图 43）。

（3）大东联运图 3 000 元盖“人民政府・人民券・001”（图 44）；大东联运图 3 000 元盖“人民政府・人民券・5”（图 45）均在票底加盖四颗空心五角星。

（4）上海平版联运图 30 元盖“人民券・伍佰”（图 46）（与上期图 36 同一系列）。

图 44　上海大东凹版 3 000 元 广西加盖“人民政府 人民券 001”

图 45　上海大东凹版 3 000 元 广西加盖“人民政府 人民券 5”

图 46　中央上海平版 30 元 广西加盖“人民券 伍佰”

图 47　中央上海平版 20 元 广西加盖“人民券 核作壹佰”

（5）上海平版联运图 20 元盖“人民券·核作壹佰”（图 47 与上期图 35 不同的是，“核作壹佰”是横排）。

（总 170 期修正与补充）

★上期刊请香港同好补充，近收包晓春先生来函告知，广东江门联运图另外二个品种：为大东 200 元盖“人民券·壹百元”（图 48）和大东 20 元 A 型盖“人民券·捌拾元”（图 34）。（后种票即我文章中图 34，今可确定为江门加盖）

（总 171 期修正与补充）

★漳州李朝滨先生来函：联运图大业凹版 300 元加盖改值“人民币壹仟圆”，即与原称漳州加盖票同一系列（按：指本刊总 164 期本人文章图 25 系列），现根据票上所销章“厦门镇邦路廿四号达华汇兑信局收发便章”已可明确为厦门市加盖，现发现三种，即 10 元/大东 20 元；500 元/大业 30 元；1 000 元/大业 300 元。数量均极少。

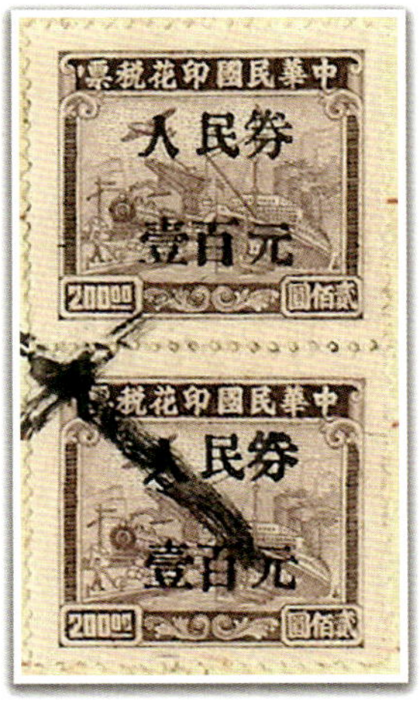

图 48-1　上海大东凹版 200 元 江门加盖“人民币 壹百元”

图 48-2　上海大东平版 20 元 江门加盖“人民币 式拾元”（复印件）

《印花交流》总 164—171 期

2004 年 3 月—8 月刊

注：图 37，现已知为南昌实用。

华北加盖“暂作”大字改值印花税票版式之我见

福建　李朝滨

木子先生在《印花交流》2004 年第三期（总 164 期）上刊登《联运图解放区加盖票综述》一文。首先介绍了华北解放区的加盖改值票，其中华北税务总局加盖“暂作”大字票在原有 1 元/20 元有宽距基础上，发现 2 元/ 20 元、10 元/100 元加盖字距也有宽窄两种，《总目》未注明。受木子先生启发，本人也对此加盖改值票进行了较为深入的探索，结果出人意料，颇有收获，下面谈几点看法：

(1)《总目》3-27a 注明“暂作”宽距是错误的。“暂作”两字加盖字距为 10.5 mm，全套票均相同，并无宽窄版之分别，正确应为加盖面值宽距。

(2) 加盖宽距面值宽为 13.5 mm；窄距面值宽为 12.5 mm，有一个简便的方法可以不必对每枚票进行测量，就能很快区分宽窄距加盖票，即：窄距票的“作”字的“乍”右边三横与面值“角”“圆”字的右边竖勾对齐；而宽距票则是“作”字的“乍”中间一竖与“角”“圆”字的右边竖勾对齐。

(3) 用上述方法对该套加盖票进行辨别划分，本人发现宽距加盖票远不止上面提到的三种票，《总目》中图 3-20、3-23、3-26、3-27、3-28、3-30、3-32、3-33、3-34、3-36、3-37、3-38及加盖改值 20 元以上均为宽距加盖。新发现的北平平版 10 元红盖暂作 5 角票从复印件辨认，也属宽距。

图 1　15 元 加盖“华北税务总局 暂作壹角（大字）”

图 2　50 元 加盖“华北税务总局 暂作壹角（大字）”

图 3　50 元 加盖“华北税务总局 暂作贰角（大字）”

图 4　15 元 加盖“华北税务总局 暂作贰角（大字）”

图 5　15 元 加盖“华北税务总局 暂作伍角（大字）”

图 6　20 元 平版加盖“华北税务总局 暂作壹元（窄距 大字）”

图 7　20 元 平版 加盖“华北税务总局 暂作壹圆（宽距　大字）”

图 8　30 元 加盖“华北税务总局 暂作壹圆（大字）”

图 9　1 000 元 平版加盖“华北税务总局暂作壹圆（窄距　大字）”

图 10　1 000 元 凹版加盖“华北税务总局暂作壹圆（窄距　大字）”

图 11　20 元 加盖“华北税务总局 暂作贰圆（宽距　大字）”

图 12　20 元 加盖“华北税务总局 暂作贰圆（窄距　大字）”

图 13　200 元 加盖“华北税务总局 暂作贰圆（窄距　大字）”

图 14　3 000 元 加盖“华北税务总局 暂作贰圆（窄距　大字）”

图 15　100 元 加盖“华北税务总局暂作伍圆（窄距　大字）”

图 16　200 元 加盖“华北税务总局暂作伍圆（窄距　大字）”

图 17　100 元 加盖“华北税务总局暂作拾圆（窄距　大字）”

图 18　100 元 加盖“华北税务总局暂作拾圆（大字）”

图 19　300 元 加盖“华北税务总局暂作拾圆（大字）”

图 20　20 元 加盖“华北税务总局 暂作贰拾圆（窄距　大字）”

图 21　100 元 加盖“华北税务总局 暂作贰拾圆（大字）”

图 22　300 元 加盖“华北税务总局 暂作贰拾圆（大字）”

图 23　100 元 加盖“华北税务总局 暂作伍拾圆（大字）”

图 24　平版 500 元加盖“华北税务总局暂作伍拾圆（大字）”

图 25　凹版 500 元加盖“华北税务总局暂作伍拾圆（大字）”

（4）《总目》的编法是全套加盖均列为窄距票，“宽距”加盖作为正版加盖的变体列出，木子先生也沿用此编排方法。本人通过对比和研究，得出的结论与《总目》正相反，即：华北加盖“暂作”大字改值票全套均为宽距加盖，应作为正版票编列。而所加盖的面值双字者（即壹角-拾圆）有窄距票；加盖面值在三个字者（即 20 元以上者）本人未发现有窄距加盖。

以上是本人对华北税务总局加盖“暂作”大字改值印花税票的研究心得，因本人收集有限，欠缺甚多，只是根据其加盖的规律来推测的，正确与否，欢迎有兴趣的同好补充指正。

《印花交流》总 166 期　2004 年 5 月刊

第二部分　研究文稿精选

加盖“华北税务总局”暂作改值印花的研究心得

四川　西　高

1948年9月26日华北人民政府成立后，决定恢复征收印花税。1948年11月华北区首届税务工作会议上拟定《华北印花税暂行办法（草案）》决定于1949年1月1日先从指定地区试征印花税，然后普及全区，但因税法推迟公布，未能实行。1949年元月平律先后解放，华北税务总局根据领导决定，指示两地不要停征印花税。由于时间紧迫，北平、天津两地均利用接收的民国联运图（北平厂）和复兴关限东九省用印花临时加盖“华北税务总局”暂作改值为人民券应急使用。

一、加盖“华北税务总局”暂作改值印花（小字）

这组印花为天津使用，因加盖改值的铅字钉为3 mm×3 mm，故俗称小字加盖。

据《中国印花税票总目录》（简称“总目”）记载“华北税务总局”暂作改值小字加盖最低改值面值为1角，最高为50元，全组共二十一枚。

现经过研究发现“总目”中所列的21个品种中（3-58）1角/30元、（3-61）2角/30元、（3-65）5角/30元、（3-67）1元/30元、（3-70）2元/30元、（3-71）5元/30元、（3-75）10元/30元七枚并非天津使用，应为冀东区加盖使用。

冀东区以前是由晋察冀边区领导的，1946年中国共产党为了便于领导对敌斗争及战略上的关系划入东北行政委员会领导。1949年2月26日又宣布将冀东行政区划归华北人民政府领导，1949年8月1日撤销，并入河北省。

上述七枚冀东加盖印花与天津加盖的区别如下：

	天津加盖	冀东加盖
	16.5 mm 字体略细	15.5 mm 字体略粗
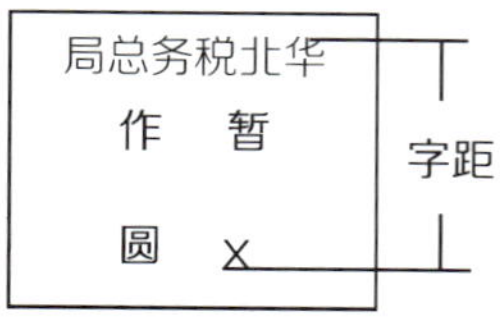	14 mm	13 mm

"总目"中（3-62）3角/30元虽然同是以联运图中央平版北平版30元印花改值加盖，但按字距、字体应属天津加盖。现有1949年6月30日天津公懋有限公司发票可作证（图1），3角/30元改值印花为天津加盖使用。上海李德元先生在《印花交流》总164期上刊登的1949年4月2日秦皇岛实用单据上贴有5角/30元印花，故论断为秦皇岛加盖。正如该文所述秦皇岛市1949年3月由临榆县析置，冀东行政区辖4个专区，28个县，其中就有临榆。此外，北京邓学顺先生也藏有一张1949年7月河北省培仁女子中学毕业证书，上贴有联运图30元加盖"华北税务总局暂作伍圆"（小字）一枚，证书上还盖有"冀东行政公署之印"一方。经查证，河北省培仁女子中学在唐山专区，应属冀东区，故上述七枚印花应为冀东区加盖改值印花。

二、华北税务总局暂作改值（小字）印花中的错、漏盖变体

天津市1949年元月15日解放，22日天津市人民政府税务局成立，2月初立即着手修改伪印花税条例，拟送征收计划，2月12日即开始征收印花税，短短10余天，加盖"华北税务总局"暂作改值（小字）印花即开始发行。现收集到二张当时的发票可作税史的佐证（图2）。1949年2月8日天津市祥记灰砂石厂售给天津市人民政府块灰150斤，每斤3元总计人民券600元。因当时人民政府印花税票尚未发行，故商家仍贴用民国农工图印花（金元）2角二枚，并用戳销注明后补。另一张为1949年2月15日天津造胰公司的发票，售出肥皂15连，每连42元，总计630元人民券，贴天津小字加盖＄100二枚，符合千分之三税率。此单为目前发现天津贴用华北暂作改值（小字）印花最早单据，距法定征收印花税日仅三天。

由于征收印花税时间紧迫，短短10余天要赶印出14个品种的改值印花，忙中出错，目前已发现有误盖、倒盖、漏盖品种达十二种之多。今后仍可能有加盖变体的新品种被发现，这些加盖中的变体已成为组集解放区印花税票中的珍稀品种。

①（3-63）5角/10元（红盖）联运图中央平版北平厂。
（3-63a）误盖（暂作伍作）图3，（3-63a）误盖"暂作角伍"（图4）。
（3-63c）倒盖"角"字（图5）。

②（3-64）5角/10元联运图中央平版北平厂。
（3-64a）误盖"暂作伍作"（图6），（3-64b）倒盖"角字"（图7）。

③（3-69）2元/20元联运图中央平版北平厂。
（3-69a）倒盖"贰"字（图8），（3-69b）漏盖"暂"字（图9）。

④（3-72）5元/50元联运图中央平版北平厂。
（3-72a）误盖"作暂"（缺图）。

⑤（3-75）10元/200元联运图中央凹版北平厂（图10）。
（3-75a）漏盖"暂"字（缺图），（3-75b）漏盖"拾"字（图10）。
（3-75c）"拾"字下移位（图11）。

⑥（3-77）20元/15元联运图中央平版北平厂。
（3-77a）漏盖"圆"字（图12）。

三、加盖"华北税务总局"暂作改值（大字）印花的版式

福建李朝滨税友在《印花交流》总166期上撰文称"《总目》3-27a注明'暂作'宽距是错误的"，这是误解了。3-27a在《总目》中并未附图，这是一枚变体票，在编目时就确定只列正品票图。此票为北京徐惠恩先生所藏。（图13）

关于"华北税务总局"暂作改值（大字）印花的版式，在编目时就已发现有多种，因当时收集的素材有限，尚在继续研究探讨中，为慎重起见，《总目》对加盖版式暂不列。

《总目》正式出版已三年多，对加盖"华北税务总局"暂作改值（大字）印花的版式，又有了新的发现和认识，现将加盖版式列表如下，供大家研究、补充、修正。

图 1 天津加盖

图 2 误盖“暂作伍作”(包晓春藏)

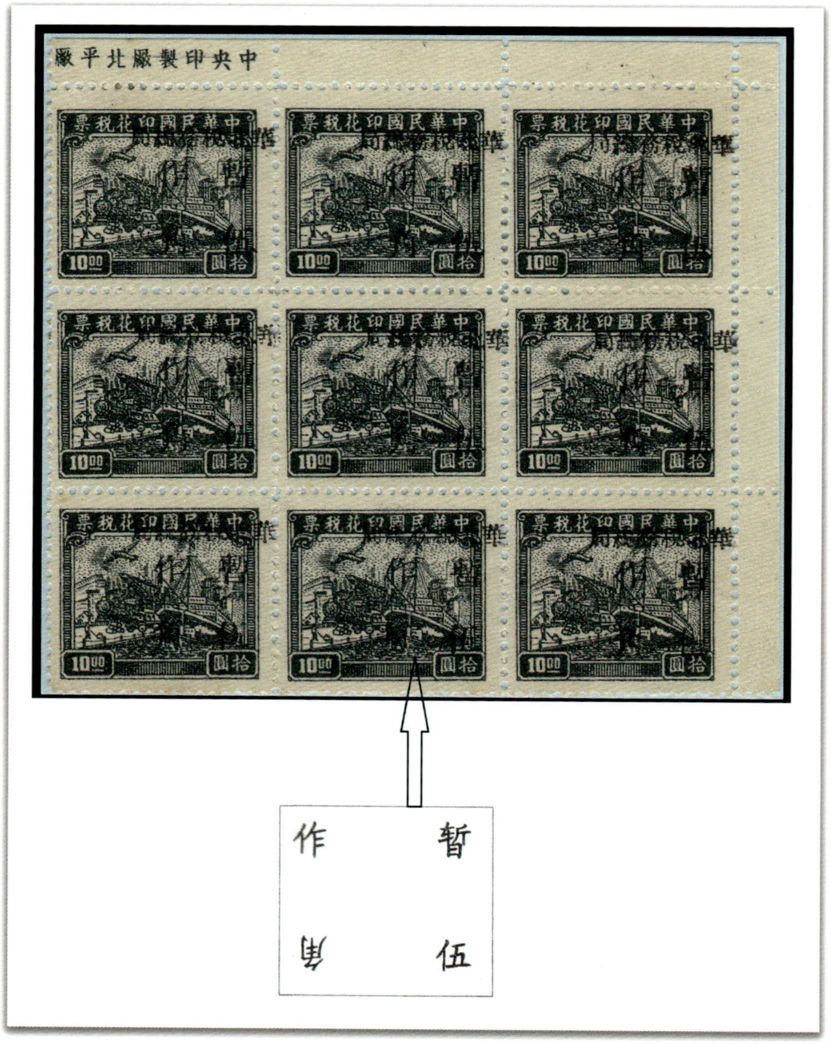

图 3 “角”字倒置(包晓春藏)

图 4 “税”字下移
(包晓春藏)

图 5 “伍”字下移

加盖“华北税务总局”暂作改值印花税票（大字）的版式 单位：毫米

	加盖“面值”距离		加盖“字模”上下之间距离								
	12.5	13.5	11	12	12.5	13	13.5	14	14.5	16	备注
10C/＄10		√		√							
10C/＄15	√			√							
10C/＄50	√			√							
20C/＄15		√				√					
20C/＄50	√			√							
50C/＄10	√										新品种
50C/＄15		√	√	√							
50C/＄100		√		√							
＄1/＄20	√	√	√	√	√						
＄1/S 30		√			√						
＄1/＄1 000 平版					√						
＄1/＄1 000 凹版		√		√							
＄2/＄20	√		√			√					
＄2/＄200		√		√							
＄2/S 300		√									
＄5/＄100		√		√		√					
＄5/＄200	√				√						
＄5/＄300		√		√							
＄10/＄10		√									
＄10/＄100		√		√							
＄10/＄300	√			√							
＄20/＄20				√							
＄20/＄100				√							
＄20/＄300				√							
＄50/%100					√						
＄50/＄500 平版				√							
＄50/＄500 凹版				√							
＄100/＄3					√	√		√			
＄100/＄3 红盖					√						
＄200/＄10				√	√	√			√	√	
＄500/＄30											
＄500/＄30 红盖				√	√		√				
＄1000/＄2								√			
＄1000/＄50				√							
＄2000/＄20				√							
＄5000/＄100							√				

《印花交流》总177—178期　2005年4月—5月刊

注：由于原文图片缺失，今重新配置部分图片仅供读者参考。

广州李秉基先生来函

看了近几期《印花交流》中木子先生所写的《联运图解放区加盖票综述》的文章后，得益不少，十分钦佩。看后我翻翻自己的藏品加以对照，发现有两种加盖票文章里未有介绍，特予补充：

（1）图 1，大东平版 20 元加盖“人民币壹百元”，未能确定何地区使用。

图 1　加盖“人民币 壹百元”

（2）图 2，大东平版 20 元加盖“人民券式拾元”。此票是贴在广东省江门新光电力股份有限公司电费收条中，使用日期是 1950 年 3 月 5 日，共贴四枚，其中一枚已撕坏。此单据是我在去年广州邮市购得，当时还有另外两张单据，分别各贴有一枚另外不同面值的联运图加盖票，由香港的同好购。去即现已发现广东江门地区加盖票有三种，票数量仅共六枚，是我在广州收集加盖票十多年来至今仅见到的六枚，十分难得。

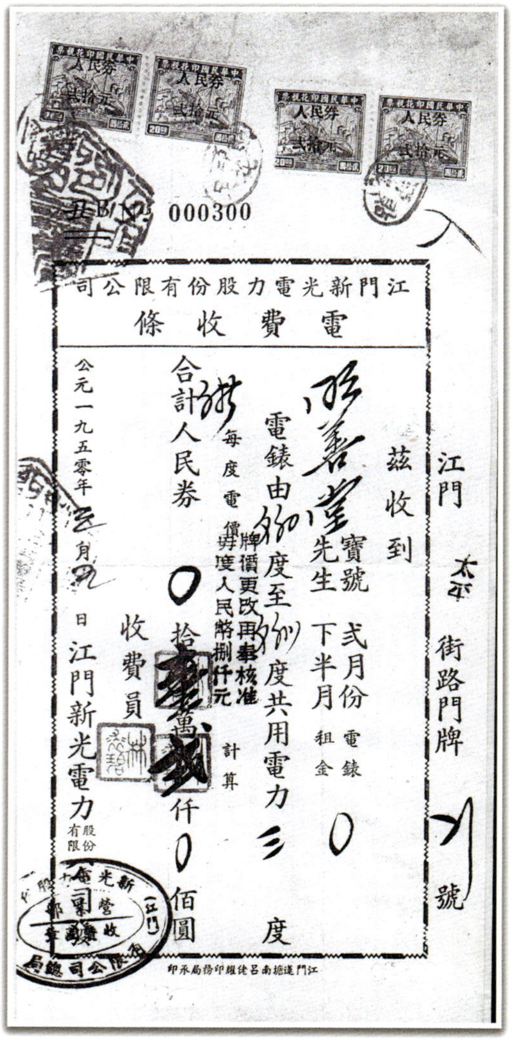

图 2　加盖“人民币 式拾元”

《印花交流》总 169 期　2004 年 8 月刊

注①：广州李秉基先生来函补充甚好。其图 1 大东 20 元盖“人民币壹佰圆”应为福建漳州加盖，与前文中图 25 大业 30 元盖“人民币伍百圆”属同一系列。图 2 为新发现品种，广东江门加盖使用，另有二种品种，具体面值望香港同好补充告知。

注②：“前文”系指《联运图解放区加盖票综述》一文。根据近来的认识，图 1 应是厦门加盖票，图 2 应是江门加盖票。

广东江门加盖印花的疑点

四川　西　高

《印花交流》2004年8期（总169期）刊登了1950年3月5日广东江门新光电力股份有限公司电费收条复印件，上贴联运图大东平版20元加盖“人民券弍拾元”印花税票四枚。因我组集解放区印花税票故特别关心新面世的品种，并为解放区印花又挖掘新的品种而高兴。但是仅从刊上的复印件就发现诸多疑点，现提出与同好者研究探讨。

（1）电费收条写明用电3度，每度电价戳上注明“牌价更改再奉核准·每度人民币捌仟元”合计电费应为人民币24 000元，为何总价更改写为12 000元。这是疑点之一。

（2）按总价12 000元，千元之三税率计算，应纳税人民币36元，但单上贴票为人民券80元。这样税率就变成千分之六点多，到底应纳多少税？这是疑点之二。

（3）广东省除东江等老革命根据地外，大部分新解放区是在1949年下半年相继解放的。如广东省广州市是10月17日，汕头是10月24日，开平县也是10月。虽然我没有找到江门具体的解放时间，但江门与开平相距仅几十公里，亦应在1949年下半年10月前后获得解放。

中华人民共和国成立后利用民国印花临时加盖改值印花，称“人民券”的均在1949年6月以前，而在1949年6月以后解放的地区利用民国印花加盖改值使用的称谓都叫“人民币”，决不会称“人民券”。此外，广东1949年7月8日南方人民银行发行“南方券”为华南区统一本位币，1949年底才停止使用。如1949年广东潮安区、汕头市发行的印花均为南方券。1950年广东省轮船图印花已发行。因此，江门加盖称“人民券”就露出了马脚，这是疑点之三。

由于印花税票收藏日益受到了人们重视，许多税集在国内外获高奖，因此，一些作伪者，想方设法制造假票、假税单以迷惑税票收藏爱好者，稍一放松警惕，就会上当受骗，把假票当成新发现的珍稀品种收藏。

以上只是个人看法，如有不当望同好指正。

广东李秉基先生回音：

来信及西高的文章已收到，谢谢。现按西高文章中的疑点提出我的一些看法（由于时间仓促，难以考证）。

一、电费问题：电费12 000元是否是更改前的电费价（更改前是否每度4 000元，4×3＝12）。若做假，连3×8＝24算错，太不可能了。

二、税率问题：税率是否一定是按千分之三收取？我看过不少单据，税率多少还要看时期、地方、用途而定。

三、币制问题：①“南方券印花”使用现只发现在潮汕区使用，其他地区还有无使用过未有佐证。②“轮船图”税票的使用，现发现主要在广州市使用单据，省内其它地区有否使用未知，而“省轮船图”反而发现在湖南省使用的单据。

“江门单据”你曾看过，包晓春也看过（而且他还有两张），我也反复察看，我相信你的眼力、包晓春的经验，我的判断“假的真不了，真的假不了”。西高之所以提出疑点，主要是他未有看过实物，若看过实物，我想他也不会提出这些疑点了。

仅提出以上个人看法，不知对否？

注①：

西高先生提出的疑点有一定的道理，此单今年七月我在广州时看过，它的贴票及销戳十分自然。并无做伪的迹象，此单印有“人民券”字样及税票加盖“人民券”应为早些时间所印，属于沿用。称“人民券”是否一定在 1949 年 6 月以前，从中原，华东解放区看确是如此，但是否放之全国而皆准？至于税率多少，待考。另：经查江门为解放后 1949 年 12 月由新会县正式置市，由于西江有一汊河经此崖门入海，两岸有蓬莱屿、烟墩山，对峙如门，故得以名。

《印花交流》总 171 期　2004 年 10 月刊

注②：

1949 年 10 月 23 日早晨，“坚忍”部队（广东省暂编第二纵队）全体官兵 1 800 多人，在云汉的带领下，在江门宣告起义。随即奉命分兵江门、会城布防，维持社会治安。

今附上香港包晓春先生收藏的 2 张江门单据（图 1、图 2），供各位同好参考。

注：1948 年 12 月 1 日，中共中央批准，以华北银行、北海银行和西北农民银行为基础，合并成立了“中国人民银行”。总行设在石家庄。中国人民银行发行的钞票，称为“中国人民银行券”，简称“人民券”。

人民券，最早见于 1949 年 1 月 31 日《人民日报》关于《中国人民银行有关新币发行各种问题的答复》一文。把“中国人民银行券”简称为“人民券”。

1949 年 6 月 14 日经上海市人民政府批准、由上海市直接税局公布《上海市印花税稽征暂行办法》，文中“人民币”这一名称第一次出现在官方文件中。

图 1　江门加盖“人民券壹百元”
实贴单据（包晓春藏）

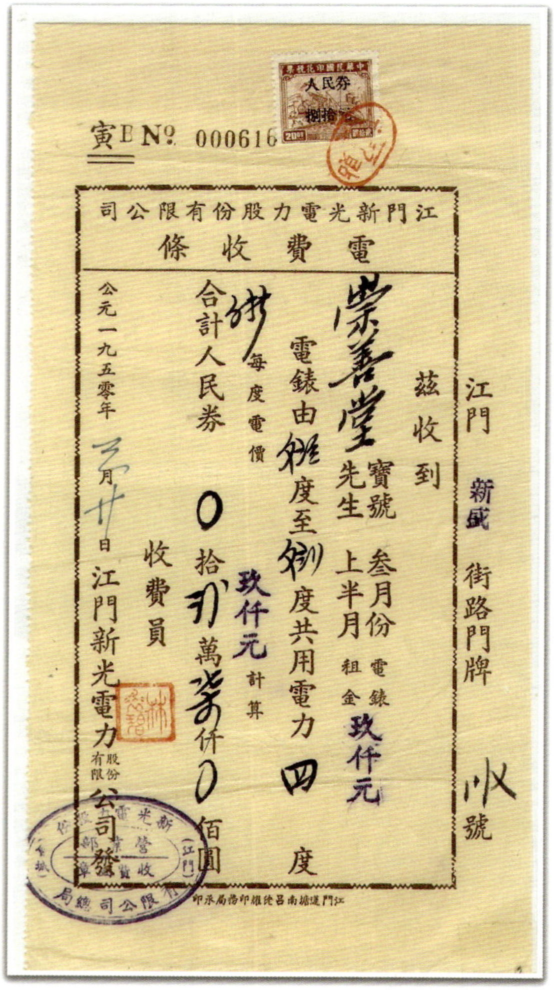

寅E № 000616

江門新光電力股份有限公司

電費收條

江門 新盛 街路門牌 ... 號

茲收到 崇善堂 寶號 先生

叁月份上半月 電錶由...度至...度共用電力 四 度

電錶租金 玖仟元

每度電價 玖仟元 計算

合計人民券 ... 佰圓

收費員

公元一九五零年 三月廿日

江門新光電力股份有限公司

图 2　江门加盖“人民券捌拾元”
实贴单据（包晓春藏）

我看“广东江门加盖人民券”实单

浙江 张礼荣

今阅《印花交流》刊第 10 期西高先生文、李秉基先生回音及编按，特查看第 8 期之复印件。我对“电费收条”是这样分析的：

（1）“每度人民币捌仟元牌价更改再奉核准”（这样读，是否更顺口）是事先预盖；

（2）电费收条上的商码“930”“933”“三”是抄表员写的；

（3）合计人民券的“壹”“弍”总价是因牌价调整后，由收费员所写。

另对票有六点与税友共同探讨：

（1）左二票“人民券”的加盖位置明显高于右二票；

（2）从齿孔上比较，左二票与右二票不是同一全张上的票；

（3）四票中的“人”字，视觉有三种差异；

（4）按千分之三税率，贴左二票已够（超贴 4 元也属正），为何要加贴右二票？

（5）如是巧合的粘贴，即是税率不符，又没有必要；

（6）销在左票的椭圆章视觉在八角章之上（顺问“八角”章内容是什么）。

另请持另二种品种的香港前辈补充告知，提供复印件，供税友们欣赏研究。

《印花交流》总 174 期　2005 年 1 月刊

印花单据欣赏

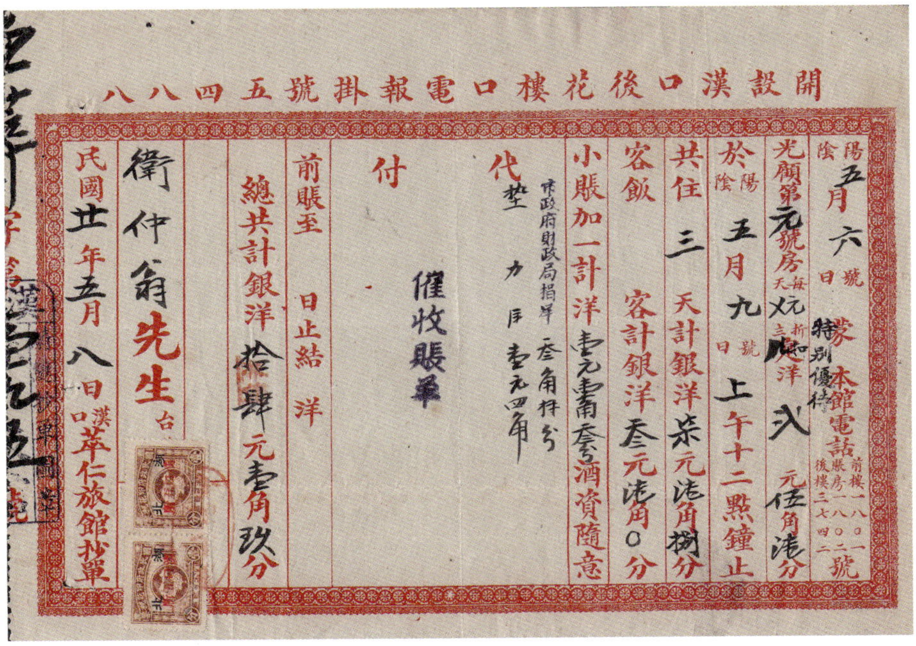
開設漢口後花樓口電報掛號五四八八
陽/陰 五月六日號
光顧第 號房 每天 元 折 洋 元 角 分 特別優待 本館電話 前樓一八〇二一號 後樓三七四二號
於陰陽 五月九日 上午十二點鐘止
共住 三 天計銀洋柒元 角捌分
客飯 客計銀洋叁元 角〇分
小賬加一計洋 酒資隨意
代墊
付
前賬至 日止結 洋
總共計銀洋拾肆元壹角玖分
衛仲翁先生台
民國廿一年五月八日 漢口萃仁旅館抄單

民国二十一年（1932）汉口萃仁旅馆抄单

广东江门加盖改值人民券印花税票实单之我见

福建　李朝滨

自《印花交流》2004年8月刊披露一张广东江门新光电力股份有限公司电费收条，上贴四枚联运图大东平版20元加盖改值“人民券式拾元”票，至今已有数月时间。有几位邮友发表各自的看法，但收条上有些字眼却无人提及，这就解释不了收条上的疑问，在此我谈几点见解，供税友参考。

（1）首先要看懂收条上的字，主要是数字，其实这些数字也并不难懂，是解放前账房老先生使用的中式记账数字。1为“〡”或“一”；2为“〢”或“二”；3为“川”或“三”；4为“〤”；5为“〥”；6为“〦”；7为“〧”；8为“〨”；9为“〩”；10为“十”或“0”。

收条上电表是由950度至953度共用电力3度，在“合计人民券”旁边有两个手写的字：“五折”，关键在这两个字，税友们都没有提到，是疏忽了？还是看不懂？这就增加了争论的复杂化。“牌价更改再奉核准每度人民币捌仟元”（应该这样读），合计人民券本应为24 000元，五折计算是12 000元。

（2）何以“再奉核准每度人民币捌仟元”，但实际却是以“五折”收费，因已过五十余年，当时的实际情况我们现在已无从知道，但估计应该是与“牌价更改”有关。就本人现有所收集的解放初期（1950年—1952年）各地电费实单看，每度电价是：陕西西安3 080元；河南新乡是3 000元；与广东相邻的江西赣州是2 700多元；福建漳州相比较高，为每度电价6 500元。江门市或许是牌价更改为8 000元，一下子增加太多，调整初期暂以五折收费作为过渡措施。

（3）收条上明明已注明五折收费，但印花税票为何却是全额计算贴用（超贴8元应属正常）？从历来的印花税法和实施细则以及印花税有关规定中找不到有与此相关的解释，我的看法是：此电费收条上以五折收费可能并未得到税务机关的认可，所以仍应按全额贴用印花税票。或者是先贴用左边两枚印花税票后，经询税务机关，未得许可，再补贴右边两枚印花税票。

该电费收条书写流畅，贴票自然，印章销戳完整，本人认为应系真品。

2月13日补充来函：关于江门实单，我本不想说，因看到他们几个人的观点均未提及“五折”这两个字，可能这种苏州码（又称草码）他们看不懂，张先生是看懂了，但错把“〥”看成“3”了。“五折”看懂了，就不用争论8 000元×3度＝24 000元还是12 000元了。至于何以“五折”却又全额贴票，毕竟时过五十多年了，当时的情况谁也无法知道，从税务角度，我这样推测也算是合情合理的。

《印花交流》总176期　2005年3月刊

再谈“超贴”的广东江门加盖人民券实单

浙江　张礼荣

经研究推敲“电费收条”上四枚20元人民券印花税票是抄表员根据所抄的3度电度，按“每度人民币捌仟元”的牌价，贴在“电费收条”上，并销椭圆章，这样超贴8元也属正常（可能无小额印花）。总价按规定须由收费员填写，填写时由于电费牌价调整，收费员只填写“壹万弍仟”元总价，既然印花已贴上，收费员也不揭去超贴的二枚20元票，将八角章盖在左侧票，形成了“超贴44元”的不附税率。

注①：关于广东江门税单，得到李朝滨、张礼荣及李秉基先生的研究讨论，真伪问题已趋明朗，近期香港中国印花税票收藏学会会刊将有包晓春先生相关文章，同好可仔细拜读。回过头来，本人有一推想：即此单贴票后，按五折计费，理应按打折后的收费纳税，纳税人曾试图揭下多贴的二枚票，但因粘得太牢而撕破，最终放弃揭下的打算，任其溢贴，故而形成目前所见到的一枚撕破的情形。

阿拉伯数码	0	1	2	3	4	5	6	7	8	9	10	100	1 000	10 000									
大写数	零	壹	贰	叁	肆	伍	陆	柒	捌	玖	拾	佰	仟	万	圆	角	分	钱	两	斤	斗	升	合
小写数	另	一	二	三	四	五	六	七	八	九	十	百	千	万	元								
数字代码（一）	O	一	二	三	乄	δ	⊥	亠	亖	攵	入	す	千	万	·	△	卜						
数字代码（二）	O	丨	〢	〣	の	δ	ス	七	八	力	十	す	千	万									
番薯码发音		支	辰	斗	苏	马	令	候	庄	湾	乡												
重量代码																	卜	不	双	乁			
体积代码																					4	丿	丶

代码又称商码、花码、中国码、苏州码、草码、番薯码、菜码，在1949年前各地商铺比较多用，写法有少许差异，1949年后在阿拉伯数字、公用统一计量单位的引入后逐渐废弃。二十年前的中草药配方中尚可见到，近年也已淘汰。

注②：此表今由陕西焦继承先生修改补充，然某些字符仍然无法在电脑上准确描述表达，故仅供参考

《印花交流》总176期　2005年3月刊

南京实单证江门

福建　李朝滨

旧话重提，两年多前《印花交流》上关于江门实单的研究讨论，虽然真伪已趋明朗，但毕竟还有一个问题尚不清楚，就是已注明五折收费，而印花税票却以全额计算贴用，对此同好有几种不同的推测。日前，本人收到一份南京实单，与江门实单有相似之处，现介绍给税票同好，可能会对折扣收款贴票问题的理解和研究有所帮助。

该南京实单为江南汽车公司购买木柴，合记柴行开出的发奉，时间是 1949 年 12 月 21 日，内容：

“二万弍千元，净栗木柴净市磅玖担玖拾弍斤，共计人民币弍拾壹万捌千弍百四十元，初次试办照码九五折收价实收弍拾万另七千三百二十八元。”

本人对实单两个理解说明：

(1) 最前面的“二万弍千元”应是木柴的单价。

(2)“市磅玖担玖拾弍斤”应为重量玖佰玖拾弍斤，一担等于一百市斤。

这份实单与江门实单不同之处是发票开具较为详细，写出原价和折扣后的实收价，根据两种价格与印花税率千分之三计算，按折扣后的实收金额应贴印花税票 621.98 元，而按原全额应贴印花税票是 654.72 元。该实单贴民国农工图凹版 500 元加盖华东区通用人民币 500 元一枚，平版 50 元南京加盖改值人民币 50 元二枚，平版 1 分南京加盖人民币 10 元六枚，共计贴票人民币 660 元，显然是按全额贴票（超贴 5.28 元应属正常）。

值得注意的是那六枚民国农工图平版 1 分改人民币 10 元票，一个横三联票贴在华东通用 500 元和南京加盖 50 元联票下面，呈并列状，较为整齐，而另三枚散票则分开倒贴在旁边及

第二部分　研究文稿精选

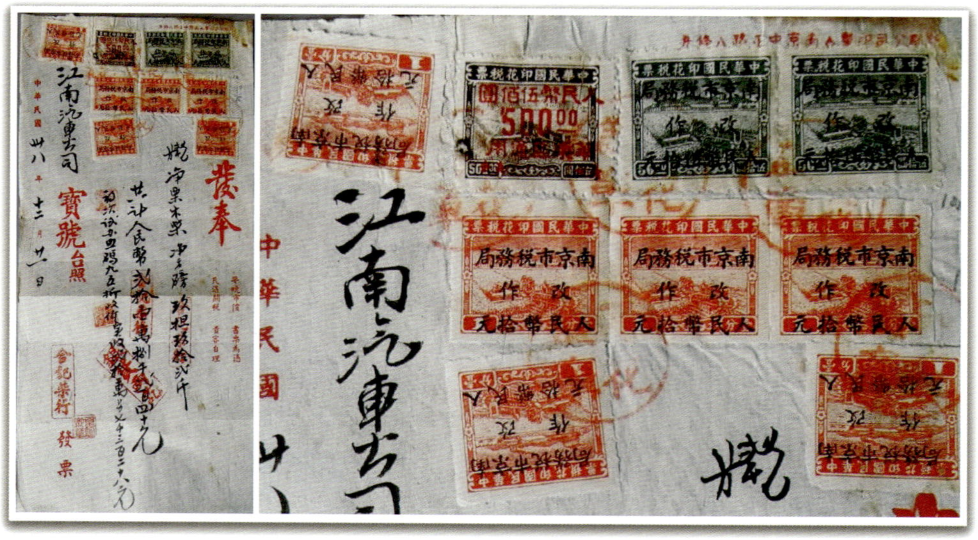

图

上面。本人经仔细观察与琢磨，发现这六枚票其中的横三联与三枚散票不是同一个加盖版张，横三联的原票线齿上移，加盖三行字体偏下，字迹墨色较重；而散票的原票四边线齿端正，加盖三行字适中，墨色较浅。本人认为这三枚散票与其他票不是同时粘贴，而是后来补贴上去的。

对此实单本人的看法是，原先贴票时是按折扣后的实收金额，这与实单上的正贴六枚票合计金额 630 元相符（超贴 8.02 元属正常），后因不符合规定，再补贴三枚 10 元票，才会出现不同版张和倒贴及不整齐的现象。虽然未能从当时各解放区的印花税法及实施细则中找到折扣如何贴票，但从这分属两个不同大区（华东解放区和中南解放区）的实单可以推断当时确实有按全额贴票的规定。

《印花交流》总 204 期　2007 年 7 月刊

印花单据欣赏

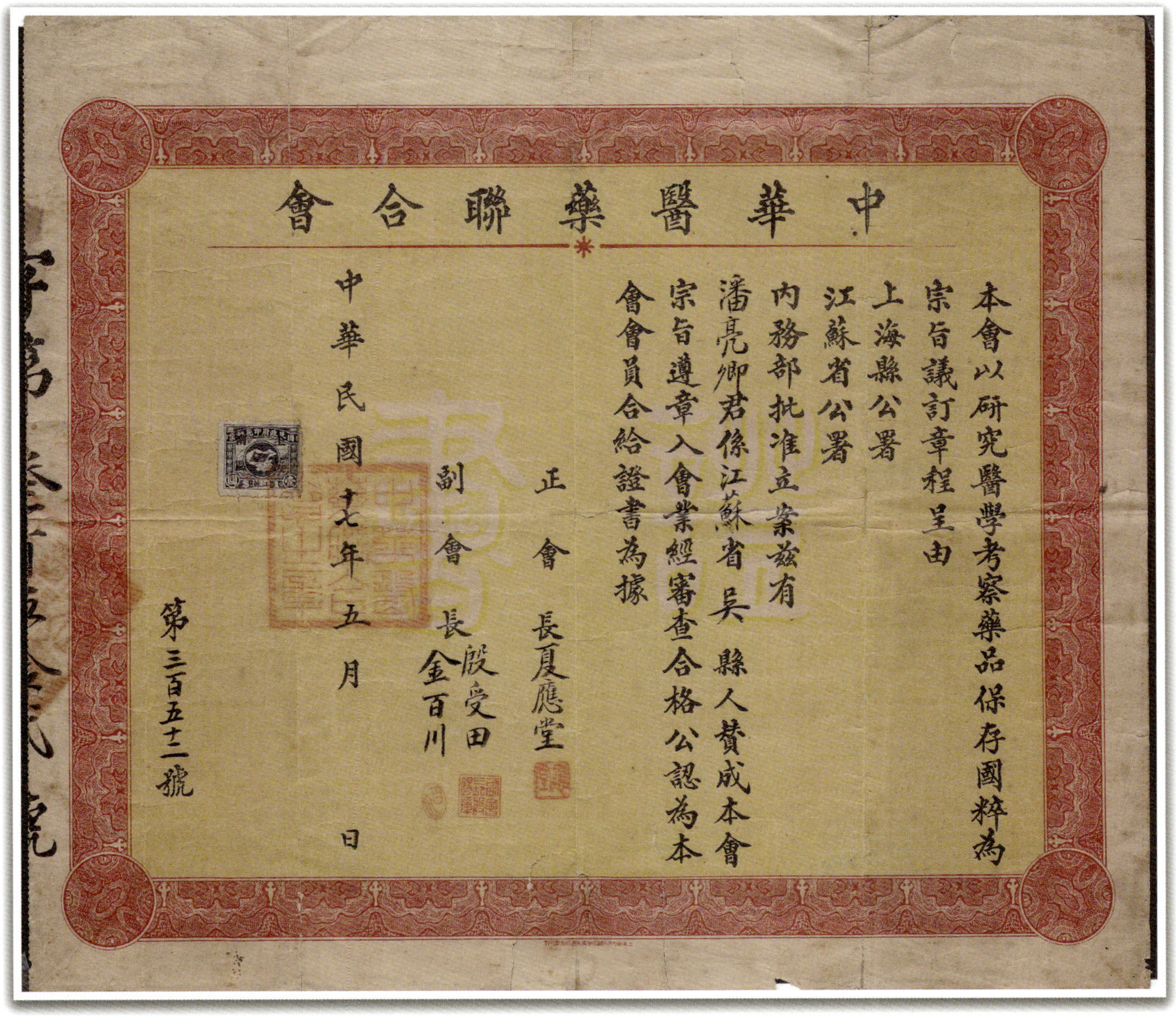

中華醫藥聯合會

本會以研究醫學考察藥品保存國粹為
宗旨議訂章程呈由
上海縣公署
江蘇省公署
內務部批准立案茲有
潘亮卿君係江蘇省吳縣人贊成本會
宗旨遵章入會業經審查合格公認為本
會會員合給證書為據

正會長夏應堂
副會長殷受田
金百川

中華民國十七年五月　日

第三百五十二號

民国十七年（1928）中华医药联合会颁发的贴江苏版图旗印花税票　加盖“上海南区”字样的会员证书

福建解放初期加盖改值印花税票的几种变体票

福建　李朝滨

1949年福建解放，税务工作亟须恢复，由于时间紧迫，为了应急，便将国民党政府遗留的印花税票加盖改值暂行使用。已发现的计有：六和塔系列、复兴关系列、联运图系列、农工图系列等。这些票以前发现较少，前两年漳州流出一批原漳浮汽车公司的账册凭证，时间从1949年底到1950年底，其中所贴的加盖票大部分是六和塔和复兴关加盖“福建印花税票”的人民币改值票，有一些与华东旗球图混贴。由于南方气候潮湿，又保管不善，凭证全部遭虫蛀，品相完好的印花税票很少。在这批印花税票中，有同好发现其中民百城版六和塔图线齿4元加盖黑字“福建印花税票　人民币（大字）　拾元”票有加盖移位变体，“福建印花税票”这一行字上移至两枚票之间；民大东平版六和塔图线齿1元加盖红字“福建印花税票　人民币（大字）伍拾元”票，“人民币”下移至两枚票之间。两种数量均在百枚以上。

本人因适逢机缘，当时收集了一些实贴单据，从中发现有几种鲜为人知的加盖变体票，介绍如下：

（1）民国百城版复兴关图1元加盖改值宋体黑字（小字）“福建印花税票　人民币　伍拾圆”票，其中“福建印花税票”误盖“福建印税税票”（图1）。

（2）民国百城版复兴关图1元加盖改值宋体黑字（小字）“福建印花税票　人民币　壹百圆”票，其中“壹百圆”误盖“印百圆”（图2）。

（3）民大东平版六和塔图线齿1元加盖改值宋体红字（大字），横三行排列，第一行“福建印花税票”，第二行“伍拾元”，第三行“人民币”。发现加盖向下大移位，“人民币”这行移至下一枚票的上面，变成第一行“人民币”，第二行“福建印花税票”，第三行为“伍拾元”（图3）。

以上福建在中华人民共和国成立初期加盖改值印花税票的变体票中，第一种数量极少，估计全张一百枚（10×10）中只错盖一枚。我发现的是在左边八枚，右边七枚的双竖连票中左边第四枚，我另收有贴该种面值票的90方连

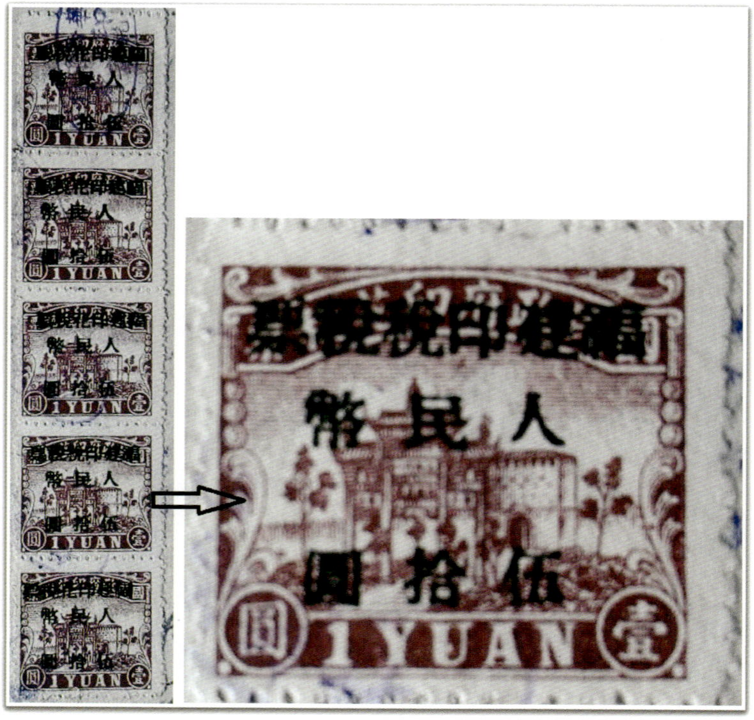

图1

图 2

图 3

(9×10）的单据，却未能发现其“芳踪”，可能正巧在左边第一竖行即 1、11、21、……91 号这十枚票中根据其在 8 直连票中第四枚，推断应是全张的第 41 号、51 号、61 号这三枚中的一枚。第二种加盖变体票因无版票或大方连拼版，不能确定其在整版中的位置，估计数量亦极少。第三种加盖变体票原以为数量应在全张以上，但本人在这几年中却一直未能再见到，也未见有同好披露发现这种变体票。第三种加盖的变体票不排除在加盖时发现错误予以改正或在销售中发现上缴销毁，如是，则流出的就更少了。随着时间的推移，相信以后会不断有新的发现。

限于本人的水平与见解，以上推断与预测可能有误，只算是抛砖引玉，希望对福建印税税票深有研究的同好不吝赐教。

注：李朝滨先生第一次为本刊著文，是对本刊的支持。其披露的福建加盖变体票是首次报道，以前解放区加盖见有华中及华北加盖中有类似情况。

受此启发，本人对自己收藏的福建加盖票进行仔细甄别。说来也巧，在我的藏品中居然也发现有二张实单中各有一枚百城复兴关 1 元盖 50 元的，也误盖成“福建印税税票”。其中一枚在 6 横连票的左起第五枚位置，另一枚在 6 方连（3×2）的右下角位置.

如此，与李先生推测的位置有异。如果李先生手中的 90 方连中确实没有此种变异票，(经电话查询，没有发现)，那么就说明存在二个以上的印版。在两个不同的印版中，有同样的错体变异，这种概率是非常之小的。

《印花交流》总 150 期　2003 年 1 月刊

泉州发现农工图盖银元再改盖人民币印花税票

福建　万冬青

福建是华东地区解放最迟的一个省份，福州于1949年8月17日解放。4月起，随着国民党军事、金融的大崩溃，金元券如同废纸。5月起，以银元为“国统区”最后的流通币制，福建邮区在银元时期曾发售代邮券、国内邮资已付、邮票、对剖票等邮资票品，福州还出现印花税票手盖“福州”改作基数邮票。因解放迟，福建税局在银元时期存在加盖改作银元印花税票的可能，但由于处于山雨欲来风满楼的时刻，是否真正使用就不得而知了。

近日，笔者收集到几张实贴印花簿折残片及少许印花，新发现两种面额的农工图盖银元再改盖人民币印花税票。附图残片贴10元和50元四方连，共计240元，销椭圆形红色印泥“泉州电灯电力股份有限公司·印花”章，该公司创办于1912年代的侨办企业，系泉州首家电

图1

厂，20 世纪 50 年代公私合营。另盖一枚蓝色“福建省税务局晋江分局·印花验讫”章。1949 年 9 月 10 日，泉州军事管制委员会财经处派军代表宋丹亭等接管福建区国税管理局晋江稽征局，设立福建省税务局晋江分局，局址在市区大隘门内，辖城区、南安、惠安等办事处。地方税机构分县设立县地方税征收处。1950 年 4 月，国税和地方税机构合并，改称泉州专区税务局，辖晋江、南安、惠安、安溪、永春、德化、莆田、仙游、同安等县人民政府税务局。

该套票应为 1949 年 9 月至 1950 年 3 月“福建省税务局晋江分局”时代使用（可能也是加盖单位）的。

二枚印花税票介绍如下：

（1）民国农工图 5 分加盖细圆体黑字“银圆五角”“0.5”，再加盖双竖形排列宋体蓝字“人民币　伍拾元”票。该票仅发现这个四方连，值注意的是，本四方连的上面二枚盖“五拾元”，下面二枚盖成“伍拾元”，上两枚应为变体票。

（2）民国农工图 1 分加盖细圆体黑字“银圆贰角”“0.20”，再加盖双竖形排列宋体蓝字“人民币　拾元”票。银元加盖改值再二次改盖人民币的印花税票，在华东及福建尚没披露过，仅见《印花交流》2003 年 4 月总 153 期两款售品：广州、邕市加盖。限于见解，不知福建是否还有同类品？

另，笔者以前也曾收集到一些 1949 至 1953 年该公司税单，有宝塔图和复兴关加盖“福建印花税”的人民币改值票，与华东版旗球图混贴，其中一枚复兴关 1 元盖 50 元误盖成“福建印税税票”在五横连票的左起第一枚位置。

注：万冬青先生年轻有为，是泉州乃至福建省的收藏界名人，多才多艺，涉猎面广且颇多建树，时有收藏研究文章发表于福建各媒体，税票收藏仅是其中一项而已。此次他披露泉州解放初使用的银元加盖改值票系首次发现，对了解泉州地区发行使用解放区税票很有益。万先生亦是省邮协学术委员、评审员，组有福建解放初使用印花税票集，在省邮展上屡获殊荣。本人在 2003 年福州邮展时因种种原因无缘一面，深感遗憾。

福建地区非常复杂，早在民国时期，从 1922 年底粤军撤回广东后，各地民军发行了各种税票。福建也是解放较晚的省份，解放初亦有南平地区、厦门地区、崇安地区等地方加盖人民币税票，亦有省统一加盖福建省铭的省级票，大多用宝塔图（大东、百城）、百城复兴关、联运图、农工图、属国币、金元票加盖，用加盖银元票还是第一次被发现。银元票是蒋氏撤离大陆前发行使用的最后一套印花税票。利用银元票二次加盖过去仅在广东、广西、四川、贵州有发现使用，现在又增加福建。此次发现的二个品种，三种版式，今后可能还有新的品种会发现。近年来福建不断有新东西被挖掘出来，但近期也有伪品出现，要引起警惕。

泉州是一个历史悠久的文化名城，令人神往。

《印花交流》总 183 期　2005 年 10 月刊

图 2

泉州加盖人民币印花税票补遗

木 子

福建同好万冬青先生在《印花交流》总183期（2005年10月）撰文《泉州发现农工图盖银元再改盖人民币印花税票》，论述了在泉州晋江地区发现的用农工图加盖银元再加盖人民币的印花税票，计有二个品种三种版式，即农工图5分盖银元再盖“人民币·伍拾元”，其中二枚变体为“五拾元”；另一种为农工图1分盖银元2角再盖“人民币·拾元”。继而又在《艺林》（艺林堂集邮丛书2）中又作了详情的考证，认为是福建省税务局晋江分局存在时期发行使用，时间为1949年9月至1950年4月。

岁月荏苒，三年又过去了，最近在晋江地区又发现一个品种二个版式，即农工图300元盖银元5分再盖“人民币叁元”四方连，其中一枚变体为“三元”（图1）。

图1

同时流出的有百城版宝塔图1元盖福建印花税票10元，4元盖10元、50元；百城复兴关1元盖福建印花税票10元、4元盖100元；大东宝塔1元盖福建印花税票5元、10元等七个品种，以及1949年华东球旗图印花税票，单据有泉州书社发票、泉州大公书局发票及南安县私立金浦小学购货刻章发票及晋江县中心小学教职消费合作社门市发票，发票的时间在1950年4月—7月间。

原来出品人说加盖票有残单及残票，但最终拿到的只是票而不是单据，所以无法确定是泉州还是晋江实用，抑或是南安县实用。过去银元加盖票只发现在解放较晚的西南地区的四川、贵州、广西和华南的广东有使用，现在在华东地区的福州也发现有使用，这是因为福建是华东地区最晚解放的地区。

目前福建发现银元票加盖人民币面值共有3元、10元、50元三种计五种版式，如参照福建其他加盖系列票来推测至少还应该有1元、5元、100元，或许还会有500元、1 000元、5 000千元、1万元。福建泉州于1949年8月31日解放，距今已近60年，让我们继续努力挖掘，不让历史文化遗产在我们手中流失和湮灭。

《印花交流》总218期　2008年9月刊

漫谈加盖“中华人民共和国·印花税票·暂作人民券·××元”印花税票

——纪念中华人民共和国成立60周年

木 子

60年前的1949年10月1日，毛泽东主席在北京天安门城楼上向全世界庄严宣告：中华人民共和国中央人民政府今天成立了。标志了一个新的历史时期开始了。

在本人的印花税票藏品中，有二枚加盖票，非常特殊。一枚是大业联运图30元红盖“中华人民共和国·印花税票·暂作人民券·壹百元”（墨划，图1）；另一枚是大东联运图50元红盖“中华人民共和国·印花税票·暂作人民券·伍百元”（图2）。加盖宋体字，右读，分四行排列，加盖字数多达19字。

图1　大业平版　30元　广西地方加盖“中华人民共和国印花税票暂作人民券壹百元”

图2　上海大东平版　50元　广西地方加盖“中华人民共和国印花税票暂作人民券伍百元”

这二枚票是十多年前广州的一位税票收藏家转让我的，同时还有其他一些加盖票，至今还有多枚不知何地加盖，对于它的真实性我毫不怀疑。但是经过这么多年的搜寻，仍未有发现实用单，以致至今无法判明它的确切发行时间和地方。就这么静静地躺在我的册子里，但是它的身世之谜，一直牵动着我的心。

可以肯定的是，它是陪伴着新中国的建立而诞生的，也就是说是1949年10月1日中华人民共和国宣告成立之后加盖发行的，在各解放区的加盖票中，加盖国名是绝无仅有的，可以说是前无古人，后无来者。

票上加盖是“人民券”字样。据北京邓学顺（已故）先生曾在本刊总90期（1998年1月）撰文《关于人民券的一些问题的探讨》，其中论述：“人民券”最早出现时间为1949年1月31日人民日报《关于中国人民银行有关新币发行的各种问题的答复》的全文中，除第一个小标题外，称中国人民银行钞票为“人民券”。本人在该文加注了编按中说：邓学顺先生考证了“人民券”即是“人民币”在不同历史时期的不同叫法，对于新中国成立前夕，新解放区利用民国税票加盖“人民券”的发行时间有了较为明确的界限，后来改称（加盖）“人民币”。

所以，凡是解放区加盖“人民券”字样的，均是1949年1月31日以后加盖，同理，此票加盖“中华人民共和国”字样，一定是1949年10月1日以后加盖。同时也不排除诞生在新中国第一套1949年中华人民共和国印花税票之前的可能性。

全国解放区有加盖“人民券”印花税票的，据目前所知，大致有南京、镇江、芜湖、皖南区、华中区（湖北、江西部分地区）、华南区（江门）、西南区（广西某些地区）。现在基本上可以确定长江以北老解放区没有加盖“人民券”的。那么最早加盖“人民券”的印花税票是哪里？南京市是较早的地区，在1949年5月已发行使用“人民券”的印花税票，人民解放军4月21日横渡长江解放了国民政府首府南京，随后成立税务局，发行加盖“人民券”的印花税票。是否最早使用还需探讨。另外的一个地方华中地区的湖北有使用“人民券”的印花税票，但应该不早于南京。但使用有个过程，一般使用到1950年3月份，难以精确确定最晚使用到什么时间，用完后改用加盖“人民币”的或1949年球旗图印花税票版。

据了解，广州的这位藏家，当年曾经常往返于广西的几个城市，而广西也是解放较晚的地区。本人今年4月曾去广西几个城市考察挖掘，在某位同好藏品之中，发现了一枚大业30元的加盖票（图3），虽然品相差且墨划，但能与我的收藏票相呼应。据该藏家说，五六十年代单位曾处理过几卡车各种传票凭证，都有解放军押送到造纸厂打浆。他利用职务之便，悄悄地保留了一些单据，但当年不懂保存实单的重要性，统统将它们浸泡下来，至今后悔不已。

经过以上综合分析，这种加盖票应是广西地区某处发行、使用，因为发行时间短，使用地域小，至今未见实单。

时光流逝，弹指间，60年过去。敢问新中国成立后历届财税部门，有谁曾经想到过，那曾经为新中国建设添砖加瓦出过力的、至今仍然默默无闻的印花税票，来个查考身世？当初制定、印制、使用它们的相关人员是否健在？倘若尚健在应该也是耄耋之年，是否能采访他们从而挖掘整理出中国印花税票发行的历史沿革，时不我待！

《印花交流》总230期　2009年9月刊

印花单据欣赏

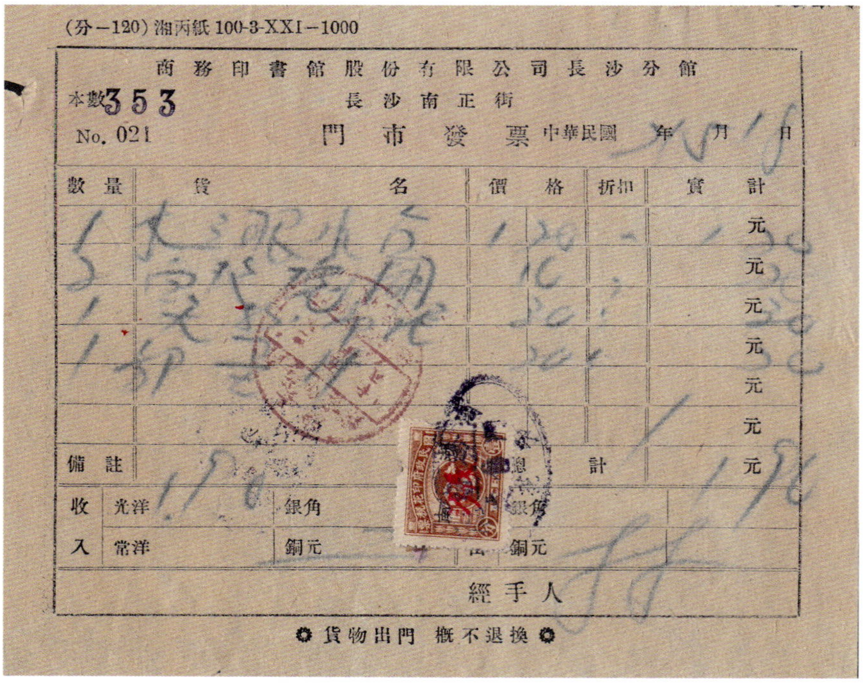
(分－120) 湘丙紙 100-3-XXI-1000

商務印書館股份有限公司長沙分館

本數353

長沙南正街

No. 021

門市發票　中華民國　年　月　日

數量	貨名	價格	折扣	實計
				元
				元
				元
				元
				元
				元
備註		總計		元

收入	光洋	銀角
	常洋	銅元

經手人

貨物出門　概不退換

民国二十一年（1932）商务印书馆长沙分馆门市发票

中华人民共和国时期

ZHONG HUA REN MIN GONG HE GUO SHI QI

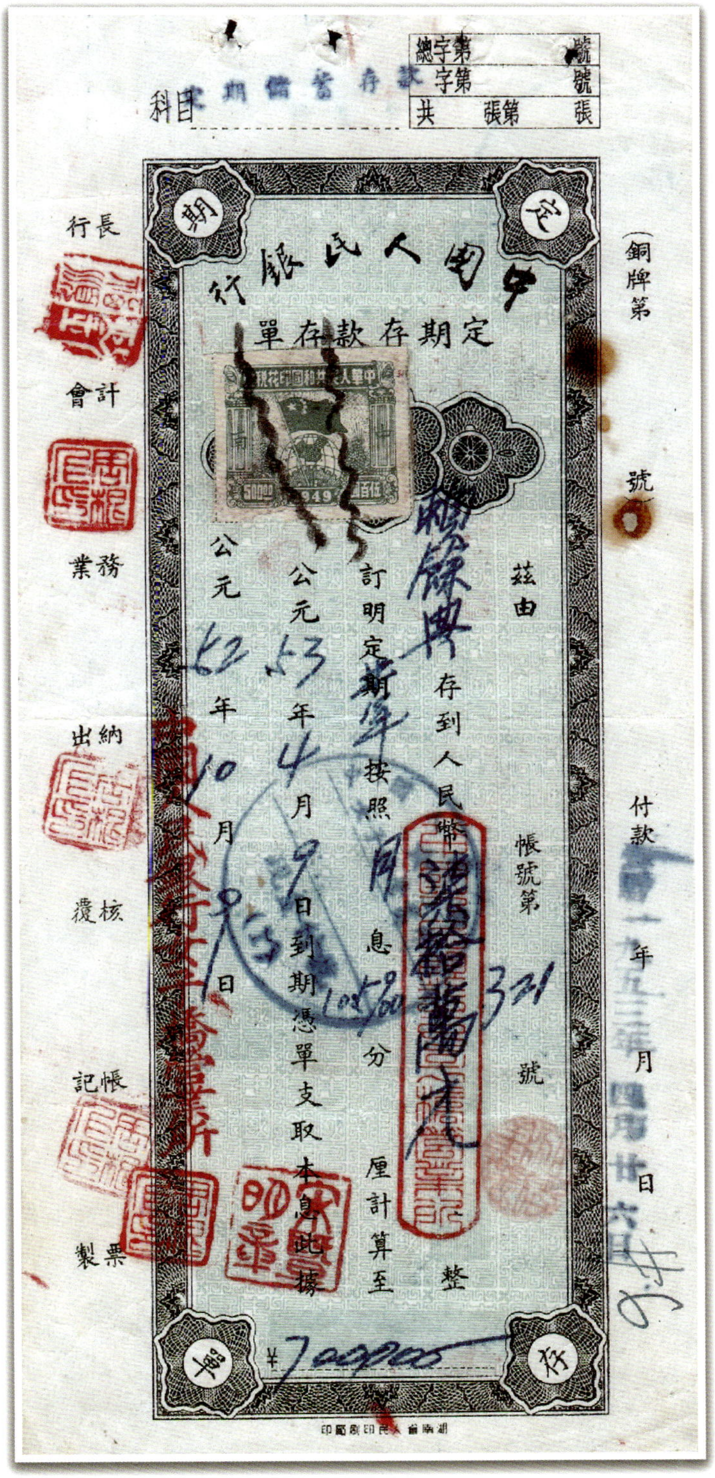
總字第 號
字第 號
共 張第 張
科目 定期儲蓄存款
中國人民銀行
定期存款存單
茲由
存到人民幣
整
訂明定期 年按照 月息 分 厘計算至
公元 年 月 日到期憑單支取本息此據
公元 年 月 日
帳號第 號
(銅牌第 號)
付款 年 月 日
行長 會計 業務 出納 覆核 記帳 製票

贴中国中南区球旗图印花税票的定期存款单

建国初期各大行政区划和税务机构设置

上海　包明伟

1949年11月中央人民政府于在京召开全国税务会议，制定《全国税收实施要则》12条，暂定印花税等14种税收为中央及地方税收，并于1950年1月27日政务院17次政务会议通过。同年4月2日中央人民政府财政部发布《印花税暂行条例》草案30条试行，同年12月15日政务院会议通过了《印花税暂行条例》，并于19日政务院正式公布施行。在试行期间发行了1949年版球旗图“中华人民共和国印花税票”施行全国各地。由于该套印花税票是建国以来使用时间长，地域广，特别是版别多，其中有中央版、各大行政区版，各版中又有不同印刷厂、不同齿孔、不同地区的加盖改值等多而复杂的版别，所以是广大税票爱好者喜欢收集和研究的一个热门专题。

目前广大税票爱好者在收集和研究1949年版球旗图和1952年版机器球鸽图印花税票时，对各大行政区发行的印花税票和使用地区持不同意见，现就各大行政区和税务机构设置根据有关资料提供大家参考研究。

1950年1月27日政务院17次政务会议通过中央人民政府财政部“全国各级税务机关暂行组织规程”，设置各级税务机关。

中央财政部税务总局：辖河北、平原、山西、察哈尔、绥远五省及北京、天津二市税务局（1952年7月10日设华北区）。

区税务管理局：

分设华东区：辖山东、江苏、浙江、安徽、福建五省。

中南区：辖河南、湖南、江西、广东、湖北、广西六省。

东北区：辖辽西、辽东、吉林、黑龙江、松江、热河六省。

西北区：辖陕西、甘肃、新疆、宁夏、青海五省。

西南区：辖四川、云南、贵州、西康四省。

内蒙古自治区（后归华北区）：

省、盟或中央直辖市、区辖市税务局。

专区税务局及辖市税务局。

县、旗、市、镇税务局。

税务所。

根据以上行政区划和税务机构设置及收集的实物看，1949年版球旗图印花税票发行有中央版（包括无地名版，中、央、财字版），五大行政区版，内蒙古自治区版及个别省版（如新疆版）。1952年版机器球鸽图印花税票发行有六大行政区，关于几大行政区的说法。根据以上资料也是清楚的，除中央直辖的省市外，设华东、中南、东北、西北、西南五大行政区，1952年7月10日后，设六大行政区，因此，六大行政区的说法较为妥当。

《印花交流》总47期　1994年6月刊

对包文的补充

北京 徐一青

总第47期刊有包明伟先生《建国初期各大行政区划和税务机构设置》一文，读后有几点补充如下：

题目是建国初期各大行政区划和税务机构设置，实际说的是1950年以后的情况。而对建国初期1949年10月—12月此一阶段未置一词。实际此一时期也有大区划分和相应的税务机构。据中央人民政府财政部税务总局1950年3月24日税直二字第797号通知，当时的大区税务机构计有华北区、华东区、华中区、陕甘宁边区和西南区。华北区税务局辖河北。山西、平原、察哈尔、绥远五省和北京、天津两市。华东区税务局辖上海市、南京市、苏南区、浙江省、青岛市、济南市、徐州市、潍坊市、淄博特区、昌潍特区、渤海区、胶东区、鲁中南区。华中区税务局辖武汉市、湖北省、江西省、湖南省、河南省。陕甘宁边区税务局辖西安市、渭南县、三原县、咸阳县、邠县、宝鸡县、大荔县。西南区由于大部分地区尚未解放，只有重庆一地成立税务局，征收印花税。此材料统计到1949年12月底止。

1950年初，各大行区及税务机构设置，诚如包文所说，但应该注意到直到1950年底东北区、内蒙区均没有开征印花税，因此，统一的无地名球旗图税票这两个区均没有印行。内蒙区是在1951年1月1日，东北区是1951年4月1日方开征印花税，因此这两个区只有有地名球旗图票，而没有无地名球旗图票。因此，谈论球旗图税票时，在前期除中央直辖外，只有四大区版，而没有“五大区版”。

包文说：“同年（指1950年）4月2日中央人民政府财政部发布《印花税暂行条例》草案30条试行，同年12月15日政务院会议通过了《印花税暂行条例》并于19日政务院正式公布施行。在施行期间，发行了1949年球旗图‘中华人民共和国印花税票’施行于全国各地。”即认为1949年版球旗图税票是1950年4月以后发行使用的。实际上此种税票于1949年11月在北京即有使用，在天津是12月份（据于捷邮友公布的材料），其他城市不详。

《印花交流》总48期　1994年7月刊

解放初各地印花税开征时间及起征点

北京 徐一青

一

对如何和依据什么来区分新中国和解放区印花税票，是许多邮友十分关心也是印花税票研究中的一个重要问题。为帮助此问题的研究，现将个人见到的一份中央税务总局档案材料介绍给大家。这份材料为中央人民政府财政部税务总局1950年3月24日发出的税直二字第二字第797号通知，内容是关于各区省市印花税征收情况。大家知道，中央税务局于1950年1月1日通知成立后，除进行当前的税务工作外，还发出税直第45号通知，要求各区税局呈报解放后印花税征收情况。此通知即是接到各区呈报情况后的综合通报。全文如下：

为了解各地印花税开征情况，前曾令知各局将开征经过情况具报。兹根据各局已报来的材料，列成简表，随文附发，希即查收，用资参考为荷！

此致

敬礼

各大区税务管理局

直属省市税务局

附发各地区印花税征收情况简表一份

局 长 李予昂

副局长 崔敬伯

简表分四项。一为区别。各区税务局之下列省税务局。二为开征日期。三为起征点变动情况。四为备考。由于简表很长，这里只能一一介绍。要特别说明的是为存史料，介绍时均是原文照抄，除将竖行表格改为横行行文外，一仍其旧，不作任何文字改动。

笔者需加注解时均加“按”字。此次因介绍背景占去不少文字，为省篇幅，先从最简单的西南区介绍起。

区别：西南区税务局、重庆市税务局

开征日期：1949年12月30日

起征点变动情况：1949年12月30日为五千元

备考：各地解放未久，印花税尚未明令公布，仅重庆一市开征。

注①：简表西南区税务局项下只列重庆市税务局一地，其余为空白。原因在备考中已说得很明白。又重庆市1949年改为中央直辖市，直到1954年，但在此表中却未单列，而在西南区中，如同北京市、上海市分别列在华北区和华东区之中一样。依此则刘忠玉邮友以重庆市为中央直辖市而将其税务局在西南大区之外单列的意见就值得考虑了（刘文意见见《税票苑》第9期）。重庆是1949年11月30日解放的，成都为1949年12月27日。当重庆开征印花税时（12月30日），不仅西南军政委员会尚未正式成立（仅在12月2日任命了人员），而且新任命的西南区税务局长“还在途中，尚未到达任地”（见中央税务总局成立时局长李予昂的讲话）。二月份，西南军政委员会和西南区税务局成立。此后，重庆市税务局自然归其管辖。因为固然重庆为中央直辖市，在西南军政委员会和西南区税务局也非“地方机关”，而是中央派驻西南地区的代表机关，重庆市税务局应该归其管辖，这是很自然的事。

二

中央财政部税务总局印发的各地名区印花税征收情况，关于陕甘宁边区部分原样抄录如下：

区别：陕甘宁边区税务局，下辖西安市税务局，渭南县、三原县、咸阳县、邠县、宝鸡县、大荔县。

开征日期：西安市税务局、三原县、咸阳县、邠县、宝鸡县为1949年6月4日，大荔县为1949年3月。

起征点变动情况：1949年6月20日（原文如此）为900元，8月21日调整为1 000元，12月25日调整为3 000元。

备考：第三次调整后各地区陆续开征：西北全区（包括老区在内）

注②：请税友特别注意这个备考，它能说明许多问题。另藉此机会再对朱嗣忠文章说几句话。《税票苑》第16期发表拙文《对朱文的补正》后，朱先生又以《答徐一青先生》为答。现就该文几点述说如下，供税友和朱先生参考。

1. 判断有地名球旗图票是否发行在1949年，首先应依据档案，如果依据完税单，应到1949年的实贴单中去找。此后的实贴单不易说明问题。因为使用有地名票后，无地名票并没有收回作废，而是继续使用，这样自然就可能出现朱先生所说的无地名票纯贴单。

2. 朱先生以东北、华北大行政区是1949年设置，但并没有1949年版中华人民共和国华北地名印花税票，例有标“中央”地名票出现为由来反证说明有地名票发行在前。这里有二点请注意。(1) 东北区在1951年4月方开征印花税，自然在此前就不会有东北地名的印花税票了。(2) 通常说的1949年中央版无地名票，正是华北地区使用的，刘忠玉邮友将其说成是中央华北版是很正确的。因为当时华北区为中央直辖。(3) 标有“中央”字样的印花税票是在无地名票之后，时间正与各大行政区出现的有地名票相对应。

3. 关于六大行政区是1949年设置这一点，还请参看《中国共产党组织史资料汇编》(领导机构沿革和成员名录)，《中国人民解放军组织沿革和各级领导成员名录》及1953年出版的《中华人民共和国分省地图》全国政区图及其说明。

《印花交流》总52—54期
1994年11月—1995年1月刊

也谈"暂用人民币"印花的质疑

四川　希　高

《税票苑》70期（2001年11月10日出版）刊登金申先生"联运图加盖暂用人民币"印花税票质疑一文，拜读后也想说几句。

据说这些税单系上海济生会处理旧物时流出，数量不多，其中有民国时期贴联运图印花税票的单据，也有1950年贴"暂用人民币"印花收据。我是于1999年8月北京国际邮展期间在展销厅上海资深邮人王先生摊位上发现购买到的此类单据。当时，虽然感到贴票如按原底票金额5 000元，计算税率太高，或许当时上海税务部门另有折算办法，可进一步探讨研究。

有人认为该票据为赝品，其理由尚不充足。一是称原票为常见联运图。中华人民共和国成立初期利用民国联运图加盖改值人民币的印花有数百种，也不都是赝品。二是称加盖票的注销方式雷同，均为一种长方形蓝色戳记。这批单据均为上海济生会庶务科制出，同一部门销戳均为同戳，不足为奇。

现介绍我留存一单据如下：（附复印件）

这是1950年2月26日上海济生会庶务科向经济科领取自来水费的银钱收据，共计18 360元。此款由庶务科于1950年2月21日按期垫付上海自来水股份有限公司，见收据后附件上海自来水公司通知收费账单，金额相符，并盖银钱收讫章。按1949年6月14日上海市印花税稽征办法中印花税率表第2条银钱货物收据注释：凡代收银钱货物收据……等应按本目贴用印花税票。庶务科领经济科银钱并列收据贴花亦属合法。至于，销票戳为何"纸社"也有来由。济生会是为一慈善组织，中华人民共和国成立后组织失业人员生产自救，办纸社之类街道工业在全国各地极为普遍，因此从以上税单及附件来看应为真品。

但我的质疑是，为何18 360元水费单要贴暂用人民币5 000元印花。一是可能超贴，太大方了。二是原底票5 000元法币，如何折算成人民币，不得而知。

中华人民共和国成立初期加盖改值人民币印花，有许多品种中临时应急加盖，至今为真品。联运图加盖"暂用人民币"印花，如能查到文件就迎刃而解，否则，将继续存疑下去。但希望在广大印花集藏爱好者的共同努力下，能迅速解开疑团。

注：事物的发展有一个过程，人的认识也有一个过程。现在看来"暂用人民币"疑点重重，作伪的可能性极大。本人为《总目》编委，对它的入目负有不可推卸的责任，为此深感不安与惭愧。

总155期修正与补充：上海陈璐先生来信指出：

第五期邓希皋（西高）的暂用人民币，正如受您（编按）所提示的，作伪的可能性极大，我认为不是极大而是那些造假者在对印花税票收集者犯了罪。

税单！不，这是会计制度中的一个内部计账凭单。在内部计账凭单中上海没有实行贴标准税额的规定，但在税务制度一规实施的云南省，在内部转账凭单是规定贴（老币）人民币500元。（附上凭单一纸，贴500元印花税票作

第二部分　研究文稿精选

证）（略）

我存有很多，会计账单上凭单贴票为证，它是不论金额大小，均贴500元一枚。

在中华人民共和国成立初期的暂作、改作人民币印花税票均是金元券税票改作，从未发现此类运输图税票，上海济生会会计制度不可能自己购买印花税票。它不是营业单位，它是慈善事业单位。

因此此类印花税票，120%是伪造票。

《印花交流》总154期　2003年5月刊

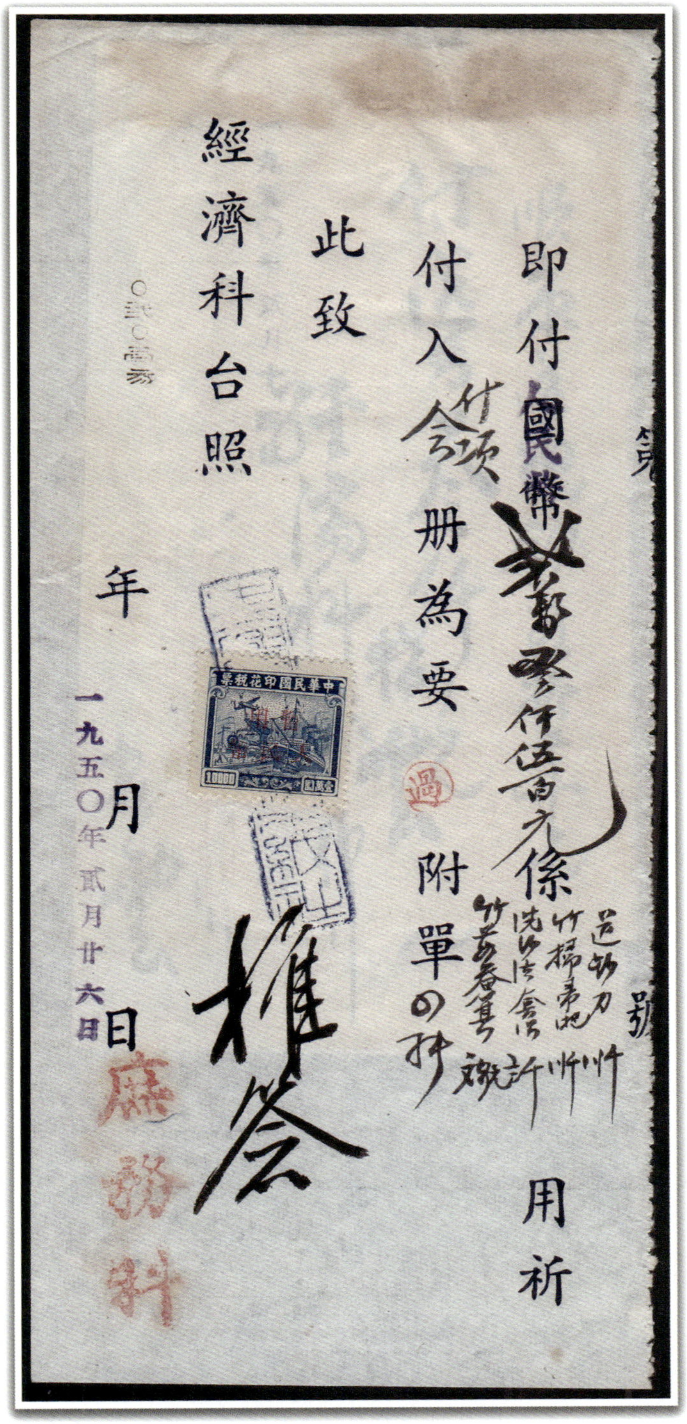
即付國幣　元係　用祈
付入　册為要
附單
此致
經濟科台照
年　月　日
一九五〇年貳月廿六日

附图片

关于人民券的一些问题的探讨

北京 邓学顺

读了《税票集邮》第4期，《税票苑》第44、47期姚先生和向先生有关人民券的文章后，查阅了有关资料，写了这篇小文参加讨沦。

一、人民券的发行背景

过去解放区由于处于敌人的分割封锁环境下，为了保护人民财富支援战争发展生产，各个解放区不得不发行分区流通的地方货币。随着人民解放战争的迅速胜利发展，各个区的完全巩固，而且连成一片，各个地区间贸易联系，物资交流的发展，由于货币不统一，货币比价不固定，成了贸易发展中的巨大障碍。为了适应经济发展的需要，迎接全国胜利的新形势，发行统一的新货币已成为当时迫切需要的事情，在这种新形势下，由中国人民银行发行了人民券。解放区的人民拿着人民券可以到解放区的任何一个地方去买东西。在各地区的旧币还没有完全收回来之前，人民券和旧币按固定的比价继续（同时）使用。

二、人民券名称的演变过程

(1) 1948年11月25日华北银行总行关于发行中国人民银行钞票的指示中，称12月1日开始发行统一三区的货币为“中国人民银行钞票”。

(2) 1948年12月1日华北人民政府财制字第18号训令中，从1949年1月1日起称中国人民银行钞票为“人民票”。

(3) 1949年1月31日人民日报关于《中国人民银行有关新币发行的各种问题的答复》的文中，第一个小标题里，称中国人民银行钞票为“人民券”。

(4) 1949年1月31日人民日报关于《中国人民银行有关新币发行的各种问题的答复》的全文中，除第一个小标题外，称了钞票为“人民券”。

三、人民券有六种票面值

1948年12月1日在北海银行，华北银行、西北农民银行的基础上成立了中国人民银行，并发行了1元、5元、10元、20元、50元、100元六种票面值的人民券，拟为工农图1元，帆船图5元，牧羊图5元、灌田图10元、施肥图20元、水车运输图50元、耙田图100元、火车站图100元、万寿山图100元。虽然票面上都没有“人民券”字样，但当时那个时期都称这种新币为人民券。

四、人民券与旧币的比价

根据各解放区物价水平，规定了人民券与旧币的比价。

(1) 1元人民券=100元冀南币

(2) 1元人民券=100元北海币

(3) 1元人民券=100元华中币

(4) 1元人民券=1 000元晋察冀边币

(5) 1元人民券=1 000元东北流通券

(6) 1元人民券=1 000元长城流通券

(7) 1元人民券=1 000元热河流通券

(8) 1元人民券=2 000元西农币

(9) 1元人民券=5 000冀热辽×字边币

（10）1元人民券＝2元中州币

五、人民券的使用范围

人民券于1948年12月1日开始发行，首先在华北、山东、西北各解放区流通，然后逐渐推及到其他解放区。人民券的流通“现在长城以南，黄河以北的广大地区内流通，并且在不久的将来，人民券就要北过长城流至关外，南过黄河流向中原了。今后随着战争形势的发展，人民券也要渡长江，流到一切新解放的地区，因而逐渐成为新中国的统一的货币”。以上科学的论断，以下两例足可证明。第一例，华北人民政府1949年4月27日公布的《华北区金银管理暂行办法》中，第三条“除经本府批准特许出境者外，严禁一切金银带出解放区。在解放区内允许人民储存，并允许向人民银行按牌价兑换人民券，但不得用……”。第二例，中央人民政府交通部的《公路养路费征收暂行办法》中，第十条“养路费额之实物单位应折合人民券征收，其价格……”。

参考文献

1. 1950年8月出版，政务院财政经济委员会编《中央财经政策法令汇编》第一辑。

2. 1982年10月出版，中国人民银行金融研究所财政部财政科字研究所编《中国革命根据地货币》。

3. 1988年9月出版，中国人民银行中国历代货币编辑组编《中国历代货币》。

注：邓学顺先生考证了“人民券”称谓的演变始用时间，中国人民银行钞票——新币——人民票——中国人民银行券——人民券——人民币，“人民券”即是“人民币”在不同历史时期的不同叫法。对于中华人民共和国成立前夕，新解放区利用民国国税票加盖“人民券”的发行时间有了较为明确的界限，后来改称（加盖）“人民币”。所以“人民券”的名称只存在了短短的几个月。

《印花交流》总90期　1998年1月刊

印花单据欣赏

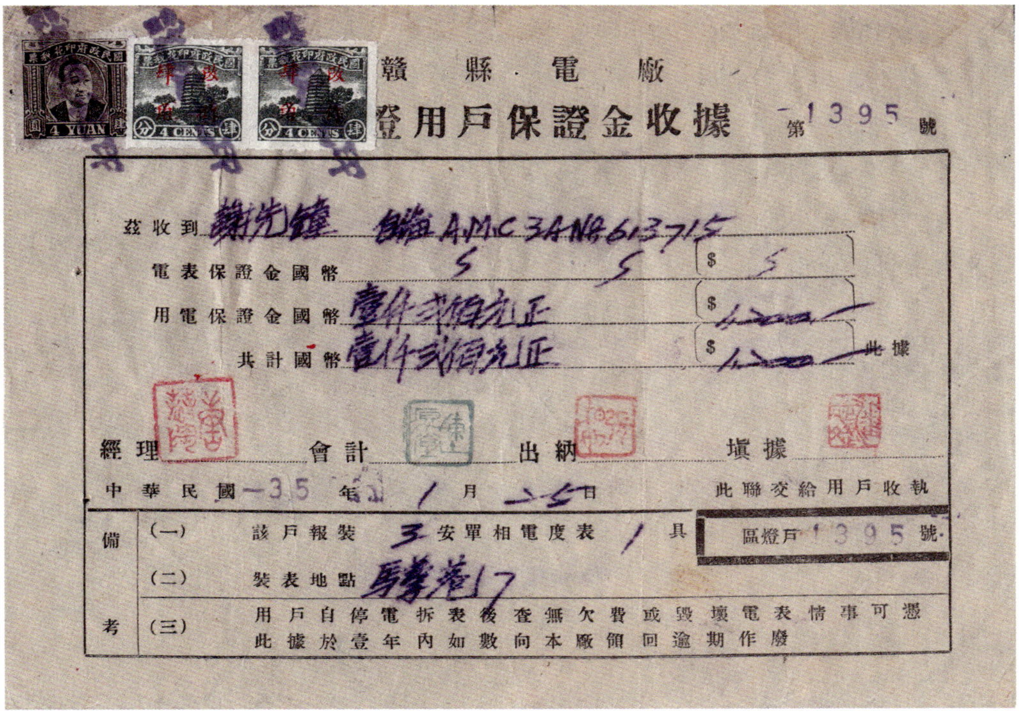

贛縣電廠

電燈用戶保證金收據　第1395號

茲收到

電表保證金國幣 $

用電保證金國幣 $

共計國幣 $　此據

經理　會計　出納　填據

中華民國 35 年 1 月 25 日　此聯交給用戶收執

備考 (一) 該戶報裝 3 安單相電度表 1 具　區燈戶1395號

(二) 裝表地點

(三) 用戶自停電拆表後查無欠費或毀壞電表情事可憑此據於壹年內如數向本廠領回逾期作廢

民国三十五年（1946）赣县电厂电灯用户保证金收据

剖析北京解放初地契
——探讨旗球图最早使用时间

北京　邓学顺

藏北京解放初地契一份。地契内容如下：

任弼良在北平市外一区河泊厂 11 号有房屋四间，经中人和知情有保人说合，以四百七十万一千六百二十五元人民券卖给冯殿卿，于 1949 年 9 月 1 日立卖房契。

1949 年 9 月 24 日北平人民政府地政局第一科登记股收到卖房契，编号为 06853，并盖验讫章一枚。

1949 年 11 月 21 日北京人民政府财政局行政科契税股收到卖房契，编号为 795. 对房价进行了审核，并在房价上盖印章二枚。

北京人民政府财政局于 1949 年 11 月 22 日发给冯殿卿买契，照章纳税三十五万二千六百二十二元人民券。还在卖房契和买契粘接处盖“北京人民政府财政局之印章”一方。

卖房契上贴无齿旗球图印花税票 100 元十方联一个，四方联一方，伪运输图 100 元加盖“华北税务总局暂作 10 元”五枚计 1 450 元。“北京人民政府财政局行政科”戳销票。

北平市改为北京市是 1949 年 9 月 27 日，故旗球图印花税票在这份地契上贴票时间是在 9 月 27 日以后。

按办理买契的要求，办完一切手续后才能办理买契。买契是在 1949 年 11 月 22 日办发的。

以上剖析，这份地契上贴的无齿旗球图印花税票是在 1949 年 11 月 21 日北京人民政府财政局行政科契税股审核房价时由卖房人贴的。

由此可见，旗球图最早使用时间是在 1949 年 11 月 21 日以前，与《集邮》1997 年第一期徐一青先生的文中所说旗球图最早使用时间是在 1949 年 11 月 24 日至 12 月 10 日第一届全国税务工作会议期间，有一线之差。具体何时何地最早使用，还待众税友发掘探讨，附地契复印件供参阅。

（复印件太大且不清略）

《印花交流》总 79 期　1997 年 2 月刊

东北区印花税票初探

吉林　张　义

东北区的印花税票，由于各种历史的变迁，品种繁多，印花税票也随之形成了众多的种类。如民国初期东北各地区的税票，还有军阀统治时期地方军发行的税票，以及日期帝国主义侵略时期的伪满洲国印花税票，等等。

本文主要就中华人民共和国成立后，东北区印花税票列举几例，从自己收集到的几种不同纸质、不同版别、不同颜色的税票中了解了东北区印花的复杂性。目前我们收集印花者，大都是参考于包氏目录，而包氏目录中编录的东北印花税票各种不同年代和版式也有些遗漏。特别是东北地区的加盖税票，还有很多版式，加盖方式等在收集中相继发现。

一、包氏目录中刊登的各种版式的遗漏

（1）“代人民币”小字，面额改“大字”组，原票1949年版100元改10元票，原票颜色是灰紫色，我收集到一枚原票是深黄色的改“代人民币”10元票，与目录中的原票出现不同颜色票。

（2）东北1952年版，包氏目录未登载面额为2万元的和平鸽图案票，但在收集中曾出现2万元（草绿色）的加盖票，但这种面额的原票还未发现。（编按：此两种票包氏目录1990年版已作增补）

（3）1955年版双面额加盖税票，包氏目录中未登载有双面额2元票，我收集到一枚原票为1952年版和平鸽图案2万元票，双面额2元加盖票。这就说明这组的遗漏票。（编按：同上即为同一种）

二、包氏目录未登载的版式票

（1）在收集中发现一组用简化字加盖的税票，如用1949年版东北双字原票200元、1 000元、2 000元，分别加盖的“二十元”“一百元”“二百元”，还有2 000元等面额的加盖票。据分析，这种加盖虽然是由于币值的需要外，而从低面额到高面额，使用的原票也从低到高按顺序加盖改值，因而是一组成系列的加盖票。

（2）在收集中还发现几种木刻加盖，手盖及各种颜色的加盖形式都相继发现，这些税票有的在税单上，或座商税单、发货票、缴款书上，因而都有一定的真实性。所以说，东北区印花税票的版式与加盖形式是品种繁多，较为复杂的。

综上所述，只是初集税票的一点发现，本文谬误甚多，诚恳地希望税票界的先辈们给予指教。本人专门收集东北地区、建国前的各种印花税票、税单、查验证、卷烟税证、火柴税证、书税证等，欢迎各地友人切磋。

本刊综合述评　张义同志关于东北区印花复杂性的观点，本人有同感。中华人民共和国建立初，规章制度的未健全，特别是东北地区，由于特定的历史政治情况，加盖改值很不规范，我收集到的109种，较包氏1990年版多30种，尚不能窥全豹，希望东北地区的藏友更进一步努力，能系统地介绍给各地邮友。吉林省张银等邮友为我从吉林省档案馆了解到辽东省、松江省等建制情况，在此致谢。本刊将在适当时间介绍给诸位。

《印花交流》总19期　1992年1月刊

浅谈如何鉴别东北新中国改值印花税票的真伪

吉林 张 义

近期东北的新中国印花税票（主要是改值）出现了几种伪品，这是使收藏界十分气愤的，当然制伪者是我们收藏界的害群之马。

最近有很多同行朋友来函询问这方面的状况，现就自己所掌握的一点税识，谈谈自己的一点看法，有谬误之处，请同行指教。

东北新中国印花税票，由于受东北当时行政区域变化频繁的情况，因而加盖改值税花较为复杂，品种繁多。但大体上有以下几个特点：

一、东北 1949 年球旗图改值印花税票的原票，都基本采用的双字组税票。

二、一般加盖改值的比率都多半是降低 1/10 的面值，其它不按 1/10 比率的改值的印花税票，往往是错盖的较多。（但特殊不按1/10 比率也有，如 1949 年加盖“东北”改作：二枚一套就是不符合这个比率的）（按：此两枚系单字组）

三、东北各省加盖改值的税票大部分都采用机印铅字排版印刷，并都成系列程序。例如辽东、辽西、吉林、松江、旅大、鞍山、长春等。

四、各市、县级加盖改值税票就比较复杂，多种多样了。有机印，有木戳、胶戳、手盖，加盖的颜色、规格都复杂，但都成系列，特殊的地方加盖也有，加盖形式也大都不同，有暂代人民币、代人民币、人民币、改作、暂作，等等。

五、东北 1952 年版印花税票改值的税票，大体有三种，都是 1955 年加盖，它的比率是万分之一。例如：1 分/100 元、2 分/200 元……

六、另外，区别真伪，一是要看加盖的税票是否成程序化、系列化。第二，从油墨的光泽看加盖时间的长短。第三，善于用东北各种改值印花税票来比较。第四，单据上的印花税票，要利用计算各种类别税率来区别，分析出真伪。

以上几种提出只供印花税票收藏同好参考和借鉴，欢迎各抒己见，正确识别真伪，让伪品人人皆知，不会上当受骗，使印花税票的收藏的良好势头持续发展，蒸蒸日上。

《印花交流》总 55 期　1995 年 2 月刊

1949 年东北球旗图吉林盘石加盖版式及其成因探讨

上海　李德元

最近，东北吉林盘石发现一批加盖票，其品种约有 20 多种，形式为右起三行加盖“暂代人民币××元”，“元”字小写。面值有“拾元，贰拾元，伍拾元，壹佰元，贰佰元，伍佰元，壹仟元，贰仟元、伍仟元”九种，尚未发现“壹万元”的品种。“暂代”人民币是早期加盖形式，先于“代”人民币，三行加盖形式少于二行加盖。

其版式及变异如下：

(1)“拾”字不同：“拾”字大多是仿宋体，有极少数“拾”为黑体字，品种有“拾元”“贰拾元”“伍拾元”，有时在同一版上出现二种不同字体的情况（图 1）。

(2)“伍”“五”字不同：“伍”字有大写、小写之分，在同一版面上，存在“伍”“五”二种文字，品种有“五拾元”“伍拾元”（图 2）。

图 1-1　加盖“暂代人民币壹拾元”　“拾”黑体

图 1-2　加盖“暂代人民币壹拾元”　“拾”宋体

图 1-3　加盖“暂代人民币壹拾元”“拾”左边一枚宋体，右边一枚黑体

图 1-4　加盖“暂代人民币贰拾元”　“拾”上边一枚黑体，下边一枚宋体

图2-1　加盖“暂代人民币伍拾元”　“伍”字不同 左边一枚“五”，右边一枚“伍”

图 2-2　加盖“暂代人民币 五拾元”

图 2-3　加盖“暂代人民币 伍拾元”

（3）“佰”“百”字不同：“佰”字也有大写、小写，品种有“壹佰元”“壹百元”（图 3）。

（4）“伍”“五”“佰”“百”不同：由四个不同的字，组成四个不同的版式，即“五佰元”“伍百元”“伍佰元”“五百元”（图 4）。

（5）“二”“贰”不同：“贰”字大写，“二”字小写，处于同一版面上品种为“贰百元”“二百元”（图 5）。

（6）“贰”字变异：见有“贰”字一点在下，即成“点在横下”（图 6）。

（7）加盖移位：“暂代人民币贰佰元”，“币”字下移约 2 mm（图 7）。

（8）错盖：见有“暂代人民币壹仟元”（图 8）。

（9）倒盖：有“贰拾元”“壹百元”“伍佰元”（图 9）。

（10）横盖：个别文字横盖，如“壹百元”的“百”字横卧（缺图）。

图 3-1　加盖“暂代人民币 壹百元”

图 3-2　加盖“暂代人民币 壹佰元”

图 4-1　加盖“暂代人民币伍佰元”“伍”字不同 左边一枚“五”，右边一枚“伍”

图 4-2　加盖“暂代人民币伍百元”

图 4-3　加盖“暂代人民币五佰元”

图 5-3　加盖“暂代人民币贰百元”“贰”字上边一枚为“二”，下边一枚为“贰”

图 5-1　加盖“暂代人民币二百元”

图 5-2　加盖“暂代人民币贰百元”

图 6　加盖“暂代人民币贰百元”“贰”字点在横下

图 7　加盖“暂代人民币贰百元”　“币”字下移

图 8　加盖“暂代人民币壹仟元”“币”字错为“暂”

图 9-1 倒盖“暂代人民币五佰元”

图 9-3 倒盖“暂代人民币伍百元”

图 9-5 倒盖“暂代人民币贰拾元”

图 9-2 倒盖“暂代人民币伍佰元”

图 9-4 倒盖“暂代人民币壹百元”

综上所述，盘石加盖票上存在的变异是比较多，但大型高值票变异较少，这种情况在东北地区加盖票中是不多见的，本文就成因试释如下：

(1) 时间紧：东北区税务管理局于 1951 年 3 月 3 日发出通知（51）税直字第 110 号：于 3 月 13 日召开印花税务会议，并着可靠专人领取印花税票，以备发各市县局备用。3 月 11 日（51）税直字第 111 号通知，决定 4 月 1 日起开征印花税。由于中央人民政府政务院决定 4 月起收兑东北币（包括内蒙币），故必须在原票上加盖人民币币值。从 13 日领取票到 4 月 1 日前发放到基层，除去路程往返等时间外，只有十几天。在这样短的时间内，必须排版套印近十种面值票，工作量是相当大的，其中排版校对，需要花很多时间，以及排版套印的形式，需一定时间研究商讨确定，实际印刷的时间就更少了。出现加盖移位、错盖、倒盖、横盖等错误，也在所难免了。

(2) 承印条件差：吉林盘石当初是县级建制，承印条件差也情理之中。特别是小型票，每版 100 枚，排一版，每个字就需铅字 100 个，如果同时几种面值一齐排版，就要数百个，库存的铅字就不敷使用（相信当时还没有随时可浇铸铅字的设施）。如果多分次排版，固然可解决铅字不够的问题，但时间上却不允许。为了解决即要在最短的时间内完成套印任务，又要解决铅字不足的矛盾，唯一可以比较妥当的办法，即在尽可能多排版的情况下所缺少量铅字，用其他异体字代用，即用黑体字“拾”代仿宋体“拾”、用“二”代“贰”，用“五”“伍”“佰”“百”同时使用。而大型票印量小，每版为 80 枚，比小型票可少用铅字。一种可能是在保证大型票所用铅字以后，代用字均使用于小型票上；第二种可能是完成小型票套印后，再排版印刷。故铅字充足未发现代用变异的情况。

以上窥见，望同好斧正。

《印花交流》总 62 期　1995 年 9 月刊

第二部分 研究文稿精选

20世纪50年代货物税票简介

上海　包明伟

1950年1月27日政务院第十七次政务会议通过了《货物税暂行条例》(下简称条例),1月30日政务院予以公布。同年12月21日中央人民政府财政部分布了《货物税暂行条例施行细则》。《条例》十七条,其中规定了烟酒、鞭炮及迷信品、化妆品、饮食品、纤维皮毛、日用品、工业品、矿产品及竹木共八大类的三十八项计三百五十八种应税货物,以应税货物的产制人或购运人为纳税义务人;规定应税货物完税后,须发完税证、照以凭运销查验。完税照、证主要有完税照、完税证、查验证三种,还有分单照、改装证、改制证、特许免税照、特许免税证等。货物税照证的填用方法和规定分别介绍如下:

完税照:为已税货物持凭运销的主要完税凭证。由驻征员或税务机关于纳税义务人交纳税款后填写,由纳税人留存备查。

完税证:为粘贴于已税货物大包装或大容器上的主要完税凭证,其号码应与完税照所戴相符。由驻征员或税务机关于填发完税照时一并填发,监视实贴。完税证规格为11 cm×8 cm,蓝色,由中央财政部税务总局统一印刷。填写内容有完税照编号、品名、数量、填发机关、填发人员、填发日期等。使用粘贴于卷烟、烟丝、烟叶、酒类、鞭炮、迷信品、化妆品、饮料、罐头、贵重食品、糖、茶、调味品、水产品、蛋制品、麦粉、棉麻毛纱及其制品、丝织品、皮毛、钟表、电扇、留声机、唱片、收音机、暖水器、自来水笔、自行车零件、陶瓷制品、铝制品、玻璃制品、香皂牙膏肥皂、火柴、纸类、化学漆、化学胶、颜料、染料、电料、橡胶制品等货物的大包装或大容器上。《条例》公布前各大区使用的货物税完税凭证,粘贴于大包装或大容器上的完税印照。如华东财经委员会财政部印制的完税印照,红色,规格为11.5 cm×9 cm,填发内容相同,职能也相同。

查验证:为粘贴于已税货物小包装或小容器封口处的主要完税凭证,在货物生产包装时实贴。查验证品种式样较多,再配以不同颜色印制,大体可分为横式、竖式二种,并印有中央、地方和无地方名称品种,化学漆颜色、染料、烟丝、纸、瓶酒等,还分甲、乙、丙、丁等,卷烟分手工、机制,五十支、二十支、十支,烟丝还有一斤、半斤、四两、二两等,还有加盖后使用的各类查验证。《条例》公布前各大区使用的货物税查验证及加盖使用的改名查验证均用于上述各种货物的小包装或小容器的封口。

分运照:为已完税货物分运时,凭原完税照向税务机关换发的分运完税凭证。

改装证、改制证:为已税货物改装或改制后粘贴于货件上的补助完税凭证。由驻征员或税务机关于改装、改制完毕换发分运照时,一并填发,监视实贴。

特许免税照:为凭税货物持凭运输的主要凭税凭证,由税务机关依照中央核准免税的通知而填发。

特许免税证:为粘贴于免税货物包件上的主要免税凭证,税务机关核发特许免税照时一并填发实贴，其手续与完税证相同。

货物税是我国的主要税种之一，为建国初期的恢复生产、支援建设和抗美援朝提供了主要财政收入。1958 年在大跃进的历史形势下，片面强调了简化税制，将货物税与印花税、商品流通税和营业税合并简化为“工商统一税”，《货物税暂行条例》随即停止执行，货物税照证也随之停止使用。至今已过去四十多年，遗留下来的实物不多，要收集全亦非易事，但它必将为研究、了解建国初期的经济、生产、生活、税收提供了最好的实物依据。

《印花交流》总 20 期　1992 年 2 月刊

印花单据欣赏

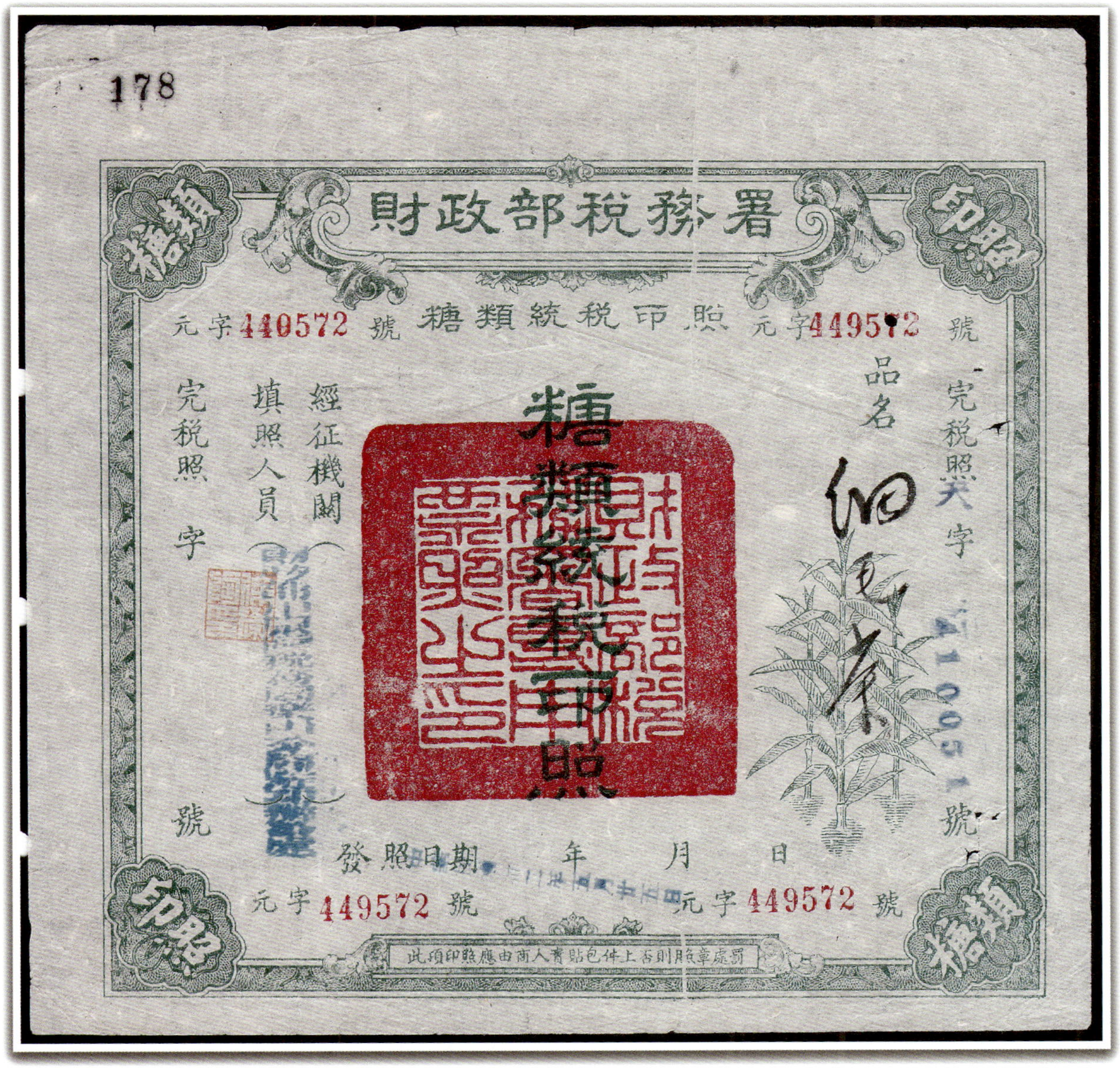

民国三十二年（1943）财政部税务署糖类统税印照

第三部分

收藏理论探究

印花实贴税单收藏杂谈

江苏　陈千里

印花实贴税单是指依照税法规定，对因商事等行为所书立或使用的凭证上粘贴印花税票，并在贴花骑缝处盖章注销或划销，以此表示完税的一种纳税方式。此种税单不仅是一种记录历史的资料，也是一种类似实寄封的艺术品。

印花实贴税单有种类繁多、税率不一、票品丰富、注销各异等特点，它不仅具有史料的价值，而且具有经济、艺术和收藏价值。

印花税实贴单种类繁多。自从我国开征至今，颁布的印花税法就有多部，其间尚有许多修正补充案、条例、施行细则等规定，这样就造就了各时期错综复杂的、大量的实贴税单。如建国初期根据财政部颁发的印花税暂行条例规定应贴花的 25 目中，实用凭证就有二千余种。在同种凭证中又有很多不同的名称，仅发货票这类凭证就有发货短条、销货单售货提单、门市发票、发货通知书等 20 多种。同时一种凭证又有几种不同的性质，如纺织业的“定货单”具有定单、提货单、发货票、银钱收据等几种凭证形式。因此印花实贴税单形式和内容比较丰富，这比实寄封收藏也更深奥和广阔。

印花实贴税单税率不一。根据特定的历史时期，规定的税率也不一样，贴花金额也就各不相同。为了进一步对印花税单进行研究，收藏者不妨也学习一点税收常识，依凭证的历史时期，按类别划定税率，将税单对号入座。例如，1950 年财政部规定印花税按税率可分为按件贴花和按金额贴花两种办法。按件定额贴花的如股票贴花 200 元（旧币下同）提货单每件贴花 500 元，投资契约按件贴花 2 000 元，簿折等项贴花 5 000 元。按比例贴花的有：发货票按金额的千分之三贴花，保险收据按保险费的千分之一贴花，买卖契据等按金额的万分之三贴花等。因税率不一致而使税单种类更加繁杂多样化了。

我国各时期发行的印花税票和邮票一样相当丰富。自清末民初至今也发行了几千种之多。虽然我国印花税中断三十年，但 1988 年后又重新开征，再次发行了十种不同版别面值的印花税票，这对促进我国的印花税票的收藏和研究起到了一定推动作用。但是早期的印花税票经过半个多世纪的变迁，极大部分都损毁了，即使是建国初期发行的印花税票，历经多次运动，也都散失、销毁几尽，那么印花实贴税单也就更难收集了。

另外，印花实贴税单往往还有丰富、完整、多样化的注销戳。在我收集的实贴税单中，已发现有效仿西式的滚背戳，也有沿袭清代老式的碑形戳，有图形各异的圆戳、方戳、菱形戳、三角戳，中英文字戳，等等。真是千姿百态，数不胜数，细心浏览税单，图文并茂，实为一种美好的享受。

总之，我们不仅要注重收藏各类各时期的印花税票，还要借鉴吸取前人的经验教训，重视对印花实贴税单的收藏。今日的实贴税单，就是明天的税史资料。印花实贴税单集中表现了税票的时间空间概念。我们要大力提倡收集税单。尤其是昔日印花实贴税单，历经沧桑，饱经风霜，保存下来实属不易，件件都是珍宝。请收藏者手下留情，切莫把印花税票揭下来。应保证其历史的完整、艺术性，以便进一步研究和探讨，以此借古鉴今，指导我们工作、学习和收藏。

因本人水平有限，错漏在所难免，敬请大家斧正、赐教。

《印花交流》总 18 期　1991 年 12 月刊

印花单据欣赏

Chung-Dae-Geburtshilfliche Anstalt

Shanghai, China.

Fräulein Hang Shu Jen

aus Chilen wird

hiermit bestätigt, daß es während seiner Studienzeit sich soviel theoretisches Wissen und praktisches Können angeeignet hat, daß ihr die Approbation als Geburtshelferin hiermit erteilt wird.

Direktor　　Lehrkörper

Shanghai, den 4ten Juli 1926

中德產科女醫學校

畢業證書

韓樹人係吉林省雙城縣人年三十歲在本校脩業三年實習期滿學識兼優知行並茂考查各課成績口筆並試均屬及格合給產科畢業證書為憑

校長俞松筠

教授

中華民國十五年七月四日

民国十五年（1926）中德产科女医学校毕业证书贴嘉禾图印花税票

关于规范民国印花税票称谓（简称）的意见

木　子

很久以来，同一票品，有多种不同的叫法，确给印花收藏界带来了混乱和不便，不利于交流，过去曾有多位藏友来信建议我能做些工作，由于当时无法配图说明，一直拖到现在。本刊改为复印后，已具备了这个条件，为此，本人根据收集到的实物，与全国爱好者、收藏家约定俗成定几条规范意见试行。（由于各种票发行时间先后不一，本人不按发行先后仅按图案相似之品加以分类）

凡 1912 年民国政府成立起，中央及地方政权（军阀割据）所发行的税票，名称前冠以“民”，而确切是伪政权的则冠以（伪）字。

凡票品上有地名的则加地名，以示区别。

凡二种相似之票（或名称一样，或图案一样），则以主要特征加以区别。

今先列 50 种，并配以必要的图票，使各位今后能一提起名称，就能联想出该票的图像，以逐步走上规范。由于民国印花品种繁杂，有许多尚不为人知，而本人的藏品亦有限，加上水平限制，不妥之处，敬望同好、专家斧正。

1. 民宝塔图
2. 伪宝塔图
3. 民联运图
4. 民农工图
5. 民长城图
6. 民云南长城图（凹版）
7. 民云南长城图（平版）
8. 民二十四军转发长城图
9. 民粤军财政总局长城图
10. 民湘政府发行长城图
11. 民四川暂制长城图
12. 民地图旗
13. 民新疆地图旗
14. 民浙江地图旗
15. 民江苏地图旗
16. 民安徽地图旗
17. 民武汉政治分会财政委员会制地图旗
18. 伪苏浙皖灵谷寺图（小型）
19. 伪苏浙皖灵谷寺图（大型）
20. 伪武汉宝塔图
21. 民奉天城楼图（方型蓝色）
22. 民奉天城楼图（方型大字）
23. 民奉天城楼图（方型褐色）
24. 奉天城楼图（长方形）
25. 民麦穗图
26. 民山东麦穗图
27. 民山东省制麦穗图
28. 民球旗图
29. 民中花球旗图
30. 民工农商学兵工具图
31. 民江西工农商学兵工具图
32. 民士农工商图
33. 民广西士农工商图
34. 民财政部中山纪念碑图
35. 伪苏北行政专员公署
36. 民江苏亭子图（52 期已改为民江苏寒山寺图）
37. 民浙江印花税票（52 期已改为民浙江岳庙图）
38. 民国税印花税票

39. 民党费党旗图印花税票
40. 民中华民国大豆图
41. 伪大满洲国大豆图
42. 伪冀东政府
43. 伪蒙古联盟
44. 伪前门图（2人）
45. 伪前门图（4人）
46. 伪天坛图
47. 民宁夏城楼图
48. 民宁夏宝塔图
49. 民宁夏有铃宝塔图
50. 民陕西党徽图
51. 民复兴关图（与国际上统一）
52. 民东北专用复兴关图
53. 民福建水波纹图
54. 民福建五角星图
55. 民甘肃党徽图
56. 民新疆双羊图
57. 民新疆双驴图
58. 民新疆学校图
59. 民新疆天山飞机图（灰色）
60. 民新疆天山飞机图（黄色）
61. 民新疆水库图（小型）
62. 民新疆油井图（小型）
63. 民新疆空军飞机图（小型）
64. 民新疆水库图（大型）
65. 民新疆油井图（大型）
66. 民新疆双驴图（大型）
67. 民新疆天山飞机图（大型）
68. 民新疆空军飞机图（大型）
69. 民新疆蒋像
70. 民新疆盛像（盛世才）
71. 民新疆盛侧像
72. 民新疆消费税
73. 民孙像
74. 民蒋像
75. 民林像（林森）
76. 民孔像（孔祥熙）
77. 伪苏淮特区中山陵图
78. 伪维新政府

《印花交流》总50—52期
1994年9月—11月刊

税票、印花税票、税务用品及其他

云南　赵天华

弄清税票、印花税票和税务用品的含义，对引导税票集藏及组编税票邮集具有重要意义。但目前的现状，很难给人们以清楚的认识。即使是一些较权威的专业税务辞典，其中的解释也不太统一；加之目前的词典偏重于中华人民共和国成立之后的词条，而对以前的词条收入较少，这样对一些概念就无法有一个完整的认识。本文试图从税票集藏的角度，对此谈点个人的认识，以期抛砖引玉。

内涵和外延

税票：指税务机关征收税款时使用的凭证。税票对内是税收会计的原始凭证和税源统计的原始资料；对外是证明纳税人缴纳税款的凭证。税票在内容上具有特定性，即特定的税票反映特定的纳税义务或行为；在时间上具有唯一性，即税票的开具和形成是缴纳税款的当时。如“工商税收完税证”“工商税专用缴款书”“所得税专用缴款书”等。

印花税票：也即是印花税的税票，是税票的一种特殊形式，一种印有图案、面值能粘贴在印花税应税凭证上的小纸片。纳税人缴纳税款时，即按税法规定的应纳税额、购贴相应金额的印花税票，以示完税。

单就“印花”一词来讲，起先税务上的含义是“刻花滚筒推出的标记”。后来含义又似乎演化为印有图案的小纸质标识。如“×××印花”（此类品在民国和解放区时期较多）等。

税务用品：指税务机关为便于对税收的管理和控制所使用的各种票、书、表、单、册、卡、证、照、标识等。如税务登记证、查验证、改制证、吊税票、完税照、分运照、特许免税照、“×××印花”及其他一些标识。税务用品的使用贯穿于整个税务管理过程的始终，目的在于对税收的有效管理和检查，根据管理的需要，使用的种类可多可少，具有更多的随意性和地方色彩。

联系和区别

税票和税务用品：某一特定的纳税义务或纳税行为，只存在特定的一份税票（否则就是重复征税），但却可以派生出若干税务用品；税票的开具是在缴纳税款的当时，而税务用品的形成和使用，可以在缴纳税款之前或之后，贯穿于整个税务管理整个过程。

印花税票与“×××印花”：在集藏中，这两者最容易产生混淆，因为两者的外形很相似。一般都有图案，大小相当，也同样有“印花”字样，还有面值。区别在于：一是票名不同，前者是“×××印花税”或“×××印花税票”，后者是“×××印花”；二是印花税票属于税票，而“×××印花”一般属于税务用品，属于税务用品的标识类，相当于“查验证”一类的东西（其中一部分品种，也可能属于税票性质，如某一种税免去开具税票的特殊情况下，“×××印花”就可能充当税票的职能。这有待进一步研究）。

最后，本人建议，有关税票类名词，今后应争取尽快纳入全国集邮名词审定工作。

《印花交流》总51期　1994年10月刊

浅议货物税印花与印花税票

陕西　焦继承

印花原指刻花滚筒推出的标记，后演绎为印有图案的小标识。它所指范围甚广，各种印有图案的小标识均可称之为印花。

印花税票作为专有名词指的是印花税的税票，若仅从其字面含义理解为印有图案的税票，则欠妥当。印花税票是税票的一种，它是印花税的纳税凭证。在不同的时期，称呼、叫法不同，清朝称之为“印花纸”“印花”“印花票”，民国称之为“印花”“印花票”“印纸”“印花税票”，等等。

印花税票在某一时期虽称“印花”“印纸”，但是，并非所有的“印花”“印纸”都是印花税票。

近来有藏友将货物税印花、货物税税票，混淆于印花税票，称之为货物印花税票，本人认为欠妥。

货物税印花、货物税税票（如福建土药印花、土膏税票、山东藤草帽税票等）与货物税完税证、查验证均属货物税（消费税类）税务用品；印花税票则是印花税的税务用品，两者都是税票类，但是属于不同的税种。货物税的征税对象是实物本身，印花税的征税对象则是（因商务、产权、许可证、人事等行为）所立的各种凭证。

货物税的完税方式有贴用税票、印花在货物上，直接销验。从《新关文件录》中大清福建省税务司核定的土药统税章程中也可证实：“已收统税之土，由税务司代贴总局图印花，填给总局红专照，并于箱面粘贴箱单，沿途各开验相符，即于放行。如未贴箱单者，即开箱查验，无专照印花者，即应充公。如将印花收藏，未经粘贴土面，查验时，始行取出，即为舞弊取巧……”

而印花税的完税方式则是将税票贴于各种凭证之上。从下列文献中可见：光绪二十二年，陈璧的《仿行印花税折》中奏称“……印花税者，盖令民间买国家所制之印花纸，以粘贴各项制券、字据、暨各项发票、收单，以为纳税之证也……”“凡一切契券、字据，不用印花，发票、收单、不粘印花者，皆同废纸……”。

光绪二十七年赫德在《围攻使臣始末节略》之八中建议说“又印花税若定善章，即如封套、账单、收单、当票、银钱各票，各须贴有印花……”。在《整顿利源节略》中写道：“应贴用此票之件，即系账票、收单、银票、钱票、当票、房契、地契、借券、舱口单、准单、信函等件，均须贴用……”

光绪二十八年总理各国事务衙门遵议试行印花税，并拟办法七条疏中讲：其中（4）拟于开办时应用通行印花各项事由列后：“婚帖、借券、合同、发票、收条、银票、钞票、当票，应贴不贴者以犯法论……”

1912年北洋军阀政府，根据清印花税则，制定印花税法，列举各项应贴印花之凭证，系以有关财产，货物权利转移之契约，凭据为限。

1914年3月为了扩大税源，补充扩大了贴花范围，又制定了人事凭证贴用印花条例，规定护照、免税单照、官吏试验合格证、毕业证、入学志愿书、始书等均须贴花，后又将贴花范围扩大到医士证书、教员证书、请入国籍志愿书和保证书、信访函件、申请书、度牒、枪照、狩猎照，等等。1925年税务会议改定税法，订应贴印花事项为四部分（1）民事或商事之证明文据；（2）个人或团体和官署呈递之各项文件及官署或学校因个人或团体关系所发之公证文书；（3）用瓶盒封置之中外药品化妆品；（4）商业所用之广告。此章未及公布实施，北洋政府即告垮台。

以上的文献资料便可证实，历史各朝代印花税票均贴于各种凭证之上。从这些资料中也可断定，不存在“贴花税票在货物上的完税方式”（完纳印花税），更不能用使用过的货物税印花（或货物税税票）来证实印花税的实施。

以上认识是否正确，敬请同好指正。

《印花交流》总 57 期　1995 年 4 月刊

印花单据欣赏

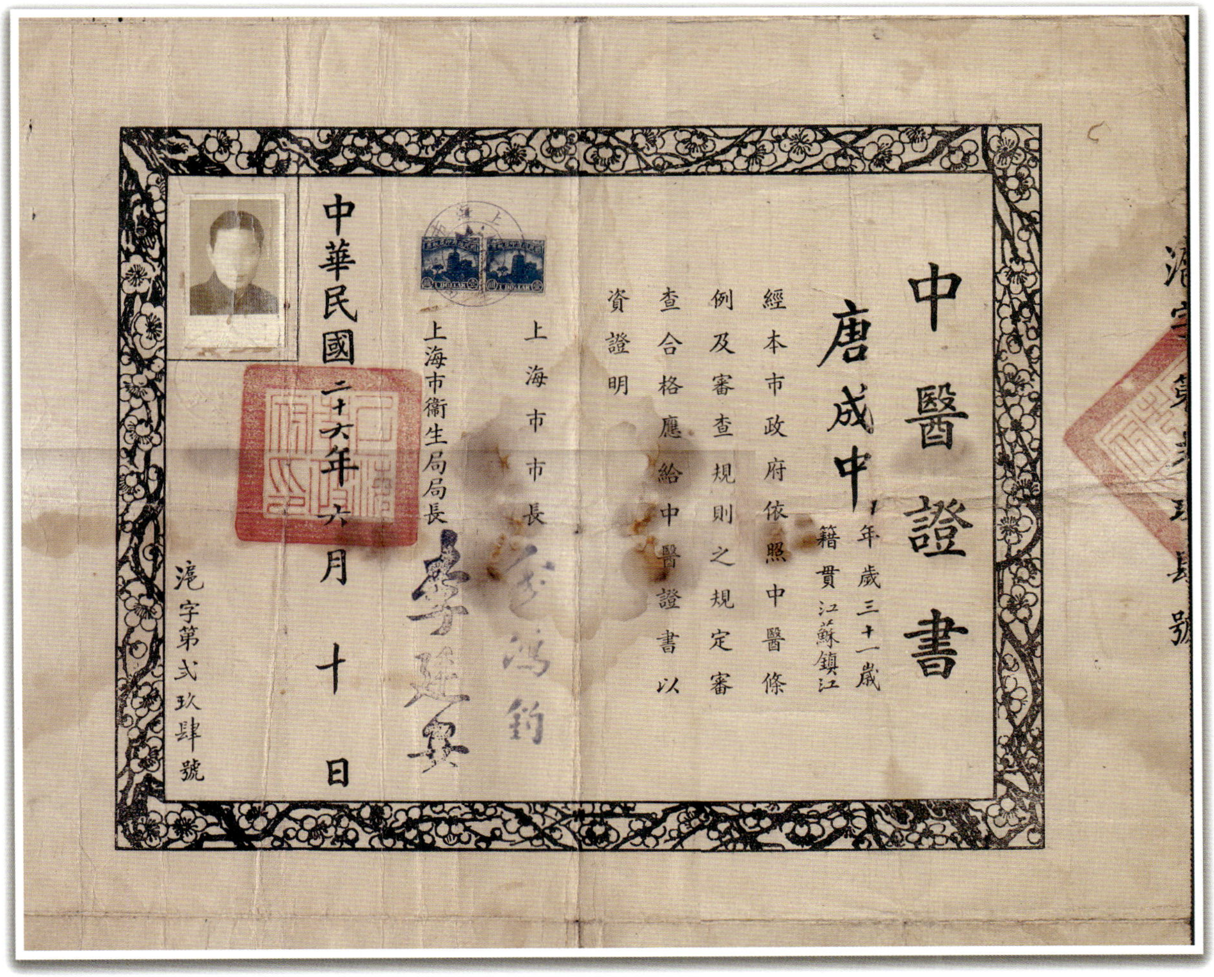
中醫證書
唐成中
年歲三十一歲
籍貫江蘇鎮江
經本市政府依照中醫條例及審查規則之規定審查合格應給中醫證書以資證明
上海市市長
上海市衛生局局長
中華民國二十六年六月十日
滬字第贰玖肆號

民国二十六年（1937）上海市卫生局颁发的贴六和塔图印花税票的中医证书

漫谈中国印花税票中的“中央版”与“地方版”

陕西　焦继承

在《印花交流》第70期“北伐”一文的文末，木子先生提出了对民国印花交流“中央版”与“地方版”词义如何理解的问题，这里谈一点个人之浅识。

（1）“中央”在这里指的是中央政权，由近代与现代史中得知，从清朝至今的法统中央政权包括：

清政府（1912年2月清帝退位以前）

中华民国政府

民国政府（北京政府）1912年3月—1928年6月

民国政府（南京政府）1928年—1949年

中华人民共和国中央人民政府—1949年10月之后

上述中央政权以中央机构名义发行的印花税票，在其发行的同时代，均应认为是“中央版”。“中央版”包括全国使用的通用版（如美国版清印花税票，北京印务局印制的长城图）和地方使用的限区使用版（如东北九省复兴关、1949年版的球旗图）。

（2）“地方”是相对“中央”而言的。“地方”原则上在这里指的是承认有中央政权的下级政权机构（地方政权）。“地方版”系指这种下级机构发行、限区使用的票品。从票面上看，它应包括：

① 地方以地方政权名义发行的印花税票。如新疆天山飞机图，浙江岳庙图。

② 地方以中央机构名义发行的，如云南（版）地图旗，四川（版）地图旗等。

（3）在“中央版”与“地方版”之外，还有一些为反对政府（或对立政府，指反对中央的政府，它包括革命政府和伪政府）所发行的印花税票。

这些政府包括下列政权机构：

南京临时政府（1912年1月1日—1912年4月）

广东护法军政府（1917年10月—1920年）、（1921年12月—1925年）

广东国民政府（1925年7月—1927年9月）

武汉国民政府（1927年1月—1927年9月）

蒋介石南京国民政府（1927年4月—1927年9月）

阎锡山北平国民政府（1930年9月—1930年11月）

汪精卫广州国民政府（1931年5月28日—1932年1月）

福建中华共和国人民革命政府（1933年11月20日—1934年1月）

各解放区（中国共产党控制区）苏维埃人民政府

各伪政权：

伪满洲国政府（1932年—1945年8月）

伪冀东政府（1935年11月—1945年）

伪蒙古政府（1936年4月—1945年）

伪华北临时政府（1937年12月14日—1940年3月）

伪维新政府（1938年3月28日—1940年3月）

汪伪南京国民政府（1940 年 3 月—1945 年 8 月 16 日）

（当然上述政府不一定发行过印花税票）就其发行机构而言，它不承认中央政权的领导，自立“中央”；其发行的票币就其自身相对来说为中央版，与中央政权发行的票币相对比仍是限区使用的地方版。如：士农工商图（国民政府），福建共和国人民革命政府的星旗图，新疆伊塔阿三区的星月徽图，伪宝塔图，伪前门图，等等。

因而，谈及“中央版”与“地方版”时，它只能对同一个中央政权及其下属机构所发行的票币而言，与反对政府的票品，不能同时相对比。

另外，对印花税票的命名约定成俗的规定是以图为名，那么，能否有一约定：对同图印花税票的不同版式进行探讨时，再用“中央版”与“地方版”之称呼，对非同图票尽量少用如何？

错误之处，敬请指正。

《印花交流》总第 74 期　1996 年 9 月刊

印花单据欣赏

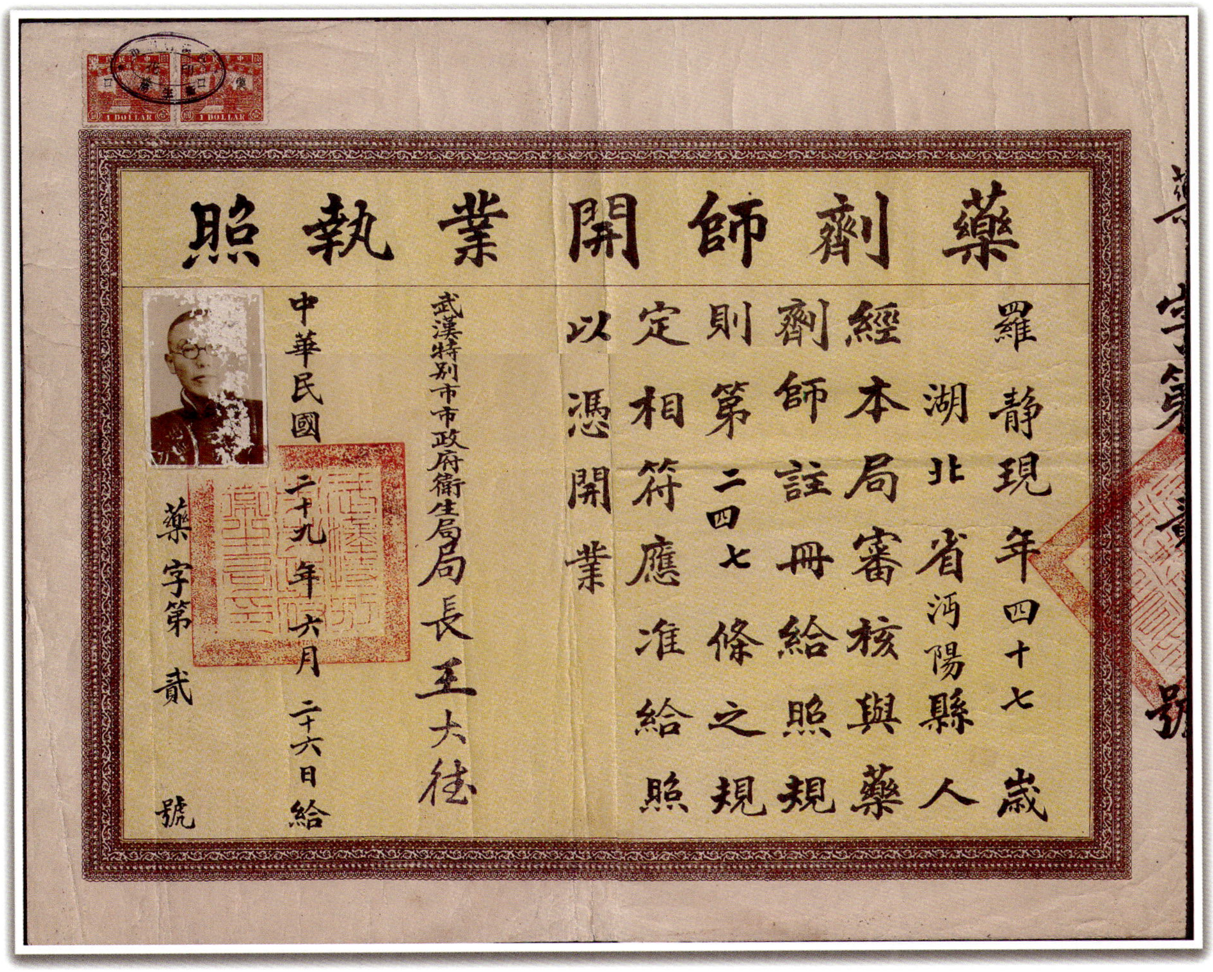

藥劑師開業執照

羅靜現年四十七歲
湖北省沔陽縣人
經本局審核與藥
劑師註冊給照規
則第二四七條之規
定相符應准給照
以憑開業

武漢特別市市政府衛生局局長王大徒

中華民國二十九年六月二十六日給

藥字第貳號

民国二十九年（1940）武汉市卫生局颁发的贴大型苏浙皖印花税票　加盖汉口字样的药剂师开业执照

也谈中国税票收藏

陕西　焦继承

收藏原本是一种陶冶情趣的精神行为，随着经济的发展，此种行为介入了市场，才出现了收藏投资。由于受通货膨胀的影响，此种投资行为才不断扩大。纵观人们收藏投资的方向，不外乎文物、古玩、艺术品、邮票等。

随着证券、股票、期货市场的开放，人们将邮票投资行为冠之以“平民股票”。这是由于邮票有着1 700万集邮大军为市场之故。

近来，有一种观点认为中国税票集藏市场不够火爆，税票价格低廉，是缺少人为炒作。

对此观点不敢苟同。收藏品的价格与两方面因素有关，一是藏品存世量的多少，二是收藏品市场的大小（需求量的多少）。诚然，税票某些品种的存世量远不及“红印花”加盖邮票，更不能与“一片红”相对比，难及新中国邮票发行量的万分之一，但其价格与“红印花”相比却有天地之别，与“一片红”相比难仰其鼻息，与“建国十五周年M”相比，也只能望其项背（从最近的拍卖价对比）。究其根本原因，是为什么？这正是市场的大小不同之故。邮票有着1 700万邮迷作为市场后盾，税票收藏爱好者，能占到它的千分之一吗？

在税票收藏市场尚不及集邮市场的万分之一到千分之一的条件下，如果介入了人为的炒作，只能使刚刚起步的中国税票收藏事业走向萎缩。

有人说得好：“投资者非真正的藏家，藏家才是真正投资者”。如若中国税票收藏介入了纯粹的投资者（人为炒家），受益者自然是投资者，受害者非藏家莫属。收藏市场的依靠力量是收藏家，纯粹的投资者只是收藏市场的投机者。依靠力量受损，市场岂能不萎缩？

藏品价格的高低，靠的依然是经济规律的杠杆来调节的，并非人工操作。当供大于求时价格下浮，当供小于求时，价格上扬。

因此，在税票存世量相对变化不大的条件下，要想使中国税票收藏事业复苏，当务之急是拓宽中国税票收藏市场。

从最近的形势看，已有一定的苗头，如：关于税票收藏交流的民刊已发展到了数十种，各集邮刊物不断登载有关税票收藏的知识、数据；中国税票展品在国内外邮展上不断获奖，中国税票集邮研究会成立；会刊“税票集邮”创刊，《集邮》杂志开辟“印花税票”栏目；上海包明伟先生着手编撰《中国印花税票资料汇编》……但是，这些远不够拓宽中国税票收藏市场之需要，还应加大力度宣传介绍中国税票，引起有关管理部门的重视，所有的税票爱好者都应行动起来，特别要对各级邮展的征集员、评审员进行有关税票知识的培训，编写出版有关书目，如《中国税票收藏民刊目录》《中国税票集邮研究会会员通讯簿》《中国税票目录》《中国税票图鉴》……在无目录与图鉴之前，结集出版《中国获奖税票类展品集》；更重要的是要加强新生力量的培养，壮大税票收藏队伍。这样才能使中国税票收藏事业走向兴旺，中国税票收藏才有火爆之可能！

个人管见，欢迎探讨、指正。

《印花交流》总第77期　1996年12月刊

可以同时将税票、费用票和信用票展示在一部 Revenue 展集中

天津　李　明

主编李德元先生多次来函让我谈谈，在一部 Revenue 展集中是否可以同时展出税票（Tax Stamps）、费用票（Fee Stamps）和信用票（Credit Stamps）？对此，我们回答是肯定的。

在 FFP 的《评审专用规则》第 3 条“展集编组的原则”中，其第一款就明确指出：

A revenue exhibit consists of unused or used embossed , imprinted or adhesive revenue stamps, if usee ondocuments, such documents should be arranged illustrarly the pertinent transactions or service, The exhibit way comprise some of the tollowing. 其中，Revenue Stamps 是税票、费用票和信用票的总称，它是对应于 Postage Stamps（邮票）的，现 ACPF《评审专用规则》中称之为“收费票，笔者以为不妥，似应译为“金融票”更好（笔者将另文讨论这个问题）。

据此，笔者将上述规则原文译为：

“一部金融展集是由未用过的或用过的，压印的（压凸的），无背胶或有背胶的金融票组成。如果用在各种单据上，那么这样的单据应该被按排来清楚地举例说明相关的处理或服务。展集可以由下列各项当中的某几项组成。”

紧接着，《规则》列出了 17 个项目，供参展者选择。而这 17 项则涵盖了上述的三种“票”的适用范围，《规则》又明确指出：“展集可以由下列各项当中的某几项组成”，因此可知：一部 Revenue 展集完全可以同时展示三种不同类型的金融票。

同样，在 FIP 的该类《指导要点》中的第二条中也指出：

2.1　Generelly a Revenue exhibit should show;

2.2　mint or used revenue stamps of a particular state or municipal or local authority, explaining the reason fhe issue or use and showing its developments;

2.6　documents with printed embossed or adhesive revenps demonstrating and explaininh the rules, the sums paid and, or the reason for the document as may de appropriate。

其中均指明是：Revenue Stamps，而不是其中的哪一种票！

笔者将上述《指导要点》译为：

2.1　通常一部金融展集应该展示；

2.2　全新的或用过的，某一特定国家或城市，或地方当局许可的金融票，并说明其发行使用的原由以及展示其发展；

2.6　（展示）贴有印制的，压印的或有背胶之金融票的复合邮品时，要说明并解释其规章，所付的金额和、或它作为适用复合邮品之理由。

笔者以上看法，仅为个人对《规则》学习的一种认识，谈出来供广大同好参考。

《印花交流》总 78 期　1997 年 1 月刊

“一孔之见”

北京　赵人龙

看到《印花交流》1997年第12期竞拍品第503号新疆麦穗印花税票的文字说明“在下图外有1针孔”和附图注明“针孔”以及图上清楚表明有一个小孔。编者注明针孔大致是对品相负责，交待清楚之意。笔者对此票无研究，仅从集邮角度上谈一些看法。笔者探索过中国邮票齿孔的打孔方式，结论是清代大龙和小龙邮票每次至少一次两全张同时打孔（是否两全张以上则缺乏资料），以后清代其余各套邮票以及民国时期的大概也如此。曾见某杂志记载，香港版烈士邮票是一次打孔三全张。按当时的邮票都是单张印刷的，几全张邮票叠在一起打孔，为防止下面的几全张内齿孔不会打偏，就有如何对齐的问题。印刷厂的工人就在全张的近边缘处对齐各全张邮票后用细针刺通固定上下各张位置，只要有两枚针就够（譬如说一枚在全张左下角，另一枚在右上角，或在全张的中间的上、下端，或左、右端）。如果全张四角有“L”形校正线或裁切线（如清代红印花原票）或水平和垂直的中心线（如民国帆船邮票和北京版蓝色欠资票），就可以在这些有固定位置的线上刺孔。拍卖的这枚新疆印花税票也是利用中心线刺孔来对准位置的，可惜齿孔还是打偏了一些。本文目的是为了说明此针孔的来历，在各税票专家之前，可能成为班门弄斧了。

《印花交流》总91期　1998年2月刊

印花单据欣赏

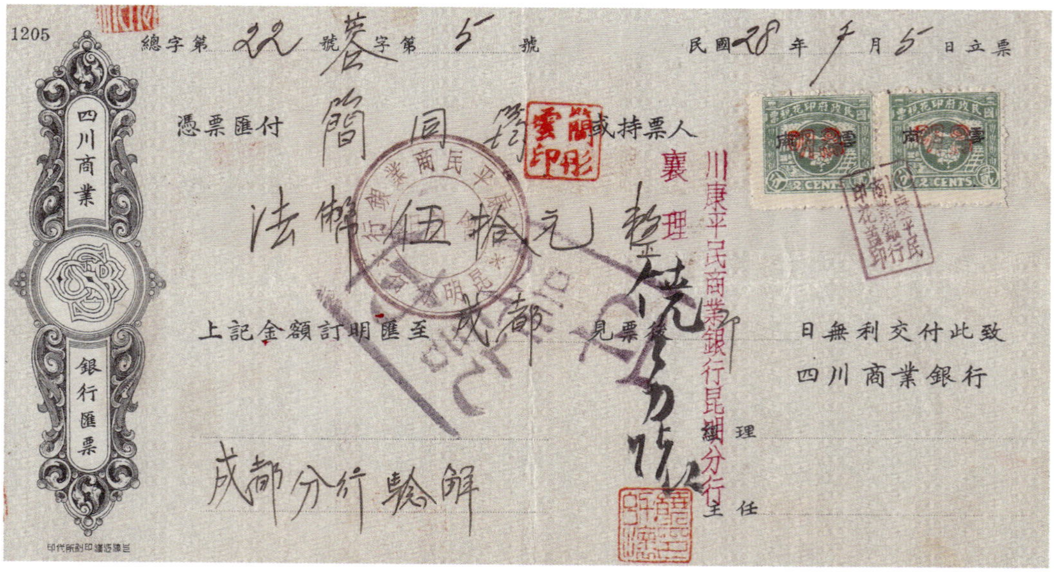
1205
總字第 22 號 蓉字第 5 號　民國 28 年 5 月 5 日立票
四川商業銀行匯票
憑票匯付　　或持票人
法幣伍拾元整
上記金額訂明匯至 成都 見票後　日無利交付此致
四川商業銀行
成都分行驗解
川康平民商業銀行昆明分行
經理
主任

民国二十八年（1939）四川商业银行昆明分行汇票

印花税票加盖票漫谈

山西 姚仲安

我国印花税票已有百年历史，从清代日本版起到1989年，前后发行了万种以上，而其中加盖票却占了四分之三，加盖票数量之多是中国印花税票的一大特色。

目前对印花税票的发行实施研究较为广泛，基本上有所共识略有小异，对加盖票的探索尚未进一步研究。但是集中国印花税票就离不开加盖票，集印花税票不集加盖票不算集。集加盖票之趣，就在它延续时间长，地域广，票品多，内容丰富。

印花税票加盖的票品多，内容丰富，是由于"加盖"不受时间的约束，印刷设备的困扰，不用绘制图案，更不必报中央审批，任何时间都可以加盖，给收集和研究设下种种课题。

研究加盖票和研究原票一样，要探讨其加盖背景、加盖时间、加盖地域、加盖内容、加盖种类。加盖有中央加盖，更多的是地方加盖，还有商社加盖。根据加盖内容，约可分为几种：

（1）销售网点加盖，表明何处经销，如邮×号、税×号、商会等等。

（2）限地区使用，有：

① 中央为掌握该地区税入，由中央加盖省名，如版图旗盖江苏、浙江、上海特区等。

② 地方为防止外地印花流入，抵走本地税入而加盖县市名。

③ 地区间币值不同时加盖，如旗球图盖蒙古，内蒙使用蒙古币，限内蒙古地区使用。

④ 商社加盖，也属地区使用范畴，只能加盖在商社名单位贴用，如新新公司等。

（3）限期使用加盖，如某月某季，限在此月此季使用。

（4）限某项事物使用，即专项贴用，只能贴于某一事项上，不能移作他用，如云南版图旗盖清丈贴用，只贴于清丈后的新契上。

（5）币值不同时加盖，如盖国币、人民币等。

（6）政权更替加盖，后一个政权名称加盖在前一政权发行的票上，如江苏寒山寺印花税票盖国民政府、苏浙皖印税票盖中华民国。

（7）特种加盖，如长城图盖云南独立自主、用伪印花盖还都纪念。

（8）部门加盖，这类加盖在广东军政府时期的长城图印花税票上加盖更为明显。

（9）临时性加盖，有：

① 因票品不足，利用旧存票加盖暂用，代用等文字。

② 面值不全时，利用其他面值改值加盖。

③ 新票印制不及时或暂不印制，利用旧存票加盖，如解放区利用民国票。

④ 其他税种借用，加盖其他税种名称，如长城图盖司法印纸。

⑤ 地方之间借用加盖，如浙江版图旗盖上海特区。

（10）其他原因加盖，如盖吉祥花，蝇（蜂）等图案。

印花税票虽有种种原因而加盖，但由于加盖不受物质条件和时间的限制，它的加盖随意性比原票更大，戳式和字体的变化，形成繁多的品类。形式再多，任何一枚加盖票都有固有的时代背景，此事至关重要。旧中国是一部复杂的历史，从1912年到1949年，整个历史社会处于动荡中，军阀混战，日本侵华，解放战争，时代背景复杂。就拿印花税票上印有“中华民国”或加盖“中华民国”四字就有八个时代背景，有荣有辱，稍一不慎，将铸大错。在地方展出中有误用之事（现仍有将伪长城图保险印纸作为民国印花）。原票尚且如此，何况没有发行资料的加盖票呢！岂能不慎？

近《税票交流》上刊登了长城图印花税票盖“山西”“山东”“河北”三枚票，并提出了“是人伪造票吗？”这样的问题。我认为这些长城加盖票不是伪造票，问题在加盖“山西”“山东”“河北”文字上，展品作者在对该票的断代问题上犯了失误。北洋政府时期加盖地名用晋、鲁、直。直隶改河北是1928年北伐军进北京后的事了。三枚票的文字字体一致，也能说明不是北洋政府时期加盖。此种加盖在邮票的加盖中等见到，尚有加盖“华北”“河南”几种。

因此在使用一枚加盖票时，对其断代问题万万不能大意，疏忽用于展品中将悔之不及。由于加盖票无资料佐证，给鉴别带来较多的困难，更有一些人利用此类因素作假谋利，我们须慎之再慎之。

有人认为实贴印花税票单是佐证资料，但不是结论资料，结论必须从时间、地区、文字内容三者结合其时代背景来论定。现有一份1929年山西代县发票贴凹版六和塔盖“代用”。从发票和印花来看是民国税票，但且慢下结论，我们查一下民国二十九年（1940）正是日本侵华高峰期，代县是日本的占领区，那么这张加盖票该姓蒋还是姓伪呢？

再举一例，平版六和塔盖“旅大”，“旅大”这地点是1950年定名的，平版六和塔是抗日时期重庆发行的，旅大地区有没有条件使用平版六和塔；其二，1950年东北地区用不用民印花加盖票。只此二点足以说明此加盖的性质了，伪盖票。

对一枚印花税票包括加盖票的断代问题很重要，一可以确定其目录位置，二可以正确地使用在展品中，三可以排除伪造、伪盖、伪贴、纯洁印花税票世界。

本文就加盖票的断代问题提出一些认识，还望同好公议。

总90期邓先生一文，很受益，把人民券的来历点清楚了。人民券是人民币之前称，称人民币大约在1949年5月份间，目前最早见的是上海市用民农工图加盖人民币。邓文中所列的人民券的各种货币，查对货币图鉴为1948年版，即钱币界所称的第一版人民币。由于过去只知人民币，不知第一版人民币尚称为人民券，特向读者致歉，并向邓先生致谢。

《印花交流》总91期　1998年2月刊

组织中国税票邮集之我见

国际评审员·新加坡牛车水集邮会执行顾问　孙士毅

虽然收集印花税票自古即有，但在 1991 年之前，印花税票邮集只能在某些 FIP 会员国家级的邮展亮相。唯有 1991 年 11 月 25 日在日本东京举行的第 60 届世界集邮联大会通过后，印花税票方成为传统集邮的一个分类，并正式被允许在 FIP 会员国家主办的国际或世界邮展参加比赛。

集邮人士对开此绿灯后的反应非常热烈，从 1994 年起开始在世展参加展出。且展出者越来越多，如今已成为一热门分类，相信不久当能自成一组，不必再分属传统邮集辖下。在中国，集邮界对收集中国的印花税票的兴趣非常浓厚，可说是仅次于解放区票及 1949 年普票后最受注重及爱好的收集范围。不久后，解放区票越来越难寻及越来越昂贵时，印花税票的收集在国内当会成为主流。正如当时解放区票早期发展时期，会有更多的票品被发现及流入市场，供给量大增以吸引更多人收集。

它到底还是属一种新兴的收集范围。在很多方面如材料、研究、认识及了解上都很不齐全。如今解放区票的研究已经很多，其邮集在国际或世界邮展上屡获大奖。此类的目录及探讨书籍多得不胜枚举。1949 年后的普票研究方兴未艾，还有大量材料可寻，可是印花税票这方面则非常稀少。至今尚未有一部完整的印花票或税票的目录，更遑论此方面的论著。1949 年之后可能还有一些，但民国时期的则完全没有，使收集者无所依据，结果只好摸着石头过河，一步一步来。经过无数的原始研究后，再加上各人不同的机遇，慢慢的各有各的心得，各有各家的学说而成为百家齐鸣。开始的阶段总是有点混乱，这到底是好的现象，有论辩就有进步，相信慢慢的总会厘清一些头绪，最后百流归源，有了统一的认同。

就如有些人说印花票和税票不可混为一谈，在同一部邮集里不可同时出现。我觉得 FIP 在其规则内并没有这种意思。在此分类内，Revenue 是应该包括印花票、税票、司法印纸和电报票品，各种政府费用等所有和税收有关连的物品都可以展出。只要它是表示某种税收。由亚洲集邮联合会及中华全国集邮联合会联合主编，安徽教育出版社出版的 FIAP 邮展展品制作指南第一卷所展示的两部税票展品。一部是新加坡许少全先生的海峡殖民地的司法印纸，另一部是菲律宾小阿伯拉罕·鲁斯坡的 1780 年—1945 年西班牙及殖民时代的菲律宾税票。两部集邮都在国际邮展得了金牌奖。许少全先生的司法印纸应属于印花票的类别，是许先生的海峡殖民地印花税票大全集中的一部分。他曾于 1995 年 5 月 11 日在英国伦敦皇家集邮协会展出其全部共 52 框印花税票的收藏。展出时有影印其邮集数册以分赠该邮会负责人。我有向许先生借来影印二册，一册自藏，一册赠与牛车水邮会。纵观其全集，无票时期有三框，捺印印章有三框，司法印有二十六框，海事保险税票及外币税单税票二框，压凸在文件上或支票上的印花税票二框，其他为印花票。海峡殖民地的税票，不如中国的复杂，差不多所有种类和税收都贴上印花票。所以许先生的印花税票邮集可说是包含了各种各样的税票，而不单单只是印花票税而已。

至于菲律宾税票集，从指南所印出来的几张贴片中包括有无票时期。邮票使用为税票，公证费，电报票品，政府批文费，商品费，香烟税的税票，支票税单据，跑马比赛券等。所以可以说一部高水准的税票邮集不需只限定在展示印花票，所有有关税务收入的票品票据等应该都可以展示出来。展出的票品当然在很大程度上主要配合邮集的题目而定。如果题目是中国的税票，那什么类型的票品都可展示，这是属于“混合票制”。不过这种标题太笼统了，所包括的范围太广了。集邮者应该有选择性的展出最重要的部分，最重要的并不等于是贵重的。如果我们只是把所有最贵重的票品展示出来而没有解释他们的来龙云脉，有关税率变迁的研究及其发展以及对那时期的重要性，一部价值很高的邮集不见得一定得到高的奖牌，当然不单税票邮集如此，其他类别的邮集也是同样的道理。尤其是研究及邮集的发展在税票邮集上是有如专题邮集的占了更重要的因素。

如果邮集的题目是司法印纸，那就是一部比较专门的邮集，属于“单一票制”，只限定司法印纸方面的展出，可展出各类不同时期的司法印纸，其实施的年代及其贴用票据，这包括税票的发行、样票、拓样、试票、变体、加盖票、未发行票、大方连等，在实际用在票据上如何征收法。需要有一定的研究以证明所征收的税率符合规定，如果是“陕甘宁边区税票”集，就只应展出陕甘宁区内的各种税票。至于陕西、甘肃、宁夏三省的税票的比重是否应该相等则不一定。我们知道“陕甘宁”是一个地区名词，陕西为最大地区，人口最多，商业活动也最繁忙，其税票的使用率高是很自然的事。甘肃、宁夏的票品相对的稀少。如果硬性规定要按名字有同样的比重，我想那个邮集恐怕就永远组不起来了。

印花税票邮集当然是以印花票，税票及贴上这些印花票，税票的单据、单据、地契、证书等为主。那么没贴上印花的地契等可否展出呢？在印花尚未发行前，无票时期税契应该也是可以展出的。只要地契上有注明应付税金若干，而那税金又是可以计算出来并有凭有据。前清时期根本还没有使用印花或税票。当然所有的地契，单据等都不会贴上印花。如果该邮集是属于“混合票制”的，无票税契应该可以展出，不过比重不应太大，如在五框展品中占了一整框，似乎太多了，应该减少到最多八个贴片。不过如该邮集是专门研究清朝时期的税契，如佥票、佥业归户票、收税票、推税票、上下忙执照、烟税收照、吊税票、业主执照、吊税票等，则又当别论。整个邮集都是无票时期的素材，应可以邮政史集邮的形式来组集。其实税票邮集的规范早期虽说得跟随传统邮集的方式，不过最近的发展已成多样化。除传统类型外，也可在邮政史类或甚至专题类。所以说它已发展成自成一体，有了更大的空间。

不过正如开头时说，印花税票的收集真正普遍起来只是近十年的事。尤其是中国的，其种类真是五花八门。除各种印花票以使用在各种费单外，又有无数种的税票以缴付各种税收并贴在税品上，除在中央使用外还有各省各市的加盖票只限定在各省各市使用。相信世界上其他国家都无此复杂。上面提到的许少全先生的海峡殖民地的印花税票，相形之下则为小巫见大巫了。一切研究还在启蒙时期，参考资料极端的缺乏，或者国内集邮界可采取下列两个方法。其一为向西方取经，可派送收集税票的集邮家参加出席国际或世界邮展，观摩他人如何组织税票邮集。不过这样作法可能费用较高且收效不大。或者可邀请外国一些收集税票权威到中国举行学术讲座，这点相信他们已开始做到了，不过似乎还未邀请过有关税票方面的专家。其二则应设法编辑一本目录，可从中央使用的印花票开始，从清朝经民国到中华人民共和国成立之后。至于各省市的加盖票或可责成各省市的集邮协会协力完成。这将是一项浩大的工程，可能需要由中华全国集邮联合会带头。正如他们编辑中国解放区邮票史一样。如能实现将使许多集邮者获益不浅。相信也对促进推广集邮有更积极的影响。

《印花交流》总110期　1999年9月刊

找出差距，继续努力

——参加2010年杭州全国邮展后的思考

广西 孟国华

2010年12月10日—13日，中华全国集邮展在浙江省杭州市举办，我制作的《民国时期广西地方实用印花税票》展集有幸参加了此次邮展。我参展的这部税票集子是我耗用了十几年的心血，花费了大量的金钱，经历了许许多多的曲折，才组编完成的。因为在这部集子中不但展示了许多非常珍稀的广西印花税票实物，而且也展示了不少非常罕见的贴用广西印花税票的实用单据，所以自己认为此部税票集含金量颇高，评一个较高的奖项不成问题。在赴杭州参展前，此部展集在南宁预审时，广西区（省）邮协的黄斗副会长提出该集子缺少对展品的“研究”这个问题，但因时间关系而无法及时做出修改，故只能留作展后再做补强。

邮展开幕的当天，我也来到展厅参观学习，发现我的展集在编排上和研究上与其他先进展集存在不小的差距。因为这是我第一次组集参加全国邮展，是抱着向先进学习的目的而来，所以对自己的“落后”，是有心理准备的。展览尚未结束，我因故先行离开杭州到上海。12月14日，我打电话给李德元先生，询问我的展集获奖情况。李老师告知我的集获银奖，评分为73分。

从上海回到广西后，我到南宁取回集子时，与广西区（省）邮协的征集员曾庆华老师做了交流。据曾老师告知，我的展集是由上海的一位专家主评。该专家说，我的集子按《民国时期广西地方实用印花税票》这个名称来编组，应该做成一部“传统类”的税集，集子展示的重点应该是“税票”。但是，我的集子展示的重点实际上却不是“税票”，而是税票的“使用”。整部集子使用的纯“税票”实物相对较少，而税票的实用单据过多，这就是“文不对题”了。因此，该专家没有给我的展集打出我心中梦想的好分。

听了曾老师转述专家的意见后，我的心豁然开朗，如同拨云见日。再仔细审视自己的集子，发现专家指出的问题真是一针见血，太准太好了。不过，听完专家的意见后，我个人还是有自己的想法。由于该专家对广西印花税票的存世情况不甚了解，所以如果按专家的意见把这个集子做成一部“传统类”的税票集实在是难度太大了。因为广西印花税票的存世，无论是品种或是数量都实在太为稀少。据权威的《中国印花税票总目录》一书记载，真正的广西本地印刷的印花税票总共不到10套，品种不到20种。如果再加上由外省代印后添加“广西”字样的近20种，其总量也不超过40种。如果按“传统类”的编组方法，用这不到40种的小小印花税票制作一部有80张贴片的五框展集来展示广西印花税票，几乎是不可能完成的。正因为如此，我组编这部税票集的主导思想就是将其定位为“邮政史（税政史）”类，而非“传统类”。我这部展集主要是依靠大量的贴用民国时期广西印花税票的实单和民国“中央”政府发行的税票在广西实际使用的实单这两部分组成。因为如果不走这条路子，这部集子就根本无法完成。但是，我犯了一个重大的错误，就是我心中虽然是想将该集子定位为“税政史类”，向观众展示民国时期的广西税政史，然而做出来的展集名称却起错了，变成了“传统类”的名称——《民国时期广西地方实用印花税票》，这就无怪乎不能获得专家的认同，不能得到高分了。

通过这次参加全国集邮展的实践，我获取不少有益的知识、经验和教训，我打算将我这部税票集重新组编。主要方向是：一、将集子名称更改为《民国时期印花税票在广西的使用（1914 年—1949 年）》。二、每张贴片上都增加对税票和税单的研究。这样不但向观众展示民国时期广西印花税票的特殊性和珍罕度，而且向观众宣讲民国时期广西的税收、税政等方向的起缘、发展和变化的历史。如果经过这样的修改，这部集子下次参展，就有可能获得专家们的认同，可能获得更高的奖项。

注：孟国华先生的《民国时期广西地方实用印花税票》在 2010 杭州全国邮展中名落孙山，只获得银奖，失去了参加明年亚洲国际邮展的资格。由此引起他的反思，不断总结，这种精神值得提倡。

我们知道，广西地处西南僻壤，土地贫瘠，经济落后，民风淳朴。几十年前更是如此。从民国北洋政府时期，政治动荡、军阀混战、民不聊生，到李、白、黄广西崛起，参加北伐，直至抗战期间，广西曾发行过近十种地方印花税票，但无论是发行量、使用范围、使用时间都相当有限，再加上时间流逝了几十年，天灾人祸，实物大多已经湮灭。笔者曾二度去广西寻觅，足迹遍十多县市，却回报极小。正因为素材不足，来之不易，孟先生称十多年寻觅，真可谓十年磨一剑，经历许多不为人知的辛劳，方才得以组成一部集子，所以在编排时受素材的限制，对票品发行、印制、版式、齿孔、纸张、油墨、加盖等的研究少了，对编排单据的数量多了，使标题与内容有些不符而被扣分，都属正常。不要气馁，应该再接再厉，真像他所表示的：找出差距，继续努力！

自印花税票 1991 年被引入邮展以来，都被告知须按“传统类”方式编排。早年在全国邮展上也有仿照邮政史类编排的例子，目前邮联高层曾有允许参照邮政史类编排的讲话及精神，但尚未正式成文，也并不被评审员认可，所以税票仿照邮政史类编排方式，组成税史类尚待有关方面正式确认。

《印花交流》总 246 期　2011 年 1 月刊

新年读刊抒新感 再盼印花舞翩跹

陕西 焦继承

拜阅《印花交流》总246期（2011年第1期）广西孟国华先生文章，感慨良多。文中透露出的2010年杭州全国邮展上评审员的评审指导思想，使人欣慰。

虽然孟先生的展集在本次邮展上未能获得高奖，个人心中不快，但是给我们传递出的另一个重要信息却是：国家邮展中税票类展品评审员队伍的素质与水平如同彩云追月，是步步上升，“芝麻开花——节节高”！

我们相信：国家邮展上应该再也不会出现只按时间断代评审税票类展品的时期了！

期盼：中国2011年第27届亚洲国际集邮展上中国印花集邮爱好者再创佳绩！

文章的尾末编者加用了“附”，其中写道：自印花税票1991年被引入邮展以来，都被告知须按“传统类”方式编排。早年在全国邮展上也有仿照邮政史类编排的例子，目前邮联高层曾有允许参照邮政史类编排的讲话及精神，但尚未正式成文，也并不被评审员认可，所以税票仿照邮政史类编排方式，组成税史类尚待有关方面正式确认。

情况是否如此？笔者以曾经写过的一篇文章，转发于此与大家共同探讨：

关于Revenue类如何按照历史类编排的探讨（节选）

——2009洛阳世界邮展的启示之一

又一届世界集邮的奥林匹克盛会——2009洛阳世界邮展落下了帷幕，这是一次空前的盛会，也是世界邮展的一个丰碑；能够在自己的国度，亲临现场观摩，这也是一种幸运。但是能留给我们一些什么样的启示呢，个人认为：很有必要总结一番。作为一个印花集邮爱好者，仅从个人的角度谈点管见。

《FIP关于Revenue评审专用规则》的英文版本，从1991年11月25日颁布至今，已经是近二十年，其实质内容从未作过任何改动，倒是中文译本多次反复修正。

FIP关于Revenue评审专用规则的英文版本的文题之下曾经有这样的注释：Section within Traditional Philately（中文翻译：归属传统集邮），依此集邮人士均将Revenue类归属传统集邮的范畴；Revenue类展集在早些时候国内的集邮者也一直是按照传统集邮的方式在进行编排的。

国际集邮联合会前主席新加坡许少全先生2004年在中国厦门举办的高级研讨班上的一次讲课中，对Revenue类能否按照历史类编排的问题作了肯定回答。

但是仍有同好提出：其回答的内容并未列入FIP规则，如若要参加世界邮展，还是应该按照FIP规则为准则编排组集。

本次世界邮展上获得镀金奖的罗马尼亚选送的一部《罗马尼亚斐迪南国王雕像税票的使用》展集，就是按照历史类编排的一部展品。

这传递给我们的是否是同样的信息：按照税收历史类编排的展品是可以参加世界集邮展览的。

这部展集在世界集邮展览上能够获得镀金

类，是否说明印花类按照历史类编排的组集方式，已得到国际评审员的共识和认可？

在《华夏印花文史》（第2期）刊载的《说说印花（税票）类之"传统展品"及"历史展品"的组集模式》一文中，国家评审员李明先生提出：

"税资、税率"是任何一部FIP印花（税票）类展品所应展示的内容，当然，一部印花（税票）历史类展品完全可以仿照"邮资"展品来构筑。

还可以仿照"邮政服务"的模式来构筑。一部印花（税票）历史类展品重点展示某种印花（税票）在不同时期的不同应用，按时间顺序展现出这些"业务"的变化发展。

也可以利用以上这两种模式来共同构筑一部印花（税票）历史类展品。

早在十多年以前，新疆樊伯钦先生编著的《集邮展品组编与评审》一书，也同样提出：

税票展品的组编，可以采用两种方式组编：一种"传统集邮式"，一种"邮政史式"。

对于邮政史式，就是采用类似邮政史邮集的组编方式进行。这种方式主要展示某一国家（地区）某个时期税收的发展和税率的变化情况，要求展示要有历史的连贯性，主要研究对象是贴有税票和缴纳税款的各种收据和凭证和有关法律文件。组编方法①按照时间顺序组编，体现历史的连贯性。②或按照税类横向分类如工商税、营业税、个人所得税等分类，再纵向进行税率研究。③各种税率增减变化的法律依据、合法性、历史背景、起至时间等。

虽然也有国家评审员认可这种"历史类"编排组集方式，但是在国内却未达成共识，有些评审员却不认可。曾有同好以"历史类方式"进行编排的展品参加地方邮展，惨遭淘汰、扣分。

究竟印花（税票）类展品能否按照"历史类方式"编排组集，本次洛阳世界集邮展览又一次给了我们肯定的回答。

近来登陆FIP的官方网站，发现其官方网站上关于Revenue评审专用规则的文题下不知何时早已将Section within Traditional Philately（中文翻译：归属传统集邮）这一注释予以取消；人民邮电出版社2003年出版的《国际集邮联合会（FIP）竞赛性邮展规则暨邮集制作指南》一书中的中文规则与FIP官方网站上的内容相一致。然而这样的规则变动并未引起印花集邮同好的重视，国内有些评审员也一直在沿用旧的观念，未能将此新的观念传达给国内的集邮爱好者。

（部分省略）

在中国税票集邮研究会（筹）的2009年洛阳作谈会上，曾经有同好提议：按照FIP现行规则编排的展品（即传统集邮方式编排）；非集邮爱好者提出：难以看懂展品。是否另行制订一套规则，以适应税收宣传展示、评审。

如若按照既有实例（世界邮展已展出、FIP官员认可、国际邮展评审员认可），以及现行规则编排展品，上述提议是否还有必要？

按照税收历史编排的展品，正是非传统集邮者所能看得懂展品的编排方式，也正是可以作为税收宣传活动的一种编排方式。

按照税收历史编排的展品，既可参加集邮展览，又可方便参加税收宣传活动，这不正是税务界同好所提出的、所希望要求的方式吗？

本次世界邮展及FIP前主席曾经传递出的信息，不正是和国家税务总局官员所希望的相吻合吗？

对于FIP规则的变化，我们得到的信息是相对滞后的；对FIP规则的学习是远远不够的。

如若要参加税务宣传的展览，是否还能按照其他类别的方式编排展品，如：讲故事的方式（专题类）、开放类（试验类）的方式，目前已有先进者在进行理论研究和实践探索。

认识错误之处，诚恳欢迎指正！

（补注：此文曾刊载于全国税票集邮指导工作小组专刊《税票研究》总7期。）

《印花交流》总247—248期
2011年2月—3月刊

第四部分

印花收藏辨伪

创刊百期话打假

木　子

金风送爽，岁月荏苒，转眼出刊已满百期，各地同好来电来函，致以庆贺，在此一并表示谢意。

不知什么时候起，一部分人和机构在利益驱动下，急功近利，梦想一举成名，一夜致富。于是制假贩假、假烟、假酒、假药、药封、假币、假球……一言而蔽之，假货盛行。笔者也曾深受其害，原来收藏研究中国历代钱币，后来由于伪品泛滥，防不胜防，以致兴趣大减，最后不得不放弃。

中国假货的历史，源远流长，最早的可能要数字画。想当初，模仿者或许并非出于牟利，只是慕名家而仿作，充作斯文，冒充名流雅士。久而久之，就有专门从事此类职业以谋生，以牟利，若干年后给后人留下了许多麻烦，是其始料不及的。近代世界上仿造名画巨作，仿制有价证券及货币，数不胜数。而国内也有某机构，以满足国内外收藏人士需要为借口，堂而皇之地公开生产仿古物器，仿古钱币，运用高科技手段，无一不可乱真。呜呼，其危害之深，难以想象。

解放前，上海有个叫钱万能的，是个专门做假的高手，假邮、假币，惟妙惟肖，成为做假的代名词，解放后被判刑，终于被钉在历史的耻辱柱上。可叹的是近期某拍卖公司居然公开拍卖其伪品。税票的做假，各地时有发现，尚未达到相当程度，但个别大胆之徒竟然把赝造品推向世界及拍卖行，有人为此上当受骗，损失数万至数十万元之巨，给中国税票蒙上严重的阴影，产生信任危机。所以必须引起足够的重视与警惕，一旦发现，即予抵制与揭露。同时提醒各位在向不了解或缺少信誉的人购买东西时务必小心，以免上当受骗。

邮展评审中也存在打假的问题。据参观天津邮展的同好反映，其中有部税票集子，含金量很低，整部集子据估测，价值不足二千元，居然能获很高的奖牌，令人不解。是长官意志，还是评审员不懂，或另有隐情？虽然价值不完全能说明什么，但集子上缺少珍罕品，展示的内容是抄袭前人的研究成果。我们并非对作者有意贬低，而是就事论事。即是加强评审队伍的思想建设，培养、充实评审税票的队伍，使之素质提高是急需解决的问题。否则，此类集子万一“走”出国门，岂非被人笑掉大牙?!

当然，世界是美好的，前途是光明的，前进中出现一些曲折是难免的，也是可以克服的，但愿在中国1999世界邮展上没有假品，也没有假评。

谨以此文作自勉。

《印花交流》总100期　1998年11月刊

东三省邮包税票真假辨别

上海　李德元

近日有三种东北三省邮包税票伪品流入于市，今予以揭露，以期同好引起警惕，防止被骗。伪品特征如下：

（1）颜色与纸张与真品有异；

（2）“壹”“贰”为隶书，字小而字划肥，阿拉伯数字“10”“20”较瘦；

（3）左上角、右下角的六角形相同之处有断裂。估计是用 5 角面值照相制版而成，而改“伍”字为“壹”“贰”。（5 分及 1 元面值无，而未制伪品）。

真假对比详见附图。

《印花交流》总 75 期　1996 年 10 月刊

注：原图片系复印件，欠清晰，今重新添置真、假对比图片，仅供读者参阅。

图 1　假票

图 2　真票

关于芜湖加盖票

——暨批揭造假售假

木　子

多年以前，本人曾二上芜湖，寻觅那芜湖加盖票，结果都很失望，仅从当地觅到数枚。所以一直有个疑问，解放初全国四大米市之一的芜湖，商事繁荣，为什么芜湖加盖票这么少呢?

今年5月，上海市场上流出一批芜湖加盖票，品种多达十余种，许多品种都是以前未有记载的，大大丰富了芜湖加盖票的品种。加上去年芜湖火柴厂流出的一批芜湖票，使芜湖票品种达到了29种。

此次上海某单位清理出的上海大有余机器榨油股份有限公司的账册传票有数千斤，时间从二十世纪二十年代到六十年代。这个以浙江藉人士（控股）为主的股份有限公司位于北京东路316弄27号，榨油厂坐落在西苏州河路。该公司1922年9月成立，资本从银元24万元，一直扩张到解放前夕的1亿元，员工从数十人一直增加到了近300人。

该公司驻苏、浙、皖、鄂、豫、东九省、海南等地机构和人员采购榨油的原料油菜籽、大豆、花生仁、芝麻、椰子等的单据发票汇总在公司，其中就有部分芜湖的单据，贴有芜湖加盖票，据测算总量近2 000枚。但具体品种多少不均衡，三种量最大的依次为100元/5分（农工图）、100元/300元（联运图）、50元/20元（联运图），约占总数的80%—90%，而量少的品种仅数枚。这就给不法奸商提供了造假的空间，一方面因大量的芜湖加盖票的流出，一方面以熟人的面目出现，使人们放松了警惕，一方面短缺的品种不敷供应，于是一二个利欲熏心的人趁机造假售假。在短短一个月里，本人收到长沙、丹阳、江阴、邕宁、广州、成都、上海、苏州、南京、武昌十多人来电来函，诉说、揭露、谴责此人造假售假，有的提出要向苏州文庙邮币卡市场、工商、消协等部门举报及投诉（也在苏州观前街文化街大成坊1号邮币卡市场租有铺面），追究其不法行为。其中武昌的同好从北京打来长途电话，询问真伪情况，欲购芜湖票，又怕受骗上当，可见影响恶劣，已流毒全国，使大家深恶痛绝。而某位不明真相的同好还打算介绍其入研究会，此人如入会，岂不败坏我研究会名声！我会已遭许多变故，困难重重，所以由此想到，发展会员既要积极，又要慎重稳妥，防止鱼目混珠、滥竽充数。

近据广州同好披露，造假品种有近百种，如用宝塔图、复兴关、联运图、农工图及新中国1949年版、1952年版等常见票加盖绥远贴用、限新省贴用，限吉、限黑，湖南人民币、福建人民币、芜湖人民币券、人民币、常熟、镇江加盖。加盖样张、英文，有许多是臆造品，还伪造了许多单据（1）民国邮票与税票混贴单加盖伪戳，菱形“印花税讫”章，字从左到右；（2）利用大有余股份公司的许多未贴票的汇票，贴上数量最多卖不出去的几种票，并销伪戳，椭圆形“印花税讫”章，文字也是从左到右面。真戳与伪戳有区别，假汇票上的时间不符，税率不符，法币或改金元、真汇票

芜湖加盖票明细表

序号	原票品种	面值	加盖		总目录记载		流出时间		备注（本人所见）
			人民券	人民币	有	无	去年	今年	
1	上海联运图	500元（平）	5角			√		√	
2	上海联运图	30元	1元		√		√		
3	上海联运图	50元	5元			√		√	
4	上海联运图	1万元	5元		√		√		
5	大业联运图	100元	10元			√		√	见有伪品
6	大业联运图	3 000元	10元			√		√	见有伪品
7	大东联运图	100元	10元		√			√	见有伪品
8	大东联运图	3 000元	10元		√			√	
9	上海联运图	20元	50元		√			√	
10	英华联运图	1 000元	50元		√			√	
11	大东联运图	3万元	50元			√		√	
12	农工图	1分	100元			√	√		
13	农工图	5分	100元			√	√	√	
14	上海联运图	300元	100元			√		√	
15	旗球图	3元		1元	√				
16	大业联运图	50元		1元	√				
17	农工图	50元（凹）		3元	√		√		
18	大东联运图	100元		3元	√				
19	农工图	10元（平）		5元	√		√		
20	上海联运图	10元		5元	√				
21	上海联运图	30元		5元	√				
22	大东联运图	200元		10元	√		√		
23	大业联运图	300元		10元	√				
24	英华联运图	5 000元		30元	√		√		
25	上海联运图	1万元		50元		√	√	√	
26	上海联运图	20元		100元	√		√		
27	大东联运图	3万元		200元		√	√		
28	农工图	1分		100元		√	√		
29	农工图	100元（平）		1 000元	√		√		见有伪品
30	上海联运图	300元		10元					仅见伪品
31	上海联运图（凹）	500元		1元					
32	上海联运图（平）	500元		10元					
33	大东联运图	300元		10元					

是法币或金元改盖人民币。此一二人以苏州为据点，北上南京、徐州，南下上海、广州，西出长沙、合肥，在许多地方留下了祸水。一个曾学过电脑工程，利用“一技之长”造假于密室，一个经常练摊，认识不少爱好者，流窜于各地。江苏一位同好给我写了长长的二页信：“由于这批赝品大多采用丝网和现代油墨印刷，与真票相比其区别还是较为明显，更不必说加盖中的暗记所在了，这也不难看出作伪者的税品知识是较为肤浅的，手段是拙劣的。但影响是极坏的，它侵害了税票收藏者的利益，扰乱了税票市场的正常秩序，给我们健康的税票研究制造了较多的麻烦，是不可饶恕的，”并提醒本人“对于真伪的差别更不宜做过多的详述，

以免促使其作伪者不断‘改正’和‘进步’”。同好们对造假售假，疾恶如仇，令人敬佩。制假售假是一种欺诈，是一种掠夺，它对打击收藏爱好者的热情的破坏作用不能低估。此类伪品，如上了集子，不仅要扣分，还要降级，所以必须加以揭露和抵制，使他无利可图，使它无处可躲。

本人因念其年龄尚轻，暂不公开姓名、籍贯，真心实意希望其悬崖勒马，痛改前非，以实际行动回收售出的假票、假单，与库存假票一并予以销毁，从此改邪归正，只要不再制假售假，只要不讳疾忌医，仍可作为朋友交往。

另外，去年底火柴厂曾有一批芜湖加盖票实用单流出，总数在百余枚，据南京卫国友先生提供有人民券 4 种，人民币 9 种，计 13 种。今列芜湖加盖品种明细供同好参考（个别品种恐有误或有遗漏），共有人民券 14 种，人民币 15 种计 29 种，本人估计今后仍有可能会发现少量的新品种。

《印花交流》总 147 期　2002 年 10 月刊

补：原文介绍了 30 种，今将后发现的 3 种补入。这样目前发现品种就有 33 种之多。

附上芜湖加盖品种部分图片，供读者参阅。

图 1　中央上海平版 500 元 加盖“芜湖市税务局 改作人民券伍角”

图 2　中央上海平版 30 元 加盖“芜湖市税务局 改作人民券壹圆”

图 3　中央上海平版 50 元 加盖“芜湖市税务局 改作人民券伍圆”

图 4　中央上海凹版 1 万元 加盖“芜湖市税务局 改作人民券伍圆”

图 5　大东凹版 3 000 元 加盖“芜湖市税务局 改作人民券拾圆”

图 6　中央上海平版 20 元加盖“芜湖市税务局 改作人民券伍拾圆”

图 7　英华版 1 000 元 加盖“芜湖市税务局改作人民券伍拾圆”

图 8　大东凹版 3 万元 加盖“芜湖市税务局改作人民券伍拾圆”

图 9　中央上海凹版 300 元 加盖　“芜湖市税务局 改作人民券壹百圆”

图 10a　农工图平版 5 分 加盖“芜湖市税务局 改作人民券壹百圆”

图 10b　农工图平版 5 分 伪加盖“芜湖市税务局 改作人民券壹百圆”

图 11　振明版旗球图 5 元 加盖“芜湖市税务局 暂作人民币　壹圆”

图 12　大业平版 50 元 红色加盖“芜湖市税务局 改作人民币壹圆”

图 13　中央上海平版 500 元 加盖“芜湖市税务局 改作人民币壹圆”

图 14　上海大东凹版 500 元 加盖“芜湖市税务局 改作人民币壹圆”

图 15　上海大东凹版 100 元 加盖“芜湖市税务局 改作人民币叁圆”

图 16　农工图凹版 50 元 加盖“芜湖市税务局 改作人民币叁圆”

图 17　中央上海平版 30 元 红色加盖“芜湖市税务局 改作人民币伍圆”

图 18　中央上海平版 10 元 加盖“芜湖市税务局 改作人民币伍圆”

图19　农工图平版 10 元 加盖“芜湖市税务局 改作人民币伍圆”

图 20　大业凹版 300 元 加盖“芜湖市税务局 改作人民币拾圆”

图 21　上海大东凹版 200 元 加盖“芜湖市税务局 改作人民币拾圆”

图 22　英华版 5 000 元 加盖“芜湖市税务局 改作人民币叁拾圆”

图 23　中央上海凹版 1 万元 加盖“芜湖市税务局 改作人民币伍拾圆”

图 24a　中央上海平版 20 元 加盖“芜湖市税务局 改作人民币壹百圆”

图 24b　中央上海平版 20 元 错盖“芜湖市税务局 改作人民缴壹百圆”

图 25　上海大东凹版 3 万元 加盖“芜湖市税务局 改作人民币贰百圆”

网络惊现南京加盖臆造票

上海　李德元

近期在故纸网上见到一些加盖南京改作人民券的票单，均为罕见之品，为此引起了我的兴趣，经联系，该网友传来数个单据图片，经仔细辨识，确认均为臆造品，该网友已将此批单据退回出品人，避免了损失。为使同好提高识别能力，防止上当受骗，今整理出来，供大家参考。

1949年4月21日，人民解放军以摧枯拉朽之势，在千里长江上发起进攻，剑锋直指国民政权首府南京。23日，南京解放。

南京市军管会、南京市政府迅速建立了税务局，为了支持前线的战争，恢复税收工作，开征印花税。由于一时还没条件印制印花税票，就利用伪南京税务局的现成库存税票，加盖“南京市税务局改作人民券××圆”使用，目前已发现的有11种，见表（一）。随着形势变化，“人民券”名称逐步统一为“人民币”，南京加盖票名称也改为“南京市税务局改作人民币××元”，目前已有20个品种，见表（二）。当然不排除今后仍有可能发现新的品种。当时的南京是国民政府的首都，经济发达，税票的需求量很大，所以发行的品种也较多，发行的量也很大。解放数十年来，曾先后有过二次数量较大的流出，而最近的一次，即是在三年前的南京江南汽车股份公司流出的一批实用单据。

南京加盖“人民券”品种一览表（一）

序号	原票面值	加盖人民券	备注
1	联运图上海30元	1元	总目3-356
2	联运图大业30元	1元	总目3-357
3	联运图上海300元	1元	总目未载
4	联运图大业50元	5元	总目3-358
5	联运图上海50元	5元	总目3-359
6	联运图大业100元	10元	总目3-360无图
7	联运图大东100元	10元	总目3-361
8	联运图上海20元	50元	总目3-362A型
9	联运图上海20元	50元	B型总目未载
10	联运图上海平版500元	50元	总目未载邓希皋补充
11	联运图大业300元	100元	总目3-363

南京加盖“人民币”品种一览表（二）

序号	原票面值	人民币面值	备注
1	农工图 1 分	1 元	总目 3-364
2	农工图 5 分	1 元	总目未载
3	农工图 1 元	1 元	总目 3-365
4	农工图凹版 50 元	1 元	总目 3-366
5	联运图上海平版 50 元	1 元	总目 3-367
6	联运图英华 5 000 元	1 元	总目 3-368
7	联运图上海 1 万元	1 元	总目 3-369 无图
8	农工图 1 分	5 元	总目 3-370
9	联运图英华 5 000 元	5 元	总目 3-371
10	联运图上海 1 万元	5 元	总目 3-372
11	农工图 1 分	10 元	总目 3-373 另有园孔齿
12	农工图 300 元	10 元	总目 3-374
13	联运图英华 5 000 元	10 元	总目 3-375
14	联运图上海 1 万元	10 元	总目 3-376
15	农工图 1 分	50 元	总目 3-377
16	农工图 2 角	50 元	总目未载卫国友藏
17	农工图平版 50 元	50 元	总目未载
18	联运图上海平版 20 元	50 元	邓希皋补
19	农工图 1 分	100 元	总目 3-379
20	联运图大业 300 元	100 元	总目 3-380

而这次臆造品，全是加盖“人民券”，用的即是江南汽车公司或与之相关的业务单位发票，时间从 1947 年—1948 年，销票章也有各种各样的，有一定的迷惑力。但是作为最主要的载体发票本身，有的是国币金额，有的是金元金额，有的把“1947”年的“7”涂改成“9”或把“1948”年的“8”涂改为“9”，但是发票背后复写纸痕迹还是暴露了马脚。造假者主要手法就是在原先流出来的江南汽车公司 1947 年—1948 年贴联运图或金元的税票上加盖“南京税务局改作人民券××圆”。试举二例：例一，1947 年 7 月 23 日单金额为国币 90 万元，贴上海联运图 1 000 元（盖人民券 10 元）二枚＋300 元（盖人民券 5 元）二枚＋振明联运图 100 元（盖人民券 1 元），造假者把“47 年”改为“49 年”，按联运图原票 1 000 元×2＋300 元×2＋100 元＝2 700 元÷ 90 万元＝3‰，税率符合；但按人民券计 10 元×2＋5 元×2＋1 元＝31 元÷90 万元＝税率严重不符。

例二，1937 年 12 月 14 日单，金额为金圆 21.69 元贴农工图 1 分（盖人民券 1 元）七枚，造假者除把“37 年”改成“38 年”外，把“金圆券”的“金圆”二字划去，改了“人民”二字，看起来是人民券的单子，按金元 0.07 元÷21.69＝3.2‰少许溢贴符合税率，但按人民券 7 元÷21.69，税率相差 100 倍。

这些票上加盖的“南京税务局改作人民券××圆”分三行排列，总体是呈右低左高，字体油墨有的颜色偏淡，呈蓝色，比较模糊，兹将已知臆造品种列如下：计 13 种。

（1）农工图 1 分盖南京改作人民券 1 元

（2）农工图 2 角盖南京改作人民券 1 元

（3）振明联运图 100 元盖南京改作人民券 1 元

（4）振明联运图 1 千元盖南京改作人民券 1 元

（5）上海联运图 1 万元盖南京改作人民券 1 元

（6）大东联运图 200 元盖南京改作人民券 5 元

（7）上海联运图 1 千元盖南京改作人民券 5 元

（8）上海联运图 300 元盖南京改作人民券 5 元

（9）大业联运图 3 千元盖南京改作人民券 5 元

（10）上海联运图 5 万元盖南京改作人民券 5 元

（11）上海联运图 1 千元盖南京改作人民券 10 元

（12）大业联运图 3 千元盖南京改作人民券 10 元

（13）大东联运图 10 万元盖南京改作人民券 10 元

《印花交流》总 239 期　2010 年 6 月刊

图 1

图 2

近期流出伪造的民国三十二、三十三年新疆土地管业执照三连单

上海　李德元

近期流出伪造的民国三十二、三十三年新疆土地管业执照三连单，贴伪造的宝塔图2分和复兴关1元，均盖“限新省贴用”（见图1、图2）。综观此三连单，从纸张、文字（汉、维文）、印章、戳记、阿訇图章及税票均系伪造，非常明显、拙劣。过去造假，大多利用真单和真票拼接，或真单和真票伪加盖，或真单和伪造税票拼接，全部伪造还是少见，必须引起注意。

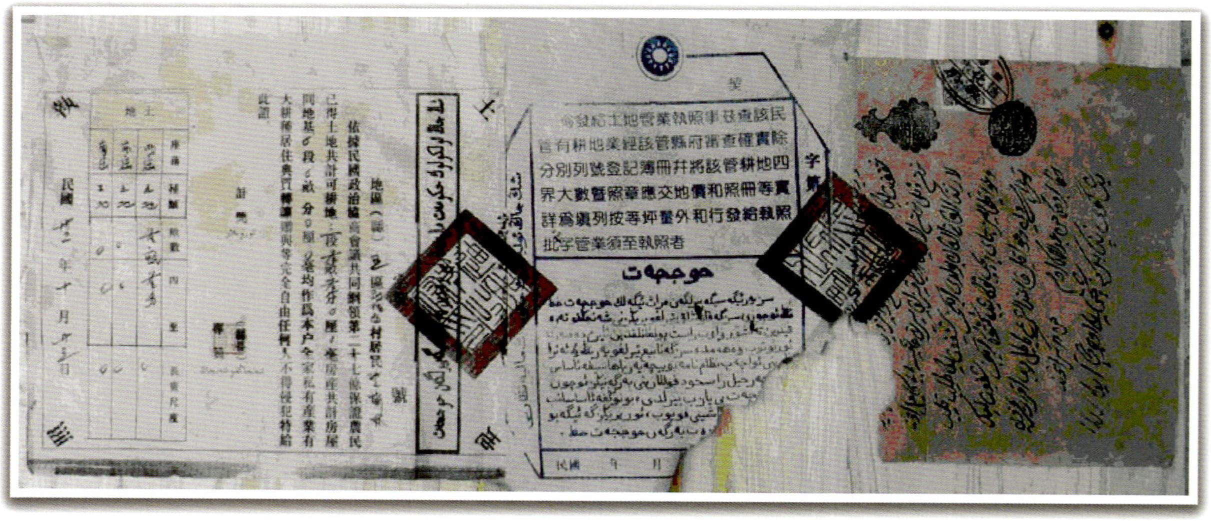

图 1-1

图 1-2

图 1-3

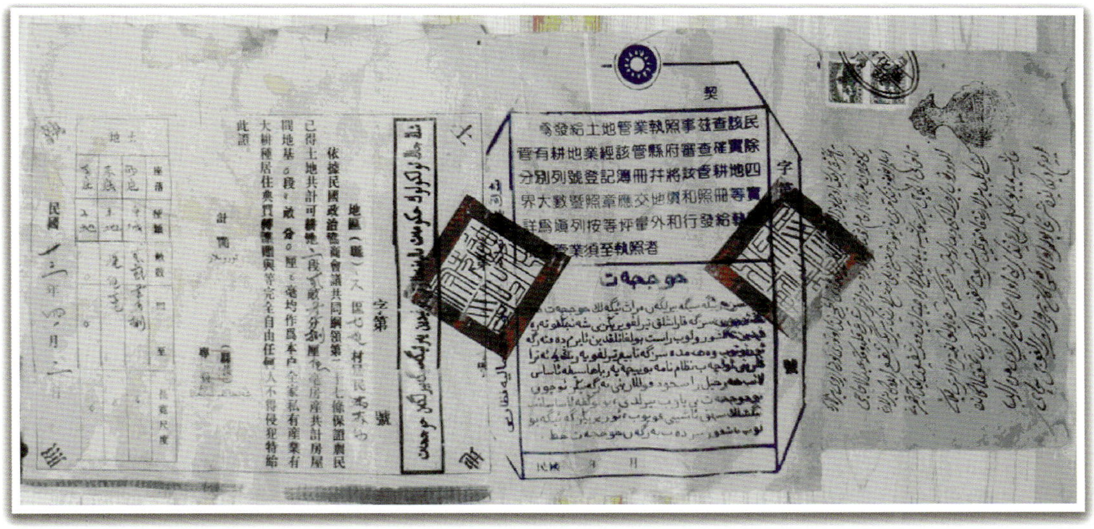

图 2-1

图 2-2

《印花交流》总 288 期　2014 年 7 月刊

长沙全国邮展期间发现伪造的印花税票

上海　李德元

今列下列图片示众。据称，售票者为一操东北口音高个男子，自称姓王，住东北辽宁盘锦附近。用日本收入印纸伪加盖“支那”和“中华民国”，原票有多种面值，分红色加盖和黑色加盖，包括票上许多戳记也是伪造的，目的是增加可信度，诱使别人上当。希大家提高警惕。

图 1　真品 1

图 2　真品 2

图 3　赝品 1

图 4　赝品 2

图 5　赝品 3

图 6　赝品 4

图 7　赝品 5

图 8　赝品 6

图 9　赝品 7

图 10　赝品 8

图 11　赝品 9

图 12　赝品 10

图 13　赝品 11

图 14　赝品 12

图 15　赝品 13

图 16　赝品 14

《印花交流》总 288 期　2014 年 7 月刊

提高识别能力及时揭露假货

上海　李德元

曾在7788某网店见有售解放区伪加盖印花税票数种，笔者曾发短信指出，被屏蔽。店主辩称是十几年前从苏州王某处买来。店主此言不假，十余年前王某曾搞到一批上海大有余厂的传票，内有许多芜湖加盖票，品种很多，有些总目录没有记载，因为加盖票好卖，所以在这批货消化期间，王某在苏州开店制假售假。因为原票多多，电脑制图又方便，几乎不要成本，所以又伪造芜湖、镇江、常熟、福建、江西加盖等多种票。笔者曾在《印花交流》总147期（2002年10月），公开揭露过此事。如今时过境迁，这些伪品部分已被一些同好消化，但市场上仍偶有流出，包括上期揭露的日本收入印纸伪盖“中华民国”和“支那”，根据字迹

上边为真品　　下边为赝品

判断，相信为同一人所为。今天本人将下载的伪品图片与本人收藏的真品进行对比，伪加盖中有的没有相对应的真品，属臆造（也可能本人没收集到）。各位可以仔细对照加盖字体和墨迹，久而久之，就能提高识别能力。

《印花交流》总 289 期　2014 年 8 月刊

印花单据欣赏

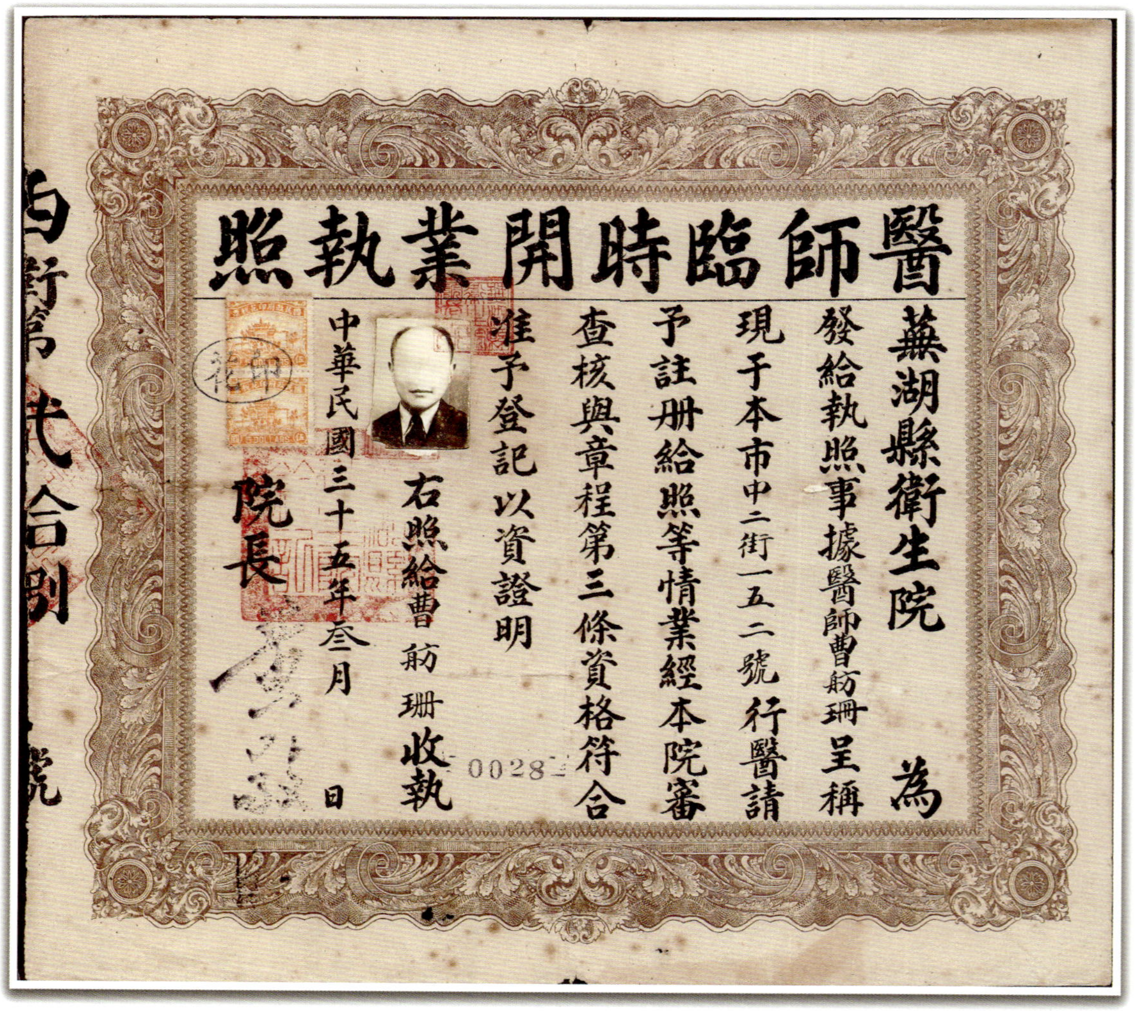

醫師臨時開業執照

蕪湖縣衛生院　為

發給執照事據醫師曹舫珊呈稱

現于本市中二街一五二號行醫請

予註册給照等情業經本院審

查核與章程第三條資格符合

准予登記以資證明

右照給曹　舫　珊　收執

中華民國三十五年叁月　　日

院長

0028

民国三十五年（1946）安徽芜湖县贴复兴关图印花税票的医师临时开业执照

第五部分

文史资料辑录

天津县胡为通直省各县开办印花税情形请商会速定总发卖人事致商会函及商会批驳函

宣统二年四月八日、五月六日
（1910 年 5 月 16 日，6 月 12 日）

天津县正堂胡（商彝）为照会事：

宣统二年四月初一日蒙直隶全省财政总汇处总办布政使凌、帮总办盐运使张札饬事：得前奉督宪札饬遵旨筹办印花税，当经崔前司将部发各种印花票通颁各属一体遵办并迭经分札饬催在案。现蒙督宪陈檄饬将印花税事宜附入筹款股并办，遵照部章认真经理等因。查此项印花税系奉特旨创办，抵补洋土两药税厘，国课攸关，不容稍涉延宕。部章载明，以各省奉到以印花后，三个月为施行之期。计自上年六月初三奉颁到省，扣至九月初三日，全省即须一律实行。部限綦严，自应遵照办理。乃迄今半年之久，其遵饬筹办者，固不乏人，而置若罔闻者，亦复不少。所有经征印花税款，仅据青县、庆云、赞皇、巨鹿等十余州县陆续批解来省，其余经收报解者尚属寥寥，甚且饬保之总分各经售人亦多未据详复。若长此因循，日久迄无成效，倘干部诘，咎将谁归？自应专札饬催，以维要政。合亟札饬，札到该县，立即遵照，迅即恪遵部章并原定办事规则及历次指饬，切实举办。凡未经选定总分经售人之各该州县，赶速照章招募足额，详请核办。其业经开办者，应即催缴税款，克期报解，并各将一切筹办情形，逐一声复。仍随时造具旬报，详送筹款股查核。各该牧令身任地方，责无旁贷，务当振刷精神，认真经理，毋再望玩延，致干未便。切切此札等因。蒙此，查选保总分经售人一事，前经核办，未准移复。兹蒙前因，拟合备文照会。为此合照贵商会，请烦查照办理施行。须至照会者。

右照会商务总会

移天津县

移复事：案奉贵县照会，以奉府宪札，奉督宪陈札催开办印花税，嘱由敝会保送总分经售人，以便转详等因。查津郡自庚子之变，元气大伤，商业之坏，已达极点。矧直举办新政，百凡捐税加征，商业之困惫未舒，小民之倒悬未解，大有朝不保夕之虞。则对待印花税一事，屡经具禀求缓，卷已成帙。兹准前因，当即开会集议，各商民如前哀恳推援，经舒筋力。所有保送总分经售人，碍难办理。相应移复贵县，请烦查照核办施行。须至移者。

总理　王竹林

协理　宁

天津商务总会

李德元摘录（津商会三类 886 号卷）

《印花交流》总 59 期　1995 年 6 月刊

摘自《安徽省工商税收大事记（1667—1987）》

1909年（宣统元年）

5月1日，根据度支部颁发的章程，安徽征收吸烟（鸦片）牌照捐，凡购土1两捐钱40文，购膏1两捐钱60文。并就原设禁烟公所附设总局，于安庆、芜湖、庐州（今合肥市）三处各设分卡，分卡以下由土膏统税查验局兼办。将牌照发给各土膏店，于吸户购买土膏时给照补填，由各店抽捐汇缴。

16日，度支部奏准《酌加契税试办章程》二十条，规定买契价银1两收税9分，典契价银1两收税6分。并指明安徽原在典契正税6分外另收耗银6厘及6厘8毫、4厘5毫等，应一概删除。

10月30日，安徽省开征印花税。安庆府属各县本月实行，其余州县11月开办。宣统三年（1911年）收入印花税银1193两。

1910年（宣统二年）：

1月，安徽奉令筹办海军经费，芜湖就经过米船抽收扦量余米税银，每年约收2万两。

7月17日，清廷批准督办盐政处同度支部会奏的《整顿淮北票盐办法》，于江苏的西坝设立淮北盐厘总局，专司各省厘金、加价的统收分拨暨各岸运盐缉私；于安徽凤阳县的临淮设立掣验皖、豫及岸贩运票盐。

1911年（宣统三年）：

春，清廷下令裁撤各省土药统税局。

10月18日，安徽省城安庆响应武昌起义，宣布独立。19日，芜湖响应武昌起义，宣布独立。原芜湖常关每月税款截留济饷。

袁鼎卫　摘录

《印花交流》总61期　1995年8月刊

国民政府财政部布告第（　）号

禁烟总处案呈案奉部查各处所用之各种印花税票及款于印花之税票如烟酒公卖处之酒税票等类，向由各该处自行制发不独限于考核亦非统一，事权现在印花税处业经成立所有各种税票应由三月份起统归该处印发以专责成而昭划一，除分令外合行令仰该处长遵照即将该处所用各种印花税票分别种类数目连同以前印余各票一律列册移交印花税处接收。嗣后即由该处统一制印分发领用。仰即遵照办理并将移交及发出各票数目具报察核毋违等，因经遵将用余各种戒烟药料药膏印花分别列册呈报并移送印花税处点收在案。兹定于6.16起换用印花税处新制之戒烟药原料检查证一种戒烟药膏检查证即分2毫、4毫、6毫、1元、2元、5钱、1两共七种自换用此新式检查证，后即将禁烟总处制印之各种印花停止使用，所有前此发出贴用之药料印花及药膏盅口各种印花。自布日起限于六月份内仍继续有效，并于有限期内由各代售药膏店户及贩卖膏药料商人将贴有禁烟总处旧式印花及未销出之药料药膏核实列单，在省河即报明本部禁烟总处，在各属即报明该区禁烟支处或禁烟局派员验明，准其分别换贴新式印花不另取费，以昭划一而便稽核等情应准照办。除分行外合行布告一体知照，此布。

中华民国十五年六月（　）日

部长　宋子文

此件载于广州民国日报1926年6月12日（八〇八号）、14日（八〇九号）、16日（八一〇号）、17日（八一一号）、18日（八一二号）。

广东陈锦祥先生注：本文与正文无关，但从其内容看来，一种新印花行用之前，为让全社会一体知照，历时一周见报（且仅供某种物品专用）。据此，“士农工商盾”印花发行之初，若非于当年七月发行，断无“遍寻不遇”之理。（报纸集藏单位是日复印暂停，无奈只得手抄之）

注：陈先生所说正文系指其所作《有关“士农工商盾”印花的猜想及其他》，原文已寄新加坡，此系摘录有关报刊资料，今在本刊登载，以飨各位。

《印花交流》总125期　2000年12月刊

川陕苏维埃税务条例草案

第一条：

本局为执行中央累进税率，并根据此次陕省工农兵代表大会决议，以增进和巩固工农本身利益，发展社会经济为目的，故命名为川陕工农税务局。

第二条：

全省设总局一所；各局设分局一所；县所属之各市场，斟酌繁简，得设税务局分所若干（如市镇交通繁盛，地域广阔，可增设分局）；各县分局直属总局。

第三条：

税目种类及税率标准；

（甲）特种税

一、白木耳：按每两之价值，抽5%（但因革命受伤不能生产红军家属，有特殊情况资金不满30元以上，给苏维埃证明得免税）。

二、特货：开设特货馆者，每月照三等征收：头等2元；二等1元；三等5角。专门以贩卖特货为业，按每两抽5%。

三、屠宰：专门在市场营业者，按每百斤5%抽收。但工农婚丧祭，自己养肥之猪，自己杀着吃，皆得免税（地主、富农不在此例）。

（乙）营业税：凡经营商业者，每月所得金在500元以上700元以下抽0.5%。700元以上，1 000元以下抽1%。1 000元以上2 000元以下抽2%，5 000元以下抽3%，5 000元以上，1万元以下抽4%。1万元以上抽5%，（但在入口税上第二项指定免税的东西皆不征收）。

（丙）入口税：

一、纸烟、酒、旱烟、水烟、香水以及非工农必需物品，皆得值百抽5%起，以至10%为止。

二、盐、布匹、棉花、粮食、中西药材、耕牛、小猪、洋油、生发油等，皆得免税。

（丁）出口税：

一、粮食、布匹、棉花、中西药材、耕牛、小猪、盐等，皆得从值抽20%起，以至抽50%止，必要时，苏维埃政府得禁出境。

二、茶叶、锅、煤炭、木耳、木料、特货等皆得免税。

第四条：本局印制三联单据（存根二条，执据一条），数字印花（几分、几角、几元），纳税人必保存执照，与执照上之印花，以凭考核检验。

第五条：非经本局检派负责人员，无论何人不得代征代收。凡派出各级税务人员，除公家津贴伙食外，每月暂规定报酬金2元。绝对禁止徇私舞弊，不得向纳税人员妄取分文。在收税款时，税局无吊打人的权利。

第六条：凡税务机关所设之地，当地苏维埃机关得监督税务人员，（防止）徇私舞弊，并帮助盘查偷、漏（税）等奸商。一次查出，除缴应征税款外，即科以罚金；二次查出，全部没收。再如，借贸易为名，实做反革命工作者，一经查（察）觉，立即交苏维埃革命法庭惩办。

第七条：各市场税务所负责人员，每十日必将收税款及收出之三联单存根印花贴销数目表，报该县分局，各分局每到月终汇报省总局转财委会备查。

第八条：本条例自公布之日施行。

川陕省苏维埃政府印
1933年8月12日
（四川刘忠钰提供）

《印花交流》总15、16期
1991年9月—10月刊

上海大东书局来函

民国二十六年十二月十五日大字第850号

查敝局前承印钧署地图印花税票自第十五次合同起到第二十一次合同止，尚存有整票四十二万七千四百五十张及废票四十一万贰仟四百五十张，又第二十二次合同订印五十万张，当即成整票三十五万六千八百张及废票九千张，时适用改宝塔新花，因即止印，故尚有税票十四万三千二百张未印，而已印税票三十五万六千八百张之中尚有二十一万六千八百张未曾完成，旋奉二十五年十二月十日税×字第七三〇三号钧函，命将前项未印及已印未完成之税票一并作价改印宝塔新花二分票二十三万张，当遵照印齐，除于二十六年四月二日套印“福建换用”二百九十张及二十六年十一月九日套印“关单专用”五千张先复解奉外，尚余好票二十二万四千七百十张及另存废票一万五千一百张，又前代财政部北平印刷局印制宝塔新花一分票二十四万张，除已将整票悉数于二十五年十月九日运交钧署驻京办事处外，尚存废票三万一千一百张，以上各项税票，除宝塔新印花二分税票二十二万四千七百十张拟交与上海邮政总局供应处外，其余新花废票及旧花、整票、废票等兹造具数目表一份附呈查核，应否一并点验销毁处之，务请核示遵行。

（注：该票于民国二十七年三月一日至二十三日销毁）

注：蒙董光呈先生来函，肯定了敝刊宝塔图讨论文章，并提供了原抄录的税务署档案材料复印件，今刊登有关部分以飨同好。

董光呈先生摘录《税务署档案》

《印花交流》总98期　1998年9月刊

上海市印花税票发行通告

发售一千元五千元印花税票

上海市直接税局公告（直印字第一二五三号）

本局为适应市上需要，特印制中红色一千元及草绿色五千元面额印花税票两种，票上方横列“上海市印花税票”，右下角分别列有“壹千圆”“伍千圆”左下角分列有“1000”“5000”等字样；票面图案为工厂、轮船、火车、飞机等项，以象征新中国建设远景。上项税票自即日起在本市邮局及本局委托各代售印花税票行庄开始发售，与前以伪金元印花税票改制之各种印花税票一律在上海市区通用，合行公告周知，此告。

兼局长：顾　准

副局长：王纪华

一九四九年九月十五日

《印花交流》总63期　1995年10月刊

印花单据欣赏

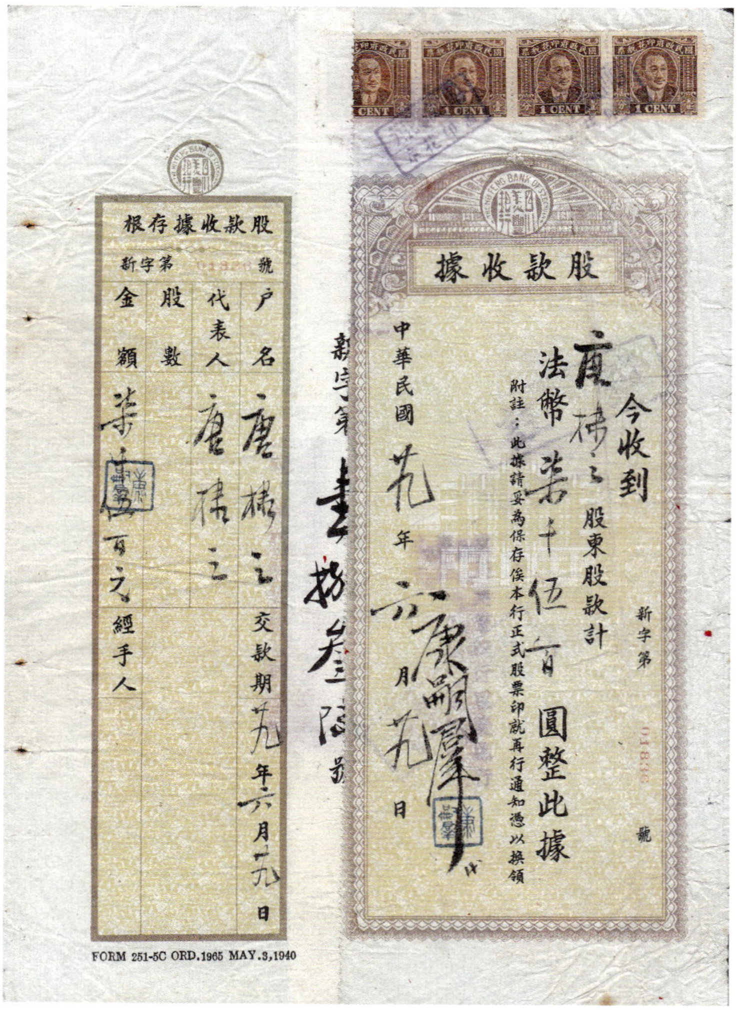
股款收據存根
新字第　號
戶名
代表人
股數
金額
經手人
交款期　年　月　日
FORM 251-5C ORD.1965 MAY.3,1940

股款收據
今收到
股東股款計
法幣　圓整此據
附註：此據請妥為保存俟本行正式股票印就再行通知憑以換領
中華民國　年　月　日
新字第　號

民国二十九年（1940）四川美丰银行股款收据

货物税新票证使用办法

上海市货物税局公告（申货四［三八］字第二八五号）

本局为统一货物税票证改进业务起见，自十月一日起，除在本局接管后刊印之各项税征照旧使用外，其属前暂用之旧货矿烟酒税照、分运照、改制证、改装证、罚款三联单、卷烟用纸运照、卷烟用纸准购单、卷烟用纸转厂存栈证明书、烟叶转栈证明、单火柴转栈证明、单棉纱转厂证明、单五枝廿五枝卷烟查验证、卷烟转栈证明单等一律停用，新印华东财政部各种货物税票证十二种，自即日起开始使用，合行抄附新票证使用办法一份公告周知。

局　长：王南秋

副局长：王　良

一九四九年十月五日

新票证使用办法

一、“货物税完税通运执照”凡课征之货物税商人申报货物完税出厂时，除依照规定税率完纳应缴税款后凭缴款书收据联填发之，惟应按现行每一税目填用一张。

二、“货物税完货品分运照”为便利商民分运分销及易于查验防止逃税，凡已完纳货物税之一切货品，如商人报请将原照所载货物拟请分运时，须填发此照，并将原货物税完货品通运照收回，粘贴于分运照第二联上，其凭分运照请再分运者办法同。

三、“罚款暨没收变价款收据”凡商人违章案件之一切罚金及没收变价款开给当事人之法定收据。

四、“改装、改制证”凡已照章纳税取得完税执照及完税印照之货物，因商人报请改装或改制者，除必须将原贴印照收回注销外，应监贴此证于改装或改制之货物包件上，并加盖验骑缝验戳。

五、“味品查验证”（尚未印就，现暂以饮料品查验证套印代用）“改制酒查验证”于最小容器封口处实贴一枚，“毛绒查验证”用于粗绒细绒两种，粗絨每五磅包实贴一枚，细绒每一磅包实贴一枚。

六、“五枝廿枝卷烟查验证”“卷烟用纸运照”“卷烟用纸准购单”其使用法仍照旧办法。

七、“货物税货品转厂、转栈证明单”凡属货物税品并非出售，系属同一地区内转移厂或栈，经一定申报手续并查明属实者，发给此单以凭转移。

李德元提供

《印花交流》总63期　1995年10月刊

1949年后“大东书局”及其承印印花税票的一点史料

木　子

一段时间以来，一些资深税票藏家在多家刊物上对联运图的发行、版式、暗记作了许多研讨文章，拜读之后，深感受益匪浅。台湾游振杰先生来电嘱我也写一篇相关文章。笔者自忖对联运图版式研究非己之长，与其滥竽充数，倒不如换个题目，也可对游先生有所交代。

去年的金秋十月，游先生专程由台湾来沪，相约研讨联运图相关问题，参加研讨会的尚有数位资深专家。笔者会后陪伴游先生去上海档案馆查阅大东书局的档案史料。经过努力，找到一份有关大东书局调查报告，及三份承印1949年版印花税票合同。大东书局的情况以前很少报道，今作简单介绍。

上海大东书局，民国五年由吕子泉、王幼棠、沈骏声等合伙创立，总资本为国币10万元。民国十三年改组为股份有限公司（主要为浙江籍人士），经营承印钞券、印花、邮票、证券，及出版书籍，买卖中西文具书籍。民国十七年资本增至20万元，20年增至40万元，民国二十二年增至50万元，三十六年增至法币8亿元（资产升值至4亿元，增现金4亿元）。厂址在安庆路（一厂）及武进路（二厂），总管理处设在四马路（今福州路）、山东路口。下设四处（编审、业务、总务、稽核），十二科（印刷、出版、发行、推广、物料、人事、文书、出纳、股务、审核、会计、旧账管理）。

大东书局在鼎盛时期，有许多国民党要人、闻人参股，在全国有上海、南京、北平、杭州、长沙、汉口、重庆、成都、广州、沈阳10家分局，及台湾、西安、天津、香港4个办事处，上海厂各种进口、国产设备（全张、对开胶印机、铅印米勒机、大英机、三色凸印机、切纸机、打洞机、落铅皮机、磨铅皮机、打样机、轧墨机、元盘机、雕刻缩小机、凹印大来回机……）一应俱全，属当时先进的工艺设备，有员工400人，能承接各种印刷合同，在当时颇有影响。

大东书局调查报告中：“据称在民十年开始经营出版事业，十五年开始承印中国通商银行一元券，十六年开始承印印花税票……”“‘八·一三’后总处由沪迁港、并在港设立分厂，嗣后为适应政府及各省市银行印制钞券、税票、邮票等需要又先后在赣省南昌、浙省丽水、湘省莱阳设立分厂。太平洋战事发生，香港沦陷后总处迁至重庆，香港厂业务归并赣、浙、湘三厂，嗣后浙东失陷，浙厂重要器材大部内移，业务归并于湘赣二厂，迄湘战发生，湘厂机器一部撤至重庆，胜利后三十五年一月自渝迁沪，从事整顿，内地机器陆续运沪……”这一段历史，大体上与后来的研究报道吻合。大东书局在1927年至1928年承印版图票一版、二版，以后在内迁的时期分别在浙、赣、湘印制了宝塔、人像图印花税票，由于战况的变化，业务的归并，纸张原料的不同，在印制中有继承，有发展，有变化，有联系，形成了现今众多的版式。

但是，此调查报告系民国三十六年所做，显见是后人所为，对大东书局前期的历史，业务不尽熟悉详尽，数次用“据称”二字。笔者对“十六年开始承印印花税票”持有异议，理由如下：北京徐一青先生曾在本刊总97期(1998年8月)《关于安徽自制印花税票》一文中披露：《银行月刊》第七卷第2号以“颁行新印花税票”报道1927年1月1日起一律贴用省政府新印花税票，此种印花税票即是以安徽安庆迎江寺振风塔为主图的地方印花税票。而此种票的铜版印模与大东一版版图铜版印模在去年一起流出，有多种面值，数量也有多块，可印证二种印模系同为大东书局所制。如果这个推论能成立，那么大东书局曾为安徽印制过印花税票，时间也就提前到民国十六年前了。另外，报行中以“赣省南昌”，实际应在赣省赣县，这有许多后来流出的实物作证。称“浙江丽水”是不错的，具体地点是丽水县的沙溪镇，距丽水县城约数十里。

1949年5月27日上海解放。同年12月12日，上海市直接税局（局长王纪华）与大东书局股份公司签订承印平凹版人民币印花税10元面值票127万张（一亿二千七百万枚）合同，约定25天内交清。但目前却未见有大东版铭的1949年版10元票，内中情由还待进一步探索。

1950年1月13日，上海市直接税局（局长王纪华）又与大东书局股份公司签订承印凹凸版人民币印税花1 000元面值40万张（四千万枚）合同，约定制版之日起35天开印，40天交货，52天内全部交清。存世见有大东版铭1949年版1 000元球旗图票，但并非凹凸版。

1950年4月3日，华东税务管理局（王秋南）与大东书局股份公司签订承印凹版人民币印花税（按：均无“票”字）200元票200万张（二亿枚）合同，自订约之日起10天开始交货，30天内交清，并注明“图案照中央铜版式样”，三份合同中均注明用纸，尺寸，打洞大小，不上胶，不衬蜡纸及加注暗记，以及监印、交接、包装、废品处理等事项。但我们所见均为平版印制，所称凹凸版等可能为业内人士习惯技术用语。至于是否加注暗记，是些什么暗记，期待研究版式暗记的专家及有兴趣的同好一齐来探索。在研究史料过程中，往往会出现史料与实际情况不一致的情况，所以对历史档案也不能照单全收，不能唯档案，要结合多方面史料、实物全面来分析，才能比较符合实际。

《印花交流》总171期　2004年10月刊

1997年中华全国邮展参展的十四部税票类邮集获奖名单

姓名	省名	展品名称	得分	奖别	特别奖（SPIO）
贾文春	陕　西	中国陕甘宁边区税票	93	金　奖	特别奖
董光呈	江　苏	中国早期印花税票	85	大镀金奖	
张　义	吉　林	中国东北印花税票 1913—1948	84	镀金奖	
苗立林	新　疆	六和塔限新省贴用印花税票	83	镀金奖	
陈大贤	四　川	中华民国四川印花税票	81	镀金奖	
吴志忠	辽　宁	新中国东北区印花税票	80	镀金奖	
赵天华	云　南	民国时期云南印花税票	78	大银奖	
李永红	内蒙古	东北区税票 1951—1958	77	大银奖	
余素群	四　川	中国西南区印花税票	77	大银奖	
刘永德	山　西	中国税票	76	大银奖	
党　生	西　藏	交通联运图印花税票	76	大银奖	
周　震	湖　北	中华民国早期印花税票	73	银　奖	
李宁勇	宁　夏	西北税票	70	银　奖	
陈千里	江　苏	新中国球旗图印花税票	70	银　奖	

《印花交流》总88期　1997年11月刊

2001 年南京全国邮展税票类得奖情况一览表

奖项	地区	参展人	参展集名称	得分	备注
金　奖	北京	蔡正钧	中国西部印花税票	92	
金　奖	广东	张艳敏	清代印花税票及其加盖票	91	＋特别奖
金　奖	陕西	张全意	陕西税票	90	
大镀金奖	贵州	张前声	中国司法印纸	88	＋特别奖
大镀金奖	湖北	周　震	中华民国司法印纸 1912—1949	85	
镀金奖	山东	李宝山	胶东解放区印花税票 1944.12—1950.10	84	
镀金奖	内蒙	李永红	中华民国奉天印花税票 1913—1932	83	
镀金奖	四川	陈大贤	中华民国四川印花票 1912—1945	82	
镀金奖	山东	康德斌	中国胶东地区税票 1913—1950	82	
镀金奖	云南	赵天华	云南民国时期印花税票	80	
镀金奖	新疆	苗立林	六和塔图限新省贴用印花税票	80	
镀金奖	吉林	张　义	中国东北地方印花税票 1914—1964	80	“1964”疑有误
大银奖	石油	贾　绣	中国复兴关图印花税票	78	石油行业
大银奖	山西	刘永德	华北解放区税票	78	
大银奖	四川	邓希皋	解放区印花税票	78	
大银奖	新疆	汪　旭	解放初期新疆省印花税票 1949.9—1955.9	77	
大银奖	辽宁	吴志忠	中国东北旗球图印花税票 1951.4.1—1951.10.1	77	
大银奖	江苏	陈千里	中国旗球图印花税票 1949—1958	75	
银　奖	陕西	金　克	民国交通图税票	72	
银　奖	河南	杨　超	解放区加盖“联运图”印花税票	72	
银　奖	湖南	段　辉	华中解放区加盖改值印花税票	72	

《印花交流》总 134 期　2001 年 9 月刊

2003年重庆全国邮展税票类获奖一览表

奖项	地区	作者	展集名称
金奖＋特别奖	北京	蔡正钧	《中国西部税票》
金奖＋特别奖	贵州	张前声	《中国司法印纸》
金奖	广东	麦国培	《中国第一套印花税票及其加盖票》
金奖	陕西	张全意	《陕西印花税票（1912—1948）》
大镀金奖	四川	陈大贤	《中华民国四川地方印花》
镀金奖	辽宁	杨聚春	《中国东北印花税票（1913—1931）》
镀金奖	湖北	周　震	《民国地图旗印花税票》
镀金奖	云南	赵天华	《民国时期云南印花水票》
镀金奖	内蒙	李永红	《中华民国奉天印花税票》
镀金奖	辽宁	王大林	《东北印花税票（1913—1948）》
镀金奖	山东	李宝山	《中华民国诉讼司法印纸》
镀金奖	河南	杨　超	《华中区印花税票》
镀金奖	宁夏	李宁勇	《甘肃地方版印花税票》

《印花交流》总154期　2003年5月刊

2006 年首届全国税票展览获奖情况一览表

参展作者	展品名称	框数	所在协会	奖级
钟　列	中华民国地方版印花税票（1917—1928）	5	重庆	金奖
林　伟	福建印花税票（1913—1927）	5	福建	金奖
杨聚春	中国东北印花税票（1913—1932）	5	辽宁	金奖
段　辉	中国预印图印花税缴款书（1943—1958）	5	湖南	金奖
邓希皋	“解放区税票”（1938—1950）	5	四川	金奖
杨　超	华中区印花税票（1949—1951）	5	河南	金奖
周　震	中华民国司法印花（1912—1949）	5	湖北	金奖
柳光明	中华民国烟酒类税票（1911—1949）	5	上海	金奖
王大林	东北地方税票（1790—1935）	5	辽宁	银奖
刘永新	华北地区民国印花税票（1913—1934）	5	浙江	银奖
刘海利	浙江省使用的印花税票（1913—1934）	5	浙江	银奖
金　克	民国交通图印花税票（1946—1949）	5	陕西	银奖
段　辉	华中解放区印花税票（1949—1950）	5	湖南	银奖
陈千里	新中国旗球图印花税票（1949.11—1953.12）	5	江苏	银奖
张维秀	华北税区印花税票（1949—1958）	5	内蒙	银奖
张　倩	新中国东北印花税票（1951—1958）	5	辽宁	银奖
朱汉昌	新中国中南区印花税票（1949—1956）	5	湖北	银奖
吴志忠	奉天省赋税和印花税票（1847—1929）	5	辽宁	银奖
胡国荣	中国印花税票（1903—1958）	5	湖南	铜奖
岳　奎	中国人民银行 16 个省区储蓄存款凭证（1921—1965）	5	内蒙	铜奖
傅兴亚	江苏省自行车使用（牌照）税印花（1949—2002）	5	江苏	铜奖
包明伟	上海嘉定娄塘乡唐氏家族百年地赋税史（1871—1953）	5	上海	铜奖
吕立新	晋察冀边区印花税票（1939—1940）	1	河北	一等奖
孟国华	民国早期广西地方印花税票（1912—1949）	1	广西	二等奖
颜里党	青海省使用的税票（1758—1949）	1	青海	二等奖
龚爱民	印花税在景德镇的使用（1949）	1	江西	二等奖
刘卫东	解放区南京加盖印花税票（1949.5—1950.7）	1	江苏	三等奖
戈瑞廷	《电影税收》（1938—2005）	5	四川	三等奖
李宁勇	《中国西北地区印花税票目录》		宁夏	纪念奖
包明伟	《民国时期版图旗印花税票图》		上海	纪念奖
游振杰 王宏源	《民国交通图印花税票》		台湾 北京	纪念奖
中国税票集邮研究会（筹）	《税票集邮》合订本一、二册		北京	纪念奖

《印花交流》总 190 期　2006 年 6 月刊

第五部分　文史资料辑录

（福建）首届海峡两岸三地印花税票集邮展览暨学术研讨交流活动

集邮展览

2008 年 4 月 1 日—2 日

主办单位：福建省地税局、福州市地税局

协办单位：福建省集邮协会、福州市集邮协会

序号	展集名称	框数	作者	单位	备　注
1	《福建印花税票》	5	林　伟	福建	首届全国税展金奖
2	《地方版长城图印花》	5	唐卓敏	香港	
3	《民国烟酒税票》	5	柳光明	上海	首届全国税展金奖
4	《南京国民政府版图旗印花税票》	5	纪觉英	香港	
5	《闽台税务人员委任状》	5	俞兆年	台湾	
6	《澳门邮票改作税票专集（1898—1921）》	3	姚鸿光	澳门	泰国亚展镀金奖
7	《中国预印印花税凭证缴款书》	5	段　辉	湖南	首届全国税展金奖
8	《中国印花税票》	5	胡国荣	湖南	湖南省展金奖
9	《浙江使用的印花税票》	5	刘海利	浙江	首届全国税展银奖
10	《上海解放初期印花税票》	5	万冬青	福建	福建省金奖
11	《民国云南神羊图司法印纸》	5	赵天华	云南	
12	《中国清代印花税票》	5	麦国培	广东	全国金奖
13	《新中国华东区货物税票》	5	蔡　黎	上海	
14	《澳门早期税票及其用途》	3	罗仕仲	澳门	
15	《清代建阳契税票与田赋》	1	林　荣	福建	全国首届网络邮展镀银奖
16	《湖北清末民初契税印花税历史》	1	周　震	湖北	
17	《民国交通联运图印花税票振明平版（1 版）50 元整版票“版型之一”鉴别》	5	邹　政	湖北	
18	《联运图上海中央平版 50 元“华中区”加盖税票》	1	杨　超	河南	首届全国税展银奖
19	《新中国华东货物税完税照和分运照》	1	万里鹏	福建	

（续表）

序号	展集名称	框数	作者	单位	备　注
20	《非常时期上海租界印花税单据（1941.3）》	1	林小明	福建	
21	《民国时期建阳收汇票（1911—1959）》	5	林　鹏	福建	省级邮展镀金奖
22	《新中国早期建阳收汇票（1949—1959）》	2	肖云英	福建	
23	《民国人像图印花税票》	2	朱汉昌	湖北	全国邮展镀金奖
24	《福建百城版印花税票》	1	李朝宾	福建	
25	《福建捐票》	1	郁超英	福建	
26	《福建契税印花》	1	王英臣	广东	
27	《福建解放初期印花税票》	5	林落晨	福建	
28	《福建捐税票》	1	林　勇	河南	
29	《福建烟酒税票》	1	李显荣	澳门	
30	《邮票的自述》	5	宋晓文	福建	2006 年西班牙世界银奖

（福建）首届海峡两岸三地印花税票集邮学术研讨会（论文）

2008 年 4 月 1 日

论文名称	作者姓名	作者属地
对股票交易不宜重征印花税	杨纯华	福建
中国关税税票及相关单据续述	包晓春	香港
一套票中枚数最多的税票—财政部税务署湖北省酒类完税证之探讨	柳光明	上海
福建双旗图五星型印花税票 2 分票的版式研究	林　伟	福建
再谈“粤军财政总局”长城图票	李德元	上海
邮代税之原由	万冬青	福建
上海嘉定唐氏家族百年田赋税史	包明传	上海
大清宣统年间云南印花税的试办	赵天华	云南
民国版图旗印花税票闽南的几种特殊加盖	李朝滨	福建
湖南解放初期使用的加盖改值印花税票	段　辉	湖南
民国时期青海西宁市地方印花税票的探讨	杨　超	河南
再析“辽宁”版图旗印花税票之使用日期	李永红	内蒙
对民国时期收费票（税票）参展作品的探讨	林　荣	福建
新中国第一套旗球图印花税票中南利民“应急版”的探讨	朱汉昌	湖北
中南区旗球图印花税票（低值）简述	麦国培	广东

《印花交流》总 214 期　2008 年 5 月刊

2008 年中华全国新人新作集邮展览

主办单位：中华全国集邮联合会

协办单位：潍坊市邮政局、潍坊市集邮协会

承办单位：山东省邮政公司、山东省邮政管理局、潍坊市人民政府、山东省集邮协会

赞助单位：中国邮政邮票博物馆

时间：2008 年 4 月 19 日——4 月 21 日

地址：山东省潍坊市富华国际展览中心

印花（税票）类获奖一览表

参展者	展品名称	框数	奖级
蔡增晖（北京）	《新中国首套印花税票国旗地球图（1949—1955）》	5	一等奖
钟　列（重庆）	《中华民国地方版印花税票（1919—1934）》	5	一等奖
刘永新（内蒙）	《中华民国华北区印花税票（1913—1934）》	5	二等奖
李全孝（辽宁）	《中华民国神羊图诉讼司法印纸（1912—1929）奉天省使用》	5	二等奖
张　君（吉林）	《复兴关图印花税税票》	5	二等奖
陈千里（江苏）	《新中国中央版旗球图印花税票（1949.11—1952.9）》	5	二等奖
杨　超（河南）	《储蓄贴花》	5	二等奖
朱汉昌（湖北）	《中南区印花税票（1949—1957）》	5	二等奖
胡国荣（湖南）	《中国印花税票（1903—1949）》	5	二等奖
张少宏（陕西）	《陕甘宁边区印花税票》	5	二等奖
郭向群（新疆）	《新疆劳动建设图印花税票及使用研究》	5	一等奖
吕立新（河北）	《晋察冀边区税票》	1	一等奖
赵　刚（山东）	《烟台“芝麻图”印花税票》	1	二等奖
张起阳（山东）	《大东版孙中山像图印花税票》	1	二等奖
裘熙敦（浙江）	《清代税（单）票》	1	一等奖
周　震（湖北）	《民国交通联运图印花税票振明平版（一版）50 元整版票“版型之一”鉴别》	1	三等奖
李连荣（湖南）	《民国人像图印花税票》	1	二等奖

《印花交流》总 214 期　2008 年 5 月刊

2008年南昌全国邮展税票类获奖一览表

一、荣誉类

姓名	展品名称	框数	获奖	得分
蔡正钧（北京）	中华民国第一套印花税票“长城图”（1913—1928）	5		

二、税票类

蔡正晖（北京）	新中国第一套印花税票	5	金奖	90分
钟　列（重庆）	中华民国地方版印花税票（1919—1934）	5	大镀金＋特别奖	89分
林　伟（福建）	福建印花税票（1913—1927）	5	大镀金	87分
杨　超（河南）	华中区印花税票（1949—1951）	5	大镀金	85分
段　辉（湖南）	中国预印印花税票凭证缴款书	5	大镀金	85分
杨聚春（辽宁）	中国华北印花税票（1913—1932）	5	镀金	84分
赵天华（云南）	民国时期云南地方印花税票（1920—1949）	5	镀金	83分
邓希皋（四川）	解放区印花税票	5	镀金	82分
箫力（宁夏）	陕甘宁边区印花税票	5	镀金	82分
李全孝（辽宁）	中华民国奉天司法印纸	5	镀金	81分
王安林（陕西）	陕西地方通用印花税票	5	镀金	81分
金一克（陕西）	民国交通联运图税票	5	镀金	81分
曾耀辉（江西）	民国国民政府早期印花税票	5	镀金	80分
刘永新（内蒙）	中华民国华北区印花税票（1913—1934）	5	大银	79分
张少宏（陕西）	陕甘宁边区税票	5	大银	79分
朱汉昌（湖北）	中南区旗球图印花税票	5	大银	78分

九、青少年类

李　昊（天津）	除司法印花之外的中国费用印花（1927—1947）（A组）	3	大银	77分
王雨欣（湖南）	新时代的印花税票（A组）	3	银奖	70分

十、一框类

周　震（湖北）	湖北清末民初印契印花税历史	1	镀金	82分
龚爱民（江西）	景德镇贴用的解放区印花税票凭证（1949.5—1950.4）	1	镀金	80分
吕立新（河北）	晋察冀边区印花税票	1	银奖	75分
欧阳秀兰（江西）	税票在人事凭证上的使用（1931—1934）	1	银奖	70分
周　路（湖北）	江西苏维埃根据地农业土地税票（1931—1934）	1	证书	
裘熙敦（浙江）	清代税（单）票	1	证书	

《印花交流》总219期　2008年10月刊

2009年洛阳世界邮展税票类展集获奖一览表

参展者姓名	展集名称	框数	奖项	得分	国家地区
柳光明	中华民国烟酒税票 1912—1949	8	金奖加特别奖	90	中国上海
蔡正钧	中华民国第一套印花税票（1913—1935）	8	金奖	90	中国北京
蔡增辉	中华人民共和国第一套印花税票	5	大镀金	85	中国北京
钟　烈	中华民国地方版印花税票（1919—1934）	5	镀金	83	中国重庆
张前声	中国司法印纸（1912—1949）	5	镀金	80	中国贵州
苗立林	六和塔图“限新疆贴用”印花税票（1934—1948）	5	镀金	80	中国新疆
杨超	华中区印花税票（1949—1950）	5	镀金	80	中国河南
李宁勇	中国解放区陕甘宁边区印花税票	5	镀金	80	中国宁夏
王安林	中国陕西地方通用印花税票（1913—1939）	5	大银	78	中国陕西
	附其他国家/地区				
Fietcher，John	好望角税票 1711—1825		大银		澳大利亚
Zarif，Mannan Mashhur	印度 Kishangarh 邦税票 1871—1948		镀金		孟加拉
Villarroel De Peredo，Martha	玻利维亚十九世纪税票		大镀金		玻利维亚
Cockburn，Peter	海峡殖民地税票和司法印纸		大镀金		英国
Dahl，John	1879年以来的澳门税票		大镀金		英国
Akerman，Clive	秘鲁税票		大镀金		英国
Wibawanto，Agus	爪哇共和国时期税票 1945—1949		镀金		印度尼西亚
Pradhan，Kedar	尼泊尔税票		大银		尼泊尔
Ponce Lozada，Julio Cesar	秘鲁印花 1640—1821		撤框		秘鲁
Ambrus，Francise	罗马尼亚斐迪南国王雕像税票的使用 1919—1930		镀金		罗马尼亚
Safdar，Mohammed Kamal	印度税票		撤框		沙特阿拉伯
Sebah，Fatima Abdullah	Indore 和 Joora 税票		撤框		沙特阿拉伯
Vasil，Micevski	德占时期的塞尔维亚印花税票 1941/1944		镀金		塞尔维亚
Limnararat，Nararat	暹罗税票 1877—1945		大镀金		泰国

《印花交流》总225期　2009年4月刊

2009年韩国首尔第24届亚洲国际邮展税票类（中国）得奖一览表

姓名	国别地区	展品名称内容	框数	得分	奖级
麦国培	中国香港	中南区印花税票（1949年）	5	83	镀金奖
刘仁民	中国台湾	版图印花税票	5	83	镀金奖
林　伟	中国福建	《民国福建省印花税票（1930.3—1949.9）》	5	82	镀金奖
王提名	中国江西	《中华邮政普通和小款汇票汇兑史（1930.3—1949.9》	5	82	镀金奖
段　辉	中国湖南	《中国预印印花税凭证缴款书（1943—1958）》	5	77	大银奖
张义烈	中国台湾	日治时期台湾印花税票	5	72	银奖

2009年台湾高雄世界运动会邮展税票类（文献类）获奖一览表

姓名	国别地区	展品名称内容	框数	得分	奖级
黄丞徽	中国台湾	《民国交通图印花税票（1946—1948）》	5	90	金奖＋特别奖
许俊钰	中国台湾	台湾印花税票（1945后）	5	90	金奖＋特别奖
游振杰	中国台湾	台湾印花藏玩手记	文献专著	81	镀金奖

《印花交流》总229期　2009年8月刊

2009 年广州全国印花税票邀请展

2009 年是中国印花税开征整整一百年，也是新中国第一套印花税票——球旗图发行六十周年。值此中华人民共和国六十华诞之际，得广州市集邮协会支持，由中国邮史研究会组织和承办的“2009 广州·全国印花税票集邮邀请展”于 10 月 4 日—5 日，在广州西堤邮政博览馆举行。

本次活动得到了海峡两岸三地的税票印花集邮同好的大力支持。本次展览共计展出了 31 部展集，104 框展品，还有一部印花税票专著参展。

展览期间并举办了印花税票学术研讨活动。由海峡两岸的税票印花集邮专家进行了学术讲座，有数篇学术论文进行交流探讨。此次研讨会共有 5 篇论文：

游振杰先生的《民国时期江苏限省使用印花税票之史实》；

李德元先生的《从二件山西〈官契〉看清代开征印花税的史实》；

龚爱民先生的《一份见证景德镇解放 60 周年的购货凭证》；

段辉先生的《民国人像图印花税票》；

孟国华先生的《民国时期三种珍贵广西老股票》。

印花单据欣赏

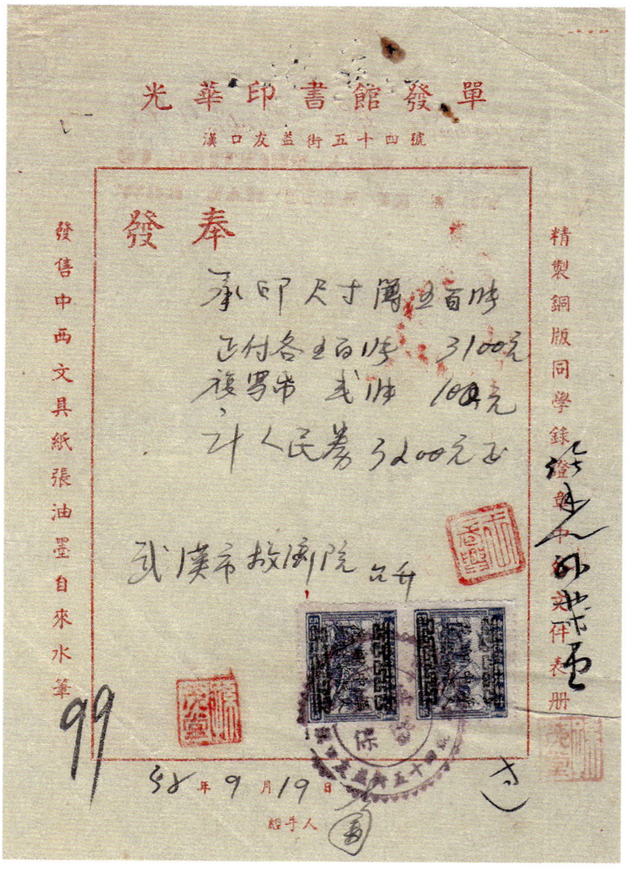
光華印書館發單
漢口友益街五十四號
發奉
發售中西文具紙張油墨自來水筆
年 月 日
經手人

1949 年汉口光华印书馆发单

2009年广州全国印花税票邀请展邮集获奖一览表

作者	展品名称	框数	奖项	省份
麦子敬	中国徽州地区契税史	5	金奖	香港
包明伟	清末——新中国初上海唐氏家属田赋税史	8	镀金奖	上海
麦国培	中国清代税票	5	特邀	香港
麦国培	中国第一套印花税票及其加盖	5	特邀	香港
胡国荣	中国印花税票（1903—1949）	5	大镀金	湖南
杨聚春	中国东北印花税票（1913—1932）	5	金奖	辽宁
刘海利	浙江省印花税票（1913—1934）	5	大镀金	浙江
李全孝	中华民国奉天司法印纸	5	镀金奖	辽宁
陈大贤	民国四川司法印纸	5	大镀金	四川
孟国华	民国时期广西印制、加盖和使用的印花税票	5	镀金奖	广西
纪觉英	民国版图旗印花税票	5	大镀金	香港
李连荣	民国人像图印花税票	5	镀金奖	湖南
段　辉	中国解放区印花税票	5	镀金奖	湖南
林业畅	交通联运图印花税票加盖“人民券（币）”	5	镀金奖	广东
李婷婷	中南旗球图印花税票	5	大银奖	湖南
刘少堂	华东区旗球图印花税票	5	大银奖	湖北
王雨欣	新时代的印花税票（青少年）	4	镀银奖	湖南
麦国培	清代学部版权印花	1	特邀	香港
段　辉	邮代税	1	二等奖	湖南
刘海利	民国通用六和塔图印花税票（1934—1944）	1	三等奖	浙江
金　克	中华民国球旗图印花税票	1	二等奖	陕西
钟东华	孙中山纪念碑	1	二等奖	广东
陈林浩	民国百城版六和塔图2角印花税票	1	一等奖	福建
徐向彬	新中国华北区无地名小幅旗球图印花税票（1949—1950）	1	三等奖	河北
林　伟	福建解放区印花税票	1	三等奖	福建
蔡正钧	早期河南印花税票	1	二等奖	北京
朱汉昌	新中国中南区50元印花税票版式	1	二等奖	湖北
朱汉昌	1952年中南区印花税票	1	三等奖	湖北
龚爱民	景德镇加盖的解放区印花税票（1949）	1	三等奖	江西
李喜庆	中国陕甘、晋察冀、晋绥、晋冀鲁豫、华北人民政府五边区工商税收单据集珍	2	二等奖	山西
段东杰	江西解放区印花税票（青少年）	3	镀金奖	湖南
李连荣	民国人像图印花税票（文献）		大银奖	湖南

《印花交流》总231期　2009年10月刊

2010年杭州中华全国集邮展览税票类获奖一览表

参展者	地区	展品名称	框数	分数	奖级	特别奖
蔡正钧	北京	法属印度支那首征及后续发行的印花（税票）1894—1944	5	86	大镀金奖	SP23
朱奕龙	宁夏	陕甘宁边区印花税票	5	86	大镀金奖	SP28
刘永新	内蒙	中华民国华北区印花税票（1913—1934）	5	85	大镀金奖	
李仲阳	天津	中国预印税资图之印花税缴款书（1946—1957）	5	85	大镀金奖	
刘海利	浙江	浙江省印花税票 1913—1934	5	84	镀金奖	
陈千里	江苏	山东解放区工厂图印花税票	5	83	镀金奖	
柳光明	上海	中国税费印花（1901—1949）	5	82	镀金奖	
张少宏	陕西	陕甘宁边区印花税票	5	81	镀金奖	
王提铭	江西	中国人民邮政汇兑（票汇）	5	80	镀金奖	
曾耀辉	江西	民国国民政府早期印花税票（1925—1935）	5	80	镀金奖	
陈林浩	福建	民国百城版六和塔图印花税票	5	80	镀金奖	
朱汉昌	湖北	中南区旗球图印花税票（1950—1954）	5	78	大银奖	
汪　旭	新疆	新疆印花税票（1949.9—1958.9）	5	78	大银奖	
王大林	辽宁	东北地方版印花税票（1926—1932）	5	76	大银奖	
段　辉	湖南	中国解放区印花税票	5	76	大银奖	
孙茂盛	河北	华北解放区印花税票（1938—1950）	5	75	大银奖	
周　民	江西	江西地区加盖及使用的印花税票	5	73	银奖	
孟国华	广西	民国暑期广西地方实用印花税票（1914—1949）	5	73	银奖	
杨　超	河南	华中区水波纹加盖印花税票	5	73	银奖	
徐华秋	重庆	中华民国四川地区“加盖改值”税票（1913—1945）	5	71	银奖	

一框类（印花税票）

参展者	地区	展品名称	框数	分数	奖级	特别奖
赵　刚	山东	山东省制嘉禾图壹分印花税票	1	87	镀金奖	
蔡正钧	北京	河南早期印花税票（1913—1934）	1	80	镀金奖	
张起阳	山东	山东革命根据地烟税印花（1943—1949）	1	78	银奖	
王秋华	河南	联运图上海中央平版 50 元华中区税票加盖戳记的研究	1	75	银奖	
刘忠玉	四川	中央印制厂上海厂平版交通联运图印花税票	1	73	银奖	

青少年类

参展者	地区	展品名称	框数	分数	奖级	特别奖
李　昊	天津	中国领事印花（1930’—1940’）	3	87	大镀金奖	SP7

《印花交流》总245期　2010年12月刊

第五部分　文史资料辑录

江西财经大学中国税票研究中心
首届税票学术研讨会学术论文获奖一览表

序号	作者	省份	论文名称	奖项
1	柳光明	上海	江西省酒类完税证税票小考	
2	陈千里	江苏	印花税票的诞生与新发展	优秀论文
3	金　克	陕西	中国税票展示现状与未来	优秀论文
4	龚爱明	江西	纪念［江西省税务局印花税票］发行贴用六十周年	优秀论文
5	李连荣	湖南	《民国人像图印花税票》见让抗日战争史实	优秀论文
6	孟国华	广西	民国时期广西印制、加盖和使用的印花税票	优秀论文
7	段　辉	湖南	民国人像图印花税票概述	
8	史　宏	河北	华北地区帐薄上的印花税票（1916 年—1955 年）	优秀论文
9	赵增丰	河北	浅议华北人民政府印花税票	
10	李德元	上海	漫谈华北解放区印花税票的责任铭	优秀论文
11	张起阳	山东	山东革命根据地卷烟税印花初谈	
12	张英城	山东	胶东革命根据地印花税票浅谈	优秀论文
13	赵　刚	山东	山东省制嘉禾图壹分印花税票之长短麦穗	
14	李永红	内蒙	加盖“苏南暂作”印花税票发行日期及加盖品种探议	
15	刘少堂	湖北	新中国华东旗球图印花税票探析	
16	焦继承	陕西	试论新中国第一套印花税票——球旗图的构图	优秀论文
17	刘永新	内蒙	新中国印花税票的收藏	
18	万冬青	福建	赋税票据是一部生动的泉州文史资料	优秀论文
19	汪　旭	新疆	解放初期新疆印花税票	
20	傅兴亚	江苏	我的收藏经历——税票收藏乐如歌	

江西财经大学中国税票研究中心首届税票集藏展览获奖情况一览表

序号	作者	省份	税票名称	框数	奖项
1	包明伟	上海	浦东陈氏纳税史	5	三等奖
		上海	民国江苏蚕茧特捐史	1	二等奖
2	陈林浩	福建	民国百城版六和塔图2角印花税票	1	优秀奖
3	傅兴亚	江苏	江苏省自行车使用（牌照）税印花（1949—2002）	5	荣誉奖
4	龚爱民	江苏	景德镇加盖的解放区印花税票（1949）	1	荣誉奖
5	焦继承	陕西	金元面值的印花税票——工农建设图	1	优秀奖
6	金　克	陕西	福州市房地产税的演变	5	优秀奖
7	李朝滨	福建	百城版印花税票	1	优秀奖
8	李连荣	湖南	民国人像图印花税票	5	优秀奖
		湖南	中南区旗球图印花税票	5	优秀奖
		湖南	印花税在邵阳地契上的征收	1	优秀奖
9	李永红	内蒙	内蒙古自治区49年版球旗图印花税票	1	三等奖
10	林　伟	福建	福建印花税票（1927—1931）	5	荣誉奖
11	刘少堂	湖北	新中国华东旗球图印花税票	5	优秀奖
12	刘永新	内蒙	中华民国华北区印花税票（1913—1934）	5	荣誉奖
13	孟国华	广西	民国时期文本实用印花税票	5	优秀奖
14	杨聚春	辽宁	中国东北印花税票（1913—1932）	5	荣誉奖
15	张立新	江西	中华民国印花税票（1940—1949）	3	三等奖
16	张起阳	山东	山东革命根据地烟税印花	1	优秀奖
17	张英城	山东	青岛金元券时期印花税票	1	优秀奖
18	赵　刚	山东	山东省制嘉禾图壹分印花税票	1	优秀奖
19	周　民	江西	江西印制、发行和使用的印花税票	5	二等奖
20	朱汉昌	湖北	新中国中南区旗球图印花税票	5	荣誉奖
		湖北	民国人像图印花税票	1	优秀奖
21	段　辉	湖南	中国解放区印花税票	5	二等奖
		湖南	新中国中南区印花税票	5	优秀奖
22	杨　超	河南	华东解放区印花税票	5	优秀奖
23	陈千里	上海	新中国中央版旗球图印花税票	5	荣誉奖
24	蔡　黎	江苏	新中国华东区货物税票（1950—1958）	5	一等奖
25	欧阳秀兰		新中国中南区印花税票	1	优秀奖

注1. 特别荣誉奖蔡正钧、柳光明、王洪新；
2. 税票评审只分一、二、三等和优秀奖，并非按FIAP规则，凡参加过全国邮展以上的税集不评审，均作荣誉奖。

《印花交流》总233期　2009年12月刊

2011年陕西全国印花税票邀请展参展作品一览表

地区	姓名	展品名称	框数	曾获奖项
香港	麦国培	中国第一套印花税票	1	
陕西	王安林	陕西地方印花税票	5	国际大银奖
宁夏	李宁勇	甘肃地方印花税票	5	国际大镀金
湖南	李连荣	民国人像图印花税票	5	省展镀金奖
天津	李仲阳	中国预印税资图案的印花税缴款书	5	国家大镀金奖
贵州	张前声	中国司法印纸	5	国际大镀金奖
陕西	张少宏	陕甘宁边区印花税票	5	国家镀金奖
河南	杨　超	华中区印花税票	5	国际镀金奖
江苏	陈千里	山东解放区工厂图印花税票	5	国家镀金奖
北京	蔡增晖	新中国第一套印花税票球旗图	8	国际大镀金奖
上海	蔡　黎	新中国华东区货物税票	5	新作
浙江	刘海利	浙江省印花税票 1913—1934	5	国家镀金奖
上海	柳光明	中国税费印花	5	国家镀金奖
北京	蔡正钧	中国西部地方印花税票	8	国际金奖
陕西	焦继承	国民政府印花税票士农工商图使用在广东	1	新作
陕西	金　克	民国交通联运图印花税票	8	国家镀金奖
上海	柳光明	中华民国烟酒税票	8	国际金奖
天津	李　昊	中国领事印花	3	国家大镀金
宁夏	萧　力	中国陕甘宁边区印花税票	5	国际镀金奖
湖南	段　辉	华中解放区加盖改值印花税票	5	国家银奖
陕西	金　克	新中国印花税票系列	2	新作
湖南	李百科	新中国中南区印花税票	5	省展大银奖
内蒙	刘永新	中华民国华北区印花税票（1913—1934 年）	5	国家大镀金

《印花交流》总 250 期　2011 年 2 月刊

2011 年中国第 27 届亚洲国际邮展税票类获奖一览表（中国部分）

姓名	地区	展品名称	框数	得奖
张前声	贵州	中国司法印纸	8	大镀金奖
周　震	湖北	中华民国司法印纸（1912—1949）	5	镀金奖
刘永新	内蒙	中国华北地区发行与使用之印花税票（1913—1934）	5	镀金奖
包晓春	香港	中华邮政汇兑印纸及使用实据（1925—1949）	5	大银奖
李仲阳	天津	中国预印税资图之印花税缴纳款书（1946—1957）	5	大银奖
朱奕龙	陕西	中国陕甘宁边区印花税票	5	镀金奖
蔡正钧	北京	法属印度支那首套及后续发行的税票（1892—1914）	5	大镀金奖
		青少年类		
李　昊	天津	中国领事印花（1930—1940）	3	大镀金奖

《印花交流》总 256 期　2011 年 11 月刊

印花单据欣赏

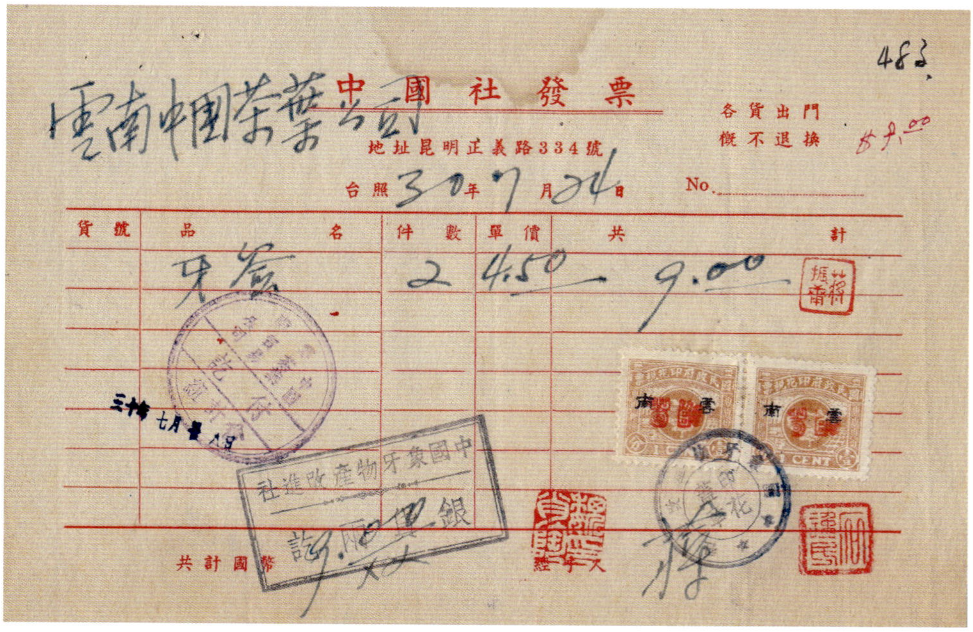
雲南中國茶葉公司
中國　社　發　票
地址昆明正義路334號
各貨出門 概不退換
台照 30年7月24日
No.
貨號	品名	件數	單價	共計
	牙簽	2	4.50	9.00

共計國幣

民国三十年（1941）云南昆明中国象牙产物改进社发票

第二届海峡印花税票集邮展目录

序号	地名	邮集名称	类别	框数	奖项	作者
A01-05	香港	中国第一套邮政汇兑印纸（1925—1949）	专题	5	镀金奖 大银奖	包晓春
A06-10	香港	中国版图旗印税票（1927—1941）	专题	5	镀金奖	纪觉英
A11-15	台湾	版图旗印花税票（1927—1934 年）	专题	5	镀金奖	刘仁民
A16	澳门	《澳门加路士国王像邮票改作税票专集（1919—1921）》	专题	1	镀金奖	姚鸿光
A17-36	福建福州	《民国福建地方印花税票》	专题	20	大镀金奖	林　伟
A37-41	福建漳州	《百城版六和塔图印花税票》	专题	5	镀金奖	陈林浩
A42	福建南平	建阳早期收费票（1648 年—1948 年）1 框	专题	1	大银奖	林　滐
A43	福建泉州	《领事印花》	专题	1	大银奖	万冬青
A44-48	福建泉州	《上海解放初期印花税票（1949—1958）》	专题	5	大银奖	万冬青
A49	福建泉州	《非常时期上海租界印花税单据（1941.3）》	专题	1	三等奖	万冬青
A50	福建泉州	《清民时期福建田赋契税》	专题	1		万冬青
A51-58	福建泉州	《泉州税收史话》	专题	8		万冬青
A59	福建泉州	《泉州解放初期印花税票》	专题	1		万冬青
A60	福建泉州	《1950 年代石狮侨批业的印花税单据》	专题	1		万冬青
A61	福建泉州	《新中国华东货物税完税照和分运照》	专题	1		万冬青
A62-68	福建泉州	《福建老发票》	专题	7		万冬青
A69-71	福建泉州	《税收票据大观》	专题	3		万冬青
A72	福建泉州	《税务文件档案》	专题	1		万冬青
A73-77	福建南平	民国时期建阳收费票（1911 年—1949 年）	专题	5	一等奖	林　滐
B78	福建福州	《正阳门箭楼图邮资信封》	邮资信封	1	省一等奖	吴　更
B79-83	福建宁德	《生命与骨骼》	专题	5	大银奖	彭　瑾
B84	福建宁德	《中国有个三都澳》	专题	1	特别奖	彭　瑾
B85-86	福建宁德	《邮资片作废明信片》	极限	2	银奖	韩文建
B87-90	福建宁德	《湿地》	专题	4	省二等奖	徐梅英
B91	福建宁德	《自动化邮票》	专题	3	省三等奖	徐梅英
B92-94	福建宁德	《渔民》	专题	3	省二等奖	施梅全
B95-97	福建宁德	《中国书法》	专题	3	省三等奖	陈　羽
B98-100	福建宁德	《花苑》	极限	3	市二等奖	俞汉泉
合计				100		

《印花交流》总 261 期　2012 年 4 月刊

2012年呼和浩特第15届中华全国集邮展览（税票类）获奖情况一览表

姓名	地区	展集名称	框数	分数	奖项
刘永新	内蒙	华北解放区印花税票（1937—1950）	5	85	大镀金＋特别奖
周　民	江西	中华邮政宝塔图汇兑印纸（1925—1949）	5	82	镀金奖
周　震	湖北	湖北早期印花税票（1910—1928）	5	83	镀金奖
李连荣	湖南	民国人像图印花税票	5	78	大银奖
苗立林	新疆	新疆省政府印花税票（1933—1949）	5	78	大银奖
周茂哉	江苏	中华民国联运图印花税票（1946—1949）	5	72	银奖
齐景平	甘肃	民国六和塔印花税票（1934—1944）	5	73	银奖
邓君辉	江西	中国最早的预印印花凭证（赣州版六和塔图单据用纸）	1	82	镀金奖
岳　奎	内蒙	中国人民银行中南区分行储蓄存款凭证（1952—1964）	5		镀金奖（未展）
杨运河	天津	吉林地方平版嘉禾图印花税票（1927—1931）	1	83	镀金奖
邓希皋	四川	暹罗法院收费印花（1899—1937）	5	78	大银奖
郭俊东	辽宁	中国辽宁印花税票（1951.4.1—1958.9.12）	5	77	大银奖
赵天华	云南	民国时期云南省制神羊图诉讼印纸（1921—1932）	1	78	银奖
张先忠	安徽	中国球旗图印花税票（1949—1958）	5	71	银奖
杨　超	河南	郑州市定额货票	1	65	铜奖

《印花交流》总264期　2012年7月刊

印花单据欣赏

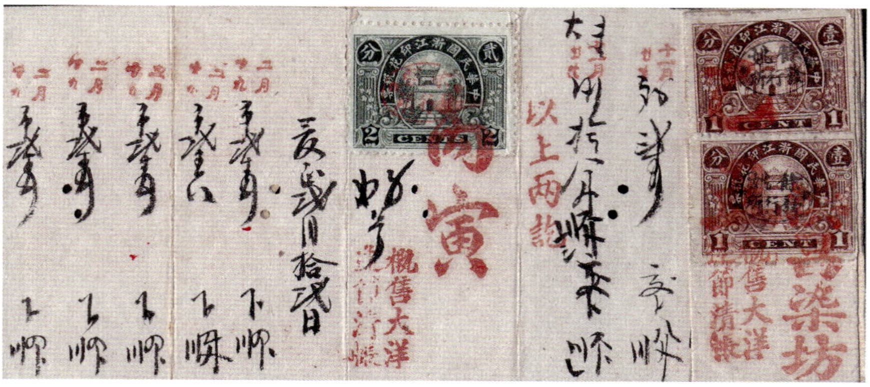

丙寅年浙江余姚账册

第五部分　文史资料辑录

2014 年长沙全国邮展印花（税票）类获奖成绩一览表

地区	姓名	展集名称	得奖	得分
天津	杨云河	《在中国华北及东北地区发行之嘉禾图印花税票》	大镀金奖	88 分
江西	邓君辉	《中国六和塔图预印印花税票凭证》	大镀金奖	86 分
福建	陈林浩	《民国百城版六和塔图印花税票》	大镀金奖	85 分
宁夏	萧　力	《甘肃印花税票》	大镀金	85 分
江苏	陈千里	《中华民国版图旗印花税票》	镀金奖	83 分
内蒙	岳　奎	《中国零存整取有奖储蓄印花综览》	镀金奖	82 分
上海	柳光明	《中华人民共和国货物税票（1949——1958）》	镀金奖	80 分
辽宁	郭俊东	《东北旗球图印花税票在辽宁的使用》	镀金奖	80 分
河北	孙茂盛	《华北解放区印花税票　（1938——1950）》	大银奖	78 分
陕西	金　克	《民国交通联运图印花税票》	大银奖	77 分
四川	陈大贤	《中国西南区印花税票（1949——1955）》	大银奖	76 分
湖北	朱汉昌	《新中国利民版旗球图印花税票》	大银奖	76 分
甘肃	齐景平	《民国六和塔图印花税票》	大银奖	75 分
湖北	李长虹	《“人民券（币）”加盖于民国交通图印花税票》	大银奖	75 分
湖南	李百科	《新中国中南区印花税票》	银奖	73 分

《印花交流》总 287 期　2014 年 6 月刊

印花单据欣赏

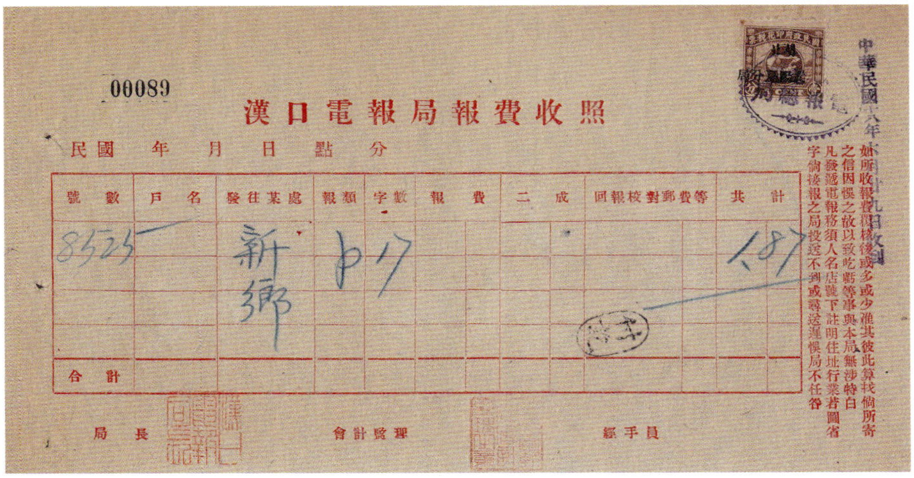
00089

漢口電報局報費收照

民國　年　月　日　點　分

號數	戶名	發往某處	報類	字數	報費	二成	回報核對郵費等	共計
8525		新鄉	P	17				187
合計								

局長　　會計覆理　　經手員

中華民國十八年　月　九日收

如所收報費核後或多或少准其彼此算找倘所寄之信因慢之故以致吃虧等事與本局無涉特白

凡發遞電報務須人名店號下註明住址行業若圖省字倘接報之局投送不到或尋送遲慢局不任咎

民国十八年（1929）汉口电报局报费收照

第六部分

印花单据欣赏

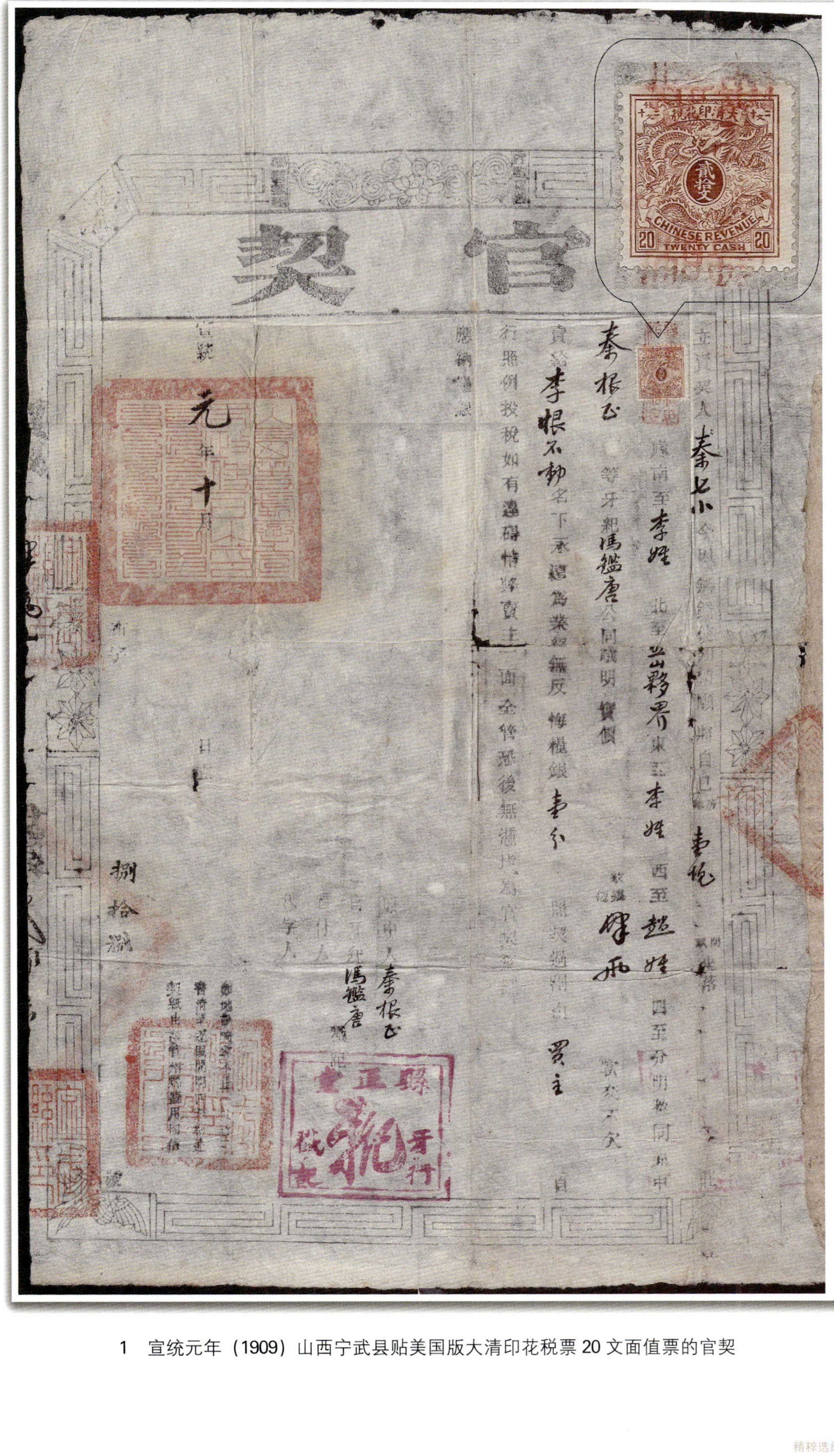

1　宣统元年（1909）山西宁武县贴美国版大清印花税票 20 文面值票的官契

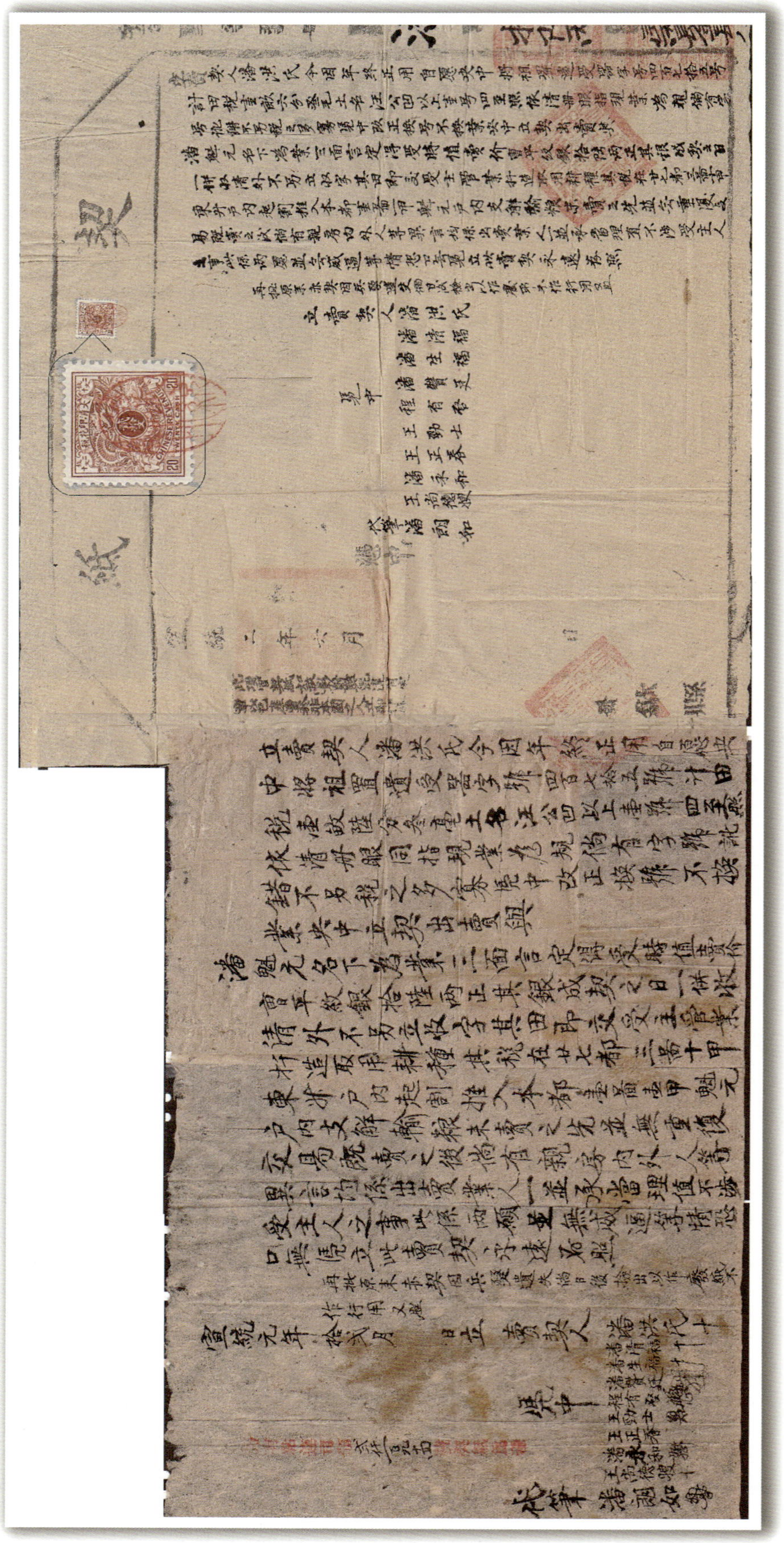

2 宣统二年(1910)安徽歙县贴美国版大清印花税票20文面值票的契纸

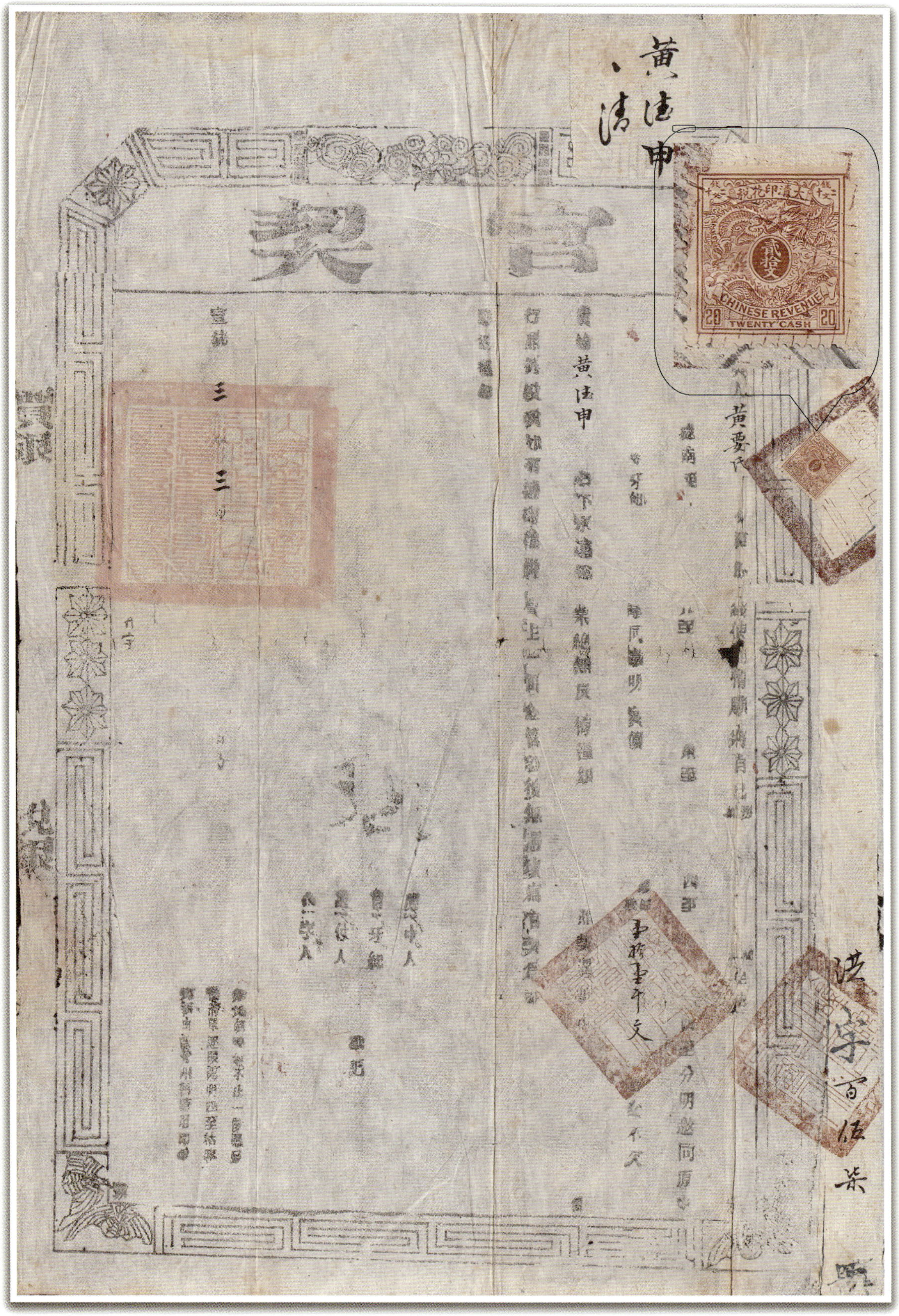

3　宣统三年（1911）山西崞县贴美国版大清印花税票 20 文面值票的官契

4　民国乙丑年（1925）湖南长沙贴地方版长城图印花税票的发票

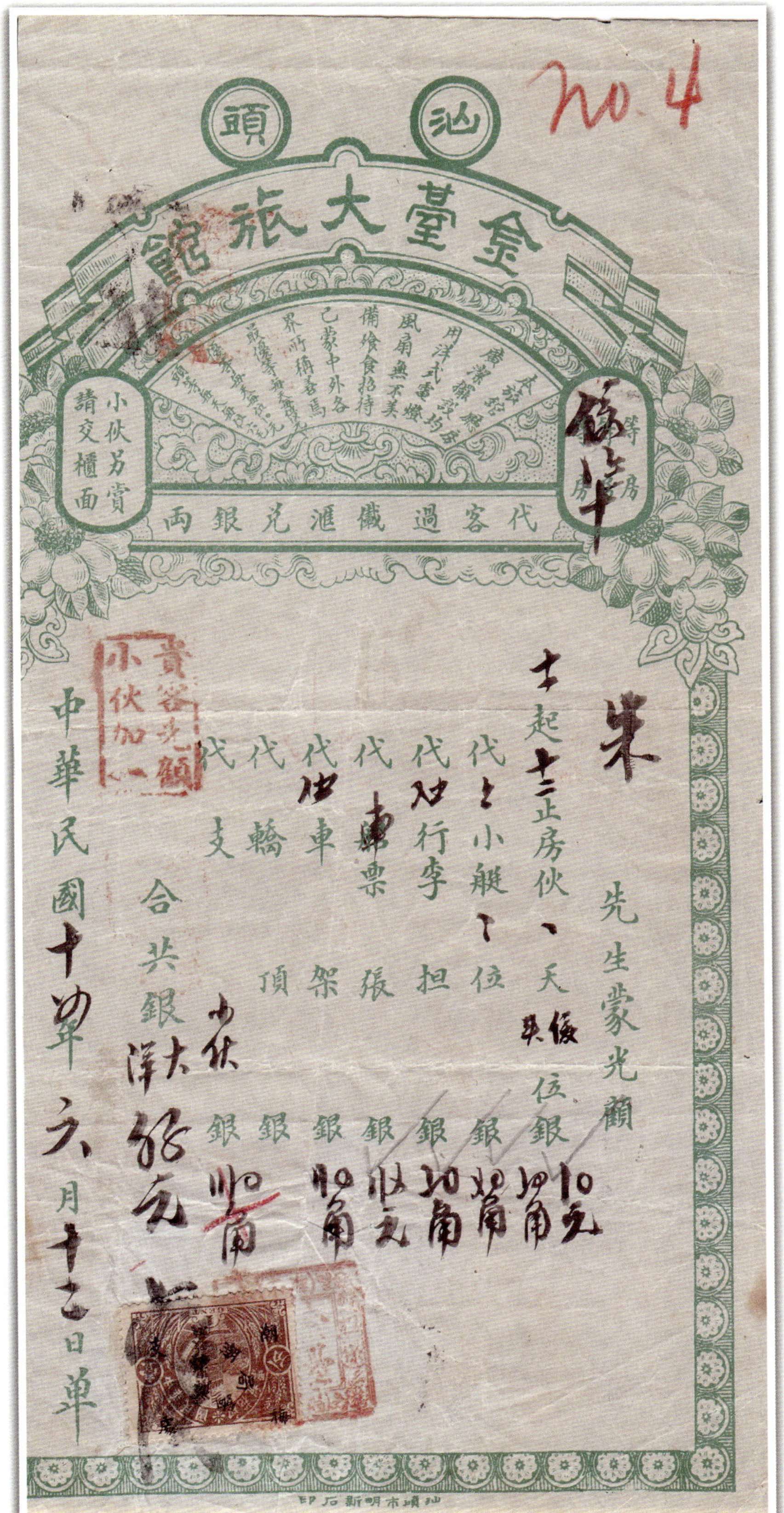

5 民国十四年（1925）广东汕头金台大旅馆贴广东地方版长城图印花税票的账单

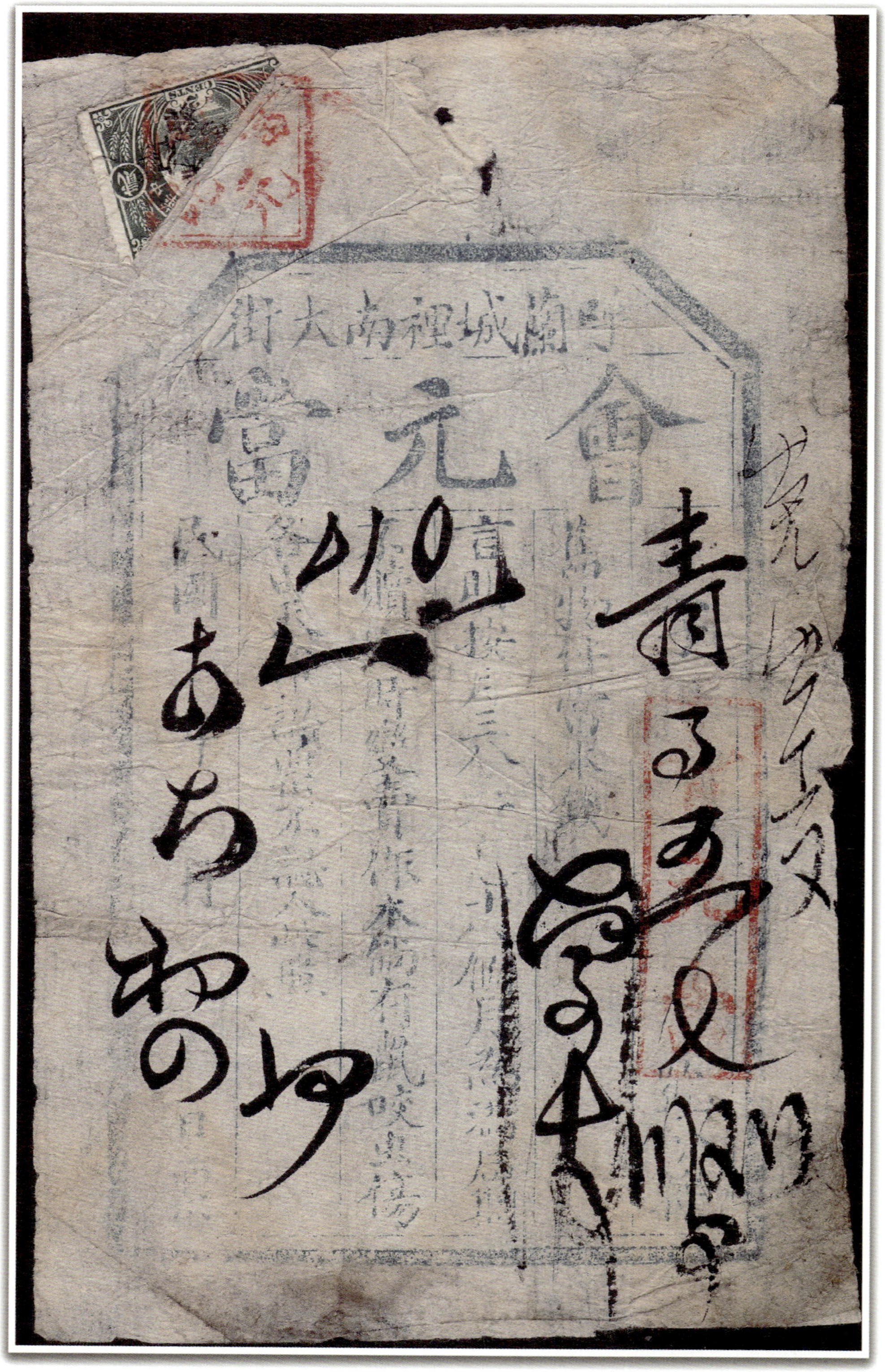

6 民国十四年（1925）黑龙江呼兰城会元当贴长城图印花税票半剖票的当票

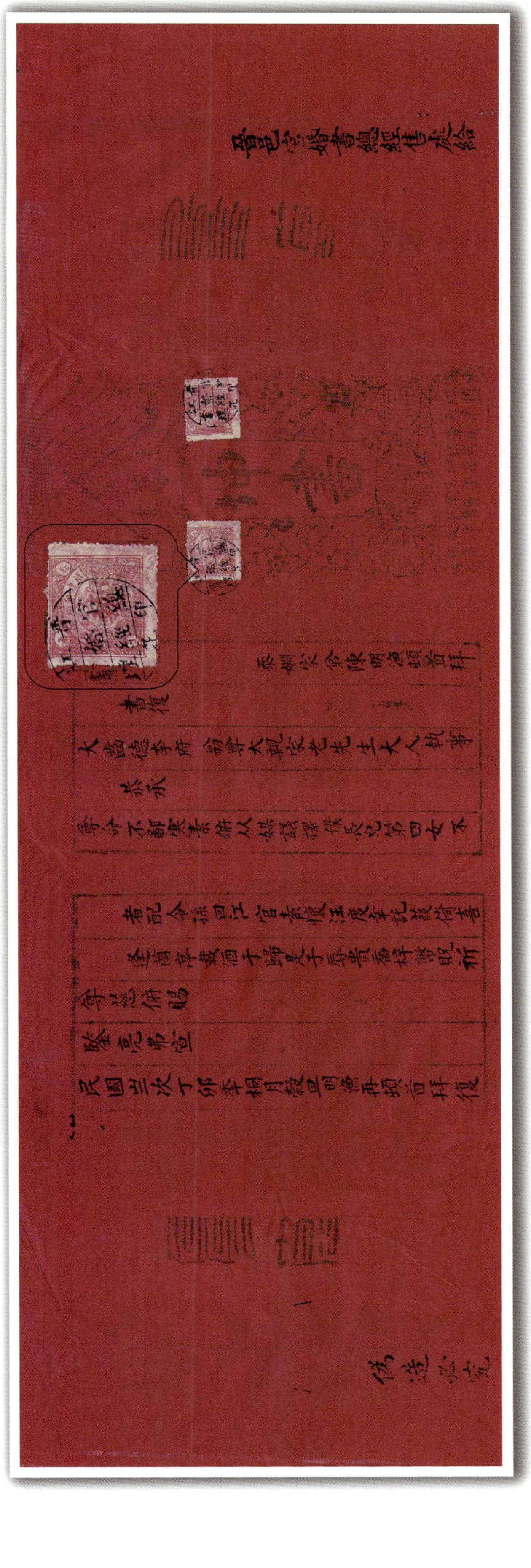

7 民国丁卯年（1927）桐月福建晋江贴福建地方版喜字印花税票的官婚书

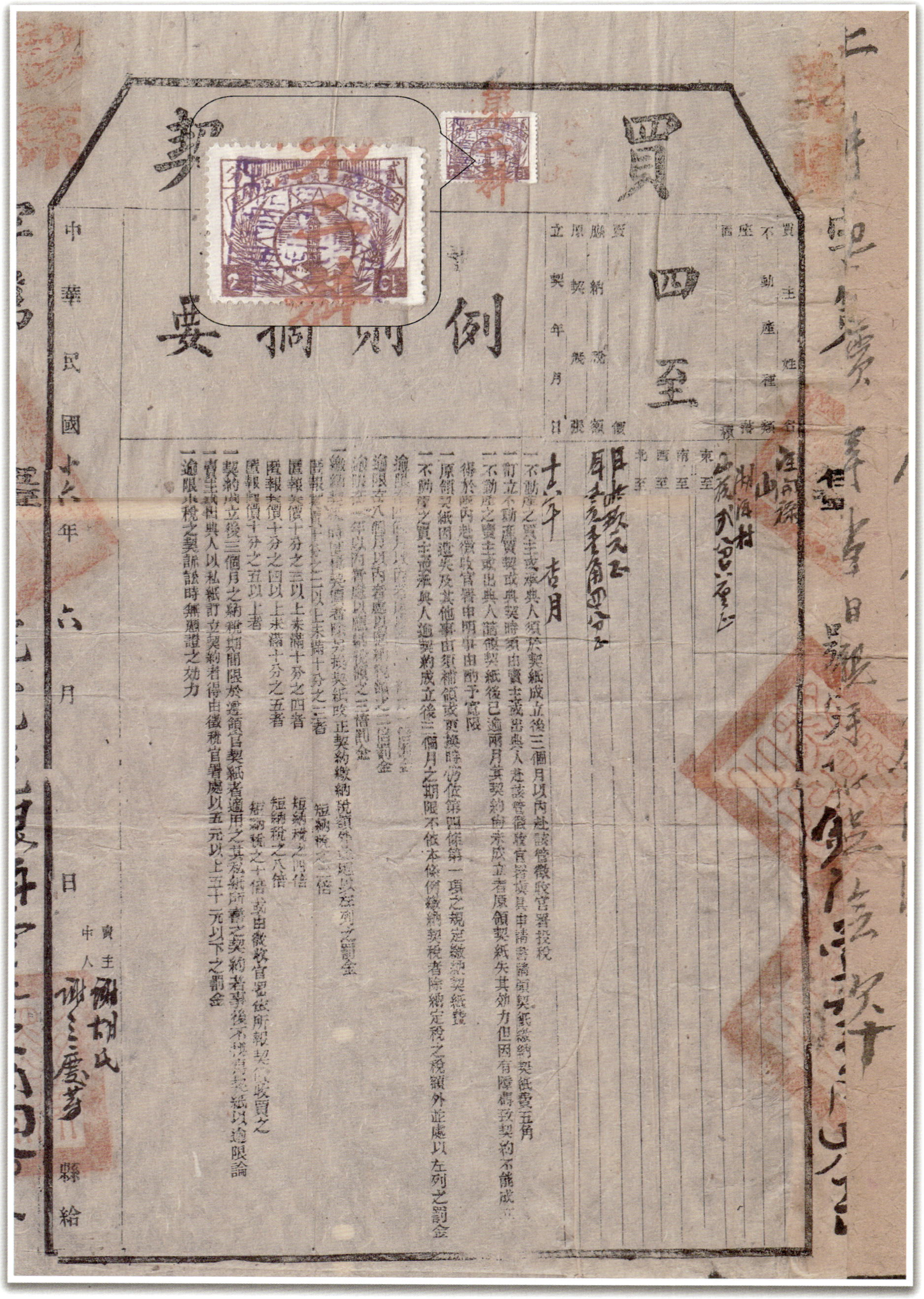
買契

買主姓名

不動產種類

座落

四至

賣價

應納稅額

原契幾張

立契年月日

例則摘要

一不動產之買主或承典人須於契紙成立後三個月以內赴該管徵收官署投稅
一訂立不動產買契或典契時須由賣主或出典人赴該管徵收官署填具申請書請領契紙繳納契紙費五角
一不動產之賣主或出典人請領契紙後已逾兩月其契約尚未成立者原領契紙失其效力但因有障礙致契約不能成立者得於限內赴徵收官署申明事由酌予寬限
一原領契紙因遺失及其他事由須補領或更換時仍依第四條第一項之規定繳納契紙費
一不動產之買主或承典人逾契約成立後三個月之期限不依本條例繳納契稅者除納定稅之稅額外並處以左列之罰金
逾限在四個月以內者 [illegible] 一倍罰金
逾限在八個月以內者處以應納稅額之二倍罰金
逾限在一年以內者處以應納稅額之三倍罰金
一繳納契稅時匿報契價者除另換契紙改正契約繳納稅額外並處以左列之罰金
匿報契價十分之二以上未滿十分之三者　短納稅之二倍
匿報契價十分之三以上未滿十分之四者　短納稅之四倍
匿報契價十分之四以上未滿十分之五者　短納稅之八倍
匿報契價十分之五以上者　短納稅之十倍或由徵收官署依所報契價收買之
一契約成立後三個月之納稅期間限於還領官契紙者適用之其私紙所書之契約者事後不換官契紙以逾限論
一賣主或出典人以私紙訂立契約者得由徵稅官署處以五元以上五十元以下之罰金
一逾限未稅之契訴訟時無憑證之效力

賣主
中人

中華民國十六年六月　日　縣給

8　民国十六年（1927）安徽黟县贴安徽政务委员会印花税票的买契

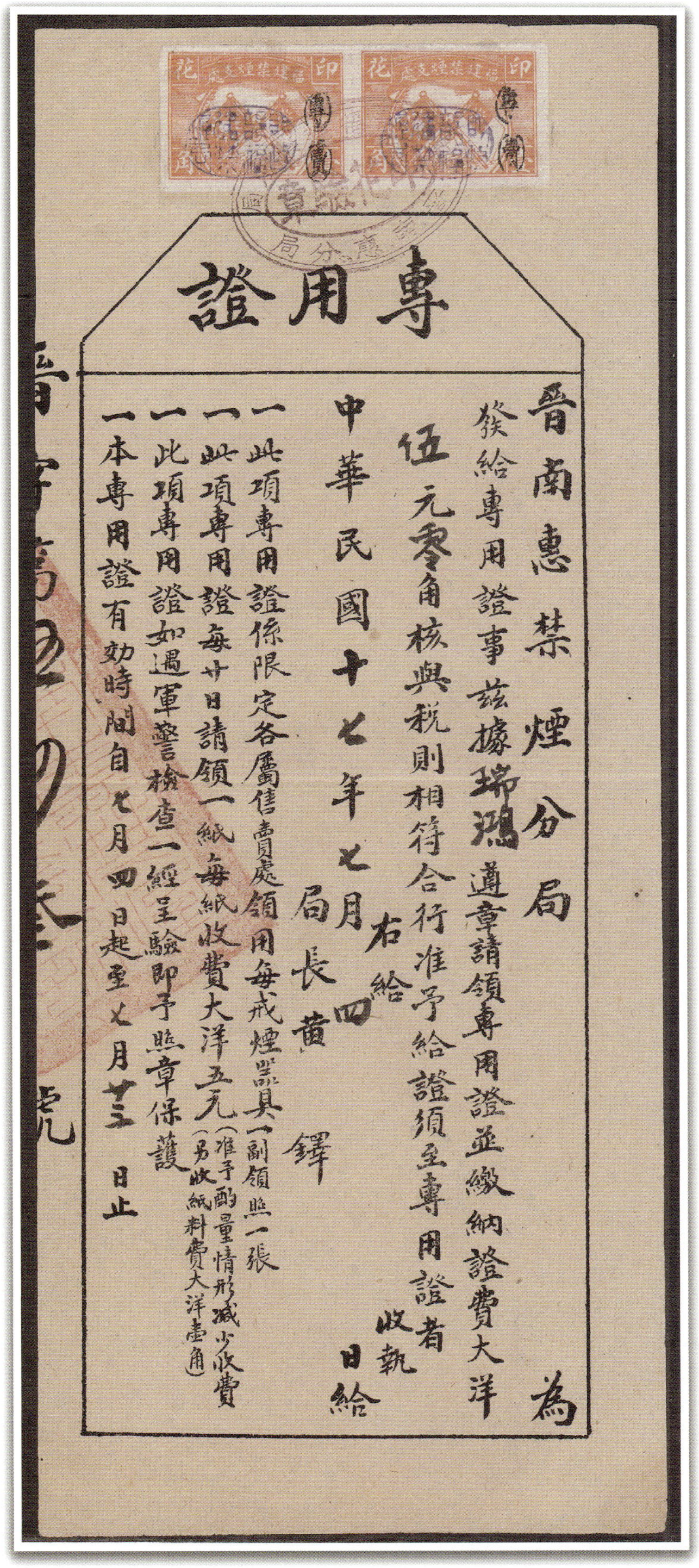
專用證

晉南惠禁煙分局 為

發給專用證事茲據瑞鴻遵章請領專用證並繳納證費大洋

伍元零角核與税則相符合行准予給證須至專用證者

右給 收執

中華民國十七年七月四日給

局長黃鐸

一此項專用證係限定各屬售賣處領用每戒煙器具一副領照一張

一此項專用證每廿日請領一紙每紙收費大洋五元（准予酌量情形減少收費）（另收紙料費大洋壹角）

一此項專用證如遇軍警檢查一經呈驗即予照章保護

一本專用證有効時間自七月四日起至七月廿三日止

9　民国十七年（1928）福建晋南惠禁烟分局的贴福建禁烟支处印花的专用证

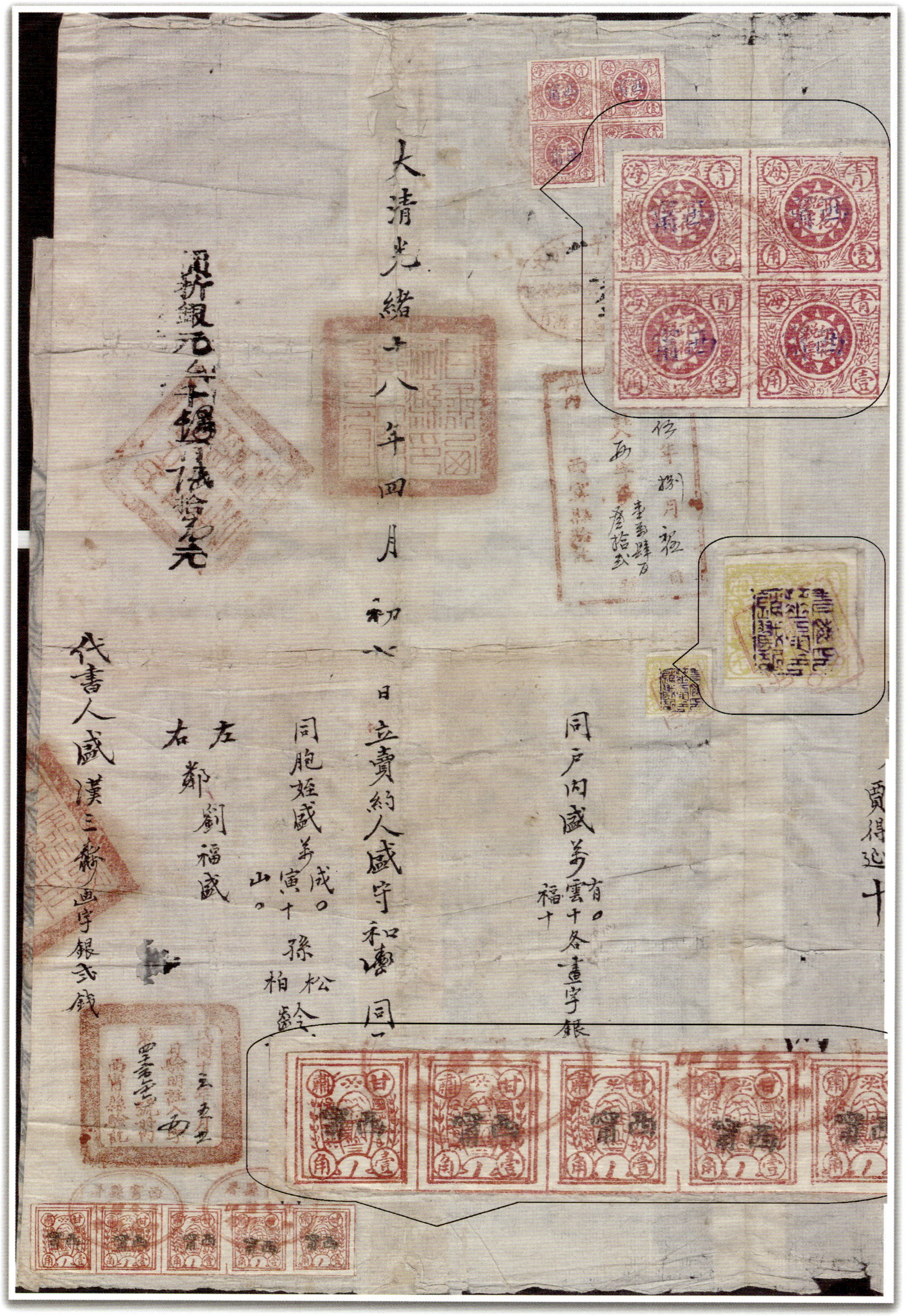

10　民国十八年（1929）青海西宁验契纸贴甘肃城楼图、青海党徽图 1 元面值印花税票

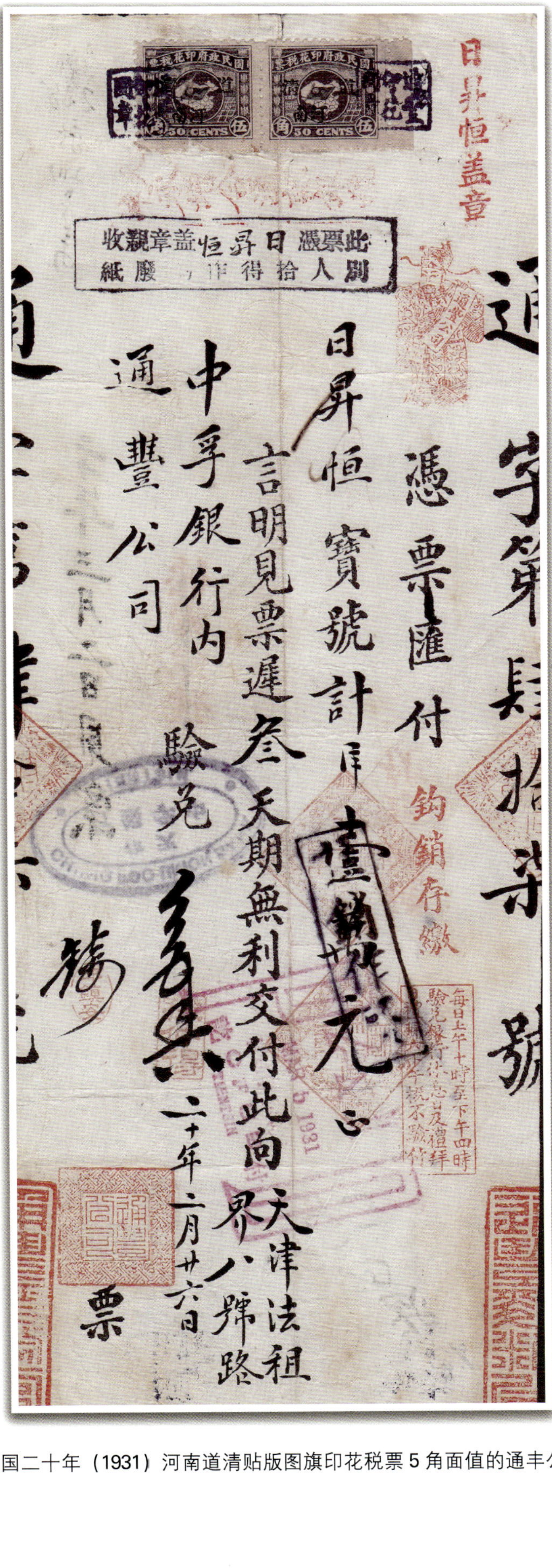

11　民国二十年（1931）河南道清贴版图旗印花税票 5 角面值的通丰公司汇票

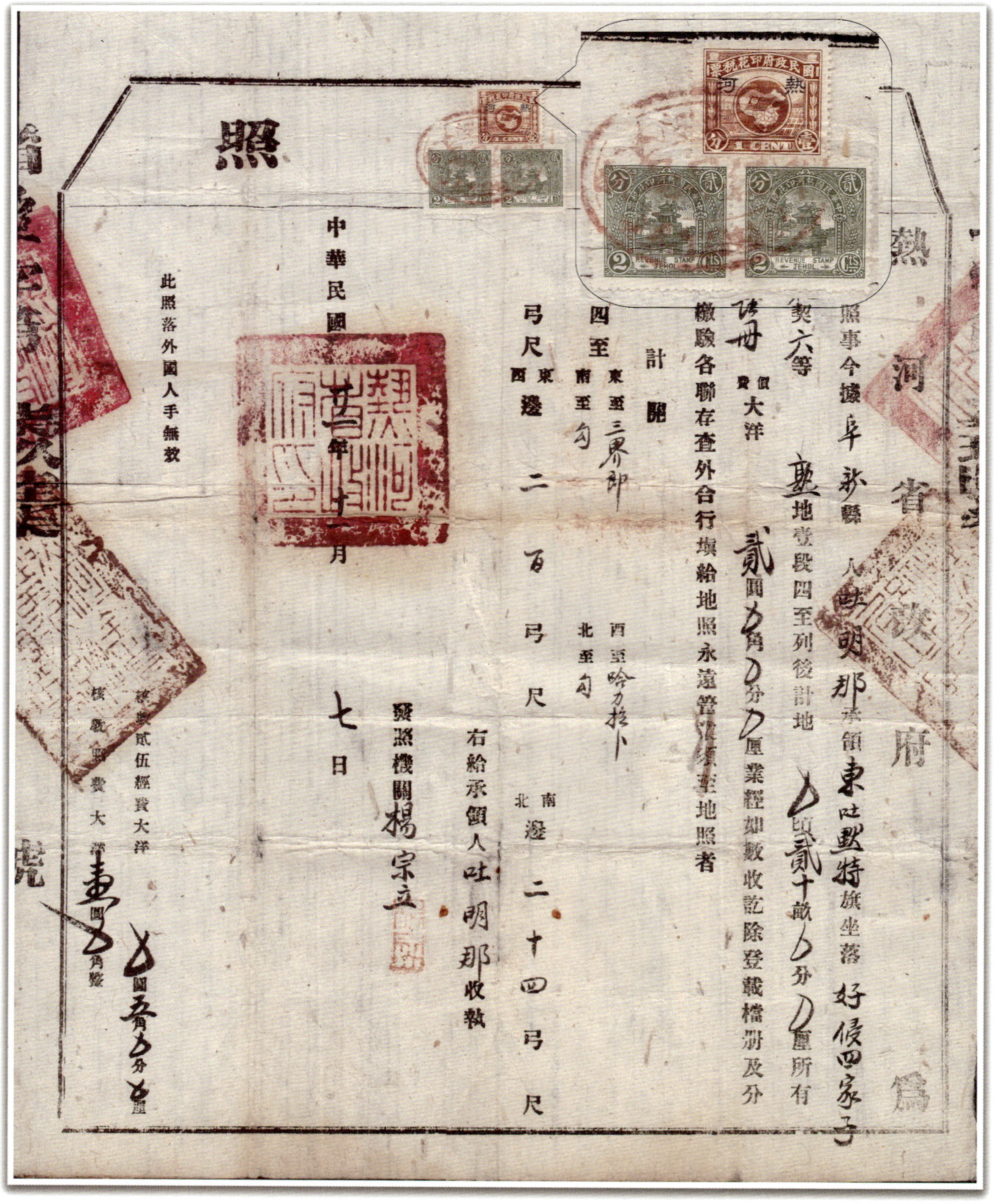
熱河省　府　爲

照事今據阜新縣人吐明那承領東吐默特旗坐落好候四家子

契六等熟地壹段四至列後計地　頃貳十畝　分　厘所有

價費大洋貳圓　角　分　厘業經如數收訖除登載檔册及分

繳驗各聯存查外合行填給地照永遠管業須至地照者

計開

四至　東至　南至　西至　北至

弓尺　東西邊　二百弓尺　南北邊　二十四弓尺

右給承領人吐明那收執

發照機關　楊宗立

中華民國　年　月　七日

此照落外國人手無效

照

12　民国二十一年（1932）热河省贴热河印花税票的地照

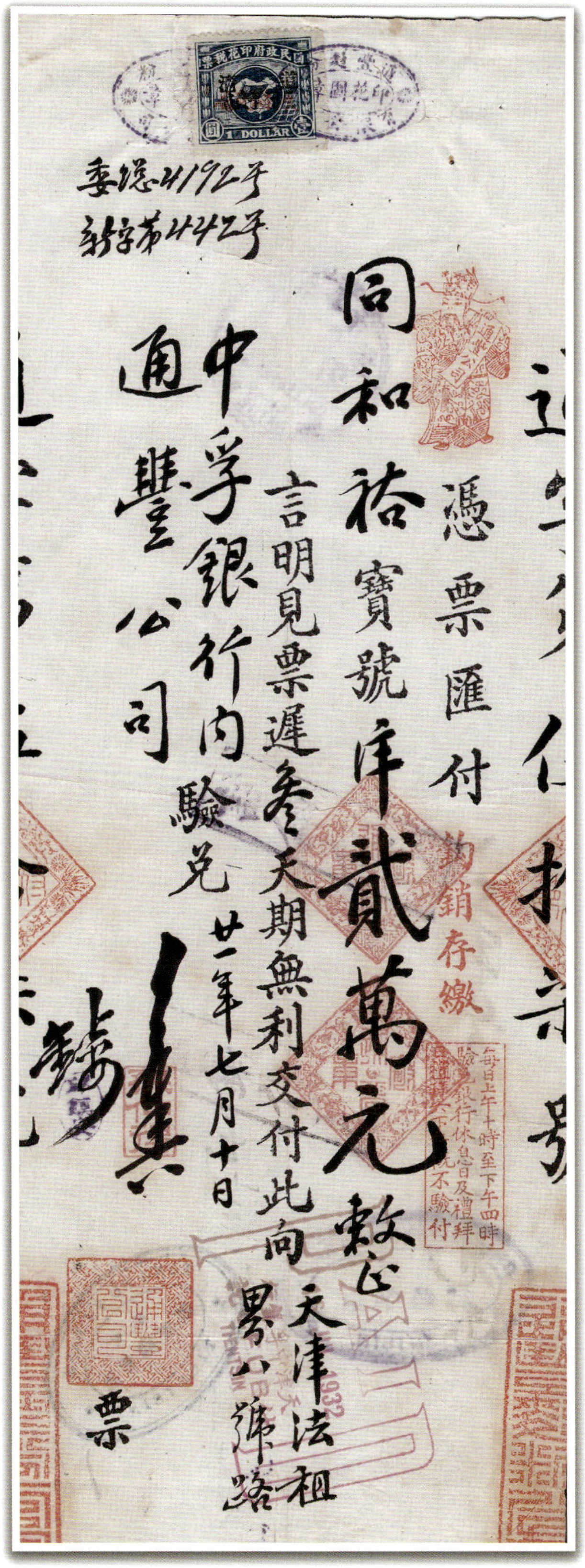

13　民国二十一年（1932）河南道清贴版图旗印花税票 1 元面值的通丰公司汇票

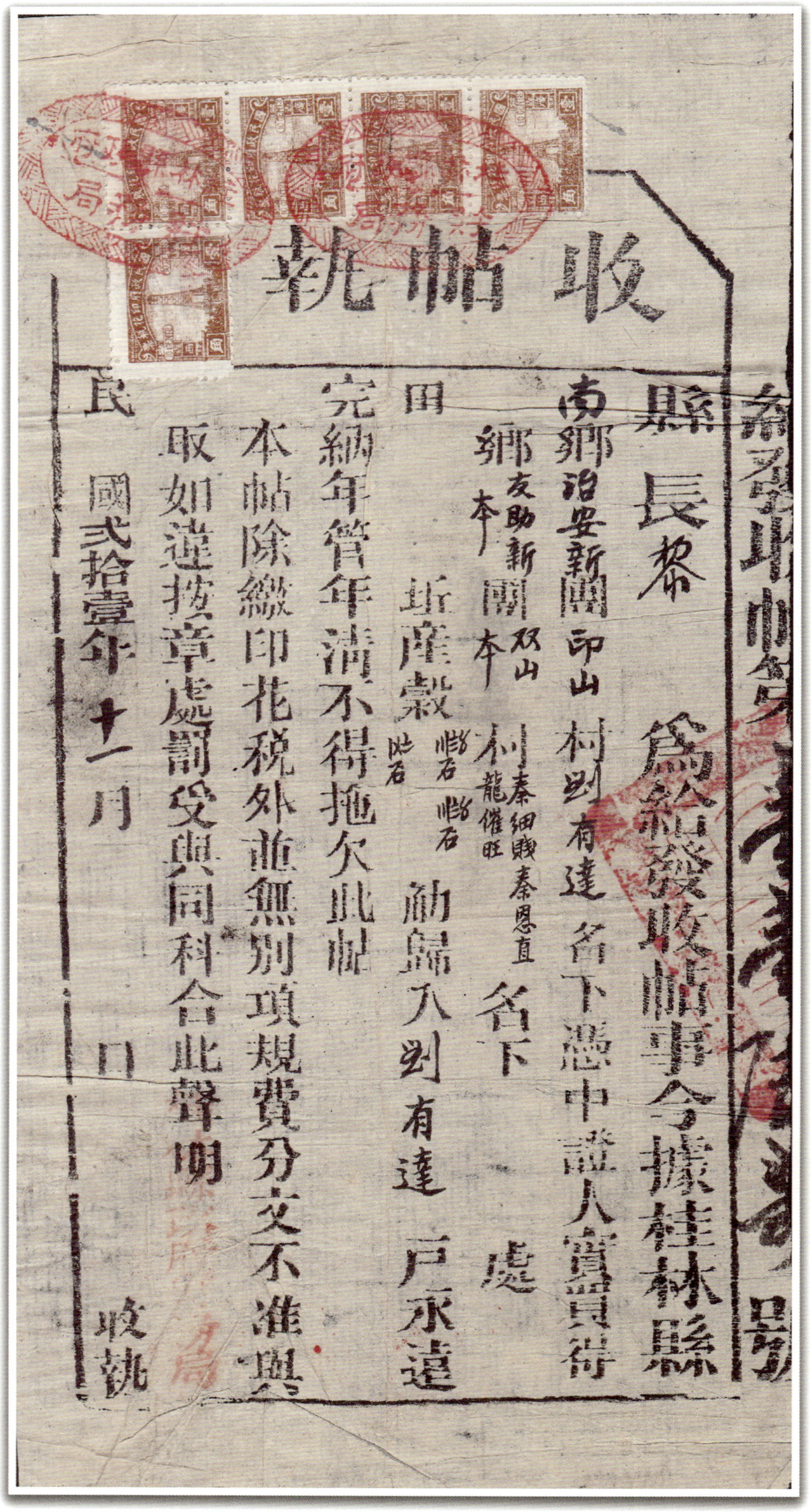

收帖執

縣長 恭 爲給發收帖事今據桂林縣

南鄉治安新團印山村劉有達名下憑中證人賓貴符

鄉友助新團双山村秦細賤秦恩直名下 處

田 坵產穀 觔歸入劉有達戶承遠

完納年管年清不得拖欠此帖

本帖除繳印花稅外並無別項規費分文不准與

取如違按章處罰受與同科合此聲明

民國貳拾壹年十一月 日 收執

14 民国二十一年（1932）广西桂林县贴广西中山纪念碑图印花税票的收帖执照

15　民国二十三年（1934）广东贴财政厅孙中山像保险税票的保险单

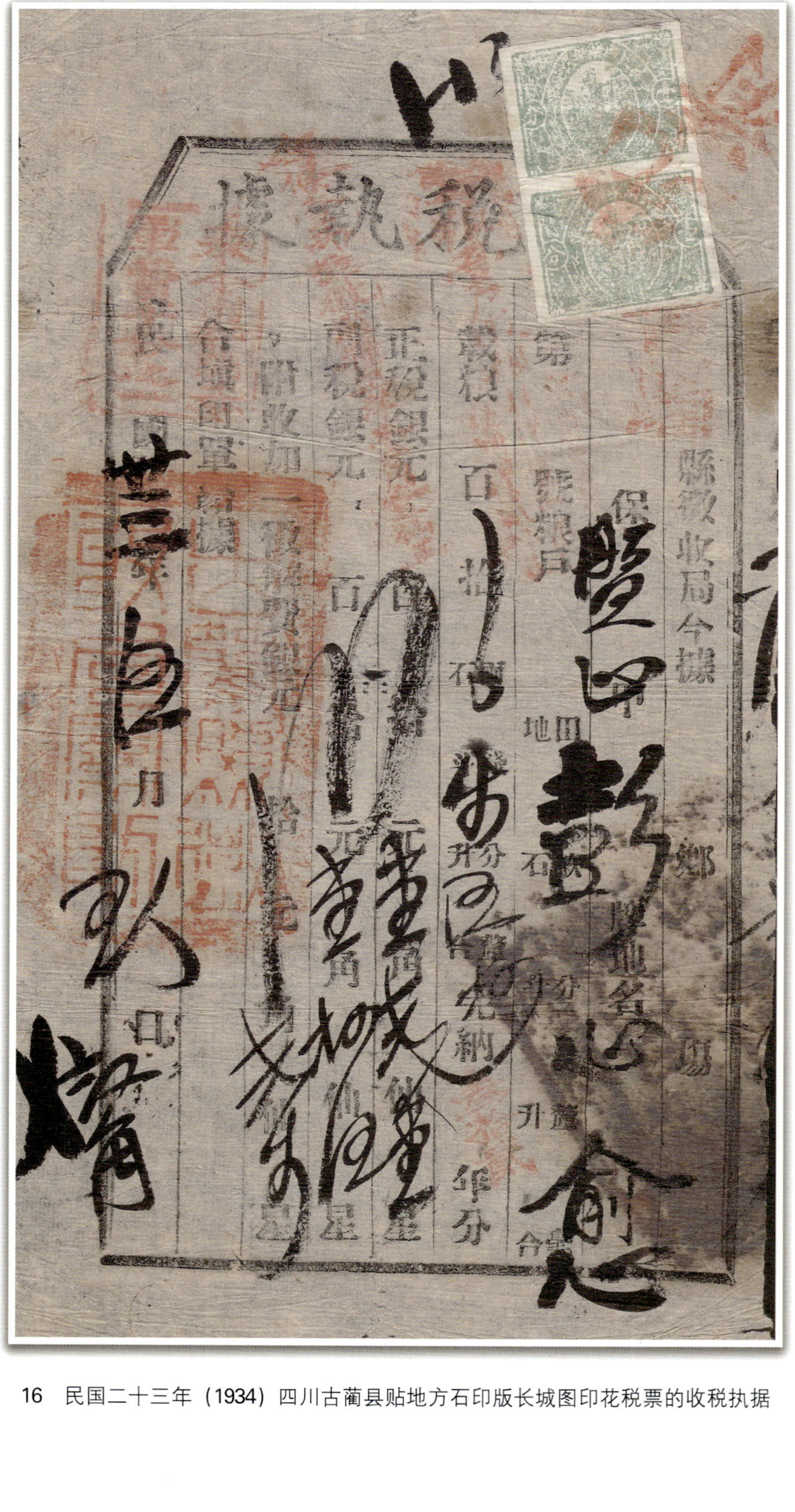

16 民国二十三年（1934）四川古蔺县贴地方石印版长城图印花税票的收税执据

17　民国二十四年（1935）十二月利济公司贴浙江初阳台图印花税票的奖券

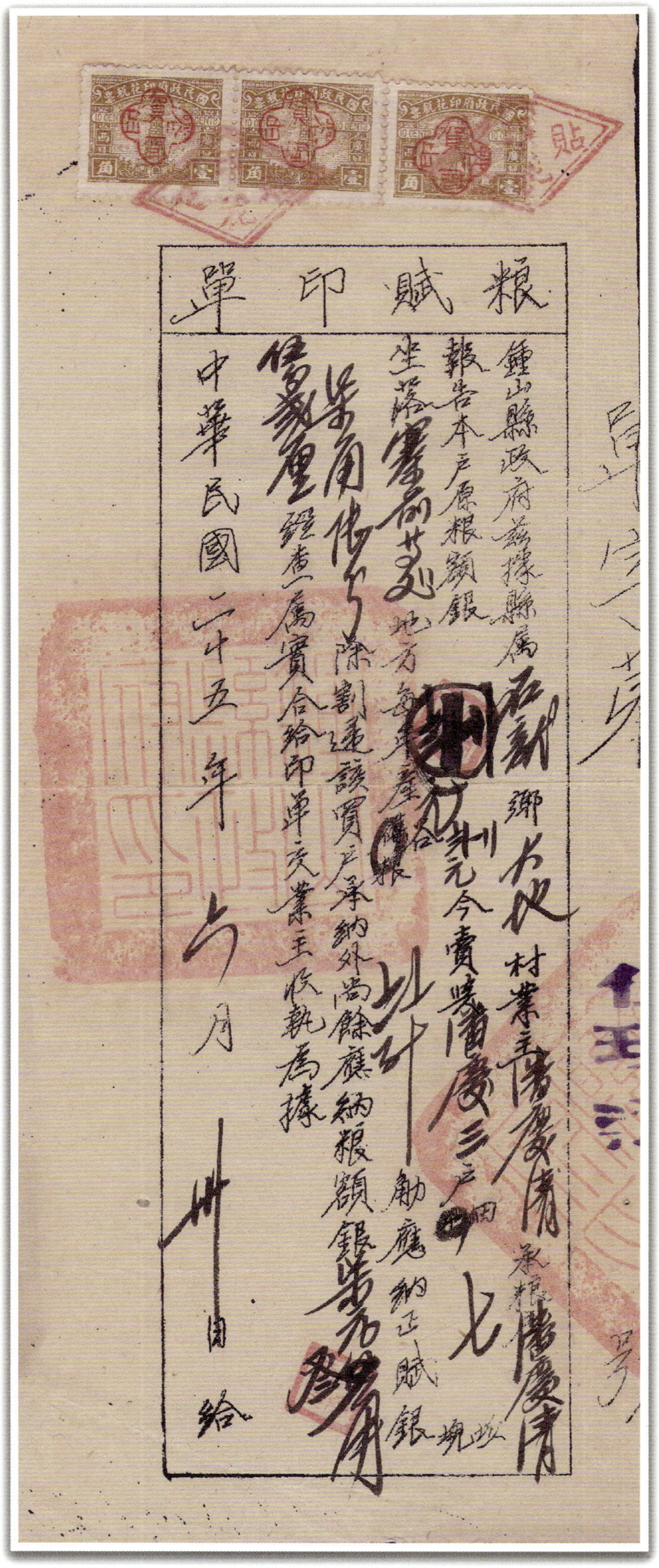

18　民国二十五年（1936）广西钟山县贴广西中山纪念碑图印花税票的粮赋印单

19 民国二十八年（1939）外交部云南特派员办事处颁发的贴云南地方版版图旗印花税票的护照

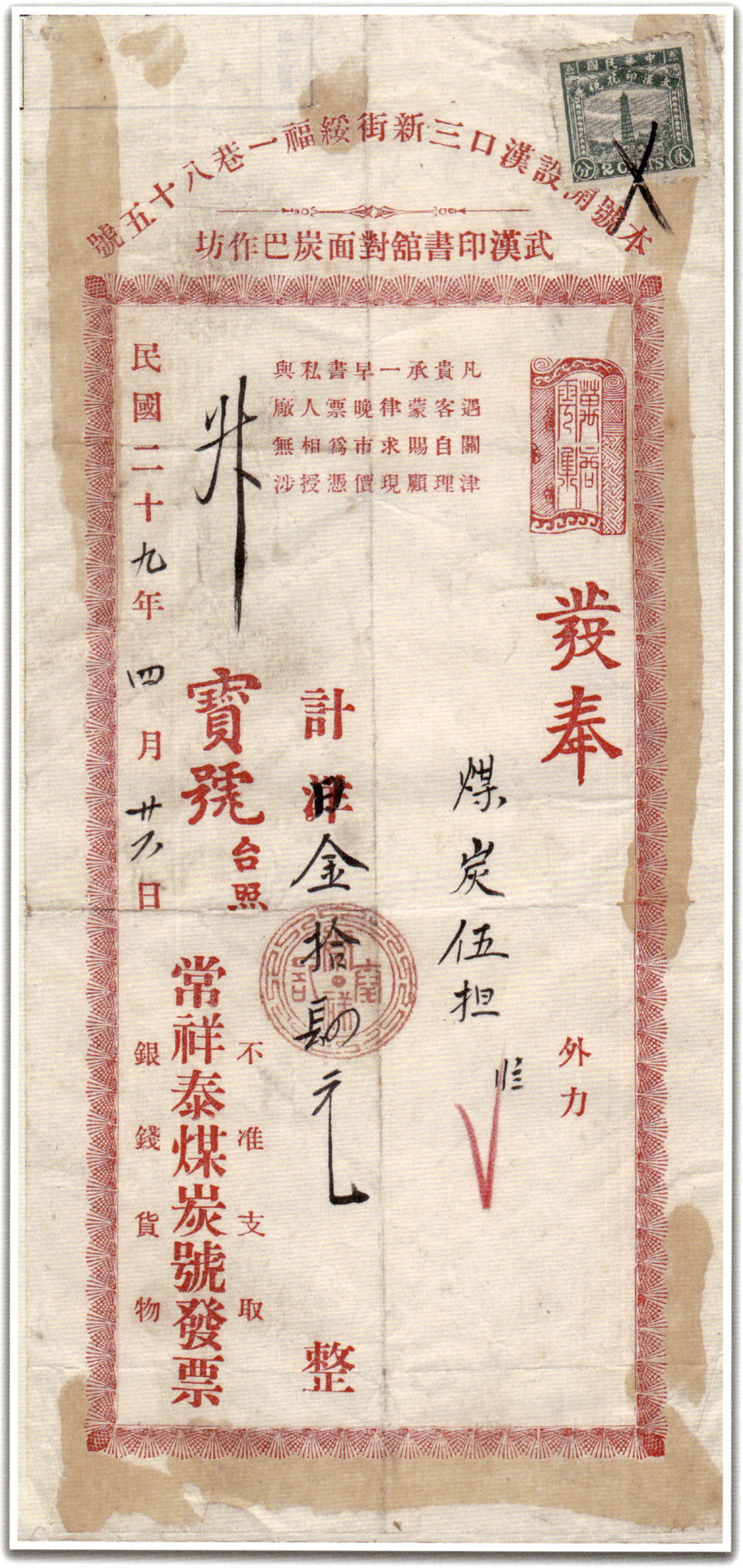
本號開設漢口三新街綏福一巷八十五號
武漢印書館對面炭巴作坊
凡遇關津貴客自理承蒙賜顧一律求現早晚市價書票為憑私人相授與廠無涉
發奉
煤炭伍担
外力
計洋金拾肆元整
實發台照
不准支取
銀錢貨物
常祥泰煤炭號發票
民國二十九年四月

20　民国二十九年（1940）贴伪中华民国武汉印花税票 2 分票的发票

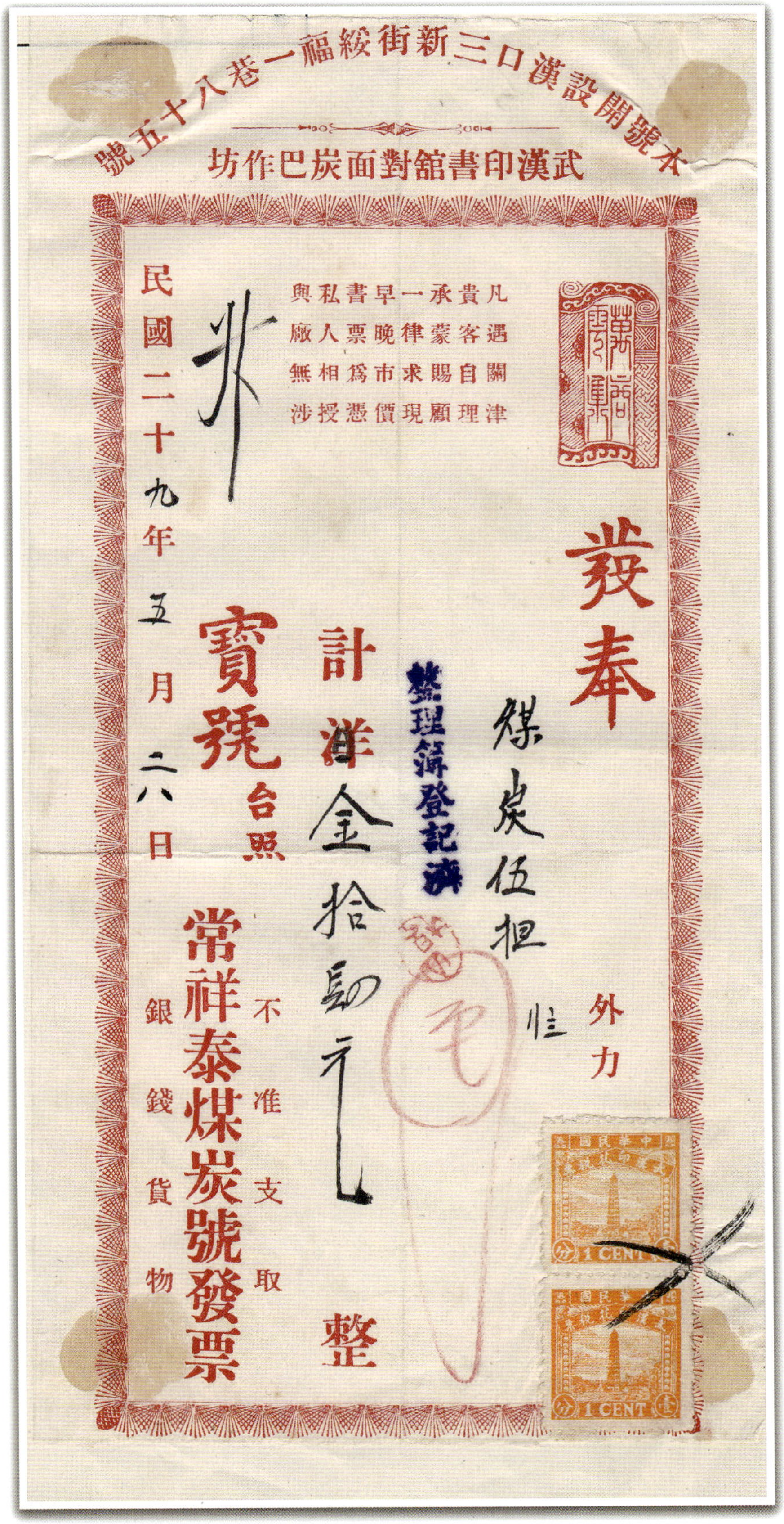

21　民国二十九年（1940）贴伪中华民国武汉印花税票 1 分票的发票

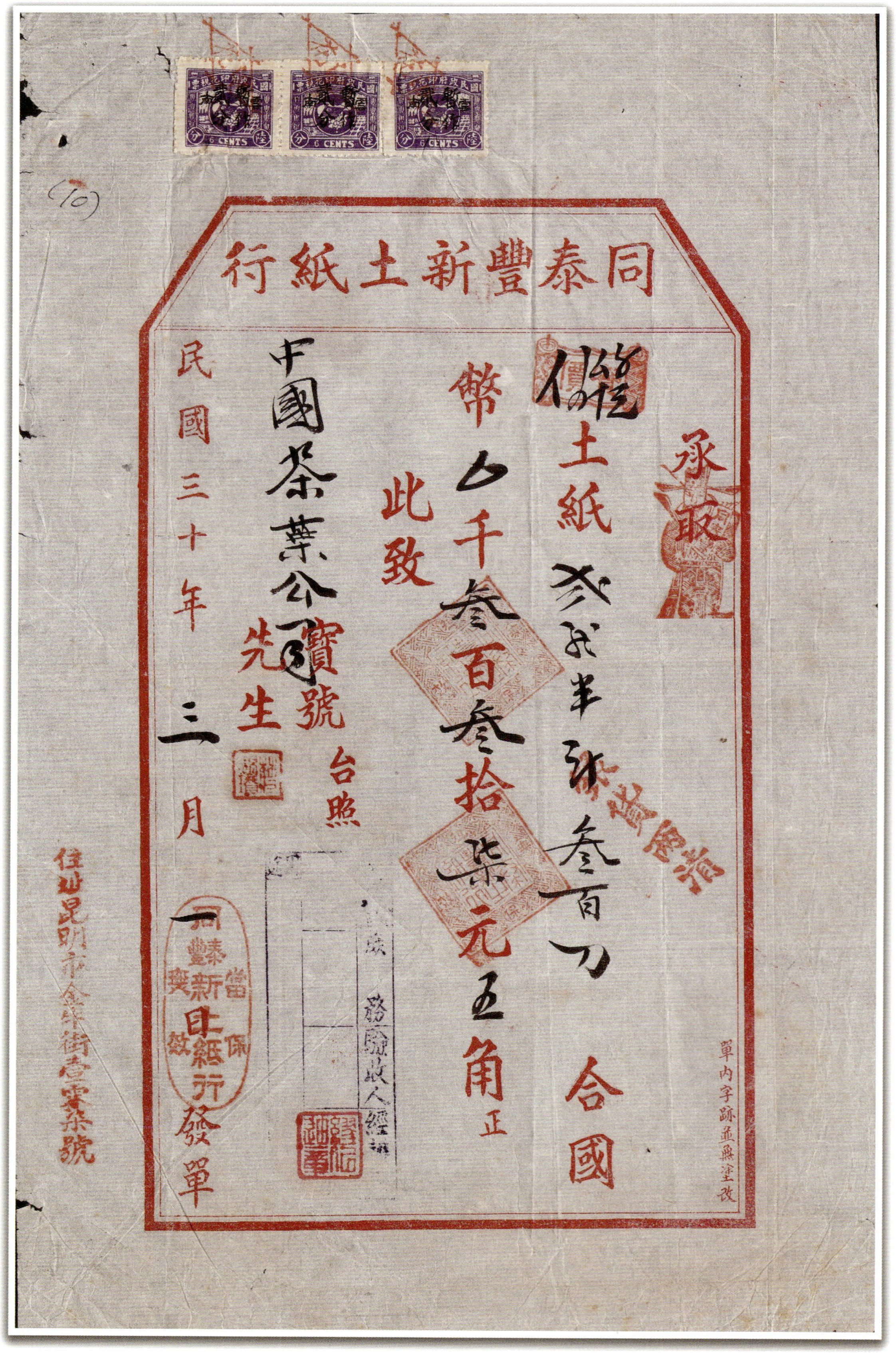
同泰豐新土紙行

承取

土紙

合國幣六千叁百叁拾柒元五角正

此致

中國茶葉公司寶號先生台照

民國三十年三月一日發單

住址昆明市金牛街壹零柒號

單內字跡並無塗改

22 民国三十年（1941）云南昆明贴云南版图旗印花税票加盖改值票的发单

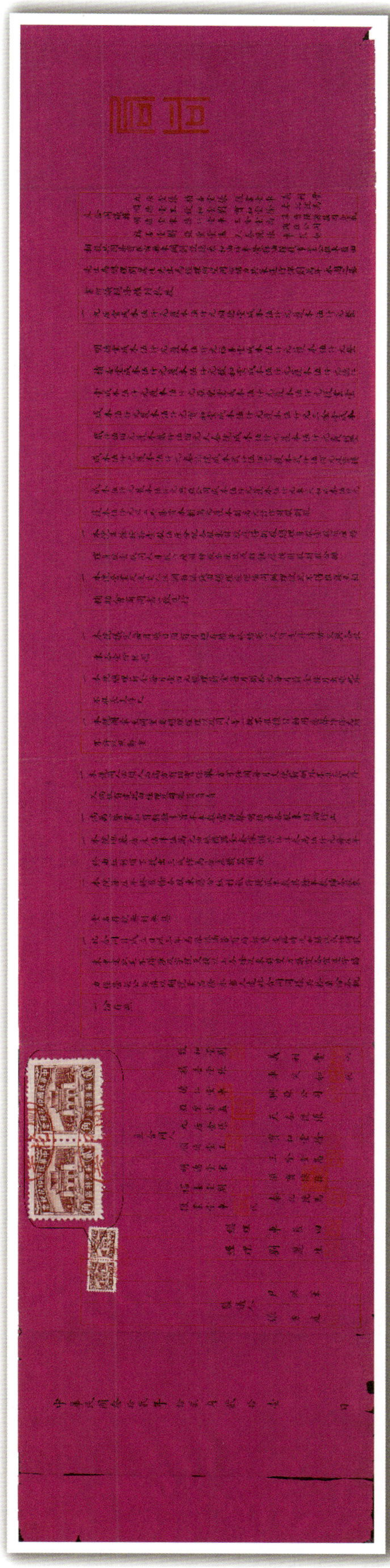

23 民国三十二年(1943)贴伪苏淮特区中山陵图印花税票的合同

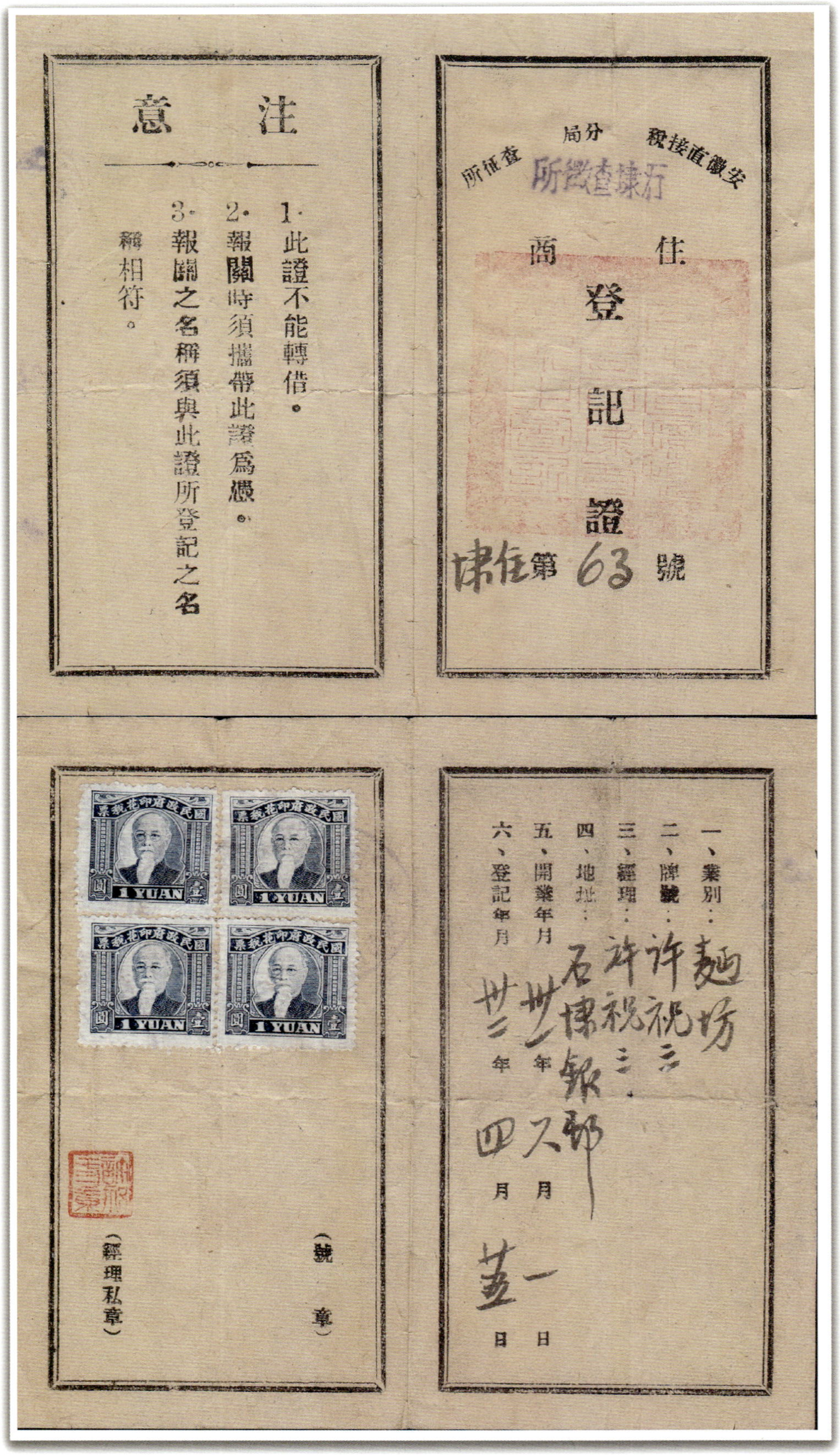

24　民国三十二年（1943）安徽石棣贴林森像印花税票的住商登记证

上海維新印刷公司
武進路鴻安里四一七號　電話四四一九九 四四一九〇號
今收到
國際大飯店
國幣
柒萬叁仟八佰七拾弍元
特給此收據為憑
收款人
（簽字或蓋章）
中華民國三十三年七月廿日
№ 30006

25　民国三十三年（1944）上海维新公司收据贴伪维新政府起义门图印花税票　1 元
加盖“国民政府 还都纪念”

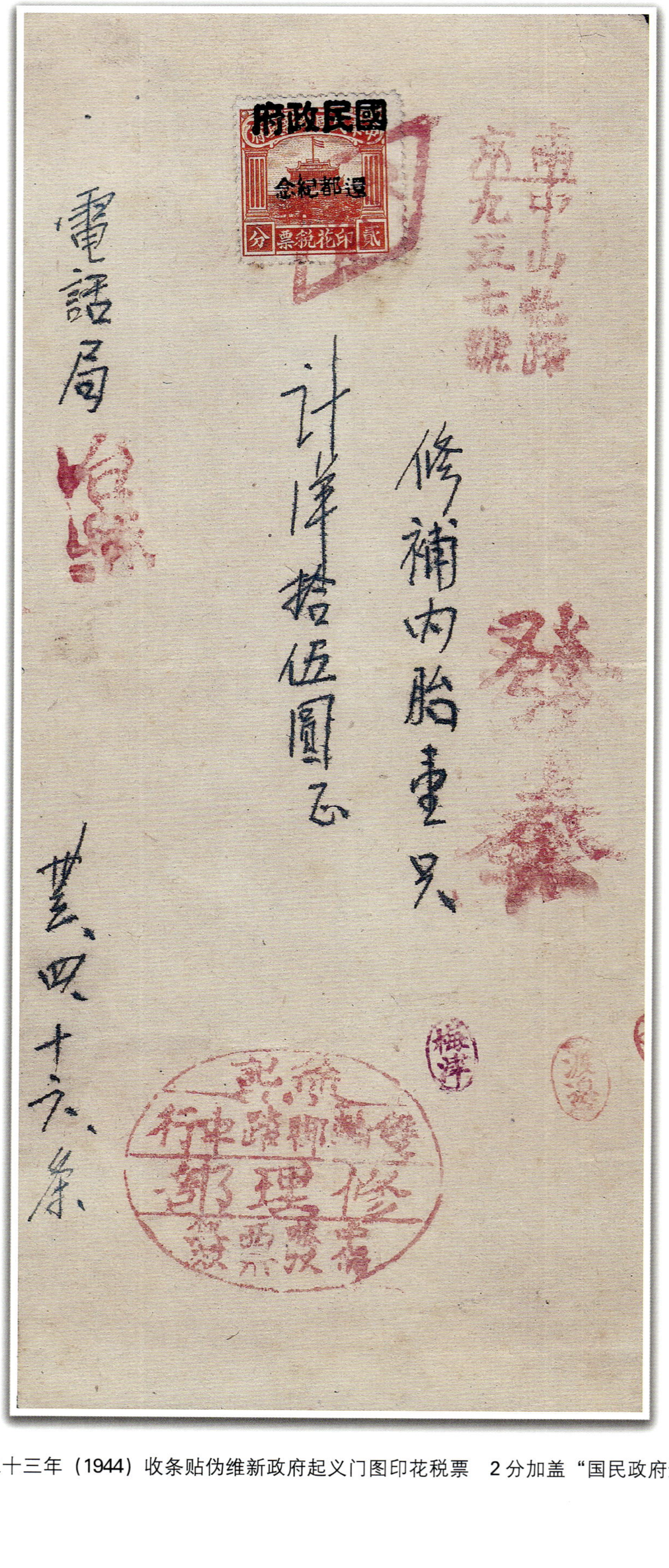

26 民国三十三年（1944）收条贴伪维新政府起义门图印花税票 2分加盖“国民政府还都纪念”

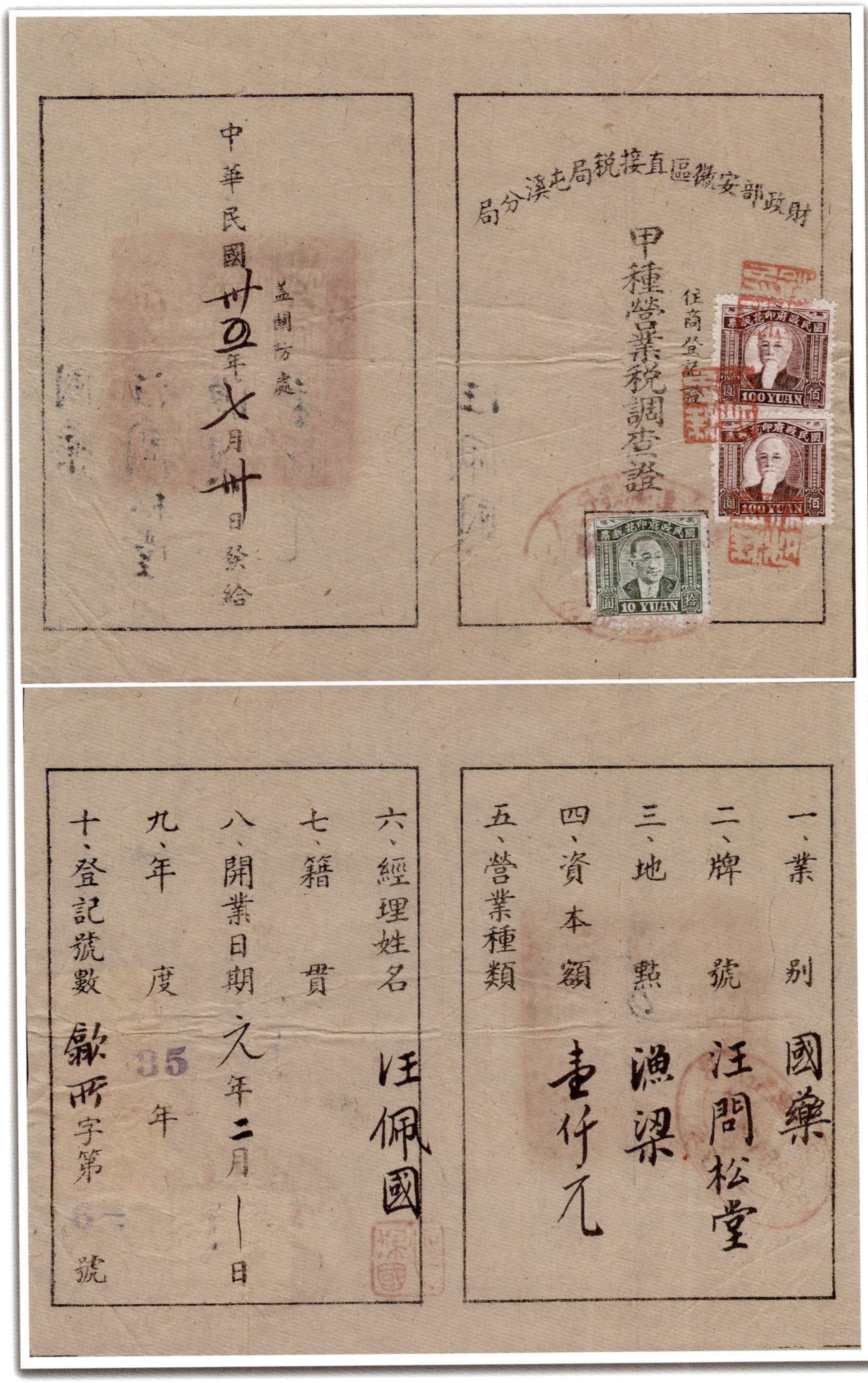

27　民国三十五年（1946）安徽歙县贴人像图印花税票的甲种营业税调查证

28　1949年陕西西京贴陕甘宁边区印花税票的发票

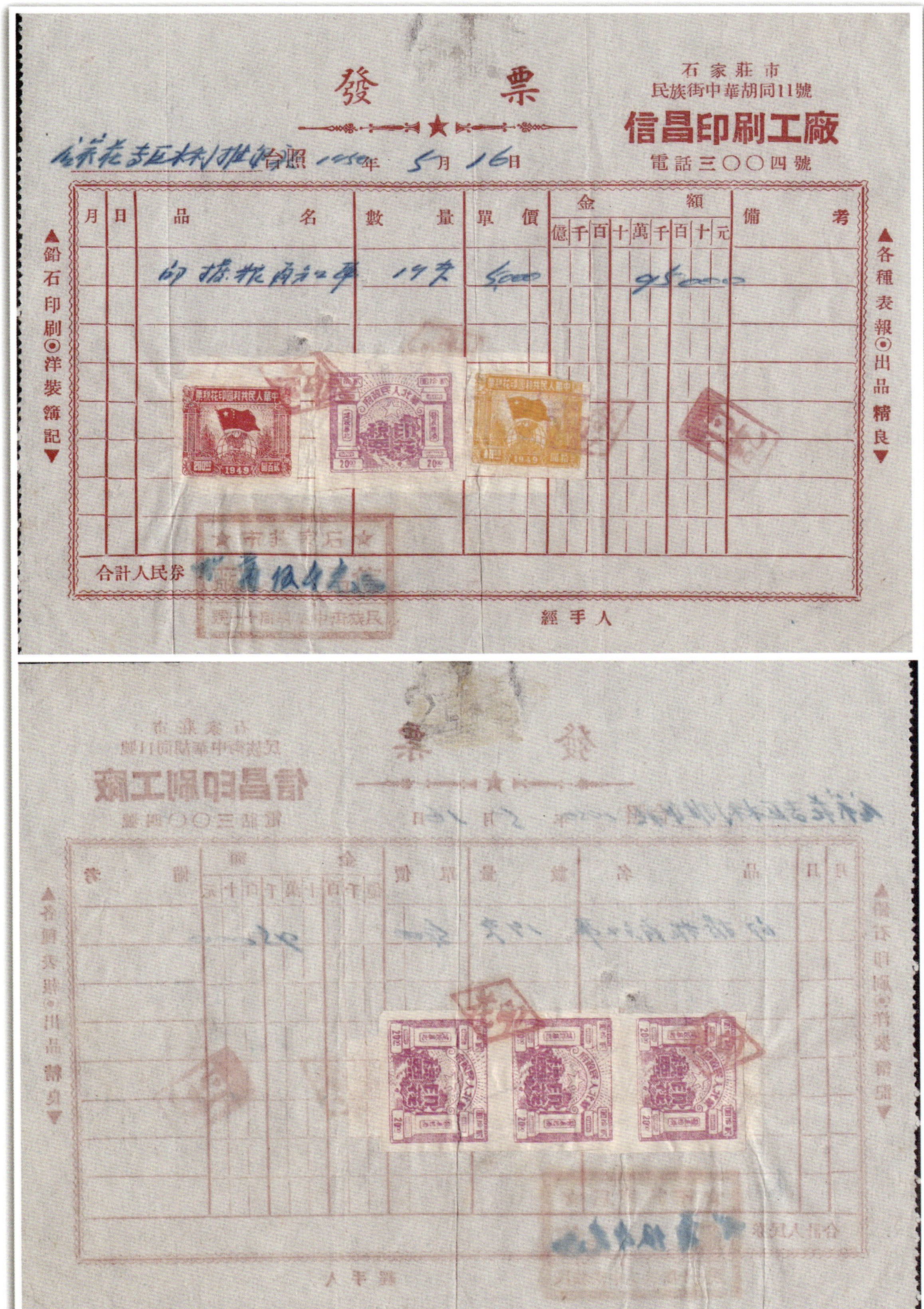

發票

石家莊市
民族街中華胡同11號
信昌印刷工廠
電話三〇〇四號

台照 1950年5月16日

鉛石印刷◉洋裝簿記

月	日	品名	數量	單價	金額									備考
					億	千	百	十	萬	千	百	十	元	

合計人民券

經手人

各種表報◉出品精良

29　1950年石家庄信昌印刷工厂贴华北人民政府印花税票与新中国旗球图印花税票的混贴发票

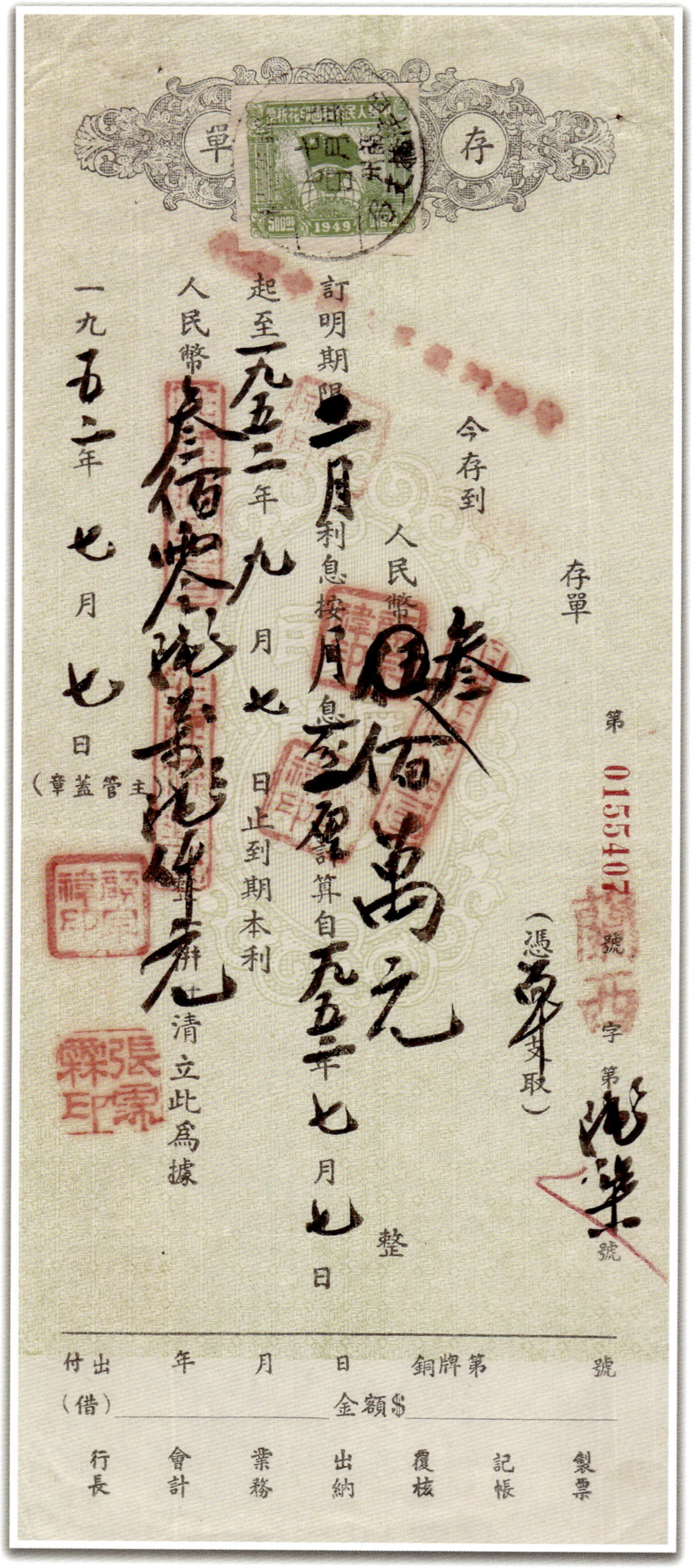
存 單

存單 第 0155407 號

（憑 支取）

字第 號

今存到

人民幣 叁佰萬元 整

訂明期限 二月 利息按月息 計算自一九五二年七月七日起至一九五二年九月七日止到期本利

人民幣 元 清立此為據

一九五二年七月七日

（主管蓋章）

出付（借）	年	月	日	銅牌第		號
			金額$			
行長	會計	業務	出納	覆核	記帳	製票

30　1952 年甘肃兰州贴新中国旗球图印花税票的存单

31 1955年西安华丰面粉厂股票 贴旗球图印花税票

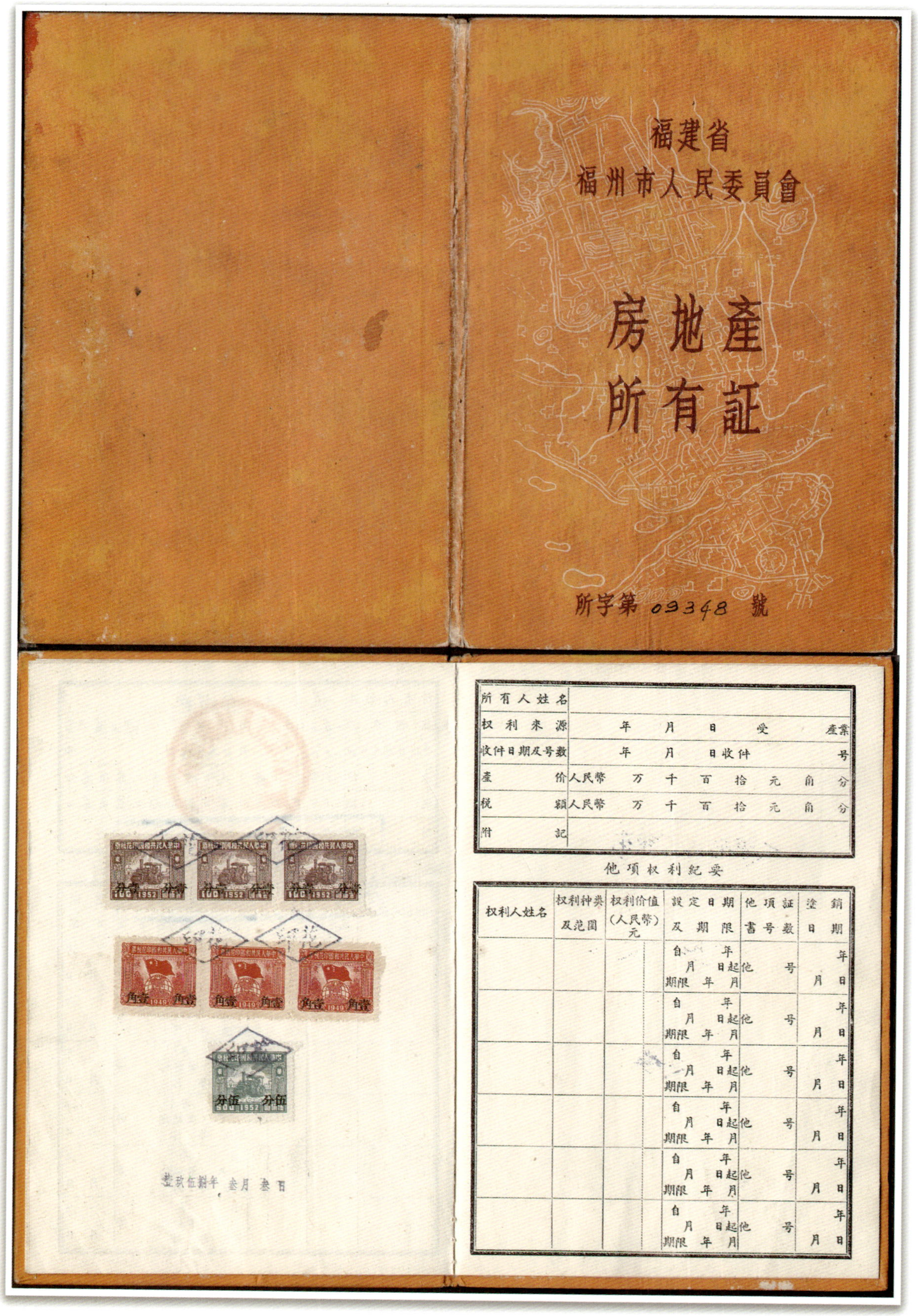

32 1958年福建福州房产证贴旗球图、机器图印花税票改值票

附　录

《印花交流》总目录

创刊号——300期（终刊号）

时间	期号	内容
1990年7月20日	创刊号	创刊词（本刊）；谈我国税收凭证之一“印花税票”（四川 刘忠玉）；《印花税票》简介（上海 包明伟）。
1990年8月5日	总2期	编者的话；世界印花税简介（上海 包明伟）；谈我国税收凭证之一印花税票的种类（四川 刘忠玉）；藏友来信摘录小资料。
1990年9月	总3期	编者的话；中华人民共和国印花税票目录（钟笑炉遗著，陈永欣整理）；小资料；中华人民共和国印花税简介（上海 包明伟）；“印花税”和“印花”一词的由来。
1990年10月	总4期	中华人民共和国印花税票目录（钟笑炉遗著，陈永欣整理）；新中国印花简介（上海 包明伟）。
1990年11月	总5期	编者的话；中华人民共和国印花税票目录（钟笑炉遗著，陈永欣整理）；收集印花税票（摘自贵州 郭润康）；世界之最——最高面值的印花税票60亿元（上海 包明伟）。
1990年12月	总6期	编者的话；中华人民共和国印花税票目录（钟笑炉遗著，陈永欣整理）；收藏热中又一花——印花（上海 包明伟）；中外印花税票卖品目录（摘贵州 郭润康）。
1991年1月	总7期	中华人民共和国印花税票目录（钟笑炉遗著，陈永欣整理）；解放区印花税票及概况（四川 刘忠玉）；贴花种种（上海 包明伟）。
1991年2月	总8期	中华人民共和国印花税票目录（钟笑炉遗著，陈永欣整理）；现行印花税简介（上海 包明伟）。
1991年3月	总9期	中华人民共和国印花税票目录（钟笑炉遗著，陈永欣整理）；谈收集中国印花税票（简记汇兑印纸和汇票二三事《收集印花税票》文章获“十佳文章”）（中国香港 包晓春，中国台湾泉刊）；世界邮展中的税票（上海 刘广实《上海商报》副刊88期）。
1991年4月	总10期	谈收集中国印花税票（简记汇兑印纸和汇票二三事）（续）（包晓春）；中华人民共和国印花税票发行概况（四川 刘忠玉）；贵州郭润康先生《收集印花税票》文章获“十佳文章”；民国第一部“印花税法”及第一套印花税票（上海 包明伟）。
1991年5月	总11期	民国第一部“印花税法”及第一套印花税票（续）（包明伟）；中国鸦片税的始征概况（四川 刘忠玉）；敌伪傀儡政权及其印花（李德元）。

附录

1991年6月	总12期	创刊周年献词（本刊）；世界邮展中的“税票类”（刘广实，转摘近期邮刊）；抗日战争时期发行的印花税票（湖北 周震）。
1991年7月	总13期	内蒙版印花知多少（湖北 周震）；简介上海地区特有的自行车使用牌照税完税证贴花（上海 包明伟）；编按。
1991年8月	总14期	民国第一部印花税法施行细则介绍（上海 包明伟）；敌伪傀儡政权及其印花（李德元）。
1991年9月	总15期	民国“印花税法”修正条例介绍（包明伟）；川陕苏维埃税务条例草案（四川 刘忠玉）；编者的话。
1991年10月	总16期	川陕苏维埃税务条例草案（续）（四川 刘忠玉）；小资料（上下忙）；加强宣传教育，维护集邮者利益——本刊综合述评。
1991年11月	总17期	简论：内蒙古自治区印花税票（上海 陈璐）；小资料：“内蒙券”。
1991年12月	总18期	新春献词；印花实贴税单收藏杂谈（江苏 陈千里）。
1992年1月	总19期	印花实贴税单收藏杂谈（续）（江苏 陈千里）；东北区印花税票初探（吉林 张义）；本刊综合述评。
1992年2月	总20期	新中国货物税票简介（上海 包明伟）；民宝塔图加盖江苏地名之我见（李德元）。
1992年3月	总21期	《内蒙版印花知多少》的详读篇（湖北 周震）；小资料（辽东省、松江等省建制）。
1992年4月	总22期	简贴印花税单之介绍（江苏 陈千里）；浅谈印花税票（中国香港《邮票世界》64期 剑琴）。
1992年5月	总23期	浅谈印花税票（《邮票世界》64期 剑琴）；民国契税条例摘要（民国三十七年江苏财政厅契约）。
1992年6月	总24期	纪念本刊创办二周年——综合述评；复兴关图印花税票版别简介（江苏 董光呈）。
1992年7月	总25期	印花税票可丰富多彩（上海 谢德昂）；东北区印花税简介（辽宁 张倩）；阅“复兴关”票版别简介有感（四川 刘忠玉）。
1992年8月	总26期	印花税票纵横谈（傅思敏，《邮票世界》93期）。
1992年9月	总27期	印花税票纵横谈（续）（傅思敏，《邮票世界》93期）。
1992年10月	总28期	印花税票纵横谈（续）（傅思敏，《邮票世界》93期）；华东改值壹元漏黄变体（上海 谢德昂）。
1992年11月	总29期	国际集邮联合会公布“税票类”评审规则（刘广实，1992年10.28《上海商报》，集藏副刊123期）；华东改值壹元漏黄有多种情况（北京 徐一青）；珍贵的川陕苏维埃印花税票（《上海商报》，集藏副刊48期，1989年4月24日）。
1992年12月	总30期	新春献词；东北印花税票小议——中华人民共和国部分（吉林 张义）。
1993年1月	总31期	东北印花税票小议——中华人民共和国部分（续）（吉林 张义）；中华人民共和国印花税票让品目录（摘中国香港 包晓春）。

附录

1993年2月	总32期	新发现的苏维埃纳税单（江苏 李汇祥）；交通图印花税票综谈（《邮票世界》64期，傅思敏）；中华人民共和国印花税票让品目录（包晓春）。
1993年3月	总33期	交通图印花税票综谈（《邮票世界》64期，傅思敏）；中华人民共和国印花税票让品目录（摘中国香港 包晓春）。
1993年4月	总34期	少见的姐妹花税单（四川 杨森桂）；交通图印花税票综谈（续）（傅思敏）；中华人民共和国印花税票让品目录（摘中国香港 包晓春）。
1993年5月	总35期	交通图印花税票综谈（续）（傅思敏）；中华人民共和国印花税票让品目录（摘中国香港 包晓春）。
1993年6月	总36期	热烈祝贺参展邮友获殊荣暨本刊创刊三周年述评；新税票浅谈（四川 杨森桂）；参展邮友来信摘录。
1993年7月	总37期	交通图印花税票综谈（续）（傅思敏）；参展邮友来信摘录。中华人民共和国印花税票让品目录（摘中国香港 包晓春）；
1993年8月	总38期	资料二则，《税工研究》50年第一卷第7期；交通图印花税票综谈（傅思敏）；中华人民共和国印花税票让品目录（摘中国香港 包晓春）。
1993年9月	总39期	本刊讯；交通图印花税票综谈（续）（傅思敏）。
1993年10月	总40期	观展回来话邮展——本刊综述；中华人民共和国印花税票让品目录（摘中国香港 包晓春）；华北人民政府印花税票介绍（转摘《科尔沁邮声》原载华北《税工研究》1949年1月第二期）。
1993年11月	总41期	雄关漫道真如铁，而今迈步从头越——新春献词；小启；叶宁辞；关于华北人民政府印花税票的补充（湖北 周震）；重视印花研究，丰富税收文化（云南 赵天华）（第41期、第42期合刊）。
1993年12月	总42期	与第41期合刊发行。
1994年2月	总43期	重视印花研究，丰富税收文化（续）（云南 赵天华）；“民”的简称使用应规范（山西 姚仲安）。
1994年3月	总44期	中华民国——国民政府——中华民国（山西 姚仲安）；苏浙皖印花税票上加盖“艳”“陷”“俭”之解（姚仲安）；中华人民共和国印花税票让品目录（摘中国香港 包晓春）。
1994年4月	总45期	由董光呈先生税集参加新加坡国际邮展而想起（本刊评论）；伊、塔、阿三区邮花（姚仲安摘录）；中华人民共和国印花税票让品目录（摘中国香港 包晓春）。
1994年5月	总46期	庸人自扰非新闻（转摘《蜀都邮苑》刘静宜文章4月25日）。
1994年6月	总47期	云南“清丈贴用”加盖初探（云南 赵天华）；小资料：地契、契税、推收；建国初期各大行政区划分和税务机构设置（上海 包明伟）。
1994年7月	总48期	回顾与展望——纪念创刊四周年（本刊）；对包文的补充（北京 徐一青）。

1994 年 8 月	总 49 期	中华人民共和国印花税开征时间（江苏 朱嗣忠）。
1994 年 9 月	总 50 期	关于规范民国印花税票称谓（简称）的意见（本刊）。
1994 年 10 月	总 51 期	税票、印花税票、税务用品及其他（云南 赵天华）；九六亚洲国际邮展组委会成立（《邮票世界》126 期）。
1994 年 11 月	总 52 期	解放初各地印花税开征时间及起征点（一）（北京 徐一青）；关于规范民国印花税票称谓（简称）的意见（二）（本刊）。
1994 年 12 月	总 53 期	坚持数年，必有好处（本刊综述）；答徐一青先生（江苏 朱嗣忠）；上海曹宇来信；编按。
1995 年 1 月	总 54 期	解放初各地印花税开征时间及起征点（二）（北京 徐一青）。
1995 年 2 月	总 55 期	清印花的实施与实贴（山西 姚仲安）；浅谈如何鉴别东北新中国改值印花税票的真伪（吉林 张义）；编按。
1995 年 3 月	总 56 期	阅刊文章关于清代是否开征印花税有感（四川 刘忠玉）；鲜为人知的清代货物税印花（上海 曹宇）。
1995 年 4 月	总 57 期	浅谈货物税印花与印花税票（陕西 焦继承）；根据历史记载探讨部分清代货物税票产生的历史背景（上海 曹宇）。
1995 年 5 月	总 58 期	读《阅刊文章关于清代是否开征印花税有感》一文有感（陕西 焦继承）；从英国印花税章程读编部分内容中能了解一些什么（上海曹宇）；关于修改竞拍规则的启事；本刊讯；
1995 年 6 月	总 59 期	本刊综述；《实单上盖的什么戳质疑》（李德元）；史料公布：天津县胡为通报直省各县开办印花税情形请商会速定总发卖人事致商会函及商会批驳函。
1995 年 7 月	总 60 期	税票收藏界的现状及未来——纪念创刊五周年述评（本刊）；补充与更正；史料公布。
1995 年 8 月	总 61 期	欣闻贵刊创办五周年，欣然提笔特贺（陕西 焦继承）；一枚山西介休县发行的印花大票（天津 周军）；伊塔阿三区两用票补充（山西 姚仲安）；史料公布（安徽 袁鼎卫）。
1995 年 9 月	总 62 期	1949 年东北球旗图吉林盘石加盖版式及其成因探讨（李德元）。
1995 年 10 月	总 63 期	史料公布：发售一千元五千元印花税票；货物税新票证使用办法；新票证使用办法，财政部咨；提供一些资料（山西 姚仲安）。
1995 年 11 月	总 64 期	民国版图旗印花税票简介（四川 刘忠玉）；各地方仿制长城图印花税票简介（江苏 董光呈）。
1995 年 12 月	总 65 期	新年献词——兼论税票价格及其趋势（本刊）；逛月坛邮市见状（吉林 王景斌）；国民政府印花税票——士农工商图发行初探（陕西 焦继承）。
1996 年 1 月	总 66 期	正式加盖发行只有五天的印花税票（天津 周军）；北伐时期国民政府发行的印花税票简略（木子）。
1996 年 2 月	总 67 期	正式加盖发行只有五天的印花税票一文补正（天津 周军）；江、浙、皖、闽地图旗不是仿制版（山西 姚仲安）；北伐时期国民政府发行的印花税票简略（木子）。

1996 年 3 月	总 68 期	麦穗图印花税票简介（中国台湾 王学文）；也谈印花税与印花税票——兼与董光呈先生商研（广东 李仕汉）；北伐时期国民政府发行的印花税票简略（续）（木子）。
1996 年 4 月	总 69 期	北伐时期国民政府发行的印花税票简略（续）（木子）；来信摘录。
1996 年 5 月	总 70 期	北伐时期国民政府发行的印花税票简略（续）（木子）。
1996 年 6 月	总 71 期	税集银奖垫底同志仍须努力（李德元）；补充及修正；中国税票集邮研究会（筹）在京成立；章程等；阅《北伐》一文兼对武汉地图旗印花税票发行之异议（陕西 焦继承）。
1996 年 7 月	总 72 期	让中国税票走向世界——纪念创刊六周年述评（本刊）；关于中央球旗图印花税票（北京 徐一青）；婚书始贴印花时间补疑（天津 周军）；对“异议”一文的商榷（李德元）。
1996 年 8 月	总 73 期	中国 99 世界邮展组委会在京成立；关于收费票类的看法（摘北京 刘玉平）；漫谈清代学部印花（北京 赵人龙）；修正与补充；来信摘录；浅析“天津特别市反日会通销证”（天津 周军）。
1996 年 9 月	总 74 期	两则《规则》之比较（《中国集邮报》1993 年 11 年 10 日）；修正与补充；漫谈中国印花税票中的“中央版”与“地方版”（陕西 焦继承）。
1996 年 10 月	总 75 期	谈谈财税与服务展集的适用素材（天津 李明《天津集邮》95 年第 4 期）；浅谈 Revenue—中国税票类集邮如何避免走入误区（陕西 焦继承）；修正与补充；本刊讯：（东三省邮包税票真假辨别）。
1996 年 11 月	总 76 期	浅识 Revenue（上海 陈璐）；我的思考（山西 姚仲安）。
1996 年 12 月	总 77 期	新年献词——风水轮流转，明年到我家（本刊）；也谈中国税票收藏（陕西 焦继承）。
1997 年 1	总 78 期	可以同时将税票、费用票和信用票展示在一部 Revenue 展集中（李明）；浅析北平版交通图（加盖）缴款书（天津 周军）；简讯。
1997 年 2 月	总 79 期	剖析北京解放初地契——探讨旗球图最早使用时间（北京 邓学顺）；新中国球旗图印花税票知多少（李德元）；新中国球旗图印花税票简介（湖北 朱汉昌，《中国集邮》1995 年第 6 期）。
1997 年 3 月	总 80 期	关于内蒙古自治区是否为大行政区一级（北京 徐一青）；简讯；北洋政府时期中央及地方发行的印花税票史略（木子）；修正与补充。
1997 年 4 月	总 81 期	北洋政府时期中央及地方发行的印花税票史略（续）（木子）；简讯。
1997 年 5 月	总 82 期	贺创刊七周年题词（贵州 郭润康）；北洋政府时期中央及地方发行的印花税票史略（续）（木子）；简讯。
1997 年 6 月	总 83 期	《致德元》（北京 徐惠恩）；沁园春——贺《印花交流》创刊七周年（陕西 焦继承）；北洋政府时期中央及地方发行的印花税票史略（续）（木子）。

附录

1997年7月	总84期	沁园春——《印花交流》创刊七周年自勉暨答谢全国同好（李德元）；再接再励，迎接辉煌——纪念创刊七周年（本刊）；修正与补充；本刊讯。北洋政府时期中央及地方发行的印花税票史略（续）（木子）。
1997年8月	总85期	阅《中国印花税资料汇编》对《印花税税率简明表》的质疑（陕西焦继承）；定额发票不是税票，也不是印花税票（上海 伟惠）；书讯。
1997年9月	总86期	印花税票不容遗忘（陕西 金克）；“辽宁”旗图印花税票使用之探讨（第13期王学文，中国台湾《邮史研究》1996年8月25日）。
1997年10月	总87期	“辽宁”旗图印花税票使用之探讨（续）（第13期王学文，中国台湾《邮史研究》1996年8月25日）。
1997年11月	总88期	97全国邮展十四部税集获奖名单；中山纪念碑图印花税票浅识（陕西 焦继承）；北洋政府时期中央及地方发行的印花税票史略（木子）；修正与补充。
1997年12月	总89期	新年献词——话邮展群星灿烂，说前程任重道远（本刊）；关于中山纪念碑图印花税票的一点补充（广东 钟东华）。
1998年1月	总90期	关于人民券的一些问题的探讨（北京 邓学顺）；编按；简讯。
1998年2月	总91期	印花税票加盖漫谈（山西 姚仲安）；“一孔之见”（赵人龙）；北洋政府时期中央及地方发行的印花税票史略（续）（木子）；简讯。
1998年3月	总92期	“辽宁省卷烟纳税证”的探讨（辽宁 李乃序）；介绍一枚印有印花图案的实用单（山西 刘永德）；北洋政府时期中央及地方发行的印花税票史略（续）（木子）。
1998年4月	总93期	住商登记证实用之质疑（上海 蔡黎）；北洋政府时期中央及地方发行的印花税票史略（续）（木子）。
1998年5月	总94期	此“暗记”非彼“暗记”（陕西 焦继承）；修正与补充；简讯；北洋政府时期中央及地方发行的印花税票史略（续）（木子）。
1998年6月	总95期	联运图大东凹版叁万元税票有变体（浙江 倪立民）；北洋政府时期中央及地方发行的印花税票史略（续）（木子）；简讯。
1998年7月	总96期	厉兵秣马，迎接99北京世界邮展——纪念创刊8周年述评（本刊）；《“六和塔”图印花税票版式初探》补遗（木子）；简讯。
1998年8月	总97期	关于安徽自制印花税票（北京 徐一青）；邮友来信；修正与补充；住商登记证民国三十年实用是可能的（江西 曾耀辉）。
1998年9月	总98期	新疆“三区加盖票”中的六和塔图印花税票（新疆 郭向群）；我对六和塔图印花税票版式的补充（浙江 左右任）；税务署档案——上海大东书局来函（江苏 董光呈）。
1998年10月	总99期	99天津邮展10部候选税集获奖表；再谈三区邮税票（上海 陈璐）；“六和塔”图印花税票“篱笆状”1分票之我见（广东 钟东华）。

附录

1998年11月	总100期	创刊百期话打假（本刊）；简讯；修正与补充；有关“六和塔”图印花税票几个问题的看法（广东 钟东华）。 副刊，《百期志庆特刊》：谈北洋政府时期山东省印花·税票（中国台湾 游振杰）；中国台湾王诏安、龙仕腾、王学文、游振杰、吴小虹、韩进文、许求麒、刘仁民、吴奇历、曾丹桂题贺。
1998年12月	总101期	对财政部版“六和塔图”印花税票版式的推测（上海 蔡黎）。
1999年1月	总102期	国民政府印花税票——六和塔图（陕西 焦继承）。
1999年2月	总103期	国民政府印花税票——六和塔图（续）（陕西 焦继承）。
1999年3月	总104期	国民政府印花税票——六和塔图（续）（陕西 焦继承）。
1999年4月	总105期	人像图发行之缘起（王学文）；修正与补充；简讯。
1999年5月	总106期	交通图印花税票上海中央凹版壹万元子模暗记探讨 兼答“圆”字开口票的问题（上海 王曾元）；编按；简讯。
1999年6月	总107期	交通图印花税票大东凹版叁万元的暗记、变体的探讨 兼答“票”左1竖的破版问题（上海 王曾元）；简讯。
1999年7月	总108期	期待税票展集再铸辉煌——纪念《印花交流》创刊九周年述评（本刊）；评《印花税票收藏指南》兼与丛者伟先生商榷（李德元）。
1999年8月	总109期	挑帘问罪为哪般（北京 丛者伟）。
1999年9月	总110期	组织中国税票邮集的我见（新加坡 孙士毅）；简讯。
1999年10月	总111期	芦沟桥图印花税票票样探究——兼与《浅议芦沟桥印花税票的搁浅》一文作者的商榷（陕西 焦继承）；49年球旗图应是全国通用税票（辽宁 李乃序）；弘扬税收文化，普及印花集藏——喜二部普及印花集藏书籍问世（四川 邓希皋）。
1999年11月	总112期	六和塔图印花税票汇探（中国台湾 吴铁涛，中国台湾《中华邮联会刊》第三期）；编按；补充与更正。
1999年12月	总113期	六和塔图印花税票汇探（续）（中国台湾 吴铁涛）；简讯。
2000年1月	总114期	2000年的展望——本刊述评；六和塔图印花税票汇探（续）（中国台湾 吴铁涛）；简讯。
2000年2月	总115期	六和塔图印花税票汇探（上篇补遗）（中国台湾 吴铁涛）；人像图印花税票版式及暗记初探（木子）。
2000年3月	总116期	阅《王景芳考察香港财税致国务总理呈文》浅议民国初年印花税的征管（陕西 焦继承）；人像图印花税票版式及暗记初探（木子）；编按；来信摘录。
2000年4月	总117期	财政部版人像图印花税票初探（陕西 焦继承）；资料二则（北京 徐一青）；修正与补充。
2000年5月	总118期	人像图印花税票版式及暗记初探（续） （木子）；修正与补充；简讯。
2000年6月	总119期	人像图印花税票版式及暗记初探（续）（木子）；修正与补充。

2000年7月	总120期	宝剑锋从磨砺出 梅花香自苦寒来——庆贺《印花交流》创刊十周年综述（本刊）；贴花税票的疑问（山西 姚仲安）
2000年8月	总121期	广东平版国旗地图印花税票探讨（中国台湾 吴铁涛）；编按；修正与补充。
2000年9月	总122期	对清末印花税票实用单据的质疑（陕西 焦继承）；民国复兴关图的版式与暗记（木子）；快讯。
2000年10月	总123期	对清末印花税票实用单据的质疑（续）（陕西 焦继承）；民国复兴关图的版式与暗记（续）（木子）；补充及修正。
2000年11月	总124期	清末（湖南）实贴单之我见—兼与焦继承先生商榷（木子）；修正与补充。
2000年12月	总125期	国民政府财政部布告第（　）号（广东 陈锦祥）；修正与补充；小资料。
2001年1月	总126期	新年献词——迎接新世纪，开创新未来（本刊）；赝品广为泛滥，打假势在必行（河北 任庚喜）；回响集（中国台湾 王学文）。
2001年2月	总127期	广西地方印花税票发行初探（木子）；情况通报。
2001年3月	总128期	广西地方印花税票发行初探（续）（木子）；情况通报。
2001年4月	总129期	由《蜀蓉藏苑》改不定期发行想起（本刊评论）；邮友来信；关于察哈尔盟印花税票（北京 徐一青）；修正与补充；拍卖信息；情况通报。
2001年5月	总130期	《广西地方印花税票发行初探》一文的补正（陕西 焦继承）；大胆探索，重新认识（陕西 金克）；编按；拍卖信息；情况通报。
2001年6月	总131期	关于振明版交通图50元税票的五种版型问题（上海 王曾元）；简讯；书讯；情况通报。
2001年7月	总132期	关于振明版交通图50元税票的五种版型问题（续）（上海 王曾元）；编按；简讯；修正与补充。
2001年8月	总133期	民国时期（1912年—1949年）广西印制加盖和使用印花税票初探（广西 孟国华）；编按。
2001年9月	总134期	群雄逐鹿中原 税票展示辉煌—南京全国邮展观摩述评（本刊）；2001年南京全国邮展税票类得奖情况一览表；对联运图振明版50元税票几点探讨（山西 姚仲安）。
2001年10月	总135期	沉痛悼念董光呈先生（本刊）；也谈“闽变”人民革命政府印花税票（木子）；关于人像图版式及暗记的补充（木子）；长城图新疆加盖（新疆 王成）；介绍两枚福建双旗图印花税票（福建 林伟）；新发现。
2001年11月	总136期	评《中国印花税票总目录》（山西 姚仲安）；福建加盖人民币新品种（福建 林伟）；来信来电；书讯。
2001年12月	总137期	生命因你而精彩——税票收集、研究、办刊随想（本刊）；情况通报。

附录

2002年1月	总138期	层次大幅跃升 编排尚需努力——2001年中华全国集邮展览展品评述（李明）（摘《中国邮政报》）；邮友来信；情况通报。
2002年2月	总139期	罕见的对剖票实用单（木子）；修正与补充；简讯；小启。
2002年3月	总140期	福建税票上旗帜的演变（福建 林伟）；漫谈二十四军及其长城图印花税票（木子）；修正与补充；简讯。
2002年4月	总141期	罕见的安徽特种印花税票实用单（木子）；修正与补充；简讯。
2002年5月	总142期	民国安徽地方印花税票发行史略（木子）；简讯。
2002年6月	总143期	民国福建地方印花税票发行初探（木子）；编按；简讯；书讯。
2002年7月	总144期	民国福建地方印花税票发行初探（续）（木子）；编按；山东青岛市市北区法院判决书；致李宝山先生的公开信；修正与补充。
2002年8月	总145期	民国福建地方印花税票发行初探（续）（木子）；情况通报；修正与补充。
2002年9月	总146期	也谈“粤军财政总局”长城图票木子（木子）；情况通报；修正与补充；打假。
2002年10月	总147期	关于芜湖加盖票——兼批揭造假售假（本刊）；芜湖加盖票明细表；情况通报；修正与补充。
2002年11月	总148期	编目随想（一）、（二）（山西 姚仲安）；“BTP”译词（山西 姚仲安）；情况通报。
2002年12月	总149期	新年献词（本刊）；客花（山西 姚仲安）；情况通报；修正与补充。
2003年1月	总150期	福建解放初期加盖改值印花税票的几种变体票（福建 李朝滨）；情报通报。
2003年2月	总151期	广东使用长城图印花税票初探（木子）；《中国印花税票总目录》的一些失误（河北 李德奎）。
2003年3月	总152期	广东使用长城图印花税票初探（续）（木子）；简讯；书讯；修正与补充。
2003年4月	总153期	新发现二则（一）“粤军财政总局”长城图1角福建使用单据（二）宝塔图盖“福建换用”壹角实单（福建 林伟）；广东使用长城图印花税票初探（续）（木子）；修正与补充；简讯。
2003年5月	总154期	也谈“暂用人民币”印花的质疑（四川 西高）；广东使用长城图印花税票初探（续）（木子）；重庆全国邮展简讯及13部税票展集获奖情况。
2003年6月	总155期	“唐山（印花税票）过台湾”之史事（台湾 游振杰）；广东使用长城图印花税票初探（续）（木子）；修正与补充；邮展消息。
2003年7月	总156期	新发现的吉林婚书专用印花税票（辽宁 王大林）；“吹毛求疵”话《总目》（浙江 张礼荣）；广东使用长城图印花税票初探（续）（木子）。
2003年8月	总157期	长城图印花税票新发现（新疆 王成）；广东使用长城图印花税票初探（续）（木子）。

2003年9月	总158期	“农工图印花税票”何日首发?(浙注 张礼荣);广东使用长城图印花税票初探(续)(木子)(附广东使用发行长城图及其加盖基本格式及其沿革简表)。
2003年10月	总159期	塔城加盖票发行时间辩(郭向群);广东使用长城图印花税票后记(木子);修正与补充;简讯。
2003年11月	总160期	安徽“徽州六属”印花探伪(中国台湾 吴铁涛);简讯。
2003年12月	总161期	安徽“徽州六属”印花探伪(续)(中国台湾 吴铁涛);中国第16届绵阳亚洲国际邮展获奖摘录。
2004年1月	总162期	安徽“徽州六属”印花探伪(续) (中国台湾 吴铁涛);简讯;小启。
2004年2月	总163期	安徽“徽州六属”印花探伪(续)(中国台湾 吴铁涛);提供复印资料。
2004年3月	总164期	联运图解放区加盖票综述(木子)。
2004年4月	总165期	联运图解放区加盖票综述(续) (木子);求教(浙江 张礼荣);修正与补充。
2004年5月	总166期	联运图解放区加盖票综述(续)(木子);提供复印资料。华北加盖“暂作”大字改值印花税票版式之我见(福建 李朝滨)。
2004年6月	总167期	联运图解放区加盖票综述(续)(木子);补充资料。
2004年7月	总168期	纪念《印花交流》创刊十四周年自勉(本刊);联运图解放区加盖票综述(续)(木子);简讯。
2004年8月	总169期	联运图振明平版型号溯源(山西 姚仲安);修正与补充。
2004年9月	总170期	民国联运图振明平版印花税票的几点浅见(福建 李朝滨);简讯;长城图(中央版)印花税票母模暗记初探(新疆 汪旭);修正与补充。
2004年10月	总171期	“大东书局”及其承印新中国印花税票的一点史料(木子);联运图暗记新发现(北京 于海明);广东江门加盖印花的疑点(四川 邓希皋);李秉基先生回音;修正与补充;简讯。
2004年11月	总172期	从贴票单看“聚兴诚”银行(木子)。
2004年12月	总173期	从贴票单看“聚兴诚”银行(续)(木子);青海印花黄壹元面世(青海颜里堂);简讯。
2005年1月	总174期	尖头飞机印花税票之谜(台湾 游振杰);我看“广东江门加盖人民券”实单(浙江 张礼荣);中央上海平版联运图50元的版别、版铭。
2005年2月	总175期	陇东宝塔图印花税票简介(宁夏 李宁勇);编按;编者寄语。
2005年3月	总176期	广东江门加盖改值人民券印花税票实单之我见(福建 李朝滨);修正与补充;再谈“超贴”的广东加盖人民券实单(浙江 张礼荣);沉痛悼念姚仲安先生(本刊)。
2005年4月	总177期	加盖“华北税务总局”暂作改值印花的研究心得(四川 邓市皋);简讯。

附录

2005 年 5 月	总 178 期	加盖“华北税务总局”暂作改值印花的研究心得（续）（四川 邓市皋）；简讯。
2005 年 6 月	总 179 期	民国“琼崖印花税票”发行初探（木子）；谁有更早的浙江（浙江 张礼荣）；简讯。
2005 年 7 月	总 180 期	关于晋察冀边区及其印花税票—纪念抗日战争胜利 60 周年暨纪念《印花交流》创刊 15 周年（木子）。
2005 年 8 月	总 181 期	关于晋察冀边区及其印花税票（续）（木子）；修正与补充。
2005 年 9 月	总 182 期	关于晋察冀边区及其印花税票（续）（木子）。
2005 年 10 月	总 183 期	关于晋察冀边区及其印花税票（续）（木子）；泉州发现农工图盖银元再盖人民币印花税票（福建 万冬青）。
2005 年 11 月	总 184 期	关于晋察冀边区及其印花税票（续）（木子）。
2005 年 12 月	总 185 期	关于晋察冀边区及其印花税票（续）（木子）；不应出现的错误（天津 安秉信）；编者回响。
2006 年 1 月	总 186 期	查验证（新中国部分论述）（湖北 杨祥坤）。
2006 年 2 月	总 187 期	笑捻“花”枝俏“花”中藏春秋（陕西 秦水游）；“限上海市用”中的加盖变体（浙江 张礼荣）；2006 年本刊的一个心愿。
2006 年 3 月	总 188 期	从“国民政府安徽特种印花税票”谈起（木子）；简讯。
2006 年 4 月	总 189 期	也说查验证（云南 赵天华）；全国首届税票类专题集邮展览简讯。
2006 年 5 月	总 190 期	孙中山三度建政广州及其印花税票的演变（重庆 钟列）；2006 年首届全国税票展览获奖情况一览表；邮展简况；简讯。
2006 年 6 月	总 191 期	孙中山三度建政广州及其印花税票的演变（续）（重庆 钟列）；简讯。
2006 年 7 月	总 192 期	孙中山三度建政广州及其印花税票的演变（续）（重庆 钟列）；2006 年太原全国邮展税票类获奖情况一览表；简讯。
2006 年 8 月	总 193 期	“孤岛时期”的“无从遵贴”戳记及其它（木子）；
2006 年 9 月	总 194 期	民国时期四川地方版印花税票介绍（一）（重庆 钟列）；“无从照贴”类戳记与同业公会（陕西 焦继承）；修正与补充；重要邀稿启事。
2006 年 10 月	总 195 期	民国时期四川地方版印花税票介绍（一）（重庆 钟列）；全国税票指导小组成立 首次会议在西安举行（本刊讯）。
2006 年 11 月	总 196 期	我对钟列之《民国时期四川地方版印花税票介绍（一）》一点质疑（台湾 韩进文）；关于若干问题的说明（本刊）。
2006 年 12 月	总 197 期	广东私仿平版国旗地图印花税票新发现（木子）。 简讯：国家税务总局发行 2006 年版印花税票（本刊讯）。
2007 年 1 月	总 198 期	新年随想（本刊）；“川省”长城图票之新发现（木子）。
2007 年 2 月	总 199 期	迎新春贺《印花交流》第 200 期刊（辽宁 李乃序）；有关问题的说明；欣赏川省总字 1 角单。
2007 年 3 月	总 200 期	《印花交流》重“三重”（南京 傅兴亚）；贺年明信片摘录；手机贺信精选；简讯；小启。

纪念《印花交流》出刊200期纪念专刊:《华夏印花文史纪事2》
附：目录

时间	期号	内容
2007年4月	总201期	一条印花刊的纽带 将我们邮谊连起来——贺《印花交流》创刊200期（陕西 金克）；贺《印花交流》出刊200期（陕西 焦继承）；新发现的上海“站费券”（天津 安秉信）；修正与补充；简讯。
2007年5月	总202期	安徽屯溪淘宝记（河南 杨超）；收藏十乐，收藏家寿命为何比常人高？（转载-何晞）。
2007年6月	总203期	“宪法纪念”印花和“宪法纪念”邮票（木子）；小启。
2007年7月	总204期	南京实单证江门（李朝滨）；收藏十乐，收藏家寿命为何比常人高？（转载-何晞）。
2007年8月	总205期	“宪法纪念”印花和“宪法纪念”邮票补遗（木子）。
2007年9月	总206期	解读《中东铁路警备总司令部护照》（木子）；简讯。
2007年10月	总207期	见证“闽变”历史的印花税票实用单（木子）；修正与补充。
2007年11月	总208期	无文章，仅售品目录。
2007年12月	总209期	民国版图旗税票福建加盖“借用”成因及版式探讨；福建加盖“借用”实单一览表（木子）。
2008年1月	总210期	回顾与展望——新年献词（本刊）；民国时期四川地方版印花税票介绍（二）——唯一的二十九军印花税票使用实例（重庆 钟列）；本刊广告。
2008年2月	总211期	民国时期四川地方版印花税票介绍（三）——鲜为人知的二十八军长城图印花税票在（四川）璧山县的使用（重庆 钟列）。
2008年3月	总212期	民国时期四川地方版印花税票介绍（四）——四川蓝色无齿两分印花税票发行者探源（重庆 钟列）；通知。
2008年4月	总213期	民国时期四川地方版印花税票介绍（四）——四川蓝色无齿两分印花税票发行者探源（重庆 钟列）；小启。
2008年5月	总214期	（福建）首届海峡两岸三地印花税票集邮学术研讨会（论文）；集邮展览2008年4月1日—2日（主办单位：福建省地税局、福州市地税局；协办单；福建省集邮协会、福州市集邮协会）；2008年中华全国新作集邮展览（中华全国集邮联合会主办、潍坊市邮政局、潍坊市集邮协会协办、山东省邮政公司、省邮政管理局、

		潍坊市人民政府、山东尚集邮协会承办、中国邮政邮票博物馆赞助、时间4月19日—21日、地址：潍坊市富华国际展览中心)；印花（税票）类获奖一览表；简讯。
2008年6月	总215期	民国版图旗税票福建加盖“借用”成因及版式探讨补遗；福建加盖“借用”实单一览表（二）（木子）；简讯。
2008年7月	总216期	民国版图旗税票福建加盖“借用”成因及版式探讨补遗（二）；福建加盖“借用”实单一览表（三）（木子）；见证“闽变”历史的印花税票实用单补遗（木子）；简讯。
2008年8月	总217期	靖国军许卓然部及其印花税票考证（木子）；“中华帝国”及其加盖印花税票（木子）。
2008年9月	总218期	泉州加盖人民币印花税票补遗（木子）；简讯；北京地税局发行《北京印花税票之四 北京壇庙》(原载北京市地方税务局)。
2008年10月	总219期	2008年南昌全国邮展税票类获奖一览表；“印花税票纪念册”征订启事；重要声明。
2008年11月	总220期	中国60城市举办巡回邮展；简讯；代办书讯；小统计；小启；修正与补充。
2008年12月	总221期	上海泓盛2008年邮品秋拍（税票）简叙；本刊广告。
2009年1月	总222期	印花税的起源及在中国的发展史（转载自北京市地税局)；书讯。
2009年2月	总223期	感想“良心印花”(安秉信)；北京印花税票简介；简讯。
2009年3月	总224期	北京城与门的历史沿革及北京城门（转载自北京地税局)；热烈祝贺2009年洛阳世界邮展成功举办；简讯。
2009年4月	总225期	2009年洛阳世界邮展税票类展集获奖一览表（中国部分)；大银垫底 中国税票再创辉煌（本刊)；简讯。
2009年5月	总226期	中国保险史——民国保险史（摘自巴林的角落)；书讯；简讯。
2009年6月	总227期	中国保险史——民国保险史（摘自巴林的角落)；国家税务总局关于发行2009年印花税票的通知（摘要)。
2009年7月	总228期	“闽变”事件实用单补遗（木子)；简讯。
2009年8月	总229期	2009年韩国首尔第24届亚洲国际邮展税票类（中国）得奖一览表；2009年中国台湾高雄世界运动会邮展税票类（文献类）获奖一览表；徽州古建筑题材将上印花税票；欢迎参加《国庆60周年暨中国印花税票发行100周年税票展览》。
2009年9月	总230期	漫谈加盖《中华人民共和国・印花税票・暂作人民券・××元》——纪念中华人民共和国成立60周年（木子)。
2009年10月	总231期	中国税票研究中心关于举办税票集藏展览暨税票学术研讨会的通知（江西财经大学税票研究中心)；2009年广州全国印花税票邀请展邮集获奖一览表。
2009年11月	总232期	2009年中国税票・印花鉴定寻宝研讨会告示（香港中国印花税票收藏学会、包晓春)；江西财经大学成立中国税票研究中心。

2009 年 12 月	总 233 期	江西财经大学中国税票研究中心首届税票学术研讨会学术论文获奖一览表；江西财经大学中国税票研究中心首届税票集藏展览获奖一览表；江西财经大学中国税票研究中心于 2009 年 12 月 18 日至 20 日在南昌隆重揭牌。
2010 年 1 月	总 234 期	新年随想——新年献词（本刊）；实单欣赏。
2010 年 2 月	总 235 期	新春贺电贺信摘录；实单欣赏。
2010 年 3 月	总 236 期	《新中国东北球旗图印花税票（概述）补遗》（木子）；实单欣赏。
2010 年 4 月	总 237 期	书讯；中央财政部税务总局制（49 年）中华人民共和国印花税票样本样张欣赏。
2010 年 5 月	总 238 期	简讯；贴粤军财政总局长城图印花税票粤军总司令部执照欣赏。
2010 年 6 月	总 239 期	网络惊现南京加盖赝造票（本刊）；简讯。
2010 年 7 月	总 240 期	上海拍卖行 2010 年春季邮品（税票类）拍卖成交简况（2010 年 6 月 20 日）。 上海泓盛拍卖行 2010 年春季邮品（税票类）拍卖成交简况（2010 年 6 月 22 日—23 日）。
2010 年 8 月	总 241 期	江西潘其贵先生来信摘录；简讯。
2010 年 9 月	总 242 期	三谈“粤军财政总局”长城图印花税票（木子）；简讯。
2010 年 10 月	总 243 期	新中国毕业证书欣赏。
2010 年 11 月	总 244 期	杭州 2010 年中华全国集邮展览特别规则。
2010 年 12 月	总 245 期	杭州 2010 年中华全国集邮展览税票类获奖一览表；本刊广告；简讯。
2011 年 1 月	总 246 期	找出差距，继续努力——参加 2010 年杭州全国邮展后的思考（广西 孟国华）。
2011 年 2 月	总 247 期	2011 年新春贺电、贺信摘录；新年读刊抒新感　再盼印花舞翩阡（陕西 焦继承）。
2011 年 3 月	总 248 期	新年读刊抒新感 再盼印花舞翩阡（陕西 焦继承）；民国云南毕业证书欣赏。
2011 年 4 月	总 249 期	2011 年陕西·全国印花税票邀请展公告；商务印书馆及其防盗加盖印花税票。
2011 年 5 月	总 250 期	陕西民间工艺美术印花税票发行仪式暨全国印花税票邀请展在西安举行。
2011 年 6 月	总 251 期	陕西党徽图印花税票初探（木子）。
2011 年 7 月	总 252 期	陕西党徽图印花税票初探（木子）（续）。
2011 年 8 月	总 253 期	民国时期印花税票上的“贰”字欣赏（河南 阎观斌）。
2011 年 9 月	总 254 期	民国证书执照欣赏。
2011 年 10 月	总 255 期	中国 2011 年第 27 届无锡亚洲国际集邮展览；纪念辛亥革命一百周年——川沙第一届集邮展览暨收藏展览。
2011 年 11 月	总 256 期	中国 2011 年第 27 届亚洲国际邮展税票类获奖一览表（中国部分）；“孤岛时期”的“无从遵贴”戳记及其补遗；“无从遵贴”戳记欣赏（李德元）。

2011 年 12 月	总 257 期	漫谈华北解放区印花税票的责任铭（补遗）（木子）；本刊广告；国家税务总局关于发行 2011 年印花税票的公告。
2012 年 1 月	总 258 期	漫谈华北解放区印花税票的责任铭（木子）。
2012 年 2 月	总 259 期	民国“木板壹角”印花税票的产生与辨伪（摘《收藏》刘思泽）；编按。
2012 年 3 月	总 260 期	中央版长城图印花税票 100 周年祭（木子）。
2012 年 4 月	总 261 期	第二届海峡两岸三地印花税票邮展；第 15 届全国邮展将在呼和浩特举办；随想。
2012 年 5 月	总 262 期	民国十五年山东自制印花税票史料（摘自 洪均生）。
2012 年 6 月	总 263 期	山东私制版图旗印花税票初探（上）；（木子）。
2012 年 7 月	总 264 期	山东私制版图旗印花税票初探（下）；（木子）呼和浩特 2012 第 15 届中华全国集邮展览（税票类）获奖情况一览表。
2012 年 8 月	总 265 期	贴山东地方版版图旗票实单欣赏。
2012 年 9 月	总 266 期	贴“武汉政治分会财经委员会制”1 分实单欣赏；国民政府财政部执照贴北平版图 1 分盖河北青县实单欣赏。
2012 年 10 月	总 267 期	“武汉政治分会财经委员会制”票单欣赏；民国 18 年故城买卖田房草契贴河北地方版版图 1 分盖河北第肆区欣赏。
2012 年 11 月	总 268 期	云南地方版图旗实单欣赏。
2012 年 12 月	总 269 期	本刊广告；简讯。
2013 年 1 月	总 270 期	潘其贵先生征品目录。
2013 年 2 月	总 271 期	“四川边防军转发”长城图印花税票初探（木子）“；简讯；国家税务总局关于发行 2012 年印花税票的公告。
2013 年 3 月	总 272 期	“粤军第十师司令部”长城图印花税票之谜（木子）；书讯；简讯。
2013 年 4 月	总 273 期	“粤军第十师司令部”长城图印花税票之谜（木子）（续）；简讯；提醒。
2013 年 5 月	总 274 期	“粤军财政总局”长城图印花税票在闽使用范围及其他（木子）；简讯。
2013 年 6 月	总 275 期	“粤军财政总局”长城图印花税票在闽使用范围及其他（木子）（续）；简讯。
2013 年 7 月	总 276 期	四川地方版图旗票单欣赏；简讯。
2013 年 8 月	总 277 期	河南石印版图旗印花税票漫谈（木子）。
2013 年 9 月	总 278 期	河南石印版图旗印花税票漫谈（木子）（续 1）。
2013 年 10 月	总 279 期	河南石印版图旗印花税票漫谈（木子）（续 2）。
2013 年 11 月	总 280 期	福建“大山图”印花税票初探（木子）。
2013 年 12 月	总 281 期	福建“大山图”印花税票初探（木子）（续 1）；本刊广告；代征。
2014 年 1 月	总 282 期	福建“大山图”印花税票初探（木子）（续 2）；简讯。
2014 年 2 月	总 283 期	福建铁锚图“福宁属印花”初探（木子）；长沙 2014 第 16 届中华全国集邮展览特别规则。

2014年3月	总284期	福建“龙属印花税票”和“同安喜字印花”初探（木子）；简讯；代征。
2014年4月	总285期	福建“龙属印花税票”和“同安喜字印花”初探（木子）（续）；代征；简讯。
2014年5月	总286期	福建“闽北王”卢兴邦及其发行的印花税票初探（木子）；沉痛哀悼我会名誉会长蔡正钧先生（中国税票研究会（筹））。
2014年6月	总287期	福建“闽北王”卢兴邦及其发行的印花税票初探（木子）（续）；2014年长沙全国邮展印花［税票］类获奖成绩一览表。
2014年7月	总288期	福建上杭版“士农工商盾”印花税票初探（木子）；长沙全国邮展期间发现伪造的印花税票。
2014年8月	总289期	福建婚书贴加盖“人民革命政府”印花税票的变迁（木子）；提高识别能力及时揭露假货（本刊）。
2014年9月	总290期	贴粤军财政总局印花税票的南胜区婚书解读（木子）。
2014年10月	总291期	福建“中华民国印花税票”双旗图和三旗图初探（木子）。
2014年11月	总292期	福建“中华民国印花税票”双旗图和三旗图初探（木子）（续）。
2014年12月	总293期	“福建印花税票”双旗图发行使用初探（木子）；本刊广告；简讯。
2015年1月	总294期	“福建印花税票”双旗图发行使用初探（木子）（续）；简讯。
2015年2月	总295期	评孙中山像图“永春印花税票”（木子）。
2015年3月	总296期	对“永春印花税票”的解读（陕西 焦继承）；附李德元回应。
2015年4月	总297期	李宗仁和广西石印长城图印花税票（木子）；修正与补充。
2015年5月	总298期	李宗仁和广西石印长城图印花税票（木子）（续）；小启。
2015年6月	总299期	福建使用版图旗印花税票另类加盖综述（木子）。
2015年7月	总300期	福建使用版图旗印花税票另类加盖综述（木子）；休刊词；启示。

后 记

《印花交流》文章300期精粹选编经过近四年的整理终于付梓。这对个人及喜欢印花集藏研究的同好来说，是一件值得庆贺的事。

30年前我喜欢上了收藏印花税票，曾向全国各地的多位同好前辈收购，并利用休假日去了全国的许多地方寻觅。作为工薪阶层，仅凭当时有限的工资，节衣缩食，艰难地承受着这种“嗜好”。其中的苦与乐只有过来人才能深刻体会到，既有买不到东西劳民伤财的懊恼，也有买到心仪已久的票品后的沾沾自喜。到手的新东西就想去弄清它的来龙去脉，了解它的“身世”，这样的“感觉”很有味道；特别是地方性的票品，更喜欢去研究它的历史，以补史之不足；因为在这些票品身上承载着历史的沧桑以及一个个政权的兴衰。

1990年本人与上海包明伟、叶宁先生一同创办了这份《印花交流》民刊，为喜欢印花税票集藏的同好提供一个学习交流的平台，遵循“收藏与研究并重，提高与普及兼顾”的办刊宗旨，坚持每月出刊一期。由于同好的支持和鼓励，加上个人锲而不舍的努力，整整出版300期，历时25个年头。其间不断有同好建议：适时把《印花交流》的文章结集出版，把大家数十年来一齐收藏、学习、研究、探讨的文章汇编整理成具有一定学术性、资料性、包容性的作品使之传承下去，以启示后来的同好。

由于意外，原有的部分图片资料丢失，造成无法弥补的影响，有一些图片只能从其他方面借代，造成与刊上图片不一致。选编了一批原创论文，除了明显的错别字改正外，尽可能的保持当年的原汁原味，也不排除转载或摘录的优秀文章。我本人也身体力行，用“木子”笔名写了一些文章。尽管有些文章现在回头来看，显得很幼稚，甚至错误连连，但是这些文章的论点均为作者当年的心得体会，限于当时史料、实物及个人认识局限，谁都避免不了，都有一个成长成熟的过程，重要是有意识地培养自己勇于探索的精神。随着研究的不断深入，从不清楚到比较清楚，它们有的已被证实，也有的已被否定，更多的还有待于历史的检验。

如果说几十年前印花税票还是未开垦的处女地，那么二三十年后的今天可以说其已成为了“黑天鹅”，但是在学术研究领域仍有许多未知尚需不断探索，现今仍不时有一些新的票品被陆续发掘……在这个漫长的探索税票真谛的过程中，我们为它鼓掌与欢呼、为它呐喊过，也向有关方面建议过，但收效甚微……也有许多的前辈同好离开了我们，为此我们需要有志于此的同好继续努力。

全国藏玩税收印花的同好和其他类别收藏同好相比不算多，各人各有理念和追求。自1990年国际集邮联把印花（税票）纳入正式参展的范围后，激励了同好的信心。有不少的同好组集参加全国乃至世界国际邮展，其中不乏佼佼者，获得非凡的成绩，为我国争得了荣光。

许多印花经历了长时期的战火，躲过了各种天灾人祸被幸运地保留下来，但是也有许多已经煙灭，由于其不可再生性已无法弥补。由于近年来国内参与印花集藏的人有增长的趋势，有一些早年流散到国外的票品陆续通过各种渠道回流国内。为了抢救挖掘整理和保护这些国人的文化遗产，同好们都在不懈地努力。

在此，要感谢编刊过程中曾经支持过的编者、作者、读者，他们付出的心血与汗水同好见证，历史铭记！

在汇编过程中得到了焦继承、唐卓敏、游振杰、陈千里、蔡黎、包晓春、刘海利、林伟、李朝滨、孔卫平等无私的帮助，可以说每一步都得到许多同好朋友的大力支持鼓励。特别是焦继承先生从文章编排、修改，到描制图片都倾注了大量心血和时间。在此我要向诸位表示诚挚的感谢！

李德元

2019 年 6 月于浦东川沙